CW01202302

REFAIRE LA RÉPUBLIQUE

André Tardieu :
une dérive réactionnaire
(1876-1945)

Remerciements

    Cet ouvrage est la version abrégée d'une thèse de doctorat soutenue en juin 1990 à l'Institut des hautes études internationales de Genève. Une version originale avec un appareil critique complet est à la disposition des lecteurs à la bibliothèque de l'université de Genève.
    Qu'il me soit permis d'exprimer ma gratitude envers les membres de mon jury, les professeurs René Rémond, Philippe Burrin et Jean-Claude Favez. J'entends souligner aussi ma reconnaissance à l'endroit du professeur Saül Friedländer, mon directeur de thèse. J'élargis ces remerciements au professeur Serge Berstein, de l'Institut d'études politiques de Paris. Enfin, que le professeur Ivo Rens soit également remercié pour m'avoir accueilli au département d'histoire des doctrines politiques de l'université de Genève le temps de mes recherches.

François Monnet

REFAIRE LA RÉPUBLIQUE

André Tardieu :
une dérive réactionnaire
(1876-1945)

Fayard

À Anne

© Librairie Arthème Fayard, 1993.

Introduction

Après avoir été l'une des figures marquantes de la IIIe République, André Tardieu n'a guère trouvé place dans les manuels scolaires. La mémoire collective l'ignore le plus souvent, tandis que la mémoire savante en offre des images fort disparates. Les historiens ont ainsi fait de Tardieu un vrai ou un « faux Disraeli », un « Roosevelt de la France victorieuse », un « Guizot moins doctrinaire » ou encore, comparaison édulcorée par trop d'emplois, un de Gaulle avorté [1]. Si ces images s'entrechoquent, elles renvoient toutes cependant au portrait d'un homme échappant largement au profil attendu du politicien de la IIIe République. L'originalité de la carrière politique de Tardieu ainsi que les étonnantes qualités de sa personnalité forcèrent en effet l'admiration de ses contemporains. Aujourd'hui encore, la séduction paraît irrésistible. Dans *Les Hommes qui ont fait la République*, Guy Rossi-Landi accumule ainsi les superlatifs pour présenter Tardieu : « Le plus cultivé, le plus prolifique, le plus universel. Peut-être le plus doué de tous avec Caillaux, le plus clairvoyant avec Mendès France [2]. » Cette singularité superlative n'a toutefois laissé dans l'histoire de la France de l'entre-deux-guerres qu'une trace brillante et fulgurante. Tardieu « le mirobolant » – selon la forte expression de Léon Daudet – traversa la République tel un météore.

L'itinéraire politique de Tardieu nous interpelle par son défaut d'accomplissement, par sa trajectoire volontairement brisée. Espoir de sa génération et de la République, promu aux plus hautes fonctions gouvernementales, il s'imposa une retraite politique prématurée et soudaine en mars 1936.

L'interrogation sur cet exil politique volontaire met en perspective une vie publique passée au service d'une certaine idée de la République. Cette idée, toutefois, s'accommoda mal d'une tradition républicaine figée en quelques formules politiques sectaires et sclérosée par des institutions obsolètes conçues au temps où la hantise de la « réaction » l'emportait sur le besoin d'action. L'ambition de Tardieu consista donc à renouveler cette tradition pour adapter la République aux nécessités de son temps. Trois attitudes à l'endroit du régime parlementaire, qui renvoient à trois situations par rapport au régime, scandent ainsi l'effort rénovateur de Tardieu et donnent à notre propre enquête son articulation.

Au faîte de sa carrière politique, cet homme d'État espéra d'abord aménager la République par l'exercice du pouvoir au plus haut niveau, c'est-à-dire comme président du Conseil. L'espoir de « tirer parti du régime tel qu'il était » sembla alors la voie la plus efficace pour « procéder à l'aménagement politique du régime [3] ». Par suite de l'échec de son expérience gouvernementale, Tardieu, agissant cette fois sur la frontière du régime parlementaire, proposa de réformer la République en lançant une campagne pour la révision de la Constitution de 1875. La rénovation devait s'inscrire dans la lettre du régime :

« Si l'on veut que la rénovation soit profonde et apporte une base solide à la réforme des mœurs, dont elle ne saurait ni s'isoler ni se passer, ce ne sont ni des combinaisons de majorités ni des amendements de procédure parlementaire qui suffiront. C'est dans la Constitution qu'il faut introduire les règles neuves, que l'expérience requiert [4]. »

Enfin, après avoir acquis la conviction que « le système politique de notre pays n'était ni tolérable pour la nation ni perfectible par les moyens parlementaires [5] », Tardieu renonça à la députation et à toute activité officielle dans la République pour entamer à l'échelle du pays une vaste croisade intellectuelle et pédagogique devant « ouvrir les yeux aux Français » et amorcer leur rééducation politique. Ce fut alors le temps de la dénonciation systématique des tares de la République parlementaire.

Aménager, réformer, dénoncer, ces trois moments de l'action politique et de la pensée rénovatrice de Tardieu articulent cet ouvrage selon le découpage chronologique suivant : 1929-1932, 1933-1934, 1935-1939. Cette périodisation propre à l'itinéraire de l'homme politique sera toutefois amplement dilatée en amont pour inscrire la problématique individuelle de la rénovation selon Tardieu dans la problématique plus large de la rénovation de la République en général. Ces deux problématiques offrent évidemment des points de larges coïncidences qui justifient d'aborder le thème rénovateur à travers un itinéraire individuel : toutefois, leur histoire et leur développement respectifs obéissent à des rythmes différents et souvent décalés. Le cadre biographique définit ainsi les questions et l'ordre des problèmes retenus, mais l'analyse des différentes attitudes de Tardieu face au changement tient compte de la problématique générale avant de s'inscrire dans le temps court de la biographie.

Cette manière de combiner le particulier et le général confère à cette démarche une caractéristique importante : à suivre les problèmes à mesure que Tardieu les conçoit, nous bouleversons l'histoire strictement chronologique et imposons au lecteur trois mises en perspective historiques. Au moment biographique défini par « aménager » correspond en effet le temps plus long de l'immédiat après-guerre et des années vingt ; au moment « réformer » fait écho toute l'histoire du révisionnisme constitutionnel de la IIIe République avec un temps fort au tournant du XIXe siècle ; au moment « dénoncer » répond enfin une perspective dilatée jusqu'à la Révolution française puisque Tardieu réinterprète les difficultés de la République des années trente à la lumière de l'acte de naissance de la France contemporaine. Cette approche fait ainsi une large place à nombre de groupements, mouvements ou personnalités offrant une pertinence dans le cadre général de la problématique sur le changement, le critère de sélection restant évidemment la proximité des thèmes débattus avec les préoccupations rénovatrices de Tardieu.

AMÉNAGER

Avant de devenir un entre-deux-guerres, la période 1919-1939 fut un après-guerre. Pour évidente qu'elle soit, cette remarque commande pourtant l'analyse historique. L'après-guerre ou la paix vécurent en effet sous la forte contrainte de l'expérience de guerre et des possibilités ouvertes par celle-ci. Aux hommes forgés par l' « expérience du feu », ces perspectives parurent alors proprement révolutionnaires tant l'ordre des choses avait été bouleversé. Il n'est donc pas d'approche de la rénovation dans les années vingt qui ne tienne compte du « monde nouveau » inauguré par le cataclysme humain de 1914-1918. La volonté de modernisation politique et économique manifestée par Tardieu durant les années d'épreuve du pouvoir (1929-1932) trouva ainsi sa source vivifiante dans le souvenir magnifié du formidable sursaut d'énergie nationale démontré par la France durant la Grande Guerre. Après avoir gagné la guerre, un seul mot d'ordre s'imposait : « gagner la paix », c'est-à-dire se montrer digne du sacrifice des morts et maintenir le rang international si chèrement gagné sur les champs de bataille.

La guerre, toutefois, révéla aux Français leur défaut d'organisation intérieure et suscita de riches débats autour du thème rénovateur. Des pratiques inédites imposées par l'urgence des nécessités et une attention nouvelle portée aux modèles allemand et américain commandèrent les réflexions sur le changement. Il convient donc de mettre en évidence le véritable pullulement de ces groupes, associations et mouvements qui considérèrent la guerre comme un point de départ nouveau dans l'existence nationale et qui, à partir de 1917 surtout, se mirent à penser le changement et à en exprimer les conditions. Les débats sur l'avenir s'articulèrent alors autour de valeurs nouvelles – autorité, compétence, solidarité – propres à faire entrer la France de plain-pied dans le XXe siècle. Après avoir ainsi sondé la forte aspiration au changement, il convient d'expliquer pourquoi, dans cette période d'extraordinaires bouleversements, ce fut finalement la continuité qui prévalut.

Tardieu n'appartint pas au mouvement rénovateur de l'immédiat après-guerre. Tout accaparé par la négociation puis par la défense des traités de paix, il ne pensait pas, à l'instar de son « patron » Clemenceau, que la République nécessitât un profond réaménagement. Régénérée par la guerre, tonifiée par la victoire, la République avait en effet montré sous l'autorité du Tigre qu'elle était armée pour tous les défis. Les déconvenues et désillusions de l'après-guerre devaient pourtant rapprocher Tardieu des partisans d'une adaptation du régime parlementaire. Sur la fin des années vingt, celui-ci apparut donc à une partie des promoteurs du changement comme l'espérance du régime, l'« homme de demain ».

Pour qualifier les espoirs mis en Tardieu, il importe ainsi de retracer rapidement le détail d'une carrière publique et politique aussi riche que brillante, des premiers pas dans la diplomatie en 1897 à la succession de Raymond Poincaré en 1929. Derrière la façade officielle du *cursus honorum*, nous chercherons ensuite à saisir l'homme dans ses convictions profondes. Grand bourgeois, parisien, républicain et « national », ce portrait en quatre couleurs reflète la forte prégnance du milieu familial. Enfin, n'est pas l'« homme de demain » qui veut, comme un nouveau chapitre tendra à le démontrer en rendant compte du contenu de l'expression.

En résumant les expériences fondatrices de Tardieu, l'analyse révélera le soubassement des idées qui présidèrent à la conduite du pouvoir. Nous évoquerons ainsi les attentes de la génération politique de Tardieu, sa deuxième naissance au monde en tant que membre de la « génération du feu », les séductions de son expérience américaine et, enfin, sa prétention à un « réalisme » politique entreprenant et « moderne ». Le contexte ainsi donné, l'« expérience Tardieu » proprement dite sera évoquée. Celle-ci manifesta un double effort modernisateur, des conditions de la vie politique nationale d'une part, et des conditions matérielles du pays d'autre part.

Sur le plan politique, l'intention profonde de Tardieu fut de réhabiliter la notion d'autorité dans la République. L'examen de la pratique gouvernementale des années 1929-1932 met en évidence les contraintes de la tradition républicaine à l'encontre des projets de Tardieu. Celui-ci exerça son action rénovatrice dans une triple direction. D'une part, il prêcha l'apaisement idéologique et la volonté de rassemblement national, ce qui supposait, à droite comme à gauche, de profonds changements idéologiques et structurels ; d'autre part, il défendit une plus grande personnalisation du pouvoir, renouvelant ainsi la conception timorée d'un président du Conseil réservé, habile courtier politique plutôt que chef d'une majorité parlementaire. Enfin il pratiqua volontiers l'appel au citoyen, esquissant par là une ébauche de démocratie directe aux accents plébiscitaires. Une telle pratique des institutions contredisait évidemment l'esprit du régime. L'échec final de l'expérience, sanctionné en mai 1932, permet d'illustrer les mécanismes de « défense républicaine », si susceptibles à gauche, en montrant à quel point Tardieu figura le repoussoir idéal de l'orthodoxie républicaine.

Dans sa volonté de modernisation des conditions matérielles de la France, Tardieu mit en avant un néo-capitalisme productiviste et social d'inspiration américaine. L'hymne à la « politique de la prospérité » donna ainsi la tonalité d'ensemble à son programme gouvernemental. L'espoir d'en finir enfin avec les réflexes malthusiens et le sentiment d'un retard français dans la compétition économique mondiale dictèrent les priorités. Réfection de l'outillage national, définition d'un rôle plus entreprenant dévolu à l'« État moderne », dégrèvements productivistes et assurances sociales, tels furent les grands chapitres de cette invitation à l'enrichissement général lancé en 1929 par Tardieu.

L'analyse de cette étonnante mystique de la prospérité se doublera de la prise en compte d'un contexte particulièrement difficile. Les années Tardieu représentent en effet la période charnière faisant basculer la France dans la crise économique mondiale et permettent ainsi d'analyser les visions et myopies des dirigeants français.

Réformer

L'année 1934 fut celle des « plans » de redressement national et des programmes de réaménagement institutionnel. Avant même pourtant que les débats sur la réforme de l'État n'envahissent les instances officielles du régime, la question avait longtemps fait l'antichambre de la République, tout particulièrement si les réformes envisagées impliquaient une révision de la Constitution. On rendra ainsi sa juste perspective au foisonnement des projets réformistes de 1934 en esquissant l'histoire à éclipse du révisionnisme constitutionnel. Une période, le tournant du siècle, et un homme, Charles Benoist, retiennent particulièrement l'attention. Benoist élabora en effet un programme détaillé devant préparer une « organisation de la démocratie », et conduisit la grande campagne de 1906 en faveur de la représentation proportionnelle. Ces débats institutionnels d'avant-guerre préfacèrent substantiellement les discussions de 1934.

La victoire de 1918 ajourna toute velléité réformiste sérieuse. Il faut rendre compte des progrès du sentiment de désaffection vis-à-vis du régime représentatif, tel que ce sentiment apparut dans la première moitié des années vingt jusqu'au constat, clairement établi en 1925-1926, d'une véritable « crise de la démocratie ». Ce constat fut évidemment le fait d'une minorité d'hommes particulièrement attentifs aux insuffisances du régime parlementaire et sensibles aux nouveaux défis de l'après-guerre. Réagirent ainsi aux carences de la République la jeunesse intellectuelle de gauche étiquetée « jeunes équipes », les spécialistes de droit public et de science politique, et l'aile droite du mouvement ancien combattant. On rappellera donc les débats de ces groupes et associations sur la fin des années vingt afin de donner de la formule œcuménique de la Réforme de l'État ses diverses interprétations, puis on mesurera l'actualité politique du thème réformiste en notant sa progressive entrée dans les programmes des partis. Enfin, il sera question de la tentative avortée d'Alexandre Millerand, poursuivie au sein de la Ligue républicaine nationale, d'établir dans la République un véritable pouvoir présidentiel.

On pourra alors aborder la croisade réformiste lancée en 1933 par Tardieu après sa spectaculaire conversion à la cause révisionniste. Cette stratégie de relance politique doit retenir l'attention en raison des risques de marginalisation politique et d'exclusion républicaine qu'elle impliquait. Nous préciserons, d'autre part, l'attitude des divers droites à l'endroit des prétentions de Tardieu au *leadership* de l'opposition et l'accueil réservé à sa campagne révisionniste. Enfin, nous analyserons le rôle tenu par Tardieu dans la préparation politique du climat insurrectionnel de février 1934. Avant d'entrer véritablement dans l'année de la réforme de l'État, nous détaillerons le programme révisionniste défendu en 1933 par Tardieu. Cela suppose d'abord une analyse du diagnostic de crise établi dans *L'Heure de la décision*. La République abusive décrite, le « poison socialiste » dénoncé, Tardieu présenta ensuite un plan de réaménagement institutionnel en cinq grands chapitres. Ces réformes sont dès lors considérées dans leur double signification institutionnelle et politique afin de définir l'inspiration profonde des projets révisionnistes de Tardieu.

Les événements dramatiques du 6 février 1934 déclenchèrent une ardeur rénovatrice qui parut irrésistible, une effervescence réformiste qui s'empara alors de la société civile, des instances partisanes et des assemblées parlementaires, suscitant partout une véritable débauche de propositions et de « plans » salvateurs. Les faits avaient finalement donné raison à Tardieu qui renouait avec le pouvoir à la droite de Gaston Doumergue. Nous expliquerons ainsi les espoirs démesurés placés dans la magistrature exceptionnelle confiée au « sage de Tournefeuille ». Après avoir montré la désuète orthodoxie de la politique gouvernementale dans le traitement de la crise économique, nous nous pencherons sur les intentions révisionnistes de Doumergue et sur sa manière toute personnelle de proposer le voyage à Versailles, c'est-à-dire la révision, au pays. Dans l'analyse de cette occasion manquée d'une réforme à chaud du régime parlementaire, nous faisons une large place aux maladresses du président du Conseil, à la résistance opposée par le radicalisme traditionnel à tout amendement de la Constitution et aux illusions entretenues par une grande partie de la classe politique sur les modalités de la rénovation dans la France des années trente. Nous mettons une fois de plus en évidence les étroites contraintes de la culture politique et de la tradition républicaine en rapportant les attaques lancées par Léon Blum contre Doumergue et contre son éminence grise, André Tardieu.

DÉNONCER

L'échec de l' « expérience Doumergue » laissa chez Tardieu un fort relent d'amertume et une conviction tenace : la République parlementaire n'était ni tolérable ni perfectible. La retraite anticipée apparut dès lors comme la conséquence logique et irrésistible de ce sentiment d'aliénation personnelle conjugué à l'impasse politique du régime. Dès l'hiver 1934-1935, Tardieu refusa donc de participer plus longtemps à la comédie suicidaire offerte par la France des années trente. Nous suivons ainsi les différentes étapes de cette progressive rupture avec la République jusqu'à l'exil volontaire sur un rocher de Menton, éloigné de la trépidation inutile de la vie parisienne.

Loin d'être une désertion, cette retraite fut conçue comme un nouveau départ. L'action réformiste étant stérilisée par l'inertie du régime, le redressement ne pouvait en effet venir que d'un effort rénovateur exercé de l'extérieur du « système » et compris comme une vaste entreprise de démystification intellectuelle et politique. Troquant le portefeuille ministériel pour la plume pamphlétaire, Tardieu allait ainsi confondre les prébendiers de la République dans leur pratique de l'égoïsme sacré, et préparer la révolution des esprits, seule condition du changement.

Sacrifiant l'intérêt personnel au sacerdoce de la vérité, ce passage au domaine des idées avait pour haute ambition de fournir les étais intellectuels permettant la régénération française. Tardieu espéra en effet sonder les causes profondes de la décadence de l'heure en remontant l'histoire de la grandeur française jusqu'à son fatal point d'inflexion. Une œuvre en cinq volumes, *La Révolution à refaire*, articula cette enquête historique comprise comme une vaste entreprise de ressourcement idéologique au contact des diverses traditions politiques de la droite. Nous présentons dans le détail cette longue méditation passionnée et ravageuse sur l'héritage révolutionnaire et républicain. Nous en démontrons la logique destructrice et le terme paradoxal. Au-delà des contradictions de l'œuvre, nous tentons de qualifier la position intellectuelle ambiguë de ce libéral égaré du côté de la « réaction ». Enfin, nous nous intéressons à la face constructive de cette réflexion sur la décadence en cherchant derrière le réquisitoire impitoyable les solutions proposées, leur cohérence et leur signification.

Ces méditations solitaires et prétendument détachées sur le mal français reçoivent ensuite l'éclairage plus engagé des éditoriaux livrés dès avril 1936 à l'hebdomadaire d'extrême droite *Gringoire*. L'analyse sur le long terme trouva en effet son prolongement logique dans le commentaire d'actualité. Nous pouvons suivre ainsi l'opinion de Tardieu sur toutes les questions importantes, de la victoire du Front populaire jusqu'à la guerre. Nous apprécierons, d'une part, la radicalisation de sa critique politique à la lumière de son opposition hargneuse et systématique au Front populaire. D'autre part, en présentant le procès politique intenté par l'extrême droite au colonel de La Rocque grâce à la complicité de Tardieu, nous nous interrogerons sur la place occupée par le retraité de Menton parmi les nationalistes intransigeants. Enfin, nous examinerons les raisons expliquant, en dépit des multiples sollicitations reçues, cette persévérance dans la solitude orgueilleuse.

Les derniers chapitres replacent la problématique de la rénovation dans son contexte international. Il n'était en effet d'autre logique à la rénovation que le maintien et l'affirmation dans le monde de la grandeur de la France. Depuis la victoire de 1918, toutefois, Tardieu tint la comptabilité précise des mutilations apportées aux traités de paix et dressa le bilan circonstancié de l'abdication internationale de la France. Avec l'accession d'Hitler au pouvoir, la vigilance de Tardieu redoubla et les invitations à la résistance se multiplièrent. Nous rapportons donc cette compréhension particulièrement lucide des affaires internationales en insistant sur la prise de conscience précoce du danger hitlérien. Nous rendons compte ensuite des positions défendues par Tardieu durant la montée des périls et notamment de son attitude antimunichoise. Nous expliquons enfin les illusions malgré tout entretenues sur une victoire française certaine, la guerre dût-elle éclater.

Nos dernières remarques achèvent le portrait d'un homme à jamais irréconciliable avec la République parlementaire. En exhumant les derniers brouillons de *La Révolution à refaire* nous montrons la forte séduction de la tentation « réactionnaire ». Nous motivons le refus de collaboration ministérielle au sein d'un gouvernement d'union nationale, la conscience du danger allemand étant chez Tardieu neutralisée par le dégoût insurmontable ressenti à l'endroit du régime et de ses acteurs. Nous évoquons la résignation amère d'un homme sorti de la République pour mieux agir, mais paralysé dans la contemplation rageuse de la décadence française, et aussi les espoirs démesurés d'un « sage » dont la prétention ultime fut de jouer les Solon dans une France régénérée.

Le thème de la rénovation doit ainsi s'entendre au sens large car il concerne aussi bien la pratique et le cadre des institutions, les programmes politiques et la culture républicaine, que les conditions générales de vie sociale et matérielle. L'action rénovatrice de Tardieu s'exerça en effet dans toutes ces directions avec une pondération particulière suivant les trois époques considérées : aménagements politiques et modernisation économique, d'abord ; amendements institutionnels, ensuite ; ressourcement idéologique et effort pédagogique, enfin. Les diverses réponses apportées à l'inadaptation de la République obéirent en fait à la dynamique de l'expérience politique. Car les idées de Tardieu se forgèrent au contact des réalités dans un constant va-et-vient entre la réflexion et l'action. Cette singularité d'une pensée totalement engagée dans l'action fait tout l'intérêt de l'itinéraire politique de Tardieu. D'abord praticien émérite du régime, puis réformateur audacieux, enfin procureur impitoyable, Tardieu offre une exceptionnelle pluralité de points de vue pour aborder la problématique de la rénovation de la République.

Tardieu appartenait à la famille politique libérale. L'ensemble du travail se trouve ainsi largement circonscrit aux divers milieux de la droite française. En suivant les espoirs et déconvenues d'un homme, nous passerons du centre droit républicain et progressiste à une droite conservatrice militante, mâtinée de « réaction ». L'attention portée au cas Tardieu révèle en fait une grande concordance entre l'impasse d'une carrière politique individuelle et la crise générale de la culture libérale dans la France des années trente. La radicalisation idéologique de Tardieu permet d'autre part de mesurer la réalité de l' « imprégnation fasciste » chez les libéraux conservateurs en désespérance de la démocratie parlementaire. Enfin, aborder le thème rénovateur dans la France de l'entre-deux-guerres, c'est inévitablement élargir la problématique à une réflexion sur les blocages structurels et les résistances au changement de la tradition républicaine. Car l'histoire retracée est bien celle d'une ambition tenue en échec et de l'immobilisme triomphant.

Première partie

AMÉNAGER

CHAPITRE PREMIER

Guerre et rénovation

La plupart des historiens déclinent la chronologie du XXe siècle européen à partir de 1914. Pertinente ou sans fondement suivant la question étudiée, cette coupure événementielle de cinquante-deux mois de souffrances, d'angoisse et de misère, marqua dans les psychologies collectives, au-delà des continuités et des permanences réelles, un « après » radicalement différent de l'« avant ». De fait, l'ampleur des bouleversements occasionnés par la Première Guerre mondiale ébranla vainqueurs comme vaincus et suscita de nombreuses incertitudes quant à l'avenir. La France de 1919 cherchait obstinément, par-dessus le cataclysme, son image d'avant-guerre, mais trouvait chaque jour, dans de nouveaux témoignages sur les ruines matérielles et humaines accumulées, des raisons de douter d'elle-même.

De toutes les grandes nations, c'est elle qui paya à la victoire le plus lourd tribut. Les décès de soldats, ajoutés à la surmortalité civile et à la sous-natalité, représentèrent un déficit en vies humaines de 2,9 millions, soit 7,2 % de la population. Les dix départements envahis par l'Allemagne furent systématiquement pillés, avant que leur potentiel industriel ne fût soigneusement détruit à l'heure de la retraite. Les zones de combat – plus de 3 millions d'hectares labourés parfois jusqu'à la stérilité par une débauche d'artillerie – restaient à ramener à la civilisation. L'usure générale du patrimoine productif était grevée d'infrastructures économiques bouleversées, laissant un réseau de transports considérablement mutilé et détérioré. En outre, les investissements qu'exigeait la reconstitution de l'appareil de production contrastaient avec la situation financière critique du pays. La France de 1914, solidement gérée, sans impôts excessifs, forte de ses énormes créances sur l'étranger, se retrouvait, au lendemain de la victoire, avec un déficit budgétaire de 26 milliards de francs (soit une somme double du total des recettes de l'année 1919) et une dette publique proprement extraordinaire de 152 milliards. Par leur énormité, ces chiffres eussent paru proprement inconcevables aux financiers de la Belle Époque [1].

La comparaison avec la situation financière d'avant-guerre donnait du conflit mondial une image en vraie grandeur. De 1914 à 1918, l'État dépensa plus de six fois ce qu'il encaissa et fit exploser sa dette flottante de 1,5 à 41,8 milliards de francs, multipliant par 5,3 la quantité de monnaie fiduciaire alors que les prix étaient, eux, corrigés d'un coefficient de 3,5 [2]. Appréciée en termes d'investissements annuels, la perte totale subie par la France du fait de la guerre représentait, selon Alfred Sauvy, l'enrichissement accumulé de onze années d'avant-guerre. Le budget, la dette et les prix montraient de tels multiples qu'ils laissaient dans l'opinion publique une très large incompréhension et comme un sentiment d'étrangeté. Michel Augé-Laribé nous rapporte l'étonnement de sa voisine à ce sujet : « Je revois en ce moment la vieille paysanne, ma voisine, sur le chemin du marché où elle portait ses deux douzaines d'œufs : " On les vend 5 francs la douzaine ", disait-elle et, dans sa naïveté, elle ajoutait : " On a honte [3]. " » L'illusion monétaire jouait à plein.

La lente démobilisation et les problèmes de réinsertion professionnelle, la « vie chère » et les difficultés de logement, les deuils ajoutés à la misère du million de blessés et de mutilés, le fardeau de la reconstruction, les cicatrices matérielles et morales laissées par la guerre transformèrent rapidement les premiers moments de soulagement et d'espoir en un quotidien plus grimaçant, secoué de revendications sociales souvent violentes. Les ravages de l'inflation, les dépenses ostentatoires des « profiteurs de guerre », spéculateurs habiles, les grandes concentrations industrielles réalisées sous l'urgence des nécessités, la physionomie nouvelle des fortunes ébranlaient les vertus bourgeoises d'économie et de travail, entamaient l'idée partagée avant la guerre d'une prospérité nationale faite de croissance harmonieuse, privilégiant la petite propriété et l'équilibre entre les secteurs économiques sur le gigantisme et l'industrialisation à outrance. Quant aux fondements politiques libéraux du régime, les consortiums de guerre et le dirigisme économique, l'autoritarisme de Clemenceau et le discrédit jeté sur le Parlement les avaient si malmenés qu'on pouvait se demander si c'était bien la République qui avait gagné la guerre. Assurément, les bouleversements alimentaient une actualité politique, économique et sociale fort différente de celle de 1914 et le pays hésitait à se reconnaître lui-même.

Sur les ruines matérielles, face à l'ébranlement des valeurs morales et politiques, la nécessité de reconstruction ne devait-elle pas entraîner un large ajustement de la France de 1919 aux réalités d'après-guerre, une « rénovation nationale » tant matérielle que politique et morale? La guerre et ses hécatombes n'imposaient-elles pas aux survivants une réflexion en profondeur sur leur manière de « vivre ensemble »? Pour quelle France 1 310 000 soldats français étaient-ils morts? Et pour quelles raisons? Car, enfin, si l'« acte criminel » de l'Allemagne en août 1914 dégageait les Français du poids essentiel de la responsabilité de la guerre, leur conscience ne pouvait ignorer leurs propres fautes. L'insouciance d'avant-guerre, l'incurie et l'impréparation militaires furent, en effet, cruellement sanctionnées sur les champs de bataille. « Fils chéris, reconnaissait Henri Chardon, vous n'êtes pas morts seulement de l'agression de l'Allemagne; vous êtes morts aussi de nos erreurs. Nous n'apaiserons pas, par des glorifications, vos mânes irritées [4]. » Cette dure expiation des erreurs passées rendait l'idée d'une reprise des routines et querelles stériles d'avant-guerre, d'un « retour à la normale », attentatoire à la mémoire des morts. Un devoir tragique exigeait qu'au-delà du « plus jamais ça! » général émergeât une France nouvelle, régénérée par les leçons tirées du formidable cataclysme humain. Herbert George Wells souligna l'opportunité exceptionnelle et grave du désarroi de l'immédiat après-guerre : « Maintenant tout devient fluide. Le monde est plastique et les hommes peuvent le pétrir à leur gré [5]. »

La guerre : un miroir grossissant

La réflexion sur les faiblesses et les insuffisances du régime républicain français ne datait pas de l'expérience de guerre. Au contraire, la guerre avait ajourné *sine die* un très large et substantiel débat sur la pratique et l'organisation de la République, débat articulé depuis 1906 autour de la réforme électorale et porté dans toute la France par une campagne d'une ampleur et d'une durée exceptionnelles [6]. La IIIe République, en subissant l'épreuve du feu, allait révéler, en même temps que son profond enracinement dans les consciences politiques, les limites de sa capacité d'action et les insuffisances de son organisation. Nombreux furent ainsi les praticiens et théoriciens politiques qui prolongèrent leurs analyses critiques du fonctionnement du régime républicain à la lumière crue et tragique du conflit mondial. Pour Léon Blum, chef du cabinet de Marcel Sembat aux Travaux publics, l'expérience de guerre précisa ses « impressions antérieures », les vérifia, pour finalement les transformer en convictions :

> « Est-ce le guerre qui m'a inspiré ces projets de réforme en ce qu'ils ont d'essentiel ? Oui et non. [...] Comme ces miroirs déformants qui caricaturent les traits du visage, la guerre a fait ressortir avec une vigueur grossissante les vices de notre système de gouvernement. Mais ces vices préexistaient à la guerre, et ce qui me fait pousser ce cri d'alarme, c'est l'effroi qu'ils ne lui survivent encore [7]. »

Cet « effroi » qui saisit Blum à l'idée que l'hécatombe pût rester sans enseignement ni profit pour la France d'après-guerre allait susciter un mouvement rénovateur riche et varié.

Le conflit eut l'effet d'une brusque révélation. Ce qui devint plus tard, une fois fermée la parenthèse de la guerre, la « Belle Époque », apparut à l'esprit des combattants, civils et militaires, comme une période d'indolence insouciante, de léthargie irresponsable, de décadence même. Les plus critiques voyaient dans les faiblesses de la France d'avant-guerre − natalité anémique, économie statique et routinière, institutions sans rendement, corruption politique, rhétorique creuse et agitation stérile des politiciens, imprévoyance et superbe des généraux de l'« offensive à outrance » − autant d'invitations à l'invasion, de provocations à l'agression. « Nos fautes appelaient un peu plus tôt ou un peu plus tard la catastrophe [8] », écrivait Victor Cambon en 1916. Toutefois, si la guerre apparaissait parfois comme une sanction, elle était aussi l'espoir d'un ressaisissement, d'un sursaut de l'énergie nationale. Le « miracle de la Marne » signifiait aux incrédules que le peuple français était celui d'une très grande nation décidée à le rester. La guerre pouvait donner un point de départ nouveau à l'existence nationale.

Si, dans la lutte et les sacrifices consentis, la nation fit preuve d'un courage et d'une résolution héroïques, les responsables politiques et militaires s'accommodèrent de mécanismes institutionnels précaires et d'une organisation brouillonne paraissant cultiver la confusion, la dispersion de l'autorité et l'absence de responsabilité. Les Français eurent largement l'impression que « personne n'organisa la guerre [9] », que les gouvernants, totalement dominés par les événements, improvisèrent dans le désordre des solutions boiteuses et souvent contradictoires. Les quelques dispositions fragmentaires prévues en cas de conflit reposaient en outre sur un scénario unique : l'hypothèse d'une guerre courte [10]. Dès lors, une fois la « course à la mer » achevée et les fronts stabilisés, l'impasse militaire apparut dans toute son ampleur et le pays tout entier dut s'installer dans la guerre.

La lutte exigea alors la mobilisation de toutes les ressources nationales, « l'arrière » devant fournir aux combattants les moyens de la victoire. L'initiative privée ne pouvant répondre aux nécessités, ce fut l'État qui intervint et prit en charge l'économie nationale [11]. Aucun plan d'ensemble ne présida à cet envahissement progressif de la production nationale par l'État. Un empirisme fiévreux prévalut jusqu'à la fin du conflit, produisant désordres, chevauchements d'attributions, doubles emplois, incohérences. Au lendemain de l'armistice, le tableau général de la composition des ministères ne comptait pas moins de 291 offices, comités, commissions chargés des questions relatives à l'état de guerre, bonne illustration de « l'exubérance avec laquelle se développa la végétation administrative [12] ». Cette prolifération d'organes étatiques, créés sous la pression des circonstances, résultait de la répartition souvent changeante des différents ministères et de la dualité militaire et civile des services administratifs de la guerre. Les efforts de coordination, incessants, restèrent sans résultat. L'unité de vue et d'action, la concentration de l'autorité, la continuité des desseins ne furent jamais instituées en France, même si Clemenceau, en répondant au besoin de discipline et de confiance du pays, put en partie compenser la dispersion de l'autorité par sa « dictature morale ».

Cette réponse confuse et désordonnée aux événements laissa aux Français l'impression que leur mode d'organisation était profondément atteint. Ce sentiment se renforça encore à l'observation de l'étranger. L'ennemi allemand manifestait, une fois de plus, son sens atavique de l'organisation. Quant aux alliés américains, l'efficacité et la rapidité avec laquelle ils mobilisèrent leurs ressources frappèrent les esprits. La France d'avant-guerre avait pu ignorer les nouvelles méthodes de production appliquées dans les grandes nations industrielles ; elle n'y avait perdu que quelques points de croissance économique annuelle. En revanche, à l'heure de la guerre totale, l'adversaire devenant l'ennemi, les impératifs du monde moderne – organisation, solidarité, compétence – s'imposèrent avec une urgence nouvelle. L'Allemagne et les États-Unis attirèrent alors le regard de tous ceux qui souscrivaient à cette pensée de Probus : « Nous avons négligé de préparer la guerre pendant la paix ; ne négligeons pas aujourd'hui de préparer la paix pendant la guerre [13]. » De cette réflexion sur les modèles étrangers et de la confrontation des différences nationales, devaient se dégager non seulement les conditions de la victoire, mais plus encore les modalités du relèvement d'après-guerre :

> « Méconnue avant la guerre, mal dirigée pendant la lutte, indispensable après la victoire au relèvement de notre patrie, l'orga-

nisation rationnelle des ressources nationales, avertissait Paul Cambon, doit être la préoccupation maîtresse de tous les Français. Non seulement notre prospérité, mais encore notre existence même, notre avenir en dépendent [14]. »

Une telle prise de conscience, ajoutée aux nécessités de la guerre, vint nourrir une large réflexion sur l'organisation de la France républicaine.

Les forces du changement

La volonté d'organiser la République, la démocratie ou la nation, constituait l'axe de réflexion et le projet commun de divers mouvements rénovateurs qui entendaient tirer du conflit mondial des enseignements pour l'avenir. L'origine de la plupart des idées rénovatrices remontait au-delà de 1914, mais la guerre marqua un temps nouveau dans la prise de conscience d'une nécessaire réforme des cadres institutionnels, économiques et sociaux. Elle confirma les convictions antérieures, approfondit la réflexion et surtout donna aux mouvements réformistes une plus large audience, un plus grand crédit. « Les isolés de la veille deviennent légion, et ce n'est pas trop dire que d'affirmer que les élites les plus diverses du pays se révèlent tout d'un coup " organisatrices ", celles de l'armée comme celles des affaires, celles de la politique comme celles du syndicalisme [15]. » Signes du succès, à partir de 1916, de ce courant rénovateur et réformiste, la prolifération de publications et l'éclosion de nombreux groupements, ligues et comités, d'horizons politiques et d'intentions diverses, qui se mirent à penser le changement et à formuler les conditions et les modalités d'une rénovation nationale. Hubert Bourgin s'étonna de ce « pullulement » d'associations de citoyens qui préférèrent à la glorification officielle de la République et de sa victoire sur les empires centraux la quête fiévreuse d'une nouvelle organisation, voire souvent d'une nouvelle Constitution.

Probus, pseudonyme de Jules Corréard, haut fonctionnaire du ministère des Finances, créa l'Association nationale pour l'organisation de la démocratie (ANOD) en décembre 1918 [16]. Formée essentiellement d'ingénieurs, d'industriels, de fonctionnaires et d'avocats, l'ANOD défendait un vaste « programme de rénovation nationale » dont les têtes de chapitre étaient les suivantes : réformes institutionnelles d'inspiration américaine [17], introduction des méthodes commerciales et industrielles dans l'administration, régionalisation et décentralisation, collaboration effective de toutes les forces productives dans des conseils mixtes ayant pour base l'ensemble des organisations syndicales [18]. Rejetant la passivité et le sectarisme criminels d'avant-guerre, la Ligue Probus souhaitait prolonger l'Union sacrée en « union raisonnable » de tous les Français et formuler un programme « constructif » au-dessus des partis mais avec la collaboration de tous les hommes de bonne volonté afin d'accomplir « la plus grande France ».

En octobre 1917, Hubert Bourgin prenait l'initiative de créer, avec quelques universitaires tels Gustave Lanson, Ernest Denis, Raoul Allier, une Ligue civique dont les objectifs étaient d'« assainir la démocratie » par l'éducation civique des citoyens et de développer toutes les énergies nationales pour la défense du pays en renforçant l'« alliance du patriotisme, du républicanisme et de la haute moralité [19] ». Ces « républicains légalitaires » ne cultivaient pourtant pas le fétichisme constitutionnel et établirent, à la fin de 1918, un substantiel cahier de réformes qui visait à un net renforcement du pouvoir exécutif [20].

Un ancien homme d'affaires, reconverti dans le journalisme, Eugène Letailleur, ou Lysis, après avoir été, avant-guerre, l'un des rares publicistes à dénoncer le retard industriel de la France, lançait en 1918 une ligue pour la Démocratie nouvelle, en réclamant l'« union de la science et du travail contre la politique » ou, plus concrètement, « l'élimination des politiciens parasites de la République [21] ». Affirmant l'obsolescence de tous les programmes politiques d'avant 1914 et condamnant l'« industrie politicienne », Lysis souhaitait un profond réaménagement des institutions [22]. Réclamant une complète révolution des esprits, il entendait mettre toutes les « compétences » au service de la production nationale. Le rang de la France dépendait, après la victoire, de la capacité des Français à rivaliser avec le colosse industriel allemand.

La production et les compétences se retrouvaient également au centre des préoccupations de Maxime Leroy et Roger Francq qui affirmaient close l'ère politique selon Montesquieu ou Benjamin Constant et annonçaient l'avènement des « producteurs » dans un monde façonné par la science et l'industrie [23]. Leur solution syndicaliste et technicienne se concrétisa dans la création de l'Union des syndicats de techniciens de l'industrie, du commerce et de l'agriculture (USTICA), « véritable tiers état de la production [24] ». Dans un même esprit saint-simonien, Henri de Jouvenel, Jacques Bardoux, Francis Delaisi, René Gillouin, André François-Poncet fondèrent la Confédération des travailleurs intellectuels (CTI) en mars 1920. L'USTICA et la CTI, qui allaient fusionner en 1930, aspiraient à un État qui ne serait plus, dans la région et la profession organisées, que « le secrétariat des intérêts assemblés par spécialités économiques, techniques et morales [25] ».

De son côté, Charles Albert, avec le soutien notamment du député radical Accambray, de l'historien Aulard, du socialiste Léon Baylet, du publiciste Georges Guy-Grand, de l'homme de lettres Victor Margueritte, sonnait « l'heure de la liquidation » d'un régime politique caractérisé par « l'hypertrophie des égoïsmes, l'affaissement du sens social et l'incapacité d'organisation [26] ». Ces hommes plaçaient leur association sous le signe de l'*Ordre nouveau* et espéraient créer dans tout le pays « un état de fermentation intellectuelle et de tension morale [27] » capable de provoquer une « réforme organique de la démocratie » par une révision constitutionnelle [28].

Une « refonte complète de la Constitution désuète de 1875 [29] » constituait également une priorité immédiate pour un radical-socialiste tel que Paul Gruet, pour un « modéré » influent tel que Georges Lachapelle, ou encore pour Henri Leyret. Dans *Vers la Constituante* (1919), Paul Gruet, constatant le divorce entre un monde en pleine modernisation et l'immobilisme des méthodes et mentalités politiques françaises, voyait dans les bouleversements opérés par la guerre « une belle occasion de s'affranchir d'un passé archaïque et d'organiser de toutes pièces le grand parti républicain de la rénovation nationale [30] ». Au programme de ce parti figuraient la création d'une Chambre économique élue sur la base des groupements professionnels et le renforcement de l'exécutif selon des réformes d'inspiration américaine. De son côté, le publiciste autorisé Georges Lachapelle, après avoir montré que la pratique constitutionnelle de 1875 à 1914 n'avait été qu'une « caricature du régime parlementaire [31] », mettait ses espoirs dans la réunion d'une assemblée constituante [32]. Il en allait de même pour Henri Leyret qui, reprenant ses idées développées avant-guerre [33], donnait le détail d'un plan substantiel de réaménagement institutionnel dans un recueil d'études rassemblées par Maurice Herbette, recueil dont la vingtaine de contributions dressait le tableau général des « réformes nécessaires » au relèvement national [34].

Plus modeste dans ses ambitions, mais animé du même souci d'organisation et de rendement, le projet de réformes gouvernementales proposé par Léon Blum entendait rompre avec « l'effort inefficace et l'agitation en pure perte » par une taylorisation des méthodes de gouvernement et d'administration [35]. Les réformes ponctuelles et pratiques envisagées visaient à la restauration de l'autorité gouvernementale par l'institution d'une présidence du Conseil sans portefeuille dotée d'un cabinet technique, à l'image du War Cabinet de Lloyd George [36]. Pour désencombrer le travail parlementaire, Blum s'attaquait à la tutelle étouffante des commissions dont la permanence lui paraissait, dans la plupart des cas, abusive. À côté de Blum, d'autres personnalités politiques de premier plan s'engageaient sur des idées réformistes. Alexandre Millerand, dans son fameux discours-programme de Ba-Ta-Clan, charte du Bloc national, présenta la révision constitutionnelle comme inévitable, bien que différée par l'urgence des questions pendantes, et définit les grandes lignes de la réorganisation institutionnelle : renforcement de la division des pouvoirs, élargissement du corps électoral du président de la République, « pénétration » du Sénat par « l'élément corporatif » et décentralisation [37].

De son côté, Édouard Herriot publia en 1917 un recueil d'articles et de conférences réunis sous le titre *Agir*, dédiant ce livre à la mémoire d'un homme qui n'appartenait guère au Panthéon racidal : « À Jean-Baptiste Colbert, qui démontra la puissance de l'ordre français [38]. » Herriot prolongea cette réflexion sur les conditions de rénovation nationale dans deux épais volumes intitulés *Créer*, où foisonnaient les références à la pensée organisatrice, celle des anciens, Saint-Simon et Auguste Comte, comme celles des contemporains, Walther Rathenau, Taylor, Le Chatelier, Fayol [39]. Combattant les abstractions, « ces cadavres d'idées », il estimait qu'il était temps de « féconder les morts » et de « substituer les méthodes aux systèmes [40] ». De la politique minière à la réforme administrative, de l'organisation économique à la défense de la musique française, il dressait l'ordre du jour d'une « Quatrième République » créative et entreprenante qui demandait à naître [41].

La Quatrième République fut également le titre d'un hebdomadaire fondé en août 1919 par des parlementaires « modérés [42] » dont l'intention générale était de « se libérer des vieilles coteries, de s'affranchir des étiquettes et des dénominations surannées, de se souvenir qu' " il y a eu la guerre " et d'assurer, par conséquent, le concours de toutes les bonnes volontés pour travailler en commun au relèvement de notre nation meurtrie [43] ». D'esprit ancien combattant, l'hebdomadaire réclamait une profonde modification du règlement de la Chambre en vue d'améliorer le travail législatif et soutenait les projets révisionnistes avancés par Millerand.

Probus et l'Association nationale pour l'organisation de la démocratie, Lysis et la Démocratie nouvelle, Charles Albert et l'Ordre nouveau, Marc Sangnier et la Jeune République [44], les universitaires de la Ligue civique, les parlementaires de la Quatrième République, les fayolistes et leur Centre d'études administratives [45], les tayloristes et leur Conférence de l'organisation française [46], les syndicalistes, néo-saint-simoniens tels Maxime Leroy ou cégétistes partisans de la « nationalisation industrialisée », des hommes politiques de premier plan, tels Blum, Millerand, Herriot, Clémentel [47], ainsi que la floraison des livres et études traitant des conditions générales du relèvement de la France d'après-guerre [48], tout ce foisonnement d'associations et cette effervescence intellectuelle révélaient l'ampleur et la diversité des forces qui travaillaient au changement [49]. L'urgence tragique de l'heure expliquait la large emprise sur les élites du thème de la rénovation et la fécondité de la réflexion. « La mort est passée par là, constatait gravement Maxime Leroy, et nous regardons tout à travers nos larmes. Le grand drame inauguré par la force se résout en tragédie de pensée et de régime [50]. »

Les thèmes du changement

De tous ces groupements qui pensèrent l'avenir d'une France régénérée par le conflit mondial, on ne commentera pas ici le détail des propositions. Encore moins insistera-t-on sur la diversité des affiliations et sensibilités politiques. Plutôt que de souligner les différences, souvent très substantielles, qui distinguaient les divers projets de réformes, on mettra en évidence le fonds d'idées communes qui caractérisèrent l'ensemble des programmes rénovateurs et on cherchera à donner du thème rénovateur de 1917-1919 la tonalité d'ensemble et non les très nombreuses variations. La guerre remit ainsi à l'honneur la notion d'autorité, donna aux compétences techniques plus d'initiative dans les décisions et renforça les valeurs de solidarité et de collaboration sociales. Autorité, compétence, solidarité, dans une démocratie plus entreprenante, plus productive, mieux organisée, tel était le projet.

C'était bien par défaut d'organisation que péchaient les Français, Henri Michel y insista : « En définitive, dans l'affaire nationale, " c'est le fond qui manque le moins " ; sa mise en valeur, la convergence et le rendement des efforts, la vigueur des dirigeants, en bref, l'organisation, manquent le plus [51]. » Une enquête réalisée par Jean Labadié en 1915 auprès de diverses personnalités opposait l'individualisme têtu des Français à l'instinct d'organisation des Allemands et posait la question unique et provocatrice : « L'Allemagne a-t-elle le secret de l'organisation [52] ? » Ce thème de l'organisation, aux larges implications réformistes, envahit la littérature. Il s'appliqua tant aux questions de production qu'aux réformes institutionnelles et administratives et s'imposa comme une question de survie nationale, présente et future :

> « La puissante machine organisatrice nous entraîne. À ceux qui, les regards tournés vers les beautés de la civilisation de l'antique Grèce ou de l'Islam, seraient tentés de se soustraire à cette emprise, rappelons simplement qu'il existe, par-delà les Vosges, soixante millions d'habitants, très ordinaires mais bien organisés, qui seront portés d'instinct ou de raison, dans l'avenir comme dans le passé, à nous arracher quelque jour à la " douceur de vivre ". Le fait allemand est regrettable, mais il est [53]. »

Cependant, si les Français acceptaient de prendre en compte le facteur organisation, de substituer à la discussion exclusive des fins et des valeurs le débat sur la gestion des hommes et des choses, ils refusaient toutefois de séparer réalisme et idéalisme, et d'ériger le moyen en fin. De manière exemplaire, Herriot stigmatisait la « lacune morale » de l'organisation allemande et soulignait la spécificité de la direction française :

> « Je veux bien m'intéresser au problème du goudron ; mais je suis français ; je veux aussi jouir et souffrir, m'émouvoir de ce qui est beau, vibrer à ce qui est juste, m'indigner de ce qui est ignoble. Dans l'ensemble auquel je consens à obéir, je veux ma vie personnelle. C'est pour moi l'essentiel. En face de moi, l'Allemagne n'a qu'une devise : manger [54]. »

Au matérialisme pratique des Allemands, on opposait un idéal bien français, la synthèse de l'ordre et de la liberté : « Le mot [organisation] n'est qu'une formule nouvelle d'un vieux terme français, " l'ordre " : on a détourné ce terme du sens propre jusqu'à lui faire représenter le respect suranné de la forme et de la lettre, alors qu'il signifie le développement méthodique et coordonné des libertés humaines [55]. »

« Organiser la République » signifiait d'abord conserver la forme républicaine. Cette conséquence logique pourrait sembler triviale si elle ne mettait pas en cause toute une tradition politique française qui considérait les institutions, non pas comme dans le cadre durable à l'intérieur duquel s'exprimaient les luttes politiques, mais comme l'objet même de ces luttes. Les fondateurs de la IIIe République avaient espéré clore ce débat incessant sur les institutions en consacrant l'intangibilité de la forme républicaine lors de la révision constitutionnelle de 1884. Mise au-dessus des lois, voire en dehors de l'Histoire, la République n'avait pas pour autant réalisé l'union de tous les Français. Ce furent la guerre et l'Union sacrée qui sanctifièrent vraiment la forme républicaine. République et nation se consolidèrent mutuellement dans l'épreuve. De leur union scellée par les morts, naissait une République nouvelle, plus unanime, plus fraternelle. Telle était du moins l'espoir de tous les combattants.

> « La IVe République, écrivait un député, est née de la guerre. Elle est née de l'heure où, le président Poincaré faisant son appel, l'union sacrée est devenue une réalité. Ce jour-là, on a admis au foyer de la République des gens qui n'avaient pas leur place la veille... Ce jour-là, c'était un esprit nouveau qui réveillait la France entière, qui faisait que la IVe République commençait à vivre [56]. »

Les rénovateurs de l'immédiat après-guerre ne pensèrent leurs réformes que dans la République. Il s'agissait d'adapter, d'aménager, de rénover une armature vieillie, non de tout bouleverser. Consignées dans les très fécondes pages de *Créer*, les réflexions d'Édouard Herriot constituent un guide exemplaire des ambitions et espoirs des rénovateurs. *Créer*, que nombre de rénovateurs auraient pu signer, se voulait l'inventaire pratique et complet des forces et faiblesses de la France d'après-guerre et prolongeait, explicitait, détaillait, dossier par dossier, cette conviction profonde exprimée par Herriot en pleine tourmente : « La guerre actuelle ne doit pas être un entracte, après lequel nous retournerions à nos anciennes habitudes. Il faut qu'elle soit l'occasion d'une réforme, d'une renaissance [57]. » Réagissant contre la lente « décadence de la politique scientifique » et accordant aux « problèmes centraux d'organisation » la primauté sur la question des formes politiques, Herriot s'inscrivait résolument dans la tradition scientiste du XIXe siècle, se réclamant de Pecqueur, Comte, Renan, Spencer et Berthelot [58]. La politique devait se faire « scientifique » non seulement pour gérer de manière efficace un monde de plus en plus complexe, mais surtout pour réaliser l'union de tous les Français par l'étude loyale et dépassionnée des faits. Une politique rationnelle, guérie des mystiques sectaires d'avant-guerre, portait seule les espoirs de conciliation nationale, condition du relèvement du pays. Plus encore, une politique fondée sur la science, en opposant les faits aux passions, pouvait sceller l'« Union sacrée » dans la paix : « Seule la science pourra maintenir entre les Français de demain cette conciliation que le patriotisme a réalisée. Seule elle pourra nous donner des directions avec une autorité qui ménagera tous les sentiments légitimes [59]. » Au cœur de cet enthousiasme scientiste, qui proclamait que « la science et la science seule devait créer la France nouvelle [60] », Herriot retrouvait le principe même de l'idée républicaine : la politique est persuasion, conviction raisonnée établie en dehors de toute contrainte, sous la seule autorité de la vérité.

« Comprendre », puis « créer », ces deux grands devoirs qu'Herriot assignait à l'homme d'État moderne, définissaient un idéal d'homme politique combinant qualités morales et compétences techniques. M. de Freycinet, « ce technicien à idées générales », représentait « le modèle des hommes dont la France avait besoin pour sa réorganisation [61] ». La société industrielle ne se satisfaisait plus de la prédominance des professions libérales ou de l'idéal de l'« honnête homme » méprisant toute spécialisation. Aux « ignorants encyclopédiques fabriqués à la centaine [62] » par un enseignement théorique et abstrait, Herriot opposait les « bons professionnels » formés dans les écoles techniques allemandes. Le mépris de la technicité, trop longtemps cultivé en France, avait failli être fatal à la patrie. La guerre, en imposant la collaboration de toutes les compétences, administratives et politiques, industrielles et commerciales, avait donné naissance à une catégorie sociale promise à un grand avenir, le technicien, l'expert, bientôt le technocrate. La compétence, « reine des temps nouveaux [63] », dominait le discours rénovateur. Qu'il s'agît d'organiser sa représentation dans les institutions [64], ou de définir de nouvelles méthodes de gouvernement, le culte voué aux compétences imprégna l'esprit de toute réforme.

La confiance placée dans la science et la technique avait pour corollaire un certain mépris pour le « politicien », discoureur impénitent. La guerre non seulement ranima un antiparlementarisme toujours latent, mais jeta le discrédit sur l'idée même de politique. « Peut-être, [la politique] faisait-elle mal à la tête », ironisait Jacques Bainville [65]. L'effroyable hécatombe n'était-elle pas pour certains l'aboutissement des errements de la politique ? Parmi les problèmes légués par la guerre, les aspects économiques et techniques ne l'emportaient-ils pas ? L'esprit étroitement juridique des « politiciens » et les programmes « Belle Époque » des partis traditionnels se révélaient dépassés. La rénovation exigeait une approche nouvelle, plus technicienne. L'« esprit nouveau », d'ailleurs, consacrait la subordination du politique à l'économique.

Paul Gruet comprenait la primauté de l'économique comme la subordination de « l'accessoire au principal » de « la parole à l'action [66] », définissant, en négatif, la politique comme le lieu des intérêts étriqués et du bavardage stérile. Herriot, à l'instar de Leroy et de Lysis, radicalisa cette distinction pour affirmer l'avènement d'un temps nouveau : « Les composantes du monde ont été jadis d'ordre politique ou d'ordre moral ; elles seront désormais d'ordre économique [67]. » Ce déplacement des préoccupations du politique vers l'économique traduisait un souci de pragmatisme et une volonté de « réalisme » propres à l'époque. Ce changement de point de vue devait produire un bouleversement révolutionnaire des méthodes et des priorités d'action. « Le goudron est un souverain plus puissant que le Kaiser, écrivait Herriot. Il faut faire comprendre à notre race idéaliste que la prospérité de la classe ouvrière dépend beaucoup moins d'un discours prononcé à la Chambre que du développement de la houille blanche ou de l'ouverture d'une nouvelle mine de potasse [68]. »

Herriot, dont l'intention déclarée était de « trouver les lois d'avenir de la France », écartait volontairement les questions de religion, de morale et de répartition, pourtant thèmes radicaux-socialistes par excellence, pour concentrer son effort de démocrate sur la production : « Rechercher une distribution équitable après avoir assuré la puissance de production, c'est de la démocratie. Vouloir distribuer sans souci de la production, c'est de la démagogie [69]. » « L'hymne à la production », entonné pour soutenir l'assaut de la machine industrielle allemande, donna le ton aux années d'immédiat après-guerre, vécues par certains dans une véritable euphorie productiviste. Thibaudet qualifia la période d' « industrialiste », entendant par là un système politique qui subordonne le point de vue de la politique à celui de la production [70].

Les élites les plus diverses reprirent en effet la fameuse formule de Guizot « Enrichissez-vous ! » et la donnèrent pour tout programme à la France. « Enrichir la France » en capital humain comme en puissance matérielle, tel était le souci dominant des hommes qui pensaient l'avenir [71]. La reconstruction, certes, mais surtout l'immense bataille commerciale entre les nations industrielles, bataille qui allait décider des vrais vainqueurs et des vrais vaincus du conflit mondial, dictaient les priorités. Alexandre Millerand, conscient non seulement de l'énorme passif légué par la guerre, mais aussi du retard industriel français, lançait un seul mot d'ordre pour la paix : « Travaillons ! Hier, la France devait vaincre ou périr. Aujourd'hui, il lui faut produire ou disparaître [72]. » Les Français, fiers de la qualité de leurs productions nationales, devaient aussi accéder à la logique économique de la quantité.

Le souci d'efficacité, de rendement, de production, imposait des méthodes nouvelles fondées sur la science et la capacité d'organisation. L'Allemagne et les États-Unis ayant montré la voie, la guerre allait favoriser la large diffusion puis l'adoption de méthodes de production industrielle, peu acceptées en France avant 1914. L'organisation scientifique du travail, la taylorisation, la concentration de la production et des ventes, la subordination de l'opération industrielle à la recherche scientifique constituaient les nouvelles lois de l'industrie moderne [73]. Des expressions étrangères comme *efficiency, scientific management*, rationalisation, gagnèrent en popularité. Dans l'esprit des rénovateurs, toutefois, ces méthodes ne s'appliquaient pas seulement à l'industrie.

Henri Fayol, penseur de la réforme administrative, considéré par beaucoup comme le « Taylor français », affirma en effet l'unité des méthodes de gestion : « Les principes et les règles générales qui valent pour l'industrie valent aussi pour l'État, et réciproquement [74]. » Pour sa part, Léon Blum fit de la taylorisation des méthodes de gouvernement et d'administration l'idée directrice de ses réformes : « L'idée conductrice qui m'a guidé [...] est que la gestion d'une nation ne se présente pas comme une tâche à part, mais au contraire les règles de l'action sont partout les mêmes, et qu'un pays ne se dirige pas par d'autres moyens qu'une grande industrie ou qu'un grand établissement commercial [75]. »

La France ne semblait plus qu'une vaste usine soumise à la philosophie nouvelle du travail et de la production. La qualité de producteur vint ainsi compléter le statut de citoyen. Des aménagements institutionnels divers, plus au moins radicaux, visèrent donc à faire entendre la voix de tous les producteurs, le plus souvent en souhaitant l'institution d'une assemblée économique. La vogue du mot « producteur », vocable saint-simonien par excellence, signifiait, pour certains, l'avènement de l'ère annoncée des industriels et des savants. Maxime Leroy, biographe de Saint-Simon, voyait dans le citoyen, détaché des factions politiciennes et religieuses, l'homme d'un métier, d'une compétence, d'un intérêt, la base d'une société nouvelle qui substituerait « l'administration des choses » au gouvernement oppressif des hommes [76]. Lysis, en demandant l'élimination des « politiciens parasites », s'inscrivait dans la droite ligne de la célèbre « parabole » de Saint-Simon. Ce renouveau industrialiste s'exprima également dans une revue nouvelle au titre significatif, *Le Producteur, Revue de culture générale appliquée* [77], créée en juin 1920. Son programme rendait hommage à Saint-Simon et proposait pour toute philosophie politique les mots « charbon, azote, engrais, houille blanche, crédit, bureau d'organisation, culture technique, culture générale [78] », énumération qui recoupait d'ailleurs largement la table des matières des deux volumes d'Édouard Herriot.

Cet industrialisme entendait résoudre la question sociale par une politique de prospérité matérielle profitable à tous et par la collaboration de toutes les forces sociales dans la production. La solidarité née dans les tranchées laissait entrevoir une meilleure compréhension des intérêts communs entre patrons et ouvriers. Au lendemain de la guerre, les espoirs d'un aménagement à l'amiable du régime libéral paraissaient réels. Alors que Léon Jouhaux demandait à la classe ouvrière de s'orienter vers un syndicalisme « débarrassé de la politique de bluff pratiquée avant-guerre [79] », Georges Noblemaire, administrateur de la compagnie ferroviaire Paris-Lyon-Méditerranée, dénonçait à la Chambre « la conception périmée et fossile d'un patronat de droit divin [80] ». L'antagonisme des classes, le socialisme négatif et plus généralement « les mœurs de gladiateurs », selon l'expression de Herriot, devaient céder leur place à une foi nouvelle, la solidarité humaine. Cette solidarité se concrétisa par la création de la Société des Nations et du Bureau international du travail sur le plan international, et par l'adoption de la journée de huit heures et du statut juridique des conventions collectives de travail sur le plan national.

L'idéalisme social de l'immédiat après-guerre, que Noblemaire qualifia d' « optimisme trop frais sentant encore la tranchée [81] », reposait sur l'idée que les sacrifices consentis durant la guerre avait non seulement réconcilié les Français entre eux mais encore assuré, pour l'avenir, le triomphe du point de vue national sur les intérêts particuliers et les préjugés partisans. La victoire ne devait être en aucune façon un point d'arrêt. De l'union spontanée face à l'Allemagne, il fallait établir les conditions d'une collaboration consciente et réfléchie entre tous les acteurs sociaux et politiques. D'ailleurs, les problèmes de la solution desquels dépendait la grandeur nationale débordaient le cadre étroit des anciens partis, des anciennes méthodes. La guerre avait rendu obsolètes les programmes de 1914. Pour beaucoup de Français, les étiquettes de « gauche » et de « droite » ne renvoyaient plus qu'à des catégories vides de sens. L'heure appartenait tout entière à l'adjectif « national » qui, quoique rapidement accaparé par la droite, servait à qualifier la plupart des programmes proposés au lendemain de la victoire. De partout résonnait la condamnation des « vieilles querelles » et des « vieux cadres ». Le culte du nouveau, qui annonçait déjà la tendance des années suivantes aux mouvements « néo » ou « jeunes », s'enracinait dans le sentiment que la guerre avait marqué le passage vers une nouvelle époque. C'est pourquoi les groupes qui se penchèrent sur le changement attendaient, plus que des réformes, une profonde rénovation de la République.

« De 1870 à 1914, écrivait Herriot, la République a surtout créé des formes. Il lui faut désormais des actes, des institutions aptes à la rajeunir et à lui procurer un nouvel essor. Pour cela, une politique de mouvement nous est nécessaire. Au gouvernement de la diriger [82]. » Cette direction gouvernementale souhaitée par le chef radical-socialiste faisait écho à l'attente générale d'un gouvernement fort et osant gouverner. La restauration de la notion d'autorité semblait seule capable d'assurer à l'action gouvernementale la continuité et la fermeté nécessaires à la réalisation du redressement national. Les réformes institutionnelles proposées visaient toutes à un renforcement de l'exécutif par rapport au pouvoir jugé abusif des Chambres. Que ce fût par l'organisation d'une présidence du Conseil sans portefeuille ou par l'élargissement des attributions et responsabilités du président de la République, la concentration de l'autorité dans les mains du chef de l'exécutif devait assurer un meilleur équilibre des pouvoirs et une plus grande stabilité politique.

L'aspiration à un renforcement de l'autorité gouvernementale passa très souvent, pour les rénovateurs révisionnistes, par l'imitation de la Constitution américaine. Le régime présidentiel d'outre-Atlantique semblait offrir des solutions simples aux insuffisances de la République parlementaire. En contraste avec l'organisation publique française, qui cultivait la confusion des pouvoirs jusqu'à la dissolution complète de l'autorité gouvernementale, les Américains avaient opté pour une séparation tranchée des pouvoirs, laissant toutefois à leur président la primauté politique sur le Congrès. Le souvenir de la pratique présidentielle de Theodore Roosevelt et le prestige extraordinaire dont jouissait à la fin de la guerre le président Wilson poussaient à une interprétation de la Constitution américaine favorable à l'exécutif. Une République « à l'américaine », renforçant les pouvoirs du président de la République, pouvait ainsi constituer la voie républicaine d'une réhabilitation du « principe d'autorité » dans la démocratie française.

À Probus qui disait s'être « inspiré dans une large mesure des institutions américaines », il faut ajouter les mouvements de Lysis, de Hubert Bourgin et de Paul Gruet dont les propositions révisionnistes révélaient une forte attraction pour le modèle présidentiel américain [83]. Un président de la République nommé par un corps électoral élargi, des ministres choisis hors Parlement et responsables uniquement devant le président de la République, l'institution d'une Cour suprême et une large décentralisation régionale étaient parmi les institutions d'inspiration américaine les plus généralement retenues par l'ensemble des révisionnistes de l'immédiat après-guerre. Cependant, aucun des rénovateurs ne poussa l'imitation jusqu'à remettre en cause le principe parlementaire par excellence de la responsabilité ministérielle [84]. En effet, un président de la République fort ne signifiait pas pour autant un pouvoir exécutif affranchi du contrôle parlementaire. La réhabilitation de l'autorité ne passait pas par les vieilles formules plébiscitaires du mouvement boulangiste, mais cherchait, dans le cadre de la République parlementaire, une plus grande efficacité et une meilleure utilisation des compétences.

Cette aspiration à l'autorité apparaissait clairement sous la plume d'un Léon Blum, pourtant peu suspect de tentation autoritaire. Le président du Conseil qu'il imaginait pour la France devait faire preuve des qualités de « commandant », de « leader », de « chef », de « maître », et même de « monarque » – un monarque « temporaire et constamment révocable », il est vrai [85]. La guerre avait développé le désir d'une autorité efficace et estimable. Pétain, sur les champs de bataille, et Clemenceau, à la tête du gouvernement, avaient tous deux bénéficié de ce besoin de confiance et de discipline. La figure du « chef », appliquée à toutes les hiérarchies sociales, envahit la pensée rénovatrice de l'immédiat après-guerre. Le principe de l'unité du commandement constituait en effet la condition même de toute action efficace, que ce fût dans la gestion des intérêts privés ou dans l'administration de la chose publique [86].

Ainsi, dans la guerre comme dans la paix, les défis à relever, « vaincre ou périr », « produire ou disparaître » imposaient aux Français une organisation sociale et politique qui heurtait leur individualisme anarchique et leur tempérament frondeur. Produire, Lysis le rappelait, cela signifiait « direction, organisation, hiérarchie, discipline, par suite, obéissance » ou encore « effort, mérite, connaissance, aptitudes, talents, en d'autres mots, inégalité réelle [87] ». Ce furent ces valeurs que les rénovateurs de l'immédiat après-guerre cherchèrent à faire prévaloir. Beaucoup d'entre eux souhaitaient également de substantiels aménagements constitutionnels ; d'autres, tels que Blum ou Herriot, n'envisagèrent sur le plan institutionnel que quelques réformes pratiques et ponctuelles. Tous, cependant, mettaient en avant les idées d'organisation, de compétence, de solidarité et d'autorité [88]. Idées définies et combinées diversement dans chacun des projets rénovateurs, pôles essentiels de la pensée sur le changement.

Pour faire triompher ces tendances nouvelles, les rénovateurs ne disposèrent dans la plupart des cas que de moyens limités. Ils diffusèrent leurs idées à coups d'articles, de tracts, de brochures et de conférences et s'adressèrent à l'élite, chacun d'entre eux selon les réseaux d'influence qui lui étaient familiers et selon la logique propre à son projet. Charles Albert rejetait l'idée que les partis pussent prendre l'initiative d'une réforme organique de la démocratie : une pareille tâche débordait les structures traditionnelles de l'action politique et devait d'abord être pensée, puis mise en mouvement par des groupements nouvellement créés, tels justement l'Ordre nouveau. Quant à Lysis, peut-être le plus technocrate de tous, il jetait l'anathème sur tous les « politiciens ». Sa Démocratie nouvelle s'adressait avant tout aux élites techniques et aux quelques « politiciens nouveaux » non compromis dans les erreurs et les fautes d'avant-guerre. Probus, en revanche, ouvrait son Association nationale pour l'organisation de la démocratie à tous les hommes de bonne volonté, cherchant le concours de toutes les élites – intellectuelles, politiques et économiques – et de tous les partis. Enfin, nombre de rénovateurs travaillèrent à la promotion de leurs idées au sein de leur parti, syndicat ou groupe parlementaire.

Ces rénovateurs, cependant, animèrent un mouvement d'idées qui parut « plus abondant qu'efficace [89] ». En effet, la volonté organisée et militante de fonder sur l'expérience de guerre un programme de transformations profondes des pratiques et des formes de la République resta cantonnée à des cercles relativement étroits. Il n'y eut point de percée décisive contre la force des habitudes et l'inertie du régime, ni dans l'opinion publique ni auprès des parlementaires. D'autant que l'éparpillement des efforts, la diversité des projets et des intentions rendirent difficile la collaboration sur les quelques points d'intérêts communs. Chaque association entendait préserver son originalité propre et défendre son indépendance. En 1919, Hubert Bourgin, s'employa à une tentative de rapprochement, sous les auspices de la Ligue civique, des trois comités d'études s'appliquant à penser la réforme administrative, le Comité Henri Fayol, le Groupe d'étude Henri Chardon et la Ligue pour la réforme administrative présidée par Louis Marin. Les efforts de rapprochement furent vains, chacun préférant rester « parqué, école par école, clan par clan, derrière son chef [90] ». Ces ligues et mouvements rénovateurs, pourtant inspirés par l'exemple de l'Union sacrée, se montrèrent en fin de compte moins faits pour leurs idées que leurs idées pour eux. Ils prêchèrent l'union dans un ordre résolument dispersé.

Probus tenta également un rapprochement avec la Démocratie nouvelle, offrant même à Lysis la direction du mouvement commun pour autant que l'action se poursuivît au-dessus des partis. Lysis déclina l'offre « naïve » de Probus en soulignant la radicale incompatibilité de son organisation essentiellement « antipoliticienne » avec une ANOD présentée comme une académie ouverte à toutes les coteries partisanes [91]. Des rivalités déclarées vinrent parfois affaiblir ces associations en faveur du changement. Il en fut ainsi de l'Union des intérêts économiques, qui, en 1919, finança une partie de la propagande de l'ANOD avant de combattre l'association de Probus, jugée trop compromise à gauche [92].

D'une manière générale, le retour progressif à la politique non seulement figea les oppositions entre des associations qui redécouvraient peu à peu leur sensibilité politique propre, oubliée un instant dans l'enthousiasme de la victoire, mais encore aggrava la désunion à l'intérieur de chacun des mouvements. Le cas de la Ligue civique fut à ce propos exemplaire. La bataille patriotique lancée contre Caillaux et Malvy et contre le socialisme, l'adhésion au Bloc national en octobre 1919, le soutien apporté par certains au Comité de la rive gauche du Rhin devaient rapidement accroître les tensions au sein du Comité de la Ligue et provoquer des ruptures. Les hommes plus marqués à gauche, tels Gustave Lanson, Max Lazard, Léon Rosenthal et le syndicaliste Keufer, choisirent la démission face à l'orientation de plus en plus « nationale » de la Ligue civique, rejetant ainsi l'organisation dans le camp de la « réaction [93] ».

Pourtant, si l'opinion publique ne fut guère influencée par les différents groupes rénovateurs, le désir d'adaptation et de réformes était bien réel. Dans son rapport sur les engagements électoraux de 1919, Louis Marin évoquait une ardeur au changement peu commune.

> « Jamais ensemble de réformes plus *abondant* n'avait été discuté par le corps électoral. Jamais cadre plus *complet*. [...] Jamais directives plus *nouvelles* n'avaient paru émaner du corps électoral. Il semble surtout que celui-ci ait *voulu* des réformes *nombreuses, profondes, rapidement réalisées* [94]. »

À la même époque, Joseph Barthélemy écrivait : « Le désir de réformes paraît tellement fort qu'on devient injuste pour nos institutions [95]. » Quant au programme de rénovation nationale établi par Probus, il recueillit « deux cents engagements formels » auprès des élus de novembre 1919, « sans compter les nombreux témoignages de sympathie écartés parce qu'ils étaient restés trop vagues [96] ». De son côté, Millerand, personnalité marquante du Bloc national, inscrivait la révision constitutionnelle à l'ordre du jour de la nouvelle législature. Quant à la masse des anciens combattants, bien que rejetant souvent « la politique », elle entendait également fonder sur ses sacrifices une République plus fraternelle, guérie enfin du patriotisme chauvin et du sectarisme idéologique.

De fait, l'esprit combattant pouvait porter un large mouvement rénovateur. Alliant solidarité et civisme, sens des réalités et esprit constructeur, goût de l'action et désir de réalisations, les anciens combattants mettaient au centre de leurs préoccupations les problèmes concrets, économiques et sociaux, et souhaitaient voir se renouveler le débat politique autour de ces questions. Comme tous les rénovateurs, ils pensaient eux aussi qu'il était temps de passer des grandes controverses sur les raisons de vivre aux débats plus pratiques sur les moyens de vivre. Au congrès de l'Union fédérale à Orléans, les anciens combattants, se penchant sur les insuffisances de la République parlementaire, proposèrent un ensemble de réformes propres à renforcer les pouvoirs du président de la République [97].

La guerre, en ramenant les hommes à l'essentiel, avait favorisé de nouvelles valeurs, bouleversant les rigidités et pesanteurs d'antan. Un homme nouveau sortait de l'épreuve, trempé par l'expérience du feu et bien décidé à être ce que, au fond des tranchées, il avait rêvé d'être. Parmi ses legs, la guerre laissait donc le sentiment d'une purification. Les sacrifices avaient rendu les combattants « meilleurs ». Ce « meilleur », la masse des hommes rentrés du front le voulait aussi pour la République, et ceux-ci pouvaient constituer un appui populaire décisif pour les élites rénovatrices.

« La guerre donne un point de départ nouveau à l'existence nationale [98]. » Combien de Français au lendemain de la victoire se retrouvaient-ils dans cette pensée de Probus? Beaucoup, assurément. La victoire portait l'espoir d'un nouveau souffle pour la République. L'immédiat après-guerre a trop longtemps été assimilé par les historiens à l'ensemble des années de déclin qualifiées rétrospectivement d' « entre-deux-guerres ». 1919 n'annonçait pas 1940, mais portait au contraire les espoirs d'une France réconciliée avec sa grande histoire. Un nouveau climat social et politique, dominé par l'esprit combattant, créait les conditions d'un rajeunissement de la vie politique et peut-être même d'une révision des institutions. Car si les divers aménagements constitutionnels proposés innovent peu par rapport à l'avant-guerre, la révision des textes de 1875 entra dans les préoccupations courantes de nombreux élus et associations.

Les insuffisances de la République parlementaire, grossies par l'expérience de guerre, rendirent le thème révisionniste, même connoté d'un sens « autoritaire », actuel, voire légitime. Le poids du passé, c'est-à-dire le soupçon de césarisme frappant toute velléité réformiste, ne constituait plus un obstacle. La révision constitutionnelle avait enfin sa chance. Une République aux pouvoirs mieux équilibrés, capable d'assurer continuité et fermeté à l'action gouvernementale, une République au rendement meilleur, associant le Conseil d'État et les compétences professionnelles au travail législatif, une République décentralisée, dotée d'un État « désencombré » et d'une administration rationalisée, tel était le fonds commun des idées défendues par les révisionnistes en 1919. Quant aux valeurs mises en avant, elles répudiaient l'individualisme anarchique au profit des notions d'autorité, d'organisation, de solidarité et de compétence.

La résistance au changement

L'abandon du scrutin d'arrondissement, les réformes sociales du printemps 1919 et surtout le renouvellement massif des élus aux législatives du 16 novembre pouvaient laisser croire que l'« esprit nouveau » était en marche. L'élection de 369 nouveaux députés autorisait en effet tous les espoirs de rajeunissement et de rénovation. « La République des camarades » cédait la place à « la République des combattants ». La « génération du feu » entrait à la Chambre. Le bleu horizon, couleur de l'uniforme, fondait une nouvelle légitimité politique. Et pourtant, malgré ce renouvellement du personnel politique, l'élan nouveau tant souhaité par les rénovateurs s'épuisa vite dans les procédures et méandres de la vie parlementaire.

« On doit attendre de la guerre une rénovation de la France [99] », écrivait Pierre-Étienne Flandin. Cette affirmation, très généralement répandue, se trouva en fait infirmée par les événements : la résistance au changement et le retour rapide aux méthodes d'avant-guerre triomphèrent. De l'Union sacrée devait sortir un régime parlementaire enfin débarrassé de tout ce qui entravait son fonctionnement; ce fut la continuité qui prévalut. Dans une telle période de bouleversements, cette continuité demande explication.

L'euphorie d'une grande victoire ne prêche généralement pas en faveur du changement, mais consolide au contraire le *statu quo*. Ne fallait-il pas beaucoup de lucidité aux Français pour distinguer, à travers leur juste fierté et l'immense espérance d'un lendemain de victoire, les raisons de se réformer ? En outre, cette République si mal préparée à la guerre, si mal organisée pendant l'épreuve, n'en était pas moins venue à bout de la puissante Allemagne. L'analyse pouvait bien démontrer les insuffisances, les incohérences et les confusions dans l'organisation de l'effort de guerre, la victoire finale prouvait aux yeux de la plupart des Français que, dans l'ensemble, le système avait bien fonctionné.

Cette victoire sur les puissances autoritaires et impériales procura à l'idée républicaine une période d'état de grâce, d'autant plus que ce triomphe était apparu très aléatoire à toute une partie de l'opinion publique d'avant-guerre. Marcel Sembat, dans un ouvrage publié en 1913 et très commenté, avait sérieusement mis en doute la capacité de résistance de la République et posé l'alternative suivante : « Faites un roi, sinon faites la paix [100]. » Or la France réussit à contenir puis à repousser l'Allemagne sans même renier ses formes républicaines. « Parmi les grands États belligérants, constatait Pierre Renouvin en 1925, la France est bien celui qui a traversé la crise en restant le plus fidèle à ses traditions et à ses principes constitutionnels [101]. » Victoire républicaine donc, mais victoire « française » aussi. Personne ne méconnaissait l'effort conjoint de toutes les puissances alliées. Les cicatrices laissées sur le sol national, l'énorme tribut du sang versé et le commandement exercé par les maréchaux Foch et Pétain légitimaient toutefois, dans l'esprit des Français, un accaparement de la victoire. Celle-ci consacrait une double grandeur : grandeur de la nation et grandeur de la République. Les formes républicaines françaises prirent figure de modèle pour les jeunes États nés de la dislocation des empires centraux. À l'heure où la France sortait victorieuse du plus grand conflit de l'Histoire, réparant l'humiliation de 1870 et célébrant le retour au foyer national des « frères » alsaciens et lorrains, le prestige retrouvé travaillait naturellement en faveur du *statu quo* et de la conservation. Inévitablement, la victoire aveugla les Français. Les insuffisances et faiblesses d'avant-guerre, aggravées pour la plupart par le conflit mondial, disparurent ainsi dans les illusions de l'immédiat après-guerre.

La crise fut pourtant d'une telle ampleur, la secousse d'une telle violence, que la continuité et « le retour à la normale » étonnent. La problématique du changement social, telle qu'elle est formulée par Michel Crozier, peut éclairer les conditions d'une véritable rénovation des pratiques politiques, économiques et sociales :

> « Comment et dans quelles limites, s'interroge Crozier, les membres d'un système peuvent-ils apprendre d'autres règles que celles dont l'opération les ramène naturellement au système traditionnel ? Y a-t-il des processus d'apprentissage social ou institutionnel comparables aux processus d'apprentissage individuel mis en évidence par les psychologues [102] ? »

L'expérience de la guerre créa assurément les conditions d'apprentissage de pratiques et de comportements nouveaux. Signes concrets de ces transformations : l'effervescence de la réflexion sur le changement et l'éclosion de groupes rénovateurs cherchant à l'étranger des recettes de production et des exemples d'organisation, mais encore la politique de « coordination avec l'industrie » que l'État inaugura sous l'emprise des nécessités. Ce dernier exemple, toutefois, est particulièrement révélateur des résistances au changement.

Si la guerre conserva les formes républicaines, elle bouleversa les attributions de l'État libéral et transforma profondément les relations entre les groupements professionnels, agents de l'initiative privée et les services publics. Le ministre du Commerce, Étienne Clémentel, dans un discours du printemps 1917, opposa au « vieil et exclusif amour de l'individualisme » les nécessités de l'organisation et de l'union. Il appela ses auditeurs à « renverser les cloisons étanches qui pouvaient séparer à la fois le gouvernement, le Parlement, l'administration, le commerce et l'industrie. La guerre, continuait-il, nous a contraints à la collaboration. Nous avons vécu côte à côte, nous avons vécu ensemble, nous avons appris à comprendre les efforts réciproques que nous pouvions faire pour le bien de tous [103] ». Cette collaboration entre les services publics et les intérêts privés, suite à l'extension considérable des interventions de l'État dans le contrôle de la production nationale, modifia les comportements, institua de nouvelles règles, mais ne constitua pourtant pas un véritable apprentissage de pratiques nouvelles.

Tout apprentissage cherche à inscrire dans la durée l'acquisition des connaissances et du savoir-faire inculqués ou découverts durant l'expérience de formation. La guerre, par l'extrême importance des enjeux, créa certes un mouvement irrésistible favorisant divers apprentissages coopératifs, mais elle ne parvint pas à fixer durablement les comportements nouveaux. C'est que l'association établie entre les services publics et l'initiative privée fut vécue comme tout à fait exceptionnelle et temporaire. Pierre Renouvin le constatait en 1925 : « Le régime de guerre est resté, aux yeux de chacun, un régime d'exception qui devait, bien entendu, laisser à l'avenir le fruit de ses expériences, mais qui ne cherchait pas à se prolonger au-delà des limites de la crise [104]. »

Imposées par le péril et l'urgence, les pratiques dirigistes répugnaient fortement aux mentalités et méthodes libérales qui avaient prévalu jusqu'en 1914. Les quelques hommes qui cherchèrent, tel Clémentel, à adapter l'économie de guerre aux temps de paix firent face à une opposition antiétatiste résolue et massive, de la part des industriels bien sûr, mais aussi de la plupart des hommes politiques et des hauts fonctionnaires. La limitation du rôle de l'État et le retour à la liberté économique apparurent alors comme les conditions mêmes d'un réel redressement économique du pays. Les erreurs, le gaspillage et les déficits de la gestion industrielle des services publics pendant la guerre renforcèrent l'orthodoxie libérale déjà dominante. Enfin, nombre de rénovateurs, eux-mêmes libéraux, partageaient ces idées antiétatistes, à l'instar d'un Henri Fayol qui rédigea en 1921 un réquisitoire classique contre l'État, ouvrage intitulé *L'Incapacité industrielle de l'État* [105]. Au sentiment du caractère exceptionnel de l'état de guerre s'ajoutèrent les désordres improductifs de l'expansion étatique pour condamner d'un seul bloc les pratiques nouvelles élaborées au temps des nécessités. Ainsi, « ce furent ni l'économie dirigée ni la modernisation, mais la fin des contrôles et le repli sur soi qui caractérisèrent la politique du régime après la guerre [106] ».

Par ailleurs, pour mettre en mouvement un processus de rénovation, une certaine masse critique doit être atteinte pour faire basculer les blocages et résistances structurels qui rapidement apparaissent et se durcissent. En 1919, la masse des hommes revenus du front, portés par une légitimité politique quasi irrésistible, conquise sur les champs de bataille, pouvait, peut-être, renverser les obstacles au changement et déclencher un processus de réforme. Cependant, si les combattants furent bel et bien les agents d'un renouvellement du personnel parlementaire, la persistance des clivages politiques qui distinguaient leurs différentes associations, ajoutée à la forte aversion ressentie pour ce qu'ils appelaient « la politique », diminuait fortement leur potentiel d'entraînement collectif et leur capacité d'action. Surtout, le retour des combattants à la vie civile, avec tous les problèmes d'adaptation que supposait ce nouveau départ à zéro, mobilisa presque toute leur énergie. La revendication de leurs droits matériels, indemnités et pensions canalisa et souvent monopolisa leur action collective. L'apolitisme, le refus de constituer un « parti des combattants », la priorité des préoccupations matérielles émoussèrent ainsi une volonté de rénovation, clairement affirmée mais trop vaguement poursuivie, dont la traduction se limita globalement à un « Sortez les sortants » sans lendemain [107].

De fait, les combattants espérèrent changer les choses en changeant les hommes, estimant que seule la « génération du feu » pouvait engendrer la France nouvelle. Georges Noblemaire rapporte leurs espoirs en ces termes :

> « Quand les " nouveaux " députés entrèrent pour la première fois dans ce qu'ils appelaient sans rire le Temple des Lois, ils avaient l'ambition noble et généreuse de renouveler l'atmosphère des sanhédrins politiciens, d'y faire passer le grand courant purifiant d'un air venu du front, d'y apporter les roboratives vertus de leur générale et incontestable honnêteté [108]. »

Ce capital moral des 369 députés nouvellement élus allait pourtant perdre rapidement de sa vigueur au contact des réalités parlementaires. Ce fut un sujet commun de chronique politique que de décrire la manière dont les « vieux politiciens », forts de leur expérience, absorbèrent la poussée rénovatrice des jeunes députés.

Par ailleurs, à ne considérer que les législatives de novembre 1919, on a tendance à surestimer les forces de renouvellement à l'œuvre dans le corps électoral. En effet, les élections municipales des 23 et 30 novembre ainsi que les cantonales des 14 et 21 décembre n'apportèrent pas de modifications importantes par rapport aux représentations d'avant-guerre, comme le montrait le maintien des positions radicales-socialistes. Dès lors, si cette masse critique en faveur du changement, seule capable de déclencher le processus rénovateur, avait peut-être atteint un poids suffisant dans les premiers mois de l'après-guerre, elle n'en resta pas moins largement inorganisée et avait déjà perdu une bonne part de sa force à la fin de 1919.

Quant aux groupements et associations de rénovateurs, ceux qui travaillèrent à la révision constitutionnelle, à la réforme administrative ou à la promotion des compétences au sein de la République, comme ceux qui crurent venu l'âge annoncé par Saint-Simon, ils furent, de l'avis même de Probus, trop peu nombreux ou pas assez bruyants [109], et ne réussirent pas à surmonter leurs divisions. Alfred de Tarde et Robert de Jouvenel soulignèrent leur manque d'organisation et leur faible capacité d'entraînement à la veille des législatives :

> « La Démocratie nouvelle de Lysis, l'Organisation de la démocratie de Probus, la IVe République, d'autres encore, s'efforcèrent à des conceptions d'ensemble. On parlait d'un renouveau de doctrine, on sentait le besoin de traduire en idées ordonnées les bouleversements que la guerre avait causés. [...] Mais, ces jeunes groupements n'avaient pas eu le temps d'organiser leurs cadres, ni surtout leur action dans le pays [110]. »

La conjoncture internationale joua également en leur défaveur. Nombre de propositions réformistes s'inspiraient de l'exemple américain et de l'esprit wilsonien. Or l'échec politique du président Wilson, incapable d'assurer la ratification du traité de Versailles, ni même de se faire réélire, porta un rude coup aux échaffaudages constitutionnels édifiés sur l'exemple de l'autorité du président américain.

Les groupements rénovateurs amenèrent, certes, les Français à prendre en compte une double nécessité de l'après-guerre, « organiser » et « produire »; mais leurs efforts n'obtinrent finalement de la masse de la population qu'un « il faut faire quelque chose... » inefficace et passif. Dix ans plus tard, Bertrand de Jouvenel faisant le bilan de l'action des mouvements Probus. Lysis et de la revue *Le Producteur*, dressait un constat d'enlisement de ce sursaut avorté de l'immédiat après-guerre :

> « Ils ont remué l'opinion publique, et rien n'a été changé. Ce qui est un singulier démenti à ceux qui prétendent que ce pays-ci est gouverné par l'opinion publique. Pour ce qui est de convaincre, ils ont réussi. Ce ne fut pas une défaite, une bataille perdue de l'esprit nouveau contre l'esprit ancien. Non. Les hommes d'hier firent accueil aux idées nouvelles. Ils mirent leur éloquence à la mode du jour. Ils entourèrent les quelques hommes nouveaux de valeur qui se poussaient à la Chambre dans l'espoir de réussir leurs réformes. [...] La machine politique avala les hommes et leur vocabulaire, elle en fit des ministres comme les autres [111]. »

Phénomène classique de récupération. Lorsque les forces vives et dynamiques butent sur la tradition et les inerties structurelles, elle s'essoufflent puis se découragent rapidement. Dès lors, chaque promoteur du renouveau se met à travailler pour lui-même et capitalise à l'intérieur de son propre groupe les avantages et le prestige acquis durant la période de contestation réformiste. De la position de leader du renouveau à celle de notable assagi, le chemin est souvent plus court qu'on ne croit. Nombre de rénovateurs eurent d'ailleurs tendance à sous-estimer les liens qui les attachaient à la tradition. À cet égard, l'évolution politique d'Édouard Herriot est significative.

On l'a montré aux temps de *Créer*, partagé entre les élans de l'humanisme et les exigences de la gestion technicienne, élaborant pour la France un programme de rénovation hardi et moderne, en prise directe sur les réalités de l'après-guerre. Maire de Lyon, sénateur, jeune ministre de Briand, encore peu préoccupé par les questions partisanes, il appartenait alors au cercle des quelques hommes très informés sur les conditions du relèvement national. En 1917, il réclama de la part des Français de « l'audace, encore de l'audace, toujours de l'audace [112] ». En fait d'« audace », placé à la tête d'un Parti radical-socialiste en déclin, il montra plutôt un profond attachement au vieux programme républicain du début du siècle. Espérant ressusciter le parti de Combes et de Pelletan, il réussit, certes, la reconstruction d'un parti puissant, idéologiquement étayé sur le fonds traditionnel des idées de « défense républicaine », mais il figea du même coup le Parti radical-socialiste dans une problématique archaïque et largement inadaptée aux problèmes de l'après-guerre. Au gestionnaire épris d'efficacité et de rendement du temps de la guerre, succéda un chef de parti admiré et populaire qui retrouvait, une fois l'épreuve passée, les vieilles formules républicaines qui avaient fait son apprentissage politique au tournant du siècle. Dans ce désir d'un retour à la Belle Époque,

Herriot exprimait d'ailleurs le souhait d'une majorité de Français [113].

Enfin, si les problèmes nouveaux, nés de la guerre ou aggravés par quatre années de destruction, pouvaient demander des méthodes nouvelles, leur urgence et leur volume jouèrent contre le changement. Les réformes en profondeur souffrirent de l'urgence des questions pendantes. La reconstruction du Nord-Est dévasté, l'énorme déficit des finances publiques, les difficultés du règlement de la paix accaparèrent presque totalement l'attention des hommes politiques. Probus, d'ailleurs, ne reprocha pas aux deux cents députés signataires de son programme de réformes d'avoir ignoré leur engagement ; il se borna à constater que cette question de la rénovation de la République ne fut pas posée au cours de la législature [114].

De son côté, Alexandre Millerand, convaincu de la nécessité d'une révision constitutionnelle, donna également priorité à « un certain nombre de besognes d'une extrême urgence [115] ». En octobre 1923, dans un célèbre discours prononcé à Évreux, il présenta encore la révision comme un objectif proche, mais non immédiat [116]. Le poids de la guerre avait imprimé à la psychologie collective un puissant besoin de répit, une forte aspiration au calme : « Quand je parle de la révision de la Constitution, ailleurs que dans une assemblée nettement amicale, écrivait Henry de Jouvenel, je rencontre un certain nombre d'oppositions, je sens des résistances. On nous dit : " Après la guerre, laissez-nous un peu tranquille, laissez-nous un peu vivre [117]. " » Cette nécessité d'une pause après les bouleversements de la guerre trahissait une identité meurtrie qui cherchait dans le mythe d'un avant-guerre devenu « Belle Époque » à nier un présent douloureux. L'idéalisation de ces années, temps de l'innocence et du bonheur de vivre, répondait à un désir de fuite hors du présent, de négation des réalités issues du conflit et correspondait à un état défensif et peureux. Cette nostalgie d'un âge d'or perdu constituait un puissant obstacle psychologique à une attitude rénovatrice.

Rénover, après un tel cataclysme, eût d'ailleurs révélé une capacité tout à fait exceptionnelle à surmonter le traumatisme. En France comme chez ses alliés, ce fut le retour à la normale qui prévalut. Cette digestion passéiste des formidables événements de 1914-1918 se traduisit notamment par une œuvre de reconstruction des régions dévastées dominée par le souci de refaire « comme avant ». « En faisant du neuf dans le style ancien, la France a pris, en fait " un coup de vieux ". C'est la marque même du vieillissement qui touche si profondément la population, plus que celle d'aucun autre pays [118]. »

À l'explication par le vieillissement accentué de la France d'après-guerre, vieillissement qui aurait anesthésié l'esprit de création et de progrès, il faut ajouter un élément d'ordre psychologique. Dans l'ébranlement des valeurs consécutif à la guerre, une remise en état modernisante eût signifié comme une deuxième dépossession, l'oubli et la négation de ce qui fut s'ajoutant à la destruction. Exorciser la guerre, c'était la mettre entre parenthèses et affirmer la continuité de l'histoire nationale. Cela passait, entre autres choses, par une reconstruction conforme, une réplique fidèle des cadres matériels de la France d'avant-guerre. D'autre part, chez les hommes qui vécurent l'enfer des tranchées, le traumatisme de l'expérience, loin de nourrir une volonté de renouveau, pouvait au contraire figer leur énergie dans la contemplation et la commémoration de ces événements. Commémorer, n'est-ce pas revivre ensemble l'événement et affirmer qu'on n'a pas changé, qu'on est toujours le même, en communion avec ce qu'on fut alors? Dans cette identification existentielle à l'événement, nombre de Français de l'après-guerre ne s'arrêtèrent-ils pas à leur qualité d'« anciens combattants » au détriment d'un autre rapport à l'Histoire qui eût fait d'eux des « hommes d'après-guerre »?

Ainsi, une fois écartés les nostalgiques de l'avant-guerre, les anciens combattants incapables de dépasser leur expérience et tous ceux qui, éblouis par la victoire, se réfugièrent dans les illusions de la puissance et du prestige retrouvés, évacuant les problèmes par des formules incantatoires du genre « l'Allemagne payera », une fois écartés les hommes qui aspireraient au calme après cet effort exaspéré pour la survie nationale et tous ceux à qui l'immobilisme profitait, il apparaît que les forces vives authentiquement rénovatrices, importantes en 1918 et 1919, manquèrent de continuité, de volonté, d'organisation et de capacité d'entraînement. Pour faire de la guerre le point de départ nouveau de l'existence nationale, il eût fallu que la France de 1919 trouvât une majorité d'hommes résolus à devenir, au sens littéral de l'expression, des « hommes d'après-guerre ». La République, pendant deux décennies, allait vivre en quête de ces hommes, usant dans cette attente « ses réserves graisseuses [119] ».

CHAPITRE II
Une carrière, un homme

CURSUS HONORUM

La IIIe République avait déjà trouvé sa forme constitutionnelle lorsque André, Pierre, Gabriel, Amédée Tardieu vint au monde, le 22 septembre 1876. Dernier né d'une dynastie de bourgeois parisiens dont la généalogie robuste remontait jusqu'au XVIIIe siècle [1], il trouva dans son patrimoine familial sécurité et assurance. Longue lignée de graveurs et d'artistes habitués aux sièges de l'académie des Beaux-Arts et de l'Institut de France, les Tardieu s'illustrèrent également dans la médecine et le droit. De ce milieu familial grand bourgeois et privilégié, Tardieu n'allait pas démériter et montra très tôt une précocité qui fit l'étonnement de ses professeurs du lycée Condorcet. Il ne fut guère de disciplines scolaires qui résistèrent à ses qualités d'intelligence, à sa puissance de travail et à son impatience à relever tous les défis. La liste de ses premiers prix lui valut le titre de « professionnel du triomphe scolaire [2] », réputation qu'il ne démentit pas lorsque, en 1895, au Concours général des lycées et collèges de France, il reçut quatre nouveaux prix des mains du jeune Henri Bergson et du ministre de l'Instruction publique d'alors, Raymond Poincaré [3].

Au sortir du cycle secondaire, un choix s'imposait. La tradition familiale lui indiquait le droit ou la médecine, mais cet élève prodige que l'obstacle tentait toujours, préféra se mesurer au très difficile et prestigieux concours d'entrée à l'École normale supérieure. Reçu premier, son assurance inentamée, Tardieu déclina ensuite l'honneur d'être le « cacique » de la rue d'Ulm. Il préféra, une fois ses devoirs militaires accomplis, la Sorbonne et une licence ès lettres brillamment obtenue. Ce fut en cet automne 1897 que, les relations de famille et le hasard aidant, Tardieu découvrit un monde qui allait lui donner matière à penser et à agir pendant presque toute sa vie : les affaires internationales. « Et, sans bien savoir pourquoi, je me réveillai, à vingt et un ans, attaché à l'ambassade de la République à Berlin, sous les ordres d'un ami des miens, le marquis de Noailles [4]. » Reçu premier au concours du Quai d'Orsay au printemps 1898, attaché au cabinet de nouveau ministre des Affaires étrangères, Théophile Delcassé, il fit bientôt preuve une fois de plus d'inconstance ; il abandonna la « carrière », « roulotte correcte [...] qui offre aux amateurs de la comédie humaine un confortable fauteuil d'orchestre [5] », mais dont la tranquille et monotone allure ne correspondait ni à ses impatiences ni à son désir d'indépendance.

En juin 1899, des liens d'amitié et de famille permirent à Tardieu de vivre de très près l'une des expériences gouvernementales les plus marquantes de la IIIe République, celle du grand cabinet de « défense républicaine » formé par Waldeck-Rousseau pour mettre fin à la crise politique issue de l'affaire Dreyfus. Secrétaire de la présidence du Conseil, il travailla, en collaboration avec le second secrétaire de Waldeck-Rousseau, Joseph Paul-Boncour, à l'établissement du dossier d'accusation qui devait faire condamner par la Haute Cour les chefs nationalistes, Paul Déroulède et Jules Guérin [6]. Bien qu'il n'ait pas participé à l'élaboration de la loi sur les Associations, grande œuvre du ministère, ces trois années passées auprès de Waldeck-Rousseau lui donnèrent, comme il l'écrivit plus tard, « le goût des batailles politiques, l'habitude du milieu parlementaire, la connaissance des couloirs [7] ».

Après la démission de Waldeck-Rousseau, Tardieu commença alors une nouvelle carrière au ministère de l'Intérieur, comme inspecteur général-adjoint des services administratifs. Cette fonction, bien que plus obscure et moins prestigieuse que les précédentes, le familiarisa avec les détails de la vie administrative des départements et des communes et constitua un excellent apprentissage technique pour un futur ministre de l'Intérieur. Ce travail d'inspection des hôpitaux et des pénitenciers ne pouvait cependant satisfaire ses goûts et ses ambitions. Il trouva alors une heureuse transaction entre son désir de point fixe et son besoin d'action et d'indépendance, en combinant fonctionnariat et journalisme.

Durant sa jeunesse, Tardieu eut de la peine à canaliser son ardeur entreprenante et dispersa ses dons dans des directions parfois contradictoires. Avec le journalisme, ce jeune homme aux relations étendues et aux facilités multiples, trouva sa voie. Maurice Colrat dit de lui avec raison qu' « il était journaliste, avant tout [8] ». Ce métier correspondait bien à ses qualités : force et rapidité de travail, connaissance et sûreté d'information, méthode et netteté d'exposition, audace et courage au besoin. Il signa ses premiers articles au *Petit Parisien*, sous le pseudonyme de Jean Frollo [9], mais sa vraie carrière journalistique commença au *Figaro*, en février 1901, où il signait Georges Villiers des articles sur la politique internationale. Gaston Calmette apprécia rapidement son talent et fit de lui l'un des mieux payés et des plus jeunes directeurs de rubrique de France. Cette collaboration prometteuse allait pourtant faire long feu et même se compliquer d'un procès. En effet, Tardieu, comme directeur de la rubrique « À l'étranger », refusa d'assumer des articles faisant l'apologie politique du sultan de Constantinople, protesta contre cette ingérence dans ses responsabilités et se trouva subitement congédié [10]. Eugène Lautier l'introduisit alors au *Temps* où ses articles de première page allaient devenir jusqu'à la guerre de nécessaires références. Rédacteur du « Bulletin de l'étranger », succédant à Francis de Pressensé en janvier 1905, il vécut rue des Italiens « un radieux printemps qui se prolongea dix ans [11] ».

En relation avec tous ceux qui comptaient dans les services diplomatiques, connaissant personnellement la plupart des chefs d'État étrangers, Tardieu exerça un véritable magistère sur la clientèle, restreinte alors, des hommes s'intéressant aux questions internationales. Son influence et son autorité, reconnues par ses contemporains, lui valurent cette boutade du prince von Bülow : « Il y a six grandes puissances, et une septième qui est M. Tardieu » et ce souvenir de Gustav Stresemann, « André Tardieu avait été, au *Temps*, la gouvernante revêche de l'Europe [12] ». Souvent porte-parole du Quai d'Orsay, il n'était toutefois point servile. Sa production et sa vitalité d'écriture durant cette période accréditèrent une réputation d'omniscience. Des centaines d'articles dans les quotidiens, de nombreuses contributions aux revues [13] ainsi que sept ouvrages très documentés d'actualité et d'histoire diplomatique [14] témoignent par leur seul volume de l'activité et du dynamisme de ces années d'avant-guerre.

Son expertise en matière de politique internationale trouva un nouveau terrain d'expression lorsqu'il commença en 1909 à enseigner à l'École libre des sciences politiques, puis en 1911 à l'École supérieure de guerre. Ses débuts dans le professorat remontaient d'ailleurs à 1908, année où il fut invité par le club français de l'Université Harvard à présenter un cours sur la France et ses alliances.

Fonctionnaire modèle au ministère de l'Intérieur, journaliste influent au prestigieux *Temps*, professeur apprécié à la grande École libre des sciences politiques, tout lui réussissait. Lorsque, en avril 1914, il se présenta à la députation, « conclusion logique de ces vingt-cinq années [15] », sa renommée n'était plus à faire. Avec la loi de trois ans pour bannière et le patronage de la Fédération des gauches, il mena campagne dans la quatrième circonscription de Versailles, bénéficiant de l'appui personnel d'Aristide Briand, de Louis Barthou, d'Alexandre Millerand et d'Adolphe Carnot. Élu au premier tour, le 26 avril 1914, devant le candidat radical-socialiste Émile Laurent, il devait rapidement abandonner l'habit pour l'uniforme, à l'heure de la mobilisation d'août 1914. Affecté au ministère de la Guerre, service de la censure télégraphique, il obtint sa mutation au Grand Quartier Général des armées comme lieutenant interprète, où il servit surtout comme agent de liaison du général Foch, ami de longue date. Une fois la « course à la mer » achevée, le général Joffre lui confia la tâche de réorganiser les services d'information de l'état-major. L'ascendant qu'il prit au Grand Quartier Général fit de lui « le grand conseiller civil du général en chef », « situation unique que nul ne retrouvera après lui [16] ».

Ce régime de Chantilly, avec « la domestication brillante mais continue que comportait le service d'état-major [17] », ne correspondait guère pourtant aux goûts et aux habitudes civiles de Tardieu qui manifesta le désir de combattre en première ligne. Joffre accéda à son souhait en lui confiant le commandement de la 7ᵉ compagnie du 44ᵉ bataillon de chasseurs à pied. À la fin de novembre 1915, Tardieu fut retrouvé inanimé dans les tranchées de Neuville-Saint-Vaast ; une congestion cérébrale avait failli l'emporter. Rendu à la vie civile avec croix de guerre et citations, il revint à la Chambre où il fut le remuant rapporteur de la commission de l'armée, demandant constamment des comptes aux ministres comme aux généraux.

Tardieu proposa, dans un esprit qui rappelait les souvenirs du Comité de salut public, un projet de contrôle parlementaire « permanent » dans la zone des armées, projet dont les audacieuses dispositions devaient, par-dessus l'exécutif, jugé timoré et faible, mettre fin à la quasi-dictature du Grand Quartier Général [18]. Il dénonça d'autre part l'inutilité et le terrible coût des offensives répétées et en demanda l'ajournement [19]. Enfin, dans une interpellation à la Chambre en décembre 1916, il critiqua vertement le rôle du gouvernement Briand dans la direction de la guerre, qualifiant celle-ci de faible, d'indécise et d'autosatisfaite. Il demanda que l'unité de commandement et l'organisation de l'effort interallié fussent enfin réalisés, « le maximum d'efficacité [passant] par le maximum d'unité [20] ». Pour remédier à la carence générale de direction, il réclama un changement des chefs, au gouvernement comme au Grand Quartier Général [21].

Après l'entrée en guerre des États-Unis, Tardieu publia, en avril 1917, dans *Le Petit Parisien*, un article qui dressait d'une plume enthousiaste les grands axes d'« un programme de coopération » franco-américain [22]. Le lendemain, le président du Conseil, Alexandre Ribot, lui confia la tâche d'organiser et de diriger le haut commissariat français à Washington, créé pour assurer à l'œuvre de coopération centralisation et autorité. Tardieu reçut « plein pouvoir pour diriger les missions françaises aux États-Unis, ainsi que pour coordonner tant en France qu'en Amérique toutes les mesures techniques de coopération arrêtées sur sa proposition par le gouvernement [23] ».

Pendant près d'une année, il n'allait plus être question pour le haut commissaire que de céréales, d'essence, de charbon, d'acier, d'armement, de crédits et d'effectifs. À l'heure de la guerre totale, Tardieu relativisait l'importance du champ de bataille :

> « De la guerre, les peuples ne retiennent que les contours extérieurs. De la période tragique de 1917-1918, qu'ont-ils saisi ? Le désastre roumain ; Caporetto ; le Santerre ; le Chemin des Dames. Est-ce là pourtant que se jouait la partie décisive ? Non. L'essentiel, à cette époque, c'est le problème des transports, de la rotation des bateaux, des torpillages ; c'est le problème financier ; c'est la mise au point des rouages, dont tout coincement, tout arrêt peuvent briser les armes dans les mains des soldats [24]. »

L'importance et l'activité de la mission de Tardieu se lisent dans les chiffres, – tonnages transportés, effectifs acheminés, crédits obtenus – ainsi que dans l'organisation du haut commissariat à Washington : 1 200 personnes réparties en onze organes de direction gérant un budget de plus de trois milliards de dollars, soit l'équivalent du double du budget annuel de la France d'avant-guerre [25]. Alexandre Ribot parlait d'un « véritable ministère [26] », et Clemenceau, en renouvelant la fonction de Tardieu aux États-Unis, dit plaisamment au haut commissaire : « Vous êtes un Napoléon ; mais je vous préviens que je vous ferai fusiller après Marengo [27]. »

Les effectifs américains en France s'accrurent rapidement et créèrent de nouvelles nécessités organisationnelles. Pour y faire face, Clemenceau concentra encore les pouvoirs de Tardieu en le nommant, le 19 juin 1918, commissaire des affaires de guerre franco-américaines, dont le siège fut établi à Paris. Dans ses fonctions, Tardieu demeurait en contact étroit avec William G. McAdoo, Bernard Baruch, Herbert Hoover et le colonel House dont il devint l'ami. Sa bonne connaissance des milieux politiques américains ainsi que des questions techniques interalliées devaient faire de lui, grâce à l'estime et à l'amitié de Georges Clemenceau, l'expert français chargé des relations avec les États-Unis dans le futur processus de paix.

Clemenceau, en nommant les quatre plénipotentiaires français à la conférence de la paix, préféra à une formule toute ministérielle une solution qui laissât une place aux experts. Il choisit ainsi pour s'adjoindre aux ministres Stephen Pichon et Louis Klotz le diplomate éprouvé Jules Cambon ainsi qu'André Tardieu. Ce dernier exerça une forte influence au sein de la délégation française. Son rôle, cependant, ne correspondait pas aux impressions laissées par Raymond Poincaré ou Charles Benoist, tous deux tenus à l'écart des vrais débats, qui virent en Tardieu « le vrai inspirateur », l'éminence grise d'un Clemenceau fatigué et hésitant [28].

Actif artisan du traité, Tardieu le fut sans doute. Dès décembre 1918, chargé de la préparation technique de la paix, il réunissait sous sa présidence les membres du Comité d'étude pour les futures bases de la paix, créé en 1917 et formé de personnalités scientifiques de renom, et les représentants des divers ministères. Le but de ces réunions était d' « arrêter, sur chaque point, les conclusions communes, dont le texte établi par écrit [devait] servir de base aux propositions françaises [29] ». La force de travail et le dynamisme de Tardieu purent faire croire à des interventions ubiquistes. Il ne participa en fait qu'aux négociations concernant les clauses territoriales, présidant plusieurs commissions de la conférence de paix, notamment celles relatives à l'Alsace-Lorraine, au bassin de la Sarre, aux frontières belges, roumaines et autrichiennes, et à la difficile question du sort des territoires allemands de la rive gauche du Rhin [30].

Le 6 novembre 1919, Clemenceau confia à Tardieu le ministère des Régions libérées. Cette tâche de reconstruction et de relèvement convenait à l'esprit entreprenant du jeune ministre. Trois mois de fonction n'allaient cependant pas permettre des réalisations spectaculaires. Clemenceau, pourtant plébiscité par les législatives du 16 novembre 1919, ne parvint pas à réunir la majorité des voix du Congrès sur sa candidature à la présidence de la République et donna la démission de son gouvernement le 17 janvier 1920. Cette répudiation du « père la victoire » provoqua chez Tardieu un sentiment d'indignation et de dégoût : « L'ivresse immonde du Congrès de Versailles de janvier 1920 applaudissant à la honteuse immolation du vieux chef m'aurait fait sortir de la vie politique, si le goût d'une bataille, à laquelle je croyais encore, ne m'y avait point fixé [31]. »

Cette bataille, Tardieu la mena avec ardeur et obstination. De très nombreux articles [32] à l'argumentation serrée, compulsive, d'incessants réquisitoires à la Chambre, qui procédaient par anathèmes et excommunications, la création d'un quotidien dont les éditoriaux furent pour Poincaré autant de « coups de poignard dans le dos [33] », la rédaction enfin d'un livre sur *La Paix* dont le tirage dépassa les cent mille exemplaires, tels furent les instruments d'une opposition opiniâtre qui eut pour axe de combat la défense du traité de Versailles et des acquis de la victoire. Cette opposition clemenciste, puisque formée des « lieutenants » de Clemenceau, fut conduite pendant toute la législature par André Tardieu et Georges Mandel. Pour briser leur isolement, secouer l'opinion publique et dans l'espoir de rééditer le succès de l'opposition coups de boutoir menée par *L'Homme libre* pendant la guerre, les clemencistes lancèrent un nouveau quotidien, *L'Écho national* [34]. Clemenceau, qui voulait « donner à Tardieu un vrai champ d'action [35] », lui laissa une complète liberté dans la direction politique du journal.

Le premier éditorial de *L'Écho national* stigmatisa « les gouvernements d'abdication » qui mutilèrent les droits de la France dans des conférences internationales où Briand et Loucheur, « ruineux illusionnistes », trahissaient « le dépôt sacré de la victoire ». *L'Écho national* entendait dire la vérité sur ces tractations successives et « réveiller en France le sens de la victoire [36] ». « Le défaitisme de la paix », la subversion des antinationaux et le double jeu des radicaux-socialistes qui « tendent une main à la révolution et, de l'autre, appréhendent les réalités du pouvoir [37] » constituèrent les cibles clairement désignées de cette offensive clemenciste. Pour cette équipe de choc qui mettait les présidents du Conseil sous surveillance, la tactique parlementaire consista à ramener le gros de la Chambre bleu horizon sur ses positions nationales du 16 novembre 1919. Cette tentative d'encerclement et de captation du Bloc national devait pourtant s'épuiser dans l'atonie d'une Chambre qui ne tint pas les espoirs de renouvellement que sa majorité de nouveaux venus à la politique annonçait.

Par loyauté envers Clemenceau et par fidélité à la politique de la victoire, Tardieu déclina les offres ministérielles de Millerand en 1920 et de Poincaré en 1922. Il ne croyait pas le second capable de réagir « contre la désastreuse politique des conférences de San Remo, Boulogne, Spa, Paris, Washington » et reprochait à l'ancien président de la République son attentisme en politique intérieure [38]. De 1922 à 1924, par la constance et la force de ses interventions, Tardieu détint néanmoins une sorte de « portefeuille fantôme [39] » et s'affirma avec éclat comme leader politique.

Cette période de critiques virulentes et de polémiques incessantes lui porta cependant préjudice. « Tardieu, commentait Pierre Dominique, luttait avec brutalité, à coups de hache, et mit bien du temps à panser les blessures faites par *L'Écho national* [40]. » Herriot, qui lui reconnaissait « des qualités de chef », pensait que « Tardieu n'avait guère satisfait que lui-même [41] » durant cette période. Les tenants de la réaction monarchiste eux-mêmes trouvèrent son insistance partisane finalement « agaçantes [42] ». Détesté par une grande partie de la gauche, peu sympathique à la droite, chef sans troupe flanqué d'un Georges Mandel lui-même isolé et redouté, Tardieu mena sa bataille tout seul, sans se préoccuper de savoir qui pouvait le suivre.

Aux législatives de mai 1924, Poincaré renonça ainsi à soutenir ses anciens ministres, Maurice Colrat et Charles Reibel, colistiers de Tardieu en Seine-et-Oise. Il ne pouvait pardonner à Tardieu son « opposition de parti pris [43] ». Premier de sa circonscription en 1919, Tardieu ne réussit pas à faire oublier tous les coups donnés depuis et ne fut pas réélu. Cet échec personnel ainsi que la victoire du Cartel des gauches, « revanche des défaitistes » annoncée depuis des mois dans *L'Écho national*, faillirent mettre fin à la carrière politique d'un homme qui annonça publiquement sa retraite.

En février 1926, une élection partielle dans le Territoire de Belfort devait pourtant le ramener à la politique. Dans ce vieux fief radical, le scrutin majoritaire prévalait, ce qui décida cet adversaire résolu du scrutin de liste à tenter la bataille. Ces treize jours de campagne intense, pendant lesquels Tardieu se montra omniprésent, portant la contradiction aux ténors de la gauche venus en renfort, tels Ludovic-Oscar Frossard, Léon Blum, Moro-Giafferi, Bouffandeau, laissèrent au candidat socialiste, René Naegelen, une impression de « tornade » : « En vérité, nous [les socialistes] ne touchons plus terre. Le candidat radical, Émile Py, disparaît ou sombre dans le ridicule [44]. » Tardieu obtint l'appui de l'ensemble des milieux industriels jusque-là divisés selon des lignes religieuses [45] et fut soutenu par un bi-hebdomadaire créé pour l'occasion, *Le Républicain de Belfort*. Refusant toute étiquette partisane, il prit l'unique et ferme engagement de se dresser contre la politique de « faillite » du Cartel des gauches [46].

Il fut élu au premier tour, et Eugène Lautier annonça alors le retour du « brochet dans l'étang »; Léon Daudet crut au renversement possible de la politique locarnienne et Clemenceau sonna l'heure du « grand labeur » en confiant à Tardieu « la mission de parler au nom de la France [47] ». Sa rentrée politique fut cependant plus mesurée que prévu. Après avoir confondu Bloc national et Cartel des gauches dans une commune réprobation, dénoncé la boulimie de projets financiers avortés et l'inconsistance des combinaisons ministérielles, rejeté les illusions d'une Union nationale, il réclama la dissolution de la Chambre et mit ses espoirs dans la constitution d'une majorité nouvelle, conduite par une « troupe parlementaire de choc » sous l'autorité d'un « gouvernement qui gouverne [48] ». Dans cette France qui vivait, comme pendant la Grande Guerre, sous l'empire des communiqués, mais monétaires cette fois, la référence au gouvernement de combat formé en 1917 par Clemenceau apparaissait comme l'unique solution praticable aux yeux de Tardieu. Ce programme, assez flou dans sa partie constructive mais clair dans ses rejets, n'empêcha pourtant pas Tardieu d'accepter, le 22 juillet 1926, d'entrer dans le cabinet d'Union nationale présidé par Raymond Poincaré.

La réconciliation avec Poincaré signifiait par elle-même la rupture avec son « patron » Clemenceau et, plus encore, selon l'aveu du Tigre, la fin du clemencisme [49]. Dès lors commença pour Tardieu une période de réalisations au ministère des Travaux publics auquel furent rattachés la Marine marchande et les Régions libérées. Son ambition affirmée à maintes reprises fut d'équiper et de moderniser la France, de la « libérer de ce que, poilus résignés, nous appelions naguère le système D [50] ». Conscient que « les conditions de vie matérielle et les conditions de vie administrative ne répondaient plus aux nécessités de l'époque [51] », il concentra son action sur quelques grands travaux essentiels touchant en priorité les infrastructures de communication. L'effort principal porta sur la réfection et l'extension du réseau routier et surtout sur l'amélioration des grands ports et des voies navigables, travaux qui, en période de déflation budgétaire, avaient l'avantage de bénéficier directement du système de prestations en nature défini dans le plan Dawes [52].

Ce passage aux Travaux publics donna à Tardieu une large expérience des négociations syndicales et des milieux patronaux. Sous sa gestion ministérielle, la paix sociale fut maintenue malgré les rigueurs de cette période de redressement financier. La difficile question de la réintégration des cheminots révoqués à la suite des mouvements grévistes de 1920, conflit social laissé sans solution par Pierre Laval et Anatole de Monzie, se trouva finalement résolue par la loi du 9 décembre 1927, fruit de l'action persévérante de Tardieu [53].

En novembre 1928, cependant, le congrès du Parti radical-socialiste s'aligna à la dernière minute sur les positions défendues par les partisans d'une « cure d'opposition » et rompit ainsi avec une Union nationale dont la nature contredisait depuis trop longtemps le traditionnel attachement des radicaux à l'union des gauches. L'attribution du ministère de l'Intérieur à André Tardieu, fait saillant du remaniement ministériel élaboré par Poincaré, inquiéta les radicaux qui abandonnèrent à un homme réputé énergique « des leviers de commande sur lesquels leurs empreintes digitales s'étaient fortement incrustées [54] ». Dans une chronologie sommaire de ses années de gouvernement, Tardieu notait lui-même : « 13 novembre 1928 : les radicaux sont furieux que je sois à l'Intérieur [55]. »

Responsable de l'ordre et de la paix civile, le nouveau ministre fit preuve d'un autoritarisme peu commun dans la répression des activités communistes. Usant, avec une générosité inquiétante, du fameux article 10 du Code de procédure criminelle, véritable survivance du système des lettres de cachet, il fit arrêter préventivement plus de 3 500 militants de gauche, communistes surtout, lors des préparatifs de la fête ouvrière du 1er mai 1929. Il s'agissait de désamorcer ce qu'il présenta comme une « journée d'émeute communiste tendant, sur des ordres venus de l'étranger, à la conquête de la rue [56] ». La vigilance répressive de Tardieu à l'égard des communistes demeura sans faille si bien que, plus tard, sous le Front populaire, il put écrire : « Je n'ai jamais laissé défiler le drapeau rouge dans les rues [57]. » Cette conception autoritaire du maintien de l'ordre rappelait que Tardieu avait été un fidèle disciple de Clemenceau.

En cet été 1929, pourtant, si Tardieu devait assumer un héritage politique, celui de Poincaré paraissait tout désigné. Dès 1927, ce droit de succession avait été reconnu par l'ancien président de la République lui-même : « Les hommes de mon âge, que les jeunes générations sont quelquefois un peu pressées de couronner de roses fanées, [...] sont heureux de trouver de temps en temps parmi elles des esprits d'élite comme M. Tardieu, qui ne dédaignent pas de seconder leurs anciens en attendant le temps prochain où ils seront obligés de les remplacer [58]. » Ce temps vint, lorsque, en juillet 1929, Poincaré dut démissionner, malade et épuisé. L'imminence de la réunion de la conférence de La Haye différa la crise de succession en imposant l'intermède du onzième gouvernement Briand, mais l'heure de Tardieu devait sonner le 1er novembre suivant, lorsque, après une crise ministérielle de dix-sept jours, Gaston Doumergue l'appela à la présidence du Conseil.

L'HOMME

Une présentation détaillée des succès et des titres publics comme privés qui composent le *cursus honorum* d'André Tardieu nous laisse à la surface de l'homme. Les carrières parallèles dans la diplomatie, le journalisme et la fonction publique, la députation et les diverses responsabilités ministérielles mesurent certes sa stature intellectuelle et politique, renseignent sur les solidarités nouées et les inimitiés déclarées et témoignent des intérêts et des préoccupations. Cet espoir du régime mérite cependant une attention moins superficielle que l'exhibition d'une carte de visite, fût-elle impressionnante. Les contours de sa personnalité politique dessinent en effet un lieu idéologique dont les quatre points cardinaux apparaissent nettement et rappellent avec force l'imprégnation du milieu : Tardieu fut, d'une conviction maintes fois affirmée, un grand bourgeois, un Parisien, un républicain et un « national ».

Un grand bourgeois

De la bourgeoisie, Tardieu revendiquait toutes les valeurs : valeur du travail et de l'effort à la conquête de la fortune ; plaisir de l'esprit et luxe des connaissances désintéressées ; culte de la liberté concrétisée dans l'indépendance ; sécurité et confiance bâties sur le labeur, garanties par la propriété et l'héritage. De toutes ses ambitions audacieusement mesurées, il exemplifiait cette aristocratie de l'effort dont René Johannet fit l'éloge [59]. Effort individuel dans l'enrichissement intellectuel et moral, effort familial dans l'amour du patrimoine et le souci de l'épargne, effort social dans la défense du statut et la lutte pour la sécurité, effort politique enfin dans la revendication de compétence et le goût de l'ordre. À l'heure où la marche du socialisme laissait derrière elle de plus en plus de bourgeois honteux, Tardieu portait haut et fort sa distinction sociale : « Je suis content de vous rencontrer, disait-il aux industriels de Nancy, et parmi vous, je me sens à l'aise. Bourgeois, je suis et je ne m'en cache point – fils de bourgeois qui, comme vos pères, n'ont jamais, dans leurs rangs, connu d'oisifs [60]. »

Plus encore que les discours et les professions de foi, l'éducation humaniste et un art de vivre trahissant la maîtrise des bonnes manières et l'aisance dans le bon goût révélaient l'identité sociale de Tardieu. Cet enfant du VIIIe arrondissement marquait sa différence par une élégance recherchée et hautaine qui, du gilet de soie jusqu'au monocle ou au fameux fume-cigarettes, affichait une assurance ostentatoire, provocante. Ce grand bourgeois aux supériorités crâneuses ne manqua pas d'irriter et d'agacer une bonne partie de la classe politique française. Sa satisfaction sociale, cambrée sur le patrimoine familial, confirmée par les succès, heurtait la République des boursiers.

Gambetta en annonçant la venue en politique des nouvelles couches sociales, Ferry en se faisant le promoteur de l'égalité d'éducation avaient travaillé pour une République qui laissât place, à côté des aristocraties de naissance et de fortune, au mérite et à l'effort individuel. L'élite républicaine s'étoffa ainsi d' « enfants du peuple », boursiers méritants qui réalisaient les promesses de la Révolution française. Maurice Barrès, puis Albert Thibaudet pensèrent l'histoire de cette élite selon l'opposition entre « héritiers » et « boursiers [61] », autorités traditionnelles et classes moyennes montantes. Tardieu, en s'affichant bourgeois, assumait les privilèges de l'héritier et manifestait à cet égard une bonne conscience exemplaire. Entré en diplomatie, puis au gouvernement grâce aux amitiés entretenues par son père avec Gabriel Hanotaux et Waldeck-Rousseau, très tôt en contact direct avec l'élite intellectuelle et politique, il bénéficia des avantages et facilités réservés aux grandes « dynasties bourgeoises ». Pourtant, cet héritier à l'avenir tracé dédaigna ses aptitudes à tous les concours, puis abandonna les grandes carrières pour choisir, à l'étonnement des siens, le journalisme, office des « boursiers » s'il en fut. En entrant dans la respectable maison du *Temps*, toutefois Tardieu ne rompait pas avec le monde des « bien-pensants », d'autant que, par sa spécialisation dans les questions internationales, il ne côtoyait guère que les élites nationales et étrangères.

Bourgeois et héritier, ce blason social ne prenait véritablement sens que par opposition à un univers senti comme radicalement étranger, le socialisme. Bourgeois, n'était-ce pas l'injure suprême pour le militant socialiste? La notion même de boursier n'impliquait-elle pas une conception interventionniste de l'État avec, comme ultime étape, selon les conservateurs, le spectre de « l'école unique » et le nivellement par le bas? Boursier et socialiste, dans une acception plus étroitement bourgeoise, se confondaient et désignaient le même monde de bacheliers ambitieux et sans ressources, pseudo-intellectuels déclassés victimes de l'accélération de la mobilité sociale, arrivistes démagogues en quête d'une situation. Tardieu, sur la fin de sa vie, prit à son compte ce clivage sociologique et idéologique lorsque, en marge de ses notes de lecture, il écrivait : « Proudhon, comme Leroux, comme Cabet, comme Louis Blanc, a été un boursier et un aigri [62]. »

Pourtant, il serait faux d'imaginer un homme campé sur ses privilèges, crispé dans la défense d'un ordre bourgeois satisfait et immobile. Il demandait à la bourgeoisie de se montrer digne de sa propre histoire, c'est-à-dire, dans son esprit, de toute l'histoire de la France moderne : « Nous descendions de trois cent cinquante ans de bourgeois parisiens, qui, bien que, de père en fils, graveurs de leur état et membres de l'académie des Beaux-Arts, avaient dû participer plus ou moins à la Ligue, à la Fronde, au jansénisme, à la philosophie, à la Révolution [63]... » Bourgeoisie en prise sur son temps, partie prenante aux secousses de l'Histoire, bourgeoisie conquérante pour qui créer importait autant que profiter et transmettre, tels étaient pour Tardieu l'honneur et le devoir d'une classe qualifiée de dirigeante. À la jouissance inquiète de privilèges menacés, au pessimisme conservateur et à la sourde mais insidieuse mauvaise conscience du bourgeois, « aux verdicts téméraires qui prononçaient, de temps à autre, le dessaisissement de la bourgeoisie française [64] », il opposait une conception hardie et entreprenante de l'élite sociale, reprenant à son compte une injonction célèbre : « Le mot de Danton : " De l'audace, encore de l'audace, toujours de l'audace ! " est le seul qui convienne à notre époque [65]. »

À la jeunesse française traumatisée par les années de guerre, il lançait deux mots d'ordre, confiance et volonté : « Confiance dans la France d'autrefois, dans la France d'aujourd'hui, dans la France de toujours [66] » ; confiance dans les vertus françaises comprises comme vertus bourgeoises par excellence : « Vertus françaises, ai-je dit tout à l'heure. Ah ! Messieurs, les reconnaissez-vous ? Effort de sélection dans l'égalité démocratique ; goût du travail bien fait ; esprit de sacrifice dans la guerre ; émulation dans la paix ; énergie et patience au service d'un idéal ; la méthode pour préparer ; le sens pour exécuter [67]. » Les valeurs d'ordre, d'économie, d'effort, de modération, de sens du réel, de compétence répondaient, selon lui, aux urgences du présent et aux défis de l'avenir, et pouvaient seules donner à la France exsangue de l'après-guerre toute la mesure de sa « belle », « grande » et « pure [68] » victoire. La bourgeoisie qui n'avait pas démérité du peuple dans la guerre pouvait prétendre, dans la paix, à la direction de cette « politique de la victoire » : « Les morts que nous venons de saluer témoignent que la bourgeoisie laborieuse et qui pense a été, dans cette guerre, digne du peuple. Il reste à cette bourgeoisie à être, dans la paix, digne de ses morts [69]. »

Un Parisien

Invité au banquet annuel des Parisiens de Paris, Tardieu déclara avec une tranquille assurance : « Le Parisien, c'est une sorte de total brillant des vertus françaises et des défauts français, et ce total est assez satisfaisant [70]. » C'est en effet Paris qui donna à son caractère ses traits les plus marquants. À côté du grand bourgeois existait un Tardieu gouailleur, facétieux et bon garçon, primesautier et blagueur, qui n'était pas sans rappeler la faconde des gars de Belleville ou de Ménilmontant. Ses talents de caricaturiste, son goût de la farce, son entrain faisaient la joie de ses amis. « Maître dans l'art de la gastronomie comme dans tout ce qui compose ce style et ce comportement que l'on appelle la vie parisienne [...], habitué des coulisses de l'Opéra puis de celles du Théâtre-Français [71] », ce célibataire mondain aux amours souvent tapageuses ne fut économe ni de son argent ni de sa vie. Son étonnante santé physique lui permettait de concilier épicurisme gourmand et application au travail.

Ce double tempérament d'élève modèle et de potache chahuteur déplaisait pourtant : le parisianisme brillant blessait une République provinciale gouvernée par des élus intimidés par la capitale; l'ironie et les plaisanteries heurtaient une conception de la politique et des affaires publiques faite de sérieux et de gravité. Le philosophe Alain rappelait alors d'ailleurs le devoir qui incombait à la province : moraliser la capitale. « On appelle radical [...] un député qui arrive de son village pour faire la leçon aux Parisiens [72]. » Trop bourgeois, Tardieu était aussi trop parisien. Sa classe hautaine, agressive et cassante, sa légèreté citadine et frivole excitèrent souvent la fière et chatouilleuse susceptibilité des élus provinciaux. La province, d'ailleurs, Tardieu ne la connaissait guère, et son éloquence parfois sophistiquée ne facilitait pas toujours la communication : « Parlant, dimanche, à Delle, M. Tardieu a inventé le " coefficient d'unanimité "! M. Tardieu, vous êtes admirable. Vous présidez aux " controverses dissociantes " et vous vous proclamez " héraut de l'action cohérente " [73]. » Du vocabulaire jusqu'au fume-cigarette, sa distinction le coupait des petites gens.

À cette distance sociale s'ajoutait une totale inexpérience des affaires publiques à l'échelon local, municipal ou régional. Sans pratique des réalités quotidiennes de la vie politique en province, Tardieu comprenait la politique française à travers le prisme déformant des affrontements parisiens.

Un républicain

Tardieu resta longtemps fidèle au groupe parlementaire des « républicains de gauche ». Contrairement à l'évidence de l'étiquette, ce groupe siégeait en fait au centre-droit. Le vocabulaire politique cultivait alors si bien l'euphémisme que la droite et le centre s'intitulaient craintivement Union républicaine démocratique, Républicain de gauche, Gauche radicale... « de sorte que la vraie gauche parlementaire commençait à la limite exacte où, pour que l'électeur crût qu'on en fût, il devenait inutile de lui conter qu'on en était [74] ». La gauche, celle qui se proclamait « radicale » mais surtout « socialiste », avait en effet abandonné des qualifications qu'elle ne jugeait plus suffisamment « avancées ». La droite, quant à elle, ne pouvait afficher son vrai nom, victime qu'elle était d'un double soupçon d'illégitimité, d'une double hypothèque : d'une part, elle signifiait « réaction », c'est-à-dire résistance à la République et à la réalisation des promesses de 1789 ; d'autre part, elle ne pouvait prétendre à la direction d'une France jugée majoritairement à gauche.

Tardieu dut aussi répondre à une double suspicion pesant sur l'authenticité de ses convictions républicaines. Son attachement à la République avait pourtant pris forme « en toute spontanéité et candeur » dans « une famille d'opinion républicaine » et avait trouvé l'occasion de s'approfondir dans l'exercice des libertés civiles et politiques [75]. « Républicain de naissance et d'instinct [76] », il ne concevait pas d'autres institutions pour la France que celles de la République et la victoire sur les Empires centraux ne vint que raffermir ses convictions. En fait, plus que son adhésion à la République, sa pleine acceptation des « lois laïques », pierre de touche de l'idéologie républicaine, légitimait son appartenance au parti républicain. Défenseur convaincu de l'État laïque et neutre, il réclamait néanmoins que « le respect des consciences mît fin aux pratiques d'un sectarisme agressif [77] » et condamnait les « abus » de la politique de Combes.

Sur le plan social, ses professions de foi électorales dessinaient un profil progressiste, défendant le maintien de la loi de huit heures, l'application de la loi sur les assurances sociales, l'accession élargie des travailleurs à la propriété et l'aide aux familles nombreuses. Tardieu rejetait cependant toutes les mesures d'« inquisition fiscale », combattait les monopoles d'État et s'indignait de la syndicalisation des fonctionnaires [78]. Il envisageait la question sociale avec pragmatisme, comprenant généralement les préoccupations des masses mais refusant toutes réformes touchant en profondeur la redistribution des richesses et la hiérarchie des responsabilités. En 1909, définissant le Zentrum allemand, il exprimait assez bien ses propres convictions politiques et sociales :

> « Le Centre allemand est conservateur dans le sens parlementaire de ce mot, soucieux des grands besoins nationaux et du principe indispensable d'autorité. Il est audacieux dans l'acception sociale du terme, ne reculant point devant les lois de solidarité sociale auxquelles aucun régime ne saurait se soustraire s'il a laissé se dresser en face de lui le suffrage universel. Il est puissant parce qu'il est à la fois pour la flotte de guerre et pour les retraites ouvrières [79]. »

Homme du centre-droit, Tardieu s'inscrivait en fait dans la tradition orléaniste du « juste milieu » : libéralisme politique et défense de l'ordre social, modération idéologique et recherche de la réconciliation des classes, élitisme éclairé et responsable [80]. Mais ce juste milieu, parti de la République, il entendait le redéfinir en traçant à gauche une frontière qui laissât de côté la question religieuse, domaine réservé des consciences, pour fixer les nouvelles lignes de partage sur le respect de la propriété et la défense du sentiment national. Alors que le critère de la laïcité coupait la Gauche radicale, groupe centriste, les points de clivage redéfinis par Tardieu allaient plus à gauche scinder le Parti radical-socialiste entre radicaux patriotes et défenseurs de la propriété, et radicaux socialistes séduits par les thèses collectivistes et internationalistes. Se trouvaient ainsi exclus du consensus républicain selon Tardieu la gauche socialisante et les monarchistes. La grande masse des Français, au-dessus des partis et avec des tendances diverses, était, quant à elle, « profondément républicaine parce que conservatrice [...] et conservatrice parce que républicaine [81] ». Dans la République incontestée et incontestable, garante de l'ordre et de la liberté, Tardieu adhérait à la conception rassurante du parti républicain donnée par Gambetta : « Ce n'est pas un parti de révolution, mais c'est un parti de conservation qui garantit le lendemain et assure le développement pacifique, légal, progressif de toutes les conséquences légitimes de la Révolution française [82]. » Restait, certes, à s'entendre sur l'étendue de ces « conséquences ».

« Être clemenciste, c'est être homme de gauche, écrivait Léon Blum, et Tardieu l'a bien prouvé en votant en 1920 mon contre-projet fiscal. » À la même époque pourtant, Herriot reprochait à Tardieu de « n'être tourné que vers la droite » et Eugène Lautier, dans une controverse assez vive, parlait à propos des clemencistes de « bonapartistes » et de « césariens accomplis ». Pourtant, « Tardieu est résolument de gauche », rétorquait Maurice Privat [83]. Que dire de ces perceptions divergentes? En réalité, le clemencisme ne conservait de véritable crédibilité à gauche que pour la figure singulière de Georges Clemenceau dont les convictions radicales, trempées au feu de tous les épisodes de « défense républicaine », ne pouvaient guère être mises en doute. En fait, l'intransigeance « nationale » sur les questions de politique extérieure, les tendances autoritaires héritées de la période du gouvernement de guerre et les anathèmes jetés sur la gauche déclassaient les clemencistes et les portaient vers la droite. Révélateur de cette orientation, les amitiés et les inimitiés déclarées. Non seulement Tardieu tirait quelque fierté d'avoir été constamment élu contre un radical-socialiste, mais, bien dans l'esprit national qui prévalait alors, il fustigeait sans nuance toute la gauche socialisante, condamnée en bloc de défaitisme actif et de communisme latent.

L'échec électoral de mai 1924, en éloignant Tardieu de la vie politique active, et les années passées au ministère des Travaux publics allaient toutefois estomper l'image agressive laissée par la période clemenciste et dédouaner Tardieu des excès de son militantisme de la victoire. En effet, la collaboration avec les radicaux-socialistes dans le gouvernement Poincaré d'Union nationale, la direction de ministères techniques et la priorité accordée à l'action concrète, l'acceptation enfin de la politique locarnienne, donnèrent à Tardieu une crédibilité d'homme d'État modéré et responsable. Tardieu lui-même travailla à créer cette image d'un homme politique assagi, transfiguré par ses responsabilités de grand commis de l'État :

> « Vous avez bien raison : j'ai changé, confia-t-il à Raymond Recouly en 1927 [?]. Je n'ai plus d'ambition. J'en ai si peu que je me demande si j'en ai jamais eu. Je travaille de mon mieux, ici, et le plus que je peux ; et voilà... Tout cela, assurément, ce n'est pas de la grande politique, ce n'est même pas de la politique du tout. Tant mieux. La grande politique, vous savez... J'ai cinquante ans... alors n'est-ce pas [84] ? »

Modestie et profil bas, assurément, Tardieu ambitionnait la présidence du Conseil et troquait les diatribes d'autrefois contre les responsabilités de sa charge d'État. Son passé de polémiste chahuteur accréditait sa maturité politique nouvelle. Il se désignait lui-même, à la droite de Poincaré, comme le successeur attendu.

Un national

Grand bourgeois parisien, « républicain de naissance et d'instinct », Tardieu s'affirmait également « national ». Il préférait à l'étiquette « républicain de gauche » celle de « républicain national », qui exprimait d'emblée ses deux grandes préoccupations et convictions politiques. L'ardeur de son sentiment national se nourrissait de toute l'histoire de France, lointaine et immédiate ; et d'abord, du « traumatisme » de 1870.

Fils de vaincus, Tardieu fut imprégné d'un nationalisme douloureux, partagé entre l'exaltation d'un passé incomparablement glorieux et l'humiliation du joug prussien. Le « nationalisme d'expansion coloniale » et l'idée de « la plus grande France [85] » n'empêchèrent pas la prise de conscience inquiète et angoissée d'une cassure dans le rayonnement de la grandeur nationale et ne purent totalement refermer la blessure laissée par l'amputation du territoire consécutive à la défaite de 1870.

> « Dans nos promenades enfantines, se souvenait-il, on nous avait expliqué le sens du morceau de crêpe noir dont se voilait, place de la Concorde, la statue de Strasbourg. On nous enseignait à être fier de notre pays, mais à le plaindre pour ses épreuves. On nous montrait sur la carte cet empire colonial, le second du monde, par lequel la République avait appris à la France à ne pas douter d'elle-même. Mais on ne nous cachait pas que nous étions des blessés et que nous restions des solitaires [86]. »

Aux sources et à la formation du sentiment national de Tardieu, jouèrent donc leur rôle le choc de la défaite de 1870 et plus encore l'instruction civique et patriotique dispensée par l'école républicaine. Il fit ses premières classes au moment même où une politique scolaire repensée entendait, par un effort pédagogique nouveau, faire de l'éducation civique l'instrument décisif d'une « régénération » morale de la nation [87]. L'histoire de France, telle qu'elle était racontée dans le fameux manuel scolaire rédigé par Ernest Lavisse, devait fonder la nouvelle légitimité républicaine tout en associant celle-ci au culte exclusif et jaloux de la patrie. « La France est la plus juste, la plus libre, la plus humaine des patries », cette conclusion, assenée en fin du « petit Lavisse » avec la force de l'évidence, accompagna Tardieu toute sa vie.

En conjuguant ensemble les notions de patrie, de République et de liberté, Lavisse définissait un patriotisme qui, tout en consolidant les institutions républicaines, s'achevait dans la mystique d'une France porteuse de liberté et garante du progrès de l'humanité. « La civilisation française, écrivait-il, est liberté. [...] Elle croit à l'homme, à sa dignité, à son droit. Elle a certes le sens des disciplines nécessaires, dont le pouvoir à charge. Mais elle est à l'avant-garde de la libération humaine [88]. » Retrouvant les accents de Michelet, Tardieu louait l'unité féconde de la République et de la nation, réalités vivantes et généreuses, absolument indissociables : « [Il y a] deux notions de vieille tradition révolutionnaire que je n'accepterai jamais de séparer, deux notions sœurs : la République et la nation, élément l'un et l'autre non seulement du progrès de notre race, mais du progrès de l'Humanité [89]. » Nation symbole, nation à part, la France avait valeur universelle; de ses revers souffrait l'humanité entière, de sa frontière assurée dépendait la sauvegarde de la civilisation. Dans un mémoire gouvernemental rédigé pour la conférence de Versailles, Tardieu fit ainsi de la frontière du Rhin, « la frontière de la liberté [90] ».

République, nation et liberté, ces trois idées maîtresses fondues en un tout indissoluble par les instituteurs de Jules Ferry, articulaient une histoire de France où la vaillance et l'héroïsme dominaient sans partage. L'histoire-batailles trempait les jeunes esprits au feu des vertus guerrières et l'éducation civique inscrivait comme premier devoir la défense de la patrie. Tardieu, à l'heure du « drame » de la syndicalisation des fonctionnaires, regrettait « ce temps heureux » où Ferry « demandait aux instituteurs de préparer, dès l'enfance, leurs élèves au métier des armes [91] ». Culte de la patrie et culte de l'armée participaient non seulement du même devoir, de la même nécessité, mais de la même affection. Le patriote français, citoyen et soldat dans le même enthousiasme républicain, concevait l'armée comme le lieu de l'unité nationale.

Tardieu était profondément pénétré de cette conception que n'altérèrent ni sa collaboration au ministère de Waldeck-Rousseau au temps de l'affaire Dreyfus, ni le rôle qu'il tint dans la préparation du dossier d'accusation des chefs nationalistes Paul Déroulède et Jules Guérin. Bien que membre du gouvernement de « défense républicaine », il n'était pas dreyfusard et travaillait, comme Waldeck-Rousseau, à l'apaisement national. Il s'effraya, cependant, du divorce qui s'installait, avec les succès grandissants du socialisme, entre la République et la patrie, entre la République et l'armée. Les thèses syndicalistes et socialistes ne lui paraissaient pas seulement absurdes et dangereuses, mais radicalement étrangères à la sensibilité française : « La propagande antimilitariste et antipatriotique apparaît aux esprits sains et aux cœurs droits comme si monstrueuse qu'on se refuse à croire que des Français, groupés à l'abri de la loi, puissent la concevoir et la poursuivre [92]. » La lutte contre cette pathologie antinationale constitua pour lui une priorité absolue et l'axe de son entrée en politique [93].

L'idée nationale ne pouvait pas constituer un lieu de luttes politiques. En effet, autour de l'idée de patrie, devait subsister un minimum d'unité morale, quelle que fût l'âpreté des débats partisans : « Ni les différences de parti ni les différences de religion ne doivent porter atteinte à la solidarité nationale [94]. » Analysant l'esprit public des Américains, Tardieu regrettait que les Français ne trouvassent pas dans leurs divergences et querelles cette « limite nationale » qui faisait qu'« un Américain était toujours plus proche qu'on ne crût d'un contradicteur américain [95] ».

Ce sens national supérieur aux contingences politiques, cet instinct d'unité, il les concevait comme produits naturels d'une longue histoire commune faite de joies et de souffrances partagées. « Une nation est une âme » disait Renan, et de préciser que la souffrance en commun avait plus de prix que l'établissement des frontières communes. Écrivant l'histoire de deux mille ans de vie française dans le Laonnais et le Soissonnais, Tardieu montrait une semblable conception de l'idée de nation en intitulant le premier chapitre de cette histoire « Durer et souffrir [96] ». Ce vouloir-vivre collectif trouvait son socle dans l'attachement vital à la terre, « source unique d'avoir et d'action, enjeux sacré de plus de quinze siècles de souffrances [97] ». La terre représentait le lieu de dépassement des clivages politiques, le lieu des réconciliations et des certitudes nationales.

> « Il y a une gauche et une droite, des rouges et des noirs. Les uns sont cléricaux, les autres anticléricaux ; ceux-ci conservateurs et ceux-là radicaux. Mais, entre ces partis contraires, il est une limite aux antithèses, et cette limite est la terre. La terre est point de ralliement et base d'accord implicite. Les querelles s'apaisent s'il s'agit d'elle [98]. »

Défense de la patrie et défense de la propriété se confondaient ainsi dans la même image du domaine patrimonial, privé ou national. De cette double défense dépendait la survie nationale. Propriété privée et intégrité du territoire échappaient à la discussion politique et provoquaient dans cette France rurale, fière du nombre de ses petits propriétaires, un réflexe d'unanimité. Tardieu renvoyait ainsi collectivisme et internationalisme dos à dos et les rangeait dans la même catégorie d'idées antinationales, absolument étrangères au génie français. Son nationalisme, agent d'unification et d'intégration de la communauté nationale, passait ainsi par ces exclusions radicales.

« Le sursaut d'unanimité » de 1914 le rassura sur la santé du sentiment national. La guerre révéla au monde et surtout aux Français divisés par d'inutiles querelles et ignorant leurs réserves d'énergie le vrai visage de la France [99]. Après quatre années de guerre, la nation renouait avec sa grande destinée : « Ce n'est pas le seul traité de Francfort qu'effaçait le traité de Versailles, mais un siècle et demi de revers et de reculs ; un siècle et demi pendant lequel le paradoxe de notre destin avait associé à l'essor prodigieux des idées françaises le déclin continu de la politique française [100]. » La victoire « belle », « grande » et « pure » à l'image des idées qui firent la France, témoignait des ressources peu communes « d'une France cohérente, où les classes comprenaient que la nation résume et réunit tout [101] ». L'esprit national, qui soutint les Français jusqu'à la victoire, s'imposa comme esprit public. L'union nationale de Clemenceau devint, à l'heure des ralliements électoraux, le « Bloc national ».

Le clemencisme fut l'expression militante de ce nationalisme qui se faisait « national ». L'abandon du suffixe, loin d'être anodin, proposait en fait un clivage idéologique plus fondamental ; car s'il pouvait y avoir plusieurs manières d'être nationaliste, l'adjectif « national » ne renvoyait qu'à une réalité unique, la Nation, alors incarnée dans le Bloc. Refuser l'adhésion au Bloc national revenait à s'exclure de la nation telle qu'elle s'était affirmée dans la guerre et par là même à s'exclure du consensus politique. Le slogan « Sus aux bolchevistes » lancé en 1919 par Clemenceau à Strasbourg fermait tout dialogue avec les renégats de la patrie. Le premier éditorial de *L'Écho national* rappelait la fin de non-recevoir adressée aux internationalistes : « Aux groupements de subversion qui se proclament antinationaux et revendiquent pour eux-mêmes la dictature de la violence, la France républicaine n'a rien à dire. Suivant le mot de Georges Clemenceau, entre elle et eux, c'est une question de force [102]. »

Le bolchevisme, d'autant plus antifrançais qu'il était « une importation allemande [103] », servit à l'ensemble des forces politiques non communistes de repoussoir leur permettant d'affirmer leur propre identité. Pour beaucoup, se confondaient dans la dénonciation du bolchevisme haine de l'étranger et peur sociale des possédants à l'égard de la classe ouvrière. Les clemencistes firent de l'épouvantail communiste un instrument pour discréditer toute la gauche dans un généreux amalgame idéologique. « Herriot, Sembat, Cachin, écrivait ainsi Tardieu, trois chevaux pour un carrosse et de cocher, point, en attendant que Joseph Caillaux revienne, arrogant et preste, pour mener d'une main les grandes banques et de l'autre, l'attelage du bloc [de gauche] [104]. » Les clemencistes, qui avaient poussé Caillaux et Malvy devant la Haute Cour, n'avaient de cesse de rappeler à l'opinion publique le verdict de trahison qui entachait le Parti radical. Ce parti non seulement était frappé d'indignité nationale dans la personne de ses chefs, mais encore était rendu responsable de l'impréparation militaire qui avait coûté si cher pendant les premières années de la guerre. Convaincu que la politique intérieure commande la politique extérieure, Tardieu demandait une définition plus stricte de la majorité gouvernementale, écartant l'équivoque d'un Parti radical à la fois membre du gouvernement, abstentionniste au Parlement et allié de la gauche dans le pays [105]. L'offensive contre le parti échoua grâce à l'habileté d'Herriot dont la tactique de temporisation permit aux radicaux de se réorganiser et de retrouver une identité propre avant de remporter les législatives de 1924.

Ces élections sanctionnèrent la faillite des efforts clemencistes pour ranimer l'esprit de la victoire. Elles congédièrent « les princes lorrains » dont le nationalisme agressif ne correspondait plus aux attentes de l'opinion publique, favorable à un rapprochement avec l'Allemagne. La France du Bloc national, avec l'ancien combattant pour modèle, la canonisation de Jeanne d'Arc pour symbole et « L'Allemagne payera » pour devise, avait été, pour Tardieu, la France des occasions manquées. Gaspillant les bénéfices de la victoire par manque de courage et de volonté politique, les dirigeants français n'étaient pas dignes des morts tombés pour la patrie.

Grand bourgeois parisien et républicain national : ce profil social et politique était animé d'un tempérament combatif et frondeur, souvent péremptoire, cassant. Dans les joutes oratoires, toujours prêt à se faire de nouveaux adversaires, « Tardieu allait droit au but, comme un géomètre, et frappait comme un sourd ». Impulsif, il ignorait la manœuvre enveloppante ou la persuasion cajoleuse. Il fonçait comme « un autobus [106] ». Conscient de sa valeur, il montrait une très haute idée de lui-même. Léon Daudet, qui l'épingla d'un qualificatif durable – « le mirobolant » –, s'irritait de sa suffisance : « Le travers dominant de M. Tardieu, qui a une culture étendue et qui sait écrire et parler, c'est la fatuité. Il " se croit ", comme on dit dans le Midi. L'ironie, souvent aimable et divertissante, qu'il applique à autrui, il ne l'applique pas à lui-même; et il se cuide épatant, et même épatantissime [107]. »

Bien que fidèle et chaleureux dans ses relations privées, l'homme public n'avait ni la bonhomie ni la faconde qui rendaient populaire. Sa distinction bourgeoise, son éloquence rectiligne et raisonnante empêchaient l'épanchement. Logicien et cartésien, il s'adressait à la raison et séduisait d'abord l'intellect par la qualité et la puissance démonstrative de ses discours. Son intelligence fertile, souvent en avance d'une idée, jouait des chiffres et des statistiques avec une facilité toute technocratique. Cette manière de jongler avec les problèmes et leurs solutions manifestait cependant une certaine insensibilité à la dimension affective et à l'épaisseur humaine des questions.

> « Esprit éblouissant, s'exclamait Henry de Jouvenel... Oh! pour ça : éblouissant jusqu'à la fascination... mais qui évolue sans contact profond avec l'essence des êtres et des choses, de la vie et des hommes. [...] Tardieu ne possède pas les ramifications qui maintiennent un Laval en communication constante avec les volontés inexprimées des peuples. [...] Un intellectuel pur, un spéculatif. Il fonctionne sur des données abstraites, en acrobate, sans participer aux palpitations qu'enregistrait si bien un Jaurès [108]. »

Tardieu ne craignait pas la solitude et ne s'inquiétait pas d' « avoir raison » contre tout le monde. Dressant le bilan de sa période clemenciste, il reconnaissait : « L'indépendance est un instinct. On naît avec elle et quand la vie vous a enseigné ce qu'elle coûte, vous n'y renoncez pas, si vous l'avez dans le sang [109]. » Marginalisé comme clemenciste, élu contre les deux blocs à Belfort, membre d'un gouvernement d'union nationale, il échappa longtemps à l'alignement partisan. Lui-même ne fut jamais intéressé par les tâches d'organisation partisane. Il n'acceptait pas les consignes politiques d'un congrès et critiquait vertement l'embrigadement des partis de gauche dont il ne comprenait pas la vie militante. Il n'adhéra à une formation politique, l'Alliance démocratique, qu'au début des années trente, soit une vingtaine d'années après son entrée en politique. Il demeurait un notable conscient de sa responsabilité sociale mais fier de son indépendance. Entouré de nombreux amis politiques, considéré comme un leader de première classe, il était néanmoins un chef sans troupe, ne rassemblant jamais autour de lui qu'une équipe de fidèles.

Le mépris et la répulsion de la gauche envers la personnalité de Tardieu s'étalaient régulièrement dans la presse avec cette impunité de l'insulte qui caractérisait alors les mœurs journalistiques. Grossièretés et injures *ad hominem* mises à part, les quolibets et attaques convergeaient selon deux grands axes vers l'excommunication ultime, à savoir l'accusation de « réaction ». D'une part, la caricature et l'outrage stigmatisaient un Tardieu autoritaire, « apprenti dictateur », ambitieux sans scrupule usant de l'amitié et de la protection de « vieillards » influents (Hébrard, Joffre, Clemenceau, Poincaré). Dès ses premiers pas parlementaires, la presse prédit l'ascension d'un « nouveau Premier Consul ». Cette qualification de « bonapartiste », repoussoir naturel des républicains, marqua durablement l'image de Tardieu. Deuxième axe d'attaque, la collusion avec les milieux d'argent. Le centre-droit entretenait des relations étroites avec le monde de l'industrie et de la haute finance. À Belfort, Tardieu avait rassemblé sur son nom la grande majorité des gens d'industrie et d'affaires [110]. L'accusation d'affairisme, cependant, remontait à deux scandales coloniaux d'avant la guerre, l'indemnité accordée à la compagnie française N'Goko Sangha, établie à la frontière du Congo et du Cameroun, et le projet avorté d'un chemin de fer reliant Homs à Bagdad. Tardieu fut dénoncé comme prébendier; il aurait, avec grand profit, défendu dans ses articles du *Temps* la promotion d'intérêts coloniaux privés [111].

Le bien-fondé de ces accusations importait moins que l'utilisation politique qui en était faite. Rares, en effet, furent les campagnes électorales de Tardieu qui ne furent point troublées par l'exotique rappel de la N'Goko Sangha [112]. L'acharnement à le discréditer répondait aux provocations constantes de celui-ci et aux craintes réelles qu'il ne devînt le leader dynamique des droites : « Nous sentions tous qu'au parti de la conservation jouisseuse. Tardieu était le seul homme vraiment intelligent, dangereux [113] », écrivait ainsi André Morizet en 1926. La retraite politique de Poincaré, en juillet 1929, renforça ces craintes. L'obstruction des socialistes à « l'homme qui vient » redoubla alors, mais ne parvint pas à entamer le large crédit dont il jouissait auprès des républicains modérés et jusque dans les rangs radicaux-socialistes. Ce crédit l'autorisait à se présenter à la succession de Poincaré avec confiance. Son nom avait alimenté la rumeur depuis l'été, et Mme Gaston Doumergue, à l'insu de son mari, lui avait donné l'assurance du soutien de l'Élysée [114].

CHAPITRE III

L'homme de demain

À la droite de Raymond Poincaré pendant le ministère d'Union nationale, André Tardieu était apparu à l'ensemble des forces républicaines modérées comme une réserve de grande valeur, comme l'espoir d'une relève assurée. Commentant en septembre 1927 son dernier ouvrage, *Devant l'obstacle*, le célèbre constitutionnaliste Joseph Barthélemy se fit l'écho d'une opinion alors largement partagée : « À mesure que les chefs légués par les générations précédentes s'approchent du soir inéluctable de leur vie, on se tourne vers M. André Tardieu, et on le salue non seulement comme une grande réalité présente, mais encore comme la ressource et l'espérance de demain [1]. »

Cette fin de décennie marquait en fait le passage à une nouvelle génération politique. Les Briand, Poincaré et bientôt Barthou, arrière-garde de la vieille génération, cédaient leur place, au centre et à droite, aux Tardieu, Flandin, Laval, Reynaud. Tardieu lui-même représentait ce renouvellement de leaders politiques à un double titre. D'une part, il appartenait à une génération née avec la IIIe République, génération qui arrivait à maturité politique en cette fin des années vingt ; d'autre part, il présidait à l'accession aux responsabilités politiques d'une génération porteuse d'une légitimité nouvelle, la « génération du feu ». Comprendre les grands projets que Tardieu nourrissait à la veille de sa première présidence du Conseil, c'est tenter de définir les valeurs politiques portées par ce double acte de naissance.

Ces deux générations et leurs legs respectifs retenus, il convient ensuite de s'arrêter sur les expériences formatrices et les influences dominantes qui ajoutèrent à la singularité de Tardieu. Importants dans cet itinéraire furent les séjours dans la république d'outre-Atlantique et la rencontre avec le modèle américain dont la tapageuse réussite l'interpella. Politiquement, économiquement, socialement, nombre de questions brûlantes en France trouvaient outre-Atlantique des solutions souvent satisfaisantes. Pôle d'attraction d'une France nouvelle, l'américanisme imprégna les projets rénovateurs de Tardieu. L'optimisme conquérant et l'individualisme social, le pragmatisme politique et le néo-capitalisme constituèrent les axes de cette influence. Il convient enfin de s'interroger sur une revendication dominante de cette fin de décennie, l'aspiration au « réalisme », promue par Tardieu au rang de méthode politique.

La génération politique de Tardieu

« Et voici enfin l'heure de Tardieu. Enfin? Oui, il y a longtemps que nous l'attendions. Nous, qui? Ceux de son parti? Non, ceux de son âge [2]. » Henry de Jouvenel se référait ici à ce qu'il appelait lui-même « avec orgueil », au temps de sa jeunesse, « la génération [3] ». Dans le groupe d'hommes qui sortirent des hautes écoles dans les dernières années du XIXe siècle se trouvaient de brillantes personnalités parmi lesquelles une équipe de « sept débutants » dont Louis Guitard a raconté la petite histoire [4] : Joseph Paul-Boncour, Henry de Jouvenel, Anatole de Monzie, Léon Bérard, Maurice Colrat, Henri Lémery et André Tardieu. Prometteuse pléiade. Bardés de succès scolaires, habitués des couloirs du Palais de Justice [5], orateurs de la Conférence Molé-Tocqueville, cette tribune d'essai pour futurs ténors du barreau ou de la Chambre, journalistes influents [6], ces jeunes bourgeois aux facilités multiples furent d'abord de « brillants seconds » dans les cabinets ministériels ou comme secrétaires particuliers. Une expérience gouvernementale, à laquelle Tardieu et Paul-Boncour participèrent, devait marquer leur jeunesse en quête d'une doctrine : le gouvernement de « défense républicaine », présidé par Waldeck-Rousseau au temps de l'affaire Dreyfus.

L'affaire agit comme un catalyseur sur la société française. Elle précipita nombre de jeunes hommes en politique, nouant des solidarités durables dans la découverte du militantisme. Si Lémery, Monzie, Henry de Jouvenel se montrèrent des « dreyfusards » engagés et actifs, Tardieu, à l'instar de son chef Waldeck-Rousseau, aspirait à l'apaisement des esprits et au règlement rapide de l'affaire judiciaire. Au-delà des cas individuels, cependant, la réserve de Tardieu dans la « défense républicaine » révélait une caractéristique de sa génération. N'ayant connu que la

République, trop jeune pour avoir été marquée par la tentative de « coup d'État » du 16 mai 1877, peu touchée par l'agitation boulangiste, qu'un Lémery qualifia d'« aventure pour nous inconcevable [7] », cette nouvelle génération s'était affranchie de la hantise du coup de force. Il y avait bien eu, durant l'affaire, le danger nationaliste et même deux complots, ceux de Déroulède et de Guérin ; mais la République avait su y faire face. Pour ces jeunes hommes, la mystique de la « défense républicaine » avait perdu de sa substance et Henry de Jouvenel s'étonnait de constater « à quel point la peur du coup de force avait pu hanter les républicains qui avaient connu l'Empire, la Commune, le septennat et le boulangisme [8] ».

Plus encore, ces jeunes républicains ne manifestaient guère d'attirance pour le militantisme anticlérical. Ils abandonnaient ainsi un combat qui fut pourtant constitutif de la IIIe République. Alors que Tardieu enviait pour la France la neutralité religieuse en honneur aux États-Unis et en Allemagne, Monzie accordait à l'ensemble de la « génération » un satisfecit de tolérance : « Je rends grâce à ma jeunesse de m'avoir épargné l'antisémitisme et l'anticléricalisme. C'est une grâce exceptionnelle [...]. Comment avons-nous échappé à ces deux risques ? Je ne le sais pas précisément. Ce que je sais bien, c'est que nous avons fourni un contingent infime à l'irréligion professionnelle [9]. » Peu attirée par une mystique de « défense républicaine » jugée désuète, étrangère à la fièvre anticléricale, cette jeunesse bourgeoise et républicaine, qui s'essayait dans des réunions régulières à définir ce qu'elle appelait le « programme de la génération », prit Waldeck-Rousseau pour « guide ». Elle se reconnut en effet dans l'œuvre de ce grand bourgeois taciturne et décida d'institutionnaliser son enthousiasme en créant, en 1899, l'Union républicaine démocratique, groupement fondé pour défendre la politique du président du Conseil [10].

L'œuvre de Waldeck-Rousseau, souvent idéalisée par ceux-là mêmes qui s'en réclamaient, tels Caillaux, Tardieu, Millerand, Paul-Boncour [11], fut appréciée diversement selon les sensibilités politiques. Ainsi, tout en présentant Waldeck-Rousseau comme son « premier maître en politique [12] », Tardieu ne tirait pas de l'expérience du gouvernement de « défense républicaine » les mêmes leçons pour l'avenir qu'un socialiste idéaliste du genre de Paul-Boncour. Celui-ci, dans une thèse de droit sur le fédéralisme économique, véritable bréviaire de la jeunesse bourgeoise « avancée », défendit l'idée d'une intégration du fait syndical dans le droit public français [13]. Une large décentralisation professionnelle, laissant à l'État un rôle régulateur et aux syndicats la gestion de la profession, devait permettre d'harmoniser au mieux les deux notions centrales d'une démocratie moderne, la « solidarité » et la « compétence ». Jouvenel, Colrat, Bérard, Lémery pensaient, avec Paul-Boncour, avoir trouvé dans le syndicat la formule sociale et politique pouvant présider à l' « organisation technique de la démocratie ». La collaboration entre producteurs, patrons et ouvriers, aurait remplacé la lutte des classes ; la représentation nationale des groupements professionnels aurait « parlementarisé » le syndicalisme, assurant ainsi une double intégration, économique et politique, de la classe ouvrière. Waldeck-Rousseau ayant émancipé les syndicats professionnels, la poursuite de son œuvre consistait donc pour Paul-Boncour et ses amis à « moderniser la France en syndicalisant la République [14] ».

De son côté, Tardieu ne suivit pas ses camarades sur la voie de la « République syndicale ». « Il nous regardait faire », « il méprisait nos soirées doctrinaires », « il se suffisait soi-même » ; ces souvenirs rapportés par Lémery, Jouvenel et Guitard [15] rappelaient le caractère indépendant et la méfiance envers les systèmes que Tardieu montra durant toute sa carrière. Pourtant, comme Paul-Boncour, avec qui il partageait le secrétariat de la présidence du Conseil, Tardieu admirait Waldeck-Rousseau. Que retenait-il donc de la pratique gouvernementale de ce grand bourgeois froid et silencieux ? Tardieu ne prit pas la peine de le préciser, bien que se réclamant à de nombreuses reprises de cette pratique. L'analyse des conceptions politiques de Waldeck-Rousseau nous montre cependant à quel point Tardieu pouvait se reconnaître dans ce « premier maître en politique ».

Dans la ligne de Gambetta et de Ferry, Waldeck-Rousseau travailla à la pacification et à l'unification de la République. Il concevait une République « définitive », tolérante et « ouverte » à « tous les hommes de bonne foi », « progressiste » parce que justement « conservatrice », avide moins d'agitation que de « travail effectif, de résultats matériels et d'action utile [16] ». Contre un régime qui organisait l'immobilisme, il souhaitait « agir » plutôt que « réagir » et préférait à une République « trop faible » une République « trop forte ». Privilégiant « la volonté d'aboutir » sur « l'ambition de parvenir », il affirmait que « gouverner c'est vouloir » et demandait aux républicains de « s'affranchir, une fois pour toutes, de ce préjugé qui veut que la République et le principe gouvernemental ne puissent pas faire bon ménage ensemble [17] ». Il travaillait à la constitution d'un grand parti, républicain, « compact, homogène [...], ayant une orientation précise, arrêtée, une discipline, une direction supérieure, constante et respectée », traçant à gauche une frontière clairement établie contre les idées socialistes, « idées de destruction sociale ». Il revendiquait haut et fort l'étiquette de « modéré » et affirmait son adhésion à « l'opportunisme » qu'il définissait comme l'attitude responsable des républicains de gouvernement sachant que « chaque chose doit se faire en son temps », qu'une œuvre politique « doit être patiente, successive, faite de progrès quotidiens [18] ». Son progressisme reposait ainsi sur un réformisme méthodique et prudent, tant pour remédier à « la déviation continue, persévérante, de la pensée constitutionnelle », à l'atrophie de l'exécutif, à la collusion des élus et de l'administration, que pour harmoniser l'ensemble des forces sociales en intégrant, par l'association, les ouvriers à la société bourgeoise. Cette conception d'une « République gouvernementale » et active, progressiste et bourgeoise, ouverte bien qu'excluant les socialistes, correspondait tout à fait à l'idéal républicain de Tardieu. Que, trente années plus tard, Tardieu fût qualifié de « néo-opportuniste [19] », il n'y avait là rien d'étonnant. L'étiquette ne se portait guère du fait de sa nuance péjorative, mais Tardieu s'inscrivait bien dans la droite ligne du vieil opportunisme cher à Ferry et à Waldeck-Rousseau.

Si Tardieu ne trouvait pas dans l'expérience gouvernementale de Waldeck-Rousseau l'héritage syndicaliste recueilli par Paul-Boncour et Henry de Jouvenel, il partageait néanmoins avec eux une même idée du rôle de la bourgeoisie en démocratie. Là encore, Waldeck-Rousseau avait montré la voie, lui qui rêvait de voir toutes les « capacités », notamment celles du commerce et de l'industrie, se mêler à la gestion des affaires publiques [20]. Contre une version pessimiste du développement démocratique, version qui identifiait démocratisation à médiocratisation, cette jeunesse bourgeoise [21] demandait aux élites sociales de se ressaisir, de cesser de bouder la démocratie et de prendre leur rôle plutôt que d'abdiquer. Paul-Boncour, dans ses Souvenirs, regrettait qu'« allant à rebours des grands courants qui entraînaient la nation, toute une partie de la bourgeoisie française eût été mise, ou se fût mise, à l'écart. Les conservateurs anglais n'avaient pas commis cette faute [22] ». Maurice Colrat, de son côté, entendit secouer l'absentéisme politique des bourgeois en fondant, en 1909, l'Association des classes moyennes, qui présentait les vertus d'économie, de travail et de rigueur comme des conditions du développement de la démocratie. Tardieu rêvait pour la France d'une bourgeoisie qui se fît « minorité agissante », d'une élite entreprenante comparable à ce qu'il appelait « l'aristocratie américaine », « constituée en majeur partie par les hommes les plus directement mêlés à l'existence nationale [23] » et intimement associée au développement de la République américaine.

Cette première génération d'enfants de la République, qui s'affirmait au tournant du siècle, se révélait donc peu sensibilisée par les combats des « vieux républicains » préoccupés de « défense républicaine », hantés par le spectre du césarisme et absorbés par la question religieuse. La brillante équipe, rassemblée autour de Waldeck-Rousseau, souhaitait un renouvellement du débat politique et un reclassement des partis. Il s'agissait de passer du débat sur la forme du régime aux préoccupations sur le fond, de la République installée à la République organisée. Ces jeunes républicains rêvaient de présider à ce renouvellement, d'offrir leur jeunesse bourgeoise à l'élargissement de la démocratie. Anatole de Monzie rappela leur impatience : « Ce qui dominait dans nos soucis collectifs, c'était une certaine impatience de nouveauté sociale, une impatience de voir changer la distribution des rôles sociaux, de voir disparaître les clichés de la littérature politique et les fins de non-recevoir dans la procédure nationale [24]. » Si Tardieu paraissait moins « avancé », plus conformiste, si ses préoccupations se spécialisèrent rapidement aux relations internationales, domaine peu politisé avant 1914, il partageait avec ses camarades cette sensibilité qui trouvait l'atmosphère de la République radicale de plus en plus étouffante.

De cette prometteuse pléiade qui gravitait autour de Waldeck-Rousseau, seul Tardieu arriva réellement à la première place. Paul-Boncour fut un éphémère président du Conseil; quant aux autres, ils obtinrent des portefeuilles dans diverses combinaisons ministérielles mais ne tinrent jamais le devant de la scène. Maurice Privat regretta que tant de talents ne fussent pas plus sollicités : « Cette génération n'a pas donné ce qu'elle portait en elle de foi, d'activité, de rêves admirables, de paroles jamais entendues, de tempéraments énergiques et hardis, aristocrates par la culture, démocrates par l'intelligence et la raison [25]. »

La « génération du feu » et Tardieu

L'expérience de la guerre fut à ce point totale qu'elle constitua, pour nombre de combattants, un véritable acte de naissance. Point de référence existentiel à partir duquel les survivants se définirent, la guerre produisit une nouvelle catégorie sociale, les anciens combattants, et engendra une nouvelle génération, la « génération du feu », appelée aussi la « génération de 1914 [26] ». Ce singulier signifiait que les différences d'âge et de conditions n'importaient pas, que seule l'expérience du feu baptisait cette génération. Une fois la guerre terminée, les combattants espérèrent voir triompher les valeurs qui les avaient unis dans l'épreuve. Forts de leurs sacrifices et de leur légitimité morale, ils réclamèrent l'accès aux responsabilités politiques.

Les forces de conservation et le « vieux » personnel politique, celui d'avant 1914, l'emportèrent cependant sur les volontés de renouvellement. Il fallut attendre dix ans, temps de digestion psychologique et de maturation politique, pour que la génération des anciens combattants accédât aux plus hautes fonctions publiques. Symbolique de cet avènement, l'accession d'André Tardieu à la présidence du Conseil en novembre 1929. Dans un discours aux congressistes de l'Union nationale des combattants en mai 1930, il souligna l'importance du moment pour la génération de la guerre :

> « De tout mon cœur, camarades [27], je vous salue. Pour la première fois, depuis que vous formulez dans vos congrès les droits et les devoirs des combattants, c'est l'un de vous qui, comme chef du gouvernement, parle aujourd'hui à votre association. Hasard individuel, dont s'honore le camarade modeste que je suis dans vos rangs ; événement de signification pleine, en ce qui touche la masse des combattants et sa place dans la nation. Car cela veut dire que la génération du feu accède, à son tour, à la direction des affaires pour y affronter une seconde fois le jugement de l'Histoire [28]. »

La référence à l'expérience de guerre, que ce fût comme capitaine des chasseurs à pied, haut commissaire aux États-Unis ou collaborateur de Clemenceau, resta toujours centrale, voire dominante pour Tardieu. Au soir de son activité politique, à la veille d'une nouvelle guerre, dans un livre sur le maréchal Foch, véritable retour aux sources combattantes, Tardieu reconnaissait que « le commandement, au coude à coude quotidien avec ses " bonshommes ", fut le plus beau temps de sa vie [29] ».

Évoquant son expérience des tranchées, Tardieu parla d'une « transformation morale » à ce point profonde qu'elle équivalait à une nouvelle naissance. Quelle que pût être la réalité de l'union et de la solidarité de toutes les classes dans la guerre, Tardieu découvrit dans la communion avec ses soldats un monde jusque-là ignoré, le petit peuple : « J'appris à connaître le peuple réel et à lui parler, ce qu'on ne m'avait appris ni au foyer familial ni au lycée Condorcet [30]. » Pour ce grand bourgeois parisien, il y avait là une double révélation des qualités foncières du peuple français et de la force du nombre.

De tradition familiale républicaine, mais surtout parlementaire, Tardieu appartenait aussi par son milieu au courant libéral qui, bien qu'ayant pleinement accepté l'institution du suffrage universel, n'en conservait pas moins quelque méfiance vis-à-vis de cette force toujours imprévisible du « Nombre ». La guerre transforma ce qu'il pouvait rester de réticence et de méconnaissance en un véritable enthousiasme pour le peuple. Ce croyant de la bourgeoisie, volontiers élitiste, appela, au lendemain de la victoire, la jeunesse française à « respecter ce peuple [de France] comme un tout, tout spontané et indivisible, dont la sainte unité s'est affirmée sans effort sous la mitraille. Respectez le peuple et respectez le nombre; car, aux heures d'épreuve, c'est le nombre qui souffre, par cela même qu'il est le nombre. [...] Ayez foi dans le peuple : il vient, pendant cinquante-deux mois, de prouver combien il mérite cette foi [31] ».

Cette transformation morale et politique consécutive à la guerre, Tardieu n'eut pas seulement le sentiment de la vivre individuellement, mais aussi collectivement, comme membre de la « génération du feu ». Bien que la notion de génération fût un produit de l'immédiat avant-guerre, le conflit mondial fortifia et élargit grandement la prise de conscience d'un découpage possible du temps en termes de classes d'âge ou en fonction d'un fait historique majeur. La « génération du feu » s'imposa dans la psychologie collective par le sentiment puissant d'une rupture radicale avec le passé et par la vision d'un « après » profondément transformé, d'un monde nouveau en gestation porté par ceux-là mêmes qui en subissaient les premières lois, les combattants. Tardieu ne comprit pas autrement la venue au monde de cette génération qui moralement datait de 1914 [32]. D'autre part, il partageait avec Barrès cette idée directrice de l'après-guerre selon laquelle « tous les mérites dateront de la guerre [33] ». Morale avant tout, une telle idée avait néanmoins une valeur fortement instrumentale.

La conception de l'histoire comme produit de générations antagonistes en lutte pour l'hégémonie sociale aboutit en effet à une réduction simpliste des conflits et différences à l'œuvre dans toute société. Insister sur la génération, c'est sortir l'homme de son milieu pour le penser en termes d'âge, d'expériences et de mentalité, c'est nier les différences sociales et politiques pour dépasser *in fine* le déterminisme de classe [34]. Ainsi, le succès de la représentation du corps social comme juxtaposition de générations concurrentes laissait-il deviner, au lendemain de la guerre, une volonté d'élaborer un nouveau type de lien social qui échappât au classique antagonisme de classes. Il s'agissait de sortir le citoyen de son lieu de production, de son statut économique et social pour l'enrôler dans l'unité plus large et plus confuse des anciens combattants. La « génération du feu » correspondait doublement à l'époque de l'après-guerre, d'une part en élargissant la possibilité de groupement et de rassemblement aux dimensions exigées par la société de masse, d'autre part en s'inscrivant en partie dans l'idéologie « nationale », alors dominante.

Chez Tardieu comme chez beaucoup d'anciens combattants, la référence à la « génération du feu » était lourde de ces implications politiques. Dans sa lutte contre le défaitisme de la paix, il en appelait aux combattants, dépositaires naturels des fruits de la victoire. *L'Écho national*, créé pour « réveiller en France le sens de la victoire », résonnait de ces appels à la génération de la guerre et stigmatisait la « vieille » génération, décidément « rebelle à l'idée de victoire » :

> « Tous ces messieurs et leurs avocats de presse sont terriblement désuets et antidatés; c'est ce que leur reproche *ma génération*. Nous autres, qui avons récemment franchi la quarantaine, et ceux qui nous suivent, ce n'est pas de la défaite que nous datons moralement; c'est de la victoire [35]. »

Le renouvellement des cadres politiques, réclamé par Tardieu et divers autres groupements, se comprenait comme un « rajeunissement » substituant non pas un prolétaire à un bourgeois ou un révolutionnaire à un parvenu, mais « un jeune » à « un vieux ».

Cette jeunesse, revendiquée comme une nouvelle légitimité politique, ne se définissait pas par l'âge, mais par la sensibilité au nouvel ordre des choses issu de la guerre. Aussi Tardieu se sentait-il en communion de sensibilité, par-delà les frontières partisanes traditionnelles, avec d'autres « jeunes » hommes politiques français et trouvait un homme comme Mussolini « intéressant ». En 1923, il écrivait :

> « Quand je lis un discours de M. Mussolini, que je n'ai jamais vu, j'ai le sentiment qu'entre lui et des Français de mon âge une mutuelle compréhension serait aisée. De bons esprits de l'école Painlevé vont crier un coup d'État : ils auraient tort. Car je dirais la même chose de certains de leurs jeunes amis. Je crains de ne jamais comprendre M. Painlevé, qui me paraît sensiblement plus âgé que M. Ferdinand Buisson. Mais entre les républicains du centre du type dont je suis et les jeunes radicaux comme Chautemps, Binet, Daladier, Lamoureux, la communication s'établit plus aisément qu'entre eux et M. Doumergue ou entre moi et M. Bonnevay [36]. »

En dénonçant le « vieux » personnel parlementaire, Tardieu stigmatisait des hommes qui n'avaient su ni prévoir, ni préparer, ni conduire la guerre : de quelle légitimité ces mêmes hommes pouvaient-ils se prévaloir pour diriger la France de la victoire? « Entre les hommes qui ont fait la guerre, écrivait-il, et ceux qui ne l'ont pas fait, il y a, qu'on le veuille ou non, un abîme [37]. » Cet abîme laissait sur l'autre rive tous les hommes du XIXᵉ siècle attachés à des conceptions obsolètes et à des combats périmés, insensibles à la grandeur de la victoire et au monde nouveau né de la guerre. Pour lui, le « vieux » parti par excellence était bien le Parti radical-socialiste au programme éculé dont les chefs, Caillaux et Malvy, étaient frappés d'indignité nationale, et dont la politique envers l'Allemagne n'était que défaitisme et abandons successifs. Si la France voulait réellement se rénover, il fallait rejeter ceux qui n'avaient rien appris de la guerre pour compter sur les forces nouvelles : les femmes, les jeunes et surtout les combattants. Tel était le sens de l'appel lancé par Tardieu aux citoyens en mai 1930 [38].

Cependant, en dépit des promesses et des espoirs que pouvait susciter la mobilisation des vertus combattantes, il avait le sentiment que le fardeau pesant sur la « génération du feu » faisait de celle-ci une génération doublement sacrifiée, qu'après l'hécatombe de la guerre cette génération devait endurer les saignées de l'après-guerre sans pouvoir contempler le terme de son effort :

> « Génération de la guerre, génération de l'après-guerre, génération qui a plié sous le poids de tous les maux, de toutes les adversités que puisse concevoir l'humanité, génération qui a connu les tranchées, le feu, le sang, qui a souffert tout ce qu'il est possible à des hommes de souffrir et qui se retrouve aujourd'hui en proie à toutes les difficultés des tensions économiques et des conflits d'intérêts, nous sommes des sacrifiés, car ce n'est pas nous qui achèverons l'œuvre commencée, et sans doute aussi on nous reprochera de ne pas l'avoir achevée. Mais il faut travailler quand même. Messieurs, acceptons le reproche de ne pas avoir achevé, si nous avons du moins la conscience d'avoir fait tout ce que nous pouvions [39]. »

L'EXPÉRIENCE AMÉRICAINE

Deux séjours aux États-Unis, l'un de quelques semaines en 1908, comme conférencier à Harvard, l'autre d'une courte année comme haut commissaire français chargé de la coopération de guerre, marquèrent la personnalité politique de Tardieu. De l'observation et de l'analyse de la vie politique et sociale de la République américaine, il allait concevoir une meilleure compréhension des mœurs et institutions françaises, la distance géographique s'étant faite distance ethnologique.

Observant la vie américaine, il redécouvrit la France dans la comparaison et le contraste des deux régimes. Instruit par son premier voyage, il attira l'attention de ses concitoyens sur le caractère exemplaire de certains aspects de la démocratie d'outre-Atlantique. Renouant – plus modestement – avec le décentrage conceptuel opéré par Tocqueville, il détournait son attention du modèle anglais pour mettre à l'honneur les succès d'une démocratie mal connue des Français :

> « La République américaine a su concilier la pratique du régime démocratique avec le souci de l'action extérieure, la liberté avec l'autorité, l'égalité avec l'initiative. Elle a résolu plusieurs des problèmes qui nous agitent. Sans parti pris d'admiration, mais avec la conscience des progrès nécessaires, sachons, lorsqu'il le faut, nous mettre à son école [40]. »

Sa lecture des États-Unis et les leçons qu'il en tirait pour la France reflétaient en fait la sensibilité et les aspirations de sa génération : goût de l'action utile, optimisme entreprenant, tolérance religieuse, individualisme positif, acceptation d'un pouvoir exécutif personnalisé et fort, organisation des partis politiques. Ce que Tardieu trouva aux États-Unis, c'était déjà ce qu'il cherchait en France.

L'optimisme et le « sens du succès » propres aux Américains lui plurent également. Ils correspondaient à son tempérament et à sa philosophie de l'action. « L'optimisme, écrivait-il, conçoit la vie comme une perpétuelle revanche [41]. » Non pas confiance béate et satisfaite, mais foi dans l'effort, cet optimisme critique, générateur de progrès, impliquait une morale de l'action dans laquelle dominaient les vertus de caractère. Le président Theodore Roosevelt incarnait admirablement cet optimisme entreprenant :

> « Roosevelt est par-dessus tout un optimiste. Il croit que chaque génération apporte sa contribution à l'œuvre du progrès, et qu'un peu d'idéal se réalise chaque jour dans les faits. [...] Il a la conscience morale, sans laquelle l'action devient stérile. Il a l'énergie combative, sans laquelle la pensée vacille. Il sait ce qu'il veut et fait ce qu'il dit [42]. »

Ce volontarisme confiant, Tardieu le partageait et souhaitait le voir plus répandu en France. Au défaitisme de la paix, produit du pessimisme ambiant et des campagnes de dénigrement qui sous-estimaient les victoires de la France et de la République, Tardieu opposait les vertus créatrices de l'optimisme et de la bonne humeur. À l'heure où la France commençait à s'affranchir du poids de l'après-guerre pour résolument envisager les réformes de l'avenir, il appelait les partis à « nettoyer l'atmosphère », à réveiller « les vieilles vertus de bon sens, de bonne foi et de bonne humeur [43] ». Il plaça naturellement son premier gouvernement sous le signe de la « bonne humeur » et de l'optimisme hardi. La recette pouvait sembler insuffisante en regard des divisions sociales et politiques d'alors, mais ce volontarisme confiant et ce sens du succès à la mode américaine exercèrent une réelle séduction sur la classe politique et donnèrent à l'expérience gouvernementale une tonalité originale.

Au cœur de l'antinomie des tempéraments américain et français, Tardieu décelait le contraste saisissant entre un individualisme actif et coopératif et un individualisme négatif, c'est-à-dire anarchique et doctrinal : « L'individualisme américain est plus social que l'individualisme français [44]. » Décrivant l'Américain comme *a meeting going animal* épris de *good feeling* et de *good will*, il opposait les deux tempéraments dans leurs conséquences sociales et politiques : d'un côté, un *public spirit* vivant s'accomplissant dans l'action collective, de l'autre un esprit frondeur, têtu, toujours prêt à avoir raison contre tout le monde ; d'un côté le goût de la transaction qui fonde l'action dans l'union, de l'autre la passion de l'absolu et des dogmes qui fait de l'histoire française une longue chaîne d'intransigeances. Fille de la Réforme, l'Amérique avait préféré le travail sur la vie au mouvement de la pensée et à l'affranchissement intellectuel. Également à l'honneur chez les deux peuples, l'individualisme obéissait ainsi à des lois contraires et renversait l'ordre des valeurs : l'idéologie américaine consacrait la primauté de l'action sur la pensée, de l'économique sur le politique, du social sur l'individuel.

Dans cette comparaison des qualités et des défauts respectifs des deux démocraties, Tardieu, tout en gardant l'orgueil d'être français, enviait cet esprit public tendu vers l'action utile et efficace. Il reprochait aux Français leur attitude trop négative et critique et souhaitait les voir capables d'agir ensemble sans sentir le besoin de toujours nier et excommunier. La politique de réalisation à laquelle il invitait ses compatriotes exigeait une certaine discipline sociale impossible sans la rupture avec un individualisme agressif qui se nourrissait des moindres antagonismes et étouffait l'initiative sous prétexte de la contrôler. Les États-Unis, « pays des achèvements matériels illimités », donnaient l'exemple d'une « démocratie agissante » où liberté et prospérité formaient un couple dynamique. La France, elle, offrait un régime à « façade démocratique » dont le faible rendement matériel butait sur « l'inespérance du mieux [45] » et l'incapacité à envisager les problèmes concrets en dehors des catégories idéologiques.

Après la guerre, la reconstruction économique et sociale du Soissonnais avec l'aide des volontaires américains apportant « la simplicité taylorisée de leurs méthodes et leur passion de la solidarité [46] » avait montré que les particularismes locaux et l'individualisme terrien pouvaient être dépassés par un projet d'action collective tendu vers le concret. C'est au renouvellement d'une telle entreprise, à l'échelle de la nation cette fois, que Tardieu appelait ses concitoyens en lançant, dans sa première déclaration ministérielle, un programme de prospérité à l'américaine.

Plus révélatrice encore d'une génération républicaine affranchie du spectre du césarisme, l'analyse faite par Tardieu de l'exécutif américain définissait dès 1908 une conception du pouvoir gouvernemental qui allait rester la sienne jusqu'à la fin de sa carrière politique. La crânerie, la bonne humeur combative, la force de caractère de Theodore Roosevelt, qui mettait un tempérament de lutteur au service d'une doctrine du juste milieu, entre le désordre et l'utopie, la démagogie et la ploutocratie, exercèrent sur lui une grande séduction [47]. Outre la pratique gouvernementale du président, Tardieu appréciait les dispositions constitutionnelles qui rendaient possible une telle personnalisation du pouvoir exécutif et regrettait qu'en France les fortes personnalités politiques fussent tenues en suspicion au profit des individualités « moyennes » : « Le droit à la personnalité chez le chef de l'État est l'un des traits les plus frappants de la démocratie américaine et l'un de ceux que nous devrions lui envier [48]. »

Pour Tardieu, la tradition démocratique française, qui faisait de l'assemblée représentative une véritable assemblée gouvernante déléguant un comité parlementaire à la fonction exécutive, conduisait le régime à l'anarchie parlementaire et au gaspillage des énergies. Pour sortir de cette fatalité de « gouvernements de types flasques [49] », il proposait que l'on appliquât tous les articles de la Constitution de 1875 et surtout que l'on mît en sourdine la profonde défiance envers l'autorité alimentée par les spectres du 2 décembre et du 16 mai. Il y allait, selon lui, de l'avenir même de la France : « Nous avons humilié le pouvoir exécutif devant le pouvoir législatif. Cela ne saurait durer impunément [50]. » Trente années durant, Tardieu milita pour la réhabilitation de l'autorité gouvernementale, d'abord en espérant agir sur les conditions de la vie politique française, ensuite en réclamant des réformes constitutionnelles.

Les démocraties anglo-saxonnes offraient en outre l'exemple d'une organisation des partis qui pouvait paraître très attrayante à nombre de Français fatigués d'un multipartisme de coteries et de tactique parlementaire. Pour les « modérés », la constitution d'un grand parti conservateur à l'image des Tories anglais ou des républicains américains, représentait un objectif déclaré. Avec Kérillis, et Reynaud, Tardieu souhaitait rassembler les républicains anticollectivistes dans un grand parti national homogène et structuré. Pour lui, cette volonté de rassemblement n'impliquait cependant pas l'adhésion à un bipartisme à la française. Il opposait, bien sûr, « la poussière volante qu'est notre organisation politique » à « l'unité foncière » de la vie politique américaine [51], mais il était trop conscient des particularités françaises pour croire à l'importation du *two party system* en IIIe République.

En effet, le bipartisme anglo-saxon paraissait difficilement compatible avec le rôle actif qu'entendait jouer le Sénat dans la vie politique française. Plus encore, l'un des mécanismes permettant le déclenchement du processus d'alternance, le droit de dissolution, était resté grippé depuis son premier emploi en 1877. Enfin, le fonctionnement régulier du *two party system* supposait une pleine acceptation de la loi de majorité, un réel sentiment de *fair play* parlementaire et un grand loyalisme des partis. Or, en France, la droite, même républicaine, n'avait jamais vraiment accédé à la légitimité politique, et l'homme de droite restait toujours quelque part « un pestiféré politique », selon la forte expression d'André Siegfried. Quant à la gauche, pour nombre de conservateurs, elle n'était même pas « républicaine », étant largement sous l'emprise des thèses collectivistes. Cette mentalité politique, produit d'une histoire récente essentiellement conflictuelle, interdisait parfois jusqu'au respect de l'adversaire et pouvait enlever au principe majoritaire sa force même de principe démocratique. L'alternance, alors, devenait inacceptable, voire illégitime.

D'autre part, le fonctionnement du *two party system* suppose, au-delà des différences partisanes, l'acceptation d'un même cadre d'intérêt général et une certaine communauté de principes de vie sociale. Hors de ce consensus fondamental, l'alternance devient révolution, ou bien le système s'enraye. Un homme comme Paul Reynaud envisageait avec lucidité l'accession au pouvoir du Parti socialiste. Il pensait que la responsabilité gouvernementale, ajoutée aux effets modérateurs du système de l'alternance, pouvait à l'exemple des travaillistes anglais, assagir les socialistes français et les rendre, finalement, « acceptables [52] », mais Tardieu excluait toute nuance socialiste de sa définition du consensus républicain. De manière symptomatique, il inscrivait sa référence à un possible bipartisme à l'intérieur même du parti républicain. Dans un article de *L'Écho national*, il demandait à ses lecteurs de « laisser de côté les artifices verbaux et de reconnaître que désormais la lutte était engagée entre les deux fractions, la whig et la tory, du parti républicain [53] ». La République n'avait rien à offrir aux socialistes, « ennemis de la nation et de la société » : « Si la France veut que demain son action dans le monde soit ferme et productive, elle doit refuser toute place dans les conseils de la cité à ceux qui en répudient le drapeau [54]. » Pour lui, le seul bipartisme acceptable se rapprochait de l'exemple américain qui, du fait de l'accord essentiel des deux partis sur le fond des choses, donnait à voir une profonde unité politique et sociale plutôt que le choc de deux idéologies concurrentes.

Les enseignements ramenés par Tardieu de ses séjours américains furent importants dans la mesure où ils confirmaient les aspirations de sa jeunesse à une démocratie plus agissante, résolument ancrée dans le concret et capable de relever les défis économiques et sociaux du monde moderne. Il les résuma en une seule idée lorsqu'il présenta les Américains à ses concitoyens comme « une vivante leçon d'énergie nationale [55] ». Telle était la leçon essentielle, celle qui pourrait sortir la France du défaitisme de la paix, raviver la foi nationale et mobiliser les Français autour d'un nouvel objectif, l'organisation économique et sociale de la République. Ordre et liberté, stabilité et prospérité : les buts définis par Tardieu renvoyaient bien, selon l'heureuse expression de René Rémond, à « un orléanisme à l'américaine, rénové et élargi [56] ».

Le néocapitalisme et Tardieu

Dans cette décennie de l'après-guerre, Tardieu n'était pas le seul à connaître l'influence américaine. Dans un monde où l'industrialisme se montrait de plus en plus conquérant, l'exemple de la prospérité des États-Unis s'imposait à toute réflexion sur le devenir économique et social des sociétés modernes. Alors que l'Allemagne avait entendu le « messianisme technologique américain » bien avant 1914 [57], la France n'allait vulgariser les recettes de production d'outre-Atlantique que sous l'emprise des nécessités de la guerre. Cependant, malgré l'activisme doctrinal des divers groupes et mouvements rénovateurs de l'immédiat après-guerre, l'exemple ne prit pas, alors, la majuscule d'un modèle. Le néo-saint-simonisme de la revue *Le Producteur*, les soucis gestionnaires du maire de Lyon, Édouard Herriot, l'idéologie technocratique de Lysis, l'enthousiasme rationalisateur des taylorystes et des fayolistes restèrent confinés à des cercles étroits. Il fallut attendre la deuxième moitié des années vingt pour que l'« américanisme » devînt un nouvel évangile pour les plus enthousiastes, ou à tout le moins un centre d'intérêt obligé pour tous les hommes préoccupés de modernisation.

L'essor industriel des États-Unis d'après-guerre contribua assurément à la diffusion du taylorisme et du fordisme en France, et des conditions internes vinrent les favoriser. En effet, la production industrielle française connut, à partir de 1924, un véritable boom, sous l'impulsion de secteurs économiques nouveaux, liés à ce qu'on a appelé la « seconde révolution industrielle [58] ». Pour ces secteurs en pleine expansion, les questions de concentration industrielle, de rationalisation de la production, de standardisation des produits, de conquête des marchés se posaient avec une actualité pressante et trouvaient outre-Atlantique des réponses satisfaisantes. Les chefs d'industrie du secteur à forte croissance, tels André Citroën pour l'automobile, Ernest Mercier et Auguste Detœuf pour le pétrole et l'électricité, Henry de Peyerimhof et la famille Schneider pour la métallurgie, assistés de financiers dynamiques tel Horace de Finaly, de la Banque de Paris et des Pays-Bas, et soutenus par des publicistes influents, tels Jacques Bardoux, André François-Poncet et Émile Mireaux qui tous animèrent la SEIE, ou encore par le comte de Fels, directeur de la *Revue de Paris*, aidés, enfin, dans leurs efforts de regroupement par des hommes comme Étienne Clémentel et René Duchemin, ces chefs d'industrie, la plupart polytechniciens, entendaient émanciper la production française de ses habitudes malthusiennes et rénover les pratiques industrielles selon le modèle américain.

Par ailleurs, la « faillite » financière du Cartel et les défaillances du régime parlementaire accusaient le contraste entre une France perclue de divisions et de contradictions, et une Amérique confiante en ses hommes et ses moyens. L'expertise et les compétences pouvaient revigorer cet organisme sclérosé. Les problèmes économiques et sociaux, les désordres politiques eux-mêmes n'étaient-ils pas susceptibles d'un traitement technique dans lequel seules l'expertise et la volonté comptaient ? L'américanisme confortait les premières tendances technocratiques apparues avec l'expérience de guerre.

Enfin, le capitalisme à l'américaine donnait à l'élite bourgeoise française l'occasion de sortir de son « vertige moral » en lui proposant une philosophie de la production capable de lui assurer une bonne conscience sociale. Ainsi, c'est parce que l'américanisme servait les objectifs productivistes de la grande industrie tout en permettant à la bourgeoisie de passer de la défensive idéologique à l'offensive doctrinale qu'il connut ce succès sur la fin des années vingt. À gauche même, le syndicaliste Hyacinthe Dubreuil, le polytechnicien socialiste Jules Moch, le socialiste Charles Spinasse, le radical-socialiste Édouard Herriot, qui retrouva en 1928 quelques-uns de ses accents technocratiques de la période de

Créer, cédèrent eux aussi à la séduction de la prospérité américaine et à l'engouement pour les théories économiques et sociales venues d'outre-Atlantique [59].

Particulièrement représentatifs de ce « néocapitalisme » d'inspiration américaine étaient les hommes qui se groupèrent derrière Ernest Mercier, magnat de l'électricité, pour former, en décembre 1925, le mouvement du Redressement français (RF) [60]. Mouvement social plus que politique, le RF se voulait un « laboratoire d'idées », une « école d'énergie » rassemblant, par-delà les partis, toutes les élites sociales pour une œuvre de rénovation nationale. Dans le désarroi provoqué par la crise financière de 1925-1926, de simples particuliers [61] se proposèrent, pour pallier les carences des hommes politiques, d'élaborer un programme de réformes capables d'arracher la France à son retard économique et à sa paralysie institutionnelle :

> « À l'heure où sont en cause la vie même du pays, son indépendance ou son asservissement, en face d'autres pays plus prolifiques, plus organisés, plus puissants matériellement, le RF a pensé qu'il était grand temps de procéder à un premier examen d'ensemble de ces réformes dont chacun, obscurément, sent la nécessité sans voir encore d'où viendra l'impulsion vigoureuse qui permettra enfin de les entreprendre, de les réaliser [62]. »

L'initiative de cette politique de réalisations appartenait à l'élite de talents, « dispensatrice du progrès ». Après s'être émancipée des vieux préjugés et des vieilles discordes, elle devait assurer l'éducation des masses en leur enseignant « les vertus de prévoyance, d'ordre, de solidarité et d'entraide [63] ». D'esprit ancien combattant, l'organisation de Mercier s'adressait à « la nation de la Marne et de Verdun » pour réveiller en elle élan et solidarité nationale, deux conditions du redressement [64]. Mais ce patriotisme, trop souvent revendiqué par des classes possédantes figées dans leur égoïsme, s'étoffait cette fois d'un contenu social vivifiant : le devoir essentiel de la classe dirigeante était de promouvoir le progrès social et la réconciliation entre toutes les forces sociales. Cette réconciliation, incapable de prendre forme dans les joutes parlementaires et les luttes électorales, désignait elle-même son terrain de prédilection, le monde du travail et la collaboration quotidienne entre tous les « producteurs ». Le RF entendait dès lors substituer aux allégeances politiques stériles une solidarité fondée sur la production. Le travail et ses lois pouvaient donner la solution de la question sociale. Qui donc mieux que des « techniciens » de la production pouvaient alors conseiller et guider les masses ?

Opposant à l'approche de la question sociale par la répartition l'approche par la production, le RF plaçait le règlement des problèmes sociaux non pas dans la distribution des richesses mais dans la création de ces richesses. Du développement de la richesse nationale dépendaient en effet et le bien-être général et la puissance internationale de la France. Tout pouvait donc se ramener aux conditions de production et, en dernière analyse, à l'*efficiency*, cette « huitième merveille du monde [65] ». Pierre-Étienne Flandin donna le mot d'ordre général : « Augmenter le rendement [66]. » Rationalisation, standardisation, concentration, guerre au gaspillage, organisation scientifique du travail, diffusion de l'enseignement technique, développement de l'outillage national, telles étaient les nouvelles formules de combat. Dans ce « siècle de la Science [67] », les impératifs techniques devaient l'emporter sur les attitudes partisanes, la technologie pouvant se faire l'arbitre des confrontations sociales. Optimiser l'effort productif était affaire de science, non de considérations idéologiques. La référence à la solidarité issue des tranchées se trouvait ainsi renforcée par les conditions objectives de la rationalisation optimale et la lutte des classes apparaissait non seulement comme une « semence de haine et de malheur », mais surtout comme un « non-sens économique [68] ». La solidarité des producteurs, de technique devenait économique et sociale, puis morale et politique.

Ainsi, Ford rendait Marx obsolète, l'exemple américain montrant que la collaboration entre le capital et le travail était bien plus qu'une « simple trêve ». L'opposition des intérêts se résolvait, pour le patron, dans la production et les bénéfices accrus, dans la hausse des salaires, l'amélioration des conditions de travail et l'augmentation des loisirs (pour l'ouvrier); dans la baisse générale des prix (pour le consommateur) [69]. Au bout de cette prospérité accrue, l'accroissement des rentrées fiscales permettait le développement des programmes sociaux de l'État, avec en priorité l'adoption d'un système d'assurances sociales et une active politique du logement. Cette politique de réalisations par la coopération de tous les producteurs pour le bien-être général supposait cependant un changement radical des mentalités, « une sorte de conversion au sens presque évangélique du mot », et l'abandon de l'individualisme pour une meilleure discipline collective [70].

Plus encore que l'aspect technique des recettes américaines, ce fut leurs implications sociales et politiques qui séduisirent les néo-capitalistes du RF. En faisant entrevoir l'image d'une société d'abondance dans laquelle produire et consommer résumeraient l'idéal de chacun, ces grands bourgeois espéraient « déprolétariser » la classe ouvrière pour mieux l'intégrer au capitalisme. « Ainsi apparaît, notait Lucien Romier, résumant nos préoccupations, nos craintes et nos espoirs, nos efforts de doctrine et nos tâches pratiques, le problème central du monde contemporain : la déprolétarisation des masses [71]. » Définir, avec Pierre-Étienne Flandin, la richesse d'un peuple par « sa capacité de consommation », c'était émousser la lutte des classes, les classes sociales elles-mêmes disparaissant au profit des catégories moins conflictuelles de « producteur » et de « consommateur ». La prospérité économique non seulement amortissait les tensions sociales par une très large répartition de l'abondance, mais devait à terme « embourgeoiser » le prolétariat par l'accès généralisé à la propriété.

L'ambition ultime de ces néocapitalistes consistait à assimiler tout le social du socialisme dans le système capitaliste. Le néocapitalisme pouvait alors déclarer close l'ère des révolutions, faute d'adversaires irréductibles. Le mot même de révolution n'avait d'ailleurs plus de sens : politiquement, le suffrage universel avait terminé la révolution ; socialement, la révolution signifiait « ruine générale [72] ». Parti de conceptions sociales progressistes et hardies, le néocapitalisme se révélait ainsi une nouvelle défense de la bourgeoisie. Défini comme un « capitalisme conscient de lui-même », ce néocapitalisme ne se montrait attentif à la question sociale que pour mieux consolider et le capitalisme et la bourgeoisie [73].

Cette offensive idéologique de la grande bourgeoisie progressiste se dressait contre l'influence croissante du socialisme marxiste. Le programme du RF se présentait comme une doctrine « absolument opposée au marxisme », jugé « incompatible avec le progrès social [74] ». La prospérité apparaissait, là encore, comme le moyen idéal d'éradiquer l'influence marxiste. « Les mauvais bergers vivent de la misère des travailleurs. Réalisons le front unique contre la misère [75]. » À la famine et aux ruines accumulées en Union soviétique, les néocapitalistes opposaient les réussites américaines. Tardieu insistait aussi sur ce contraste :

> « Rappelons aux ouvriers qu'il existe un pays où le Parlement compte un seul socialiste, et pas un communiste. Ce pays, ce sont les États-Unis, un pays où deux ouvriers sur trois ont leur automobile, où les maisons ouvrières, qui ne manquent pas, ont leur ascenseur, leur téléphone, le chauffage central, le bain [76]. »

Si la volonté de modernisation politique faisait appel, comme dans le domaine économique, aux techniciens, cette vision technocratique de la gestion des affaires publiques s'accommodait cependant d'une conception de l'État héritée du XIXe siècle et largement obsolète. Le rôle de l'État était en effet singulièrement limité à sa « mission essentielle » : « Défense nationale, relations extérieures et police du pays [77]. » D'autre part, le plan général des réformes, établi dans le détail par 223 experts réunis dans des commissions spécialisées, publié en 1927 en 35 volumes, comportait, du fait même de l'hétérogénéité des rédacteurs, d'évidentes contradictions. La volonté de désencombrer l'État et de faire des économies budgétaires s'opposait ainsi aux réformes dispendieuses proposées dans l'agriculture, l'assistance sociale et le développement colonial [7].

La contradiction essentielle, cependant, celle qui portait, à terme, la faillite du projet, résidait dans l'inconséquence des moyens d'action choisis pour promouvoir la modernisation. D'une manière très révélatrice de la mentalité technocratique du mouvement, le RF considérait la division gauche/droite comme largement artificielle et cherchait à montrer par l'exemple qu'un très large rassemblement d'« hommes de bonne volonté [79] » réunis sur un programme concret était non seulement possible, mais encore nécessaire pour redresser la France. Refusant d'ajouter à la confusion politique générale en créant un nouveau parti, le mouvement se contenta d'un rôle d'éducateur de l'opinion. Il distribua également des subsides aux candidats qui retenaient ses leçons et s'engageaient à défendre son programme de réformes. Le RF finança ainsi une centaine de candidats aux législatives de 1928 et contribua de manière substantielle au succès de l'Union nationale poincariste. Pourtant, dans l'ensemble, son rejet de la mêlée politique revenait à exercer une influence limitée et à se condamner aux longues attentes dans les antichambres du pouvoir.

Ce refus par Mercier de se compromettre avec tout parti politique ne l'empêcha pas d'envisager une mise à disposition de son organisation au profit d'un « homme nouveau » capable d'entraîner la nation sur la voie des réformes souhaitées : « Lorsque, dans un parti quelconque, surgira un homme qui sera plus que nous en état de donner l'impulsion du mouvement, nous serons heureux, plus que je ne saurais dire, de lui céder la place que nous occupons aujourd'hui, de marcher derrière lui et de lui apporter notre collaboration sans réserve [80]. » Cet homme providentiel, Mercier crut l'avoir trouvé dans un ami intime, sympathisant du RF : André Tardieu.

Il est certain que Tardieu offrait un profil politique des plus attrayants pour les néocapitalistes. Pénétré de l'esprit de la « génération du feu », il avait conservé le sens du coude à coude et le goût de l'action utile. Grand bourgeois progressiste, il militait lui aussi pour « faire comprendre à l'élite de la bourgeoisie la nécessité absolue de prendre une part plus active aux affaires publiques et de contribuer, par tous les moyens dont elle dispose, au triomphe des idées saines [81] ». Admirateur des États-Unis, il avait pu apprécier sur place ce qu'il fallait entendre par *efficiency* et *standard of life*. Quoique ministre de l'Intérieur depuis novembre 1928, il offrait l'image d'un grand commis de l'État en charge de ministères techniques, que ce fût aux Régions libérées, aux Travaux publics ou à la Marine marchande. Tardieu lui-même revendiquait l'honneur de travailler dans le concret avec un esprit de réalisation :

> « C'est la vie nationale dans tous ses éléments que j'ai essayé de développer et d'intensifier. Ce sont les intérêts généraux du pays – routes, rivières, canaux, chemin de fer, tramways, autobus, mines, électricité, ports, manufactures, pêche, régions dévastées – que j'ai eu, depuis vingt mois, constamment sous les yeux et devant l'esprit [82]. »

Sa réputation de technicien, Tardieu l'avait entretenue tout au long d'une carrière politique qui, de l'avis de Georges Suarez, était l'une de celles qui « avaient le plus sûrement échappé à la déformation professionnelle [83] ».

Ancien combattant, grand bourgeois progressiste, admirateur des États-Unis, esprit technicien et politiquement indépendant : les affinités avec Mercier recoupaient tous ces plans. Leur amitié se trouvait en outre renforcée par une commune volonté de redressement national et de modernisation. Ministre des Régions libérées, il avait dès 1919, pris pleinement conscience de l'effort de reconstruction et de modernisation à accomplir. Cette année-là, dans un discours à la mémoire d'Abel Ferry, il avait présenté les infrastructures de la France comme « indigne de notre passé et indigne de notre avenir »; il réclamait pour affronter les luttes économiques de l'après-guerre, « l'outillage de la victoire ». À la reconstruction matérielle et financière, il ajouta la nécessité de « reconstruire socialement » en remplaçant le face-à-face hostile du patron et de l'ouvrier par la solidarité dans la production. Cette « harmonie des forces de production » devait constituer « la meilleure des garanties contre les atrocités stupides des révolutions de nivellement » et conduire, après les réalisations matérielles, à « l'harmonie morale » de la nation. Devait présider à cet immense effort de reconstruction, un « État moderne » qui, sans se faire ni industriel, ni commerçant, devait assurer un contrôle « des affaires d'intérêt général [84] ».

Bien qu'il ait eu très tôt de telles idées progressistes, Tardieu n'appartint pas pour autant aux mouvements rénovateurs de 1919. Il avait alors accepté, presque à lui seul, une paternité difficile à assumer et qui accaparait toute son énergie : la défense du traité de Versailles. Quelques années plus tard, cependant, alors que s'affirmait le néocapitalisme, il allait se placer à la pointe du mouvement. En avril 1927, il prit la présidence du premier Congrès national de l'organisation métropolitaine et coloniale, organisé par le RF alors à son apogée. Mercier, dans son discours de clôture, salua en Tardieu « l'un de ces hommes sur lesquels le pays a les yeux fixés [85] ». À la réunion générale du RF de novembre 1929, peu de temps après la formation du premier cabinet Tardieu, Mercier désigna le nouveau président du Conseil comme « l'homme le plus capable et le plus digne de diriger la nation », apportant au gouvernement le « concours total et enthousiaste » du Redressement français [86]. En juin 1929, Tardieu avait présidé le IVe Congrès du travail, association issue de la fusion du Centre d'études administratives créé en 1918 par Henri Fayol, et de la Conférence de l'organisation française, animée par les tayloristes de l'immédiat après-guerre [87].

Sur la fin des années vingt, Tardieu s'inscrivait ainsi dans la ligne rénovatrice de 1919, révision constitutionnelle mise à part. Une partie de la presse, travaillant à une large conjonction des centres, pouvait souligner les similitudes de son programme avec les idées exposées par Herriot au temps de *Créer* [88]. André Thiers, analysant « les problèmes nouveaux », commençait son examen des tâches à entreprendre par deux citations, l'une de Ford, l'autre de Tardieu, avançant par là et la méthode et l'homme capable de relever pour la France les défis du monde d'alors. Ses adversaires l'identifiaient d'ailleurs à la cause du néocapitalisme. Blum le qualifiait de « reflet et d'instrument du néo-capitalisme », et Jules Moch, reprenant les classiques accusations d'affairisme, terminait ainsi son portrait : « C'est le plus audacieux des " néocapitalistes " d'entre les deux guerres. Il souhaite une économie dirigée par l'État au profit du grand capital privé. Plus que Poincaré, lui d'une moralité incontestable, Tardieu est, pour nous, l'homme à abattre [89]. »

Tardieu et le « réalisme » politique

La pensée technicienne qui nourrissait le courant néocapitaliste se réclamait d'une attitude « réaliste » devant les problèmes du temps. Considérant la politique dans ses moyens et dans ses résultats, elle se disait au-dessus des questions de personnes, des partis pris et des mystiques. Plus d'efforts concrets et moins de subtilités critiques, tel était le souhait de Lucien Romier qui rappelait que

« la politique, avant de satisfaire les passions des citoyens, devait assurer certains services d'utilité générale et élémentaire [90] ». Renouant avec le vieil opportunisme de Jules Ferry, la politique était, plus que jamais, l'art du réel et du possible. Ces « républicains modernes » (selon l'expression du néocapitaliste André François-Poncet) s'affirmaient de « l'école des contingences » et renvoyaient les marchands d'absolu et les théologiens laïques à leurs procès rétrospectifs et stériles. La République n'était ni une secte, ni un monopole, ni un privilège, mais seulement un cadre, une forme vide, qu'il s'agissait d'aménager au mieux pour le profit du plus grand nombre. Condition de cette organisation de la République : l'empirisme ou la volonté de coller le plus possible au réel. Ce pragmatisme n'évacuait pourtant pas l'idéal, car la méthode, en travaillant dans le possible, visait au souhaitable. « La tête dans l'azur, certes, mais les pieds solidement posés sur terre [91] », précisait François-Poncet. Ce désir de s'installer dans le réel pour en tirer le meilleur parti trouva sa traduction dans un mot simple, revendiqué par les néocapitalistes, mais devenu le signe de ralliement de tous les esprits « jeunes » : le « réalisme ».

« Réalisme » renvoyait en effet à « jeune » ou à « moderne ». Ici encore, c'était la guerre qui faisait clivage. Étaient « jeunes » les hommes qui, ayant subi la transformation morale de la guerre, concevaient l'après-guerre comme un monde radicalement nouveau réclamant des pratiques nouvelles. Le conflit lui-même avait été une formidable leçon de « réalisme », « leçon de méthode, d'adaptation, de préparation et d'action, de calme, d'ordre et de discipline, de courage, de fraternité et de patriotisme [92] ». Les années qui l'avaient suivi avaient cependant cédé à la nostalgie d'un retour au passé et à la facilité des mystiques surannées. Au sectarisme conservateur et nationaliste du Bloc national avait succédé le sectarisme laïque et socialisant du Cartel. Double désillusion, double échec. De la réflexion sur ces expériences manquées, devait sortir la méthode « réaliste », c'est-à-dire, le passage de l' « idéalisme mystique à l' « idéalisme pratique et utile », de l' « idéalisme désarmé, hérité du XIXe siècle, à l'idéalisme éclairé [93]. » Il n'est pas excessif de présenter la seconde moitié des années vingt comme un « moment réaliste » de la pensée et des programmes politiques, tant « le réalisme » fut alors à la mode :

> « Le " réalisme ", notait Jean Luchaire en 1927, est un mot qui, après une longue période d'incubation, vient soudainement de faire fortune. [...] On l'a bien vu, ni l'Union des intérêts économiques, ni l'Alliance démocratique, ni la Fédération républicaine n'ont voulu laisser au parti radical le monopole du " réalisme ". Les trois

congrès qui viennent de se dérouler se sont livrés à un véritable abus du mot " réaliste ". Et l'esprit de concurrence entrant en jeu, chacun se dit plus réaliste que le voisin [94]. »

Le mot, en effet, envahit les programmes et illustra toute une série d'ouvrages [95]. André Tardieu céda lui aussi à cette mode en acceptant d'intituler un florilège de citations publié en 1928, *Paroles réalistes*.

Luchaire, faisant l'histoire de la « génération réaliste », parla d'une « invisible cristallisation » autour de ce cri de ralliement qui était en même temps une doctrine de combat, précise dans sa méthode, mais ambiguë dans ses fins. Jean Montagny assigna à cette génération une tâche digne d'une jeunesse fervente dans son besoin d'action : « Ce serait une assez belle tâche, pour notre génération, de décider la démocratie à préférer à la paille des mots le grain des choses [96]. » Pour les « jeunes », ce mot d'ordre manifestait une volonté de rupture avec les « vieilles formules » qui avaient fait jusque-là la République : idéalisme quarante-huitard, laïcité exacerbée, nationalisme myope, capitalisme oppresseur, individualisme négatif. Il rassemblait la génération des moins de trente ans, psychologiquement née de la guerre et qui avait retenu, profondément ancrées dans sa mentalité collective, trois grandes leçons du conflit mondial : une forte aspiration à une démocratie pacifique, une conscience aiguë de l'interdépendance politique des États et la reconnaissance de l'importance du facteur économique, tant sur le plan national qu'international.

Le pacifisme et l'internationalisme, sanctifiés par l'évangile wilsonien, alimentèrent d'abord les enthousiasmes de cette génération qui cherchait à accélérer la naissance du « monde nouveau ». Les déceptions de l'après-guerre et les efforts avortés pour l'organisation de l'Europe par les « jeunes » commandèrent ensuite un changement de priorités : « Il ne sert à rien, écrivait Montagny, de vouloir réformer l'Europe si, en même temps, on ne s'attache pas à moderniser la France, base nécessaire de nos opérations internationales [97]. » Par réalisme, les « jeunes équipes » déplacèrent leur souci d'organisation sur le plan national; par réalisme encore, elles abandonnèrent leur abstention vis-à-vis des partis politiques. Une partie de ces « jeunes » choisit alors d'entrer au Parti radical dans l'espoir de moderniser son programme, de rajeunir ses cadres et, au bout du compte, de noyauter son organisation. Ces « jeunes radicaux » formaient, avec quelques « jeunes réalistes » sans parti, les « nouvelles équipes » de la jeunesse intellectuelle de gauche. Y figuraient notamment Jean Luchaire, Jacques Kayser, Bertrand de Jouvenel, Georges Potut, Georges Bonnet, André Sauger, Pierre Cot, Francis Delaisi [98]. Leurs idées s'exprimaient dans la revue *Notre Temps*, fondée en juin 1927 à l'initiative de Jean Luchaire et d'Émile Roche et dont la préoccupation centrale fut de « démêler la philosophie moyenne de la nouvelle génération [99] ». En outre, Roche adjoignit au mouvement « jeune radical » deux nouveaux organes, l'hebdomadaire *La Voix*, dont il assuma lui-même la direction, et *La République*, quotidien dirigé par le nouveau président du Parti radical, Édouard Daladier, espoir des « jeunes radicaux » [100].

Le réalisme rénovateur des « jeunes équipes » trouva de nombreux centres d'expression en dehors de la tribune quasi officielle du jeune radicalisme. Parmi ces centres, la nouvelle revue *Politique*, dirigée par les démocrates populaires Paul Archambault, Auguste Champetier de Ribes, Henri Boissard, Maurice Eblé, Gaston Tessier et Marcel Prélot ; *La Revue des vivants*, fondée par Henry de Jouvenel pour être « l'organe des générations de la guerre » ; *L'État moderne*, « organe de la collaboration des contribuables, des fonctionnaires et du Parlement », dirigée par René Corbin, Georges Mer et Joseph Patouillet et qui offrait chaque mois à ses lecteurs une rubrique faisant état des manifestations de l'esprit nouveau, la « tribune du réalisme » ; *Les Cahiers bleus* qui publiaient la plupart des représentants des « nouvelles équipes » aux couleurs politiques certes disparates mais réunis dans la revue de Georges Valois par le même souci rénovateur. Ce renouveau des revues et des publications autour des années 1927-1928, sous le signe du « réalisme », marqua la fin de la période de nostalgie et de refoulement, ouverte en 1919 avec le refus de la classe politique d'affronter l'après-guerre dans sa nouveauté radicale.

Le programme de rénovation nationale défendu par les « jeunes radicaux » donnait la tonalité moyenne des changements et adaptations envisagés par les « jeunes équipes ». Il s'agissait d'une part de réformer l'État afin d'assurer au gouvernement autorité et stabilité, et d'organiser la représentation des intérêts professionnels et des compétences dans un Conseil national économique élargi obligatoirement consulté sur toutes législation économique et sociale. Il fallait, d'autre part, assurer à l'État le contrôle et la direction de l'économie nationale selon l'intérêt général, mais dans le respect de la propriété et de l'initiative individuelle. Enfin, sur le plan international, il s'agissait de préparer les États-Unis d'Europe par le rapprochement franco-allemand, la réduction des armements et l'abaissement des barrières douanières [101].

Réforme de l'État, « économie dirigée [102] » et entente internationale des peuples, ces trois axes articulaient un programme de rénovation suffisamment œcuménique pour permettre à beaucoup de partisans d'une adaptation de la République aux réalités d'après-guerre d'y reconnaître une partie au moins de ses propres revendications. Les « jeunes équipes », d'autre part, refusaient tout sectarisme et reconnaissaient l'esprit « réaliste » partout où il se manifestait. Dans ce contexte, André Tardieu, « dût-il se voiler la face », apparut « jeune radical » aux yeux du directeur de *La Volonté*, Albert Dubarry. *Les Cahiers bleus*, bien que dénonçant les liens de Tardieu avec le patronat, le classaient « nouvelle équipe » ; à *L'État moderne*, Georges Mer se félicitait de constater que le « blason » de la revue était devenu « armoirie d'État » après que Tardieu eut pris à son compte le problème de la rénovation de l'État dans un discours retentissant, à Dijon, en juin 1930 [103].

Tardieu représentait assurément un certain espoir pour les tenants d'une « République réaliste ». À la République des mots, il opposait son credo – « agir d'abord, parler ensuite » – et plaçait ce volontarisme entreprenant « sous le signe du fait, non sous celui de la légende [104] ». Il s'adressait à la jeunesse, assurait comprendre son désintérêt pour les affaires publiques et réclamait pour elle « des résultats immédiats, des conséquences pratiques, des choses que l'on touche et que l'on voit [105] ». Il comprenait la revendication de « réalisme » comme une aspiration impatiente de la jeunesse, après « les expédients glorieux de la guerre et les expédients sans gloire de l'après-guerre », à « un mieux-être de stabilité et d'organisation [106] ». Il s'agissait, pour Tardieu comme pour les « jeunes équipes », de liquider le passé et de préparer l'avenir, en affrontant les problèmes tels qu'ils se posaient et en se donnant les moyens de les résoudre.

Le réalisme rénovateur de Tardieu, cependant, n'était pas dépourvu d'arrière-pensées politiques. Sur le plan parlementaire, il portait les espoirs d'une large concentration des forces républicaines. Dépolitiser la politique selon l'esprit « réaliste », c'était permettre la réconciliation des républicains sur les problèmes concrets, comme le rappelait Lucien Romier : « [...] L'important, pour la voiture, n'est pas d'être peinte en gris ou en vert, mais de tenir sur ses roues et de rouler [107]. » Le consensus sur les solutions concrètes était suffisamment large pour former une majorité de concentration, laissant sur les marges les collectivistes et les conversateurs, Blum et Marin. Une partie des « jeunes radicaux » travaillaient d'ailleurs à créer cette concentration, se distinguant par là de la tendance « jeune radicale » menée par Jacques Kayser, Bertrand de Jouvenel et Pierre Cot qui, au contraire, concevaient le rajeunissement du radicalisme comme un ressourcement à sa tradition de gauche. Ces jeunes radicaux concentrationnistes appartenaient au clan de Joseph Caillaux, tels Jean Montagny, auteur d'une *République réaliste*, et Albert Dubarry, directeur de *La Volonté*, auxquels on pouvait ajouter Jean Luchaire, directeur de *Notre Temps* et sympathisant radical. Ces hommes déclaraient le « réalisme » supérieur aux étiquettes politiques, et affirmaient qu' « il n'était aucunement nécessaire d'être inscrit au Parti radical pour être un " jeune radical " [108] ». Leur « réalisme » s'interdisait tout particularisme partisan et prêchait pour un vaste désenclavement des partis.

Tardieu, qui subventionnait *La Volonté* avec les fonds secrets du ministère de l'Intérieur, trouvait dans ces « jeunes radicaux » concentrationnistes les agents actifs du « parti central » qu'il avait appelé de ses vœux en juillet 1927 [109]. *La Volonté* avait d'ailleurs milité, dès cette époque, en faveur d'un rassemblement des forces politiques et proposé les personnalités capables de conduire cette concentration :

> « Certains noms se groupent automatiquement dès qu'on cherche les animateurs susceptibles de combattre pour la " République réaliste " chère à Jean Montagny. Ce sont, entre autres, ceux de Joseph Caillaux, Henry de Jouvenel, Louis Loucheur, de Monzie, Paul-Boncour, Daladier, pour ne citer que quelques parlementaires auxquels il faut sans doute ajouter André Tardieu. Qu'est-ce qui empêche la formation d'équipes d'hommes que réuniraient un même réalisme, un même idéal de construction positive [110]? »

Tardieu espérait profiter des tensions à l'intérieur du Parti radical pour provoquer un reclassement politique et favorisa donc l'équipe concentrationniste groupée autour de Joseph Caillaux. Quant à Caillaux, il cherchait à constituer depuis avril 1926 un nouveau parti fait de « républicains constructeurs ou réalistes, ouvert à toutes les bonnes volontés [111] ». La formule convenait à Tardieu tant par ce qu'elle supposait comme programme de réalisations que par la coloration centriste qu'elle donnait au radicalisme. En effet, le terme même de la campagne « réaliste » inspirée par le clan Caillaux, renvoyant dos à dos les illusions marxistes et l'égoïsme conservateur, était le détachement du Parti radical de son traditionnel ancrage à gauche et l'affirmation du radicalisme comme doctrine et parti de la France moyenne, c'est-à-dire du centre. Ce nouvel opportunisme centriste comblait les espoirs de Tardieu qui ne cessa, tout au long de sa carrière, de dénoncer l'attachement contre nature du radicalisme avec le socialisme. Ces « réalistes » concentrationnistes pouvaient faire pencher une bonne partie des radicaux du côté des « modérés » et donner ainsi à Tardieu la majorité de « bons » républicains qu'il cherchait à constituer pour son gouvernement.

Le « réalisme » de Tardieu se voulait rénovateur des conditions de la vie politique autant que des moyens de prospérité et de grandeur nationales. Idéologiquement, pourtant, il renvoyait à un certain conservatisme. En écartant les dogmes et les utopies, la méthode condamnait en effet implicitement la gauche et ses imprudences gestionnaires. L'expérience du Cartel n'avait-elle d'ailleurs pas prouvé l'incompatibilité des termes gauche et « réalisme »? Le redressement financier opéré par le gouvernement d'Union nationale dirigé par Poincaré venait confirmer cette idée : dans la division du travail ministériel, Herriot avait reçu l'Instruction publique et Albert Sarraut l'Intérieur; les Finances réclamaient le bon sens d'un Poincaré; quant aux ministères techniques, ils furent généralement confiés aux modérés du centre-droit. À la droite modérée la gestion du temporel; à la gauche radicale-socialiste les ministères politiques et ce que Albert Thibaudet appelait « le contrôle spirituel ». Assurément, le « réalisme » appartenait, à en croire les « modérés », au patrimoine de la droite. Si la politique devait s'émanciper des mystiques pour devenir de plus en plus une technique, si, comme l'écrivait André François-Poncet, elle était « une affaire sérieuse qu'il fallait traiter sérieusement, comme une quelconque entreprise d'ordre industriel ou commercial [112] », la droite se disait naturellement préposée à en assumer la responsabilité. Plus encore, elle revendiquait pour elle seule la méthode « réaliste », étant convaincue que l'objectivité lui appartenait en propre : « L'économiste politique de droite est un économiste. L'économiste politique de gauche (voyez Blum et l'impôt sur le capital) est un politique [113]. »

Derrière son « réalisme », la droite républicaine progressiste cachait donc son esprit conservateur. Traiter les problèmes pour eux-mêmes, en dehors des questions politiques, faire en sorte que « la voiture roule » quelle que fût la couleur du capot – pour reprendre l'exemple de « réalisme » donné par Lucien Romier –, c'était pour les « modérés » évacuer les questions de fond et interdire la remise en cause de l'équilibre social. D'autre part, le « réalisme » servait à la revalorisation des valeurs bourgeoises, le temporel ayant évidemment besoin du bourgeois. « Le train des choses nécessite tous les jours plus d'information, de volonté, de compétence, de maîtrise, toutes valeurs bourgeoises; il favorise par nature la bourgeoisie [114]. » Ainsi, de même que le néocapitalisme permettait aux capitalistes de s'affirmer sans se renier, le « réalisme » donnait à la bourgeoisie française l'occasion de fortifier ses valeurs et ses principes. Le réalisme rénovateur de Tardieu se comprenait aussi comme une affirmation bourgeoise.

Tardieu apparaissait en 1929 comme l'un des chefs de file de la nouvelle génération politique. Dans la famille des républicains « modérés », il jouissait du patronage bienveillant des anciens, Raymond Poincaré et Louis Barthou, et de l'appui assuré des plus jeunes, Paul Reynaud et Pierre-Étienne Flandin. Bien que chef sans troupe, il représentait l'espoir d'une large majorité de droite républicaine capable de grignoter de substantiels soutiens sur la gauche radicale-socialiste. Continuateur de Poincaré, il manifestait en outre une volonté de rénovation et un dynamisme originaux et séduisants. Né avec la République, il n'entendait plus sacrifier à la « défense républicaine », jugée obsolète, la notion d'autorité, et il souhaitait la constitution d'un gouvernement fort pouvant compter sur une majorité résolue. Membre de la « génération du feu », il pensait en termes d'union nationale et cherchait à mobiliser à nouveau, pour les réformes de l'avenir, la formidable puissance du coude-à-coude. Admirateur des États-Unis, il partageait l'optimisme entreprenant, le pragmatisme et le goût du concret et de l'action efficace des Américains, et souhaitait donner à une France hésitante, qui perdait le sens de la victoire, assurance et confiance en ses moyens. Conservateur progressiste, ouvert aux préoccupations sociales, il opposait au capitalisme oppressif un capitalisme libérateur, élargi, générateur de bien-être et de prospérité générale. Esprit « réaliste » enfin, il donnait à la jeunesse déçue par le verbalisme politique les espoirs d'un changement de méthodes.

Après la phase de construction, puis celle du redressement financier, Tardieu avait le sentiment qu'une étape nouvelle commençait pour la France et que la grandeur nationale exigeait l'abandon de la « politique de référence » pour une politique de réalisations. Il partageait sur ce point l'avis de Lucien Romier qui écrivait en 1928 : « Aujourd'hui, dans l'effroyable compétition de calculs et d'intérêts qui est la loi du monde, on ne fixe plus le rang d'un peuple d'après l'éloquence de ses orateurs, la douceur de ses mœurs, la noblesse de ses traditions, ou de ses aspirations. On le juge d'après ce qu'il *réalise* en fait pour augmenter sa force, son bien-être, la vitalité et l'efficacité de son travail collectif[115]. » Un immense effort de rénovation, tenté avec audace et ténacité, tant des comportements politiques que des conditions matérielles et sociales de la France, s'imposait aux dirigeants français si ceux-ci désiraient maintenir leur pays au rang des grandes puissances. « Gagner la paix », tel était la passion inquiète qui animait Tardieu et que celui-ci voulait voir partagée par le plus grand nombre de Français. Maurice Petsche et Jacques Donge, dans leur livre *À la recherche des temps nouveaux* (1928), soulignèrent l'importance du moment : « Nous voilà au pied du mur. On sait où aller, les programmes de rénovation sont au point [...] ; qui va donner la " chiquenaude " et mettre le monde économique en mouvement[116] ? » Leur préfacier, André Tardieu, semblait tout désigné pour cette tâche.

CHAPITRE IV

L'épreuve du pouvoir

Lorsque, le 7 novembre 1929, André Tardieu monta à la tribune de la Chambre pour prononcer sa déclaration ministérielle, l'investiture du nouveau gouvernement paraissait des plus précaires aux yeux des observateurs politiques. Tout au plus créditait-on le nouveau cabinet d'une majorité de quelques voix. En effet, après une crise politique de dix-sept jours, la composition du ministère traduisait un net glissement à droite, difficilement admissible pour nombre de républicains. Aux espoirs d'une « union des gauches » conduite par Daladier avait succédé la formule de « concentration républicaine » avancée par le sénateur radical Clémentel, pour finalement laisser apparaître la combinaison de « solidarité et d'action républicaines » défendue par Tardieu. Durant cette valse d'étiquettes aux nuances subtiles, la majorité gouvernementale avait passé de l'éventualité d'une participation socialiste à une concentration radicale, puis au rassemblement du centre et des droites, sans réelle caution des gauches. Le sort du gouvernement, jugé par Georges Bonnet comme « le plus à droite depuis Méline [1] », était ainsi largement suspendu, au jour de sa présentation devant la Chambre, à la capacité de séduction d'André Tardieu.

Rejetant les promesses vagues, les formules redondantes et le rappel rituel des grands principes républicains, affirmant qu'« une déclaration ministérielle ne saurait être une dissertation académique », il transforma en acte politique la présentation de son programme de gouvernement [2]. L'action efficace et le réalisme des objectifs retinrent seuls son attention. Avec clarté, précision et rapidité d'exposé, il soumit aux députés un vaste programme de réalisations concrètes dans un texte d'allure essentiellement technique, faisant crépiter les statistiques et pleuvoir les millions. À subir ainsi l'enthousiasme entreprenant, les députés étaient partagés entre l'émerveillement approbateur et l'étourdissement sceptique. Ceux qui, comme Anatole de Monzie, voyaient en son arrivée l'« avènement d'une génération, d'une éloquence, d'une manière inédite [3] » trouvèrent leurs attentes confirmées au soir du 7 novembre. Le style technocratique ajouté à la volonté réalisatrice, le foisonnement des projets et l'audace des intentions attestaient des conceptions jeunes et hardies du nouveau président du Conseil. La séduction fut très large sur toute la classe politique, comme en témoigna la confiance votée à une majorité de 79 voix [4].

Sur le fond, le programme de Tardieu n'était pas moins attrayant. Résolument tourné vers l'avenir, il entendait dépasser la phase de « liquidation » des problèmes nés de la guerre pour engager la France dans une nouvelle étape, celle de la « construction ». Il invitait les Français à un vigoureux effort de modernisation capable d'armer le pays pour « les luttes de la paix ». Il présenta ainsi, dans une cascade de paragraphes chiffrés, le détail d'un vaste plan d'équipement national doté de 5 milliards de francs répartis en quatre grands chapitres : l'agriculture, le « problème de la race [5] », les moyens de communication et l'empire colonial. Pour financer ce plan étalé sur cinq années, le gouvernement entendait faire appel « aux disponibilités de l'exercice 1929 et aux actifs du Trésor ». Plus encore, il associait à cette politique d'équipement une politique de dégrèvements fiscaux d'un montant de 3,4 milliards, total déclaré tout à fait compatible avec « un régime de sages finances, d'équilibre et d'amortissements ». Enfin, il proclamait avec une audacieuse assurance l'ouverture d'une ère de prospérité : « Au bref, nous entendons affirmer et, si vous le permettez, essayer d'inaugurer en France une politique de la prospérité [6]. »

Au plan d'équipement national et à la politique de dégrèvements venaient s'ajouter les réformes engagées sous les gouvernements précédents, telles l'application des assurances sociales et la création d'un Office du blé, ainsi que des réformes souhaitées par beaucoup mais toujours différées : fiscalité, ajustement définitif des traitements des fonctionnaires et « surtout la réforme de l'État ». Ce programme hardi sur le plan intérieur montrait en matière internationale une grande continuité de vues avec les gouvernements précédents. Briand conservait d'ailleurs le portefeuille des Affaires étrangères et avait assuré Tardieu de sa pleine collaboration. Non content de poursuivre les négociations relatives au plan Young, Tardieu chercha à apaiser le souci de sécurité de sa majorité gouvernementale en insistant sur « l'organisation défensive des frontières ». Collaboration internationale et sécurité renforcée pour une paix durable entre « peuples forts et calmes », modernisation de l'équipement national et dégrèvements productifs au service de l'enrichissement général, développement de la politique sociale et attention aux grandes réformes de demain, le tout porté par un optimisme rénovateur symbolisé par ce que Tardieu lui-même appelait « une politique de la bonne humeur », tels étaient les grands axes de « cette marche en avant » que proposait le nouveau gouvernement aux Français.

Les contemporains reconnurent l'originalité de ce projet gouvernemental, tout au moins dans le style, pour les plus sceptiques. Les historiens ont également retenu le volontarisme rénovateur de Tardieu [7]. Le journaliste Maurice Privat, dans un portrait flatteur, donna la tonalité des espoirs et attentes mis dans le nouveau président du Conseil par toute une partie de la classe politique :

> « Avec André Tardieu, c'est une génération qui prend le pouvoir. Le réalisme qu'il pratique est le sien. Son éloquence plaît, parce qu'elle est l'image de ses désirs. C'est le meilleur, le plus solide, le mieux armé, le plus captivant qui l'a emporté. Il suit sa ligne, et les difficultés lui servent de tremplin. Il n'est réactionnaire ni dans ses conceptions ni dans ses manières. Il est simple. S'il aime le pouvoir, c'est pour agir. [...] C'est un réaliste. C'est un réalisateur. C'est un réformateur. Il est au-dessus des partis par leurs programmes, et il leur en donnera au besoin. Les gauches l'ont discuté. Elles l'appelleront. [...] La personnalité de Tardieu s'impose trop pour être négligée. [...] L'heure de Tardieu a enfin sonné [8]. »

Les conceptions de Tardieu

Dans ses *Notes sur les États-Unis*, le futur président du Conseil rapportait l'étonnement des Américains devant le caractère impersonnel du pouvoir exécutif en France et s'élevait contre la fatalité historique qui imposait à la République ce genre de gouvernement de « type flasque [9] ». De Theodore Roosevelt au prince von Bülow, de Georges Clemenceau au maréchal Foch, les hommes dont il dressa le portrait dans ses livres avaient tous montré force de caractère et goût de l'action dans l'exercice de leur autorité. Tardieu partageait leur conception « autoritaire », mais « didactique » et « humaine », du commandement [10], et faisait du principe du chef la base même de toute action.

Le modèle qui dominait son expérience politique était la direction de la guerre de Georges Clemenceau. Plus encore, sa conception de l'autorité gouvernementale, teintée de psychologie ancien combattant, entretenait l'illusion d'une identité d'exigences entre la politique à l'heure de la défense de la nation et la politique en temps de paix. La pratique de Clemenceau, bien qu'exceptionnelle du fait de la guerre, n'indiquait pas moins les conditions générales d'une République forte et unie, et dépassait ainsi son cadre conjoncturel pour devenir une référence, un modèle même. En 1926, alors que Tardieu donnait ses recettes pour sortir de la crise financière, Gustave Hervé critiquait la nostalgie du député de Belfort en matière de méthodes gouvernementales :

> « André Tardieu croit que, sans toucher à notre constitution, un président du Conseil peut encore gouverner aujourd'hui comme gouverna M. Clemenceau pendant la guerre. Qu'il y ait à la tête du gouvernement un homme de caractère, que celui-ci ait à sa disposition une bonne majorité, sortie d'un bon scrutin – le scrutin d'arrondissement –, et la partie sera sauvée, proclame-t-il [11]. »

L'aspiration largement ressentie par les Français à une autorité et à une continuité croissante dans la gestion des affaires publiques s'exprimait souvent dans la formule : « un gouvernement qui gouverne ». Pour Tardieu, cela signifiait que, loin de toujours négocier pour finalement transiger, le gouvernement devait se poser en « opinion au pouvoir [12] », demeurer ferme et résolu dans son programme et prêt à subir sur chaque article la question de confiance : « Le gouvernement, c'est l'initiative, l'action ; je dirai plus : c'est le commandement [13]. » Cette conception d'un exécutif conçu comme une opinion dirigeante, active et personnalisée, heurtait la tradition républicaine qui faisait du gouvernement un simple comité parlementaire délégué dans la fonction exécutive, et du président du Conseil un simple courtier politique sous haute surveillance parlementaire.

Tardieu revendiquait pour le chef de gouvernement un rôle de « Premier ministre » au sens anglais, c'est-à-dire de représentant et de chef de la majorité au pouvoir. Acceptant la primauté juridique du législatif sur l'exécutif, il concevait néanmoins une primauté politique du gouvernement sur le Parlement et regardait la charge de président du Conseil comme un combat politique. En 1922, alors que Poincaré conduisait la Chambre bleu horizon tout en ménageant les radicaux, Tardieu, exaspéré par cette pratique, lança au président du Conseil : « Nous aimerions que vous cessiez d'être un arbitre pour devenir un chef. » Deux années plus tard, il fustigea encore la réserve toute républicaine de Poincaré dans la campagne électorale de 1924 et exhorta ce dernier à se battre en « première ligne » à la tête de ses troupes [14]. Indubitablement, ses conceptions en matière de pratique gouvernementale annonçaient un style différent de *leadership* politique, plus autoritaire mais aussi plus responsable, plus combatif et plus personnalisé, plus entreprenant dans ses relations avec le Parlement et le pays. Un tel *leadership* avait toutes les chances de réveiller à gauche le traditionnel réflexe républicain contre toute esquisse de démocratie plébiscitaire.

Les conceptions de Tardieu sur la forme du *leadership* politique rejoignaient pourtant les idées développées par l'un des critiques les plus vigilants de toutes déviations « césariennes », Léon Blum. Ces idées, le *leader* socialiste les avait exposées pendant la guerre ; leur réédition en 1936 enleva à leur pertinence le caractère strictement conjoncturel de 1917. Comme Tardieu, Blum aspirait à une République à meilleur rendement et cherchait à définir les moyens propres à restaurer l'autorité et l'activité gouvernementales. Il trouvait lui aussi dans le *leadership* parlementaire à l'anglaise un modèle pour le renforcement de l'exécutif français. Il souhaitait ainsi voir assumer par le président du Conseil son double rôle de « premier », vis-à-vis de ses ministres, et de « chef », vis-à-vis du Parlement [15]. « Inspirateur », « guide », et « arbitre », le chef du gouvernement devait assurer le « *leading* de la Chambre », fonction considérée par Blum comme « une des nécessités pratiques, peut-être même, une des conditions théoriques du régime représentatif [16] ».

Ce rôle de « maître de ballet » ne pouvait cependant être efficace que soutenu par une meilleure organisation des partis. En effet, seul un régime de partis organisés pouvait transformer la désignation du président du Conseil, acte jusque-là « hasardeux, conjectural et arbitraire », en un acte créateur de stabilité et de sens politique propre à sélectionner « le chef réel et vivant d'une majorité réelle et vivante [17] ». Ces réflexions de Blum sur la pratique des institutions rejoignaient les préoccupations de Tardieu qui souhaitait en effet la constitution de partis du centre et de la droite, et voyait dans ce classement des opinions l'une des conditions d'une démocratie rénovée.

> « La France a soif de programmes, de doctrines et d'hommes énergiques et disciplinés, qui les appliquent. Former, équiper des partis politiques, amener les Français à y faire œuvre de citoyens, c'est, à notre avis, le meilleur service qu'on puisse, à l'heure actuelle, rendre à notre pays ; et, pour tout dire, sa rénovation nous semble à ce prix [18]. »

L'idée de partis organisés et structurés comme les partis de gauche restait toutefois étrangère à Tardieu qui considérait essentiellement les rapports politiques comme une relation de confiance entre des élites éclairées et soucieuses de l'intérêt général, et des masses mobilisées comme spectateur plutôt que comme acteur. Il se voulait d'abord homme de rassemblement et cherchait une stature nationale plus que partisane.

Tardieu fondait son idéologie du rassemblement national sur la conviction qu'il existait des « vérités communes s'imposant, en pleine mêlée des partis, pour le bien général [19] ». Il croyait profondément en l'existence, entre Français, d'un certain « coefficient d'unanimité » sur les valeurs fondamentales, accord qui rendait largement obsolète la division entre droite et gauche. Il formulait ainsi les limites de ce consensus national : « Nul n'est assez à droite pour renoncer aux conquêtes de la Révolution, assez à gauche pour accepter la possession collective [20]. » Ce consensus définissait un bloc républicain allant des catholiques sincèrement ralliés jusqu'aux radicaux socialement conservateurs.

Une telle conception du consensus républicain portait l'espoir d'un grand parti néoconservateur, libéral et progressiste, et se définissant essentiellement contre le collectivisme sous toutes ses formes. Au slogan périmé « Le cléricalisme, voilà l'ennemi ! », il substituait « Le socialisme, voilà l'ennemi. » Sa formule parlementaire était l' « union nationale » ; le substantif « union » désignait les conditions mêmes de toute action efficace, et l'adjectif « national » signifiait que, loin de constituer une trêve politique, ce rassemblement de républicains s'affirmait comme un combat contre tous les « antinationaux ». Lucien Romier développa exactement cette idée :

> « Tout autre chose qu'un compromis sans portée politique, l'union nationale est d'abord, essentiellement, une formation parlementaire pour soustraire l'exécutif aux empiètements désordonnés et aux rivalités anarchiques du législatif. [...] D'autre part, l'union est une formation qui empêche le socialisme marxiste de détruire par avance le cadre dans lequel les problèmes devront être résolus. L'union nationale comporte donc, par définition, un renforcement de fait de l'exécutif et une résistance de principe au marxisme [21]. »

La menace contre le régime se situait désormais à gauche, et la césure républicaine passait à l'intérieur du Parti radical-socialiste ; pour Tardieu, la partition de ce parti apparaissait alors comme la condition de la stabilité politique. Les offres ministérielles faites aux radicaux en novembre 1929 devaient être le premier acte de cette tentative de désagréger un parti qui, dans ses rangs, conciliait l'inconciliable, c'est-à-dire des « bourgeois nationaux et conservateurs » et des socialisants internationalistes.

Le contexte de l'expérience

La France de 1929 présentait de nombreux signes encourageants. Réalités et illusions travaillaient ensemble à entretenir un climat de tranquillité satisfaite. Et pourtant, le recul historique nous montre que les années 1929-1932, dominées sur le plan gouvernemental par la personnalité d'André Tardieu, marquèrent le basculement d'un après-guerre dans un nouvel avant-guerre. La « crainte salutaire de l'avenir » recommandée par Tocqueville n'effleurait guère les esprits des contemporains rassurés dans leur optimisme par des réussites certaines.

L'impression régnait que les problèmes issus de la guerre, en voie de règlement définitif, ne pèseraient plus sur le développement national. Le redressement financier réalisé par Poincaré avait non seulement éloigné le spectre d'une faillite weimarienne, mais encore créé un climat de confiance chaque année renforcé par les statistiques concernant les stocks d'or de la Banque de France et les excédents budgétaires. La prospérité, réelle, semblait devoir durer. Aux Affaires étrangères, Briand, infatigable « pèlerin de la paix », poursuivait son œuvre. Après avoir, avec l'aide de l'Américain Kellogg, mis la guerre « hors la loi », puis entamé les négociations du plan Young prévoyant une évacuation anticipée de la Rhénanie, il lançait l'idée d'une Fédération européenne. Si cette sécurité collective élargie paraissait peu crédible à certains Français, ceux-ci pouvaient néanmoins se sentir rassurés par la mise en œuvre des grands travaux de la ligne Maginot.

1929, c'était aussi la promesse de l'application d'importantes mesures sociales votées l'année précédente, telles la loi Loucheur sur les habitations à bon marché et la loi sur les assurances sociales des salariés. Le front social, d'ailleurs, était calme. La décennie avait commencé dans les grèves et les manifestations tumultueuses, sanglantes même ; elle s'achevait dans la consécration de l'ordre bourgeois. Enfin, la très dommageable instabilité ministérielle elle-même avait été plus que tempérée par de longs gouvernements Poincaré de 1922 à 1924 et de 1926 à 1929, et par la stabilité du personnel politique. Les Français retrouvaient foi dans leurs institutions, tant décriées à droite en 1925-1926. Dans ce tableau de la France de 1929, l'historien pourrait certes souligner les faiblesses et les signes d'inquiétude, démontrer, au-delà des apparences, les illusions entretenues, mais il fausserait alors la tonalité générale de l'époque qui était à la confiance, parfois même à l'euphorie. L'optimisme d'un Tardieu en 1929 avait assurément mille raisons de s'exprimer.

Sur le plan politique, la campagne électorale de 1928 manifesta un large consensus sur la République modérée de Poincaré, bourgeoise et éconouple mais attentive aux questions sociales, patriote mais sincèrement ralliée à la sécurité collective, laïque mais sans sectarisme. La composition de la nouvelle Chambre révélait pourtant un record de dispersion et d'éparpillement des forces politiques. Quinze groupes parlementaires, dont cinq seulement représentaient un parti, se disputaient les 610 sièges et compliquaient l'émergence d'une majorité [22]. Les groupes anticartellistes ne rassemblaient que 257 voix, et les cartellistes moins encore. L'avenir semblait donc appartenir aux formations centristes, les chiffres composant nettement une majorité de « concentration » républicaine.

Appréciée politiquement, cependant, cette force numérique des centres n'était qu'apparente dans la mesure où un petit nombre de députés – 47 seulement – furent effectivement élus selon une véritable formule de concentration, c'est-à-dire sans voix cléricales ni socialistes [23]. Ancrés soit à gauche soit à droite, ces groupes du centre, bien que nombreux, n'en révélaient pas moins la faiblesse traditionnelle du centrisme en France.

> « Le centre, constatait André Siegfried, que les gens raisonnables souhaiteraient un large plateau à la base carrée, n'est malheureusement qu'une arête effilée avec deux pentes ou plutôt – car ce serait encore trop simple – un enchevêtrement d'arêtes, qui cependant partagent inexorablement les tendances entre les deux versants [24]. »

Toutes les majorités de concentration républicaine étaient ainsi promises à basculer soit à gauche, soit à droite. Il existait bien, théoriquement, une masse majoritaire et relativement homogène de députés pouvant constituer un gouvernement au centre, mais une telle combinaison impliquait une double scission d'une part du Parti radical-socialiste qui se séparerait de son aile gauche menée par Daladier, Dalimier et Bergery, et d'autre part du groupe de l'Union républicaine démocratique (URD) qui abandonnerait une quinzaine de députés antibriandistes conduits par Marin, de Wendel et Warren. Si l'on put assister à une certaine érosion de ces deux groupes durant la législature, leur scission resta cependant une perspective improbable. Plus encore, ce fut le sentiment de l'attachement à gauche qui prévalut au sein du Parti radical-socialiste, une fois passées les nécessités d'union nationale pour le redressement financier.

Devant le désir du Parti radical d'entrer en « cure d'opposition », les gouvernements modérés durent chercher, à partir de novembre 1928, leur centre de gravité plus à droite. La grande popularité et l'autorité républicaine de Poincaré, le prudent remaniement ministériel de 1928 et le souci constant de l'ancien président de la République de ménager les susceptibilités du centre gauche devaient adoucir le glissement à droite, pourtant net, de la représentation parlementaire. Si bien qu'à l'automne de 1929 la Chambre, dix-huit mois après son élection, n'avait pas encore montré son vrai visage, cachée qu'elle était derrière le poincarisme qui seul lui avait donné un semblant de cohérence. La durée insolite de la crise ministérielle d'octobre 1929 s'expliquait ainsi logiquement par le difficile accouchement d'une majorité qui s'essaya à une union des gauches avant de se fixer résolument au centre droit sous la direction de Tardieu. Cette majorité, conduite par Tardieu ou Laval, correspondait en fait à la physionomie de la Chambre et allait dominer la législative jusqu'aux élections de 1932.

Sur le plan parlementaire, la majorité Tardieu dessinait les mêmes contours et bénéficiait de la même marge majoritaire, près de soixante-dix voix au mieux, que la coalition rassemblée en novembre 1928 par Poincaré. Le gouvernement Tardieu, constitué le 3 novembre 1929, comprenait sept représentants du centre gauche, six du centre, dix du centre droit et cinq de la droite. En termes de groupes parlementaires, il allait des républicains-socialistes à l'Union républicaine démocratique (URD). Cette composition reflétait l'équilibre délicat des opinions au sein d'une majorité qui ressemblait fort à une cohue. Jean Luchaire, sympathisant de l'« expérience Tardieu », décrivit ainsi la majorité :

> « On y voyait des royalistes et d'ardents républicains, des catholiques activistes et des laïcs sincères, des partisans frénétiques de la politique extérieure de contrainte et de prestige militaire ainsi que des militants du locarnisme, des défenseurs de la gratuité d'enseignement secondaire et des tenants vigoureux du confessionnalisme scolaire, des conservateurs sociaux et des sympathisants du syndicalisme [25]. »

Au sein du gouvernement, trois personnalités semblaient particulièrement représentatives : Aristide Briand aux Affaires étrangères, gage de la continuité en matière de collaboration internationale; André Maginot à la Guerre, gage de vigilance dans les questions de défense nationale; et Georges Pernot, figure « cléricale » de l'URD, gage de tolérance dans la République laïque. La conciliation des opinions dans les questions de politique extérieure restait cependant la pierre d'achoppement majeure. L'opposition de gauche soulignait l'incompatibilité des conceptions généreuses de Briand avec le nationalisme de fermeture de Maginot et l'antibriandisme militant de Marin.

Le ministère cumulait en effet les paradoxes. Composé principalement d'hommes du centre, il entendait mener une politique de gauche en s'appuyant sur une majorité de droite. Ce nouvel « opportunisme », qui rappelait celui des Ferry, des Rouvier ou des Dupuy, fut dénoncé à gauche comme un néo-opportunisme des intérêts, mais salué au centre et à droite comme un torysme à la française, un peu à l'image de ce qu'avait fait Disraeli du vieux Parti conservateur anglais. Dans le cas français, il s'agissait de prendre dans le programme du Parti radical-socialiste tout ce qui était applicable par les « modérés » et de vaincre ainsi l'opposition en lui prenant ses propres armes. Une formule restée célèbre symbolisait ce nouvel opportunisme : « Alors, déclara Tardieu aux députés radicaux, est-ce au moment où je me présente à vous, avec vos enfants sur les bras, que vous allez me tirer dessus [26] ? »

Pour le président du Conseil, ce néo-opportunisme était l'expression politique d'une formule nécessaire, le « réalisme ». Comme il l'expliqua à la Chambre dans le débat d'investiture de son premier gouvernement, les clivages anciens étaient inopérants parce que incapables de résoudre la contradiction entre les priorités internationales et les objectifs de politique intérieure. Rappelant l'incohérence de certains scrutins récents, il mit en garde les députés contre l'existence, déconcertante pour le pays, d'une « sorte de quadrille infernal » forçant la droite comme la gauche à censurer leurs propres convictions : « Les uns, au nom de la politique extérieure, votent contre leur politique intérieure. Pendant ce temps, les autres, au nom de la politique intérieure, votent contre la politique extérieure qu'ils ont constamment soutenue [27]. »

De fait, les nécessités politiques et économiques nées de la guerre rendaient, tant à droite qu'à gauche, très difficile la poursuite simultanée des objectifs intérieurs et internationaux et obligeaient à opérer un choix dans les priorités. D'une part, le besoin de sécurité financière et les mentalités économiques fortement imprégnées d'orthodoxie libérale interdisaient à l'intérieur une politique économique d'« union des gauches », interventionniste, peu respectueuse du sacro-saint équilibre budgétaire et surtout incapable d'entretenir la confiance. D'autre part, le besoin de paix et les votes quasi unanimes qui soutinrent la politique de Briand condamnaient, sur le plan international, la politique de fermeture, voire de coercition de la droite nationaliste. Dès lors, si la gauche désirait voir appliquer la politique de Briand et la droite voir éloigner à jamais le spectre du Cartel, Tardieu demandait aux députés de bien peser cette alternative : « Nous avons à choisir ici entre une discipline intérieure, un reclassement, ou l'impuissance et l'anarchie [28]. » Avec son programme de centre gauche et sa majorité de centre droit, il prétendait pouvoir présider à ce reclassement des opinions : il offrait à la droite le maintien de l'ordre face à la subversion marxiste, l'organisation des frontières et la neutralité religieuse; il proposait à la gauche la poursuite de la politique briandiste, les dégrèvements fiscaux et les assurances sociales; à l'ensemble des Français, la prospérité économique et la grandeur nationale.

Reclassement partisan et volonté de rassemblement national

Le reclassement des opinions et la volonté de rassemblement national impliquaient à droite comme à gauche de profonds bouleversements idéologiques et structurels. Pour le Parti radical-socialiste, cela supposait rien de moins que la rupture avec son traditionnel attachement à la gauche et l'éclatement de son organisation partisane en deux pôles d'attraction, l'un socialiste, l'autre « modéré ». Pour les droites, étaient en jeu leur pleine adhésion aux valeurs républicaines et leur réelle volonté d'accepter les règles du jeu démocratique. Sur ces deux fronts, Tardieu lança une offensive de séduction et s'appliqua, selon les mots de Blum, à « travailler les radicaux et le groupe Marin [29] ».

À droite

Tardieu avait de bonnes raisons de croire possible un reclassement des opinions de droite, notamment en matière de politique internationale. Le long débat sur la ratification des accords de Washington concernant les dettes de guerre de la France avait démontré, au jour du vote, le 20 juillet 1929, que la très grande majorité du groupe de l'URD préférait la « priorité de la défense sociale » à la « priorité nationale ». Ce vote indiquait que l'aile droite de la majorité Poincaré accordait, dans sa hiérarchie des objectifs, un primat à la politique de conservation sociale et qu'elle était prête, pour défendre un gouvernement « modéré », soucieux d'ordre dans la rue et d'équilibre dans ses finances, à mettre une sourdine à ses sentiments nationalistes.

Plus fondamentalement, Tardieu considérait le rassemblement des opinions de droite dans un grand parti national comme la conséquence naturelle de l'élargissement du principe de légitimité républicaine. « La droite, en 1885, écrivait-il, on savait ce que cela voulait dire : lutte pour les régimes déchus ; complicité avec tous les coups de force. Cette droite de 1885 a disparu [30]. » Celle qui subsistait ne constituait plus une menace pour la République. L'expérience de la guerre avait d'ailleurs élargi cette adhésion au régime en sacrant la communion de la République et de la nation. Désormais, la solidarité de ces deux réalités vivantes rendait obsolètes les préventions de la République militante contre la droite. L'idée nationale était venue, à droite, renforcer l'idée républicaine, de cet approfondissement de la République dans la nation devait découler une redéfinition du principe de légitimité propre à débarrasser la vie politique des anciennes exclusives. Les républicains « modérés » prétendaient d'ailleurs s'inscrire dans la lignée des grands fondateurs, continuateurs des Ferry, Méline et Waldeck-Rousseau. « Opportunistes », « progressistes » ou « modérés », ces étiquettes changeantes reflétaient une même réalité : la translation vers la droite de la légitimité républicaine au moment où la gauche, pervertie par les « collectivistes », ne pouvait plus, selon Tardieu, revendiquer le monopole de la « défense républicaine ». L'impossibilité d'une réelle alternance dans « la République absolue [31] » paraissait dès lors levée en 1930. La majorité Tardieu, alliant le centre laïque et la droite catholique, soudée par l'anticollectivisme, portait haut la prétention à la gestion des affaires publiques et se considérait comme une garantie républicaine face au marxisme envahissant.

Révélateur de cette évolution de la droite : les efforts de Rome en faveur de la conciliation des catholiques avec le régime. La condamnation de l'Action française en 1926 et la mise au pas du journal *La Croix* en 1927 laissaient voir chez le pape Pie XI la volonté de travailler à un « second ralliement [32] ». En matière internationale, catholicisme et nationalisme, constamment confondus, commençaient à se dissocier. Georges Pernot, ministre de Tardieu, vice-président de la Fédération républicaine et catholique notoire, entretenait de bonnes relations avec Briand et menait à l'intérieur de son parti une campagne contre le nationalisme rigide de Marin. Le petit groupe des démocrates-populaires attestait également de l'esprit d'ouverture des catholiques sur les problèmes sociaux du monde moderne, attitude d'ailleurs encouragée par l'encyclique *Quadragesimo anno* de 1931. Ainsi, bien que certains catholiques ne se fussent ralliés à la République que du bout des lèvres et que la Fédération nationale catholique du général de Castelnau constituât un solide noyau de résistance sociale et nationaliste, l'évolution de la droite catholique dans son ensemble confirmait la volonté d'intégration des catholiques dans la République.

D'autre part, l'évolution politique depuis 1926 renforçait les espoirs placés par Tardieu dans l'intégration active des droites dans la République. Le Centre de propagande des républicains nationaux créé en 1927 illustrait les efforts accomplis pour secouer l'absentéisme politique de la bourgeoisie et amener les droites à s'associer davantage à la poursuite d'objectifs communs. Patronné par *L'Écho de Paris* et animé par un ancien combattant aux talents d'organisateur, Henri de Kérillis, le Centre travaillait à la cohésion des droites et à la modernisation de leur organisation politique selon le modèle des conservateurs anglais. Face à la discipline des partis de gauche, l'ambition était d'amener les conservateurs à renoncer à une partie de leur liberté de notables indépendants pour les enrôler dans « un grand parti national » mieux adapté aux conditions de la lutte politique :

> « Il s'agit, proposait Kérillis, de grouper les Français dans un grand parti, un parti unique, parti d'ordre, parti de paix, parti de prestige national, parti de tolérance religieuse, parti animé d'idéal social, tourné vers les petits, vers la masse, accessible à elle, parti homogène qui, fort, pourrait au pouvoir gouverner selon les méthodes normales du gouvernement, sans avoir à soutenir ou à être soutenu, avec ses chefs à lui, ses cadres administratifs à lui, ses troupes [33]. »

Pour résister à l'emprise des « partis de démagogie », les « nationaux » devaient constituer leurs propres « cellules de droite ». Le Centre animait ainsi une école d'orateurs, entretenait un large réseau de propagande, intervenait dans les débats électoraux sur l'investiture des candidats « nationaux » et organisait un service de renseignement au sein des partis adverses.

Cette meilleure intégration des droites au jeu républicain représentait en fait l'aspect politique de la réussite du gouvernement d'union nationale de Poincaré. En effet, la poussée des ligues et mouvements antiparlementaires de 1925 s'était trouvée fortement émoussée par le redressement national opéré par Poincaré. Le Faisceau « fasciste » de Georges Valois disparaissait; quant aux Jeunesses patriotes (JP) de Pierre Taittinger, elles subissaient une éclipse très significative de l'évolution politique générale. Elles étaient en effet passées du soutien réservé et vigilant, à la défense puis à l'exaltation de l'Union nationale, abandonnant dans le même temps leurs diatribes contre Briand, « le fossoyeur de la victoire », et leurs violentes attaques contre le régime parlementaire. Après leur congrès de décembre 1928, elles apparaissaient comme un « mouvement gouvernemental, à peine réformiste [34] » que Maurras décrivait ainsi : « Les JP sont devenues, en fait, les JP républicaines, et l'on compte les utiliser de plus en plus dans le service électoral. JP, républicaines, parlementaires, ministérielles, électorales. C'est le titre complet. Je ne sors pas des faits [35]. » Maurras pouvait en effet ironiser sur la présence de ministres JP dans les cabinets à partir de novembre 1928. Tardieu lui-même allait faire appel à quatre membres du mouvement – Georges Pernot, Marcel Héraud, Robert Sérot et Oberkirch – et put compter durant toute la législature sur le soutien ferme et résolu de Pierre Taittinger [36].

Ainsi, dans le grand rassemblement des forces authentiquement républicaines, les droites, trop longtemps exclues pour des motifs périmés, étaient devenues des partenaires légitimes. Tardieu déplorait certes l'esprit étroitement conservateur et l'égoïsme social d'une partie des « modérés », mais il soulignait un acquis incontestable à ses yeux : leur acceptation des règles du jeu démocratique. Dès lors, il demandait aux élus de gauche étrangers au socialisme de s'associer à cet effort de dépassement des vieux clivages et de faire prévaloir, dans leur collaboration avec la droite républicaine, leur esprit d'ouverture – le progrès en dépendait. L'appel à la gauche radicale-socialiste constitua ainsi la grande affaire politique de l'« expérience Tardieu ».

À gauche

« La France est radicale »; disait Barrès; « en grande partie » seulement, corrigeait Tardieu [37]. Que l'on suivît Barrès ou Tardieu, gouverner la République sans le soutien du Parti radical relevait à proprement parler du défi. Ce défi, Tardieu crut pouvoir le mener jusqu'à son terme logique, l'éclatement du Parti radical. Il partageait en effet l'analyse faite par Léon Blum sur la « survivance » ou la « sur-durée » de certains partis ou groupes politiques épuisés dans leur programme et considérait le reclassement au centre droit du Parti radical-socialiste comme inévitable. Défini comme « une fraction de bourgeoisie laïque, patriote, propriétaire et, quant aux principes sociaux, conservatrice [38] », surclassé sur sa gauche par le socialisme, il n'avait d'avenir que dans la collaboration avec les « modérés ». Ne pas accepter cette réalité sociologique et idéologique, c'était faire preuve, selon l'expression de Tardieu, d'« un terrible coefficient de retard [39] ».

À plusieurs reprises Tardieu spécula sur la disparition du Parti radical : dans l'immédiat après-guerre, alors que le radicalisme perdait son âme dans le Bloc national et pâtissait du discrédit moral jeté sur ses chefs, Caillaux et Malvy; en février 1926, le groupe radical éclatait en trois tronçons sur le vote des projets financiers Doumer, et Tardieu déclarait à Belfort : « Les radicaux n'existent plus [40]. » À chaque fois, pourtant, en 1919 comme en 1926, les radicaux avaient su temporiser en acceptant la trêve des partis et retrouver, après ces moments difficiles, une identité de gauche plus affirmée. En 1937, Tardieu devait écrire avec irritation : « Après les grands orages qui ont frappé le mouvement à gauche, en 1899, en 1919, en 1926, en 1934, les chefs radicaux n'ont pas hésité ` se faire hospitaliser sous le faux-nez de l'Union nationale [41]. »

Au temps de *L'Écho national*, il avait stigmatisé le « double jeu » des radicaux qui, d'un côté, exploitaient les bénéfices de l'opposition et, de l'autre, les profits de la pression administrative [42]. En novembre 1929, refusant de telles équivoques, il fit de ses offres ministérielles aux radicaux un acte de clarification politique. En fait, il espérait provoquer le reclassement du radicalisme, enraciné à gauche mais de plus en plus déclassé à droite, en brusquant l'alternative. Son objectif immédiat était la partition du groupe de la Chambre et le renforcement de sa majorité d'une trentaine de Valoisiens ainsi débauchés. Au radical Georges Bonnet qui l'avertissait de sa précipitation maladroite, il répétait obstinément : « Je veux mettre les radicaux au pied du mur [43]. »

Dans son ouverture à gauche, Tardieu fit preuve d'un effort de conciliation qui allait rendre très attrayante pour les radicaux la tentation de rejoindre le camp des « modérés » [44]. Lors de la formation de son premier cabinet, en novembre 1929, il leur offrit pas moins de huit ministères, au choix, et parmi les plus importants, et adopta presque entièrement le programme présenté la veille par le sénateur Clémentel. Plus encore, il exclut de sa majorité la Fédération républicaine de Louis Marin, totalement inacceptable aux yeux des radicaux, et fut d'accord pour abandonner le ministère de l'Intérieur, « garde-manger des radicaux [45] ».

Ces offres étaient décidément tentantes pour ces habitués des responsabilités gouvernementales, mal à l'aise dans une opposition durable. Cependant, à une semaine du congrès de Reims, qui s'était conclu sur un vibrant appel à « l'union de toutes les forces de gauche [46] », il était peu probable que le Parti radical pût se déjuger. Réunis pour délibérer des propositions de Tardieu, les deux groupes radicaux de la Chambre et du Sénat rejetèrent, par 46 voix contre 28, l'ordre du jour Marchandeau en faveur de la participation. Ils annoncèrent toutefois leur intention de « juger le nouveau gouvernement sur ses actes sans hostilité préconçue [47] ». Le refus de collaboration l'avait emporté, mais le fort courant participationniste témoignait d'un malaise réel au sein d'un parti dont la cohésion même était menacée.

Signe de cette crise interne, la dissidence de trois sénateurs de la gauche démocratique qui défièrent les directives du Parti radical et entrèrent dans le gouvernement Tardieu : Lucien Hubert à la vice-présidence du Conseil et à la Justice, Marraud à l'Instruction publique et le docteur Gallet aux Pensions. Deux députés radicaux des Ardennes, Courtehoux et Phillippoteaux, se solidarisèrent avec leur sénateur, Lucien Hubert, et quittèrent le groupe radical. Enfin, Eugène Lautier, rédacteur en chef de *L'Homme libre* et vieil ami de Tardieu, démissionna du parti afin de préserver « sa liberté de penser et d'écrire [48] ». Si ces quelques dissidences et démissions ne constituèrent certes pas une hémorragie, la crise du Parti radical n'en était pas moins réelle. En effet, après le récent échec de Daladier sur la formule de l'« union des gauches » et le rejet de la concentration proposée par Tardieu, les radicaux s'enfermaient dans une impasse politique. Seule l'opposition semblait praticable, en attendant les prochaines élections de 1932. Cette attente, cependant, paraissait trop longue et surtout peu justifiée pour une forte minorité de radicaux tentés par la collaboration avec Tardieu.

En fait, la campagne parmi les radicaux en faveur de la concentration s'esquissa dès le mois de février 1929 pour prendre, au mois de septembre suivant, un tour très offensif. Déjà le rôle de Tardieu dans le soutien de cette campagne avait été dénoncé par le président du parti, Édouard Daladier : « Ce n'est un mystère pour personne que M. Tardieu est l'organisateur de cette grande campagne en faveur de la concentration dont il pense qu'il serait le principal bénéficiaire [49]. » Les offres de novembre vinrent encore raviver les débats.

Les partisans de la concentration étaient animés de mobiles divers : l'hostilité aux socialistes pour Lucien Lamoureux et les radicaux du centre tels Marchandeau, Léo Bouyssou, Fernand Rabier, René Besnard; la constatation de l'impossibilité arithmétique d'un gouvernement d'« union des gauches » pour des hommes comme Bertrand Nogaro; les rivalités entre chefs à l'intérieur du parti, opposant d'une part Caillaux à Herriot et à Daladier et d'autre part Daladier à Herriot, rivalités qui firent basculer dans le camp des partisans de la concentration les amis de Caillaux et, pour un temps, les puissants frères Sarraut, soutiens d'Herriot; le grand attrait du programme proposé par Tardieu, copie presque conforme du programme radical; le souci de fidélité au « réalisme » et à la formule « Programme d'abord » pour les sympathisants radicaux du bi-mensuel *Notre Temps*. Par ailleurs, la nature même du Parti radical, qui fondait une grande partie de son influence et de sa force sur le fait qu'il était avant tout un parti de gouvernement, plaidait contre la « cure d'opposition ». Arthur Huc, dans *La Dépêche de Toulouse*, indiqua clairement ses préférences : « L'opposition ne peut être qu'un pis-aller. On fait de l'opposition faute de mieux. Les avantages du pouvoir se définissent, au contraire, par le mot lui-même : Pouvoir ! En principe, le gouvernement vaut mieux que l'opposition et lui doit être préféré [50]. » Tardieu comptait fortement sur cette « passion des ministères » pour appâter les radicaux.

L'Homme libre d'Eugène Lautier, *La Volonté* d'Albert Dubarry et *Notre Temps* de Jean Luchaire firent campagne en faveur du réformisme du nouveau président du Conseil et tentèrent d'amener les radicaux à la collaboration avec Tardieu au sein d'un gouvernement excluant les extrêmes, Blum et Marin. Lautier dénonça les « scènes de jalousie » et les « procès en concurrence déloyale » faits à Tardieu par ses anciens collègues radicaux ; Dubarry écrivit que « l'esprit de gauche, c'est-à-dire l'esprit de rénovation, n'était le monopole d'aucun clan, d'aucune coterie » et regretta que le Parti radical eût « manqué le coche » en rejetant les offres de Tardieu ; Luchaire déplora qu'une fois de plus, en opposant Daladier à Tardieu, on retombât dans la vieille querelle des deux blocs et négligeât les forces de renouvellement à l'œuvre dans tous les partis [51]. À ces offensives des participationnistes et aux séductions de Tardieu durent répondre les dirigeants radicaux, Daladier et Herriot en tête. L'unité du parti était en jeu.

Les partisans de la « cure d'opposition », les « jeunes radicaux » de l'hebdomadaire *La Voix* (Émile Roche, Bertrand de Jouvenel, Jacques Kayser ou Pierre Cot), les partisans de l'alliance avec les socialistes, Gaston Bergery en tête, les chefs radicaux Daladier, Herriot, Chautemps, Malvy, soucieux de l'unité du parti et de son attachement à gauche, des élus radicaux influents, tels François-Albert, Yvon Delbos et Georges Bonnet, prirent rapidement conscience du danger que représentaient les offres de collaboration avancées par Tardieu et surent y répondre avec fermeté. Au comité exécutif du Parti radical réuni le 27 novembre 1929, Herriot reprocha au gouvernement Tardieu « de vouloir, avec une certaine ironie, grignoter, dissocier les radicaux [52] ». Une campagne disciplinaire fut aussitôt lancée contre tous ceux qui se laisseraient tenter par l'« aventure » centriste. À cette volonté déterminée d'unité et de discipline, s'ajouta une vive offensive contre la majorité gouvernementale et son chef, « prisonnier des droites » et des forces de réaction. Les titres des articles de l'hebdomadaire *La Voix* tonnèrent alors de tous les repoussoirs républicains : « Deux politiques, deux blocs, deux hommes. Droite : Tardieu ; Gauche : Daladier. Il faut choisir » ; « Un gouvernement du 16 mai » ; « Un ministère Polignac » ou encore « Les Grands Ancêtres : Napoléon III, le maréchal Mac-Mahon, le général Boulanger. Quelques dates glorieuses pour la République : 2 décembre, 16 mai, 8 novembre [53] ». Tous les vieux réflexes de « défense républicaine » allaient être mobilisés pour discréditer Tardieu, jusqu'à l'accuser de fascisme latent. De l'opposition constructive et du refus de tout ostracisme, les radicaux étaient passés très rapidement à la guerre déclarée avec pour objectif immédiat de renverser Tardieu. Le conflit entre la Chambre et le ministre des Finances, Chéron, sur l'emploi des excédents budgétaires fut l'occasion tant attendue. Le premier gouvernement Tardieu tomba le 17 février 1930, cinq voix lui faisant défaut.

Les radicaux ne parvinrent pourtant pas à rassembler une majorité de centre gauche et durent céder à nouveau la place, après l'éphémère gouvernement Chautemps, à André Tardieu. Celui-ci, toujours résolu à inclure les radicaux dans sa majorité, fit de nouvelles concessions et lança de nouvelles offres. Au cours d'un entretien avec Herriot redevenu président du Parti radical en février, il lui proposa « un cabinet de trêve exclusivement destiné à faire aboutir les questions urgentes »; Herriot recevait la vice-présidence du Conseil et la Justice; Daladier et Chautemps auraient deux des quatre portefeuilles offerts aux radicaux; enfin, deux sous-secrétariats d'État seraient réservés. « Le ministère d'affaires ainsi formé, déclara Tardieu, se consacrera exclusivement à assurer le vote du budget, le règlement des problèmes internationaux en cours et le vote des assurances sociales. Cette œuvre terminée, il remettra sa démission au président de la République [54]. » Quant au programme, Tardieu faisait siennes des propositions de l'opposition radicale jusque-là écartées : la retraite du combattant, de nouveaux dégrèvements fiscaux et la gratuité de la classe de sixième des lycées et collèges.

La réponse fut sans surprise. Tardieu ayant fait obstacle à la concentration de gauche en rejetant les offres de Chautemps, les radicaux opposèrent à leur tour leur veto à une « concentration sans noyau d'attraction, sans principe et sans idéal [55] ». À l'exclusive tenace contre la droite de l'URD, ils ajoutaient maintenant une exclusive contre Tardieu lui-même, devenu un symbole de résistance droitière. Les parlementaires radicaux le déclarèrent « non qualifié » pour réaliser les tâches de l'heure et refusèrent toute collaboration avec « un chef qui avait pris une attitude de combat envers les gauches et demeurait solidaire des droites [56] ». Cette fin de non-recevoir ne l'empêcha pourtant pas de débaucher quelques nouvelles recrues lors de la formation de son deuxième cabinet, le 2 mars 1930. Trois sénateurs, Pierre Marraud, Fernand

David, Alphonse Rio, et deux députés, Jacques-Louis Dumesnil et Henri Falcoz, préférèrent, aux côtés de Lautier, récompensé pour son soutien, la réalité d'un portefeuille ministériel aux impératifs de la discipline partisane. La tentation de retrouver enfin le pouvoir avait même, semble-t-il, ébranlé jusqu'aux plus résolus partisans de l'opposition radicale. En effet, dans une lettre à Tardieu, Maurice Petsche, sous-secrétaire d'État à la Guerre, faisait état des bonnes dispositions de Daladier à l'égard d'une éventuelle collaboration, pour autant que Tardieu abandonnât la présidence du Conseil et acceptât de « jouer la partie *half and half*[57] ». Cette ouverture tardive, d'ailleurs lourde d'hypothèques, allait cependant buter, quelques semaines plus tard, sur un refus de Tardieu en forme de réquisitoire contre les prétentions gouvernementales des radicaux.

En effet, dans un important discours-programme, prononcé le 1er juin 1930 à Dijon, le président du Conseil entonna une véritable philippique contre le Parti radical. Après avoir rappelé que les formules de néo-Cartel et de concentration radicale étaient « en désaccord avec la volonté du pays », il stigmatisa les va-et-vient indécis, voire indécents, des radicaux entre les socialistes et les républicains de gouvernement depuis la fin de la guerre. Il rappela les radicaux au « respect de la mathématique » parlementaire et leur signifia que « faire place » ne voulait pas dire « céder la place » : « Le Parti radical-socialiste n'est plus, dans la Chambre actuelle, un axe déterminant d'orientation. La mathématique électorale le réduit à n'être qu'un appoint. » Plus encore, il contesta les prétentions radicales à un domaine réservé : « Le Parti radical-socialiste ne possède ni privilège héréditaire, ni hypothèque légale, ni droit éminent sur ce qu'il appelle volontiers les leviers de commande, par exemple sur le ministère de l'Intérieur. » Quant à la concentration, tout en la déclarant ouverte à tous les républicains, il la présentait comme « dès à présent réalisée ». Enfin, en affirmant qu'il continuait l'œuvre des fondateurs de la République, le président du Conseil souligna que son gouvernement n'avait nul « besoin de caution » : « Aux heures périlleuses dont je parle, les noms que l'histoire a retenus, ceux de Thiers, de Gambetta, de Ferry, de Carnot, de Ribot, de Constans, de Rouvier et de Waldeck-Rousseau, n'étaient pas des noms radicaux-socialistes[58]. »

Ce « parlons franc » de Dijon provoqua une vague d'indignation chez les radicaux. Il tomba comme un « coup de trique » sur les partisans de la concentration qui « attendaient des grâces et des risettes[59] ». L'heure des ménagements réciproques en vue d'une éventuelle concentration semblait passée, celle des hésitations aussi. Les radicaux retrouvaient leur union dans l'exclusion d'un homme qui ne leur offrait plus que « l'escalier de service » : « Quel serait désormais le radical, écrivait Herriot, qui aurait assez faim pour accepter une écuelle de soupe offerte non pas même du bout de la table, mais entre les pieds des convives? [60] » En février 1932 et lors de la campagne électorale du printemps suivant, Tardieu allait renouveler ses avances aux radicaux, mais le discours de Dijon avait révélé un président du Conseil « fidèle à lui-même », c'est-à-dire fidèle à « sa haine ancienne des radicaux [61] », et depuis ses appels restaient sans écho.

Le Parti radical sut donc résister à sa tactique dissociante et refusa un déclassement au centre qui l'eût alors transformé en « aile gauche de la réaction ». Dans cette partie contre la République radicale, Tardieu apparut, en se solidarisant à plusieurs reprises avec l'URD, comme « le chef public et définitif des réactions coalisées [62] ». C'est que l'ouverture à gauche ne pouvait se payer de l'abandon de l'URD, comme le montra le refus des offres ministérielles de Chautemps en février 1930, offres que Tardieu qualifia pourtant de « pont d'or [63] ». Accepter de se séparer de l'URD eût signifié brader le soutien d'un groupe d'une centaine de députés contre une combinaison radicale qui réservait au président du Conseil un rôle important, certes, mais un second rôle. Tardieu ne désirait ni jouer les seconds rôles ni être l'otage des radicaux, comme l'envisageait Arthur Huc dans un article de novembre 1930 : « Pourquoi les radicaux ne se défendraient-ils pas contre un retour du tardieusisme en permettant que M. Tardieu soit enchaîné à la façon d'un otage dans les liens de quelque collaboration anodine où, si j'ose dire, il ne pourrait plus tardieuser [64]? » En décembre 1930, il déjoua ce piège en refusant les offres ministérielles du sénateur radical Théodore Steeg.

Tardieu avait néanmoins échoué dans sa tentative de disloquer le Parti radical pour enrôler ses éléments modérés dans une union nationale néoconservatrice. La manœuvre d'enveloppement était d'ailleurs trop évidente pour échapper à l'attention des chefs de gauche. L'intelligence politique de Blum avait percé avec acuité la logique de ces appels au rassemblement national :

> « Les chefs véritables du gouvernement, c'est-à-dire Tardieu, Maginot, Paul Reynaud, François-Poncet, ont pour objectif certain de préparer dans le Parlement et dans le pays une coupure politique nouvelle. Non plus le Cartel et l'anticartel, non plus la majorité et l'opposition actuelles de la Chambre, mais une masse de conservation sociale d'un côté et la masse de transformation révolutionnaire de l'autre. Leur but visible est de transporter la division du terrain proprement politique sur le terrain économique et social. Ils se voient à la tête d'un parti néoconservateur, expression et instrument

du néocapitalisme, se flattant comme lui d'introduire dans l'état social tout l'effort d'organisation compatible avec le régime actuel de la propriété et auquel ne s'opposeraient plus que les adversaires de ce régime lui-même, c'est-à-dire le parti socialiste. Dans un conflit ainsi posé, le radicalisme n'aurait plus de place [65]. »

Un leadership personnalisé

Dans ses appels à la République radicale, Tardieu avait évité l'empressement trop intéressé, précisant à plusieurs reprises qu'il n'avait besoin ni de voix supplémentaires ni de caution républicaine. L'exclusive radicale contre sa personne devait pourtant enlever toute crédibilité à ses prétentions au rassemblement national et à son ambition d'apparaître, au-delà des vieilles querelles, comme un homme de la réconciliation. Rejeté à droite, et plus loin qu'il ne l'eût souhaité, il dut s'afficher à la tête d'une majorité cadette du Bloc national, dénoncée par Herriot comme « un ambigu de réaction et de fanatisme », traversé « de cléricalisme diffus, de bonapartisme honteux et de royalisme latent [66] ». Cette majorité fortement marquée ne devait cependant pas faire reculer Tardieu devant l'appel du pouvoir : « Le cheval passe à ma portée, je l'enfourche », confia-t-il à André Cornu [67]. Plus encore, ce cheval, il entendait le mener d'une main ferme.

La conception du *leadership* politique mise en œuvre durant « l'expérience Tardieu » relevait des idées avancées par le bouillant militant de la période clemenciste. Alors isolé avec Georges Mandel dans la défense des acquis de la victoire, il s'était affirmé, face aux différents présidents du Conseil, comme un donneur de leçons arrogant et impénitent. Dénonçant une nouvelle pathologie politique, « la maladie de l'unanimité », il réclama alors « des chefs consentant à gouverner pour la nation, mais avec un parti [68] ». Politique, la majorité avait droit, selon lui, à un chef qui osât « faire de la politique ». La prudence et la réserve de Poincaré agacèrent fortement Tardieu, irritation qui fut portée à son comble lors de la campagne législative de 1924 :

« Un peuple, si démocratique qu'il soit, a besoin de chefs, et une troupe ne suit un chef qu'après l'avoir vu se battre. [...] Les gouvernements sont comme les chefs militaires : il faut qu'on les voie en première ligne. S'ils n'y paraissent point, les électeurs, comme les poilus, perdent très vite le goût de l'action. Et somme toute, lorsque le gouvernement dit : " Je ne fais pas de politique ", pourquoi voulez-vous que les électeurs en fassent [69] ? »

En 1929, le donneur de leçons était devenu président du Conseil. Chef des droites orphelines de Poincaré, il entendait gouverner dans la clarté et revendiquait le droit de « parler politique » : « Il s'agit de questions politiques dont nous ne parlons pas assez souvent à cette tribune – c'est même une des curiosités de notre Parlement que quand on parle politique à cette tribune, on commence toujours par s'excuser. Moi, je parle politique et je ne m'en excuse pas [70]. » Par conviction comme par tempérament, Tardieu se posait en chef et pensait « la politique » non pas comme ferment de division mais comme condition de l'union véritable et de l'action féconde. Ainsi, sur huit mois de session parlementaire, il n'hésita pas à poser soixante fois la question de confiance, forçant amis et adversaires à se dévoiler. Il exigea de la majorité gouvernementale une plus grande conscience de ses responsabilités. Discipline, fermeté, clairvoyance et vigilance politique, tels étaient les devoirs qu'il assignait à ses partisans.

Il s'efforça de transformer sa majorité, « mélange hétérogène d'anciens élèves du catéchisme, d'héritiers des Droits de l'homme et de manieurs de capitaux [71] », en un ensemble solidaire. Il ne réussit certes pas à obtenir des groupes du centre et de la droite les fusions souhaitables, ni même à renforcer leur discipline et leur organisation, mais il sut créer, à l'intérieur de cette collection d'individualismes forcenés, une manière de solidarité sous sa direction. « Il menait ses partisans et ses ministres, se souvenait Paul-Boncour, avec une autorité que je n'ai pas assez vue chez d'autres, ni, je dois le dire, pratiquée moi-même ; et, je le regrette, c'est lui qui avait raison [72]. » Édouard Soulier, membre influent de la Fédération républicaine et des JP, reconnaissait lui-même : « Jamais nous n'avions vu un président du Conseil aussi attaché à sa majorité [73]. » Contrairement à l'usage républicain, Tardieu parlait d'ailleurs de « sa » majorité, ce qui permettait à Léon Blum de dénoncer le caractère « personnel » et « factieux » de cette coalition des droites [74].

Fidélité et cohésion au sein de la majorité étaient notamment entretenues par la réunion extraordinaire des bureaux des groupes parlementaires. C'est ainsi qu'en février 1930, Tardieu convoqua les chefs de la majorité – Marin, Mandel, Franklin-Bouillon, Reynaud, Sibille, Daniélou –, pour les tenir informés des intentions du gouvernement. La gauche s'éleva contre cette attitude jugée méprisante envers le Parlement et retourna contre cette pratique une vieille accusation en vogue au temps du combisme en qualifiant ces réunions de « délégation des droites ».

Le *leadership* politique de Tardieu ne devait pourtant s'affirmer pleinement que lors de la campagne électorale de 1932 [75]. Son troisième ministère, constitué le 20 février 1932, était politiquement dominé par la perspective des consultations électorales des 1er et 8 mai suivants. Sa composition préfigurait la bataille future : « Les quelques hommes de gauche qui, fidèles à l'Union nationale de 1926, étaient restés à Poincaré, puis avec vous, disparaissent [76] », regretta un ministre qui perdait son portefeuille. En rupture avec la tradition républicaine, qui acceptait de la part des présidents du Conseil tout au plus une bienveillante neutralité, Tardieu se jeta résolument dans la mêlée électorale et y engagea même le gouvernement tout entier. Il définit lui-même le rôle qu'il entendait tenir :

« Quand je parle à la place où je suis, j'ai deux obligations à concilier.
Chef du gouvernement, je dois penser à agir pour la France tout entière.
Chef de la majorité au Parlement et dans le pays, je dois me battre à sa tête : car c'est par elle que je peux assurer le succès de mes idées [77]. »

Défendre le bilan de la législature, avertir l'opinion des difficultés présentes, définir le programme de l'avenir, il y avait là des tâches que seuls les responsables de la gestion passée pouvaient mener à bien.

Tardieu lança ses ministres dans une tournée de propagande gouvernementale à l'échelle du pays. Paul Reynaud, vice-président du Conseil et ministre de la Justice, parla à Rouen le 14 avril, François Piétri, ministre de la Défense nationale, à Ajaccio le 19 avril, Louis Rollin, ministre du Commerce, à Paris le 23 avril, Charles Guernier, ministre des Travaux publics, à Saint-Malo le 23 avril, Pierre-Étienne Flandin, ministre des Finances, à Bordeaux le 24 avril. À ces discours vinrent s'ajouter ceux prononcés par Tardieu lui-même à la salle Bullier, à Giromagny, à Belfort et à Paris [78]. Cette offensive électorale se trouva encore amplifiée par l'utilisation de la radio – Tardieu fut en effet le premier homme politique français à se servir de la TSF dans une campagne électorale et fit radiodiffuser deux de ses discours [79].

À gauche, Léon Blum railla cet « orchestre » gouvernemental, jugé « cacophonique »; quant à Herriot, il dénonça l'abus de « la pression gouvernementale et de la candidature officielle » qui ramenait la France aux « mœurs du Second Empire et de l'affiche blanche [80] ». Ces critiques n'atteignirent pas Tardieu qui croyait fermement à sa victoire, comme il le confia à son ami Désiré Ferry : « Je suis claqué, c'est entendu ! Mais le travail est fait et bien fait. Je crois à un bon succès général [81]. »

L'ESQUISSE D'UNE DÉMOCRATIE DIRECTE

Cette intervention directe du gouvernement dans la campagne électorale, tant décriée par les gauches, traduisait en fait une conception particulière du régime représentatif. À l'heure de la République installée, les problèmes centraux du régime parlementaire, de philosophiques et doctrinaux, étaient devenus essentiellement techniques. Homme d'action avant tout, Tardieu s'intéressait plus au fonctionnement et au rendement de la démocratie qu'à l'orthodoxie républicaine. Ce faisant, il considérait qu' « un exécutif fort était la condition technique d'une démocratie libre [82] ». Cette exigence technique ne trahissait pourtant aucun penchant pour des tendances antidémocratiques. Elles découlait des tâches et fonctions de l'État moderne qui, de plus en plus, faisait de l'exécutif la principale force créatrice de la démocratie. La séparation des pouvoirs, plus théorique que pratique, perdait ainsi de sa valeur. Dans la collaboration et l'interpénétration des pouvoirs, l'exécutif trouvait force et stabilité dans l'affirmation de sa primauté politique sur le législatif. « La primauté politique de l'exécutif, écrivait à la même époque le juriste Mirkine-Guetzévitch, c'est le véritable sens du parlementarisme moderne [83]. » Parce que cette primauté était fondée sur le suffrage universel, la campagne électorale signifiait alors bien plus que le simple renouvellement de la Chambre. « Nous sommes au seuil de la campagne électorale, par où, à intervalles réguliers, la démocratie, en révisant son choix sur les hommes, signifie son choix sur les idées [84] ». Par ces mots qui ouvraient officiellement la campagne électorale, Tardieu se plaçait dans le cadre du « gouvernement d'opinion ».

Il refusait en effet de cloisonner souveraineté du peuple et souveraineté parlementaire et réclamait une concordance exacte entre les plans électoral, parlementaire et gouvernemental. La lutte électorale devait être, pour des partis responsables, une lutte pour le gouvernement, et elle conférait aux vainqueurs un véritable mandat politique pour toute la législature. Tardieu s'élevait donc contre « la contradiction permanente opposant les conditions électorales et les conditions gouvernementales », contradiction qui entretenait l'instabilité politique et maintenait le régime parlementaire dans l'impasse [85]. L'électeur, en mettant son bulletin dans l'urne, agissait en arbitre des partis et se prononçait sur le futur gouvernement. Dans une telle conception, la formation du ministère n'était plus une affaire strictement parlementaire, comme le voulait la tradition républicaine. Plus encore, le gouvernement représentait la volonté populaire non moins directement que le Parlement. La capacité d'action et la stabilité du gouvernement dépendaient étroitement de cette concordance fondamentale entre opinion et pouvoir.

> « Pour agir, diriger, réaliser, aboutir, ordonner le présent, préparer et parfois forcer l'avenir, un gouvernement a besoin, affirmait Tardieu, d'une majorité qui traduise la volonté profonde du peuple souverain, au lieu d'exprimer simplement l'amalgame changeant des combinaisons des groupes [parlementaires] [86]. »

La condamnation du Cartel des gauches pour irresponsabilité politique constituait la traduction pratique de cette exigence de concordance entre élections et gouvernement. En effet, Tardieu considérait le Cartel comme un pur « expédient électoral » ne pouvant résister cinq minutes aux divergences de conceptions qui séparaient socialistes et radicaux sur « les grandes notions dominant la vie des peuples – patrie, légalité, propriété [87] ». Dès lors, la complicité électorale entre Blum et Herriot, sans lendemain possible sur le plan gouvernemental, portait atteinte à la « moralité publique » : « De quel droit, se demandait Tardieu après la défaite, socialistes et radicaux ont-ils appelé le pays à cautionner leur incapacité de s'entendre? Vers quelles impasses, en l'y appelant, ont-ils poussé le régime parlementaire [88]? »

Durant la campagne électorale, Tardieu allait ainsi développer une double offensive contre le Cartel des gauches. D'abord, il renouvela ses avances de collaboration au Parti radical, tout en cherchant à dissocier ce dernier du socialisme dénoncé avec force et vigueur [89]. Mais Herriot refusa catégoriquement : « Démocrates que nous sommes, nous n'accepterons pas d'être contre le socialisme, même en échange d'une copieuse pitance, des chiens de garde de la réaction [90]. » Ensuite, puisque la pratique de la « discipline républicaine » concrétisait « l'affreux mélange » des radicaux et des socialistes, Tardieu avertit le pays du développement logique du cartel électoral en cartel gouvernemental et agita le spectre de 1924 et du « franc à moins d'un sou [91] ». Poursuivant sa critique de l'irresponsabilité des gauches, il dénonça le refus des radicaux d'établir un lien entre les accords électoraux et la composition de la future majorité gouvernementale. À Herriot qui déclarait : « Quel sera le gouvernement de demain? Je n'aime pas la précipitation. Laissons d'abord le suffrage universel se prononcer. Nous aurons ensuite le mois de juin pour voir comment on pourra constituer le gouvernement », Tardieu répondait : « On vous dit

[...] que les élections sont une chose et que le gouvernement en est une autre. Quelle effroyable leçon de secpticisme donnée à notre démocratie [92] ! »

Tant par la forme que par la signification politique de son intervention dans la campagne électorale, Tardieu abandonna la réserve observée traditionnellement par les présidents du Conseil dans leurs relations avec le pays. Il enleva ainsi au Parlement une prérogative essentielle, celle d'être l'unique interlocuteur autorisé du gouvernement. Il y avait là l'ébauche d'un régime de démocratie directe dont il avait esquissé les premiers traits dès son accession au pouvoir. En effet, l'un de ses premiers actes politiques, en novembre 1929, fut de faire afficher le texte de sa déclaration ministérielle dans les communes de France et de prendre le pays tout entier à témoin de son programme de réalisations. Léon Blum protesta contre cette pratique et ironisa sur ce qu'il appela « le panneau réclame » du gouvernement [93].

Plus révélatrice encore de sa conception du régime parlementaire fut la volonté affirmée d'ignorer les groupes parlementaires lors de la formation de son premier cabinet. Chargé par le président Doumergue de constituer un gouvernement, il déclara ainsi dans un communiqué à la presse :

> « Pour atteindre ce but, je ne traiterai pas, soit à l'intérieur du Parlement, soit en dehors, avec des organisations dont je ne méconnais ni la légitimité ni l'utilité, mais que la Constitution ne connaît pas. [...] Je ne veux connaître aucune décision de groupe, et je ne verrai même aucun président de groupe [94]. »

Cette attitude traduisait bien entendu de sa part l'intention d'attirer dans son gouvernement, à titre individuel, des hommes de gauche, radicaux pour la plupart. Mais, au-delà de ce désir de disloquer le groupe radical, Tardieu s'attaquait à l'influence même des groupes parlementaires sur le fonctionnement du parlementarisme [95]. Écrans déformants entre la volonté populaire et le gouvernement, entre le pays réel et le pays légal, figurations exemplaires de l'émiettement absurde des forces politiques, lieux privilégiés des intrigues politiciennes, les groupes faussaient la vie politique française et dénaturaient le régime parlementaire jusqu'à condamner la République à l'impuissance. Toutefois, s'attaquer aux groupes, c'était s'en prendre aux partis organisés, donc à la gauche ; c'était surtout s'en prendre à ces bastions parlementaires qui maintenaient l'exécutif sous un contrôle étroit, dissolvant toute autorité gouvernementale dans les trop nombreuses commissions érigées en « ministères au petit pied [96] ».

Tardieu poussa l'irrespect de la tradition parlementaire jusqu'à oser attenter à la suprématie du député en pratiquant volontiers

« l'appel aux citoyens [97] ». Durant ses deux premiers ministères, il alla à plusieurs reprises défendre son programme devant différentes catégories de la nation et accorda tous ses soins à entretenir un courant d'opinion favorable. Il s'adressa ainsi aux anciens combattants, aux paysans, aux ouvriers et patrons d'industries, aux commerçants et consommateurs [98]. Ce fut surtout comme ministre de l'Agriculture dans le cabinet Laval, en 1931, qu'il multiplia ses contacts avec le pays, jusqu'à effectuer près de trente voyages auprès des grandes associations agricoles de France [99]. Cette série de discours aux comices agricoles dominicaux, amplifiée par la TSF, était qualifiée de « démagogie rurale » par la gauche qui contestait ces méthodes :

> « Déjà, déclarait-il dans un de ces discours, on traite le ministre que je suis de commis-voyageur parce que, hier à Bourges, aujourd'hui à Vichy, demain à Lyon, j'ai essayé, j'essaie, j'essayerai de m'expliquer sur ce qu'il convient de faire ; parce que républicain et démocrate, je ne connais pas d'autres moyens que de m'expliquer devant le peuple de France pour faire aboutir ce que je crois bon dans l'intérêt du pays [100]. »

Il affirmait ainsi son droit à s'adresser directement aux masses, en dehors et par-dessus le Parlement, et considérait l'opinion publique comme une force d'appui essentielle à l'action gouvernementale.

Cette propagande officielle aux allures plébiscitaires manifesta un sens très moderne de la « publicité » politique. C'est aux États-Unis, pendant la guerre, que Tardieu avait pris nettement conscience de la capacité mobilisatrice du « plus moderne des arts américains, l'art de la publicité [101] ». Mis en application sur une grande échelle par l'administration Wilson pour soutenir l'effort de guerre, cet art, au dire de Tardieu, « fit des merveilles ». Son analyse des procédés modernes de communication montrait une réelle compréhension des mécanismes psychologiques d'intégration et de mobilisation à l'œuvre dans les démocraties modernes :

> « Il s'agit, par des moyens appropriés, d'établir le contact avec le public, de multiplier d'un côté la puissance de pénétration, de l'autre la disposition à se laisser pénétrer. [...] Atteindre l'individu dans ses sentiments intimes sans laisser s'interposer entre ces sentiments et l'appel, qui leur est adressé, le miroir déformant des notions conventionnelles, du parti pris, et de l'habitude, voilà la formule [102]. »

Transposées à la politique, ces méthodes publicitaires ne nécessitaient guère de modifications : « On plaidera le dossier de la France, comme on lance l'auto Ford et le col Arrow [103]. »

Très tôt conscient de la force des nouvelles techniques de communication, Tardieu fut ainsi le premier homme politique français à user de la radio et du cinéma comme moyen de propagande. Il fit de ces moyens une technique de gouvernement répondant à la fois aux conditions nouvelles de la vie politique dans les sociétés de masse et à son désir de s'appuyer sur l'opinion publique, d'en appeler au citoyen et à l'électeur. Pour la campagne de 1932, il profita des conseils d'André Citroën dans l'art de la publicité, le grand industriel s'étant proposé de mettre son expérience en la matière à la disposition du gouvernement [104]. Blum, énumérant les causes du succès du premier gouvernement Tardieu, identifia ce soin apporté à la « publicité » et à la « propagande » : « En premier lieu, la pression concertée non pas de l'opinion publique, mais de la presse, et spécialement de la grande presse parisienne. Tout se lance aujourd'hui de la même façon : un parfum ultra-persistant, un spectacle de music-hall, un livre, un homme d'État [105]. » Avant même la campagne électorale de 1932, l' « abus » fait par Tardieu de la radio provoqua de vives réactions de la part de l'opposition. En 1932, un numéro de *La Vie socialiste* stigmatisait cette « monopolisation [106] » des ondes radiophoniques en dessinant sur sa page de couverture une caricature de Tardieu, un micro entre les dents, intitulée « L'homme au micro entre les dents [107] » !

Chef dynamique de la majorité, au Parlement et dans le pays, habitué des discours dominicaux et de la TSF, acteur important des grandes conférences internationales de 1929-1930, Tardieu donna à sa pratique du pouvoir une allure personnelle. Son tempérament combatif, sa conception de l'autorité comme affaire de caractère avant tout et son sens des responsabilités politiques poussèrent naturellement à la personnalisation du pouvoir. Il ne concevait toutefois pas cette personnalisation comme une atteinte à la démocratie : « La fatalité de notre histoire a confondu la lutte pour la République avec la lutte contre le pouvoir personnel. Or rien ne prouve qu'il y ait incompatibilité entre ses deux termes et qu'une République exige, pour vivre en sûreté, l'impersonnalité du pouvoir exécutif, c'est-à-dire son annulation au profit du Parlement [108]. » Ces lignes, écrites dès 1908, imprégnèrent la conception du *leadership* politique à l'œuvre durant « l'expérience Tardieu ».

En accédant au pouvoir, il regardait le faible rendement de la République comme le produit conjugué du pessimisme ambiant, du goût de la division et du défaut de commandement. Redonner confiance aux Français, insister sur l'union des républicains et affirmer l'autorité gouvernementale furent ainsi ses priorités. Pour cela, il pratiqua les institutions républicaines de manière originale. À une volonté de rassemblement et de dépassement des vieilles querelles, il combina la pratique du gouvernement d'opinion. Il pensa pouvoir fonder la stabilité et l'efficacité du régime sur un *leadership* politique fort et personnalisé, à tendance plébiscitaire, et tirant son autorité d'une majorité parlementaire solide parce que représentative de la volonté populaire. Dans son esprit, cette pratique politique était seule susceptible de doter la France d'un État fort, capable de relever les défis du monde de l'après-guerre et d'éviter la décadence nationale. Cette version plus autoritaire de la République, loin d'être un projet de « réaction », répondait en fait à un urgent besoin d'action. En cherchant à combler le fossé entre la nation et son système politique, Tardieu espérait mettre fin à la conception de la politique comme un jeu stérile joué à l'écart du peuple, dans un Parlement sans fenêtre, par une classe politique préoccupée uniquement de la conservation de ses privilèges.

RÉSISTANCE DE LA TRADITION RÉPUBLICAINE

Rassemblement national et dépassement de la division gauche/droite, *leadership* gouvernemental fort et personnalisé, démocratie plébiscitaire, ces trois caractéristiques de la pratique des institutions de Tardieu heurtaient de plein fouet la tradition républicaine. L'échec de l' « expérience Tardieu » traduisait la résistance au changement de la IIIe République et révéla les mentalités politiques d'une époque.

Au nom du « réalisme », Tardieu proposa à ses contemporains une trêve idéologique : l'union nationale autour d'un programme de réalisations. Cette volonté de rassemblement des républicains accentua en fait la bipolarisation de la vie politique. Les radicaux, comme le leur rappela Jacques Kayser, ne pouvaient accepter cet appel au dépassement des clivages partisans sans renier leur tradition de gauche et risquer leur existence même comme force politique : « Par sa formation, par les conditions de son recrutement, par son action passée, par son programme présent, le Parti radical-socialiste est situé à gauche. [...] S'il inclinait vers les modérés, il perdrait une grande partie de ses troupes, pour la plus grande joie de ses ennemis de toujours, les conservateurs et les modérés[109]. »

Waldeck-Rousseau, Clemenceau, Viviani, « républicains incontestés », avaient jugé de l'intérêt national, déclarait Tardieu, « de tracer une frontière à gauche[110] ». En suivant leur exemple, cependant, il négligeait une double logique. D'une part, il n'était pas lui-même, quant à l'authenticité de ses convictions républicaines, « incontesté ». D'autre part, cette volonté de délimiter la gauche républicaine tombait dans l'erreur classique de tous les républicains conservateurs qui avaient tenté d'enfermer la République dans un cadre statique. En effet, l'idée républicaine, qui est essentiellement accomplissement des promesses de la Révolution dans l'Histoire, ne peut être pensée en terme d'achèvement et de limite sans se dénaturer. La République est une idée en mouvement, militante et combative. Présenter la mystique de la « défense républicaine » comme obsolète et refuser la dynamique du « Pas d'ennemis à gauche », c'était, de la part de ce « républicain de fait », non seulement méconnaître la logique de l'idéologie républicaine, mais encore risquer de se mettre hors République.

Par ailleurs, le réformisme sage et prudent du Parti radical ne pouvait pas s'accommoder de la bipolarisation politique esquissée par Tardieu. En effet, la division du pays en deux blocs hostiles, opposant irrémédiablement conservateurs et révolutionnaires, ou, selon le clivage défini par Tardieu, républicains et socialistes, eût nourri la guerre civile, livré la République aux extrêmes et empêché toute politique de progrès. L'indépendance et l'originalité du Parti radical étaient ainsi une condition de l'équilibre politique et social de la vie française et relevaient, en dernière analyse, de l'intérêt national. Telle était du moins la conviction profonde des radicaux :

> « Qu'arriverait-il, déclarait Herriot en 1932, si, par impossible, les radicaux admettaient une collaboration avec la droite que leur tradition condamne? M. André Tardieu a de bien grands mérites, mais il ne connaît pas la vie des partis, avec ce qu'elle a de servitudes volontaires et de grandeur. Si nous nous rendions à son appel, pense-t-il que nos troupes nous suivraient? Non, certes. Tous ces éléments populaires, qui nous font justement confiance, ils se rejetteraient, désespérés par nous, vers des formules violentes, peut-être même vers le communisme dont M. Tardieu ne parle guère. La démocratie en serait comme démoralisée; et ce sont les extrémistes qui en profiteraient. Rappelons-nous ce qui c'est passé en Angleterre et en Allemagne, où les partis, libéral ou démocrate, se sont laissé dominer. Un tel événement serait un malheur particulièrement grave pour la France, pays de nuances et d'équilibre. Nous sommes le centre de gravité du pays et de la République [111]. »

Axe de la vie politique, le Parti radical se portait garant de la stabilité républicaine en refusant justement l'alliance avec les extrêmes. Tardieu, en voulant embrigader les radicaux contre le socialisme, non seulement sous-estima leur attachement à la tradition de gauche, mais montra encore une réelle méconnaissance de la nature véritable et de la fonction du radicalisme dans la vie politique française.

Désireux de rassembler et de réconcilier les Français, Tardieu finit pourtant par devenir une figure de désunion : « Il est un symbole, affirmait le radical Henri Queuille. On est pour ou contre Tardieu [112]. » À la tribune de la Chambre, Tardieu lui-même fit un jour allusion au désordre et à la confusion qu'engendrait son action politique : « On m'a dit qu'on ne me reprochait rien, sinon d'avoir jeté je ne sais quel trouble dans la vie politique, dans les relations des partis, dans le développement de l'activité parlementaire [113]. » Après une année de pouvoir, Tardieu était devenu le principal obstacle à la réconciliation des républicains, et Henry de Jouvenel le lui signifia, quelques minutes avant le vote de défiance du Sénat en décembre 1930 : « Au moment où vous parlez de rejoindre les factions républicaines, bien moins par l'effet de votre volonté que par l'impulsion de votre nature, vous travaillez tous les jours à les écarter un peu plus les unes des autres [114]. » En 1928, le poincarisme parvint à éclipser l'opposition traditionnelle entre la gauche et la droite ; quatre années plus tard, l'antagonisme bipolaire triomphait à nouveau. Tardieu avait déclaré vouloir « nettoyer l'atmosphère » ; il contribua, au contraire, à l'alourdir considérablement.

Par ailleurs, les efforts de Tardieu pour contrôler sa majorité disparate parurent suspects à l'opposition de gauche. Les divergences étaient trop profondes, au sein de cette coalition majoritaire, pour que l'amalgame pût prendre d'autre cohérence que l'acceptation d'un chef commun capable de garantir l'avenir. La gauche, extrêmement sensible à toutes déviations autoritaires, vit dans cette majorité « personnelle », appliquant un programme lui aussi « personnel », le début de l'« aventure » :

> « La majorité que M. Tardieu avait groupée, notait Léon Blum, et qu'il s'est efforcé de maintenir intacte, n'existe plus que pour lui et par lui. Elle n'est pas un parti ; elle n'est pas même une coalition de partis, car les partis ne se coalisent qu'au regard d'objectifs communs, bien que provisoires, et cette communauté, partielle ou précaire, n'existe plus. L'unique communauté est aujourd'hui celle du chef. L'unique lien, celui du serment de fidélité réciproque. Sur ce plan, il n'y a pas de parti, il n'y a que des factions. Sur ce plan, on est hors de la République [115]. »

Cette aspiration au pouvoir personnel, les gauches la décelaient également dans les procédés publicitaires tapageurs, « à l'américaine », utilisés par le gouvernement pour faire connaître son action. Elles accusaient Tardieu d'employer les fonds secrets à l'orchestration de sa propagande personnelle, comme cet article de

La Dépêche de Toulouse le laissait entendre à propos de l'image d'un Tardieu « grand homme d'État » :

> « C'est d'ailleurs une illusion facile à se procurer dans les ministères qui disposent de caisses secrètes. Il n'y a qu'à mettre le prix. Et lorsque j'entends, à côté des éloges que M. Tardieu mérite réellement, certains panégyriques qui le présente comme le plus rare mortel, je me demande si M. Tardieu n'est pas pareil à Siegfried qui, attentif aux murmures de la forêt, donnait le *la* aux oiseaux. Avec les ministres de l'Intérieur, on a toujours l'envie de se demander à quel prix leur réputation revient aux contribuables et aussi comment la police s'enchevêtre à la politique [116]. »

Les ministres de Tardieu eux-mêmes n'hésitèrent pas à sortir de leur réserve pour louer leur « chef », tel Paul Reynaud dans un discours radiodiffusé d'avril 1932 qui vantait sans retenue les mérites du président du Conseil : « Le chef, nous l'avons et nous en sommes fiers. Le pays sait que pour défendre ses intérêts, André Tardieu est le meilleur [117]. » Assurément, pour la tradition républicaine, Tardieu montrait un goût excessif à se faire applaudir par le pays et cachait mal ses ambitions plébiscitaires.

Ses interventions et celles de ses ministres dans la campagne électorale choquèrent particulièrement les radicaux. Ceux-ci refusaient de donner aux élections toute signification gouvernementale. Selon l'orthodoxie du régime représentatif français, « l'Assemblée était souveraine, non seulement en face du président, mais en face du corps électoral lui-même [118] ». D'autre part, le devoir de réserve et d'impartialité du gouvernement constituait une condition de validité du scrutin. Herriot ne feignait donc pas l'étonnement quand il déclara « ne pas comprendre la façon dont le gouvernement lançait ses ministres dans la bataille » et renvoyait le ministre de la Justice, Paul Reynaud, au Dalloz : « Que M. Reynaud consulte son répertoire de législation, de doctrine et de jurisprudence ! Il s'entendra dire que les communications adressées aux électeurs, à la veille du vote, par le gouvernement peuvent entraîner une annulation si elles constituent une intervention dans la lutte électorale [119]. »

Enfin, Tardieu se comporta à plusieurs reprises avec légèreté vis-à-vis de la pratique traditionnelle des institutions. Lors de la constitution de son deuxième gouvernement, il fit durer ses consultations pendant près d'une semaine. Ces atermoiements choquèrent, et il fut accusé de « s'amuser aux dépens du régime parlementaire [120] ». Quelques mois plus tard, en juillet, estimant que les débats s'enlisaient, il clôtura la session parlementaire sans crier gare. Ce renvoi brutal des Chambres en vacances provoqua l'indignation de Blum et de Herriot, le premier parlant d' « intolérable abus » et de « caprice dictatorial [121] ». En décembre 1930, le sénateur René Héry chercha à démontrer dans une interpellation que « le gouvernement était responsable d'un certain nombre de fléchissements graves du régime parlementaire [122] ». La démonstration ne fut guère convaincante sur le plan institutionnel ; elle reflétait cependant un sentiment très largement ressenti à gauche : par son tempérament, son style, ses actes, ses idées, Tardieu constituait une menace pour le régime parlementaire.

Instrumentale ou réellement ressentie, cette crainte pour le régime exprimait bien l'esprit des institutions. La tradition républicaine tenait en suspicion la pratique même du pouvoir ; deux Napoléon et le général Boulanger avaient doté les républicains français d'un instinct sûr contre tout *leadership* fort et personnalisé qui chercherait le contact direct avec les masses. Style autoritaire et publicité personnelle, irrespect pour les prérogatives du Parlement et appels au peuple, menées préventives contre la subversion : Tardieu ne pouvait qu'alarmer cette méfiance instinctive envers le césarisme. Les anciennes luttes avertissaient du danger d'aventure autoritaire : « Chez les radicaux et leurs amis SFIO, on n'appelle plus M. Tardieu que le " Nouveau Boulanger " et on l'accuse de vouloir se faire plébisciter [123]. »

Les couleurs vivantes du fascisme, que beaucoup de Français analysaient comme une sorte de bonapartisme moderne, réactualisèrent le vieux spectre du césarisme. L'exemple italien rafraîchissait la crainte du coup d'État et de la dictature. Blum, tout en refusant de parler d'un « Mussolini français », reliait néanmoins l' « esprit césarien » de Tardieu au fascisme. Quant à Herriot, inquiet de la pression gouvernementale sur l'électeur, il écrivait en 1932 : « Je n'entends pas exagérer. Mais de toute évidence nous glissons peu à peu vers une sorte de fascisme. » Il considérait le type de *leadership* gouvernemental pratiqué par Tardieu comme le produit trop naturel d'une ère de « réaction » : « Dans l'ancienne tradition parlementaire, ce sont les partis qui interpellent le gouvernement ; à notre époque de fascisme, de nationalisme, c'est le gouvernement qui interpelle les partis. » Enfin, le radical François-Albert, qui manifestait pour Tardieu la plus cordiale antipathie, donna la tonalité extrême de ces peurs républicaines :

> « M. Tardieu n'atteindra vraisemblablement jamais à la popularité d'un Mussolini, voire d'un Hitler ; il lui manque les origines plébéiennes. Mais, c'est un admirable fourrier de la dictature, car il enseigne au pays le mépris de l'idée, des principes, et en particulier, il sème à pleines mains la désaffection parlementaire [124]. »

La tentative de rénovation empirique du parlementarisme français ne parvint finalement qu'à consolider le régime républicain dans son immobilisme et à disqualifier l'homme qui osa l'entreprendre. De 1929 à 1932, Tardieu devint pour l'opinion républicaine un « aspirant dictateur [125] » et vit son avenir politique compromis par l'exclusive de la gauche contre sa personne. La légende tenait la part belle dans cette image d'apprenti dictateur, mais, comme souvent, elle se révéla plus forte que les faits.

CHAPITRE V

La politique de la prospérité

La rénovation politique et la rénovation économique constituaient les deux chapitres indissociables de la modernisation envisagée par Tardieu. Toutes deux s'inscrivaient sur le même terrain, le « réalisme », et répondaient à la même logique, la préservation du rang international de la France. Le rassemblement des républicains autour d'une République forte et efficace supposait le déplacement des clivages du champ de la politique pure au domaine des réalités économiques et pratiques. Pour avoir trop longtemps négligé les problèmes réels et concrets de la vie moderne, les Français, constatait Lucien Romier, souffraient du sentiment de former un « peuple arriéré », d'être « en retard [1] ». La capacité d'organisation, la puissance économique et la place de la nation dans le monde étaient intimement liées.

Sur la fin des années vingt, après le redressement financier de Poincaré, Tardieu voyait une nouvelle ère s'ouvrir pour la France. Enfin dégagé de la besogne ingrate de la « liquidation » de la guerre, le pays était prêt aux efforts créateurs. Dans l'ordre des préoccupations, le poids du passé cédait de plus en plus devant les appels de l'avenir. La France sortait enfin de l'après-guerre. De la défensive, Tardieu invitait ses contemporains à passer à l'offensive : « Mesdames et Messieurs, nous venons de finir la guerre de tranchée financière et monétaire. Nous sommes à la date de la contre-attaque du mouvement de juillet 1918. En avant pour la victoire [2]. » Cette victoire, le futur président du Conseil la résumait en un seul mot : prospérité.

Au moment même où il faisait de « la politique de la prospérité » le but et la devise de son premier gouvernement, la Bourse de New York venait de vivre son Jeudi noir, prélude à la grande crise économique du début des années trente. Coïncidence cruelle et ironie de l'Histoire, qui ne doivent pourtant pas autoriser une comparaison entre Tardieu et le président Herbert Hoover dont l'optimisme déplacé resta célèbre. En effet, la France de 1929 était à l'apogée de sa croissance et affichait des records de production industrielle qu'elle allait mettre plus de vingt ans à retrouver. La faiblesse des secteurs traditionnels, de l'agriculture notamment, était largement compensée par la croissance rapide des nouvelles industries, de la chimie, de l'électricité, de l'automobile, du pétrole, du papier [3]; cette expansion rappelait les belles années d'affairisme du Second Empire. Une reconstruction à peu près achevée, une monnaie assainie et capable de soutenir les exportations, un chômage quasi inexistant, de constantes plus-values budgétaires, une trésorerie de 18 milliards de francs de disponibilités, ces signes de santé entretenaient les espérances les plus optimistes. La situation financière permettait la mise en chantier d'une politique économique ambitieuse pour le présent et l'avenir, d'une « politique de la prospérité ».

« Un peuple prospère, déclarait Tardieu, c'est un peuple qui voit s'accroître parallèlement et constamment la production, le bénéfice de l'entreprise et le salaire de l'ouvrier. Un peuple prospère, c'est un peuple chez qui le niveau de vie, dans toutes les classes sociales, mais surtout dans les classes les moins fortunées, s'élève avec régularité [4]. » Cette définition renvoyait à l'idéal d'un capitalisme rénové et élargi, associant hauts rendements et hauts salaires, progrès et solidarité des classes, abondance et justice sociale. Militant de ce néocapitalisme, Tardieu en appelait à Saint-Simon et à Proudhon, à « cette morale des producteurs » qui, combinée au machinisme et à la rationalisation, portait à terme le double accroissement de la productivité et de la dignité de l'ouvrier [5]. Loin d'enfermer la prospérité dans des statistiques réjouissantes, il l'élargissait à « une méthode de travail, de production et de réforme, qui multiplie pour le pays les raisons de lutter, de risquer et de vivre » et l'entendait comme « un programme moral autant que matériel pour une nation de 100 millions d'âmes [6] ». Au pessimisme marxiste, il opposait un optimisme libéral conforté par le succès des recettes bien orthodoxes de Poincaré. Plus encore, la tapageuse prospérité américaine prenait en cette fin de décennie valeur d'exemple, et Tardieu, grand admirateur de la République d'outre-Atlantique, trouvait dans ce modèle la confirmation de ses certitudes. Il se voulait l'homme d'État français de l'*efficiency* et du *standard of life*.

La mystique de la prospérité, à l'américaine, allait ainsi imprégner l'« expérience Tardieu » de 1929-1930. Cette mystique pouvait provoquer l'acte de libération intellectuelle entraînant les « modérés » et les bourgeois conservateurs à sortir de leur « rôle de serre-freins [7] » dans la République :

> « Notre vieille bourgeoisie, n'a point gagné de vertus à être envahie par les nouveaux riches, et elle a perdu, à leur contact, quelques-unes des qualités intellectuelles et morales que ses pires ennemis ne lui ont jamais contestées. Derrière nos crises matérielles, il y a une crise mentale dont il est temps de s'occuper [8]. »

Si la bourgeoisie entendait affirmer sa capacité de durée et de direction, elle se devait de définir ses buts et son programme d'action. Au mythe du « grand soir » répondait celui de la prospérité, représentation dynamique de l'ambition de classe de la bourgeoisie. La mission d'organiser le bien-être obligeait d'ailleurs celle-ci à renouer avec ses vraies valeurs. « Prospérité, précisait Tardieu aux commerçants de Paris, ne signifie pas facilité. Prospérité signifie : travail, persévérance, conscience, ordre et courage [9]. » La bourgeoisie, qui se pensait comme dispensatrice du progrès, ne pouvait s'enfermer dans ses privilèges sans faillir à elle-même. Hisser le peuple, ouvrier et paysan, à sa hauteur, telle était sa tâche civilisatrice. Catégorie ouverte et mouvante, elle constituait donc « un moment social [10] » que Tardieu souhaitait accessible au plus grand nombre. La stabilité politique et sociale était d'ailleurs à ce prix : la République bourgeoise ne pouvait perdurer que si elle se montrait capable de satisfaire les prétentions ouvrières à un mieux-être social et économique.

Ces invitations à la prospérité rappelaient la fameuse formule de Guizot que Tardieu n'hésita pas à reprendre à son compte tout en lui donnant cependant une signification sociale d'urgence :

> « On a traité Guizot de réactionnaire parce qu'il avait dit à la Chambre de Louis-Philippe : " Enrichissez-vous. " L'enrichissement, aujourd'hui, est une chose sacrée. Si les ouvriers ne perçoivent pas, dans les années qui viennent, une amélioration de leur situation, j'ai bien peur qu'ils soient, demain plus qu'hier, sensibles à tous les menteurs, à tous les flatteurs qui leur font faire tant de bêtises, contre eux et contre le pays [11]. »

La lutte contre le socialisme passait par la multiplication et l'enrichissement des classes moyennes, par la déprolétarisation de la classe ouvrière.

> « Il ne serait pas très difficile, déclarait Tardieu, de conquérir les ouvriers à l'ordre actuel, de leur montrer que celui-là, plus que tout autre (et d'abord parce qu'il existe!), peut leur donner des avantages qu'on ne leur marchandera pas. C'est dans les rangs syndicalistes, c'est chez Jouhaux que se recrutera l'armée anticommuniste [12]. »

La politique de solidarité entre tous les producteurs exigeait des ouvriers le renoncement aux utopies et des bourgeois le sacrifice de leur égoïsme. Au terme de cet effort pour l'abondance, Tardieu entrevoyait une société réconciliée avec elle-même où le bonheur de chacun dépendrait de la prospérité de tous.

La prospérité, cependant, était affaire de volonté et de conditions générales. L'optimisme affiché de Tardieu faisait ainsi intégralement partie de son programme économique. Émerveillé par le goût et le sens du succès propres au caractère américain, il entendait réveiller chez ses compatriotes le « sens des possibilités françaises [13] ». Un grand programme de réalisations, en fixant des objectifs concrets dans l'imagination de chacun, pouvait insuffler confiance et dynamisme dans la vie nationale. Ce programme devait aussi entretenir et développer les conditions générales favorisant la création de richesses. Ce fut là le but du « programme d'outillage et d'équipement national » annoncé dans le détail dès la déclaration ministérielle de novembre 1929. La lutte contre la surfiscalité, dont se plaignaient les Français, constituait le deuxième acte de cette politique propre à stimuler la production. De larges dégrèvements fiscaux allaient ainsi être consentis. Par ailleurs, l'idée de prospérité se concevant comme une idée sociale, l'application des assurances sociales, promises depuis longtemps, ne pouvait plus être différée. Enfin, au centre de cette politique de prospérité, le rôle d'animation de l'État paraissait essentiel et posait en contrepartie la délicate question des fonctions de cet État moderne. Plan d'outillage national, politique de dégrèvements, assurances sociales et définition de l'État moderne ; la politique de prospérité de Tardieu renvoyait à ces quatre grands chapitres.

LE « PLAN D'OUTILLAGE NATIONAL »

Le plan d'outillage national constituait le premier acte de la politique de prospérité. Il n'est pas de richesses sans circulation et trafic général. Le thème du perfectionnement des infrastructures économiques était alors un lieu commun accompagnant tout discours dominical sur le progrès. Le sous-équipement français, déjà sensible avant 1914, avait pris des proportions dramatiques du fait de l'usure et des destructions consécutives à la guerre, et l'effort de reconstruction des années vingt n'avait pas permis de combler le déficit important en équipements. De fait, des années de troubles financiers avaient imposé de sévères restrictions budgétaires dont l'outillage national avait pâti. Dès l'automne 1926, le Conseil national économique en avait inventorié, au cours d'une grande enquête, les déficiences et faiblesses, trente-huit rapports détaillés et substantiels avaient proposé des solutions [14]. À l'heure des aisances budgétaires de 1928-1929, la nécessité d'un effort d'investissement massif avait ainsi pris un « caractère d'urgence », selon les termes mêmes du député Chappedelaine, rapporteur de la commission des Finances [15].

Ces préoccupations avaient accompagné toute la carrière politique de Tardieu. En août 1919, rendant hommage à la mémoire d'Abel Ferry, il avait ainsi stigmatisé le sous-équipement français et invité ses compatriotes à un vaste effort de reconstruction matérielle :

> « L'outillage de notre pays pour la lutte économique est indigne de notre passé et indigne de notre avenir. Cet outillage de la victoire, il faut, sans tarder, le créer [...]. Pour mettre tout cela sur pied, ce n'est pas d'économiser que la France a besoin, c'est de dépenser. C'est donc un programme de dépenses que la victoire nous commande d'établir [16]. »

Trois années passées aux Travaux publics donnèrent au ministre l'occasion de réaliser une part des besoins les plus urgents, mais les disponibilités budgétaires ne furent jamais à la hauteur du « programme de dépenses » demandé en 1919. Ce programme, Tardieu le proposa à la Chambre le jour même de son investiture et en fit la pièce centrale de sa politique de prospérité.

L'origine immédiate du plan dépassait pourtant largement ses désirs et souhaits personnels. À partir de 1925, les programmes de travaux publics bénéficièrent en effet largement des fournitures allemandes d'outillage au titre des prestations en nature institutionnalisées par le plan Dawes. Ces fournitures, ayant le double avantage de ne pas concurrencer l'industrie nationale tout en permettant l'amélioration des infrastructures économiques, se développèrent considérablement jusqu'à représenter une somme de 902 millions de marks-or en 1929 [17]. Le passage du plan Dawes au plan Young allait cependant bouleverser le régime de ces prestations en nature, expédients appelés à disparaître. La question du financement des travaux d'équipement en cours et de la poursuite du perfectionnement de l'outillage se posait dès lors en termes nouveaux et urgents.

Le plan Tardieu venait ainsi simplement répondre à cette nécessité conjoncturelle, comme le reconnaissait l'exposé des motifs du projet de loi déposé le 25 novembre 1929 [18]. La nécessité de soutenir une demande publique menacée de brusque déflation suite à la mise en œuvre prochaine du plan Young se trouve ainsi directement à l'origine du plan Tardieu : sur de nombreux points, il se bornait à prendre le relais financier de dépenses engagées en 1928 et 1929. Il s'inscrivait en outre dans la politique d'expansion économique défendue par Tardieu : « L'exécution de ce programme, en permettant au pays, mieux outillé, de produire de nouvelles richesses, ne pourra que constituer pour lui, dans un avenir prochain, un élément nouveau de puissance et de prospérité [19]. »

Pièce centrale de la déclaration ministérielle du 7 novembre 1929, le programme d'équipement national ne subit guère de modifications lors du dépôt du projet de loi au 25 novembre suivant. L'agriculture recevait 1,73 milliard de francs de crédits affectés à divers postes : électrification rurale, adduction d'eau potable, reboisement, recherche agronomique, désenclavement des communes isolées, assurances agricoles, dessertes téléphoniques et création d'un réseau de radiodiffusion pour les campagnes. Les œuvres sociales et l'enseignement bénéficiaient d'une dotation générale de 1,45 milliard de francs répartis entre la lutte contre la tuberculose, la construction d'hôpitaux, d'établissements scolaire, d'ateliers d'enseignement technique et de terrains de jeux, et des subventions aux laboratoires et cités universitaires. Quant à l'industrie et au commerce, ils pouvaient tirer avantage des économies externes réalisées grâce à l'amélioration des moyens de communication, routes, ports, marine, forces hydrauliques, transports de l'énergie électrique et Office national du tourisme, auxquels le gouvernement entendait consacrer 1,82 milliard de francs [20]. L'ensemble de ces dépenses représentait un total de 5 milliards de francs sur cinq ans. La création d'un compte spécial intitulé « perfectionnement de l'outillage national » et d'emblée crédité de 5 milliards prélevés sur les disponibilités de l'exercice 1929 pour 1,5 milliard et sur les encaisses du Trésor pour les 3,5 milliards restant, devait assurer le financement sans avoir à recourir à l'emprunt.

Les réactions donnèrent dans l'incrédulité ironique et la dénonciation. « C'est de la prestidigitation », lança le député Evrard; de la démagogie financière, poursuivit le socialiste Frossard; de la « poudre aux yeux », renchérit Albert Rivière; bref, une véritable « fantasmagorie chiffrée », écrivait le radical-socialiste Gaston Bergery [21]. Pourtant, cette pluie de millions, qui fit dire à un député que le pays « se sentait abondamment et généreusement gouverné [22] », n'effraya pas l'opposition qui allait elle-même proposer quelque 124 amendements représentant une surenchère de 3,41 milliards de francs. Plus encore, trois contre-projets, dus respectivement au socialiste Bedouce, au radical-socialiste Palmade et au député socialiste-français Chabrun, avancèrent des sommes tout à fait spectaculaires comprises entre 35 et 65 milliards de francs pour des périodes d'exécution allant de sept à dix ans [23].

Retenant quelques-unes des critiques, le gouvernement modifia sur trois points un projet qui portait trop les stigmates de l'improvisation liée à l'élaboration d'une déclaration ministérielle : il gonfla les dépenses jusqu'à 17 milliards, financés par le compte spécial (5 milliards), par des crédits budgétaires (6 milliards) et par les collectivités locales associées à l'effort de rééquipement (6 milliards); il créa un Comité consultatif du perfectionnement de l'outillage national, composé de membres du Conseil national économique; il institua une Caisse d'avance aux départements et communes permettant de centraliser les subventions publiques [24]. Ainsi redéfini, le projet gouvernemental arriva enfin devant la Chambre le 8 juillet 1930. Son contenu ne fut pourtant jamais débattu par les députés, à la grande irritation de Tardieu qui avait placé le plan d'outillage « au premier rang » de ses préoccupations.

En fait, l'obstruction prévalut, menée par la commission des Finances majoritairement hostile au gouvernement. Lenteurs calculées, surenchères démagogiques et débats préalables sur les disponibilités du Trésor empêchèrent tout progrès dans l'examen du programme d'équipement [25]. Ajournée brusquement en juillet 1930 du fait de la clôture de la session parlementaire, la discussion reprit en novembre, mais s'enlisa dans des débats très techniques sur le financement du plan. Affaibli par l'affaire Oustric, le gouvernement avait alors perdu l'initiative et subissait une recrudescence d'opposition, avant de tomber devant le Sénat, le 4 décembre. Le plan d'outillage, toujours à l'ordre du jour des gouvernements suivants, allait se désagréger en un éparpillement de crédits [26].

« Sans la guerre au couteau que lui livrèrent les radicaux qui l'obligèrent à ménager plus qu'il ne le désirait les conservateurs sociaux, André Tardieu eût été notre Roosevelt. » Ces lignes de Jacques Debû-Bridel, chroniqueur politique à *L'Ordre*, laissaient entendre que le plan Tardieu constituait « véritablement une politique de relance », anticipant très tôt l'élargissement de la crise économique à la France et proposant, pour y faire face, une pratique originale et audacieuse du déficit budgétaire à la mode keynésienne [27]. André Tardieu lui-même n'hésita pas, rétrospectivement, à se glorifier de sa prévoyance et de l'opportunité économique de sa politique :

> « Quand j'ai recommandé cette politique de prospérité, je connaissais, comme tout le monde [sic], la crise qui cheminait dans le monde et devait fatalement nous atteindre. [...] Sur la base du

projet d'outillage national, 250 millions de journées de travail eussent été assurées. Sur cette base, 500 000 chômeurs auraient été employés pendant deux ans [28]. »

Cette thèse d'un New Deal français mené par un Tardieu particulièrement clairvoyant et en avance sur son temps quant à ses conceptions économiques, quoique corroborée par certaines études [29], ne résiste cependant pas à l'analyse.

À propos de la crise économique naissante, il ne montra guère plus de clairvoyance que ses contemporains. En effet, l'optimisme de son gouvernement fut affiché comme un véritable credo. À l'automne de 1930, alors que des signes alarmants s'accumulaient à l'étranger, le président du Conseil se félicitait de la stabilité économique de la France et qualifiait la situation de « profondément saine [30] ». Certes, l'aveuglement n'était pas absolu, et l'optimisme conquérant des premiers mois s'était peu à peu teinté d'un caractère défensif, mais non dépourvu de satisfaction. Quelques semaines avant de tomber, Tardieu donnait d'ailleurs une nouvelle définition de sa politique économique, mieux adaptée à l'environnement international : « La politique de prospérité peut consister, suivant les temps, soit à accroître cette prospérité, soit à la défendre [31]. »

Élaboré aux temps de l'opulence financière pour stimuler la croissance, le programme d'outillage devenait ainsi la pierre de touche de la résistance à la crise naissante. Mais là encore, l'illusion de la stabilité et l'ignorance en matière économique entretenaient de faux espoirs. L'effet anticyclique de la dépense de travaux publics, dans les ordres de grandeur retenus par le plan Tardieu, était en effet quasiment nul [32]. D'autre part, la référence à Franklin Roosevelt était inutile pour rendre compte d'une pratique fort ancienne de l'intervention étatique en France, pratique qui remontait aux Ateliers nationaux de 1848. Ainsi, la programmation de grands travaux pour lutter contre le chômage et l'idée d'une régulation de l'activité économique par la modulation des commandes publiques constituaient dès le tournant du siècle un thème répandu [33]. Enfin, un New Deal français supposait le recours à l'emprunt ou la pleine acceptation du déficit budgétaire, toutes choses qui sonnaient comme des hérésies aux oreilles de Tardieu [34]. L'orthodoxie financière du président du Conseil était celle de presque toute la classe politique de l'époque. Assurément, lorsque Tardieu lança son programme de dépenses publiques, il n'avait rien d'un Keynes qui s'ignore ; plus même, il ne portait guère d'estime à l'économiste anglais dont il avait autrefois qualifié le livre sur les conséquences économiques de la paix de

Versailles de « moralement mauvais » et de « foncièrement inexact [35] ».

En fait, les limites du plan d'outillage apparurent d'emblée tant par son contenu que par son mode de financement. D'une part, sans insister sur la dispersion des travaux projetés, la très grande majorité des dotations annoncées répondait à la satisfaction de besoins urgents, ne laissant que la portion congrue aux sommes affectées à la création d'un nouvel outillage, d'autre part, la réalisation de tout programme hardi d'équipement était sacrifiée à la priorité donnée à la politique d'amortissement de la dette publique. En effet, si le plan Young diminuait fortement l'importance des prestations en nature, si utiles à l'outillage français, il pouvait néanmoins servir efficacement la politique d'équipement en affectant aux grands travaux une partie des liquidités produites par la mobilisation de la créance française. Léon Blum plaida en faveur d'une telle disposition, mais Poincaré, fidèle à sa politique de redressement financier, fit accepter par le Parlement l'affectation des quelque 3,7 milliards de francs issus du premier emprunt Young à la Caisse autonome d'amortissement [36].

Le gouvernement de Poincaré, suivi sur ce point par celui de Tardieu, opta donc pour le désendettement contre l'investissement public et fit dépendre le financement du programme d'outillage des disponibilités de trésorerie déjà existantes. L'aisance de celle-ci – plus de 19 milliards au 1er décembre 1929 – autorisait certes des dépenses nouvelles ; mais les obligations contenues au passif du Trésor, ajoutées aux effets de la politique de dégrèvements engagée dès juillet 1929, pouvaient signifier un rapide retour aux basses eaux et aux difficultés de trésorerie. Cette aisance même, d'ailleurs, excitait toutes sortes d'appétits contre lesquels la résistance du gouvernement allait faire long feu. C'est là toute l'histoire des dégrèvements, d'abord refusés, puis concédés, et enfin proposés.

LA POLITIQUE DE DÉGRÈVEMENTS

Henri Chéron, ministre des Finances de Poincaré et de Tardieu, eut la fierté imprudente de se vanter de l'excellence de sa gestion. Il faut dire que l'opulence financière avait pris les rondeurs de 18 milliards de francs, chiffre spectaculaire pour des Français habitués à n'entendre parler de finances qu'en termes de déficit et de « grande pénitence ». La nouvelle frappa les imaginations et les journaux lancèrent contre « le trésor Chéron » et « la cassette du père Gaspard » une vigoureuse campagne : il s'agissait de « casser la tirelire » ou, comme le disait Caillaux au Sénat, de « dégraisser la Banque et le Trésor, de dégrever le contribuable [37] ». En effet, une forte tradition financière, remontant au baron Louis, imposait aux argentiers français le devoir de ne rien conserver dans les caisses de l'État et de toujours « côtoyer le déficit ». C'était là une règle de bon sens, qui coupait court à toute démagogie et un principe économique : « Le Trésor est fait pour servir le pays et non pour enrichir le Trésor », rappelait un éditorial de *La Volonté* [38]. Les gouvernements de 1929 durent ainsi répondre à une double critique : surfiscalité et thésaurisation excessive pesaient sur l'activité économique jusqu'au risque d'étouffement.

Le budget et le Trésor allaient ainsi être l'objet d'assauts répétés, les importantes plus-values fiscales accumulées depuis 1926 (3,9 milliards rien que pour l'année 1928) et les milliards de la trésorerie posant en termes nouveaux la délicate question de l'allocation de cette aisance financière. Il était difficile de ne pas céder à l'euphorie et plus encore de résister politiquement à la campagne quasi générale réclamant un allégement de la charge fisale [39]. La puissante commission des Finances, à majorité radicale-socialiste, mena elle-même le combat en faveur du contribuable et pesa de tout son poids sur un Henri Chéron résolu à défendre franc par franc son « trésor », garant du désendettement public et de l'équilibre des budgets futurs. Amorcés timidement en 1928, les concessions en matière de dégrèvements fiscaux allaient ainsi s'affirmer en 1929 avant de prendre, sous le deuxième gouvernement Tardieu, un caractère massif. Plusieurs trains législatifs portèrent à 5,6 milliards de francs le montant total des réductions consenties de juillet 1929 à avril 1930, soit une diminution de plus de 10 % de la charge fiscale [40].

Cette politique de dégrèvements constituait le deuxième axe de la politique de prospérité inaugurée par Tardieu. En effet, au-delà de toute considération d'ordre social, elle répondait à des nécessités économiques et visait, comme l'accroissement de la demande publique d'équipement, à stimuler l'activité générale. « Le dégrèvement, déclara Tardieu le jour de son investiture, ne saurait être un marchandage quotidien entre le fisc et le contribuable. Nous le concevons comme l'expression d'une méthode économique et financière déterminant à la fois l'élargissement des affaires et le développement de la matière imposable [41]. » Les dégrèvements, loin de constituer « une perte sèche et définitive », selon l'expression de Reynaud, devaient au contraire être productifs. Alléger les charges pesant sur la production et stimuler les marchés financiers, tels étaient les deux principaux objectifs.

Tardieu avait réussi à obtenir d'Henri Chéron que celui-ci desserrât quelque peu les cordons de la bourse publique. Ce premier allégement consenti, le ministre des Finances réaffirma son souci d'économie et refusa de suivre les sollicitations pressantes de la commission des Finances : « Cela m'est égal d'être traité d'avare. Oui, je monte la garde autour de ce trésor, et je n'y laisserai pas porter atteinte [42]. » L'opposition tenait dans cette obstination du ministre le prétexte d'une manœuvre décisive contre le gouvernement. Elle fit ainsi tomber le cabinet le 17 février 1930 sur une bagatelle de 60 millions que Chéron refusait d'accepter au titre d'allégements fiscaux. Le nouveau ministre des Finances de Tardieu, Paul Reynaud, allait engager le gouvernement dans la voie des « dégrèvements massifs ». Fondant sa politique sur les importantes plus-values escomptées pour 1930, Reynaud accepta 2,9 milliards de réductions supplémentaires. Ce pari sur les plus-values était un pari sur la poursuite de la prospérité française, mais à l'étranger, les chômeurs se comptaient déjà par millions [43]. La crise mondiale s'arrêterait aux frontières de la stabilité française, croyait encore le gouvernement.

L'efficacité des dégrèvements dans le cadre de la politique de prospérité fut des plus limitée. La loi du 26 avril 1930, « chant du cygne » de la politique de dégrèvements, est exemplaire des conceptions du gouvernement. Pour soutenir la conjoncture, Reynaud plaça l'effort principal de relance économique dans le dégrèvement massif des valeurs mobilières et des opérations de Bourse, espérant par là ranimer les marchés financiers et soutenir l'épargne productive. Même si, comme il l'affirmait, « Paris était, parmi les plus grandes places du monde, la plus chère du monde [44] », ce n'était pas une baisse des taxes qui pouvait, dans le contexte très perturbé des suites du krach de Wall Street, sortir le palais Brongniart de son marasme. Comme pour l'estimation des plus-values fiscales, cette politique méconnaissait la profondeur de la crise mondiale et cédait trop à l'image d'une France privilégiée, faisant figure d'île fortunée au milieu des tempêtes. Les 1,1 milliard de francs de dégrèvements boursiers tombèrent ainsi dans un gouffre sans fond.

Plus généralement, la politique de dégrèvements se développa sans plan d'ensemble. Trop nombreux et souvent trop limités, ces allégements perdirent beaucoup de leur effet pratique sur le contribuable. L'éparpillement et le saupoudrage, sauf en matière financière, tendirent à annuler le caractère massif des sommes dégrevées. Le rapporteur de la commission des Finances parla à ce propos de « politique du manteau d'Arlequin [45] ». D'autre part, en dépit de la résistance de Chéron, les deux gouvernements Tardieu furent trop souvent les obligés de la puissante commission des Finances. Cette complaisance vis-à-vis des désirs de celle-ci ajouta au désordre des allégements proposés au hasard des sollicitudes parlementaires. Louis Trotabas, chroniqueur à *La Revue d'économie politique*, donna de la politique fiscale des gouvernements Tardieu une analyse sévère mais fondée :

> « Le Parlement n'a pas voté les dégrèvements dans un esprit législatif. Sous chacune de ces dispositions fragmentaires, de portée réduite, on devine le cas d'espèce, la situation personnelle, locale, électorale, que le législateur a eu en vue. Plus ici que partout ailleurs, il a oublié la définition de la loi, qui doit être essentiellement une règle générale et impersonnelle. C'est par là, et par le souci de vouloir satisfaire tout le monde, qu'il a été conduit à cette poussière de dégrèvements qui n'a satisfait personne. Les mesures éparses que l'on a votées, loin de constituer un corps homogène de dégrèvements, ne sont que les *membra disjecta* d'une opulence financière inutilement massacrée. » Et Trotabas de conclure que cette période de dégrèvements ne laissera que « le souvenir d'une occasion manquée »[46].

Poursuivre résolument l'amortissement, dépenser abondamment sans recourir à l'emprunt, dégrever massivement tout en promettant l'équilibre budgétaire, cette politique financière convenait bien à ce Tardieu « mirobolant » dépeint par Léon Daudet. Héritier de quatre années d'aisance financière, il croyait la France enfin sortie des déficits d'après-guerre et osa sur tous les fronts une politique à la hauteur de son optimisme. La prospérité Tardieu exigeait et le plan d'outillage et les dégrèvements, alors que le choix économique productif eût été de financer le rééquipement avec ces mêmes plus-values retournées aux contribuables. Le socialiste Vincent Auriol avait lucidement posé les termes d'une telle alternative : « Il faut choisir entre la politique de dégrèvements ou la politique de prospérité nationale[47]. » Le sentiment général de surfiscalité, auquel il était politiquement impossible de ne pas répondre, transforma cependant cette alternative en choix cumulatif. Il en résulta une évaporation des plus-values fiscales sous l'effet conjugué des dégrèvements consentis et du ralentissement des affaires. Ainsi, en fait de prospérité, le gouvernement Tardieu rencontra la crise mondiale et provoqua, par excès d'optimisme, un retour accéléré, très dommageable pour l'avenir, au déficit budgétaire[48].

Sans mettre en doute la volonté de moderniser les infrastructures économiques du pays et de rendre la France plus compétitive dans les « luttes de la paix », il importe de considérer cette politique économique sous son aspect plus étroitement parlementaire. Cette préoccupation pourrait d'ailleurs avoir été prépondérante quand on sait le peu d'intérêt porté par Tardieu aux problèmes strictement économiques – ne confia-t-il pas à Jacques Debû-Bridel qu'il trouvait les questions financières « em... [49] ». De fait, sa politique économique servait parfaitement ses ambitions parlementaires, s'inscrivant dans sa stratégie politique dominante : l'enveloppement et la dissociation du Parti radical-socialiste.

Dans la ligne de sa tactique de séduction des radicaux, Tardieu fit siens nombre d'articles du programme économique et social des valoisiens. Ceux-ci avaient inscrit à l'ordre du jour de leur dernier congrès, à Reims, « les dégrèvements démocratiques », « les dépenses d'outillage national », « l'application des assurances sociales », « la protection des intérêts agricoles », « la lutte contre les fléaux sociaux », toutes dispositions reprises dans la déclaration ministérielle du 7 novembre 1929. Pierre Colomb devait d'ailleurs s'exclamer, en pleine lecture de cette déclaration : « C'est le programme radical [50] ! »

Par ce programme habilement inspiré des propositions radicales les plus acceptables pour les « modérés », Tardieu faisait doublement pression sur le parti radical-socialiste. Parlementairement, la large concordance d'idées le poussait au ralliement avec le centre-droit et à l'entrée au gouvernement ; électoralement, le président du Conseil menaçait les radicaux de débaucher leur propre clientèle au profit des « modérés ». Distribuer sans rien demander : il y avait là une puissance de séduction qui ne devait pas laisser le pays insensible... Profitant de l'aisance de la trésorerie, Tardieu espérait bénéficier des avantages politiques et électoraux des dégrèvements et du programme d'outillage. À y regarder de plus près, les deux catégories qui profitèrent le plus des allégements fiscaux se trouvaient être les détenteurs de valeurs mobilières et les agriculteurs. Or la foule des petits porteurs, bourgeois modestes qui avaient participé à l'agitation spéculative des années vingt, et les paysans constituaient justement une fraction importante du vote radical. La concurrence de Tardieu risquait d'être efficace, voire déloyale aux yeux des radicaux privés par leur « cure d'opposition » des avantages du pouvoir. La part réservée aux intérêts agricoles dans la politique de prospérité était d'ailleurs révélatrice de cette ambition électoraliste.

Au pouvoir, Tardieu multiplia en effet les sempiternelles platitudes de la classe politique française sur la paysannerie, creuset des vertus nationales, « maître-chaînon » et « élément essentiel de l'équilibre harmonieux du corps français ». Lui, le néocapitaliste, il alla jusqu'à affirmer aux présidents des chambres d'agriculture : « Le ministère actuel est avant tout un ministère agricole. C'est cela qu'il veut être et sera [51]. » La défense de l'avenir et de la prospérité passait ainsi obligatoirement par la défense du paysan :

« Retenons comme vérité première que la prospérité de nos paysans est la condition fondamentale du bien-être général [52]. » Ces paroles trouvèrent confirmation dans des actes. En effet, les premières semaines du gouvernement furent consacrées à la mise en place d'une politique agricole apte à répondre à la crise de surproduction qui sévissait alors. Le blé, la betterave et le vin, au centre des préoccupations, furent l'objet de nombreuses mesures [53]. Le programme d'outillage, que le rapporteur de la commission des Finances voulait avant tout « rural », accordait la priorité à l'agriculture : l'électricité, l'adduction d'eau potable, la radio, les assurances agricoles devaient améliorer la vie dans les campagnes et préserver la nation contre une menace économique et morale toujours plus précise, l'exode rural. Les dégrèvements, enfin, faisaient la part belle à la paysannerie.

L'effort de Tardieu en faveur de la paysannerie ne prit toute son ampleur qu'en 1931 lorsque il devint le ministre de l'Agriculture du premier ministère Laval. Michel Augé-Laribé, spécialiste des questions agricoles, trouvait d'ailleurs que ce grand bourgeois, « parisien jusqu'au bout des ongles », fut l'un des très rares ministres de l'entre-deux-guerres à laisser « une œuvre [54] ». Sa politique de « défense de l'agriculture » s'articula autour de quatre préoccupations : la protection douanière par la méthode nouvelle des contingents; l'assainissement des marchés par la régulation des stocks; la modernisation des méthodes de production par la mécanisation et le développement de l'enseignement et de l'information; enfin, l'organisation professionnelle par la multiplication des coopératives [55]. « Une paysannerie forte dans un État fort », tel était l'objectif de Tardieu, car tel était « le gage du succès, le gage de la prospérité pour la France de demain, pour la France de toujours [56] ».

Mais surtout, Tardieu considérait le ministère de l'Agriculture comme un « ministère politique ». À ceux qui s'étonnaient d'une si modeste fonction ministérielle, il rappelait qu'était à sa charge la prospérité de la moitié de la population française. D'autre part, il estimait à sa vraie valeur le poids électoral et parlementaire du monde rural : « Quelles que soient nos préférences politiques, si on veut être élu, il faut servir l'agriculture [57]. » Le dessein politique de Tardieu apparut comme clairement électoraliste et prit nettement, dans la manière dont il alla plaider ses dossiers auprès des administrés, un ton plébiscitaire. Au cours de l'un de ses très nombreux discours agricoles, il invita ses auditeurs à plus de participation dans la vie politique du pays : « Vous êtes forts. Vous savez ce que vous voulez. Eh bien! dans les débats prochains, exercez donc une influence amicale sur les élus de toutes opinions, pour leur demander d'aider le gouvernement à des solutions rapides [58]. » Sa popularité dans les campagnes était réelle, et nombre de dirigeants d'organisations professionnelles furent séduits par lui.

Pourtant, ce bourgeois parisien ne parvint pas à faire croire à la réalité de sa fibre terrienne, et l'impression persista que son passage à l'Agriculture n'était qu'un détour vers de plus grands desseins. L'éclat donné au ministère et la place faite aux préoccupations agricoles dans le gouvernement, sans équivalent depuis Méline, ne purent compenser la suspicion envers l'homme et ses ambitions. « On lui faisait de grands succès pour ses discours dans les congrès agricoles ; on ne lui accordait qu'une confiance limitée ou pas du tout de confiance. L'agriculture s'est servie de Tardieu plus qu'il n'a réussi à se servir d'elle [59]. » Les résultats des législatives de 1932 confirmèrent l'échec de la manœuvre politique : à l'éclat et au brio du ministre, le monde paysan opposa sa traditionnelle méfiance.

La politique sociale

Sur le plan social, Tardieu entendait poursuivre l'œuvre des républicains « progressistes » de la fin du XIXe siècle qui, tels Waldeck-Rousseau, Deschanel, Poincaré, Barthou et Leygues, mirent « la question sociale » à l'ordre du jour de la République. Son action relevait également d'un néocapitalisme sensible à l'environnement humain de la production et disposé à renforcer la protection des travailleurs contre les risques sociaux. L'idée de prospérité, autrefois purement économique, prit ainsi naturellement une dimension sociale, voire morale. À la fin de la législature, Tardieu pouvait se féliciter de l'œuvre accomplie : la Chambre de 1928 s'était montrée « essentiellement sociale – parfois même, au gré de quelques-uns, jusqu'à la témérité [60]. » Étaient à porter au crédit des gouvernements Tardieu la loi des assurances sociales, la retraite du combattant, le relèvement des traitements et pensions des fonctionnaires, la loi des allocations familiales. De là à faire de leur chef un réformateur social hardi, il n'y eut qu'un pas facilement franchi par certains et surtout par le principal intéressé. Cette politique, cependant, ne fut que la continuation d'initiatives anciennes qui parfois s'imposèrent même contre la volonté du gouvernement.

La loi sur les assurances sociales, issue d'un projet déposé en mars 1921 par Daniel Vincent, ministre du Travail du gouvernement Briand, fut votée dans la hâte le 5 avril 1928, quelques jours avant les élections générales [61]. Incomplète et contestée par les agriculteurs, qui refusaient d'être assimilés aux salariés de l'industrie, par le corps médical, qui s'effrayait de la « bureaucratisation » des professions de la santé, et par les mutualités privées, cette loi laissait en suspens l'organisation des services administratifs nécessaires à son fonctionnement et différait son application au printemps 1930. Ce fut cette dernière étape seulement que Loucheur, puis Laval, ministres successifs du Travail de Tardieu, menèrent à bien. Ils répondaient aux craintes d'une majorité conservatrice élevant contre le régime d'assurances obligatoires nombre d'objections – prime à la paresse, explosion du nombre des fonctionnaires, surcharge du Trésor, hausse des prix français et perte de compétitivité –, et réussirent à faire respecter le calendrier législatif. Le 1er juillet 1930, la loi entra en application, non d'ailleurs sans que s'organisât sur le terrain une véritable campagne de résistance de la part de certaines associations patronales. Dans cette affaire, le gouvernement, loin d'être l'initiateur de la loi, ne fut que l'honnête continuateur d'une politique sociale que les temps imposaient. Quant à l'adoption sous le troisième ministère Tardieu, le 11 mars 1932, de la loi sur les allocations familiales, elle relevait du pur concours de circonstances. À la présidence du Conseil depuis une quinzaine de jours seulement, il ne pouvait s'attribuer le mérite d'une loi élaborée bien avant.

La « retraite » du combattant, inscrite dans la loi de finances du 16 avril 1930, allouait à tout ancien combattant une annuité de 500 francs à l'âge de cinquante ans, portée à 1 200 francs dès cinquante-cinq ans; c'était là, selon Henri Rossignol, leader de l'Union nationale des combattants, « le premier signe de reconnaissance effective de la nation [62] ». Le gouvernement Tardieu, pourtant présidé par un représentant de la « génération du feu », s'était d'abord opposé à cette allocation jugée trop coûteuse par le ministre des Finances. La pression cumulée des commissions des Pensions, de celle des Finances et des députés, vint finalement à bout de la résistance de Chéron, mais provoqua la crise ministérielle de février 1930. À la faveur de cette crise, Tardieu endossa alors la fameuse retraite; le mouvement d'opinion s'était révélé irrésistible [63]. Comme pour les dégrèvements fiscaux, la retraite du combattant montrait la faible capacité de résistance du gouvernement face aux sollicitations parlementaires. Une politique de prospérité centrée sur l'intérêt général et cohérente dans ses moyens ne pouvait guère l'emporter sur la pression désordonnée des revendications particulières.

L'adoption de la retraite, financièrement coûteuse, s'inscrivait pourtant à sa manière dans la politique de prospérité. L'outillage national, les dégrèvements fiscaux, les assurances sociales ne pouvaient donner leur plein rendement que soutenus par des forces morales dont la mobilisation était prioritaire : « Tout se tient, faisait remarquer Tardieu, et, pour mobiliser les ressources matérielles, il nous faudra mobiliser d'abord les forces morales [64]. » Comme agents et animateurs de cet équipement moral, le président du Conseil désignait les femmes, les jeunes, mais surtout les anciens combattants. À ces derniers, il assignait un rôle d'« éducateurs [65] » de l'esprit public. Faire pénétrer les vertus et les valeurs combattantes dans tous les aspects de la vie nationale, c'était pour lui s'assurer contre « les puissances de décadence, de désordre, de routine ou d'inertie [66] ». Il demanda aux Français de retrouver dans la paix la magnifique communion des volontés qui leur avait permis de faire capituler l'Allemagne. Les anciens combattants avaient une fois déjà maintenu la grandeur française; l'histoire les sollicitait à nouveau pour « couronner leur œuvre ». Cette même histoire leur interdisait toute dérobade, et Tardieu le leur signifiait : « Ce n'est pas fini. [...] Après ce que vous fûtes, on a le droit de compter sur ce que vous serez. [...] Acceptez [...] de reprendre, comme citoyens, votre place d'hier, à l'avant-garde. [...] La France a besoin de vous [67]. » Dans ce contexte, la retraite du combattant apparut comme la prime politique d'un gouvernement d'esprit ancien combattant désireux de mobiliser à nouveau la puissance du coude-à-coude pour la prospérité.

L'ÉTAT MODERNE

Le programme d'outillage national, dont Tardieu soulignait le « caractère social » tout à fait original, la politique agricole, alliant contingentement et régulation des marchés, les dégrèvements fiscaux, conçus pour ranimer une conjoncture défaillante, l'adoption des assurances sociales enfin traduisaient une conception du rôle de la puissance publique débordant largement la définition libérale de l'État.

Paix civile et ordre public, défense du territoire et relations extérieures, administration de la justice et levée de l'impôt, ces fonctions minimales de l'État-gendarme, augmentées de quelques tâches d'intérêt général, constituaient l'agenda officiel de l'État libéral. Les doctrinaires du libéralisme économique français – Léon Say, Leroy-Beaulieu, René Stourm, Clément Colson,

Jacques Rueff, Charles Rist – enseignèrent à des générations d'étudiants de Sciences-Po, pépinière des fonctionnaires et des conseillers d'État, l'exaltation du marché et l'horreur de l'étatisme. L'orthodoxie libérale assignait à l'État le devoir de veiller, par le cadre légal approprié, au bon fonctionnement de l'économie de marché et lui concédait l'exécution de travaux publics qui, par leur nature et leur importance, échappaient à l'initiative privée. Cette conception toute négative prohibait l'intervention étatique dans l'économie au nom d'un équilibre « naturel » réalisant spontanément l'heureuse confusion des intérêts particuliers et de l'intérêt général.

La doctrine libérale, cependant, ne commanda pas à la réalité historique : le progrès économique et l'essor industriel du XIXe siècle favorisèrent l'expansion de l'administration et la croissance de l'État. L'emprise publique sur la vie économique et sociale s'en trouva considérablement accrue, au point que les libéraux du tournant du siècle considéraient la menace de l'« étatisme » comme le plus grand danger pesant sur les libertés individuelles – « étatisme » était d'ailleurs devenu synonyme de socialisme [68]. Les libéraux pouvaient cependant dresser leurs réquisitoires, le XXe siècle réclamait autre chose qu'un « État paternel [69] », protecteur débonnaire et sévère à la fois. La pression économique et sociale poussait à l'extension de la notion de service public et ravivait une question délicate, celle des limites de l'intervention étatique. L'économie de guerre exacerba cette interrogation, si bien que « le problème de l'État moderne » subit une éclipse de quelques années sous l'effet de la forte réaction antiétatiste de l'immédiat après-guerre.

Dans un discours de juin 1930, à Dijon, Tardieu décida de relancer officiellement le débat. Le problème de l'État moderne devenait ainsi « armoirie d'État [70] ». « Ce problème, expliquait-il, les deux forces rivales du monde contemporain, le politique et l'économique, nous en ont saisis tour à tour. La seconde nous l'a révélé avant la première. Mais la première, autant que la seconde, nous commande de ne pas l'éluder [71]. » L'État moderne, produit de la pression des besoins, exigeait la révision des « doctrines d'hier » : à l'heure de la concentration des capitaux et de l'internationalisation des affaires, le libéralisme se révélait incapable d'assurer la prépondérance de l'intérêt général; quant au marxisme, il « demandait à l'illégalisme le moyen problématique de justifier ses erreurs ». « Ni laissez-faire, ni étatisme socialiste » donc. À la recherche d'une troisième voie, Tardieu retenait pourtant sa réflexion et constatait la difficulté du moment : « Que l'État moderne cherche encore à tâtons la définition de son rôle, c'est l'évidence. » Mais qu'importe la complexité de la tâche! Une meilleure définition de l'État se révélait nécessaire, et l'homme d'État voyait dans ce grand dessein plus que le programme d'un gouvernement, « le rêve d'une génération ». L'« homme de demain », tenait là un projet à la hauteur de son ardeur rénovatrice :

> « Nous voici, dans la stabilité à peu près reconquise, au pied du mur des grandes initiatives. Il s'agit d'adapter un organisme – dont les puissants fondements datent de Louis XI, d'Henri IV, de Louis XIV, de la Convention et de Napoléon – à un État social, où jouent des forces jeunes qui, par des voies diverses, se sont manifestées dans tous les pays d'Europe. Notre ambition est de les aménager chez nous dans le cadre de nos libres institutions et des principes républicains [72]. »

Quel était le constat de carence? Dans une partie de son discours de Dijon intitulée « L'État débordé », le président du Conseil dénonçait « un réseau d'oligarchies d'origines diverses » étouffant l'État sous le poids de revendications particulières. Cet état de fait auquel il faisait allusion était le produit d'une évolution des rapports sociaux qui avaient progressivement consacré le triomphe de l'action collective. Les professions comme les intérêts s'étaient peu à peu organisés, et l'État devait faire face non plus seulement à des individus isolés, mais aussi à des syndicats, cartels et associations de toute nature. Cependant, le droit public français, fidèle à la conception individualiste du droit révolutionnaire, ne laissait rien s'interposer entre l'État et l'individu. Les groupements d'intérêts étaient ainsi devenus des groupes de pression se lançant à l'assaut de l'État, produisant désordre et anarchie. Sollicité de toutes parts, l'État non seulement se montrait incapable de mener une politique d'ensemble, ballotté au hasard des intérêts particuliers les plus forts, mais manquait encore à son devoir de promotion de l'intérêt général.

La solution, pour cet État débordé qui assistait impuissant à l'effritement de son autorité, passait par la réglementation, jusqu'alors trop négligée, des « rapports d'homme à groupe, de groupe à groupe et de groupe à État ». L'idée consistait à intégrer dans l'État, afin de les associer à la gestion de la chose publique, les forces collectives nouvelles qui justement, faute de place ou de statut reconnus, sapaient du dehors l'autorité de la puissance publique :

> « Une définition précise du droit de l'État à l'égard des groupements, quels qu'ils soient – eux-mêmes définis dans leurs attributions et dans leur compétence et légalement intégrés à la vie de la

nation, sous le contrôle des disciplines d'intérêt général, que l'État représente et qu'il doit pouvoir imposer –, tel est, dans ses grandes lignes, le but à atteindre : but de progrès et non de réaction [73]. »

Ce souhait d'une République plus contractuelle, par intégration des « forces nouvelles » dans le droit public, conférait à l'État un rôle essentiel d'arbitre entre les divers intérêts collectifs. Les régions, les classes, les professions ne pouvaient en effet compter que sur l'arbitrage de l'État pour résoudre leurs conflits dans le sens de l'intérêt commun. Ce rôle d'État-arbitre, Tardieu le caractérisa d'une triple fonction : « contrôle, régulation, animation [74] ». Tout en soulignant que l'État ne saurait se substituer à l'initiative privée, il déclara périmée « la vieille et noble doctrine libérale du laissez-faire et du laissez-passer [75] », et lui reconnut un devoir d'intervention dans l'économie, afin non pas de concurrencer, mais de soutenir, de coordonner et d'harmoniser les initiatives privées. Cet interventionnisme n'impliquait néanmoins aucune gestion directe ; jamais entrepreneur, l'État ne pouvait être au plus qu'un centre d'impulsion.

André François-Poncet, sous-secrétaire d'État à l'Économie nationale, chargé de définir une nouvelle politique économique, parlait d'« économie organisée [76] ». Par son contenu, ce concept se rapprochait de ce que Joseph Caillaux entendait lui-même par « économie ordonnée ». Rejetant le dirigisme mais dénonçant les abus du libéralisme sauvage, l'État devait, selon ce dernier, « surveiller, coordonner, intégrer [77] ». Ces conceptions de l'économie restaient pourtant en deçà d'une idée alors très en vogue auprès des « jeunes équipes », l'« économie dirigée ». Cette dernière formule, élaborée par Bertrand de Jouvenel et assimilée à un « libéralisme socialisé [78] », sentait cependant trop la contrainte étatique pour des néolibéraux comme Tardieu et François-Poncet.

À cette définition économique de l'État moderne correspondait une condition politique inscrite dans la contradiction même entre le volume de l'État et son autorité. « Plus augmente la fonction légale [de l'État], constatait Tardieu, plus son autorité diminue [79]. » Ainsi, l'arbitrage des intérêts particuliers dans le sens de l'intérêt général impliquait nécessairement un renforcement de l'État. D'économique, le problème devenait politique : « L'État démocratique doit être un État fort [80]. »

Enfin, l'adaptation de l'État aux besoins de l'époque posait un problème technique. Formaliste et paperassière, l'administration n'était guère outillée pour assister l'État dans sa tâche d'animation économique. En cette matière, les hommes politiques naviguaient souvent à la rumeur ou à l'impression, aidés tout au plus de statistiques soit partielles, soit périmées [81]. L'État moderne, avec son souci d'efficacité et de rendement, devait serrer de plus près les réalités du temps. Une meilleure définition des ministères et l'organisation technique de la présidence du Conseil pouvaient contribuer à l'émergence de cet « État technique ». Tardieu alla dans ce sens lorsqu'il créa un sous-secrétariat à l'Économie nationale, organe réclamé depuis longtemps par tous les « techniciens », de Georges Valois aux néocapitalistes du Redressement français. Plus encore, il fit exploser le nombre de portefeuilles ministériels. Alors que Poincaré se contentait de quatre sous-secrétaires d'État, il étoffa ses deux premiers ministères de douze, puis de seize sous-secrétaires d'État. Cette inflation sans précédent, au-delà de la manœuvre parlementaire, répondait au souci d'une gestion plus spécialisée des affaires publiques et au désir de former de jeunes équipes aux responsabilités ministérielles [82].

Harmonisation des intérêts privés au profit de l'intérêt général, intégration du syndicalisme dans l'État, lutte contre les « oligarchies » et contrôle des « féodalités modernes », promotion de l'« État technique » : Tardieu affirmait s'engager résolument sur la voie de l'« État moderne ». Aux antiétatistes effrayés par une telle orientation, il rappela leur attitude contradictoire : décrier toute intervention au temps de la prospérité ; en appeler à l'assistance publique dès les premiers embarras. À cette conception d'un « État infirmier » dont le rôle se limitait à assister et à soigner, il opposait un État autorisé à prévoir et à prévenir. Il aurait sans doute souscrit à la critique, faite en 1932 par Marcel Prélot, d'un État légataire universel des problèmes non résolus :

> « L'État, tyran frustré en période de prospérité, devient providence en période de crise et se trouve ainsi, sans contrepartie, l'assureur des risques provenant de l'anarchie universelle à laquelle on lui interdit par ailleurs de remédier [83]. »

Au congrès de l'Union des intérêts économiques, Tardieu sermonna ainsi son auditoire, lui demandant un triple « effort de groupement rationnel, de discipline, et de compréhension de l'intérêt général [84]. » C'était affirmer, devant les « grands intérêts » rassemblés, le rôle d'encadrement et d'incitation qu'entendaient jouer les pouvoirs publics. Entre le « roi fainéant » et le « guichet ouvert » de l'État-providence, il plaçait son idéal dans un « État coordinateur, rajeuni, fort et obéi [85] ».

Ces idées sur l'« économie organisée » ainsi que le thème même de l'« État moderne », loin d'être originaux, appartenaient à la liste des lieux communs en honneur dans tous les milieux intéressés par la modernisation politique. De fait, *La Crise de l'État moderne*, selon l'intitulé d'un ouvrage de Charles Benoist publié en 1899 [86], avait été annoncée bien avant la Première Guerre mondiale. Celle-ci avait d'ailleurs considérablement élargi la réflexion sur l'organisation de l'État et la définition de ses fonctions. Les rénovateurs de 1919, en particulier Lysis, Paul Gruet, Henri Chardon, Maxime Leroy, mirent en effet au centre de leurs préoccupations la question de l'adaptation de l'État aux réalités de l'après-guerre [87]. Puis ce furent les « jeunes équipes », Georges Valois et *Les Cahiers bleus*, les « jeunes radicaux » et *La Voix*, Jean Luchaire et *Notre Temps* et enfin une revue spécialement créée sur ce thème, *L'État moderne* [88], qui prolongèrent la réflexion. De grands industriels néocapitalistes, tels Henri de Peyerimhof et Ernest Mercier, se préoccupaient également de la « sénescence » et de l'« inadaptation » de « l'État de 1850 », essentiellement juridique et militaire, et cherchèrent les formules modernes d'un État devenu avant tout une « machine économique [89] ». Enfin, des hommes politiques en vue avaient eux-mêmes proposé leurs solutions au vieillissement accentué de l'État ; parmi ceux-ci, retenons Joseph Caillaux, Robert et Henry de Jouvenel, Joseph Paul-Boncour, César Chabrun, Pierre Cot [90]. Ainsi, en inscrivant officiellement le problème de l'État moderne à l'ordre du jour de sa génération, Tardieu faisait certes preuve d'originalité dans la méthode mais de banalité sur le fond. Il manifesta surtout une incontestable faculté d'assimilation et un sens aigu de l'opportunisme politique en proposant pour terme de son action gouvernementale ce thème porteur de l'« État moderne ».

Banale sur le plan des idées, la conception de l'État développée par Tardieu ne donna pas lieu à une pratique elle-même plus originale. Son interventionnisme s'inscrivait en fait dans une tradition séculaire remontant jusqu'à Colbert et confirmée par le XIXᵉ siècle, siècle libéral pourtant. Le libéralisme français se développa en effet à l'abri d'un État qui, s'il laissait volontiers « faire », ne laissait guère « passer ». La sévérité de la sélection propre au capitalisme trouvait dans l'État un modérateur complaisant. Les pouvoirs publics tempérèrent l'âpreté de la lutte économique en protégeant des secteurs entiers de la production de la concurrence étrangère. Cet interventionnisme non avoué, aux motivations défensives, développa si bien l'administration que les structures de l'État libéral purent accueillir sans grands changements les politiques économiques dirigistes du XXᵉ siècle [91]. Ainsi, en déclarant périmée la doctrine du « laisser faire, laisser passer », Tardieu ne faisait que sanctionner un état de fait depuis longtemps établi. Son interventionnisme s'inscrivit dans cette tendance profonde à l'extension des attributions de l'État.

Peu original tant par les idées que dans les faits, l'interventionnisme claironné par Tardieu apparut pourtant à nombre de contemporains comme une nouveauté. Lui-même entretenait cette perception et se plaisait à souligner l'originalité de son action : « Dans nos rapports avec la production nationale, notre gouvernement a fait prendre à l'État des initiatives qui n'ont de précédents que dans l'histoire de la guerre [92]. » Cette déformation de la perception, qui, par exemple, fit apparaître son plan comme une innovation fondamentale, relevait en fait du prisme idéologique. Le credo du libéralisme économique dominait alors à ce point les esprits qu'il sacrifiait volontiers la réalité historique à la pureté doctrinale. Oblitérant ainsi l'interventionnisme traditionnel de l'État, l'idéologie libérale dominante pouvait faire passer les intentions prudentes de Tardieu pour des hardiesses inédites. En outre, les mots prêtaient à confusion.

Ainsi, le « plan » d'outillage n'était officiellement qu'un « programme » pluriannuel classique de grands travaux, sans véritable élément de prospective ni volonté de réforme structurelle. Il n'y avait pas là l'ébauche d'une planification moderne, moins encore l'anticipation du « planisme » fort en vogue quelques années plus tard. La notion de « plan », cependant, appartenait déjà au patrimoine idéologique de la gauche. Produit journalistique, l'appellation « plan Tardieu » devait ainsi jouer comme un atout supplémentaire dans l'entreprise de séduction lancée par le président du Conseil à l'endroit des radicaux-socialistes. Tardieu eut d'ailleurs de mêmes habiletés de vocabulaire à propos du thème de l'« État moderne ». Les expressions « réseau d'oligarchies », « féodalités modernes », « intégration des forces neuves », « État démocratique fort » renvoyaient directement à l'univers des « jeunes équipes » et enflaient exagérément le progressisme de leur auteur. Georges Valois, sensible à ce détournement de vocabulaire, refusa de prendre le chef du gouvernement au mot et qualifia les propos tenus à Dijon de « discours de roublard : il vous prend le vocabulaire du syndicalisme pour tourner l'État contre celui-ci [93] ».

Finalement, l'originalité de Tardieu résidait moins dans le contenu que dans la forme de son action gouvernementale. Ici encore, le programme d'outillage révèle la méthode. Annoncer, dans une déclaration ministérielle crépitante de chiffres, un programme d'équipement quinquennal de 5 milliards de francs, le procédé était inédit et changeait des logomachies du rituel républicain. À y regarder de plus près, cependant, cette pluie de millions promise à l'équipement du pays ne représentait, en rythme de dépenses annuelles, qu'un milliard de francs supplémentaires. Replacée dans un budget ordinaire de 56 milliards, cette somme perdait encore de sa signification, jusqu'à friser l'insignifiance. Au soir de la déclaration ministérielle, pourtant, une grande partie de la classe politique se déclara séduite par cette politique de réalisation et se laissa convaincre de la nouveauté du programme.

En fait, la conception politique d'un État garant de l'intérêt général, porteuse de développements audacieux, se trouvait inhibée chez Tardieu par une fidélité sans défaut à l'orthodoxie financière. Il était en effet difficile de concilier le développement de l'intervention étatique dans les domaines sociaux et économiques avec la volonté affirmée de mettre un terme au « plus grand danger qui menace les Français », la progression continue des dépenses publiques. « L'heure a sonné de s'arrêter, avertissait Tardieu. La France ne peut plus voir ses budgets augmenter, d'année en année, de 5 milliards. [...] Il faut qu'on sache désormais que toute dépense nouvelle, même couverte par des taxes nouvelles, serait funeste à l'économie nationale, à l'épargne nationale, à la vie nationale [94]. » L'orthodoxie libérale, entamée sur le plan économique, restait souveraine quand il s'agissait de finances publiques.

L' « économie organisée » partait d'un constat sur les insuffisances du libéralisme. Son idée centrale consistait à substituer au harcèlement continu de l'État par les intérêts privés le principe d'une consultation régulière entre les pouvoirs publics et ces mêmes intérêts, organisés et légalement définis. Rejetant dos à dos libéralisme et étatisme socialiste, l' « économie organisée » ne constituait cependant pas une « troisième voie ». Elle traduisait bien un effort d'aménagement du libéralisme et de réorganisation de l'État, mais ses solutions restèrent suspendues à une contradiction fondamentale impossible à résoudre pour des libéraux. « Je retiens deux choses », déclarait Paul Reynaud à la suite d'une série de conférences sur l' « économie dirigée ». « La première, c'est que l'État est incapable de diriger l'économie. [...] La seconde, c'est que l'État ne peut pas non plus se dispenser de diriger l'économie [95]. » André Tardieu vécut cette même contradiction. Conscient de la nécessité d'intervenir et de contrôler, il abhorrait pourtant le dirigisme. Son interventionnisme pragmatique, conciliant initiative privée et droit de regard de l'État, demeura ainsi au milieu du gué, comme apeuré par sa propre logique. Car reconnaître à la volonté collective un droit d'intervenir dans le jeu de la production et de l'échange, c'était risquer l'engrenage. « Guider les initiatives privées, les animer, les soutenir au profit de l'activité générale, déblayer le chemin devant elles et leur garantir les perspectives d'un labeur régulier et sans secousses », ce rôle d'encadrement et d'incitation, définis ici par François-Poncet [96], pouvait signifier à terme le glissement vers une « économie dirigée », système précisément détesté. La prudence s'imposa donc.

L' « économie organisée » apparut ainsi comme la réponse timorée à un nécessaire aménagement du libéralisme. Dans son fond, elle était essentiellement conservatrice, ca_ adapter le libéralisme, c'était bien sûr le conserver. Par ailleurs, l'interventionnisme pratiqué par le gouvernement Tardieu perpétua le rôle traditionnellement défensif de l'État libéral. Pour l'opinion générale, la France était terre d'équilibre et de mesure; elle s'organisait en un dosage exemplaire entre l'agriculture, le commerce et l'industrie [97], et l'État libéral, « organe de conservation [98] », se portait garant de cette harmonie délicate. Peu soucieux d'objectifs économiques expansionnistes, l'interventionnisme de la République libérale se voulait avant tout protecteur de l'ordre social, toute croissance devant respecter l'équilibre entre les forces économiques.

Malgré leur progressisme, les néolibéraux et néocapitalistes du gouvernement Tardieu, ne purent totalement se départir de cette conception défensive et malthusienne du libéralisme français. Leur volonté de modernisation économique et les accents expansionnistes de la « politique de prospérité » furent largement inhibés par cet idéal d'« économie équilibrée » profondément ancré dans les mentalités. Dans sa présentation du programme d'outillage national, André François-Poncet, pensant souligner la hardiesse de conceptions du gouvernement Tardieu, révéla en fait la prégnance de cet idéal d'équilibre, obstacle à une réelle modernisation :

> « Le programme d'outillage national prépare l'avenir par ce qu'il contient de neuf et de hardi, par la conception qui l'anime du rôle de l'État en matière économique, par l'idée qu'il traduit d'un outillage national étendu à la race, à l'hygiène publique, à l'instruction ; par la part qu'il reconnaît à l'agriculture et le retour qu'il marque ainsi vers une meilleure appréciation des bienfaits de la terre, par la préoccupation qu'il manifeste d'une économie nationale entendue comme un équilibre, comme une harmonie dont la sauvegarde constitue l'essentiel de la tâche politique et du devoir d'un gouvernement [99]. »

Le culte de l'*efficiency* à l'américaine eût signifié en revanche une modernisation qui privilégiât la concentration industrielle contre l'exploitation artisanale, l'industrie contre l'agriculture, la ville contre les campagnes, la promotion du « grand » contre la défense du « petit ». Tout cela eût évidemment impliqué de profonds changements dans les statuts sociaux et un bouleversement de ce que Tardieu appelait lui-même « notre bienfaisante structure de nation paysanne [100] ». Dès lors, en dépit de ses hymnes à la productivité et à la croissance, il fut lui aussi un défenseur d'une économie française malthusienne, « l'une des mieux équilibrées et des moins hypertrophiées », parce qu'« elle [avait] toujours préféré le solide au colossal [101] ».

Une modernisation en trompe-l'œil :
la critique des gauches

L'opposition de gauche ne se laissa pas éblouir par les formules élégantes de Tardieu sur l'État moderne. « Du vieux neuf [102] », telle fut l'impression générale. À l'actif du gouvernement, les commentateurs retinrent la reconnaissance officielle du problème de l'adaptation de l'État aux conditions économiques et sociales. Pour Georges Mer et la revue *L'État moderne*, c'était là « un événement »; pour Georges Valois, une audace dont Poincaré eût été incapable : « Cela équivaut à une déclaration de Louis XVI reconnaissant la nécessité d'une Constitution [103]. »

Ce bon point concédé, les critiques sur le fond fusèrent. Malgré de réels efforts de compréhension, Blum trouva le discours de Dijon « obscur », Mer, « circonspect », et Valois, dans une critique serrée, démontra les insuffisances et simplismes de la pensée du président du Conseil [104]. Tous trois soulignèrent la formule autoritaire de « l'État démocratique fort » et s'en inquiétèrent. L'intégration des « forces neuves » dans cet État fort signifiait pour eux la mise sous surveillance des syndicats ou, selon une expression commune à Mer et à Valois, « la domestication du syndicalisme ». Le hiatus apparaissait avec clarté : d'un côté, l'« État fort » de Tardieu, intégrant et dirigeant le syndicalisme; de l'autre, le syndicalisme rénovant l'État autoritaire et centralisé. Tardieu envisageait la question syndicale d'un point de vue étroitement politique – « régalien » précisait Valois, c'est-à-dire du point de vue de l'autorité de l'État. L'« intégration des forces neuves », au risque d'aggraver l'emprise des groupes d'intérêts particuliers et d'exacerber les divisions, devait se plier à l'ordre traditionnel des responsabilités et finalement contribuer au renforcement d'un État « rajeuni » mais toujours « régalien ». La restauration de l'État passait essentiellement par la restauration du sens de l'État.

De fait, la seule dénonciation précise, dépassant la vague allusion aux « oligarchies d'origines diverses », portait sur le syndicalisme des fonctionnaires. À Dijon, Tardieu contesta le droit de grève aux agents de la fonction publique, y voyant un « intolérable abus [105] » qui mettait en doute la crédibilité même de l'autorité publique. Pour avoir manqué de courage et multiplié les abdications face aux fonctionnaires, ses serviteurs, l'État s'était discrédité comme un « roi fainéant [106] ». Le retour à la discipline par l'adoption d'un statut des fonctionnaires constitua ainsi l'axe privilégié par Tardieu de la restauration de l'État. Pour être « coordinateur » et « fort », celui-ci devait d'abord être « obéi [107] ».

Dans cette conception de l'« État moderne », Blum voyait à l'œuvre « les instincts profonds » liant les conservateurs à l'État traditionnel, centralisé et autoritaire. Le leader socialiste montra avec finesse les limites de l'audace rénovatrice de Tardieu en matière d'intégration du syndicalisme dans l'État :

> « M. Tardieu se refuse visiblement à admettre que toutes ces "associations", nées de l'esprit collectif, né lui-même des conditions de l'économie moderne, puissent rétroagir sur la notion de l'État, sur la forme des institutions politiques, sur la nature même de l'autorité et du commandement. Il lance son antique État bardé de fer dans le champ de l'économie moderne, et il croit qu'il pourra suffire à la tâche sans déposer son armure. Quelle erreur et quelle contradiction [108] ! »

De fait, le « problème de l'État moderne » était avant tout pour Tardieu le problème de l'autorité « régalienne » de l'État.

À l'endroit de la politique de la prospérité, l'opposition de gauche se montra plus sévère encore. « État de classe » et « dégrèvements de classe », la prospérité Tardieu, la gauche n'en doutait pas, ne pouvait être qu'une prospérité de classe. Si Poincaré passait pour le porte-parole de la petite bourgeoisie, Tardieu, plus moderne, représentait la grande industrie et la haute finance. Dès lors, un instinct sûr, confirmé par toute la mythologie du complot capitaliste, avertissait le militant de gauche contre les séductions trompeuses d'un chef de gouvernement à la solde des grands intérêts. La politique de la prospérité n'était que la poudre aux yeux lancée au petit peuple par les tenants du *statu quo* social pour perpétuer leurs privilèges. Le « réalisme », en reléguant la politique sous prétexte de traiter les problèmes pour eux-mêmes, figurait le visage rajeuni et modernisé de la conservation bourgeoise, voire de la « réaction ». Daladier, dès le premier mois de l'« expérience Tardieu », mit en garde les radicaux contre les faux-semblants de la prospérité à l'américaine :

> « Croyez-vous qu'il soit possible, comme l'affirment les uns avec naïveté, les autres avec astuce, de bannir le politique de la vie d'un grand peuple ? Croyez-vous qu'il suffira de dire : " La question ne sera pas posée " pour éviter qu'elle le soit ? En réalité sur le drapeau de l'américanisme, de la prospérité à l'américaine, est-il si difficile de retrouver les vieilles formules chères aux partis de réaction ? En quoi le souci de la prospérité pouvait-il conduire le gouvernement à poser la question de confiance contre l'application des lois laïques ou l'empêcher de démentir les informations répandues sur la prochaine négociation d'un nouveau concordat ? Comment l'idéal de la

prospérité sera-t-il battu en brèche par la réalisation de l'école unique ou par la réduction des dépenses militaires qui accablent nos budgets, sans que les stratèges d'après-guerre d'ailleurs se déclarent rassurés ? La vérité est qu'il s'agit de détourner le peuple de son effort séculaire pour sa propre libération [109] ! »

Cet « enrichissez-vous » aux accents matérialistes choqua la gauche républicaine dans son idéal d'émancipation intellectuelle et sociale. Trop étriquée, la « prospérité Tardieu » se révéla incapable de transcender l'ordre du quantitatif. Rationalisation, *efficiency, standard of life* étaient critères de techniciens; ils négligeaient la part de l'idéal. Le credo de l'américanisme, avec son paradis de réfrigérateurs et d'automobiles, manquait d'âme. Tardieu fut accusé de vouloir « acheter la France » : « M. Tardieu ne pratique pas une politique de réformes, mais une politique de conseil d'administration. Hier, à la tribune, il distribuait les dividendes [110]. » L'action du gouvernement s'inscrivait dans un cadre trop étroitement matérialiste. Cette prospérité technocratique, identifiant le « plus » avec le « mieux », ne pouvait satisfaire le besoin d'idéal des héritiers de la Révolution française. Elle manquait et de souffle social et de mystique républicaine. La promesse de 1789, les républicains le savaient, ne se limitait pas à la démocratie politique; elle portait en germe l'avènement d'un 1789 économique, social et culturel. Tardieu restait fort en deçà de cette mystique d'affranchissement.

D'ailleurs, cette politique de prospérité ne relevait-elle pas du bluff pur et simple de la part d'un président du Conseil dont la présomption n'avait d'égale que la désinvolture? Nombre de radicaux et de socialistes en étaient persuadés. Le style personnel de Tardieu, volontiers arrogant, facétieux jusqu'à l'impudence, trop élégant et trop brillant pour ne pas apparaître parfois comme inconséquent ou futile, plaidait contre sa sincérité et discréditait ses intentions. « Il papillonne », écrivait *La Dépêche de Toulouse* [111]. Ce « sportif », pour qui la politique ne semblait être qu'un jeu, alarmait même ses alliés politiques, tel François de Wendel qui lui trouvait « un fond inquiétant de légèreté [112] ». Tardieu fut assurément victime d'une trop grande facilité assimilée rapidement à de la superficialité, bien parisienne d'ailleurs :

« Les idées ne lui coûtent rien. Il en a à revendre. Il ne leur accorde en conséquence aucune espèce d'importance, ni de prix. Sûr de n'en jamais manquer, il en fait d'extravagantes débauches. Dix aujourd'hui, vingt demain... Et allez-y !... Il ne se fatigue pas. Mais il abrutit son public. C'est un bon film qui tourne trop vite et dont on ne sait plus, tant il tourne vite, s'il tourne à l'envers ou à l'endroit [113]. »

La « politique de la prospérité » pouvait ainsi apparaître comme la dernière trouvaille de cet esprit trop mobile pour la gravité républicaine. Le radical Gabriel Cudenet refusa d'ailleurs de se laisser tromper par cette aisance versatile : « Toute la partie se jouera jeudi, notait-il à la veille de la présentation du gouvernement devant la Chambre, entre le scepticisme moderne, élégant et séducteur de M. André Tardieu et la vieille foi démocratique, austère et impérative d'un grand nombre de députés qui préfèrent passer pour démodés que pour infidèles à leur idéal[114] ! »

La prospérité néocapitaliste offrait des solutions quantitativistes alors qu'étaient en jeu plus d'équité dans la répartition du bien-être, plus d'égalité dans les rapports de production et plus de dignité pour l'ensemble des citoyens. Pour l'opposition, cette prospérité tenait de la supercherie et de la stratégie de diversion. Le radical-socialiste Gaston Bergery dénonça cette tentative de sauver l'essentiel, l'ordre social existant et l'autorité de l'État, en sacrifiant le secondaire[115]. C'est Léon Blum, une fois de plus, qui donna de la « politique de la prospérité » la critique la plus sonore. Selon Blum, l'inspiration profonde du programme, « la prospérité dans l'ordre », remontait aux sources de la tradition bonapartiste, en particulier au Second Empire.

> « Le pays riche et le pouvoir fort; les affaires et la poigne. [...] Un outillage remis au point, de gros profits, de hauts salaires, au besoin quelques concessions de forme aux organisations ouvrières, le tout sous la bride du gendarme et le férule du préfet. Que les bons s'enrichissent et que les méchants tremblent. »

Ainsi, tant par sa pratique politique que par son programme économique, Tardieu relevait pour l'opposition de l'« esprit césarien ». Et le leader socialiste de conclure : « Voilà dans quel sens M. Tardieu, qui n'a pas grand-chose d'un Mussolini, se relie malgré lui au fascisme[116]. »

L'ÉCHEC D'UNE « EXPÉRIENCE »

Entre la stabilité souhaitée et le changement nécessaire, Tardieu chercha un point d'équilibre évitant à la nation française la stagnation, prélude d'une prochaine régression internationale. Dès le lendemain de la victoire, il avait mis ses collègues députés en garde contre la tentation confortable mais dangereuse, de l'immobilisme satisfait et les avait exhortés à ne pas « se retirer de la vie », à ne pas « faire à la France une mentalité de petit retraité [117] ». Dix ans plus tard, constatant que les Français renouaient avec le doute sur leur propre destin, il devait indiquer deux voies obligées vers la grandeur nationale, « deux notions à créer ou à restaurer : la notion de l'Empire et la notion de l'État [118] », soit le réveil d'une conscience nationale élargie à « la plus grande France » et la restauration de l'autorité. La nécessité d'une autorité consentie domina en fait sa conception de la République. Aménager, à côté de la liberté républicaine, une place pour l'autorité républicaine, tel fut son dessein. « Idéal et autorité : biens à retrouver, à ranimer, à rajeunir [119] ! »

« La France politique est devenue un corps sans tête : les décapités vivants ne fournissent jamais une longue carrière [120]. » Derniers mots de *Notes sur les États-Unis*, cette conclusion en forme d'avertissement commanda l'action réformiste de Tardieu. Donner une tête à la République, cela signifiait sortir de l'instabilité ministérielle et oser affirmer, contre la tradition républicaine, la primauté politique de l'exécutif sur le législatif. À l'instabilité politique, Tardieu opposa ainsi un réalignement des partis capable de remplacer la poussière inconsistante des groupes parlementaires par des organisations partisanes plus cohérentes et moins nombreuses. Dans le camp républicain, dont il excluait les socialistes, il prêchait pour l'apaisement idéologique et le dépassement des vieux clivages au profit d'une politique « réaliste », substituant au débat interminable sur les fins l'accord latent sur les moyens. Il défendit la conception d'un *leadership* politique combatif et personnalisé, pratiquant volontiers l'appel aux citoyens et la propagande médiatique. Ébauchant une démocratie plus directe, il exigea la concordance des plans électoral et parlementaire afin que la consultation du peuple fût « créatrice » et qu'elle pût « se capitaliser parlementairement [121] ».

Au-delà de cette pratique gouvernementale, cependant, le but de Tardieu était d'affranchir les républicains de leur « conception absolutiste de l'autorité [122] ». Issue d'un siècle entier de combats contre le principe autoritaire, monarchique ou césarien, la République triomphante excommunia l'autorité jusqu'à proscrire l'esprit du gouvernement. « En France, constatait Tardieu, le gouvernement est toujours traité en suspect, et l'exercice même de ses droits normaux apparaît comme une audace [123]. » S'était ainsi constitué un régime politique capable de résistance tenace plutôt que d'initiatives, apte à réagir plutôt qu'à agir. Les forces politiques occupaient le pouvoir plus qu'elles ne gouvernaient. Distrait par le « jeu » politique et submergé par les devoirs de sa charge d' « ambassadeur-courtier » auprès de l'administration, le parlementaire, suprême représentant de la souveraineté nationale, pouvait beaucoup, mais faisait peu. Quant au gouvernement, otage du Parlement, il pouvait peu et ne durait guère. L'administration, devant cette carence de direction politique, était amenée à décider, passant souvent de l'exécution à l'exercice du pouvoir. La République semblait ainsi comme frappée d'anémie par excès de sectarisme politique et de défiance envers l'autorité. Le faible rendement matériel de l'État républicain était devenu, selon Tardieu, un « objet classique de l'ironie française [124] ».

Que surgisse, cependant, un défi majeur pouvant mettre en cause l'équilibre politique et social de la nation, sa survie même, et ce système politique fait pour l'immobilisme se trouvait rapidement dans l'impasse. La guerre puis l'inflation et le danger de faillite financière montrèrent ainsi les limites de la capacité de gestion de la République. L'appel à deux « sauveurs », Clemenceau en 1917 et Poincaré en 1926, permit, dans le court terme, de faire face aux problèmes en transgressant les règles républicaines de gouvernement. Cependant, cette autorité de crise, acceptée dans des conditions de salut public, jacobine dans son essence, ne put jamais perdurer au-delà de l'événement qui l'avait imposée. Le danger passé, la tradition républicaine reprenait tous ses droits et plaçait à nouveau les présidents du Conseil sous haute surveillance. Entre l'exceptionnelle poigne jacobine et la traditionnelle faiblesse des gouvernements, Tardieu pensait qu'il y avait place dans la République pour une autorité réelle et consentie qui échappât aux habitudes absolutistes françaises du tout ou rien. « La République, déclarait Tardieu, n'a nul besoin des sauveurs qui, de temps à autre, s'offrent à elle [125]. »

« Depuis trente ans, la France n'a connu que deux ministères forts : Clemenceau en 1917, parce qu'on avait peur de la défaite ; Poincaré en 1926, parce qu'on avait peur de la faillite. Les autres ont manqué de force, parce qu'ils n'avaient pas le désespoir à la base [126]. » Désirant rompre avec cette alternance de la force et de la faiblesse, Tardieu souhaitait une normalisation de l'idée d'autorité en République. Cette normalisation passait d'abord par la dédramatisation du rapport des républicains à leur passé. Dans la République installée et hors d'atteinte, le « spectre de la réaction » devait cesser de dominer la vie politique ; seul un esprit républicain enfin affranchi de la perpétuelle menace réactionnaire était capable de la « sérénité d'âme » propre à accueillir une restauration de l'autorité. Ensuite, les Français devaient tempérer leur individualisme anarchique pour accéder à un « individualisme plus social », c'est-à-dire plus actif et plus coopératif. L'individualisme français, profondément antisocial, cultivait en effet trop la méfiance pour permettre une véritable délégation d'autorité. Il avait érigé le contrôle démocratique en système contre l'action. Tardieu souhaitait dès lors un déplacement du centre de gravité de la République du contrôle vers l'action. Son « État fort », loin d'être une tentative de « réaction », répondait en fait à un besoin puissamment ressenti d'action.

Enfin, cette normalisation de l'autorité devait s'appuyer sur un grand projet mobilisateur, sur une politique résolument constructive. En effet, à l'autorité bâtie sur la peur, Tardieu entendait substituer l'autorité fondée sur la confiance dans « le sens des possibilités françaises ». Au Français « timide, méfiant, rebelle aux grands espoirs », il opposait ses grands desseins – la politique de prospérité, l'équipement de la France, l'État moderne –, conscient, écrivait-il, que « ce n'est pas avec des routines qu'on entraîne un peuple hardi et sain à des destinées neuves ». À la veille de sa chute devant un Sénat hostile à sa politique, il rappela quelles furent ses intentions : « L'idée générale de la politique de notre gouvernement, [...] c'est de donner à la France, par le maximum d'accord entre tous les Français, le maximum de force [127]. Il y allait, selon lui, du rang de la France dans le monde.

Dans ce désir de faire coïncider autorité et progrès ou de réaménager l'opposition instable entre autorité et liberté, il se montra fidèle à lui-même : républicain, il n'envisagea jamais un autre régime pour la France que la République et considéra celle-ci comme « un cadre parfait d'action créatrice [128] » ; national, il retint pour programme l'État fort, l'Empire, le dépassement des vieilles querelles, le « Sus au socialisme », la prospérité dans l'ordre, l'appel aux vertus combattantes, idées qui relevaient toutes de l'idéologie « nationale », voire du clemencisme ; Parisien, il se montra insensible à la décentralisation et ne conçut par le renforcement de l'État avec l'extension des libertés locales et la déconcentration administrative, thèmes à la mode pourtant ; bourgeois, il décela une « crise mentale » affectant « ce qu'on appelait naguère les classes dirigeantes » et proposa aux élites bourgeoises de se ressaisir dans l'action [129]. La conservation de l'ordre bourgeois passait en effet par une politique progressiste. L'ordre n'a de chances de perdurer qu'en sachant s'assimiler le mouvement. La conservation prit ainsi avec Tardieu l'allure d'une offensive audacieuse.

« La législature qui commence, annonçait-il en 1928, fera du neuf ou fera faillite [130]. » Si l'on accepte les termes de cette alternative, c'est la faillite qui l'emporta. En fait, ces années firent charnière. De la prospérité, on tomba dans la crise économique mondiale ; à l'illusion de la guerre « mise hors la loi », succéda la crainte diffuse de nouveaux périls. L'historien marque en ces années le basculement de l'après-guerre dans un nouvel avant-guerre. En 1929, cependant, Tardieu crut pouvoir faire du neuf. Il échoua.

Sa politique trouva dans les faits des démentis spectaculaires. Le krach de Wall Street résonnait encore lorsqu'il inaugura sa « politique de prospérité ». La France, épargnée quelques mois par les effets de la crise, put croire un temps en son exceptionnelle stabilité ; dès l'automne 1930, cependant, les indicateurs économiques n'autorisaient plus la confiance béate. Début décembre, Tardieu avertissait les sénateurs encore incrédules de « l'indiscutable et cruelle réalité [131] ». La prospérité s'évanouissant, l'optimisme, la bonne humeur, le sens du succès de ce « gouvernement de jeunes présidé par un homme nouveau [132] » furent pris en défaut et sonnèrent de plus en plus faux. Le programme économique de Tardieu reposait en fait sur le pari d'une prospérité durable, le plan d'outillage dépendait des aisances de la trésorerie, la politique de dégrèvements comptait sur d'importantes plus-values de recettes. Le rendez-vous impromptu avec la crise fut d'autant plus cruel que cette courte période d'optimisme dépensier avait largement entamé le confortable héritage financier laissé par Poincaré. Après plusieurs années d'excédents budgétaires, Tardieu renouait ainsi avec les déficits, alors même que la crise ne faisait que commencer. L'opposition, bien qu'ayant elle-même cédé à l'euphorie financière, parla de dilapidation, de gaspillage, de légèreté irresponsable.

La prospérité Tardieu fut par ailleurs démentie dans son inspiration même. À la superbe indifférence de la République vis-à-vis des questions matérielles, le président du Conseil avait opposé les recettes d'organisation et de production en vigueur outre-Atlantique. Le modèle, cependant, avait fait faillite. Les États-Unis comptaient en effet leurs chômeurs par millions. Plus encore, au moment où Tardieu cherchait à aménager le capitalisme libéral en tempérant ses abus, la profondeur de la crise mondiale tendait à remettre en cause la valeur même du capitalisme comme cadre de civilisation. La réflexion sur la dépression conduisait non pas à un néocapitalisme, mais à un au-delà du capitalisme. Le néocapitalisme « rationalisateur » affiché par le gouvernement Tardieu, cherchant à faire la part du feu pour sauver l'essentiel, apparut à la gauche socialisante et aux « non-conformistes » des années trente comme un combat d'arrière-garde. La volonté de modernisation matérielle s'enlisa ainsi dans une politique de prospérité contestée par les faits et dépassée dans son inspiration.

Sur le plan politique, l'échec de l'« expérience Tardieu » ne fut pas moindre. Alors qu'il avait travaillé à la dislocation d'un Parti radical écartelé entre deux pôles et appelé à disparaître, les élections de 1932 donnèrent aux radicaux, partis seuls au combat, leur plus spectaculaire succès de l'entre-deux-guerres. Plus encore, cette victoire du parti d'Édouard Herriot consacra le triomphe d'un radicalisme traditionnel, peu sensible aux réalités de l'après-guerre, défenseur révérenciel de la République parlementaire dont les insuffisances avaient été précisément dénoncées par Tardieu. Ce succès radical sanctionna directement la pratique personnelle des institutions qu'il avait proposée.

Il avait en outre défendu l'idée d'une légitimité républicaine élargie à la droite et donc d'un gouvernement pouvant se passer de l'investiture électorale des gauches. Pour faciliter cette translation de légitimité, il centra l'action de ses gouvernements sur le plan des problèmes pratiques, économiques et financiers, dont le traitement s'accommodait fort bien des vues orthodoxes de la droite. Gouverner au centre avec la droite et surtout sans être élu à gauche, tel était donc le pari. En d'autres termes, c'était tenter une véritable alternance politique dans une République intransigeante qui n'avait jusqu'alors toléré que deux exceptions au dogme de la légitimité de gauche, en 1919 et en 1928, sous le poids des circonstances et avec la garantie républicaine de deux personnages tutélaires, Clemenceau et Poincaré.

Tardieu avait pour lui un programme et des actes que nombre de républicains de l'opposition ne désavouaient pas. En politique, pourtant, les actes et les programmes ne suffisent pas toujours : « Il y a quelque chose qui compte davantage, expliquait Léon Blum ; c'est l'esprit dans lequel on gouverne, ce sont les groupements que l'on réunit autour de soi, c'est l'idéologie dont s'inspirent les actes et les programmes [133]. » Le gouvernement Tardieu, solidaire des cent députés « réactionnaires » de l'URD, ne pouvait passer pour légitime aux yeux du pays républicain. Maurice Privat avait prévenu le président du Conseil : « Quand, en France, un homme politique se classe à droite, l'avenir lui est fermé [134]. » La droite, quel que soit le progressisme de certains de ses éléments, gardait trop d'attaches avec le passé pour prétendre représenter l'avenir. Une rénovation pensée et menée par la droite ? Il n'y avait guère de républicains orthodoxes pour y croire. Tardieu n'échappa pas à ce soupçon idéologique.

S'il n'hésita en effet pas à compromettre son image républicaine à la tête d'une coalition très marquée à droite, il ne fut cependant guère payé en retour par une majorité gouvernementale, qui lui accorda rarement un appui total. Outre l'opposition systématique de la gauche, les gouvernements Tardieu durent subir une opposition de droite diffuse mais tenace, trouvant son terrain d'expression dans les questions internationale et scolaire, et capable de ramener la marge majoritaire du gouvernement de soixante-dix à une petite vingtaine de voix. Après la chute de son premier ministère, Tardieu insista sur l'indiscipline coupable de sa majorité : « La plus grande partie mérite ma gratitude, mais un cinquième n'a jamais su se fixer et, par des effritements successifs, en est venue au vote de lundi, qui, de majorité, l'a transformée en minorité [135]. »

La politique extérieure constitua la principale pierre d'achoppement entre gouvernement et majorité. Louis Marin et une quinzaine de « maringouins », Franklin-Bouillon et tous les « nationaux » incapables d'accepter des transactions dans les questions internationales, ne voulurent jamais, même en échange d'une politique d'ordre à l'intérieur, ratifier la politique briandiste. Et ce d'autant plus qu'avec le plan Young les « abandons » diplomatiques s'aggravaient singulièrement, la France ayant admis l'évacuation anticipée de la Rhénanie. Par ailleurs, le torysme pratiqué par Tardieu, c'est-à-dire l'application par son gouvernement de centre-droit d'une partie du programme radical-socialiste, n'obtint jamais l'adhésion de l'aile conservatrice de la majorité qui voyait dans cette stratégie subtile un compromis politique autorisant tous les dérapages. La gratuité de la classe de sixième, accordée à titre d'essai en mars 1930, premier pas coupable vers ce système de l'« école unique » tant abhorré des conservateurs, n'était-elle pas un exemple trop caractéristique des dérapages possibles une fois que l'on transige sur les principes ? À trop vouloir plaire aux radicaux, Tardieu mena une politique dangereuse et fort agaçante pour les conservateurs. François de Wendel attribua d'ailleurs l'échec électoral de 1932 à « cette stupide politique de concentration radicalisante [136]. »

Quant à la modernisation économique et à la « réforme de l'État », inscrites au programme de Tardieu dès sa première déclaration ministérielle, elles restèrent largement au stade du verbalisme faute, notamment, d'une réelle adhésion de la majorité gouvernementale à cette volonté de changement. Jean Luchaire attribuait d'ailleurs l'inertie réformatrice de l'« expérience Tardieu » à l'inconsistance et à l'incapacité créatrice de la majorité plus qu'à l'obstruction de l'opposition : « Si M. Tardieu, si M. Piétri, si M. François-Poncet s'étaient avisés de traduire en actes le quart seulement des propos tenus par eux dans divers discours, l'ancienne majorité se serait disloquée d'elle-même, sans attendre le coup de bistouri du Sénat [137]. » Cette opinion accordait certes trop de crédit aux intentions déclarées de Tardieu et de ses ministres les plus « modernes », mais soulignait à juste titre la résistance de la majorité à leurs idées rénovatrice.

La droite française se révéla en effet peu perméable au néolibéralisme à l'américaine, aux hymnes chantant la rationalisation et *l'efficiency*, à ce que Tardieu, invoquant le patronage de Saint-Simon et de Proudhon, appela « la morale des producteurs [138] ». Si nous avons déjà montré, chez lui, les limites de ces accents productivistes, il demeure toutefois que « la politique de la prospérité » représentait un effort original pour créer une mystique de l'expansion et de la modernisation économiques, pour rompre enfin avec le réflexe malthusien qui figeait l'économie française dans un équilibre trop peu dynamique, privilégiant la stabilité sociale et économique sur la croissance. La conversion à un tel objectif national de croissance économique ne toucha vraiment les responsables économiques français qu'au début des années cinquante.

À la fin des années vingt, cependant, l'exhortation de Guizot reprise par Tardieu dans un sens productiviste – « Enrichissez-vous » – n'était reçue que par une minorité de néocapitalistes saint-simoniens, hommes du Redressement français ou grands capitaines d'industrie, et par quelques hauts fonctionnaires aux idées technocratiques. La petite industrie, l'artisanat, le commerce, la paysannerie restaient fidèles à une vision dominée par les notions d'équilibre et de stabilité entre les différents secteurs de l'économie. Eugène Schneider exprima en ces termes cette mentalité bourgeoise plutôt qu'industrielle qui craignait l'innovation et montrait une forte préférence pour les revenus assurés : « Ce qui est essentiel avant toute chose, c'est la stabilité. Si nous avions à choisir entre des conditions générales extrêmement favorables mais instables, et d'autres moins brillantes mais assurées d'une grande stabilité, nous n'hésiterions pas à choisir cette dernière formule [139]. » La « politique de la prospérité », pour espérer réellement s'attaquer aux blocages structurels de l'économie, eût d'abord exigé une profonde conversion des mentalités. La mystique de la prospérité ne prit pas, et Tardieu trouva dans sa propre majorité une grande partie des résistances.

Le torysme à la française, expression politique du néocapitalisme, était en fait « un torysme sans partenaire [140] ». « Le corps électoral, déclarait Tardieu à la veille du scrutin de 1932, tranchera, dans trois jours, ou pour la France ou contre la France [141]. » Refusant ainsi l'alternance démocratique avec les socialistes, il représentait pour la gauche la tentation française vers l'autoritarisme, bonapartiste ou fasciste. Au sortir de son expérience gouvernementale, son avenir républicain semblait ainsi hypothéqué. Sur son nom et par rapport à son « expérience », la bipolarisation politique abrupte qu'allait connaître les années trente avait commencé à se cristalliser [142]. Tardieu, « chef des droites », s'était mis du mauvais côté de la République.

Quant à la tentative d'adaptation des cadres de la vie politique aux réalités de l'après-guerre, elle marqua un temps d'arrêt, comme le fit remarquer Marcel Lucain, suite à l'expérience avortée de Tardieu :

> « La tentative " réaliste " qu'on escomptait de l'avènement des " jeunes équipes ", depuis le fameux congrès radical de Wagram, où les problèmes nouveaux de réforme de l'État et de réorganisation technique avaient eu la priorité sur ceux de politique pure, nous a conduits à " l'expérience Tardieu " dont on sait l'échec et les conséquences pour l'économie et la politique même. [...] Tout un travail de rénovation, de modernisation, difficile, ingrat, immense est à reprendre à la base [143]. »

La crise économique s'aggravant, la lutte contre le chômage l'emporta sur les programmes de rénovation et provoqua un repli frileux sur les vieilles méthodes et certitudes. Si quelques forces neuves proposaient effectivement des solutions « non-conformistes » à la crise économique et politique de la République [144], leurs idées restaient enfermées dans des cercles étroits d'intellectuels. Ces « non-conformistes », par leur antimatérialisme révolutionnaire, se déclaraient d'ailleurs violemment antibourgeois et anticapitalistes. Ils s'élevaient donc précisément contre la mystique matérialiste de la prospérité à l'américaine qui anima dans les années vingt le mouvement rénovateur néocapitaliste incarné politiquement par Tardieu. Le néocapitalisme rationalisateur, discrédité pour une vingtaine d'années, n'appartenait plus aux forces du « mouvement ». Comme Lucain le constatait, il fallait effectivement tout « reprendre à la base ».

De cette expérience du pouvoir devenue rapidement une « épreuve », Tardieu garda un goût amer : « J'ai fait, pendant ces quatorze mois, ce que j'ai pu, et c'est précisément de pouvoir si peu au regard de ce que l'on veut qu'on reste blessé au cœur, lorsqu'on a fait ce que l'on pouvait [145]. » Considéré comme une menace pour le régime parlementaire, il buta sur les radicaux-socialistes, gardiens officiels de l'orthodoxie républicaine et censeurs d'autant plus acharnés qu'ils réaffirmaient dans l'opposition leur identité de gauche. Plongeant une fois de plus dans les statistiques, Tardieu se plaignit d'une obstruction parlementaire sans précédent, d'une opiniâtreté dépassant tout ce qu'avaient pu connaître les ministères Méline et Clemenceau pourtant âprement combattus [146]. Il dénonça cet « abus de minorité [147] » sans jamais, cependant, pouvoir y mettre fin et s'usa dans la riposte quotidienne, avant de tomber avec trois de ses ministres compromis dans le scandale financier Oustric.

Il avait espéré aménager la République en y acclimatant l'idée d'autorité et le sens du concret. C'était, pour lui, avant tout affaire de caractère et de « réalisme », ou, comme il le déclara à la veille de son accession au pouvoir, « de bon sens, de bonne foi et de bonne humeur [148]. » Il ne parvint pas, cependant, à concilier fermeté et confiance du pays, sa crédibilité républicaine ne résistant pas à ce choix en faveur de l'autorité. Quant à son programme de réalisations, la crise économique lui donna une coûteuse et cruelle leçon de « réalisme ». L'échec consommé, au lendemain des législatives de mai 1932, il dénonça l'impasse dans laquelle l'alliance éphémère des radicaux et des socialistes avait jeté le pays. De cette « impossibilité gouvernementale », il conclut que « l'éducation politique de la France était à refaire [149] ». Il en vint dès lors à souhaiter une « croisade » ou une « convergence d'efforts partis d'horizons différents », comme au temps de l'affaire Dreyfus ou de la proportionnelle, afin de sortir la France de « l'irréel, de l'illusoire, de l'absurde [150] ». La campagne pour la réforme de l'État s'annonçait déjà.

Après avoir vainement cherché à agir sur les conditions de la vie politique, Tardieu allait donc s'attaquer au cadre constitutionnel de la République. D'aménager à réformer, il passait de l'action sur le fond à l'opération sur la forme. Il n'avait pas réussi à corriger l'esprit du régime, peut-être pouvait-il en changer la lettre.

Deuxième partie

RÉFORMER

CHAPITRE VI

La crise de la démocratie

1934 demeure en France l'année des « plans » de redressement national et des programmes de réaménagement institutionnel. Dans un emballement des imaginations, des architectures politiques nouvelles s'élaborèrent à foison, envahissant les débats parlementaires, les revues, la presse, mobilisant tant la classe politique que les intellectuels, provoquant ici des ruptures, là des rassemblements. Tout le monde ou presque y alla de sa réforme de l'État, en grand ou en petit, se proposant de repenser la France ou plus modestement d'amender le règlement de la Chambre des députés. Le temps de l'indifférence, des atermoiements et des renvois semblait en tout cas révolu. Aux constructions verbales et aux échanges académiques succédait *L'Heure de la décision*, selon le titre d'un ouvrage de Tardieu sorti quelques jours avant les événements tragiques du 6 février, abcès de fixation du malaise général. L'alternative « réformer ou casser » semblait catégorique à une majorité de l'opinion publique, qui confia ses espoirs de rénovation à un nouveau « sauveur », Gaston Doumergue, l'ancien président de la République, sorti tout exprès de sa tranquille retraite pour « remettre de l'ordre dans la maison » et engager une refonte des institutions.

Deux années auparavant, pourtant, seuls deux candidats aux législatives de mai 1932 avaient inscrit la révision de la Constitution à leurs programmes [1]. La réforme de l'État n'intéressait alors vraiment que quelques spécialistes et groupements marginaux ; le mouvement ancien combattant mis à part, l'opinion publique se montrait fort peu sensible à la question. Le 10 janvier 1933, le député Grousseau, doyen d'âge, ouvrit l'année parlementaire en attirant l'attention de ses collègues sur la nécessité d'une révision constitutionnelle. Invoquant son projet de révision déposé quelque quarante années plus tôt, il stigmatisa la pratique de l'ajournement indéfini et constata la regrettable persistance de l' « indigence constitutionnelle ». Il fit état d'un « formidable mouvement en faveur de la révision de la Constitution » se développant, à gauche comme à droite, en « écho d'une opinion publique unanime [2] ». Bien qu'il prît ses désirs pour des réalités, Grousseau lança néanmoins une campagne révisionniste qui ne devait cesser de s'amplifier jusqu'à la conviction tragiquement exprimée en février 1934 d'un « ras-le-bol » général.

De cette campagne révisionniste, Tardieu prit la tête. Silencieux depuis juin 1932, il plaça sa rentrée politique sous le thème de la réforme constitutionnelle. Dans un discours retentissant prononcé sous les auspices de la Société des conférences le 27 janvier 1933 à Paris, il analysa les causes de la « crise matérielle et morale » frappant l'État et proposa un plan de « réformes organiques » propre à guérir le pays d'une « anémie » envahissante et dangereuse. Comme pour donner à cette conférence une forme d'avertissement, la République entra le lendemain même dans une nouvelle crise ministérielle. À *L'Écho de Paris*, Henri de Kérillis sonna alors le rappel de tous les « républicains d'ordre », les invitant à se ranger derrière Tardieu, « chirurgien » providentiel qui, « des équipes actuelles, est le meilleur et de beaucoup le plus fort [3] ». Pendant plusieurs semaines, les éditoriaux de Kérillis allaient scander en fin d'article la formule percutante au passé chargé : « Révision, Dissolution [4]. » Par une série d'articles très remarqués dans *L'Illustration*, Tardieu porta à bout de plume cette campagne tout au long de l'année 1933, et ses prises de position furent abondamment reproduites et commentées dans toute la presse conservatrice. Fer de lance de cette grande croisade contre la République radicale, il allait renouer avec le pouvoir en février 1934. Aux côtés de Gaston Doumergue, il put alors espérer mettre en œuvre son projet de révision constitutionnelle.

Le succès rencontré par la campagne s'explique certes par le contexte politiquement perturbé de l'année 1933. Mais, au-delà des causes immédiates et conjoncturelles, ce succès trouve ses origines dans un sentiment plus profond et plus diffus de désaffection du régime représentatif, sentiment qui toucha d'abord les jeunes générations politiques et les milieux particulièrement attentifs au mauvais fonctionnement de la République parlementaire avant de pénétrer plus largement l'opinion publique. Restituer l'histoire de cette désaffection progressive, c'est faire l'histoire des désillusionnements successifs qui ébranlèrent les Français dans leur obstination à nier les bouleversements de la Grande Guerre et décrire la prise de conscience progressive de l'inadaptation des pratiques et des structures politiques et économiques face aux problèmes nouveaux issus du conflit. Au milieu du désarroi provoqué par des programmes aux solutions éculées par suite des échecs successifs du Bloc et du Cartel, la carence des idées et la crise des idéologies entrouvrirent une crise du régime.

La nouvelle campagne disposait d'un arsenal imposant de critiques et d'arguments légués par le révisionnisme constitutionnel qui accompagna l'histoire de la IIIe République : les idées réformistes avancées par Tardieu au début des années trente faisaient écho à certaines campagnes antérieures. Elles ne montrèrent notamment guère d'originalité par rapport aux projets révisionnistes élaborés avant la guerre sous l'enseigne de « l'organisation de la démocratie ».

« L'ORGANISATION DE LA DÉMOCRATIE »

Le doute sur la capacité de la Républiqe parlementaire à répondre aux défis du monde moderne plongeait en fait ses racines bien en deçà de la Grande Guerre. Le dernier quart du XIXe siècle fut en effet une période de profondes mutations de la société française, mutations tant économiques et sociales que politiques et intellectuelles, et par sa durée et par ses suites, la guerre les révéla tout en les accélérant. La réflexion sur l'organisation de la République avait toutefois conduit, avant-guerre déjà, à un constat d'obsolescence et de crise. « " Crise de la démocratie ", c'est un mot, notait Georges Guy-Grand en 1922, que l'on entendait déjà beaucoup avant la guerre, que l'on commence à répéter beaucoup [5]. » L'Italien Gaetano Mosca, appelé à réfléchir sur la crise du régime parlementaire, faisait remonter aux années 1880 la réflexion sur les défauts et insuffisances de la démocratie représentative en Europe [6]. Cette chronologie correspondait au cas français, comme le montraient la critique libérale d'un Edmond Scherer contre la logique niveleuse du fait démocratique et aussi l'assaut du révisionnisme boulangiste contre l'oligarchie parlementaire [7]. Poincaré, en 1898, confirma la généralité et l'ancienneté du « mal » : « Le mal n'est ni nouveau, ni limité à la France. [...] Le régime parlementaire traverse partout une crise politique redoutable. [...] Mais nulle part celle-ci n'a autant d'intensité et de violence que dans la République française [8]. »

Aboutissement d'un siècle de révolutions, la République du 4 Septembre fut mise au-dessus des hommes, en dehors de l'histoire même, par la révision constitutionnelle de 1884, qui consacra l'intangibilité de la « forme républicaine du gouvernement ». Le temps des révolutions s'achevait, la République étant elle-même porteuse de toutes les promesses de 1789. Longtemps rêvée, enfin établie, elle passait dans ces années 1880 de l'idéal à la réalité et allait provoquer au cours de cette cristallisation de douloureuses divisions entre républicains.

Dès le programme de Belleville, Gambetta avait posé comme « axiome » que « la forme emporte et résout le fond », que la forme républicaine, féconde par excellence, portait dans ses flancs la solution à tous les problèmes. La liberté politique avait valeur sociale, et le suffrage universel était l'instrument de tous les progrès. Le philosophe Étienne Vacherot, républicain rendu célèbre par un ouvrage écrit sous le Second Empire, avait cru « tout dire en un seul mot » en intitulant alors son livre *La Démocratie* (1859). De manière révélatrice pourtant, il devait reconnaître quelque trente années plus tard toute l'indétermination de ce titre ancien et léguer comme « testament politique » un nouvel ouvrage intitulé cette fois *La Démocratie libérale* (1892)[9]. La nécessité de se prononcer sur le « fond » du régime s'était, entre-temps, imposée.

La « forme » installée, le « fond » restait en effet suspendu entre de nombreux possibles alors que l'impatience politique et sociale montait. « La question n'est plus de savoir si la démocratie sera ou ne sera pas, faisait remarquer Jacques Piou en 1897; il s'agit de bien autre chose. La démocratie sera-t-elle césarienne ou libérale, matérialiste ou chrétienne, socialiste ou fraternelle[10]? » Trop nombreuses étaient en effet les questions laissées en suspens par la République. La laïcité, ciment idéologique de la gauche, et la politique de « défense républicaine » avaient longtemps permis l'ajournement des questions pratiques, sociales, économiques ou militaires, figeant ainsi le régime dans une formule idéologiquement sectaire, politiquement instable et socialement conservatrice.

Pendant plusieurs générations, le développement de l'idée démocratique s'était compris comme un processus de libération et d'affranchissement. La liberté conquise, une tâche de redéfinition des fins et de réorganisation des moyens attendait les républicains. Dans un livre au titre explicite, *La République nouvelle* (1898), Paul Deschanel attirait l'attention de ses contemporains sur cette réorientation des préoccupations.

> « Pendant quinze ans, la France a voté sur des idées très simples : pour ou contre la monarchie, pour ou contre la République; à présent qu'il s'agit non plus de fonder ou de défendre, mais d'organiser le régime, elle doit se prononcer sur des questions de plus en plus complexes, parfois ardues, et le premier devoir des hommes publics est de les lui exposer avec précision[11]. »

Nombre de républicains entendaient ainsi clore la période héroïque de la République pour ouvrir le débat sur l'organisation du régime et établir enfin un programme « positif » capable de reclasser les forces politiques selon les problèmes du temps. Un tel désir passait par l'apaisement idéologique et l'élargissement de la République militante à l'ensemble de la nation. Il suscita par ailleurs plusieurs tentatives réformistes, plus ou moins radicales dans leur critique de la République parlementaire et bourgeoise. Au tournant du siècle, cette volonté d'aménagement du régime républicain s'exprima dans un mouvement composite travaillant à l' « organisation de la démocratie ».

La critique de la République comme cadre institutionnel, comme « démocratie formelle » dont il restait à définir le contenu fut conduite par nombre de républicains, tant libéraux que socialistes. À partir de 1906, la grande campagne en faveur de l'adoption de la représentation proportionnelle allait en outre rassembler toutes ces forces disparates. On ne retiendra toutefois ici que la version libérale de cette interrogation sur la démocratie républicaine, interrogation conduite et animée au tournant du siècle de manière exemplaire par Charles Benoist. Celui-ci élabora, de 1893 à la guerre, un plan d'aménagement des institutions qui allait nourrir l'ensemble des réflexions sur la rénovation du régime au sein de la famille des républicains modérés. « Mes origines, mes préférences et si l'on veut mes préjugés, mon tempérament, une sorte d'instinct me portaient dans la faction la plus modérée du parti républicain modéré [12] » : Charles Benoist présenta son appartenance à la famille libérale et républicaine qui, jusqu'à la fin de la IIIe République, fut le lieu de réflexion et d'initiatives du révisionnisme modéré, que celui-ci s'intitulât « organisation de la démocratie » avant 1914 ou « réforme de l'État » après la guerre. D'origine normande, Benoist se fixa tôt à Paris et fit rapidement reconnaître ses talents de publiciste à la *Revue bleue*, au *Journal des économistes*, au *Parti national*, puis à la *Revue des Deux Mondes* où il tint la chronique de la quinzaine et au *Temps* qui le chargea de grandes enquêtes à l'étranger. En 1895, il obtint la chaire d'histoire constitutionnelle de l'Europe continentale à l'École libre des sciences politiques, poste qu'il conserva jusqu'en 1919. Fréquentant les grandes personnalités du « centre gauche », les Agénor Bardoux, Jules Simon, Adrien Hébrard, Léon Say, il appartenait à « cette jeunesse cultivée et libérale des années 1885-1895 qui, attachée à la démocratie, eut l'ambition de l'organiser après avoir cherché à la " penser " [13] ».

D'une série de portraits vifs et pointus, rassemblés sous le titre

Croquis parlementaires (1891), il allait rapidement passer de la critique du personnel gouvernemental à celle des principes et des formes du régime. Dès 1894, il engagea plusieurs actions et initiatives d'inspiration « progressiste », lançant avec Émile-Louis de Marcère une campagne pour la révision de la Constitution, avec Étienne Lamy un mouvement pour « la République nouvelle [14] ». À l'origine de son action, Benoist plaçait un constat global de « crise du parlementarisme » dont les symptômes généraux – confusion paralysante des pouvoirs, règne de la logomachie stérile, abaissement progressif de la valeur du personnel politique, affairisme et corruption générale – n'étaient pas, selon lui, propres à la France. Le même diagnostic de trouble des fonctions du système représentatif valait pour l'ensemble de l'Europe occidentale et révélait, par-delà l'imminente « faillite du parlementarisme », une crise plus profonde, plus universelle : « la crise de l'État moderne [15] ».

Selon Benoist, en effet, 1848 avait vu la convergence de deux révolutions, l'une politique, qui avait instauré le suffrage universel, l'autre économique, qui avait abouti à la grande industrie. Ce double mouvement, qui consacrait l'irruption du « nombre » dans le monde du travail et de la politique, s'affirma toujours davantage sans que l'État fût capable d'intégrer cette formidable poussée de la vie nationale autrement que par la « souveraineté nationale moléculaire ». Si l'État moderne, « construit par en bas », entendait résoudre son divorce d'avec la société « réelle » et devenir l'expression vivante de la nation, une double réforme se révélait « nécessaire et suffisante [16] » : pour remédier à l'anarchie instaurée par un suffrage universel qui comptait les individus sans peser les hommes, il fallait organiser le suffrage universel inorganique ; pour assurer la représentation dans l'État des « êtres collectifs » (associations et syndicats), il fallait organiser le travail.

Plus de démocratie passait ainsi par une double « organisation de la démocratie », sur le plan politique d'une part et sur le plan social d'autre part. L'État moderne subissait une « fièvre de croissance », et la République, jusque-là comprise comme « une catégorie de l'esprit », devait s'élargir et se faire « une espèce de la réalité [17] ». Apaisement idéologique et imagination pratique apparaissaient dès lors comme deux conditions indispensables au progrès de l'idée républicaine :

> « Une des infériorités du régime actuel, notait Benoist, une des raisons pour lesquelles sans doute la République n'a pas été plus progressive, tient, je le crois bien, à son manque d'imagination : elle s'est fixée en deux ou trois formules traditionnelles d'imploration et d'imprécation, s'y est figée, s'y est comme desséchée et stérilisée :

tout problème l'a surprise et déconcertée, qui n'était pas réductible à l'une ou à l'autre de ces deux ou trois formules [18]. »

La première réforme réclamée par Benoist s'attaquait à la racine même du mal, à l'institution clef de la démocratie, le suffrage universel, dont les effets produisaient inexorablement la décadence française :

> « Anarchique de nature, le suffrage universel inorganique appelle, presque nécessairement, la corruption et la fraude, bientôt suivies du dégoût et de l'indifférence, eux-mêmes engendrant l'abandon de l'intérêt public au profit des syndicats d'intérêts privés, l'exploitation du pays par des coteries, l'abaissement graduel de la politique par l'abaissement de la valeur du personnel politique, et, par l'abaissement de la politique, l'abaissement final de la nation parmi les nations [19]. »

Au régime du Nombre débridé, qui stérilisait la nation en étouffant le « pays réel » sous le poids du « pays légal », domaine réservé d'une classe de « politiciens [20] », l'auteur opposait le suffrage universel organisé selon la catégorie professionnelle [21]. Par ce système qui transformait l'exercice de la souveraineté en une fonction de la vie nationale, il entendait reprendre la politique aux « politiciens » pour la réinsérer dans la nation. Il désirait assurer une représentation « vraie », « réelle », « vivante » du pays par les élites sociales et professionnelles. Le parlementarisme étant un régime « originairement et essentiellement aristocratique ou bourgeois [22] », son sauvetage passait par une réforme morale et légale du suffrage universel capable de contenir la médiocrité envahissante et d'assurer la promotion de toutes les élites.

La question du choix des hommes et de l'élite dirigeante résolue, restait à réaménager les institutions pour faire du parlementarisme ce qu'il devait être, un jeu d'équilibres délicats entre les divers organes de la vie politique nationale. « Pour construire ce parlementarisme », Benoist élabora et chercha à faire accepter tout un programme de réajustement des institutions. Ce plan d'adaptation institutionnelle présentait deux grands chapitres : la réforme parlementaire et la réforme constitutionnelle [23]. Il s'agissait d'une part d'améliorer la qualité de la législation par la refonte des méthodes du travail parlementaire et l'assistance d' « un grand Conseil d'État jurisprudent » participant à la préparation technique et à la rédaction des lois. D'autre part, la réforme constitutionnelle visait à un meilleur équilibre des pouvoirs et passait par de substantielles réformes allant dans le sens d'une limitation de l'omnipotence du Parlement : d'abord renforcer l'autorité du président de la République élu par un collège élargi aux conseils généraux; ensuite choisir « ordinairement » les ministres en dehors des Chambres ; puis admettre « un usage modéré » du référendum pour les grandes questions ; enfin créer une Cour suprême à l'américaine pour garantir les droits de l'individu contre tout arbitraire [24].

Président ou membre de nombreuses commissions, notamment de celles du Suffrage universel, du Règlement, de la Révision des lois constitutionnelles, du Travail, de l'Assurance et de la prévoyance sociales, Benoist ne réussit pas, malgré des efforts toujours renouvelés, à faire prévaloir ses idées sur l'organisation politique et sociale de la démocratie. Cependant « cet orienteur [25] » avait mis en forme un plan d'adaptation détaillé et substantiel des institutions parlementaires françaises dont l'architecture générale allait encore articuler la pensée réformatrice des républicains nationaux d'après-guerre. Il avait défini, selon ses propres propos, « une position moyenne [...] entre les antiparlementaires et les ultraparlementaires qui ne sont que des antiparlementaires d'un autre genre », entre « ceux qui ne visent qu'à ruiner le parlementarisme [...] au profit de la dictature césarienne », et « ceux qui ne visent qu'à le ruiner au profit de la dictature jacobine [26] ».

Ce constat de « crise de l'État moderne » et de « faillite du parlementarisme » était partagé par un certain nombre de républicains qui s'interrogeaient eux aussi sur l'évolution de la République parlementaire et s'inquiétaient de la croissante désaffection à l'égard des institutions représentatives en général. La prestigieuse *Revue du droit public et de la science politique*, fondée en 1894 et dirigée par Ferdinand Larnaude, témoignait de ces préoccupations. Le premier article de cette revue, rédigé par le célèbre constitutionnaliste Esmien, fit état d'une perte de foi dans le régime représentatif générale à l'Europe [27]. Francis de Pressensé, à la *Revue des Deux Mondes*, développa ce même thème : « Ne sentons-nous pas tous vaguement qu'il s'est passé quelque chose de tragique dans l'âme de ce peuple, qu'il a perdu la foi ? » ; et de parler d' « étrange relâchement », d' « universel détachement », de « lassitude », de « découragement », de « scepticisme » et d' « un grand fond de dégoût pour les dogmes et les principes du libéralisme [28] ».

À la même époque, le professeur Maurice Deslandres, réfléchissant à la « crise de la science politique », plaida lui aussi pour un renouveau de la réflexion politique à laquelle il assignait la difficile mission de méditer sur la « crise de l'État moderne » afin d'élaborer les termes d'une délicate mais nécessaire « conciliation entre démocratie et force de l'État [29] ». Deslandres attira également l'attention sur une transformation fondamentale du point de vue des institutions : la République une fois conquise, la poussée démocratique passait du politique au social, l'idée de liberté s'estompant devant celle de l'égalité économique ; pour reprendre les termes de Deslandres, « les institutions politiques ne sont plus pour nous que les *moyens*, et comme telles elles ont perdu leur intérêt de jadis, l'état économique et social est la *fin*, et c'est lui qui captive toute notre attention [30] ». La jeune génération de républicains s'affichait d'ailleurs comme « progressiste », et le changement d'étiquette suggérait ce passage des préoccupations de politique pure aux questions économiques et sociales.

Ces jeunes bourgeois « progressistes », parmi lesquels les radicaux distinguaient « trois consuls » ambitieux – Raymond Poincaré, Paul Deschanel et Louis Barthou –, travaillaient également à une révision des méthodes et des mœurs de la République parlementaire. Dans un discours d'août 1896, Poincaré dénonça « la falsification du régime parlementaire et la violation de l'esprit de la Constitution » dues à la confusion des pouvoirs. Il regrettait que la députation fût devenue « le luxe de la richesse ou le gagne-pain des politiciens d'aventure » et craignait que ne se constituât une « classe politique et parlementaire sans attaches avec les parties les plus vivantes de la démocratie [31] ». De ce « mécanisme détraqué », il proposait une remise à neuf mettant fin à cette « contrefaçon frauduleuse du régime parlementaire », ignorante de l'intérêt général et sans rendement [32].

Bien qu'influencés par les idées de Charles Benoist, les « progressistes » ne reconnaissaient pourtant pas la nécessité d'un voyage à Versailles. Plutôt que de toucher à la lettre du régime, ils espéraient en changer d'esprit. Ils évitaient ainsi le soupçon de « réaction » qui entachait tout projet de révision constitutionnelle depuis la crise boulangiste. Ils envisageaient une révision de mœurs et des pratiques, ce qui se traduisait concrètement par la réforme du règlement de la Chambre, pour améliorer le travail et le rendement législatifs, par la décentralisation de l'administration, afin d'élargir la gestion des intérêts généraux, et par l'organisation du suffrage universel, pour mieux assurer la représentation de toutes les forces vives du pays. Ils espéraient enfin, par ces réformes et la formation de majorités parlementaires cohérentes, restaurer l'autorité gouvernementale. On le voit, les progressistes donnaient un style nouveau, comme Tardieu trente ans plus tard, à l'opportunisme.

Ces diverses ambitions de réaménagement du régime allaient se cristalliser, à partir de 1906 surtout, sur une seule réforme, présentée comme « la clef des autres réformes [33] », la représentation proportionnelle (RP) [34]. À la tête de cette campagne en faveur de la RP, campagne tout à fait exceptionnelle par l'ampleur de la mobilisation qu'elle suscita, se trouvait une fois de plus Charles Benoist, considéré comme le « père de la RP [35] ».

Discutée depuis les années 1885-1889, ce projet ne quitta vraiment le cercle étroit des spécialistes, juristes ou publicistes, qu'en 1906 pour apparaître alors dans les professions de foi de candidats-députés notoires tels Jaurès, Millerand, Deschanel ou Doumer. Le 3 mars 1907, à l'hôtel des Sociétés savantes à Paris, se trouva réunis sur la même estrade, pour lancer une véritable croisade proportionnaliste à travers tout le pays, un aéropage exceptionnellement bigarré de personnalités politiques : Jaurès, Arthur Groussier, Ferdinand Buisson, Messimy, Deschanel, Flandin, Benoist, Denys Cochin [36]. Les clivages partisans traditionnels, pourtant exacerbés quelques années auparavant par l'affaire Dreyfus, n'avaient pas résisté à cette poussée réformiste. La volonté de changement triompha aux législatives de 1910. Le Comité de la RP put en effet compter « jusqu'à 300 et plus » élus se déclarant ouvertement « erpéistes » ; ces élections constituèrent un véritable plébiscite de la réforme. Hors du Parlement, « le chariot de la RP », tiré dans toute la France, de conférence en conférence, profita encore de l'énergie d'une jeune équipe, recrutée principalement au Palais de Justice, menée par Maurice Colrat, Henri Lémery, Charles Reibel. La majorité des socialistes, des républicains « modérés » et de la droite catholique militait pour l'adoption de la réforme. Plus encore, nombre d'intellectuels, de professeurs, d'écrivains s'engagèrent dans la campagne, comme le laissait voir la liste des membres de la commission d'étude du comité républicain de la RP [37].

Les attentes des partisans de la réforme électorale dépassaient de loin les limites d'une réforme technique du mécanisme d'élection. La volonté de changement portait sur l'ensemble des pratiques du régime parlementaire et manifestait un réel souci de réflexion sur les bases mêmes du système représentatif. L'expérience d'un demi-siècle de suffrage universel fournissait la matière de cette réflexion sur les effets d'une institution adoptée dans la hâte révolutionnaire de 1848. Il y avait là un véritable « débat de substitution [38] » dressant le bilan d'un demi-siècle d'espoirs et de pratiques démocratiques.

Les « erpéistes » souhaitaient remédier aux effets pervers du scrutin d'arrondissement : corruption, fraudes et pressions administratives, non-représentation des minorités, voire falsification du vrai rapport entre la majorité et la minorité [39]. Ils entendaient surtout briser la « mutuelle de services rendus » qui enchaînait l'élu à l'électeur, puis le ministre à l'élu, et qui dénaturait la politique en une vaste affaire de faveurs et de recommandations. À ce désir de mettre plus de moralité dans l'exercice du suffrage universel s'ajoutait la volonté d'éduquer le citoyen et les forces politiques à la démocratie. La RP devait substituer le débat d'idées à la concurrence des personnes en contraignant les partis à s'organiser, à se discipliner et à présenter aux électeurs des idées claires dans des programmes précis [40]. De cette réforme, la République devait sortir fortifiée. Régénérée par une plus grande moralité publique, rajeunie par un débat renouvelé et des cadres partisans restructurés, elle se donnerait les moyens d'une démocratie mieux organisée, aux assises élargies, d'une démocratie plus « gouvernante [41] ».

Pour certains « erpéistes », la réforme électorale représentait aussi le prélude à un large réaménagement institutionnel que la tradition républicaine avait jusqu'alors empêché. Son adoption porta ainsi l'espoir de bien d'autres réformes : « Il faut, soutenait Benoist, vouloir et servir la réforme électorale pour elle-même, pour ce qu'elle sera; mais il faut la vouloir, la servir plus encore pour ce qu'elle fera, pour ce qu'elle aidera à faire, pour ce qu'elle permettra de faire. La réforme électorale rendra possibles d'autres réformes, impossibles sans elle [42]. » Du débat sur le mode de scrutin, les enjeux se déplacèrent naturellement vers des questions plus vastes : réforme judiciaire, représentation professionnelle, décentralisation administrative, reclassement des partis, renouvellement du personnel politique. « Le chariot de la RP », tiré par des forces politiques très diverses, véhiculait ainsi de multiples espoirs plus ou moins formulés et plus ou moins compatibles. Calculs et soucis partisans n'étaient évidemment pas absents. La RP, en supprimant le second tour, celui des désistements républicains, permettait en effet de briser la solidarité du Bloc des gauches, voire de couper les radicaux-socialistes des socialistes unifiés; les républicains modérés et conservateurs y trouvaient donc leur compte. Briand, Barthou, Poincaré partageaient de telles arrière-pensées politiques. Les radicaux, d'abord partagés et hésitants, réagirent dès 1911 contre cette offensive clairement inamicale, mais ne purent empêcher l'adoption de la réforme par la Chambre en juillet 1912. Deux ans plus tard, cependant, la forteresse radicale du Sénat put, elle, résister à l'assaut [43].

La campagne pour la RP n'aboutit pas. Mais l'ampleur des réflexions qu'elle suscita, la durée et la persistance du débat, de 1906 jusqu'à la guerre, ainsi que l'intérêt éveillé chez une très large partie des élites politiques et intellectuelles témoignaient d'un nouveau moment dans l'attitude des Français à l'égard de leur système démocratique. La période de la fondation du régime et même, pour une certaine jeunesse républicaine, de sa défense était achevée. Au moment où la République triomphante passait de la mystique à la politique, laissant à certains « le sentiment d'une immense faillite de l'idéal [44] », au moment où les effets d'un demi-siècle de développement matériel donnaient aux questions économiques et sociales un caractère prioritaire, beaucoup de républicains eurent le sentiment d'une nouvelle étape dans la réalisation de l'idée démocratique. Aux décennies héroïques de l'affranchissement démocratique succédait un temps d'assimilation de la démocratie exigeant un vaste effort d'organisation tant politique que sociale. La guerre vint suspendre un instant cet effort. Terrible entreprise de désorganisation, elle allait pourtant rapidement relancer la réflexion sur l' « organisation de la démocratie », en y ajoutant toutefois le double sentiment de l'urgence et de la gravité.

Ainsi, avant-guerre déjà, les éléments constitutifs de la « crise de la démocratie » étaient répertoriés, analysés et dénoncés par des républicains de toutes tendances qui, se plaçant à l'intérieur de la tradition républicaine, entendaient moins contester cette tradition que l'interpréter afin de mieux l'accomplir. Les années 1880 constituèrent le point d'ébranlement de cette critique du régime représentatif qui devait culminer en 1934. La différence des contextes mise à part, le diagnostic du malaise institutionnel et la thématique du mécontentement ne montraient guère de différence entre la période de l' « organisation de la démocratie » et le temps de « la réforme de l'État ». En 1897, Francis de Pressensé considérait le régime parlementaire parvenu à « une sorte de jugement de Dieu [45] ». Charles Benoist écrivit livre sur livre pour détailler la « crise de l'État moderne » et la *Revue de droit public*, créée autour du souci d'une analyse « moderne » de l'État, reconnut, sous la plume de Deslandres, que « l'État s'engageait en une des crises qui forment les périodes les plus critiques de l'histoire [46] ! » La vaste mobilisation des hommes politiques et des intellectuels en faveur de la RP manifestait un profond désir de régénération de la vie politique, tant du personnel parlementaire que des programmes politiques. Ces multiples interrogations sur le devenir des institutions représentatives et de l'État soutinrent ainsi une volonté de changement qui se développa en s'affirmant jusqu'à la guerre. En juin 1914, le républicain libéral Lanessan commençait son livre *La Crise de la République* par un cri d'exaspération – « Ça ne peut plus durer ! » – qui en disait long sur l'état d'esprit de certains républicains quelques semaines avant que n'éclate le conflit [47].

Cette similitude entre l'avant-guerre et le début des années trente dans les termes du diagnostic de « crise » joua également pour nombre de solutions avancées. En effet, les républicains nationaux d'après-guerre n'innovèrent guère, dans leurs propositions de réformes institutionnelles, par rapport aux républicains libéraux et progressistes. Le plan d'aménagement institutionnel développé par Benoist pour « limiter le parlementarisme » inspira largement le révisionnisme « modéré » des années trente. Un homme symbolisait cette continuité entre les deux époques : Poincaré. Ses « vues politiques » sur la déviation du régime parlementaire, exprimées entre 1896 et 1898, confirmées en 1910, se retrouvaient quasiment inchangées dans l'analyse du mal comme dans la proposition du remède, dans les articles donnés à *L'Illustration* et à *La Nation* en 1933. Le clivage entre partisans de la révision constitutionnelle et tenants d'une simple réforme du règlement de la Chambre opposait déjà, avant-guerre, des hommes comme Poincaré et Benoist, avant d'opposer vingt ans plus tard ce même Poincaré et Tardieu.

Pour donner enfin toute son ampleur à la continuité en matière de réflexion sur la rénovation nationale, il faut bien sûr mentionner, à côté du mouvement d'idées en faveur de l' « organisation de la démocratie », retenu ici dans sa version républicaine et libérale seulement, les critiques beaucoup plus radicales élaborées par l'Action française et la gauche syndicaliste révolutionnaire. Cette double offensive traditionaliste et syndicaliste contre les valeurs du libéralisme achevait son *Procès de la démocratie* par une condamnation sans appel [48]. Le « nationalisme intégral » de Maurras et le « syndicalisme intégral » de Georges Sorel, Hubert Lagardelle et Édouard Berth, en s'attaquant aux fondements et aux principes mêmes de la démocratie, avaient dressé des réquisitoires étoffés et impitoyables contre la République parlementaire, réquisitoires qui imprégnèrent longtemps des générations d'antidémocrates. Autre ligne de continuité, le syndicalisme républicain d'un Joseph Paul-Boncour, à l'honneur auprès des « jeunes équipes » des années vingt et particulièrement à la revue *L'État moderne,* avant d'envahir en 1934 nombre de plans de réforme de l'État, remontait lui aussi du tournant du siècle. La thèse de Paul-Boncour sur le fédéralisme économique datait en effet de 1902.

Si la guerre représenta une rupture à bien des égards, il faut cependant constater que, sur le plan de la pensée politique en général et des idées rénovatrices en particulier, la fin du XIXe siècle constitua le véritable terreau intellectuel de nombre de mouvements qui se prolongèrent et parfois s'épanouirent après la guerre seulement. La grande agitation politique et intellectuelle de 1934 autour de la « réforme de l'État » apparaît dès lors comme le point culminant, du moins pour son audience dans l'opinion publique, d'un interrogation sur la démocratie représentative commencée un demi-siècle auparavant. La version libérale et républicaine de cette interrogation sur le devenir de la République française

– esquissée plus haut – constitua un préambule substantiel au révisionnisme constitutionnel défendu par les « modérés » des années trente et par Tardieu en particulier.

La « crise de la démocratie »

« Soldats du droit et soldats de l'idéal [49] », les Français et leurs alliés s'étaient battus pour la démocratie, et la victoire était venue rendre justice, – personne n'en doutait – à la hauteur de cette cause. À la place des trônes renversés et des empires effondrés, les républiques s'installaient. Au lendemain de l'armistice, la marée démocratique sembla irrésistible. L'idée démocratique non seulement triomphait des anciennes autocraties, mais pénétrait plus encore la vie des vieilles républiques en gagnant des domaines jusqu'alors largement réservés, tels la production et les rapports sociaux. Le temps du capitalisme autoritaire et brutal semblait révolu. Les appels à la collaboration des classes et les projets de représentation des compétences professionnelles laissaient croire à l'émergence d'une démocratisation des rapports entre tous les producteurs, ouvriers et patrons.

Le règne démocratique s'étendait aussi à la société internationale. Le président Wilson avait fait la guerre pour la démocratie; il entendait assurer la paix par la démocratie. La Société des Nations, en dépit de l'organisation aristocratique de son conseil, consacrait l'égalité juridique de tous les États membres et cherchait à introduire dans l'anarchie internationale un ordre au fondement démocratique. L'idéologie wilsonienne actualisait la vieille idée républicaine selon laquelle paix et démocratie se conjuguent. Le souvenir horrifié de la guerre imposait donc l'amour et la promotion de la démocratie. En 1919, assurément, la démocratie « coulait à pleins bords [50] » et ses progrès pendant et depuis la guerre donnait l'impression d'une marche irrésistible.

Quelques années plus tard à peine, cependant, de nombreuses voix aux tonalités divergentes reprenaient en canon le thème d'une « crise de la démocratie ». Certains rénovateurs de l'immédiat après-guerre, tels Maxime Leroy et Lysis, avaient fondé leur plan de réformes sur un constat général de « désaffection à l'égard des grands principes démocratiques » ou de « crise mondiale de la démocratie [51] ». À l'heure de la démocratie triomphante, toutefois, leurs paroles n'avaient guère trouvé d'écho. En mai 1921, le congrès national de la Ligue des droits de l'homme consacra deux séances à la « crise de la démocratie » avant de reprendre plus longuement la question, quelques années plus tard, dans son congrès de juillet 1927 [52]. En fait, le thème occupait peu à peu les esprits, et les publicistes s'en emparèrent. *La Démocratie et l'après-guerre* (1922) de Georges Guy-Grand, *La Crise de la démocratie* (1925) d'Émile Giraud, *Le Principe d'autorité dans l'organisation démocratique* (1926) de René Hubert, *La Crise de la démocratie représentative* (1928) de Joseph Barthélemy ne représentaient que quelques jalons d'une large réflexion sur les fondements et mécanismes démocratiques. « La crise de la démocratie, reconnaissait le constitutionnaliste Mirkine-Guetzévitch en 1928, est, de nos jours, le problème essentiel de la politique et du droit [53]. »

L'acception du terme de « démocratie » demeurait toutefois confuse, et la « crise » décrite portait sur une pluralité d'objets. Crise de la démocratie, de la République, du parlementarisme, de l'État, de l'autorité, toutes ces variantes du « malaise » traduisait, au-delà des différences, une même réalité psychologique et politique. Le temps d'une interrogation sur l'héritage démocratique, d'un regard nouveau sur les fondations de la République paraissait venu. Lors d'une conférence à la Sorbonne donnée en mars 1927, Herbert George Wells qualifia ainsi ce moment délicat dans l'histoire de la démocratie : « Nous sommes au début d'une époque dont on peut traduire les caractères généraux en l'appelant l'époque de la Démocratie revue et corrigée [54]. »

Entre cette époque et 1919, les promesses universelles de l'armistice – paix et démocratie – avaient buté contre les réalités. Dans les difficultés de l'après-guerre, la victoire n'apparaissait plus alors que comme un « pavoisement des âmes et des institutions [55] », euphorique et sans lendemain. Les désordres s'installant, les Français durent en effet déchanter. Une fois passée l'effroyable secousse de la guerre, ils avaient cru en un retour à l'équilibre, à la vie prétendument facile de l'avant-guerre; ils ne trouvaient, après plusieurs années d'efforts, que problèmes non résolus, solutions bâtardes et insécurité. Les déconvenues étaient aussi profondes que folles les espérances. L'hypertrophie de l'esprit mercantile et l'égoïsme des possédants, l'affaissement du sens social et l'attiédissement de la solidarité des tranchées, la vivacité des impérialismes et des intérêts nationaux vinrent saper les espoirs mis en un « monde nouveau » pratiquant de nouvelles règles, en une « nouvelle humanité [56] ». « Vie chère » et « double décime », déficits budgétaires et chute du franc, grèves et revendications sociales, paix précaire et défaut de réparations, les séquelles de la guerre pesaient cruellement sur des Français qui ne comprenaient plus le sens de leurs sacrifices. De ces six années d'efforts contradictoires, Francis Delaisi tira en 1925 le bilan suivant :

> « Les réparations ne sont pas payées; les dettes sont ajournées ou réduites; la lutte économique est plus âpre que jamais; les trésoreries sont obérées, les contribuables écrasés; et les peuples vainqueurs, étonnés de se voir toujours en armes, contemplent avec inquiétude leur " victoire en déroute [57] ". »

Sur les deux préoccupations majeures de l'époque, le franc et la paix, les gouvernements de droite comme de gauche se montrèrent inférieurs aux attentes, peut-être démesurées mais néanmoins pressantes, d'une grande partie de l'opinion publique. Le Bloc national, sous le coup de la spéculation étrangère, puis le Cartel, à la merci des porteurs de bons, ne réussirent pas à enrayer la dégringolade de la monnaie, choc psychologique majeur de ces années. La livre anglaise, référence fétiche, passa ainsi de 42 francs en mars 1919 à 243 francs fin juillet 1926. Quant à l'aspiration à la sécurité, la France anémiée s'inquiétait d'une Allemagne certes vaincue mais qui gardait dans son face-à-face avec l'ennemi d'hier et peut-être de demain l'avantage de son poids démographique et de sa puissance industrielle intacte. « Nous calons la masse allemande, constatait Lucien Romier en 1924, mais nous ne lui enlevons rien de son poids propre [58]. » Les traités de paix n'avaient pu contenter ni les tenants d'une paix de justice ni les partisans revanchards de la victoire militaire.

Ces deux problèmes dominants, qui allaient donner plus tard l'occasion à un « sauveur du franc » et à un « pèlerin de la paix » de se manifester, furent la cause, dans les premières années d'après-guerre, de déconvenues qui rejaillirent immanquablement sur la République, et plus largement sur la démocratie. Dans un rapport parlementaire de 1922 prônant l'adoption du vote obligatoire pour lutter contre la « désaffection à l'égard des institutions représentatives », Joseph Barthélemy relevait pour causes de cette désaffection le désillusionnement sur la victoire et la persistance des difficultés matérielles : « La guérison ayant été trop lente à venir, la convalescence ayant été trop progressive, ce ne sont pas seulement les hommes qui en ont supporté les responsabilités; ce sont aussi les institutions [59]. » Les Français, qui « venaient d'éprouver d'une façon si tragique les devoirs de la démocratie, revendiquaient avec plus d'énergie encore les droits qui étaient la contrepartie de ces devoirs [60] ». Pour nombre d'entre eux, cependant, ces droits s'étaient perdus dans les méandres de la République parlementaire et la multiplication des conférences internationales. « En somme, écrivait en 1925 un Francis Delaisi dépité, la démocratie n'a rien résolu [61]. » Le président Wilson s'était révélé un faux prophète.

Le refroidissement de la mystique républicaine vint conforter encore ce désenchantement. En effet, la grandeur du régime avait longtemps été d'être menacé. Or la guerre, en élargissant la République à l'ensemble de la nation, affermit l'idée républicaine dans les consciences politiques, mais émoussa du même coup la force de cette idée en la faisant progresser et passer du mythe à la réalité, de l'imaginaire au vécu. Dans ce passage, s'insinuèrent tiédeur et mécontentements de toutes sortes que l'idéal rabaissé au quotidien ne contenait plus. Par ailleurs, le militantisme sectaire de la République, après les preuves d'allégeance données pendant quatre années de guerre, avaient quelque chose de réchauffé et d'artificiel. Dans le régime accepté, la République figurait peu à peu comme un « meuble oublié [62] ». De cette langueur de la mystique républicaine, la cérémonie du cinquantenaire de la IIIe République porta trace, célébration aussi modeste que discrète. « Nous sommes bien loin de 1848, loin de 1869, loin même de 1914 [63] », regrettait Guy-Grand. Cinquante ans, c'est d'ailleurs l'âge des bilans, et Hubert Bourgin, socialiste converti au nationalisme autoritaire, se demandait : « La France aura-t-elle la démocratie dont les prophètes n'ont cessé de lui annoncer le règne, ou bien est-ce la démocratie qui " aura " la France [64]? » Beaucoup, certes, se montraient moins sévères, mais reconnaissaient avec Guy-Grand que la République parlementaire avait atteint « un âge critique [65] » et que l'ankylose signifiait la mort.

Ce « bel âge », avec tout ce qu'il suppose de prudence, de mesure et de routine, pouvait paraître insipide et peu attrayant face aux bouleversements que connaissait alors le monde. La nouveauté et le radicalisme en matière idéologique appartenaient désormais au « soviétisme » et au fascisme qui ne montraient, tous deux, que mépris et sarcasmes pour la démocratie, dénoncée comme une illusion. À côté de ces formes politiques « jeunes » et exaltantes par leur absolu, l'immobilisme et la quiétude bourgeoise de la République parlementaire faisaient contraste. La France, d'ailleurs, était devenue dans l'Europe de 1919, une nation conservatrice non seulement parce qu'elle était victorieuse, mais encore parce qu'elle se voulait le pays de l'ordre contre les révolutions socialistes et le bolchevisme. Le maurrassien Jacques Bainville ironisait sur cette nation de révolutionnaires dépassés par la révolution : « Nous ne séduisons plus les hommes de gauche, et les conservateurs du monde entier tournent les yeux vers nous. Qu'est-ce que notre révolution de 1789 auprès de celle de Moscou [66]? »

Le messianisme républicain paraissait frappé d'un coefficient de retard, voire de désuétude dans ce monde « nouveau » né de la guerre. Bolchevisme et fascisme, toutes différences mises à part, constituaient des réponses « jeunes » et « modernes » au nouvel état du monde et pouvaient s'interpréter comme des réactions de vitalité contre un ordre périmé des choses. C'est dans cette optique que la droite française et notamment Tardieu considérèrent Mussolini :

> « Le fascisme est, en fin de compte, un sursaut de conservation nationale contre la maladie des volontés, la peur des responsabilités et le suicide par persuasion. Le fascisme est la révolte d'un peuple qui a jugé ses gouvernants, leurs personnes usées, leurs moyens vieillis, leurs transactions surannées, leurs combinaisons périmées, leurs habitudes obsolètes et qui se trouve, sous leur direction, trop inférieur à ce qu'il est légitimement fier d'avoir été pendant la guerre [67]. »

Tout en se gardant de prêcher pour l'imitation de la posologie fasciste, Tardieu reconnaissait toutefois que la France souffrait d'un mal très semblable à celui qui rongeait l'Italie de Giolitti. « Comparaison n'est pas raison », précisait Tardieu; la République devait pourtant pâtir de la comparaison. Car, au-delà de cet exemple, ce qui changeait par rapport à l'avant-guerre, c'était la profonde influence, directe ou indirecte, des expériences politiques étrangères sur l'esprit public en France. La République parlementaire essuyait l'impact des jeunes mystiques communistes et fascistes, et sa mise en cause procédait, entre autres, de cette influence des « modèles » étrangers sur la vie nationale. L'attention portée à l'étranger rompait avec la tradition de splendide indifférence au monde extérieur observée avant-guerre. Elle signifiait non seulement une mise en concurrence plus marquée de la République parlementaire avec d'autres formes d'organisations politiques, mais manifestait également une certaine perte d'assurance et de confiance des Français dans leur propre organisation. Les régimes autoritaires étrangers semblaient en effet offrir des réponses simples et efficaces à des problèmes qui, une fois débarrassés des intrigues politiciennes et des manœuvres parlementaires, paraissaient somme toute assez simples à une grande partie de l'opinion publique.

L'attrait pour les formules extrêmes traduisait en fait le besoin fortement ressenti d'une direction politique plus ferme, d'un retour à plus d'autorité au sommet de l'État. On retrouvait là le fameux « trou par en haut » dénoncé par Marcel Sembat avant 1914, et la « crise de la démocratie » recouvrait en fait largement une « crise de l'autorité [68] ». La guerre avait naturellement renforcé ce besoin d'autorité et même créé comme « une espèce d'accoutumance à la dictature [69] ». La plupart des rénovateurs de 1919 rêvèrent pour la République d'un renforcement de l'exécutif selon des lignes présidentialistes. Le président Millerand essaya de concrétiser ce rêve jusqu'à sa démission forcée en juin 1924. Le vœu d'une autorité restaurée dissimulait bien sûr toutes sortes d'intentions, et l'antiparlementarisme, rajeuni par les années de guerre, trouvait là son aliment. Pour ne parler que de quelques publications remarquées, *Le Dictateur* d'Alphonse Séché (1924), *L'Éloge du bourgeois français* de René Johannet (1924), *Les Dialogues sur le commandement* d'André Maurois (1924), *La Révolution nationale* de Georges Valois (1925), *Les Maladies de la démocratie* de Charles Benoist (1925) constituaient autant d'appels au chef et à l'élite contre la médiocrité de la République parlementaire. Chez les démocrates, la réflexion s'articula autour de la compatibilité entre démocratie et autorité, et explora les voies d'une autorité restaurée par une plus grande utilisation des compétences et une meilleure organisation du travail parlementaire [70]. Quelles que fussent les motivations politiques de cette réflexion sur l'état de la démocratie et quelle que fût la teneur du constat final, inadaptation totale ou simple crise de croissance, l'idée d'autorité se trouvait toujours au centre du diagnostic sur le malaise ambiant [71].

La crise de l'autorité renvoyait en fait à la dissolution du pouvoir et des responsabilités dans le corps anonyme des neuf cents élus. Plutôt que la démocratie et la République, cette crise visait d'abord le régime parlementaire, son mauvais rendement législatif, ses syncopes chroniques et son impuissance à réaliser. Le procès du parlementarisme et de ses vices fonctionnels connut d'innombrables procureurs tout au long de l'histoire de la IIIe République. La liste des griefs contre les mœurs du Parlement, transmise de génération en génération, sonnait comme un vieux refrain périodiquement entonné à chaque crise. Exemple parmi d'autres : la série d'articles donnés par Benoist à *La Revue des Deux Mondes* à partir d'avril 1925 sous le titre général *Les Maladies de la démocratie* [72]. La pathologie politique du régime représentatif y prenait les expressions cliniques de « parlementarite », d' « électoralite », de « comitardite », expressions qui caractérisaient un stade avancé de la maladie du système, au-delà de la fièvre, proche déjà du délire.

Bien sûr, la recrudescence de l'antiparlementarisme militant, surtout après la victoire du Cartel, avait une valeur instrumentale évidente pour les droites alors dominées par leurs éléments les plus extrêmes et les plus combatifs. Cependant, les défaillances et les pannes du régime pouvaient justifier à elles seules les critiques. « Ce n'est plus une impiété de critiquer, c'est un devoir », reconnaissait le démocrate Jeune République Émile Giraud. Et Guy-Grand de constater : « Le plus triste est que les amis même du régime parlementaire, qui comprennent la nécessité d'en maintenir le principe sous les réformes qui s'imposent, sont dans l'impossibilité d'en justifier le fonctionnement actuel [73]. » L'époque était en effet passée où le libéral Paul Leroy-Beaulieu se félicitait de l' « heureuse obstruction parlementaire », frein providentiel aux prétentions d'un État moderne « démesurément ambitieux et intrusif [74] ». Le gaspillage des énergies, l'inefficacité et le manque de rendement matériel face aux difficultés de l'après-guerre – reconstruction inachevée, inflation incontrôlée, ponction fiscale toujours plus lourde, défaut des réparations allemandes, insécurité – parurent indéfendables. Pendant plusieurs décennies, les Français s'étaient contentés d'être sous-gouvernés et sous-organisés, protégés par la République libérale contre les déséquilibres trop marqués de la révolution industrielle et assurés de la possibilité de promotion sociale par un système éducatif gratifiant l'effort personnel. Les temps avaient changé, et le rôle d'encadrement des initiatives individuelles observé traditionnellement par l'État républicain ne répondait plus aux besoins.

Il ne s'agissait plus d'assurer le simple équilibre des aspirations, ni de maintenir à coups de corrections éparses plus ou moins heureuses une moyenne satisfaisante. Les problèmes de l'heure, essentiellement économiques, demandaient une direction plus ferme, une meilleure organisation et une nouvelle définition des tâches relevant de la puissance publique. La crise du régime parlementaire portait ainsi une double interrogation, d'une part sur la meilleure forme de gouvernement possible et d'autre part sur la définition du rôle de l'État. Exemplaires de cette double interrogation, les réflexions de Robert de Jouvenel sur le relâchement des mœurs politiques et la désuétude de l'État face aux exigences modernes de la production. Deux livres très remarqués et aux titres significatifs, *La République des camarades* (1914) et *Feu l'État* (1923), détaillèrent l'un le règne de la complaisance qui rongeait la foi et les institutions républicaines, l'autre la toute-puissance des « féodalités économiques » qui cherchaient à mettre l'État sous tutelle.

Si, au XIX⁰ siècle, le régime parlementaire avait rencontré des problèmes d'ordre essentiellement politique, il devait faire face après la Grande Guerre à des questions principalement économiques. Ce changement ne datait d'ailleurs même pas de la guerre, mais celle-ci, par sa durée et ses effets, avait intensifié l'urgence et le volume des problèmes sociaux et économiques à résoudre. L'aspiration démocratique s'était ainsi déplacée du politique à l'économique :

> « Les peuples du XIXᵉ siècle aspiraient à ce que l'on peut appeler, en termes généraux, la liberté politique; les parlements ont pu faire beaucoup pour satisfaire ce besoin. Les peuples du XXᵉ siècle aspirent à quelque chose qui peut être le plus exactement et le plus brièvement défini comme l'égalité économique, et ils jugeront les parlements d'après les résultats obtenus dans la voie de la réalisation de cette fin [75]. »

Cette appréciation d'Harold Laski, pour pertinente qu'elle fût, ne laissait cependant guère espérer des réalisations rapides dans cette direction. La République bourgeoise avait donné ses fils à la patrie, mais rejetait résolument l'impôt sur le capital et toutes les atteintes au régime de la propriété individuelle. Quant à la solution des problèmes économiques et financiers en général, il semblait difficile de croire la République capable, parallèlement à ses réels succès politiques, de succès économiques semblables. Le monde nouveau, tragiquement inauguré par la guerre, nié un temps par les nostalgiques de la Belle Époque, allaient peu à peu faire apparaître ses problèmes et ses menaces dans toute leur complexité et étrangeté. De ce contraste entre les deux univers naissait le sentiment d'un décalage des institutions, d'une inadaptation des cadres sociaux, politiques et moraux, d'un retard de la République parlementaire, immuable dans ses rites alors qu'autour d'elle, en profondeur, tout avait changé. De cette inadaptation, Daniel Halévy fut l'un des interprètes.

> « Ce qui rend les problèmes modernes difficiles à traiter, c'est, autant que leur complexité, la grandeur des intérêts qu'ils touchent, leur masse. La machinerie parlementaire est délicate, calculée pour subir des pressions modérées; c'est une transposition politique des conversations, des usages du XVIIIᵉ siècle; les nôtres lui sont contraires [76]. »

Massifs et complexes, techniques et interdépendants, les problèmes modernes semblaient en contradiction avec l'archaïsme des rouages politiques. L'appel général à la consultation organisée des compétences et le recours aux « comités d'experts » en matière de réparations illustraient le débordement des vieilles pratiques politiques.

Autre indice révélateur des insuffisances du régime parlementaire, la procédure des décrets-lois que Poincaré fit accepter le 22 mars 1924 par le Parlement afin de redresser une situation financière critique. La terminologie elle-même paraissait suspecte. En effet, le droit public français réservait jusqu'alors l'expression « décret-loi » à des décisions prises dans des contextes très particuliers et dont les auteurs, – Napoléon Iᵉʳ, Napoléon III ou les gouvernements provisoires de 1848 et de 1870 – se trouvaient en rupture de légalité [77]. Ces références historiques n'échappèrent d'ailleurs pas au prince Joachim Murat qui félicita Poincaré de cet heureux retour aux traditions de l'an VIII et de 1852, ou à Léon Daudet qui salua ce « commencement de mesures réactionnaires [78] ». Bien sûr, les intentions républicaines de Poincaré ne pouvaient être mises en doute, mais le projet gouvernemental, déposé le 17 janvier 1924, créait un précédent fâcheux contre les prérogatives constitutionnelles du Parlement, précédent qui allait connaître de riches développements. Édouard Herriot, Joseph Paul-Boncour, Ernest Lafont, André Lefèvre protestèrent contre cette procédure qui consacrait le dessaisissement et l'abdication du corps législatif. « Croyez-vous, demandait Lefèvre aux députés, que ce que le gouvernement vous demande de voter, ce n'est pas la propre déchéance du Parlement, votre propre aveu d'impuissance [79]? »

De grincements en coincements, la machine parlementaire, grippée, était ainsi momentanément mise hors service. Cette suspension temporaire des procédures parlementaires devait permettre le redressement de la situation financière que le jeu normal des institutions entravait. Les décrets-lois sanctionnaient l'inadaptation du Parlement dans le traitement d'un problème pourtant majeur. « Ce ne sont pas des décrets-lois, précisait Paul Reynaud. Le gouvernement veut faire par décret ce que nous n'avons pas pu faire par une loi. » Et Reynaud de craindre que la « crise parlementaire » n'entraînât « à bref délai une crise du régime démocratique [80] ». Pour Henry de Jouvenel, le *moratorium* des décrets-lois « ouvrait, qu'on le veuille ou non, la dispute constitutionnelle ». Le sénateur pensait qu'il était alors temps de passer aux réformes des institutions politiques [81].

Enfin, à l'inadaptation des institutions venait s'ajouter l'inadaptation des programmes politiques des grands partis. Dénonçant le vieillissement et l'épuisement des programmes politiques établis à la Belle Époque, Lucien Romier trouvait en effet que le « mal » dont souffrait la République était plus grand « autour du Parlement » que « dans le Parlement [82] ». La « crise de la démocratie » révélait ainsi une véritable crise de culture politique, tant à gauche qu'à droite : « Contrairement à la vue bornée des optimistes, remarquait Bernard Lavergne, la crise, avant d'être politique, est d'ordre intellectuel [83]. » De fait, le catéchisme de la « défense républicaine », pour riche et approprié qu'il eût été aux temps des grands combats idéologiques du tournant du siècle, n'offrait guère de réponses aux troubles économiques et monétaires des années vingt. Radicaux comme socialistes vivaient d'ailleurs sur un capital d'idées élaboré avant la guerre, les premiers poursuivant le rêve d'un retour à l'âge d'or du combisme, les seconds s'accrochant aux grandes figures passées de Guesde et de Jaurès. Albert Thibaudet, parlant du militant radical, signalait le ronronnement fatigué des discours dominicaux : « Le moulin de l'idéaliste de province a eu ce blé à moudre : l'affaire Dreyfus et la Séparation. Depuis il a tourné à vide et s'est usé [84]. » Quant à la droite, son conservatisme bourgeois, son orthodoxie financière, sa condamnation de l'interventionnisme, son horreur de l'étatisme ne pouvaient au mieux que geler les problèmes sans vraiment les résoudre. Les « modérés » vivaient en fait de préceptes usés, dans la crainte de la subversion sociale, « sans doctrine et sans combativité », sur la défensive [85].

Le poids des « traditions négatives » de la vie politique française aggravait encore l'inertie du régime due à l'usure des programmes. « La droite et le centre, écrivait Romier, sont foncièrement antisocialistes, les partis de gauche, anticléricaux, le socialisme, antibourgeois. L'impuissance pratique de notre régime vient de là [86]. » La culture politique semblait non seulement simpliste ou désuète dans son contenu, mais encore inadaptée dans sa forme trop strictement négative. L'affirmation par la négation, la délimitation par l'exclusion, la primauté du principe sur le fait rendaient très difficile, voire impossible la gestion du réel. L'inclination pour les procès idéologiques et rétrospectifs donnait à la Chambre un « aspect de totale irréalité [87] » tant l'écart entre les discours et les faits qui les suscitaient paraissait immense.

La « crise de la démocratie » recouvrait ainsi plusieurs réalités : carence de l'autorité et attrait pour les formules énergiques en progrès depuis la guerre, impuissance et fonctionnement chaotique du parlementarisme, inadaptation de l'État libéral à un environnement économique et social perçu comme de plus en plus complexe, désuétude de la culture politique républicaine et épuisement des programmes. Plus profondément encore, le sentiment de désaffection à l'égard des principes démocratiques procédait également de l'ébranlement de l'optimisme rationaliste consécutif au traumatisme de la guerre.

> « La question de savoir si les hommes s'élèveront au degré d'excellence que les prophètes de la démocratie ont cru possible, faisait remarquer James Bryce, préoccupe tous les esprits réfléchis depuis le mois d'août 1914 : on y répondra aujourd'hui avec moins d'assurance qu'on ne l'eût fait à un moment quelconque de ces cent dernières années [88]. »

En fin de compte, le doute sur l'avenir de la démocratie révélait une crise profonde, issue du climat intellectuel du dernier quart du XIXᵉ siècle et confirmée en partie par la guerre, la crise de confiance dans l'homme et l'histoire, dans la raison et le progrès. C'était tout l'héritage philosophique et politique des Lumières qui se trouvait soumis à un réexamen critique.

Après s'être livré à un imposant bilan de santé des démocraties modernes, Bryce voyait « le gouvernement libre » aborder « un point critique de son évolution [89] ». Pour sa part, Wells craignait que la démocratie n'eût achevé sa phase ascendante et qu'elle ne commençât à se retirer [90]. Son triomphe en 1919 apparaissait de plus en plus comme une apogée. L'extension en surface du régime représentatif avait été suivie d'une crise en profondeur. Le doute sur l'avenir de la démocratie gagnait les milieux attentifs aux transformations du monde. Reynaud exprima leurs inquiétudes au printemps 1924 : « Où allons-nous ? Où va la démocratie dans le monde ? Où va-t-elle chez nous ? Quel est en quatre ans ce renversement si rapide, presque foudroyant ? Quel est ce mystère ? Quel phylloxéra a atteint les démocraties du monde entier, tout au moins celles de l'Europe ? Est-ce que le régime est en péril [91] ? »

Le sentiment du déclin de la démocratie et le thème, très en vogue plus tard, des « vieilles démocraties libérales » prirent ainsi naissance dans ces premières années d'après-guerre, bien avant la confrontation directe avec les « jeunes » nations fascistes, bien avant encore le désarroi causé par la crise économique des années trente. Les réflexions sur la nécessaire adaptation de la République parlementaire au monde de l'après-guerre, suspendues un instant par l'enthousiasme conservateur de la victoire, trouvèrent alors un nouveau souffle. À cet égard, l'année 1925 sembla le point tournant de cette prise de conscience. C'est alors que s'ouvrit selon Maurras « la crise décisive » de la République, ou que l'Union interparlementaire mit à l'ordre du jour de ses conférences internationales la « crise du parlementarisme [92] ». Les symptômes du malaise, en fait, foisonnaient.

De fait, 1925 apparut comme l'année des solutions avortées. Elle endura trois crises ministérielles, usa cinq ministres des Finances et mit en œuvre huit projets d'assainissement financier, sans pour autant apporter de solutions à la vie chère et à la chute du franc. Les illusions entretenues depuis la guerre sur un retour à la solidité financière de 1914 s'évanouirent, et les Français se préparèrent peu à peu à accepter la « grande pénitence » économique et fiscale.

Politiquement aussi, les premiers échecs du Cartel sanctionnaient les programmes inadaptés et l'univers révolus de la Belle Époque. Le retour à une politique laïque combative se heurta à une vive réaction des catholiques; l'anticléricalisme, « vieille querelle » d'avant-guerre, ne faisait plus recette. Plus grave, les profondes divergences entre radicaux et socialistes à l'intérieur du Cartel des gauches, expression rajeunie de l'ancien Bloc des gauches, placèrent la traditionnelle politique de l'union des gauches dans l'impasse : le soutien sans participation des socialistes se révélait trop précaire; quant à la gestion socialiste de la crise financière, elle était inacceptable pour les radicaux[93]. L'échec des premiers gouvernements du Cartel révéla donc l'obsolescence des idées traditionnelles de la gauche dont la faillite sur le plan intérieur rejoignait l'impuissance du Bloc national sur le plan extérieur.

> « La Chambre de 1919, écrivait Hubert, n'a rien compris au problème de la paix extérieure, la Chambre de 1924 n'a point compris davantage au problème de la paix intérieure. C'est donc que quelque chose grince dans la machine et que les engrenages ne se font plus[94]. »

Droite nationale et gauche radicale se rejoignaient dans l'impuissance. De ce double constat d'inadaptation des forces politiques traditionnelles, évident en 1925, se dégagèrent toutes sortes d'aspirations au changement, diverses et confuses. La droite, écartée du pouvoir, effrayée par la menace révolutionnaire représentée par un Cartel des gauches tenu pour subir l'influence communiste, fut la première à réagir contre cette « anarchie montante ». Elle versa dans l'agitation antiparlementaire et l'action directe, les ligues connaissant, en ces années 1924-1925, une véritable poussée de fièvre[95].

Mais l'effort de régénération des programmes et de réadaptation des institutions ne passa pas uniquement par la violence des ligueurs. En décembre 1925, Ernest Mercier fonda le mouvement du Redressement français, véritable laboratoire d'idées animé par des élites elles aussi désireuses d'apporter des solutions à la crise de la République parlementaire[96]. En janvier 1926, des fonctionnaires du ministère des Finances rassemblèrent autour d'eux, dans un Groupement d'étude pour l'organisation de l'État, des hommes de toutes les opinions appartenant à des milieux divers – intellectuels, parlementaires, industriels –, dans le but de définir un programme concret de modernisation de l'État et des services publics. « Tout a été dit, faisait remarquer le comité de ce mouvement, en ce qui concerne la crise de l'État; mais articles, discours, manifestes sont restés jusqu'ici dépourvus de conclusions pratiques. Devant cette pauvreté, le bolchevisme et le fascisme prennent l'apparence de solutions[97]. » Ces fonctionnaires, René Corbin, Georges Mer, Joseph Patouillet, qui désiraient donner à la démocratie son plein rendement, fondèrent deux ans plus tard la revue *L'État moderne*.

Autre effort pour « contribuer à l'élaboration d'une philosophie politique nouvelle [98] », la naissance de *L'Année politique française et étrangère* au printemps 1925. Dirigée par les professeurs René Hubert, Bernard Lavergne et Edmond Vermeil, cette revue de haute tenue intellectuelle faisait écho de manière exemplaire au constat de « crise de la démocratie ». Déplorant « l'effacement » de la France depuis la guerre et réagissant contre la menace de « dépérissement » du régime parlementaire, elle plaçait au centre de son diagnostic le continu « affaiblissement des notions de hiérarchie et d'autorité dans la fonction sociale » et recherchait les conditions d'une meilleure organisation de la République, capable de concilier hiérarchie et égalité [99]. Les pensées réorganisatrices de Saint-Simon et d'Auguste Comte étaient mobilisées dans cette entreprise de rénovation. En tête de la liste des « problèmes de politique intérieure » à résoudre, figuraient la réforme parlementaire, la réforme administrative et la réforme électorale, intégrant à côté de la loi du nombre la loi de la compétence.

La réflexion sur l'insuffisance des institutions et sur la désuétude des programmes fut également conduite par une jeunesse intellectuelle de gauche déçue par la passivité doctrinale de ses aînés et bien décidée à ne pas laisser aux seuls adversaires de la République, ligues et mouvements anticartellistes, le monopole de la critique des dysfonctionnements du régime parlementaire et le bénéfice d'un plan de réformes. En 1925, les Jeunesses laïques républicaines (JLR) offrirent un forum à ces jeunes démocrates intéressés depuis 1919 par la réorganisation de la République. Ceux-ci se réunirent en un Comité d'études politiques qui rassemblait notamment Jean Luchaire, Bertrand de Jouvenel, Jacques Kayser, Georges Potut, André Sauger, Jean Montagny, Paul Franck, Robert Lange, Pierre Mendès France, soit la plupart des têtes pensantes du futur mouvement des « jeunes équipes [100] ».

Au congrès national des JLR, à Noël 1925, Luchaire présenta au nom du comité un rapport sur l'« organisation de la démocratie ». À l'objectif d'adaptation en profondeur de la République – « faire cadrer les institutions avec la vie de l'après-guerre [101] » – correspondait un moyen radical : la révision de la Constitution. De nouveaux textes devaient notamment réaliser une rigoureuse séparation des pouvoirs, renforcer l'exécutif, faire plus de place dans l'État aux forces économiques et mieux utiliser les compétences [102]. Ce rapport, imprégné tout à la fois de jacobinisme, de « fascisme valoisien » et de présidentialisme américain, rencontra de fortes résistances au sein des jeunesses républicaines et ne connut guère de suite. Il préfigurait toutefois ce qui allait devenir, deux ans plus tard, pour les « jeunes équipes », le thème de la réforme de l'État.

Au printemps de 1926, Guy-Grand pouvait en effet noter : « On n'entend parler que de " jeunes " et de " néo " [103]. » À côté du mouvement Jeune République, créé avant-guerre et animé par des républicains catholiques, naquirent alors de Jeunes Radicaux et une Jeune Droite [104] dont les ambitions étaient d'adapter les anciens programmes aux conditions nouvelles. Un certain « réalisme » rénovateur allait en fait constituer le point de ralliement d'une constellation de groupements qui se reconnurent alors comme « jeunes équipes » [105]. L'émergence de nouvelles revues, *Politique* (janvier 1927), *Notre Temps* (juin 1927), *La Revue des vivants* (février 1927), *L'État moderne* (février 1928), *Les Cahiers bleus* (août 1928) témoigna du renouveau de la réflexion et de son organisation consciente en quelques centres intellectuels dynamiques et vivants. À la lecture des intentions proclamées et des programmes de ces périodiques, ce qui frappe surtout, c'est la volonté commune de ces forces d'inscrire leur réflexion et leur action dans la « France nouvelle » issue de la guerre :

> « Il commence aujourd'hui à être évident, notaient Jean Luchaire et Émile Roche en 1927, que la guerre a bien marqué la fin d'une ère, et que les habitudes et les méthodes d'autrefois ne sont plus de taille à ordonner les réalités de ce XXe siècle si tragiquement inauguré. Sur tous les terrains, le retour au passé aboutit à une succession d'échecs manifestes, à une impuissance criante. Les adolescents d'il y a dix ans l'avaient bien perçu : il y a un monde nouveau à construire. 1919 n'avait fait qu'ouvrir une parenthèse qui se ferme actuellement [106]. »

Prisonniers de l'idéalisation de la Belle Époque et du culte du souvenir né de la guerre, les Français, en préférant le passé au présent, refusèrent longtemps d'entrer dans l'après-guerre. La réalité, cependant, n'allait pas s'en laisser conter. Après l'euphorie de la victoire, le temps de la « crise de la démocratie » fut un temps de digestion psychologique et de maturation politique. Les années 1924-1926 constituèrent le difficile moment de la prise de conscience d'un impossible retour en arrière et d'une nécessaire révision des pratiques anciennes. Si l'on veut réduire ce « moment » à un point tournant plus précis, on peut choisir la fin de l'année 1925 pour fixer cette entrée trop longtemps différée dans l'après-guerre [107]. Furent véritablement concernés par ce « moment » la jeune génération des « moins de trente ans », une partie des anciens combattants et quelques personnalités du monde politique et intellectuel, en fait une minorité de personnes particulièrement sensibles aux bouleversements de la guerre et résolument décidées à être des hommes de l'après-guerre.

Par leur succès personnel, Poincaré, le « sauveur du franc », et Briand, le « pèlerin de la paix », réussirent à renforcer pour quelques années la confiance des Français dans les institutions républicaines. Avec le retour des jours difficiles, cependant, le sentiment d'une « crise de la démocratie », analysé ou confusément vécu à l'époque du Cartel déjà, allait s'approfondir et rapidement se propager à l'ensemble de l'opinion. Les années 1933-1934 ne firent donc qu'élargir une fissure ouverte au milieu des années vingt.

CHAPITRE VII
Les réformes de l'État

En 1931, dans son ouvrage *La Crise de la démocratie contemporaine*, le professeur Joseph Barthélemy faisait état de l'effervescence intellectuelle suscitée par l'idée de réforme de l'État : « Aucun sujet ne peut disputer la palme de l'actualité à la réforme de l'État. Ouvrez un journal, une revue, un manuel de politique : vous êtes assurés d'y trouver quelque article, quelque étude ou quelque chapitre sur la réforme de l'État[1]. »
Pour être abondamment discuté et même très officiellement développé par Tardieu en juin 1930, ce thème resta longtemps confiné à quelques cercles : les « jeunes équipes », jeunesse intellectuelle de gauche marginalisée dans les partis traditionnels ou réfractaire à l'embrigadement partisan; les spécialistes de droit public, professeurs éminents mais sans action directe sur l'opinion publique; les anciens combattants, exclus doublement du pouvoir politique par leur aversion pour la vie politicienne et par l'insularité de la classe parlementaire française; les quelques mouvements révisionnistes « modérés » tels le Redressement français, volontairement absent de l'échiquier partisan, la Ligue républicaine nationale de Millerand, au présidentialisme mis en échec, les Jeunesses patriotes de Taittinger, survivance plus bruyante qu'importante du bonapartisme. Toutes ces forces vives qui, dès le milieu des années vingt, se proposèrent de penser la réforme de l'État, ne réussirent pas à convaincre l'opinion publique et parlementaire du caractère d'urgence de leurs réflexions. Seuls les événements du 6 février 1934 allaient transformer ces débats intellectuels, académiques et minoritaires, en préoccupation centrale, dominante.
L'évocation faite plus haut des origines lointaines du mouvement pour l'« organisation de la démocratie » et de la résurgence du thème réformiste autour des années 1925-1926 conduit à poursuivre l'histoire à éclipses de la réforme de l'État pour la mener

jusqu'à la campagne révisionniste lancée par Tardieu en janvier 1933. Les « jeunes équipes », les spécialistes de droit public, les anciens combattants et les mouvements révisionnistes des années vingt constituent les centres d'intérêt obligés de cette histoire. Ainsi peut-on rendre compte de la pénétration de l'idée de réforme de l'État dans la vie politique, mesurer l'actualité du thème avant que Tardieu ne s'en empare et vérifier le bien-fondé de l'ironie d'un Joseph Barthélemy, qui, en 1931, concluait son provisoire état des lieux de la question par ces mots : « Donc, et la gauche et la droite et l'opposition et la majorité et le gouvernement lui-même tombent d'accord sur la réforme de l'État. Quelle belle, quelle touchante, quelle émouvante unanimité [2] ! »

La réforme de l'État,
thème des « jeunes équipes »

On a décrit plus haut cette nouvelle génération psychologiquement née de la guerre qui chercha, une fois usées les mystiques « nationale » et cartelliste, à renouveler les programmes politiques et à rajeunir les partis [3]. Cristallisée autour d'un réalisme qui se voulait en fait idéalisme pratique, manifestant pour l'action collective un penchant irrésistible, que celui-ci se traduisît par le travail en « équipes » ou par l'engouement pour les formes modernes d'associations – syndicalisme, SDN, États fédérés d'Europe –, elle canalisa ses impatiences rénovatrices sur un programme en trois grands chapitres : l'entente internationale des peuples, l' « économie dirigée » et la réforme de l'État.

Un ouvrage collectif de l'été 1927, *L'Avenir de la République*, chercha à favoriser la formation d'un « syndicat des partis rénovateurs » en rassemblant des articles, discours et études de jeunes intellectuels et militants radicaux, socialistes, jeunes-républicains, néo-syndicalistes, démocrates populaires, « techniciens » et fonctionnaires [4], tous épris de la volonté d'adapter l'État aux conditions nouvelles de la société moderne. Au terme de cette confrontation d'ardeurs rénovatrices, Georges Valois constata que la « nouvelle phase démocratique » exigeait la collaboration de tous « les groupements constructeurs », quelles que fussent leurs différences, afin d'élaborer le programme capable de présider à l' « accouchement du monde » dont la guerre avait donné la préfiguration [5]. Face aux partis vieillissants, aux programmes éculés, aux institutions inadaptées, dans cette crise de croissance de la démocratie, l'heure semblait venue où les « jeunes », abandonnant leur absolutisme sectaire, devaient laisser parler leur commune sensibilité et proposer à l'opinion publique leurs solutions. Les contacts entre groupes, d'épisodiques, devinrent réguliers, donnant à cette « cristallisation par noyau » autour de l'idée de rénovation nationale plus d'homogénéité, plus de consistance. Ces « nouvelles équipes » – ainsi se nommaient-elles depuis l'automne de 1927 – allaient pousser leur collaboration jusqu'à la rédaction d'un manifeste.

En effet, durant l'hiver 1927-1928, des journalistes du *Rappel* (Pierre Dominique et Charles Gallet), de *La Volonté* (Charles Albert), Georges Valois et l'équipe du *Nouveau Siècle* seconde manière, des compagnons du club Camille-Desmoulins, des rédacteurs à la *Jeune République* (tel Georges Hoog), à *Politique* (tel Marcel Prélot), des journalistes de *Paris-Phare* (tels José Germain et Gaston Riou), des représentants de *Notre Temps* (tel Jean Luchaire) et des membres de l'ancien Comité d'études politiques des jeunesses laïques républicaines [6] travaillèrent à la rédaction d'un document déclinant leurs communes aspirations au changement. Au centre de cette déclaration de principes et comme but premier de cette « fédération d'efforts », se trouvait la réforme de l'État.

À se pencher sur la « crise de la démocratie », les « jeunes équipes » décelaient, au-delà des excès d'un parlementarisme impotent et de l'essoufflement doctrinal des partis, une crise plus profonde, terme logique de toutes leurs démonstrations sur le malaise ambiant, le vieillissement, l'archaïsme de l'État. Celui-ci s'était en effet révélé incapable de suivre la formidable évolution technique, économique et sociale engagée depuis la révolution industrielle. À l'extension considérable de ses attributions, à la complexité croissante de ses tâches, au caractère de plus en plus technique des problèmes modernes, l'État français opposait un régime administratif remontant à Napoléon et une conception du parlementarisme datant de la Restauration. Au congrès du Parti radical-socialiste à Angers, le « jeune radical » Pierre Cot tirait la conclusion de cette situation de décalage : « L'État moderne est en marge de la vie moderne. Il devrait être l'animateur, le conducteur, le pilote. Il n'est plus que le serre-frein, quand il n'est pas le poids mort [7] »; l'incapacité de la machine gouvernementale et parlementaire à remplir toutes ses tâches découlait directement de ce « divorce entre l'État et la nation [8] ». En monopolisant la formule « réforme de l'État », les « jeunes équipes » donnaient la mesure de leurs ambitions rénovatrices : « Tout doit être à nouveau examiné, éprouvé et rejustifié. C'est sur le problème de l'État dans son ensemble, forme et régime, qu'il faut aujourd'hui se prononcer [9]. »

Rien d'étonnant, dès lors, de lire dans le manifeste des « jeunes équipes » un constat de « carence de l'État ». Relevant « l'affaiblissement sensible d'un État » débordé dans sa souveraineté et sa puissance par les forces économiques modernes, le manifeste affirmait comme principe premier « la prépondérance du pouvoir politique dans l'État ». Il proposait également de renforcer ce pouvoir de direction et d'arbitrage par l'assistance de « groupements techniques » spécialisés et de services publics « industrialisés » et par une meilleure coordination entre le politique et l'administratif. D'autre part, en étroite liaison avec l'instance politique, une fonction économique devait y être reconnue et organisée. À côté de l'assemblée politique unique, « un grand conseil économique national », véritable parlement économique consultatif, formé des représentants de toutes les catégories de producteurs et auxiliaires de la production, syndicalement organisés, donnait son avis sur toutes les questions économiques et sociales [10]. Une procédure référendaire, sur décision du président de la République, permettait de départager l'assemblée politique et le conseil économique en cas de conflit « grave » et « prolongé [11] ».

Le manifeste rédigé, les signataires firent cependant défaut, car les divisions surgies à l'approche de la campagne électorale empêchèrent l'action commune. Les contacts furent pourtant maintenus et la sensibilité « jeunes équipes » cultivée. De novembre 1928 à juin 1929, la « Bibliothèque syndicaliste », créée et animée par Georges Valois, étoffa la doctrine et les projets rénovateurs de la nouvelle génération de douze ouvrages substantiels donnant l'esprit et la méthode qui devaient présider à « la construction de l'État moderne » et à « l'organisation intellectuelle, morale, politique, économique et sociale du nouvel âge [12] ». Parmi ces livres, dont certains marquèrent leur époque, retenons ces titres significatifs : *Europe, ma patrie*, de Gaston Riou, *Nés de la guerre*, de René de La Porte, *L'Économie dirigée*, de Bertrand de Jouvenel, *La Révolution créatrice*, de Pierre Dominique, *Une génération réaliste*, de Jean Luchaire, *Un nouvel âge de l'humanité*, de Georges Valois, *L'État moderne*, de Charles Albert, *Du code individualiste au droit syndical*, d'André Fourgeaud. Aux revues et périodiques existants s'ajoutèrent en février et mars 1928 deux nouveaux centres de la pensée réformiste : la revue *L'État moderne*, qui se proposait de réaliser l' « idée nouvelle », la réforme de l'État, par la collaboration des parlementaires, des techniciens, des contribuables et des usagers, et *Les Cahiers bleus* de Georges Valois, qui cherchaient à définir dans la République syndicale la juste place de l'État technique.

Il est malaisé de rendre compte du détail et de la diversité de cette effervescence intellectuelle autour de l'idée de réforme de l'État, parce que l'aspiration commune à la rénovation nationale et la sensibilité « jeune équipe » n'annulèrent jamais les clivages partisans et les différences d'intentions sous-jacents à ce rassemblement de jeunes marginaux. Diversité et contradiction cédèrent un instant pourtant devant la volonté de travailler et de réfléchir ensemble. Cette convergence de recherches et d'activités se plaçait sous le signe de la démocratie et du syndicalisme. Paul Gruet, rénovateur de la première heure, dressa en juillet 1930 le bilan provisoire de ce bouillonnement d'idées [13]. Au-delà des divergences sur l'ordre et l'importance des réformes envisagées et sans tenir compte des différences d'appréciation quant aux méthodes et stratégies politiques propres à permettre le passage de la réflexion à la réalisation, les « jeunes équipes » et tous les aînés qui participaient de leur esprit étaient d'accord sur trois grands axes rénovateurs.

En premier lieu, l'affranchissement politique et intellectuel du citoyen devait se prolonger par une émancipation économique. Ce plaidoyer en faveur d'un 1789 à la fois économique et social traduisait le déclin d'une certaine conception de la liberté au profit de l'idée d'égalité économique à réaliser par les soins et sous l'autorité de l'État et affirmait en même temps la valeur de la liberté face aux expériences étrangères fasciste et communiste [14]. D'autre part, l'intégration du syndicalisme dans l'État devait transformer l'irrésistible poussée du principe d'association, potentiellement déstabilisante, voire dangereuse pour l'autorité de l'État, en une force utile, canalisée dans les institutions et propre à faire participer toutes les élites de la nation à l'œuvre législative et gouvernementale [15]. La formule du « syndicalisme intégré » avait le double avantage de mettre fin au divorce de l'État et de la nation, en hissant le producteur aux côtés du citoyen, et de doter l'organisation étatique de véritables instances techniques. Enfin, pour donner à l'État un réel pouvoir de réalisation et pour l'affermir dans son rôle de garant de l'intérêt général, les « nouvelles équipes » aspiraient à un renforcement de l'exécutif tant par des dispositions administratives que par des aménagements institutionnels assurant la prééminence du président du Conseil dans la vie politique [16]. Il convient de souligner l'inspiration « technicienne » ou technocratique de nombre de ces idées, les « jeunes équipes » étant, contrairement aux vieilles formations politiques, davantage préoccupées de l'utilisation du pouvoir que de sa conquête [17]. « Affranchissement économique du citoyen, place aux groupements professionnels et raffermissement de l'autorité de la nation souveraine [18] », tel était, sur le plan des principes, le triptyque de la nécessaire adaptation de l'État républicain.

Cette volonté de rénovation de la démocratie représentative par le syndicalisme devait permettre de résoudre le divorce entre une société politique fondée sur l'individualisme et l'électeur, et une société économique de plus en plus organisée sur le principe collectif, de plus en plus syndicalisée. Toutefois, la formule générale de l' « intégration du syndicalisme dans l'État », d'une grande malléabilité conceptuelle, put rallier toutes sortes de conceptions politiques pourtant fort différentes selon le degré souhaité de cette « intégration ». De la timide consultation des intérêts associés jusqu'à l'absorption de l'État par le syndicalisme, s'échelonnaient en effet de nombreuses variantes. Le caractère vague de la formule autorisa ainsi André Tardieu, pourtant peu favorable au syndicalisme, à reprendre à son compte la revendication « jeune équipe » d'une nécessaire « intégration de forces neuves » dans l'État [19]. Aux divergences sur le contenu de la formule s'ajoutaient également les problèmes entourant la réalisation pratique de cette consultation des forces professionnelles. Comment les organiser, comment désigner les groupes représentés, comment doser leur représentation, comment faire fonctionner leur assemblée, autant de questions pouvant accentuer les divisions. La rénovation de la démocratie par le syndicalisme, solution des « jeunes équipes » au vieillissement de la République parlementaire, restait en fait une idée assez vague, exprimant davantage une commune sensibilité à propos du type de changement désiré que le projet détaillé et homogène de la jeunesse intellectuelle de gauche.

Les tentatives des « jeunes équipes » pour promouvoir leurs idées révélèrent les difficultés à concilier les points de vue et à s'entendre dans l'action. Il en fut ainsi, notamment, de la proposition de Georges Mer de lancer une Ligue de l'État moderne. Lors d'un banquet d'avril 1929, réunissant, aux côtés des rédacteurs de la revue, Paul-Boncour, César Chabrun, Arthur Fontaine, René Cassin, François Bloch-Lainé, Georges Valois, il se réjouit du « souffle de club » qui préparait, à l'instar des sociétés de pensée du XVIIIe, l'éclosion des temps nouveaux. Il souhaitait toutefois favoriser le passage à l'action effective en créant une ligue dont les propositions devaient être défendues au Parlement par un groupe parlementaire dit de l'État moderne [20]. Mais cette initiative n'eut pas de suite, car la constitution immédiate d'une ligue fut jugée prématurée. Le front rénovateur, d'ailleurs, perdait sa relative cohésion dès qu'il s'agissait de définir une stratégie d'action politique.

Les « jeunes équipes », après leur affirmation en 1928, allaient en effet peu à peu se diviser en « jeunes radicaux » et « jeunes réalistes ». Le périodique *Notre Temps*, centre de ralliement des premières, prit en effet, dès 1929, ses distances avec l'hebdomadaire *La Voix* et avec ses rédacteurs « jeunes radicaux » Émile Roche, Jacques Kayser, Bertrand de Jouvenel, André Sauger, Georges Potut, Gaston Bergery. La polémique portait sur la tactique parlementaire à observer face à la Chambre de 1928, opposant d'un côté les tenants d'une cure d'opposition aux accents révolutionnaires, de l'autre les partisans d'un parti central cultivant plutôt « l'idéal évolutionniste [21] ». Plus fondamentalement, les « jeunes radicaux » cherchaient la rénovation de leur parti et de la République dans le ressourcement à un radicalisme de tradition de gauche, alors que l'équipe de *Notre Temps*, au nom du réalisme politique, prétendait justement dépasser les vieux clivages et fonder la France rénovée sur l'apaisement idéologique. Au printemps de 1930, la rupture était consommée, Jean Luchaire dressant « avec une peine profonde » ce qu'il appela « l'acte de décès du jeune radicalisme » : « Après avoir abdiqué en tant que " jeunes ", nos amis abdiquent en tant que radicaux. Après avoir fait du " conformisme radical ", ils font du " conformisme cartelliste " [22]. »

Luchaire reprochait aux « jeunes radicaux » d'avoir trop directement lié le sort de leur mouvement à celui d'Édouard Daladier, compromettant ainsi leur indépendance et leur spécificité dans une collaboration avec les « aînés » qui tournait à l'obédience. La critique était fondée : à partir de 1931, le courant « jeune radical » s'assimila en effet parfaitement au Parti radical-socialiste qui avait réussi à récupérer ces jeunes rénovateurs dérangeants en échange de certains aménagements programmatiques et de quelques places concédées dans la direction de l'appareil [23].

L'influence des « jeunes radicaux » sur la doctrine et le programme du radicalisme s'était toutefois fait sentir. Le Parti radical-socialiste fut ainsi le premier grand parti à inclure la réforme de l'État dans son programme puisque le congrès d'Angers (novembre 1928) adopta le rapport sur la réforme de l'État présenté par le jeune député Pierre Cot. Les idées des « jeunes équipes » imprégnaient ce document : intégration du syndicalisme dans un Conseil national économique restructuré et obligatoirement consulté sur tous les projets d'ordre économique, modernisation de l'administration en collaboration avec les syndicats de fonctionnaires, utilisation de toutes les compétences pour la gestion de la chose publique. L'avenir du régime démocratique dépendait, selon Cot, de cette profonde réorganisation de l'État :

> « Si nous ne rajeunissons pas l'État en lui donnant une vie nouvelle, la désertion de la fonction publique, dont nous voyons avec regret les premiers symptômes, s'accentuera de plus en plus ; le

peuple, désabusé, doutera de l'efficacité du régime démocratique à accomplir les réformes qu'il attend, et les mécontents iront grossir les rangs des partis extrémistes [24]. »

À la suite du Parti radical-socialiste, le Parti socialiste français de Frédéric Brunet et César Chabrun se déclara lui aussi en faveur de la réforme de l'État. Réunis en congrès au début du mois de décembre 1930, les délégués de cette petite formation coincée entre les deux grandes masses socialiste et radicale adoptèrent un ordre du jour en forme d'appel à « tous les hommes de gauche sans distinction » afin de constituer une « Ligue pour la réforme de l'État [25] ». L'appel, pour être resté sans écho, n'en était pas moins significatif de la pénétration du thème à l'intérieur des formations de la gauche modérée. Le Parti démocrate-populaire, « parti d'anciens combattants et de pères de famille [26] », donnait un autre exemple de l'actualité des préoccupations réformistes auprès des partis du centre gauche et de l'influence des « jeunes » en cette matière.

Ce fut en effet Marcel Prélot, représentant des « jeunes équipes », qui mena le débat sur la réforme de l'État chez les démocrates-populaires [27]. Attachés à une conception de la démocratie spiritualiste dans son fondement, scientifique dans ses méthodes, « personnaliste » dans ses fins et organiciste dans ses procédés, ces démocrates s'affirmaient « populaires » ou « popularistes » par volonté d'assurer dans le mécanisme gouvernemental « l'intervention effective et l'adhésion permanente du peuple [28] ». Cette aspiration à plus de démocratie directe, bousculant la sacro-sainte souveraineté du Parlement, se traduisit par un substantiel plan de réformes établi dans le détail en novembre 1931 lors du cinquième congrès du parti. Défendre contre l'oligarchie parlementaire la « démocratie populaire », renforcer la stabilité gouvernementale et donner aux organismes sociaux plus d'influence dans la nation, tels furent les grands objectifs du nécessaire amendement de la Constitution. Concrètement, furent inscrites à l'ordre du jour des réformes envisagées la représentation proportionnelle intégrale, l'institution du référendum et du droit d'initiative populaire, la réhabilitation du droit de dissolution, la constitution de conseils nationaux et régionaux associant les organismes sociaux et professionnels à l'élaboration des lois [29].

Ainsi, ces « jeunes équipes », qui se prenaient volontiers pour de « nouveaux enfants du siècle » — le romantisme en moins —, passionnément engagées aux frontières de la grande presse et des partis politiques, « réalistes » avant tout bien qu'ancrées à gauche, relancèrent après 1926 la réflexion en profondeur sur la définition de l'État moderne et l'organisation de la République. Leur commune sensibilité à l'ordre nouveau issu de la guerre cacha un temps leurs différences ; le passage à l'action, révélant dans la diversité des méthodes la diversité des intentions profondes, brisa leur solidarité. Ces forces neuves, parfois iconoclastes, impatientes d'en découdre avec les pratiques surannées d'une classe politique jugée en décalage avec son temps, ne réussirent ni à maintenir leur spécificité, ni à poursuivre leur collaboration en dehors des cadres partisans traditionnels. À tenter de rénover les partis, elles furent en fait marginalisées ou adroitement récupérées. Leurs idées, toutefois, notamment celles portant sur la réforme de l'État, après avoir rempli les pages de revues aux tirages modestes, entraient officiellement dans les programmes des partis.

Victoire en apparence seulement, comme l'illustra dès juin 1930 [30] le retour au premier plan du Parti radical d'Édouard Herriot, figure centrale du radicalisme traditionnel, celui-là même que les « jeunes radicaux » avaient cherché à rénover. Le discrédit de Daladier et les ambitions personnelles des « jeunes radicaux » ne furent pas seuls responsables de cet échec. Le renouvellement doctrinal fut également souvent inacceptable. La rénovation par l'intégration du syndicalisme, axe central du plan de réaménagement de l'État défendu par les « jeunes radicaux », heurtait en fait le jacobinisme foncier du radicalisme français, profondément individualiste et résolument hostile à toute collectivité intermédiaire s'interposant entre l'État et l'individu. Le socialiste Marcel Déat, dans une polémique avec Bertrand de Jouvenel, souligna cette incompatibilité entre syndicalisme et jacobinisme : « Dans la mesure où votre jacobinisme espère prendre le syndicalisme dans les filets de l'État, vous tournez le dos au syndicalisme. Dans la mesure où votre syndicalisme aspire à une refonte de l'État, vous allez à une transformation telle que rien ne subsistera des concepts jacobins [31]. » D'autre part, sur le plan institutionnel, cette rénovation de l'État par le syndicalisme conduisait à la suppression du lieu par excellence de l'influence radicale, le Sénat, remplacé par un Conseil national économique redéfini [32].

En 1928, les radicaux, « en mal de programme [33] », avaient formellement accepté une partie des propositions « jeunes radicales » sur la réforme de l'État ; mais, entre son inscription au programme et sa réalisation, cette réforme avait encore pour elle de belles années d'incubation.

La réforme de l'État, thème de spécialistes

À côté d'une jeunesse intellectuelle presque naturellement sensible à l'obsolescence des choses, une autre catégorie d'hommes, par intérêt professionnel, se montra aussi particulièrement attentive aux problèmes révélés par la prise de conscience d'une « crise de la démocratie ». Il s'agit des professeurs de droit public et des spécialistes de science politique. Leurs interrogations sur le droit, le régime représentatif, l'État, s'inscrivaient bien sûr dans la durée de leur propre vie de recherche et de réflexion, mais répondaient également aux interpellations de l'actualité politique. Ainsi, par leurs méditations doctrinales sur l'État, par leurs diagnostics du mal institutionnel français et par les solutions qu'ils esquissèrent, les spécialistes du droit public participèrent à cette histoire de la réforme de l'État, comme inspirateurs de l'opinion éclairée, tout au moins, et, parfois de manière plus engagée, comme acteurs au sein d'un groupement ou d'un parti.

Sur le plan doctrinal, les doyens Léon Duguit, de Bordeaux, et Maurice Hauriou, de Toulouse, dominèrent la philosophie du droit français pendant la première moitié du XXe siècle. L'un et l'autre, par deux approches différentes, s'attaquèrent à la conception traditionnelle de l'État, minant de l'intérieur les piliers du droit public – la loi, la souveraineté nationale, la théorie du contrat social. Fortement influencé par Durkheim, Duguit élabora, contre la doctrine alors dominante du droit subjectif, une philosophie sociologique et positive du droit. Il plaçait au centre de sa pensée juridique la notion de « solidarité sociale » conçue non comme un devoir, mais comme un fait observable. Le droit se crée alors socialement, indépendamment de la volonté de l'État, comme produit de la solidarité sociale ; quant à l'État, loin d'être une « personne collective souveraine », il est un simple agrégat d'individus dont la légitimité de contrainte repose sur le développement de la solidarité sociale. Hauriou, de son côté, formula une théorie centrée sur la notion d'« institution », idée objective parce que partagée et amenée à se concrétiser pour se réaliser, il situait ainsi sa réflexion juridique à mi-distance entre l'individualisme volontariste et le sociologisme. L'État, qui n'est que la plus puissante des « institutions » à côté de nombreuses autres, telles la famille, les clubs, les Églises, représente alors un « système d'équilibre des pouvoirs et de consentements constitués autour d'une idée », système en perpétuelle tension entre ordre social et justice [34].

À partir du concept durkheimien de « solidarité sociale » ou de la théorie de l'« institution », ces deux écoles sociologiques du droit s'éloignaient de la conception purement individualiste du droit révolutionnaire qui atomisait l'individu et définissait l'État comme le produit de volontés souveraines harmonisées dans le « contrat social » rousseauiste. Ces doctrines juridiques prenaient en compte ce qu'un droit révolutionnaire porté par la bourgeoisie libérale s'obstinait à ignorer, c'est-à-dire l'évolution sociale croissante de la démocratie. « Au lieu d'être exclusivement politique, écrivait aussi Guy-Grand, une démocratie de droit social se réalise dans tous les domaines, économique, social, international. Au lieu d'être autoritaire et " régalienne ", elle limite le pouvoir de l'État par le droit des groupes qui s'organisent en dehors de lui sur le pied d'une collaboration libre et égalitaire [35]. »

Rien d'étonnant, dès lors, à entendre un Duguit affirmer que « l'État (régalien, jacobin, napoléonien) est mort ou sur le point de mourir [36] » et à voir ce juriste se prononcer en faveur de l'intégration du syndicalisme dans l'État; ou encore à suivre Georges Mer et Joseph Patouillet, directeurs de *L'État moderne*, se réclamer de Saleilles, Duguit et Hauriou, et montrer la filiation entre ces professeurs et les jeunes juristes intéressés par la rénovation technique et syndicale de l'État, tels Paul Dubois-Richard, André Forgeaux, Brethe de La Gressaye ou Bernard Gény [37]. Immanquablement, les réflexions des théoriciens du droit public sur l'État, sur sa définition et ses fonctions dans l'évolution économique et sociale du temps, contribuèrent à façonner en profondeur le mouvement en faveur d'une réforme de l'État.

En 1925, la Conférence interparlementaire, désirant répondre « aux attaques qui visaient l'existence même du régime parlementaire », confia à quelques « experts » de droit et de science politique le soin d'analyser les causes de la « crise du parlementarisme ». Furent sollicités le doyen Larnaude, Gaetano Mosca, Harold J. Laski et le professeur Bonn. D'une manière générale, les rapports rendus en 1927 s'accordaient sur les termes d'une « crise de la démocratie » telle qu'elle a été décrite au chapitre précédent. Pour le cas particulier de la France, Ferdinand Larnaude établit un constat sévère : « Le régime parlementaire, tel qu'il est pratiqué, se réformera ou périra. S'il ne se réforme pas lui-même, il risque d'être remplacé par un saut dans l'inconnu [38]. » Les solutions avancées pour remédier à l'instabilité de la République parlementaire s'inspiraient de la formule « Ordre, légalité, hiérarchie » et montraient toute l'exaspération d'un républicain libéral devant les abus de la loi du nombre et les excès du parlementarisme : impunité de l'incompétence, démagogie ruineuse, irresponsabilité généralisée, carence de l'autorité [39].

L'Institut international du droit public, créé en juin 1927 sous la direction de Gaston Jèze, préoccupé également de la crise des institutions représentatives, institua à cet effet une commission d'étude chargée d'étudier « la crise des gouvernements représentatifs et parlementaires dans les démocraties modernes » et composée de juristes éminents tels Duguit, Duez, Bonnard, Mirkine-Guetzévitch, Barthélemy, Kelsen, Negulesco, Triepel, Lawrence-Lowell. À la session annuelle de 1929, le rapport présenté par Joseph Barthélemy sur la « crise de la démocratie représentative » fut amplement discuté et largement approuvé [40].

À s'interroger sur la désaffection des Français à l'égard de la démocratie, Barthélemy identifiait une crise triple : carence de l'autorité gouvernementale et absence de *leadership* politique; crise du personnel parlementaire et de son recrutement; malaise politique entretenu par un cartel électoral des gauches incapable de se prolonger en gouvernement. En fait, les Français subissaient « une contrefaçon de régime parlementaire [41] » justifiant leur mécontentement et leur désir de changement. Pourtant, concluait Barthélemy, ce « désir d' " autre chose " n'est pas pour tous du n'importequisme ou du n'importequoiisme [42] ». Le mot de Cavour – « La plus mauvaise des chambres est encore préférable à la meilleure des antichambres » – gardait sa valeur et sa force. Pour Barthélemy, le redressement des abus du parlementarisme passait essentiellement par une modification des mœurs politiques et des pratiques parlementaires, ce qu'une réforme substantielle du règlement intérieur de la Chambre devait fortement aider à réaliser. La crise du régime représentatif relevait donc avant tout d'une crise de la méthode parlementaire, principal responsable du faible rendement de la démocratie représentative.

Le débat sur le rapport Barthélemy s'articula autour de la compatibilité entre régime démocratique et pouvoir étatique fort. Le professeur Mirkine-Guetzévitch pensait trouver dans « la technique constitutionnelle » les garde-fous stabilisant l'équilibre précaire entre liberté et autorité [43]. À l'heure de la démocratie conquise, affirmait-il, le problème institutionnel, de philosophique et doctrinal, devenait principalement « technique ». Il s'agissait en effet de définir les moyens techniques permettant d'assurer le « fonctionnement » de la démocratie. S'inspirant d'un concept alors très en vogue, il souhaitait l'achèvement du processus de « rationalisation » du pouvoir dans l'État, ce qui passait par une plus large pénétration du droit dans tous les domaines de la vie sociale et politique. En matière institutionnelle, l'élection du gouvernement par le Parlement, l'organisation des rapports entre électeurs et élus (référendum, initiative populaire), le contrôle de constitutionnalité constituaient les axes naturels du « perfectionnement rationaliste » de la démocratie moderne. Ce parlementarisme enfin rationalisé, en assurant la primauté politique, et non juridique, de l'exécutif sur le législatif, pouvait apparaître comme la réponse républicaine, démocratique dans son fond et empirique dans sa méthode, à l'aspiration autoritaire ou à la tendance généralement observée depuis la guerre au renforcement du pouvoir exécutif [44].

La « crise de l'autorité » fut également à l'ordre du jour de la dix-septième session des Semaines sociales de France tenue à Lyon en 1925. Le doyen Maurice Deslandres développa devant les auditeurs de cette école itinérante de pensée catholique le point de vue des « catholiques sociaux » sur les faiblesses et insuffisances du régime représentatif. Une « double erreur » dans la mise en œuvre du principe de souveraineté populaire travaillait la démocratie française et apparaissait à Deslandres comme la cause de tous les problèmes : purement « individualiste », la représentation politique ignorait le « pays réel » pour reposer entièrement sur l'individu abstrait, désincarné de tout son environnement social ; strictement représentatif, le système politique tendait à la confiscation des droits populaires. Ainsi, le renforcement de l'État exigeait d'une part la « désindividualisation » de la démocratie par le vote familial et la représentation professionnelle, d'autre part l' « intégralisation » du régime démocratique par l'extension du suffrage aux femmes et l'institution du référendum populaire [45]. Ainsi conçu et appliqué, le principe de souveraineté du peuple réalisait une meilleure adéquation entre volonté populaire et pays légal et donnait au gouvernement plus de force et de stabilité.

La réforme de l'État ne pouvait pas laisser indifférent un mouvement aussi directement préoccupé de modernisation politique que le Redressement français. De fait, ce laboratoire d'idées au service de la rénovation nationale appliqua à la question institutionnelle son « réalisme » organisateur et technocratique : « Étant donné l'état actuel de notre pays, ses richesses, ses faiblesses, ses possibilités, ses besoins, ses mœurs, les forces latentes ou semi-latentes qui l'animent, trouver les institutions qui lui conviennent et en assurer le fonctionnement, sans secousses ni violences, avec équilibre et symétrie [46]. » Le problème ainsi défini, des « spécialistes » réunis en commission, sous la direction du professeur Raphaël Alibert, s'y attaquèrent et adressèrent leurs rapports et propositions au premier congrès du Redressement français en avril 1927 [47].

D'inspiration technocratique, la commission Alibert souhaitait favoriser la promotion de l'expert, du « technicien », au côté de l'homme politique. Dans l'administration, cette valorisation des compétences devait se traduire par l'institution de sous-secrétaires d'État permanents garants de la qualité et de la continuité du travail ministériel. Sur le plan parlementaire, la commission proposait l'introduction dans les assemblées législatives de « personnalités marquantes » choisies hors du Parlement et désignées par leur situation et leurs connaissances [48]. Ce « procédé d'utilisation des élites » répondait à la nécessité d'une réelle collaboration de l'État avec les groupements professionnels, mais permettait de repousser l'idée alors à la mode de l'intégration des syndicats dans l'État sous la forme d'une assemblée professionnelle [49].

La volonté d'associer à la gestion publique les forces vives du pays, et surtout les élites de la nation, s'appuyait enfin sur un projet de substantielle décentralisation administrative censée débarrasser l'État de préoccupations subalternes, inutilement encombrantes et trop souvent électoralistes. Ramené à sa « mission essentielle », qui comprend la défense nationale, les relations extérieures et le maintien de l'ordre public, l'État devait son renforcement à la limitation de ses fonctions, les ministres n'étant plus que des hommes de gouvernement laissant l'administration aux hauts fonctionnaires et l'économie aux entrepreneurs. Paradoxalement, cette pensée technocratique et moderne se mettait en fin de compte au service du vieil État du XIXe siècle. Le Redressement français inscrivait également à son programme de réformes le renforcement de l'exécutif par l'organisation de la présidence du Conseil et la concentration des ministères. Il proposait enfin la réduction du nombre des députés, libérés de la « hantise de la réélection » par un mandat prolongé à six ans, l'adoption du suffrage uninominal à un tour et la création d'une Cour suprême [50].

Cette même année 1927, la réforme de l'État anima les débats d'un autre cénacle intellectuel. La Ligue des droits de l'homme choisit en effet pour thème de réflexion de son congrès national de juillet « les principes et l'organisation de la démocratie ». Après que le philosophe Célestin Bouglé, alors directeur-adjoint de l'École normale supérieure, eut dénoncé les méfaits du fascisme et du bolchevisme, deux dangereuses « déviations de la démocratie », le congrès réaffirma la tradition républicaine en rappelant quelques principes chers aux démocrates : maintien de la suprématie du pouvoir législatif, seule émanation directe de la nation souveraine; condamnation de toute proposition tendant à augmenter le pouvoir personnel du chef de l'État; préférence avouée pour le système de la chambre unique. Toutefois, afin d'accroître la participation du citoyen à la chose publique et de favoriser la consultation des compétences, le congrès souhaita l'insertion dans la constitution du référendum et du droit d'initiative populaire ainsi que l'extension de la participation des groupements professionnels au processus législatif [51].

Ainsi, à côté des « jeunes équipes », les spécialistes des sciences juridiques et politiques animèrent dans la seconde moitié des années vingt la réflexion sur l'organisation de la démocratie et plus précisément sur la réforme de l'État. Leurs interrogations, académiques mais autorisées, sur l'avenir de la démocratie représentative et les plans de réformes qu'ils esquissèrent allaient constituer, après le 6 février 1934, la substance des débats politiques autour de la réforme du parlementarisme. Les intellectuels et les juristes qui lancèrent la réflexion sur le régime représentatif à partir de 1925 entretinrent d'ailleurs eux-mêmes le débat institutionnel jusqu'en 1934.

Lors de sa session d'août 1933, l'Union interparlementaire prolongea ses interrogations de 1925 sur « la crise du gouvernement représentatif » et mit cette fois à l'étude « la réforme constitutionnelle [52] ». À leur session de 1933, les Semaines sociales confièrent à nouveau au doyen Deslandres le soin de développer les idées émises en 1925 sur « la crise de l'autorité dans l'État ». Ce fut alors l'occasion pour les catholiques sociaux d'exposer leur conception du « problème constitutionnel » et de souhaiter une substantielle restauration de la présidence de la République [53]. Par leurs cours, leurs livres, leurs chroniques constitutionnelles ou les nombreux articles publiés dans les principales revues politiques et juridiques de l'époque, les professeurs Joseph Barthélemy, Gaston Jèze, Boris Mirkine-Guetzévitch, Bernard Lavergne et quelques autres moins connus [54] cultivèrent l'attention de l'opinion autour de la réforme de l'État pour finalement en faire, au début des années trente, un thème d'actualité. Parfois, ces professeurs de droit exercèrent directement leur influence comme membres importants de formations politiques. Ainsi, l'autorité intellectuelle d'un Joseph Barthélemy, ancien député du Gers, s'exerça à l'Alliance démocratique ; Jacques Bardoux, professeur à Sciences-Po, mena lui campagne pour la révision de la Constitution au sein de la Fédération républicaine de France.

Bardoux, en créant en 1934 un Comité technique pour la réforme de l'État, marqua d'ailleurs la continuité de la réflexion depuis les années vingt. La composition de ce comité montrait la permanence des parties prenantes au débat institutionnel ; il réunissait en effet des personnalités importantes du Redressement français, tels Mercier et Alibert, le secrétaire général de l'Institut international de droit public, Mirkine-Guetzévitch, le professeur Lavergne, l'un des trois fondateurs de la revue réformiste créée en

1925, *L'Année politique française et étrangère*, ainsi que des professeurs enseignant à l'École libre de sciences politiques et à la faculté de droit de Paris, tels Barthélemy, Laferrière et Gidel. La mobilisation des « spécialistes » de droit public et de science politique autour du thème de la réforme de l'État allait certes s'amplifier en 1934, tout le monde y allant de ses remarques, analyses et plans de réformes; elle remontait toutefois à la seconde moitié des années vingt.

La réforme de l'État, thème ancien combattant

Les préoccupations institutionnelles des anciens combattants pouvaient sembler déplacées au sein d'un mouvement qui d'emblée affirma un apolitisme foncier [55]. Pourtant, à l'instar des syndicalistes, les anciens combattants n'entendaient pas leur refus de l'embrigadement partisan comme une volonté d'abstention politique et de non-intervention dans les grands débats publics de leur époque. Comment pouvaient-ils en effet se désintéresser du fruit de leur sacrifice, la paix, internationale ou nationale, politique ou sociale? Leur rejet de la politique signifiait avant tout une condamnation des partis, figés dans leur doctrine, impuissants dans leurs méthodes, perclus d'ambitions personnelles, lieux privilégiés de l'intrigue. À la politique comme « métier » ou comme « jeu », les anciens combattants opposaient la politique comme « service » et comme « devoir »; à l'action intéressée des « politiciens » professionnels, l' « action civique » de millions de citoyens. L'intérêt pour la réforme de l'État relevait ainsi de ce désir d'action civique en dehors et au-dessus des partis, désir de plus en plus fortement ressenti par les associations combattantes à mesure que leurs revendications strictement matérielles trouvaient satisfaction.

En effet, à la « solidarité de victimes » construite autour des batailles pour de légitimes indemnités et pensions se substitua au cours des années vingt une solidarité plus positive, fécondée par les valeurs combattantes et nourrie de la prise de conscience d'un rapport au monde différent et plus exigeant que celui vécu par l'ensemble des citoyens. C'était là l'émergence de la « génération du feu ». Une revue nouvelle, *La Revue des vivants, organe des générations de la guerre*, portait témoignage de cette affirmation du mouvement combattant [56]. Le « réveil des vivants » sonnait en fait l'heure d'une nouvelle interrogation des anciens combattants sur leur devoir moral vis-à-vis des camarades morts et sur la finalité de leurs associations. En septembre 1928, au congrès de la Semaine du combattant, les rapporteurs Monnier et Decousus invitèrent ainsi leurs camarades à ne pas « laisser passer l'heure H du devoir ». L'attentisme civique était devenu injustifiable :

> « Nous ne pouvions agir utilement, alors que, revenant de la guerre, nous étions forcés de reconquérir nos situations perdues. Maintenant, les hommes de la génération du feu en sont arrivés à l'âge des dirigeants et des chefs. Leur opinion et leur action peuvent peser sur les destinées du pays, s'ils veulent faire leur devoir comme au front [57]. »

La fidélité à l'expérience des tranchées imposait aux combattants une action civique et sociale ambitieuse. À Versailles, en novembre 1927, les « États généraux de la France meurtrie », congrès des congrès de toute la France combattante, reconnaissaient que le moment était venu pour les anciens combattants d' « intervenir dans la vie publique pour y jouer enfin leur rôle de force morale et sociale [58] ».

La légitimité d'une telle intervention était morale et historique. Ernest Pezet, figure importante de l'Union nationale des combattants, formula ainsi le fondement de ce devoir de vigilance : « En sauvant le pays, nous prenions implicitement l'engagement de ne pas l'abandonner [59]. » Le pays dût-il glisser vers le désordre ou renier l'idéal de justice qui le porta jusqu'à la victoire, les anciens combattants seraient là pour lui rappeler sa mission et entretenir « l'union des cœurs, des intelligences et des bras », seule condition de paix et de grandeur nationale. Les anciens combattants n'étaient pas des citoyens comme les autres ; leurs droits mais aussi leurs devoirs différaient. Hommes de la guerre, ils avaient assisté à la naissance d'un monde nouveau et expérimenté avant les civils ses règles et ses valeurs. Transformés par cette expérience décisive, ils se voulaient les artisans de la société d'après-guerre et prétendirent en 1919 présider à l'avènement d'une République rénovée. Mais leur enthousiasme fit long feu, car les partis, les hommes, les doctrines et les méthodes d'avant-guerre triomphèrent rapidement de l'esprit nouveau.

Pourtant, quelque dix années après le retour des tranchées, des voix s'élevèrent pour affirmer que « les combattants n'avaient pas dit leur dernier mot [60] ». Aux sceptiques qui allaient de congrès en congrès répétant : « Il est trop tard », les tenants de l'action civique – Ernest Pezet à l'Union nationale des combattants, Henry Pichot à l'Union fédérale, Robert Monnier à la Semaine du combattant – répondaient avec Decousus : « Devenons architectes. Élaborons notre plan[61]. » La nécessité d'une action qui dépassât les pures revendications matérielles répondait également au désir de devancer l'agacement grandissant suscité au sein de l'opinion publique par un mouvement de plus en plus regardé comme trop étroitement intéressé et finalement « budgétivore ». Elle constituait enfin une invitation lancée à l'endroit des jeunes générations, avides d'action et déçues par les effets déclaratoires des anciens combattants : « Les anciens combattants, notait le jeune Henry de Montherlant, pour qui la paix a été une déception ont été, eux aussi, une déception pour la paix[62]. »

Par fidélité aux morts, par nécessité de survivre à l'expérience des tranchées non pas simplement comme un groupe de pression aux ambitions limitées mais comme un véritable mouvement national porteur d'un projet social et politique mobilisateur, les anciens combattants choisirent résolument, en 1927, l'action civique et sociale. Le mauvais fonctionnement du régime parlementaire, incapable de faire prévaloir l'intérêt général sur les intérêts particuliers, semblait tout indiqué comme objet de préoccupation d'une collectivité qui se voulait « la conscience du pays ». « Nous sommes redevables de la victoire aux morts, pouvait-on lire dans le programme de *La Revue des vivants*. Il appartient aux vivants de l'organiser, de rendre tout vivant autour d'eux, de guérir le pays de ses malaises, de ses fatigues, de son état d'âme de malade imaginaire[63]. » Plus que quiconque, les anciens combattants se sentaient qualifiés pour cette tâche.

Répondant à la mission de « dresser un programme nettement constructif », la Semaine du combattant, centre d'impulsion de la réflexion combattante sur la réforme de l'État, proposa à son congrès de septembre 1928 une première ébauche des principes devant guider la réforme institutionnelle. Robert Monnier, rédacteur du rapport, exposa alors la plupart des idées qui allaient porter la campagne révisionniste menée en 1933 par une partie du mouvement combattant. Partant d'un constat de débordement et d'affaiblissement de l'État assailli de toutes parts par les intérêts privés, Monnier demandait que la Constitution de 1875 fût « rajeunie et réformée » pour assurer la « collaboration régulière et légale [de l'État] avec toutes les forces économiques, sociales, syndicales, intellectuelles et morales » de la nation. La réforme électorale, avec l'examen du vote obligatoire et du vote des femmes, l'amélioration des méthodes de travail des chambres et la réorganisation administrative dans le cadre de la région constituaient les autres propositions d'étude du rapport Monnier. Celui-ci restait cependant assez vague sur les moyens et les étapes d'une telle révision de la Constitution, se contentant d'un appel à toutes les associations pour la promotion et la diffusion du thème révisionniste. L'objectif immédiat était de « réveiller l'opinion publique, de lui montrer les problèmes sous leur véritable jour, de créer un esprit public [64] ».

À l'époque du grand ministère Poincaré et des plus-values budgétaires, le thème révisionniste, développé par un Robert Monnier ou par un Edmond Bloch s'inquiétant de « la crise extrêmement grave de l'État [65] », ne mobilisa guère les combattants. La crise économique s'installant, les propositions de réformes allaient cependant rencontrer de plus en plus d'échos. Monnier, véritable cheville ouvrière du révisionnisme combattant, relança la discussion au congrès de la Semaine du combattant de 1931. Son rapport, favorablement accueilli, envisageait la réunion prochaine d'un congrès extraordinaire rassemblant « les anciens combattants et les hommes des générations nouvelles » en vue de créer « un organisme permanent qui s'occupera de la réforme de l'État, et ceci en dehors et au-dessus des partis [66] ». Conformément à ce rapport, un congrès inter-associations se tint à Paris, les 27 et 28 février 1932, élargissant ainsi le débat sur la réforme de l'État.

Un nouveau rapport Monnier servit de base à la discussion générale de ce congrès extraordinaire. Reprenant les idées développées depuis 1928, Monnier arriva à la conclusion qu'une profonde « crise morale, née de l'égoïsme des nations, des groupements et des individus » menaçait la paix sociale et internationale. Il insista sur la nécessité de procéder à un vaste rééquilibrage des rapports à l'intérieur de l'État entre les forces politiques, économiques et sociales de manière à prendre en compte l'évolution des sociétés modernes. Cette réorganisation de l'État républicain supposait un substantiel travail d'analyse peu envisageable au sein d'un Parlement déjà submergé par son travail législatif. C'est pourquoi Monnier souhaitait « la convocation régulière d'une Constituante spécialement élue » pour mener à bien cette révision en profondeur de l'organisation étatique.

La discussion porta évidemment sur cette idée périlleuse de « constituante » qui ranimait automatiquement chez tout républicain orthodoxe le spectre du boulangisme et de l'aventure césarienne. Montoussel chercha ainsi à prévenir ses camarades des « difficultés insurmontables » d'une telle procédure de révision et de l'impasse probable dans laquelle ceux-ci s'engageaient. L'argumentation extrémiste de Maurice de Barral, un proche de Marcel Bucard, emporta cependant l'adhésion des congressistes : « Il faut aller jusqu'au bout de la question, déclara-t-il, les événements les plus graves demandent les remèdes les plus exceptionnels, et créer un vaste mouvement d'opinion pour faire table rase du passé [67]. »

La motion finale du congrès reprenait en termes adoucis ces ardentes recommandations et précisait les principes devant guider la réforme des institutions républicaines : exécutif fort, effectivement responsable et stable; législatif indépendant, assisté de compétences techniques; représentation de « l'économique et du social »; institution d'une Cour suprême. Enfin, le congrès créa une commission exécutive permanente chargée de « mettre au point les moyens techniques et pratiques, de déterminer dans le pays un vaste mouvement d'opinion pour faire comprendre à tous que la réforme de la Constitution est la condition préalable nécessaire à tout redressement de la situation présente [68] ».

Guère originaux dans leurs propositions, les anciens combattants montraient toutefois dans ce débat réformiste un sérieux qui contrastait avec le simplisme de leurs positions de 1919 et le grand « coup de balai » souhaité alors. Surtout, ils faisaient preuve d'une précocité d'intentions qui ne cédait à aucun effet de mode. Le déclenchement, en février 1932, d'une campagne en faveur de la révision de la Constitution devançait en effet les préoccupations d'une classe politique qui allait totalement ignorer, quelques mois plus tard, aux législatives de mai, le thème révisionniste. Mais le « vaste mouvement d'opinion » souhaité en février par le congrès inter-associations en resta en fait à l'état du vœu pieux. L'idée révisionniste elle-même ne réussit pas à conquérir l'ensemble du mouvement confédéral ancien combattant. L'Union fédérale, de tendance radicale, ne concevait pas l'action civique et sociale des combattants en termes de révision constitutionnelle. Elle résista donc aux tendances extrémistes et antiparlementaires nettement apparentes dans les différents rapports Monnier, et refusa de participer au congrès inter-associations de février 1932. Tout au long de l'année 1933, elle combattit la mise en discussion de la réforme des institutions au sein de la Confédération nationale [69]. Né à la droite du mouvement combattant sous l'impulsion d'hommes comme Monnier, Bloch, Rossignol, la réforme de l'État ne rallia l'ensemble des combattants qu'après le 6 février 1934.

Jusqu'à cette soirée tragique, l'Union nationale des combattants, aile droitière du mouvement, allait cependant entretenir la flamme révisionniste en attisant les mécontentements.

Alexandre Millerand et le révisionnisme

L'impuissance et le mauvais fonctionnement du parlementarisme français constituèrent les lieux communs d'innombrables discours politiques. Le thème réformiste se prêta ainsi à des actualisations récurrentes faciles. Le discours d'un Raymond Poincaré sur le régime fut à cet égard exemplaire. De ses premières campagnes de 1896 sur la « falsification du régime parlementaire » jusqu'à ses « visions nocturnes » de 1933 sur les mœurs politiques, sans oublier son constat circonstancié de « crise du parlementarisme » dressé en 1910, il ne cessa, tout au long de sa carrière politique, de discourir sur de nécessaires aménagements de la pratique et des institutions républicaines [70]. Sa devise réformiste – « Ni hésitation, ni imprudence; ni recul, ni aventure [71] » – ne devait cependant guère produire d'effets. Car, de l'analyse des problèmes institutionnels à l'engagement militant en faveur du changement, il y avait un pas que très peu de républicains modérés voulurent ou osèrent franchir. Lorsque les solutions proposées passaient par la procédure de révision constitutionnelle, ces quelques audacieux diminuaient encore. Plus qu'une politique, c'était alors une carrière qui se jouait, tant le respect de la lettre du régime était devenu sacré depuis les années 1880.

Après la Grande Guerre, Alexandre Millerand et André Tardieu, à dix ans de distance, par des moyens différents mais avec des objectifs assez semblables, furent les seuls « chefs » de la droite républicaine et nationale à s'engager résolument dans la voie du changement institutionnel et à parier ainsi leur avenir politique sur le révisionnisme constitutionnel. À maints égards, la tentative réformiste de Millerand appartient donc à l'histoire de la réforme de l'État.

Dès la fin de la guerre, Millerand se prononça en faveur d'une adaptation des institutions : « Il faut avoir le courage, déclarait-il ainsi aux électeurs de 1919, de regarder en face les défauts du régime parlementaire et y porter remède lorsqu'il est encore temps [72]. » Son dessein était de répondre au besoin d'autorité, de continuité et d'efficacité dans la gestion de la chose publique. Le renforcement du pouvoir exécutif, aux attributions trop longtemps usurpées par un parlement omnipotent, représentait la condition *sine qua non* d'une réelle division des pouvoirs, « garantie essentielle de la liberté ». Millerand était séduit par une République américaine qui n'excluait pas du sommet de l'État des hommes politiques de l'envergure de Theodore Roosevelt ou de Woodrow Wilson. À son programme de 1919, il inscrivit ainsi le renforcement des pouvoirs du président de la République, l'institution d'une Cour suprême, la décentralisation et la « pénétration » du Sénat par l' « élément corporatif [73] ».

Le président de la République constituait clairement la pièce centrale de cette nouvelle architecture institutionnelle. Bien plus que « le syndic des parlementaires », il était surtout le premier représentant de la France et méritait à ce titre un élargissement de son collège électoral. Millerand invitait les délégués des conseils généraux, des conseils régionaux et des grandes corporations professionnelles à mêler leurs bulletins à ceux des parlementaires. Une telle réforme du mode d'élection conférait plus de représentativité au président de la République et renforçait par conséquence ses pouvoirs en face du Parlement. L'omnipotence des parlementaires, qui trop souvent faisaient prévaloir en toute impunité leurs ambitions et impatiences politiques sur la stabilité ministérielle, devait d'ailleurs trouver un autre frein dans une réforme facilitant l'exercice du droit de dissolution de la Chambre.

Ainsi corrigé, ce régime parlementaire ne constituait pas un décalque du régime présidentiel américain, mais tendait plutôt vers un parlementarisme dualiste. En plaçant côte à côte le président du Conseil et le président de la République, Millerand rendait le gouvernement tributaire à la fois de la majorité parlementaire et du chef de l'État. Cette double investiture du cabinet rappelait la fâcheuse prétention du président Mac-Mahon qui, au début de la IIIe République, avait cru pouvoir nommer, contre la majorité parlementaire, des ministres qui « pensaient comme lui ». Les républicains avaient alors crié au « coup d'État » et contraint le maréchal à la démission [74]. Millerand s'aventurait donc sur une voie dangereuse en proposant la restauration de cette pratique dualiste du parlementarisme. L'histoire récente lui conseillait d'éviter toute précipitation, et son discours révisionniste, toujours précautionneux, visait habilement l'avenir proche plutôt que le présent immédiat.

Ce qui distingue, cependant, Alexandre Millerand de nombre de rénovateurs de l'immédiat après-guerre, c'est qu'il se trouva en position de passer de la théorie à la pratique, des propositions à la réalisation. Lui qui revendiquait depuis la fin de la guerre un renforcement du rôle du président de la République allait justement accéder à cette charge suprême en septembre 1920, par suite de la démission de Paul Deschanel pour raisons de santé. Plus encore, en raison même des conceptions présidentielles de Millerand, les partisans de la révision étaient en droit de soutenir que l'Assemblée nationale, en élisant Millerand à la présidence à la très forte majorité de 695 voix sur 892, signifia par ce choix son adhésion formelle aux idées révisionnistes du nouveau chef de l'État. La teneur de sa déclaration de candidature ne permettait pas de douter du rôle politiquement engagé et actif qu'il entendait tenir à la tête de l'État :

> « Si, néanmoins, la majorité des deux chambres estime préférable ma présence à l'Élysée pour maintenir et poursuivre cette politique nationale; si elle pense, comme moi, que le président de la République, s'il ne doit jamais être l'homme d'un parti, peut et doit être l'homme d'une politique arrêtée et appliquée en étroite collaboration avec ses ministres, je ne me déroberais pas à l'appel de la représentation nationale [75]. »

Les gauches s'émurent de ces velléités de pouvoir personnel, mais Millerand, conforté par son triomphe devant l'Assemblée nationale, reprit sans atténuation, le jour même de son élection et dans son premier message aux chambres, ses déclarations concernant « les modifications souhaitables » à apporter d' « une main prudente » aux lois constitutionnelles et touchant au « devoir particulièrement strict » de vigilance qui incombe à tout président de la République en matière internationale [76]. Allait-on vers une nouvelle pratique de la présidence qui pouvait à terme déboucher sur une révision importante de l'organisation des pouvoirs de la République? Beaucoup pouvaient le croire en cet automne de 1920.

L'ancien président de la République, Raymond Poincaré, ne fut pas le dernier à réagir contre cette conception trop active du rôle du chef de l'État. Constatant d'abord que « le char de l'État moderne » ne pouvait être conduit par « deux cochers », il défendit la primauté du président du Conseil sur un président de la République aux pouvoirs certes très étendus mais jamais autonomes. L'article 3 de la loi constitutionnelle du 25 février 1875 stipulait en effet que, pour chacun de ses actes, le président de la République devait obtenir le contreseing d'un ministre. Cette « infirmité légale » de la fonction présidentielle, constatait Poincaré, assimilait l'exercice de celle-ci à un « genre de mutilation » permanente, difficile à supporter pour de fortes personnalités ne se contentant pas du rôle de « premier fonctionnaire de la République » en charge des rites liturgiques et des cérémonies protocolaires. Poincaré, cependant, ne croyait pas à une autre pratique constitutionnelle et opposait à « tous les paladins de la révision » la longévité et la souplesse d'une Constitution consacrée par la victoire [77].

Ce rappel de la conception classique du rôle du chef de l'État et de son devoir de réserve n'impressionna guère Millerand. Non seulement il n'abandonna pas ses projets révisionnistes, mais il exerça la fonction présidentielle d'une manière jugée inquiétante par les tenants de l'orthodoxie républicaine. La convocation à l'Élysée de tous les préfets de France, l'arbitrage exercé entre deux ministres divisés sur des questions budgétaires, les démarches personnelles en faveur des cheminots révoqués lors des grèves de février-mars 1920 apparurent comme autant d'empiétements sur les attributions du président du Conseil et du ministre de l'Intérieur. Le retentissant télégramme de janvier 1922, rappelant abruptement, en pleine conférence de Cannes, Aristide Briand pour consultation, signifia que la vigilance de Millerand en matière internationale n'était pas qu'un vœu pieux et que le président de la République entendait bien faire prévaloir une politique extérieure « nationale », même s'il fallait pour cela faire tomber un cabinet.

L'engagement de Millerand dans la campagne électorale de 1924 constituait une nouvelle rupture flagrante de la tradition voulant que l'Élysée restât scrupuleusement étranger aux divisions partisanes et aux contingences politiques. Les législatives prirent de fait la signification d'un véritable référendum, et leur résultat ne put épargner la crédibilité politique d'un président aussi clairement engagé aux côtés de la droite nationale. Après la victoire électorale du Cartel, les gauches acculèrent donc Millerand à la démission en faisant « la grève des ministères ». Inconstitutionnelle, la tactique n'en était pas moins politiquement logique et fondée [78].

Durant la crise présidentielle, Millerand chercha à porter devant le Parlement la question constitutionnelle par l'intermédiaire d'un ministère d'amis, le cabinet François-Marsal, constitué à grand peine le 9 juin, mais renversé le 10. Le débat constitutionnel ne put donc s'ouvrir. Devant cette impasse politique, Millerand démissionna. En quittant l'Élysée, il promit toutefois de « reprendre la lutte pour la Liberté, pour la République et pour la France [79] ». Ce fut la constitution, en novembre 1924, de la Ligue républicaine nationale.

Cette Ligue, fondée avec l'appui des grandes personnalités du camp conservateur [80], se présentait comme un « point de concentration » de tous les républicains « sincères », résolus à « barrer la route à l'œuvre de destruction » entreprise par le Cartel des gauches, fourrier de la terreur et de la dictature communistes [81]. L'originalité de la ligue de Millerand par rapport aux programmes des partis conservateurs résidait dans son engagement en faveur de la révision de la Constitution. En effet, le 16 novembre 1925, au cours d'un meeting à Luna-Park, l'ancien président de la République précisa en ces termes la mission centrale de son organisation : « Le programme politique tient dans ce mot " Révision " [...] Il n'est pas possible de prolonger plus longtemps le spectacle auquel nous assistons. La révision des lois constitutionnelle est le seul moyen d'en finir avec un régime dont on ne peut dire s'il procure au pays plus de lassitude ou d'écœurement [82] ». Les articles de cette révision restaient ceux proposés depuis 1919.

André Maginot, successeur de Millerand à la présidence de la Ligue républicaine nationale, réaffirma en mars 1927 la volonté de renforcer l'exécutif et inscrivit en tête de son programme d'action la réhabilitation du droit de dissolution de la Chambre [83]. Toutefois, la démission de Millerand à cause de son échec aux sénatoriales de janvier 1927 et le décès d'Emmanuel Brousse, premier secrétaire général et cheville ouvrière de la Ligue, laissèrent en fait une organisation aux effectifs squelettiques, en quête de subsides et à la limite de la dislocation [84]. À Flandin qui démissionnait lui aussi, le nouveau secrétaire général, Burgard, parla de « lente agonie [85] ». De toute façon, à écouter Henri de Kérillis, la Ligue allait continuer avec Maginot ce qu'elle faisait avec Millerand, « c'est-à-dire rien sinon des discours [86] ». Conçue comme une organisation de combat contre le Cartel des gauches, elle avait en effet passablement perdu de sa raison d'être après le retour au pouvoir de Poincaré. Restait peut-être le débat de fond sur les institutions, mais la crise du parlementarisme avait elle aussi perdu de son acuité avec la formation du gouvernement d'« union nationale ». Sur ce point, pourtant, Millerand n'abandonna pas le combat.

Dans un article à *La Revue de Paris* d'octobre 1930, intitulé « En attendant une Constitution », l'ancien président de la République revint à la charge en proposant cette fois un plan complet de réaménagement des institutions républicaines. L'objectif central du nouvel agencement constitutionnel était d'empêcher toute confiscation possible de la souveraineté du peuple. Le programme comportait cinq grands chapitres : sur le plan électoral, il s'agissait d'organiser le suffrage universel « inorganique », d'adopter la représentation proportionnelle pour la Chambre et de faire une place, au Sénat, aux corporations professionnelles; l'institution du référendum et du droit d'initiative populaire devait assurer au peuple souverain le dernier mot; le droit de dissolution, pièce essentielle de l'équilibre des pouvoirs et des responsabilités, était rendu à l'exécutif seul; le collège électoral du président de la République se trouvait élargi; enfin, une Cour suprême devait garantir les individus contre tout excès des pouvoirs publics [87].

Cet article, de par la personnalité de son auteur, retint l'attention et contribua à ranimer le débat révisionniste au début des années trente. Il marqua d'autre part la permanence et la continuité du révisionnisme « modéré », libéral et conservateur. En effet, quelque trente années après les premiers partisans de l'« organisation de la démocratie », Millerand reprenait presque exactement les propositions réformistes faites par Charles Benoist au début du siècle. La campagne pour la « réforme de l'État » s'annonçait pour certains comme la reprise d'un vieux combat.

Les circonstances, pourtant, n'étaient pas mûres pour un large débat sur les institutions semblable à celui qui était instauré avant-guerre autour de la controverse sur l'adoption de la répresentation proportionnelle. Lors d'un meeting des Jeunesses patriotes en mars 1931, Millerand proposa au Parti républicain-national d'« inscrire en tête de son programme, pour les élections générales de 1932, la restitution au suffrage universel de sa souveraineté, par la révision constitutionnelle [88] ». Son appel resta sans écho; André Tardieu, qui mena les « nationaux » aux législatives du printemps 1932, ignora les préoccupations constitutionnelles, et celles-ci ne trouvèrent officiellement place que dans deux professions de foi seulement [89]. Le thème révisionniste n'était alors pas porteur.

Les tentatives répétées d'Alexandre Millerand pour engager un processus d'amendement des institutions, infructueuses depuis 1919, ne furent pourtant pas sans conséquences sur l'histoire du révisionnisme. Sa démission forcée et spectaculaire, qui sanctionna les prétentions par trop ambitieuses de Millerand à la présidence de la République, mit en effet fin aux espoirs de ceux qui concevaient le renforcement de l'exécutif par l'instauration d'un *leadership* présidentiel fort et actif. Cet échec marqua ainsi l'échec et l'effacement des rénovateurs qui, depuis 1917, avaient cherché dans le régime présidentiel américain des solutions pour la République française. L'« affaire Millerand » ranima en outre les préventions des républicains contre tout amendement de la Constitution. Elle limita pour l'avenir les chances du changement institutionnel et l'objet même des adaptations, la présidence du Conseil apparaissant désormais comme l'axe privilégié d'un éventuel renforcement de l'exécutif.

Une fois de plus, la tradition républicaine s'était élevée avec succès contre toute velléité de pouvoir personnel : « M. Millerand, écrivait *Le Quotidien*, n'a jamais caché le désir d'étendre son pouvoir personnel par des " retouches " apportées à la Constitution, ou, si les " retouches " tardaient, par une interprétation tellement large de la Constitution qu'un Mussolini s'en pourrait satisfaire [90]. » Ces craintes républicaines pouvaient paraître exagérées, mais elles trouvaient un fondement dans la menace représentée par un président de la République fort, installé au sommet d'un

État unitaire particulièrement centralisé et pouvant compter sur la prégnance du tempérament bonapartiste en France.

Les efforts de Millerand après juin 1924 pour promouvoir l'idée d'une révision constitutionnelle avaient de réelles similitudes avec la campagne lancée par Tardieu à partir de janvier 1933. En effet, tous deux furent les chefs engagés d'une campagne électorale qui finalement les désavoua. Vaincus tous deux par Herriot, ils se dressèrent de la même manière contre la République radicale, propageant le chantage à la faillite financière, stigmatisant l'emprise socio-communiste sur la France et proposant au-delà des solutions de circonstances une refonte des institutions. Enfin, par son objectif de rassemblement des conservateurs sur le thème révisionniste, la Ligue républicaine nationale préfigurait l'ambition politique de Tardieu en 1933-1934, assisté alors dans son effort rassembleur par Jacques Bardoux et Édouard Soulier. Le désir secret de Tardieu ne devait d'ailleurs guère différer de l'ambition prêtée à Millerand quelques années plus tôt : « Fondre peu à peu dans sa Ligue les nombreux groupements nationaux dont il serait devenu le généralissime [91]. » Tardieu ne céda certes jamais à la tentation ligueuse, mais les moyens d'action mis à part, la concordance d'intentions avec Millerand était réelle. Le soutien de celui-ci ne manqua d'ailleurs jamais à Tardieu. S'ils divergeaient par le détail des propositions d'aménagements constitutionnels, ils partageaient une commune sensibilité « nationale » et une conception de l'État très semblable. L'ancien président de la République n'avait-il pas applaudi la « belle formule » prononcée par Tardieu à Dijon en juin 1930 : « L'État démocratique doit être un État fort [92] » ?

« Jeunes équipes », spécialistes du droit public et des sciences politiques, anciens combattants, « nationaux » révisionnistes de la Ligue républicaine nationale, chacun de ces groupements et association instruisit à sa manière le procès des insuffisances et de l'inadaptation de la République parlementaire. Cette réflexion sur la réorganisation du régime prit place dans la seconde moitié des années vingt, période pourtant de prospérité économique, de stabilité gouvernementale et de détente internationale. Après l'ébranlement de la guerre et les secousses monétaires de l'après-guerre, on passa de la simple réaction aux événements à l'analyse en profondeur et à l'interrogation sur les principes.

Marcel Prélot souligna en janvier 1929 cet « effort général de rénovation et de réalisme [qui] empoigne et secoue les anciennes formations, suscite des groupements, des organes, des ligues ou des clubs [93] ». L'objet de cette effervescence intellectuelle n'était plus seulement, selon Prélot, la Constitution, ou même le régime, mais l'État, sa définition, son rôle, son organisation :

« Crise de l'État, réforme de l'État, tels sont actuellement les deux thèmes autour desquels évoluent les critiques et les remèdes. Impossible de creuser une question quelle qu'elle soit, sans rencontrer, après une heure d'examen, le problème de l'État, de sa structure et de sa fin; de l'autorité politique, de sa source et de ses limites [94]. »

La formule même de « réforme de l'État » relevait d'ailleurs plutôt du vocabulaire syndicaliste, Tardieu, par exemple, ne la revendiquant comme étiquette de son révisionnisme constitutionnel qu'en 1934 seulement. Par ailleurs, cette formule, sur laquelle beaucoup tombaient d'accord, cachait en fait une très grande diversité d'intentions et de projets. En 1930, Joseph Barthélemy se mit ainsi en quête de la signification précise de l'expression. Il nota chez nombre de militants de la formule une réelle perplexité quant au contenu de celle-ci et souligna la variété des réponses obtenues : appels à une constituante, rénovation par le syndicalisme, adaptation du libéralisme désuet dans le sens d'une économie « organisée », « administrée » ou « gouvernée » [95]. En fait, l'accord, ne dépassait guère le premier stade d'un constat de crise profonde de l'organisation publique. « Le plan technique, le plan constructif, le plan positif de réforme, concluait Barthélemy, est tout entier à construire. »

Il y avait dans cette conclusion un peu d'exagération, bien compréhensible de la part d'un homme qui se contentait alors d'une réforme *dans* l'État, limitée somme toute à une refonte de la procédure parlementaire. Bien des points restaient certes à éclaircir chez les hommes qui dans ces années pensèrent le changement. Toutefois, les plans réformistes, pour divers qu'ils fussent, apparaissaient déjà bien charpentés, les clivages entre groupes rénovateurs passablement rigidifiés et les solutions à l'état de crise institutionnelle pour la plupart explorées. Par rapport à cette fin des années vingt, 1934, année de « la réforme de l'État », n'allait guère innover.

Réforme de l'État ou révision de la Constitution, l'alternative souffrait quelques exceptions, notamment dans le mouvement combattant qui assimilait souvent les deux objectifs. Dans l'ensemble, cependant, le clivage entre ces deux idées du changement partageait nettement les réformateurs. Depuis 1889 et le programme révisionniste du général Boulanger, la révision était considérée comme une atteinte à la République et relevait de la pure « réaction » dans la ligne du césarisme plébiscitaire. S'en réclamer, même pour un homme de gauche, c'était risquer l'anathème. Jean Luchaire essuya ainsi aux Jeunesses républicaines laïques le vif reproche de « millerandisme » pour avoir osé la défendre dans son rapport de 1926 sur la crise des institutions [96].

Plus fondamentalement, privilégier la voie révisionniste, c'était définir les problèmes en termes essentiellement politiques et institutionnels et, le plus souvent, promouvoir le changement dans le cadre du « vieil » État centralisé, autoritaire et socialement conservateur. Or la rénovation de la République apparaissait à beaucoup principalement comme un effort de réorganisation économique, sociale et technique.

En effet, les « jeunes équipes », qui envisageaient la restauration de l'État républicain par l'intégration du syndicalisme, entendaient privilégier dans leur conception du changement le plan économique sur le plan politique, le producteur sur le citoyen, pour finalement faire triompher la démocratie économique et sociale sur la démocratie individualiste. La révision constitutionnelle prenait dans cette optique une importance secondaire, comme on pouvait le lire dans le programme de la revue *L'État moderne* :

> « La réforme de l'État n'implique pas nécessairement la réforme de la Constitution; celle-ci a fait ses preuves, elle est suffisamment souple pour prévenir toute tentative de dictature et assurer le libre exercice des divers pouvoirs. Mais, dans le cadre de cette Constitution, on peut envisager une réadaptation de l'organisation politique et administrative aux fonctions nouvelles qui s'imposeront à l'État du fait des transformations profondes apportées à la vie économique [97]. »

Plutôt que de s'essayer à des exercices de manuels et d'ergoter sur des artifices constitutionnels, les « jeunes équipes » recherchèrent une meilleure collaboration entre les forces vives de la nation et les pouvoirs publics. La force d'une institution ne résultait pas de son inscription dans la Constitution mais de son adéquation avec l'état de la société à un moment donné. Une action législative véritablement progressiste devait suffire à cette réadaptation de la République au monde de l'après-guerre, du moins dans un premier temps.

D'autre part, le « réalisme », qualité revendiquée au premier rang par la plupart des tenants du changement, présentait comme illusoire les chances politiques d'un voyage à Versailles. Proposer ainsi la révision, c'était créer, selon l'avis de Raphaël Alibert, spécialiste de la question au sein du Redressement français, un « obstacle dirimant » à la réalisation des réformes souhaitées [98]. La révision constitutionnelle étant l'apanage des réactionnaires, sa simple mention dans un programme réformiste suffisait à discréditer l'ensemble des propositions. Les plans de réformes évitèrent ainsi souvent toute allusion à une éventuelle procédure de révision, conclusion pourtant logique et inévitable des restructurations demandées.

Les partisans de la révision, pour se dédouaner du soupçon réactionnaire et justifier leur audace, cherchèrent à inscrire leur volonté de changement dans la plus pure tradition républicaine. Le mouvement ancien combattant, qui poussait l'« aventure » révisionniste jusqu'à réclamer la convocation d'une constituante, plaça ainsi ses revendications réformistes sous le parrainage posthume des grands républicains du début de la IIIe République. En effet, l'ambition hautement proclamée des combattants était d'« achever l'œuvre des fondateurs de la République [99] », celle des Gambetta, Ferry, Floquet qui tous n'acceptèrent le compromis de la Constitution de 1875 que sous la réserve de substantiels aménagements futurs. Le fétichisme à l'endroit d'une Constitution « fabriquée par des monarchistes » et née sous le signe du révisionnisme républicain illimité semblait alors totalement déplacé aux yeux des combattants. D'autre part, la mystique de l'intangibilité des textes constitutionnels, consacrée ultérieurement dans la pratique, n'enleva pas à cette Constitution son caractère orléaniste qui en faisait « le vestibule de la royauté [100] ». Les combattants pouvaient ainsi légitimement conclure avec Monnier : « En réclamant une réforme de la Constitution, nous restons dans la tradition républicaine. »

Cette argumentation ne résistait cependant pas aux préventions laissées chez les républicains par l'épisode boulangiste. Si la « réforme de l'État » était une idée acceptable, la révision de la Constitution restait une proposition largement tabou. Et ce ne furent pas les partisans déclarés de la révision – les « nationaux » républicains, Millerand et sa Ligue, ou les contempteurs du parlementarisme, héritiers de la tradition bonapartiste et des idées plébiscitaires, tels Pierre Taittinger et ses Jeunesses patriotes ou Gustave Hervé et sa *République autoritaire* [101] – qui pouvaient espérer la réhabiliter. Ni Tardieu, en janvier 1933, à moins que les événements ne viennent l'aider.

Ainsi, au cours des années vingt, avant même que la dépression économique mondiale ne généralisât le sentiment d'une crise profonde des cadres économiques, politiques, sociaux, intellectuels de la République, étaient apparus la plupart des thèmes et des protagonistes qui articulèrent en 1934 le débat sur la réforme de l'État. Ce débat était bien plus un produit de l'après-guerre et des années vingt que du nouvel avant-guerre et de la crise économique. L'année 1934 représenta à cet égard un aboutissement en forme de point d'orgue, la bipolarisation politique et l'insécurité internationale croissantes venant dès 1935 suspendre le débat sur la réforme de l'État. À bien des égards, d'ailleurs, les années 1933-1934 rejouaient une partie engagée quelque dix ans plus tôt. Elles avaient en effet nombre de similitudes avec la période 1925-1926, ce qui révélait une certaine permanence des problèmes et des attitudes sur les deux décennies.

À tirer ce parallèle, on constate d'abord que les années 1925-1926 souffrirent d'une exceptionnelle instabilité ministérielle comparable à celle qui marqua 1933 : sept ministères en seize mois contre six ministères en quatorze mois. Cette cascade de crises sanctionnait dans les deux cas l'incapacité des gouvernements radicaux ou de concentration radicale à surmonter les difficultés financières : la dégringolade du franc d'une part, le déficit budgétaire d'autre part. Face au Cartel des gauches, se dressa une droite batailleuse et ligueuse, autoritaire et antiparlementaire, « fasciste » même. Cette droite, déjà en uniforme et fière de ses parades, préfigurait la radicalisation politique si caractéristique des années trente. La forte bipolarisation n'avait d'ailleurs pas épargné les années vingt. Un « national » extrémiste comme Camille Aymard posa dès 1925 les termes d'une alternative riche d'adhésions futures, *Bolchevisme ou Fascisme? Français, il faut choisir,* selon l'intitulé de son ouvrage [102]. La droite ligueuse, horrifiée par les drapeaux rouges qui accompagnèrent en novembre 1924 le cortège du transfert des cendres de Jaurès au Panthéon, redouta un instant un complot communiste et prépara la résistance armée [103]. Quant à la droite libérale et conservatrice, sous l'influence des ligues, elle milita volontiers dans les campagnes antiparlementaires et adhéra largement aux aspirations révisionnistes d'un homme comme Millerand. Émoussée par le succès de l'union nationale de Poincaré, la radicalisation politique des années 1925-1926 allait trouver un nouveau souffle en 1933-1934. La poussée de fièvre de 1925-1926 se transforma alors en un état maladif prolongé du corps politique français.

Il n'est pas jusqu'à l'explosion du mécontentement populaire exprimé au soir du 6 février 1934 qui ne trouve son parallèle dans la manifestation sur les Champs-Élysées de vingt mille anciens combattants le 11 juillet 1926. Protestant contre les accords Mellon-Béranger sur les dettes interalliées, les combattants étaient alors conduits par le même homme, Jean Goy, de l'UNC, et avec les mêmes intentions profondes – faire pression sur une Chambre chancelante – qu'en février 1934. Le 11 juillet resta cependant un épisode purement ancien combattant, évitant la confusion et le sang [104]. Gouvernements éphémères, difficultés économiques, agitation ligueuse, bipolarisation accrue, révisionnisme offensif, manifestations de mécontentement populaire : ces similitudes entre les périodes 1925-1926 et 1933-1934 ne sauraient toutefois faire oublier les spécificités propres à chacune, ni cacher l'évolution des problèmes entre ces deux époques.

À esquisser ainsi tout au long de ces deux chapitres d'histoire du sentiment de « crise de la démocratie », des premières campagnes du tournant du siècle en faveur de l' « organisation de la démocratie » jusqu'aux divers projets de « réforme de l'État » élaborés à partir de 1926, on a concentré l'attention sur une minorité d'hommes particulièrement sensibles aux insuffisances du régime parlementaire. Cet intérêt porté à la problématique de la rénovation fausse en partie l'histoire de cette période, car il met en évidence les problèmes non résolus méritant une nouvelle approche plutôt que les réussites et les succès du régime. Or, une fois passées les turbulences de l'immédiat après-guerre, les années vingt peuvent être regardées comme des années d'optimisme, ce dernier dût-il être le produit conjugué des puissantes illusions entretenues sur la France victorieuse et des incontestables réussites de la décennie, telles la reconstruction, la croissance économique ou la paix internationale. La réflexion à partir d'un constat de « crise de la démocratie » fut assurément le fait d'une minorité. Durant ces mêmes années, pourtant, les voies du changement étaient déjà très nettement balisées.

En 1925, pensant que le sentiment de crise de confiance dans les institutions irait grandissant, Émile Giraud prêcha pour la patience : « Sans doute, à l'heure présente, l'opinion n'est pas intéressée par le programme de rénovation démocratique. [...] Mais qu'on mette le doigt sur la plaie, qu'on montre les causes du mal et qu'on indique les moyens d'y remédier, le pays adoptera notre programme et se passionnera pour sa réalisation [105]. » Mettre le doigt sur la plaie, André Tardieu allait justement s'appliquer à le faire à partir de janvier 1933, avec système et opiniâtreté.

CHAPITRE VIII

Une croisade révisionniste

Pour expliquer la défaite de son gouvernement aux législatives de mai 1932, Tardieu retint comme cause essentielle le « parfait fonctionnement du Cartel des gauches ». Quarante mois d'opposition commune sur le terrain législatif avaient selon lui préparé cette vaste opération électorale élargie jusqu'aux communistes et lancée contre une gouvernement qui avait la malchance d'être au pouvoir en des temps de crise économique mondiale. Victime d'une sorte de « loi permanente de pendule » observée depuis 1919, il relativisa l'ampleur du renversement de majorité en insistant sur la stabilité du corps électoral : moins de 10 % de déplacement des suffrages avaient produit un changement des positions parlementaires de plus de 30 % [1]. Plus complète qu'en 1924, la victoire électorale des gauches donna au Cartel une majorité absolue, pour autant bien sûr que radicaux et socialistes réussissent à s'entendre sur un programme de gouvernement.

Et c'était là, pour Tardieu, la grande supercherie de ces dernières élections : loin de clarifier les options gouvernementales, celles-ci avaient fait triompher « l'affreux mélange » du Cartel, expédient électoral « propre au jeu de destruction » uniquement [2]. Par la faute des radicaux et des socialistes, qui osaient faire cautionner par le pays leur incapacité à gouverner ensemble, le régime parlementaire s'acheminait vers « l'impasse ». Cette irresponsabilité politique des gauches laissait présager les plus grandes catastrophes. Évoquant la « faillite » des années 1924-1926 et convaincu que les temps de trouble économique et d'insécurité internationale se prêtaient mal « aux expériences en récidive », Tardieu se donna pour mission de « limiter les conséquences » d'un résultat électoral qu'il jugeait « mauvais [3] ». Chef de la majorité sortante, il comptait ainsi, à la manière anglaise, sonner le rappel de ses troupes et se placer à la tête d'une opposition active au futur gouvernement Herriot. Dès les lendemains de la défaite électorale, il annonça son intention d'assurer de manière effective la présidence du groupe parlementaire des « républicains de gauche » et d'interpeller le nouveau gouvernement le premier jour de sa présentation devant la Chambre. Tant son tempérament batailleur et sa conception volontariste de la politique que l'analyse de la situation parlementaire l'encourageaient à une réaction résolue face à ce qu'il regardait comme « l'échec réparable des élections [4] ». « Il n'y a pas de honte à être battu », devait-il lancer le premier jour de la nouvelle législature à son ancienne majorité [5]. Une fois de plus, aux revers momentanés, il n'était d'autre remède que l'action.

Un chef d'opposition désavoué

Dans sa lettre de démission comme président du Conseil, il informa le président de la République, Albert Lebrun, de son intention de s'opposer à tout gouvernement de concentration. Insensible aux arguments d'une partie de ses amis politiques qui pensaient que le moment était particulièrement favorable pour arracher les radicaux à l'attraction socialiste, Tardieu refusait toute collaboration avec des hommes qui devaient assumer au gouvernement la responsabilité politique de leur victoire électorale. Son opinion sur l'évolution future de la nouvelle législature rejoignait ce commentaire d'Henri de Kérillis émis quelques jours après la formation du gouvernement Herriot : « Non, le pays s'est trompé. Il faut hélas qu'il voie son erreur. Il faut qu'il comprenne, comme l'a fait l'Angleterre, que le salut est dans un retour vers la droite et non dans un coup de barre, irréparable celui-là, vers le socialisme et le communisme [6]. » Pour avancer ce « retour » de la droite aux responsabilités et limiter par là même les dommages qu'une gestion publique socialisante ne pouvait manquer de faire subir à la France, la majorité sortante devait prolonger son ancienne solidarité dans un front anticartelliste. La référence aux années 1924-1926 donnait la méthode et autorisait bien des espoirs. Pour sa part, Tardieu était prêt à prendre, à sa manière, le rôle de chef des « nationaux » tenu alors par Millerand.

Le 7 juin 1932, la déclaration ministérielle d'Herriot à peine achevée, il se lança dans un discours de clarification politique. Selon lui, un « abîme » séparait la thèse socialiste en matière de désarmement de la « thèse française » définie en 1924 par Herriot lui-même et défendue depuis par tous les gouvernements. L'incompatibilité sur ce point entre radicaux et socialistes suffisait à démontrer l'incohérence dangereuse de la nouvelle majorité. De manière quelque peu péremptoire, Tardieu somma donc Herriot de choisir entre la formule officielle de la diplomatie française – « sécurité, arbitrage, désarmement » – et la thèse de Léon Blum qui inversait exactement les termes de cette même formule. Le nouveau président du Conseil esquiva habilement l'attaque et garda de l'interpellation le souvenir d'une agression maladroite et revancharde :

> « M. Tardieu se montra nettement et violemment agressif; il évoqua tous les arguments qu'il avait produits durant la période électorale et que le suffrage universel avait condamnés; il fit des allusions ouvertes et méchantes à de prétendus scandales financiers; il parut animé surtout par le dépit. La Chambre ne le suivit pas; ses propres amis le blâmèrent [7]. »

De fait, Tardieu, qui n'avait pas réussi comme président du Conseil à unifier sa majorité de gouvernement, devait rencontrer encore plus de difficultés à rassembler la minorité et à se poser comme chef de l'opposition. Si des témoignages de soutien admiratif lui parvinrent – tel ce message envoyé par Millerand : « Bravo, mon cher ami, la minorité avait besoin de se rappeler qu'elle a une doctrine et de sentir qu'elle a un chef [8] », une partie importante de ses amis politiques refusa de le suivre et se réfugia dans l'abstention. Sur les 230 « modérés » élus quelques semaines plus tôt sur son programme et avec son aide, il ne trouva à ses côtés, dans le vote de défiance au gouvernement Herriot, que 115 fidèles. Son propre groupe parlementaire des « républicains de gauche », dont il assumait la présidence, se scinda en deux : seuls 26 membres se rangèrent derrière lui, les 35 autres préférant, avec Flandin et Piétri (deux de ses anciens ministres), l'opposition bienveillante, c'est-à-dire l'abstention.

Kérillis se fit l'écho de la déception provoquée chez les « nationaux » par ce vote de division :

> « Pour une fois que les modérés ont un chef prestigieux, courageux, constamment fidèle à ses amis [...], celui-ci est bien mal récompensé. [...] Il leur était facile de se trouver 150 aux républicains de gauche derrière M. André Tardieu, le meilleur d'entre eux, leur chef, et de devenir entre ses mains une merveilleuse machine de manœuvre et de choc [9]. »

En lieu et place de cette opposition massive et disciplinée, ce fut l'émiettement et la division qui prévalurent chez les « modérés », démontrant une fois de plus cette « anarchie profonde des partis d'ordre » tant décriée par Philippe Barrès. Les quelque 200 députés se réclamant à titres divers de la politique Poincaré-Tardieu étaient répartis en une dizaine de groupes parlementaires, eux-mêmes parfois subdivisés en factions rivales [10]. Tardieu ajouta à la confusion en constituant un nouveau groupe, le « Centre républicain ».

En effet, par suite de la division des « républicains de gauche » sur le vote de confiance du 7 juin, Tardieu quitta sur-le-champ ce groupe parlementaire peu cohérent et mal discipliné qui refusait de suivre son président sur une question pourtant essentielle. Devant la solidarité que lui témoignèrent plusieurs amis politiques, tels Paul Reynaud, Désiré Ferry, Maurice Petsche et Marcel Héraud, il créa alors un nouveau groupe capable, cette fois, d'« appliquer la discipline aux questions de politique générale et, particulièrement, aux questions de politique extérieure [11] ». Le Centre républicain, constitué le 10 juin 1932, amputa ainsi de moitié le groupe des républicains de gauche animé par Pierre-Étienne Flandin, Léon Baréty, Laurent Bonnevay et René Coty. À la tête de sa formation de 33 députés, Tardieu était assisté par trois vice-présidents : Pierre Dignac, Louis Rollin et Paul Reynaud [12]. Quant aux idées, le Centre républicain se déclarait « attaché à l'union des républicains » et mettait à la base de son programme « l'organisation de la paix par la sécurité, le respect des traités, la laïcité de l'État, la liberté de conscience et de l'enseignement, la défense des finances publiques, de l'agriculture, de l'industrie, et du commerce [13] ».

Peu original par le programme, ce nouveau groupe révélait toutefois une certaine audace idéologique dans son étiquette. Son appellation avait été préférée à celles de « groupe de l'Alliance démocratique », trop liée à la formation politique du même nom, et de « groupe de la Concentration républicaine », trop liée à une option gouvernementale jugée inopportune. Le groupe Tardieu s'affichait ainsi simplement « Centre républicain », écartant du même coup toute référence au mot magique de « gauche ». Pour Jacques Debû-Bridel, c'était oser là « une sorte de coup d'État parlementaire [14] ». En effet, depuis la fin du siècle dernier, la légitimité de gauche imposait aux partis et groupes parlementaires ayant l'audace de ne pas appartenir au moins à la gauche radicale-socialiste de se dédouaner formellement de cette hardiesse en arborant l'étiquette « gauche ». Les divers centres s'intitulaient ainsi « indépendants de gauche », « gauche radicale », « gauche sociale et radicale », « républicains de gauche ».

En s'affirmant « centre », Tardieu rompait avec cette mystique de gauche qui, par l'effet d'une culture politique atteinte de « sinistrose », identifiait obligatoirement « gauche » et progrès, « gauche » et République. Or, pour Tardieu, céder à cette logique, c'était rapidement se trouver en compagnie des ennemis mêmes de la République, socialistes et communistes, confondus dans la même exclusion du consensus républicain. D'autre part, si le centre suppose une gauche, il postule en même temps l'existence d'une droite. Le Centre républicain réhabilitait indirectement la droite « nationale » et conservatrice avec laquelle Tardieu avait gouverné, que celui-ci considérait comme légitimement républicaine et dont la collaboration pouvait se révéler nécessaire dans l'avenir pour sauvegarder la situation internationale de la France. Dans la ligne de son action gouvernementale, le Centre républicain constituait une sorte d'affranchissement de la mystique de gauche.

La scission avec les « républicains de gauche » ne relevait pas de l'accident, même si Flandin escomptait l'atténuation de la division avec la rentrée parlementaire de l'automne. En effet, en s'abstenant de voter avec Tardieu contre le gouvernement Herriot, Piétri, Flandin et leurs amis manifestèrent leur satisfaction face à un gouvernement radical homogène qui, tout en ne cédant pas aux conditions gouvernementales posées par les socialistes, avait su désigner aux ministères financiers des techniciens agréés par les milieux d'affaires et, pour les portefeuilles de la défense, des hommes au point de vue « national » indiscuté [15].

Herriot, échaudé par son expérience cartelliste de 1924-1925, lia la réussite de son entreprise gouvernementale au maintien de la confiance. Il chercha donc d'abord à rassurer les possédants. Cette modération, qui contrastait avec la « jactance superbe » de 1924, fut très favorablement accueillie par les partis conservateurs. Face à cet « esprit de modération et de réalisme national », Tardieu, qui fit tout pour cristalliser une opposition en démontrant l'influence prépondérante des socialistes sur la majorité gouvernementale, ne réussit guère à convaincre. En fait, nombre de ses amis et anciens ministres préférèrent ménager l'avenir, convaincus que l'heure de la concentration républicaine était proche. En attendant, ils prirent garde de ne pas se couper des radicaux-socialistes, prudence que Tardieu n'avait pas observée. « Mes amis ne veulent pas se battre, confia-t-il au journaliste Debû-Bridel en novembre 1932. Ils ont peur de me voir élargir le fossé entre les radicaux et eux... Si vous les entendiez, ils sont cette fois-ci encore accrochés à mes basques pour m'interdire la tribune [16]. »

Pierre-Étienne Flandin, député de l'Yonne, incarnait cet attentisme prudent. Il était présenté par le sénateur radical Julien Durand comme l'« homme nécessaire de la concentration [17] ». Ministre à plusieurs reprises dans les cabinets Tardieu et Laval, au Commerce, à l'Industrie et aux Finances, ce membre influent de l'Alliance démocratique militait, selon la formule de son parti – « Ni réaction, ni révolution » –, pour une politique de juste milieu capable de rassembler sur un programme « très large, très pratique, très hardi [18] » tous les républicains de gouvernement. De tempérament centriste, ce grand libéral n'avait rien à attendre d'une bipolarisation exacerbée ou d'une quelconque politique du pire et manifestait à l'endroit des radicaux de bienveillantes attentions. Car contrairement à Tardieu, qui n'hésitait jamais à s'en prendre à eux, Flandin préférait s'attaquer aux socialistes, stigmatisant vigoureusement leurs conceptions économiques et financières, pour le secret plaisir des radicaux modérés. D'autre part, selon le conseil donné par le sénateur Durand, « on n'a jamais rien bâti de solide avec la droite; il faut l'avoir contre soi [19] », Flandin sut garder ses distances avec la Fédération républicaine dont il devait dénoncer le souci dominant de conservation [20].

Déterminé dans son opposition aux socialistes, prudent dans ses relations avec la droite, associé aux radicaux dans sa volonté d'éviter une bipolarisation trop accentuée, Flandin apparaissait comme l'une des personnalités inévitables de le nouvelle législature inaugurée par une majorité cartelliste mais assurément promise, vu le désaccord des gauches, à la concentration des centres. Sans exagérer la portée du vote de confiance du 7 juin 1932, ni trop solliciter le recul historique, l'abstention de Flandin et de plus de la moitié des « républicains de gauche » au jour de la présentation du cabinet Herriot indiquait dès le premier scrutin de la législature la voie des collaborations futures. Pour l'immédiat, cependant, la « scission Tardieu » posait un problème partisan car elle laissait « quasi morte » la formation de l'Alliance démocratique. Plus encore, Antony Ratier se retirant, la succession à la tête de cette formation politique était ouverte. Flandin et Tardieu, vice-présidents de l'Alliance, étaient tous deux sollicités. Personne, toutefois, ne contestait à Tardieu la préséance sur tout autre candidat.

Charles Mathiot, qui assurait l'intérim à la présidence de l'Alliance démocratique, insista donc auprès de Tardieu pour que celui-ci en acceptât la direction. Ce choix, approuvé par « tous nos amis », répondait, selon Mathiot, à tous les besoins de l'Alliance :

> « Il faut un *chef* (il ne tient qu'à vous de l'être), un *programme* (je crois pouvoir affirmer que nous l'avons), un *organisme* (l'outil est bon mais les rouages sont à réviser), de l'*argent* (et qui vous en refuserait?), une *maison* (sous votre étoile et avec des fonds, ce sera un jeu de l'acquérir; en attendant nous avons des locaux possibles), un *journal* quotidien (cela viendra par surcroît), enfin, de bonnes volontés : j'en sais d'agissantes qui groupées autour de vous pourront mener à bien la tâche de demain [21]. »

Tardieu promit une réponse pour la fin du mois de novembre; elle arriva le 21. Selon les termes de Mathiot, elle était « particulièrement affectueuse, mais *absolue,* définitive et négative [22] ». Pourquoi donc ce refus?

La présidence de l'Alliance démocratique représentait indéniablement un atout important dans la conduite de l'opposition après l'échec électoral de mai 1932. Formation politique issue de l'aile libérale des républicains « progressistes » de la fin du XIXe siècle, l'Alliance, plus qu'un véritable parti, constituait une organisation de liaison entre divers comités partisans existant à l'échelle départementale ou régionale. Composée de notables indépendants, elle offrait des structures partisanes lâches mais susceptibles d'être revigorées sous l'autorité d'une forte personnalité. Tardieu pouvait être cet homme. Il avait par ailleurs clairement annoncé son intention d'assurer à la Chambre la présidence effective du « groupe des républicains de gauche » dont les membres étaient pour la plupart inscrits à l'Alliance démocratique. En avril 1926, retrouvant sa place à la Chambre, il avait alors souhaité transformer l'opposition au Cartel des gauches finissant en une véritable « troupe parlementaire de choc [23] ». En juin 1932, ce souhait devait encore être le sien. Cette fois, pourtant, les moyens ne semblaient pas lui manquer, et la présidence de l'Alliance démocratique était l'un d'eux.

Le revers qu'il subit le 7 juin dans son mot d'ordre de défiance au gouvernement Herriot lui apprit cependant qu' « entre la franche bataille contre les gauches et l'alliance paresseuse avec une fraction des gauches, centre et droite préfèrent la seconde solution, mol oreiller où reposer la crainte des responsabilités [24] ». La logique du parlementarisme classique autorisait pourtant le chef de l'ancienne majorité à perpétuer son rôle dirigeant à la tête de la nouvelle minorité. Mais l'Angleterre n'était pas la France. Faite d' « anciens élèves du catéchisme, d'héritiers des droits de l'homme et de manieurs de capitaux », cette opposition hétérogène et indisciplinée ne pratiquait pas le loyalisme partisan propre aux régimes de bipartisme. Il n'y avait pas dans le parlementarisme français ce rôle institutionnalisé en Angleterre de chef de l'opposition. Tardieu ne pouvait donc pas y prétendre, d'autant que, selon une note politique de la préfecture de police, « certains de ses amis, estimaient qu'il n'avait plus l'autorité nécessaire pour grouper autour de lui tous les chefs des partis d'opposition [25] ». Il semblait en effet difficile pour lui de surmonter rapidement une aussi cuisante défaite. Les rancœurs électorales aidant, une partie de l'ancienne majorité n'était pas fâchée de « se libérer du joug tardieusard [26] », trop compromettant pour l'avenir.

Marqué à droite par sa longue collaboration gouvernementale avec la Fédération républicaine, Tardieu avait encore accru l'irritation des gauches contre sa personne par l'agressivité montrée lors de la récente campagne électorale. Léon Blum avait ainsi solennellement invité ses camarades à « traiter en ennemie toute combinaison politique qui se formerait non seulement avec la collaboration de M. Tardieu – cela va de soi –, mais sous sa protection et avec sa tolérance [27] ». Quant aux radicaux-socialistes, partis seuls au combat, ils avaient fait de lui le repoussoir devant assurer leur cohésion. Ainsi Mathiot s'illusionnait-il en pensant que, sous la présidence de Tardieu, l'Alliance démocratique raffermirait « la cohésion entre les républicains traditionalistes et sociaux et arriverait à réunir à eux les radicaux de gouvernement [28] ». Nombre de « républicains de gauche » montrèrent plus de clairvoyance sur l'exclusive portée contre Tardieu par le pays de gauche et préférèrent alors prendre leur distance.

Dans cet isolement relatif, écœuré par une minorité qui refusait la bataille, Tardieu abandonna ses espoirs de conduire l'opposition. Il pensait d'autre part à un nouveau combat, plus propre encore à l'isoler : une campagne pour la révision de la Constitution. Pour cette nouvelle croisade, il préférait garder toute son indépendance, trop conscient de la marginalité de ses projets : « Je ne tiens pas, répondait-il à Mathiot, à soumettre les idées que je défends à des congrès ou à des comités, dont l'esprit général n'y est certainement pas favorable [29]. » La présidence de l'Alliance démocratique, utile pour conduire l'opposition, devenait encombrante pour mener la campagne révisionniste. Ajoutées au peu d'intérêt qu'il manifesta tout au long de sa carrière pour l'organisation partisane, ces considérations politiques expliquèrent le refus de Tardieu d'en accepter la présidence. Flandin, plus respectueux de la ligne « juste milieu » observée depuis sa fondation par cette formation, accepta alors la fonction rejetée par Tardieu [30].

Un mois après avoir été présenté au pays comme le chef incontesté des « nationaux » en campagne électorale, celui-ci se retrouvait à la tête d'un groupe parlementaire dépassant à peine la trentaine de fidèles. Il avait souhaité rassembler l'opposition ; « parlementaires, financiers, journalistes, tous se dérobèrent. Il riait et plaisantait de cette carence générale. Il en souffrait pourtant [31] ». Il décida donc de s'éloigner et prit de longues vacances en Italie où il passa quatre mois à méditer sur « le manque de ressort et la médiocrité des mobiles » de la vie politique française [32] – Paul Reynaud, brillant second, le tenait informé de la situation à la Chambre. Sans Tardieu, toutefois, le Centre républicain avait des allures de groupe fantôme, et Désiré Ferry se plaignait à son président et ami, à la fin de décembre 1932, du « flottement très fâcheux » résultant de la totale inorganisation du groupe : « Jusqu'à maintenant tout a été fait au petit bonheur et au gré de chacun [33]. »

Tardieu ne montra en fait nul empressement à réintégrer la vie parlementaire; quelques apparitions au Palais-Bourbon, à la fin d'octobre, furent plutôt des promenades dans les couloirs que l'annonce d'une rentrée politique. Depuis son interpellation du 7 juin 1932, il évitait la tribune et même la Chambre. Malgré la pression de ses amis du Centre républicain qui estimaient que Flandin ne faisait pas suffisamment figure de chef de l'opposition, Tardieu ne manifestait guère l'envie de remonter sur la brèche, du moins pas dans le cadre des joutes parlementaires. Une opposition timorée et indisciplinée lui ayant refusé le rôle de chef, il n'en acceptait aucun autre, et surtout pas celui de la conciliation avec la majorité. Déçu de la tournure prise par les événements politiques, il aurait confié à ses amis : « Je n'ai plus aucun rôle à jouer pour l'instant à la Chambre [34]. » Allait-il abandonner le combat?

Certes non. Il se préparait à une nouvelle campagne, de nature différente, propre, par son action en profondeur, à faire « sortir [le pays] de l'irréel, de l'illusoire, de l'absurde [35] ». En décembre 1932, à nouveau prêt pour l'action, Tardieu annonça ainsi à Flandin son intention de « sortir du silence qui lui était cher [36] ». Il avait accepté la proposition de René Doumic d'ouvrir en janvier le nouveau cycle de la Société des conférences.

L'HEURE DE LA RÉVISION

Neuf mois après la défaite électorale, Tardieu imprima donc à sa carrière politique un nouveau départ [37]. Devant le public mondain de la Société des conférences, le 27 janvier 1933, il dressa le bilan circonstancié de la crise matérielle et morale qui frappait la France et le monde, et réclama pour son pays, au-delà des solutions précaires couramment conseillées, des « corrections profondes » à apporter aux institutions [38]. La « réforme organique » jugée « nécessaire » allait dans le sens du renforcement de l'exécutif et de l'élargissement de la démocratie directe. Le plan de réaménagement institutionnel proposé par l'orateur comportait ainsi cinq grands chapitres, esquissés ou clairement développés dès cette conférence : la réhabilitation du droit de dissolution, la suppression de l'initiative parlementaire en matière financière, l'institution du référendum, la mise en œuvre du droit de vote des femmes et le rappel des fonctionnaires à leur devoir envers l'État, ce qui exigeait un cadre réglementaire nouveau et donc l'élaboration d'un véritable statut des fonctionnaires.

Cette rentrée politique placée sous le signe de la révision constitutionnelle marqua la conversion officielle et spectaculaire de Tardieu aux thèses révisionnistes. Disciple de Clemenceau, il avait en effet longtemps été convaincu que « le gouvernement était affaire de tempérament et de volonté avant d'être affaire de textes [39] ». Ainsi, au printemps de 1926, à peine réélu, alors que beaucoup de monde l'attendait sur le terrain constitutionnel aux côtés de Millerand, Tardieu déçut Gustave Hervé et *L'Avenir*, organe de la Ligue républicaine nationale, en boudant les préoccupations révisionnistes des « nationaux [40] ». Il ne parlait alors que de « majorité nouvelle » et de « gouvernement qui gouverne », fidèle en cela au clemencisme qui « ne voyait de source d'autorité que dans une majorité résolue de gouvernement [41] ». La faiblesse de l'exécutif résultait davantage de la carence des caractères et de la peur des responsabilités que de l'insuffisance des dispositions constitutionnelles. Il avait d'ailleurs pensé le démontrer pratiquement lorsqu'à son tour il accéda au pouvoir. Mais l'expérience du pouvoir avait vite tourné à l' « épreuve du pouvoir ». Et lui, qui n'avait pourtant pas manqué de caractère à la tête de ses ministères, resta « blessé au cœur [42] » par son impuissance gouvernementale. La pratique combative des institutions n'ayant pu remédier à la faible capacité de réalisation du gouvernement, la révision des textes constitutionnels apparut dès lors comme la condition d'efficacité d'un exécutif rétabli dans son indépendance et son autorité. Par ce choix en faveur de la révision, Tardieu reprenait l'offensive sur l'échiquier politique, non pas comme chef de l'opposition parlementaire, mais comme grand « chirurgien [43] » du corps malade français, en réserve de la République pour le jour où l' « heure de la décision » ne pourrait plus être différée.

Lorsque, en janvier 1933, il se lança dans sa croisade révisionniste, il n'était pas tout à fait seul à exprimer de telles préoccupations, et sa conférence résonna comme un écho. L'année parlementaire s'était ouverte à la Chambre par le discours du doyen Grousseau sur le regrettable état d'indigence constitutionnelle de la République et l'anticipation, certes hâtive, d' « un formidable mouvement en faveur de la révision de la Constitution ». Au Sénat, dans un discours d'ouverture dont l'affichage fut voté, le président Jules Jeanneney avait lui aussi lancé un solennel avertissement contre les dangers de la crise d'autorité frappant l'activité gouvernementale [44]. D'autre part, l'initiative d' « une campagne pour la réforme de l'État et la restauration de l'exécutif » avait déjà trouvé un centre d'impulsion dans le camp des « modérés ». La commission exécutive de l'importante Fédération républicaine et sociale du Massif central, présidée par Jacques Bardoux, ami de longue date de Tardieu, vota en effet, le 7 janvier, en plein accord avec le Redressement français d'Ernest Mercier et la Ligue civique, une motion décidant l'organisation d'une croisade réformiste. La diffusion dans le pays d'un plan de douze réformes précises devait à terme revitaliser une République aux rouages grinçants, incapable de faire face aux difficultés de l'heure [45].

Ce début de campagne en faveur du changement institutionnel profita encore du support publicitaire des grandes affiches du Centre des républicains nationaux, qui portaient en majuscules les appels à la dissolution et à la révision. Le 20 janvier, Henri de Kérillis avait en effet proposé aux lecteurs de *L'Écho de Paris* une nouvelle souscription publique ayant pour objectif d'« entreprendre une véritable croisade pour la restauration de l'autorité » et se plaçant notamment sous le patronage des thèses révisionnistes présentées par Maurice Ordinaire, président de l'Union républicaine au Sénat, et Gaston Doumergue, président de la République en retraite et préfacier du programme réformiste du sénateur Ordinaire [46]. Kérillis ne refréna donc pas son enthousiasme suite à la conférence de Tardieu et présenta ce nouveau venu dans le camp révisionniste comme « le meilleur et de beaucoup le plus fort [47] ».

Ce même mois de janvier 1933 voyait en outre l'organisation de leçons au Collège libre des sciences sociales (Sorbonne), animées par Jean Hennessy, connu depuis longtemps pour ses idées réformistes, notamment en matière de décentralisation et de régionalisation, et réunissant de hautes personnalités du monde des anciens combattants, tels Robert Monnier et Henri Rossignol. Le vœu de clôture de ce comité institué en « Club social national », voté le 24 janvier, demandait au Parlement une large refonte de la Constitution « bâclée il y a plus d'un demi-siècle », et ce, soit par la réunion immédiate de l'Assemblée nationale, soit par l'élection d'une assemblée constituante [48]. À la même époque, la ligue des Jeunesses patriotes, qui avait retrouvé sa virulence antiparlementaire et sa phobie de la dictature rouge depuis le retour des radicaux-socialistes au pouvoir, reprenait l'offensive sur le terrain institutionnel. Dans les colonnes du *National*, Roger de Saivre sonna ainsi l'heure d'un « comité de Salut public » et appela toutes les ligues et partis préoccupés par la décadence nationale à se joindre aux efforts des JP pour la constitution prochaine, le 23 janvier, d'un « front national [49] ». Le programme révisionniste de 1926, qui prêchait l'instauration d'une République plébiscitaire aux allures bonapartistes, fut dépoussiéré et proposé comme condition du redressement national [50].

Ce regain d'initiatives réformistes, plus ou moins radicales selon la cure de santé qu'elles entendaient faire subir à la République, profitait d'un contexte politique particulièrement favorable. Paul-Boncour, qui succéda à Herriot en décembre 1932 comme président du Conseil, se proposait de rendre à la République vigueur et autorité en réalisant son idée de jeunesse, l'intégration du syndicalisme dans l'État. De son propre aveu, « il n'eut que le temps de tomber », six semaines plus tard [51]. Coïncida avec cette nouvelle démonstration de l'instabilité politique française l'accession d'Adolf Hitler à la chancellerie. Ce succès du nazisme, redoublant l'inquiétude des Français quant à leur sécurité, relança la réflexion sur les faiblesses de la République parlementaire. Les « nationaux », particulièrement sensibles au défi allemand, trouvèrent argument des abandons diplomatiques français depuis 1919 pour démontrer l'incapacité du régime parlementaire à empêcher le grignotage de la paix de Versailles. La conférence de Tardieu de la fin du mois de janvier était ainsi faite, pour une bonne moitié, du rappel insistant de la faiblesse de la France sur le plan international. La préservation de son rang de grande puissance imposait un net renforcement de l'exécutif.

Selon les « nationaux », l'insuffisance du régime s'illustrait sur un autre terrain : l'incapacité à surmonter la crise économique. La situation désastreuse du Trésor public au lendemain de l'éphémère gouvernement Paul-Boncour traduisait l'ampleur de cette crise. Le déficit budgétaire dépassait alors les dix milliards de francs, soit le cinquième d'un budget annuel de l'époque. À ce solde fortement négatif s'ajoutaient retard et confusion dans l'élaboration du nouvel exercice budgétaire, toujours inconnu des parlementaires en janvier 1933. Assurément, 1933 s'annonçait à maints égards comme une année test pour la République parlementaire. Les hommes qui, comme Tardieu, se mirent à dénoncer les ratés et insuffisances constitutionnelles du régime avaient de quoi étayer leur campagne révisionniste et édifier l'opinion publique. Tardieu n'avait-il d'ailleurs pas attendu, pour reprendre l'initiative en janvier 1933, que « les faits parlassent d'abord » en sa faveur [52]?

Et pourtant, il ne trouva guère de troupes pour ce nouveau combat. « Presque tous ses amis du Parlement, nota François Le Grix, ses ministres, son équipe, se sont " défilés ". Non qu'ils blâment l'initiative du patron; mais ils attendent d' " y voir plus clair " [53]. » En effet, pour ne mentionner que Flandin et Reynaud, alors ténors de l'opposition parlementaire, ceux-ci attendirent les événements du 6 février 1934 pour se prononcer en faveur d'une révision constitutionnelle. Avant cette secousse, les réformes n'étaient pas mûres, l'opinion parlementaire se montrant peu convaincue de leur nécessité. L'initiative de Tardieu, prématurée, pouvait tourner au suicide politique par sa prétention à « toucher la chose parlementaire [54] ». D'autre part, pourquoi s'engager dans une voie aussi extrême alors que, à l'exemple de Poincaré en 1926, on pouvait envisager le redressement national à l'intérieur du système parlementaire par un simple renversement de majorité ? En fait, Tardieu devait son isolement non seulement à ses intentions révisionnistes, mais encore à la forme de campagne politique qu'il entendait mener. Sur ces deux plans, en effet, il se plaça dangereusement sur les frontières de la République.

Dans la tradition républicaine, le thème révisionniste constituait, on l'a vu, un thème de rupture ; sa défense et sa promotion attiraient inévitablement l'excommunication idéologique. L'ère des fascismes aviva encore cette profonde méfiance. Dans la compréhension générale des Français, le fascisme ne représentait alors que l'expression modernisée des vieux démons boulangistes et césariens. Amender la Constitution républicaine, c'était assurément vouloir fasciser les institutions, et non pas, comme l'affirmait Tardieu, simplement « appliquer la Constitution [55] ». L'orthodoxie républicaine ne laissait pas de place entre le fétichisme constitutionnel et l'aventure césarienne. Les succès du fascisme en Allemagne et dans l'Europe centrale et orientale confirmaient d'ailleurs le sens de ces « adaptations » que les révisionnistes de tout poil recommandaient aussi pour la France. Ainsi, indépendamment de sa portée et de son contenu réels, le plan de réformes institutionnelles proposé par Tardieu n'évita pas la mise à l'index par la seule mention du mot « révision ». Dès le lendemain de la première prise de position révisionniste de celui-ci, *Le Populaire* titrait : « M. Tardieu expose un programme de fascisation des institutions [56]. » La gauche accumulait ainsi les repoussoirs traditionnels, passés ou présents, en accusant Tardieu de « réaction », de « néo-boulange » et de fascisme caractérisés. Elle se préparait à la plus ferme des « défenses républicaines ».

Dans un raccourci très significatif de la culture républicaine ambiante, Eugène Lautier, déçu par la nouvelle attitude de Tardieu, chercha à retenir son vieil ami sur la voie dangereuse :

> « Il me semble que nous avons eu les Bonaparte et qu'ils ont fait du mussolinisme avant la lettre. Il me semble que nous avons eu le général Boulanger. Mussolini a supprimé le régime parlementaire, c'est ce que veut faire Kérillis : *"Dissolution, révision."* Quelques-unes de tes propositions aboutissent au même résultat, tu le sais

bien. [...] Veux-tu nous obliger à recommencer une défense républicaine contre toi : Blum (Joffrin), Herriot (Clemenceau), et qui remplacerait Ranc ? Peut-être moi [57]. »

Si la caricature de Tardieu en « Mussolini français » ne résistait pas à l'analyse historique, elle traduisait pourtant avec fidélité la logique et les contraintes de la tradition républicaine française de l'époque. Un rapide tour d'horizon du camp révisionniste en 1933 confortait d'ailleurs l'orthodoxie républicaine dans son refus militant de toute idée de révision, assimilée immédiatement à un coup de force contre la République.

À part quelques modérés de toute façon étouffés par le tapage des extrémistes, les partisans de la révision se recrutaient essentiellement dans les ligues antiparlementaires d'extrême droite au « vieux fond césarien, autoritaire et plébiscitaire », fascisées tout au moins dans leurs apparences et pratiquant toutes l'appel au chef : Jeunesses patriotes de Pierre Taittinger, Solidarité française de François Coty et du commandant Jean Renaud, Francisme de Marcel Bucard, pour ne mentionner que les plus importantes [58]. À ces ligues, qui quotidiennement prononçaient la fin du parlementarisme et se préparaient à l'action violente, il fallait ajouter des agitateurs nationalistes et fascisants, tels Gustave Hervé et son journal *La Victoire*, Camille Aymard et le quotidien *La Liberté*, ou bonapartistes, tel Paul de Cassagnac, qui écrivit en 1933 un ouvrage intitulé *Faites une Constitution ou faites un chef* [59]. Chez les anciens combattants, c'était également l'aile droite du mouvement qui entretenait l'idée révisionniste, avec en tête des hommes marqués par l'activisme antiparlementaire comme Georges Lebecq et Henri Rossignol de l'UNC.

Tardieu se trouvait inévitablement affecté par ce voisinage compromettant. En janvier 1933, Kérillis accueillit la conférence de celui-ci avec la formule factieuse « Dissolution, révision », alors que François Le Grix, grand pourfendeur de l'« erreur démocratique », publiait *in extenso* le texte de cette conférence et mettait sa revue, *La Revue hebdomadaire,* au service de « toute mesure de salut public, *quelle qu'elle fût* [60] ». Eugène Lautier tenta vainement de prévenir Tardieu contre les « cireurs de bottes » et les « émoucheurs » dont la publicité tapageuse le condamnait à l'isolement en cherchant à la récupérer : « Quand on aperçoit les articles de Kérillis te montant en *épingle*, de Camille Aymard, et peut-être aussi (celui que je n'ai pas encore lu) de Buré, tous les républicains foutent le camp [61]. » Entre Tardieu et Lautier, ce fut la fin d'une longue complicité.

Le révisionnisme constitutionnel était le lieu d'aspirations confuses et hétérogènes allant de l'amendement ponctuel jusqu'au changement de régime. Les réformes somme toute modestes de Tardieu ne pouvaient pas, objectivement, être assimilées aux rêves autoritaires et fascisants de l'extrême droite révisionniste. Toutefois, comme souvent dans les périodes troublées où l'affrontement partisan s'aiguise, ce fut les extrémistes qui donnèrent leurs couleurs au révisionnisme. Pris dans cette double logique radicalisante de la tradition républicaine et de la bipolarisation politique des années trente, Tardieu devint lui aussi un « fasciste », l'étiquette signifiant essentiellement son exclusion de la République.

Cet état de rupture républicaine ne résultait pas seulement du thème révisionniste, mais également du type d'action politique choisi par Tardieu pour assurer la promotion de ses idées : l'appel au peuple. Car ce nouveau départ sur un nouveau programme, il aurait pu le concevoir à l'intérieur du système parlementaire. À un nouveau départ, cependant, il préféra associer de nouveaux moyens. La méthode retenue lui était d'ailleurs familière. Comme président du Conseil, il avait en effet volontiers pratiqué l'« appel au citoyen », révélant déjà une conception républicaine peu scrupuleuse des prérogatives du Parlement en matière de débat politique. En 1933, il récidiva et opta pour une grande campagne d'opinion, préférant à la motion parlementaire l'appel au peuple. « Je veux mettre la main sur les masses d'abord », écrivait-il à Charles Mathiot [62].

Affichant d'emblée cette nouvelle stratégie, Tardieu choisit pour cadre de sa rentrée politique non pas la tribune du Parlement, mais l'auditoire mondain de la Société des conférences. Il souligna d'ailleurs lui-même les qualités de cette assemblée, « étrangère aux passions politiques, et qui a l'habitude de la réflexion et le goût du bien public [63] », qualité qu'il ne semblait pas, *a contrario*, reconnaître aux parlementaires. D'ailleurs, il n'attendait pas des bénéficiaires des us et abus du régime d'assemblée la clairvoyance et le désintéressement nécessaires au déclenchement d'un processus de réformes. Comme jadis les sophistes d'Athènes, les parlementaires étaient marqués d'un « pli professionnel » ineffaçable. Les forces de renouvellement, soumises pour l'instant à la tutelle stérilisante du pays légal, se trouvaient dans la grande masse des Français, dont les qualités foncières de bon sens et de mesure ne pouvaient que se révolter devant le désordre envahissant.

> « Je ne crois pas, notait Émile Buré en février, qu'on rencontrera bien souvent André Tardieu à la Chambre ces prochains mois. Il y est venu l'autre jour, mais il s'est refusé à entrer dans la salle des séances... C'est uniquement parmi les travailleurs des villes et des champs qu'il veut, durant trois années, " faire de la politique " [64]. »

C'était à réveiller ce pays « réel », éternel recours des déçus de la politique, « à dégager ce tiers parti » de bons Français, toujours présent aux grandes heures de crise, que Tardieu entendait dorénavant s'appliquer : « C'est donc aux profondeurs de la nation que les pouvoirs publics, gouvernements et assemblées, devront chercher le ressort du sursaut; c'est dans les masses encore indéfinies, toujours lentes à se mouvoir, qui se croient maîtresses de leur sort et qui sont manœuvrées [65]. »

Préfaçant ses discours électoraux du printemps 1932, il arriva à la conclusion que « l'éducation politique de la France était à refaire », le divorce entre les buts de l'existence nationale et les moyens de l'action politique ayant pris « des proportions de péril mortel [66] ». Cette rééducation des Français au sens des réalités réclamait son pédagogue. S'estimant qualifié pour ce rôle, Tardieu s'offrait au pays. Croisade pédagogique et même didactique par ses développements constitutionnels, sa campagne se présenta comme antipoliticienne, voire apolitique dans la mesure où elle visait à sortir la « révision » du champ des passions et de la démagogie pour la présenter comme une évidence rationnelle. Éclairer et convaincre plutôt qu'émouvoir, s'adresser à l'esprit plutôt qu'aux instincts, telle était la méthode retenue par ce rationaliste qui avait foi en la France cartésienne. Inaugurant une longue série d'articles dans les colonnes de *L'Illustration*, il précisa d'entrée son désir : proposer « quelques buts de raison et de solidarité où se puissent attacher la logique française [67] ». La revue illustrée de René Baschet le présentait d'ailleurs comme un homme politique confirmé, certes, mais encore, et peut-être surtout, comme « un historien de métier ». Après de « rudes expériences » et en leur nom, Tardieu manifestait le désir de mettre à distance l'effervescence politicienne pour poser les termes du mal français dans un appel général à la réflexion. « Je voudrais que, amie ou ennemie, l'opinion publique fût, par ce que j'écris, obligée de raisonner sur les choses essentielles, à quoi elle ne pense jamais [68]. » Ces lignes de 1936 reflètent l'état d'esprit présidant au lancement de la campagne de 1933.

Reconverti en éveilleur, Tardieu donna ainsi ses leçons de politique à *L'Illustration* dans une grande série d'articles au titre explicite, « Pour en sortir [69] ». Le lieu choisi pour exercer ce nouveau magistère confirmait le premier choix du public mondain et cultivé de janvier 1933. La livraison régulière d'articles laissait d'autre part entendre qu'il ne s'agissait pas d'une entreprise ponctuelle et passagère, mais d'une campagne en profondeur s'inscrivant dans la durée, seule condition d'une éducation réussie. Rapidement pourtant, Tardieu sentit le besoin d'élargir son public. Les lecteurs sérieux de *L'Illustration* étaient en effet loin de représenter ces « masses » dont il attendait le sursaut national. Persévérant dans sa volonté d'ignorer le Parlement, il prolongea sa campagne journalistique par une série de réunions publiques dans différents départements. Il parla ainsi à Laon le 26 mars, à Belfort le 15 et le 28 mai, à Ambert le 4 juin, à Bourg-en-Bresse et à Chambéry le 26 novembre. Il fut l'invité particulièrement applaudi de la Fédération républicaine et sociale du Massif central, dirigée par un Jacques Bardoux saluant avec enthousiasme « l'ami de toujours, le disciple de Clemenceau, le continuateur de Poincaré, le chef d'hier et le vainqueur de demain [70] ». L'auditoire parisien et mondain du début de la campagne faisait ainsi place aux militants provinciaux. Si Tardieu évitait toujours le Parlement, le conférencier soi-disant détaché de toute activité politicienne de janvier retrouvait avec les discours de 1933 ses accents de polémiste et ses solidarités partisanes. À partir d'avril 1933, l'audience s'élargit encore à la clientèle du journal *La Liberté*. Désiré Ferry, député de Meurthe-et-Moselle inscrit au Centre républicain, avait en effet pris la direction du quotidien de Camille Aymard et donné à son ami Tardieu une tribune qui allait se révéler particulièrement importante dans la lutte contre la République radicale [71].

Cette campagne politique à travers le pays, conduite par un homme récemment désapprouvé par le suffrage universel, défendant un thème particulièrement factieux et pratiquant l'appel au peuple, réveilla à gauche les réflexes de défense républicaine. « Dissolution! Révision!, ce sont des cris de tyrannie, écrivait Lautier. On a le droit, de l'autre côté, de vous répondre par des bombes [72]. » Particulièrement inacceptable, le rejet du Parlement comme lieu unique et obligé du débat politique en République situait Tardieu, formellement du moins, dans le camp de l'antiparlementarisme et du coup d'État. La tradition politique de la IIIᵉ République ne pouvait en effet admettre ce qui de nos jours apparaît comme une simple campagne programmatique utilisant les moyens modernes d'expression, les médias de masse, et cherchant le contact direct avec le pays. Entre la République plébiscitaire et la République parlementaire, les contraintes de la culture politique ne laissaient subsister aucune formule intermédiaire. Césarienne ou parlementaire, la souveraineté nationale avait historiquement oscillé entre ces deux pôles.

Par le thème et la forme de sa campagne, Tardieu se plaçait donc en état de rupture avec le camp républicain, sa nouvelle stratégie le conduisait droit à l'excommunication. En mars 1933, sa simple réapparition à la Chambre provoqua un tumulte sur les bancs de gauche et lui valut de la part d'Herriot une réplique cinglante sur ses ambitions extra-parlementaires et « peut-être même hors de la Constitution [73] ». Un article de *La Frontière*, journal radical-socialiste de Belfort particulièrement attentif à disqualifier Tardieu, résuma dès le début de la campagne révisionniste le point de vue des gauches au sujet de la nouvelle attitude du député de Belfort :

> « Si M. Tardieu a bien le droit de partir pour la croisade fasciste en montant comme Boulanger un cheval noir, il ne devrait pas perdre de vue qu'il est député et qu'il est payé d'abord pour siéger au Palais-Bourbon [...], et que, s'il a de la voix pour faire des conférences antirépublicaines, il pourrait le faire entendre à la tribune de la Chambre pour expliquer comment il a travaillé à mettre le pays dans la mouise financière [74]. »

Lorsqu'il avait envisagé, en juin 1932, cette grande campagne révisionniste, il avait reconnu le risque d'ostracisme et de marginalisation inhérent à une telle entreprise :

> « Ce sont là des croisades qu'attendent de rudes assauts. Les routines se révolteraient. Les " organisations " crieraient la réprobation de leur égoïsme. Les " comités " demanderaient des comptes et ouvriraient des enquêtes pour trahison. Aucune des grandes campagnes de salubrité, qui sont à l'honneur de l'histoire humaine, n'a échappé à cette épreuve. Sortir de l'irréel, de l'illusoire, de l'absurde, où nous sommes, vaut tout de même la peine de courir un risque [75]. »

Il avait donc décidé d'assumer ce risque. Au cours des dernières années, n'avait-il pas trop souvent suivi les conseils d'amis prudents qui le mettaient en garde contre son caractère impulsif, et accepté trop de transactions qui lui valurent, peut-être, ses échecs les plus importants? « Désormais, affirma-t-il, je suivrai ma ligne et je n'en ferai, comme on dit, qu'à ma tête [76]. »

Quelle autre voie choisir? Les législatives de mai 1932 avaient légué au pays « une impossibilité gouvernementale [77] ». Le renversement de majorité, souhaitable, ne constituait pas pour autant une solution durable. Il fallait amender les institutions pour véritablement préserver l'avenir de l'instabilité chronique dont la République souffrait. D'autre part, quel autre rôle politique le vaincu de mai 1932 pouvait-il tenir? La nouvelle minorité refusa son *leadership*. Tardieu devait-il alors suivre le conseil de prudence donné par son ami Lautier : « Tu vois qu'en bien des cas tu n'as qu'à rester tranquille. Comme je te l'ai dit, tes adversaires ne te détestent pas [78]. » Profil bas et réserve attentiste auraient peut-être pu le réhabiliter aux yeux d'une partie des radicaux. Mais l'homme ignorait la prudence et cédait volontiers à son tempérament batailleur.

En cette année 1933 qui s'annonçait comme une année test pour les institutions, le pari sur la révision constitutionnelle ne semblait pas dénué de sens, ni de chance de succès. Si Tardieu, abandonné par nombre de ses amis politiques, confia à François Le Grix sa crainte d'« être en avance sur l'horaire [79] », l'homme restait convaincu du potentiel d'avenir contenu dans le thème révisionniste. Celui-ci n'offrait-il pas aux républicains nationaux un plan constructif de rassemblement et une arme offensive contre la République des radicaux? Si les événements donnaient raison aux révisionnistes, qui d'autre que Tardieu pouvait alors s'imposer à la tête de l'inévitable gouvernement de redressement national? On le voit, ce nouveau départ de 1933, sur un nouveau programme et avec de nouveaux moyens, constituait, en dépit des risques de marginalisation, une habile stratégie de relance politique.

Pour une convergence d'efforts

Lorsque, en juin 1932, Tardieu laissa entendre son désir de s'engager dans une action en profondeur contre les déficiences du régime parlementaire, il envisagea sa croisade en référence à la grande campagne d'avant-guerre menée par Charles Benoist en faveur de l'adoption de la représentation proportionnelle. Rééditer un tel mouvement réformiste, c'était souhaiter « une convergence d'efforts partis d'horizons différents [80] ». L'espoir de voir à nouveau les « chariots de la RP » sillonner la France pour apporter la bonne nouvelle révisionniste resta pourtant un vœu pieux. La rencontre de Jaurès et de Benoist sur la même estrade pour défendre la même idée ne pouvait avoir d'équivalent dans l'atmosphère chargée de 1933. Appartenant désormais à la panoplie fasciste, l'idée même de révision exacerba au contraire les clivages traditionnels. Excommunié à gauche, le thème révisionniste pouvait néanmoins cimenter les formations de droite. Tel était, à moyen terme, l'espoir de Tardieu, dût-il affronter au début isolement et ostracisme.

Le journaliste et publiciste Henri de Kérillis, à la recherche de ce grand parti conservateur introuvable depuis 1919, milita d'emblée aux côtés de Tardieu pour faire de la révision constitutionnelle une idée-force capable d'opérer des rapprochements entre les nationaux divisés jusqu'à l'impuissance. Le 2 février

1933, dans *L'Écho de Paris*, assimilé de plus en plus par la gauche à un *Écho de Tardieu*, Kérillis, faisant le compte des querelles et divisions qui frappaient l'Alliance démocratique, la Fédération républicaine et le Parti démocrate populaire, présenta le programme institutionnel de Tardieu comme une « véritable planche de salut » : « Tardieu a donné aux partis nationaux une occasion unique de mettre un peu d'ordre dans leurs idées, dans leur propagande, et d'agir *en commun* pour un *but commun*, sans perdre leur personnalité propre, puisqu'ils tiennent tant à la garder [81]. » Les formations partisanes des « nationaux », vieilles machines louis-philippardes sans ressort, ne pouvaient canaliser la puissante aspiration au changement qui parcourait tout le pays. Devant « la déconfiture du régime », Kérillis réclamait « un instrument neuf, un homme fort » : « André Tardieu est le mieux qualifié pour prendre la direction d'un grand effort et pour lui donner l'élan et le retentissement nécessaire [82]. »

Si Kérillis allait mettre le journal d'Henry Simon et le réseau du Centre de propagande des républicains nationaux au service de la cause révisionniste, sur le plan partisan l'homme qui travailla au rassemblement des nationaux sur la plate-forme Tardieu fut Jacques Bardoux. Le président de la Fédération républicaine et sociale du Massif central partageait avec Tardieu une sensibilité politique, cultivée notamment par de nombreuses affinités biographiques. De deux ans l'aîné de ce dernier, Bardoux était issu d'une famille républicaine du centre gauche, libérale et parlementaire. Après des études littéraires et juridiques complétées à Oxford, il s'était laissé tenter par le journalisme et tint au *Journal des Débats* la chronique politique entre 1901 et 1914. À l'instar de Tardieu, il cumula journalisme et enseignement, et donna des cours dans les mêmes établissements, à Sciences-Po et à l'École supérieure de guerre, et entra en 1925 à l'Académie des sciences morales et politiques. L'Angleterre, la diplomatie et les problèmes politiques et sociaux constituaient ses centres d'intérêt privilégiés [83]. S'il n'entra au Parlement qu'en 1938, comme sénateur du Puy-de-Dôme, il fut néanmoins un notable politique important et actif de la Fédération républicaine en même temps qu'un essayiste jouissant d'une grande autorité intellectuelle. Il montra dans les années vingt un intérêt prononcé pour le mouvement néo-libéral d'Ernest Mercier, le Redressement français, et siégea à son conseil d'administration. Le réformisme technocratique qui imprégnait le Redressement français suscitait chez lui une ardeur rénovatrice dont les années trente allaient porter témoignage.

L'initiative prise en janvier 1933 par Bardoux et par sa Fédération de lancer une campagne en faveur de la réforme de l'État anticipait de quelques jours la prise de position révisionniste de Tardieu. « Amis de toujours », tous deux se trouvaient engagés dans le même combat, le second travaillant à procurer au premier une base partisane nouvelle. En juin 1933, Bardoux et sa Fédération du Massif central accueillaient donc en nombre Tardieu et ovationnaient son grand discours-programme. En août 1933, le congrès régional de la section puy-de-dômoise de la Fédération républicaine, déplorant « les divisions du centre », lui envoyait un hommage public, lui demandant « d'intensifier sa campagne pour la réalisation de réformes constitutionnelles et pour le regroupement des forces centristes, d'en prendre immédiatement et d'en conserver désormais la direction [84] ».

À cette tentative de créer une dynamique de rassemblement centriste autour du thème révisionniste principalement au profit de Tardieu, Louis Marin, président de la Fédération républicaine de France, devait réagir avec vigueur. Refusant de croire à l'avenir immédiat d'un « centre » dont l'existence postulée ne servait qu'à rejeter la Fédération à droite, il poussa les « deux protagonistes du centrisme », Flandin et Bardoux, à sortir de l'équivoque savamment entretenue et à préciser avec quels hommes, groupes ou partis, et sur quels principes et programme les centristes entendaient leur regroupement [85]. La réplique de Bardoux aux questions de Marin conjugua différemment une seule et même réponse : Tardieu. Se reconnaîtraient en effet militants de ce rassemblement centriste les hommes qui, d'une part adhéraient au « principe d'un congrès fédéral annuel unique du Centre républicain »; ceux qui acceptaient d'autre part « l'autorité d'un chef unique élu pour un an » et qui ne pouvait être dans la pensée de Bardoux que « le président André Tardieu »; enfin ceux qui adoptaient pour programme les idées développées par Tardieu « dans ses remarquables articles de *L'Illustration* ». L'avantage que Bardoux trouvait à un tel rassemblement relevait de l'évidence : « Un commandement. Une discipline [86]. »

Le secrétaire général de la Fédération républicaine, Jean Guiter, trouva l'enthousiasme de Bardoux pour Tardieu quelque peu « enfantin [87] ». Quant à Marin lui-même, il considérait que ce centrisme d'occasion ramené à « un parti Tardieu » tenait davantage de la « formule sonore » que du projet mûrement pensé. Il s'interrogeait d'autre part sur les intentions de ce « chef unique » : dictateur à la mode fasciste, genre Mussolini, ou chef « néo-fasciste », genre Marquet [88]? Et quel Tardieu retenir? L'homme de la néfaste politique radicalisante de 1929-1930, le chef parlementaire abandonné par ses troupes de juin 1932 ou le croisé révisionniste pratiquant l'appel au peuple de 1933? En fait, la personnalité de Tardieu, seul élément concret du plan Bardoux pour rassembler les forces « lamentablement dissociées du centre », constituait tout sauf un point d'entente et de ralliement au sein des républicains nationaux.

> « Il n'y a guère qu'à l'Alliance démocratique, notait un agent politique de la préfecture de police, qu'on professe, assez généralement, amitié et estime politiques pour M. Tardieu. Dans tous les autres groupes nationaux, M. Tardieu est peu en faveur ; sa politique, dit-on, a été déplorable quand il a eu le pouvoir, il y a fait surtout celle de ses adversaires, et ce passé ne le désigne guère pour diriger maintenant l'opposition [89]. »

Le pasteur Édouard Soulier, vice-président de la Fédération républicaine et président honoraire des Jeunesses patriotes, intéressé lui aussi par l'idée d'un grand parti du centre « républicain et national », voulant tenir compte de ces préventions, proposa alors la convocation d'un congrès de parlementaires antimarxistes devant poser les bases d'un tel rassemblement sans préjuger ni de la présidence du futur parti ni de son programme.

> « Soulier n'obtient que des réponses évasives qui sont en somme des refus polis. Il n'a reçu qu'une acceptation ferme, celle du groupe peu important des Jeunesses patriotes. C'est dire le sort réservé au grand parti Tardieu que rêve de constituer M. Bardoux [90]. »

Les Jeunesses patriotes, par l'initiative de leur président, Pierre Taittinger, avaient elles-mêmes lancé à la concertation des forces anticollectivistes du pays un appel les conviant à la rédaction d'un programme commun de redressement national [91]. Taittinger invitait les grandes personnalités de l'opposition et en particulier Tardieu, « chef merveilleux », à sortir de leur tour d'ivoire et à passer à l'action : « Une vingtaine d'hommes de bonne volonté », réunis à huis clos pour « mettre noir sur blanc le programme que la France attend », telle était la solution à la fois simple et féconde du directeur du *National* : « Je verrais très bien un Romier à côté d'un Tardieu, un Kérillis à côté d'un Reynaud, un Gignoux à côté d'un Flandin, un Lauzanne, un Garnier, un Nicolle à côté d'un Marin, d'un Piétri, d'un Soulier, d'un Henriot, d'un Denais [92]. » Le « front national » souhaité par Taittinger menait en fait directement au gouvernement de salut public, puis au changement de régime. Sous une telle bannière bonapartiste, ni Marin, ni Tardieu, ni Flandin, pour ne mentionner que les leaders nationaux, ne pouvaient consentir à se ranger. « Ni Taittinger ni les Jeunesses patriotes, notait Guiter, ne sont qualifiés pour prendre l'initiative d'un semblable regroupement [93]. »

Toutes ces tentatives de recomposition et de rassemblement des droites butèrent en fait sur des différences d'intentions et des conflits de personnes que même la commune opposition à la République radicale ne parvint pas à estomper. Ainsi, Pierre-Étienne Flandin n'entendait pas usurper l'étiquette centriste, à l'instar d'un Bardoux qui ne voyait dans le « centre » qu'une formule élégante devant servir une dynamique partisane favorable à Tardieu. En accédant à la présidence de l'Alliance démocratique en janvier 1933, Flandin avait en effet affirmé son intention de maintenir son parti à égale distance de la gauche et de la droite, cette dernière étant assimilée à la Fédération républicaine de Marin où « le souci domine de conserver une organisation sociale existante, fût-ce dans ses excès ou dans ses abus [94] ». Le centrisme de Flandin rejetait ainsi Marin à droite et constituait un appel à peine déguisé aux radicaux. La dissension entre Flandin et Marin devait d'autre part s'aiguiser aux vues des prétentions partisanes de la nouvelle équipe directrice de l'Alliance démocratique.

En effet, le président Flandin et les vice-présidents André de Fels et Léon Baréty espéraient ranimer cette organisation politique depuis longtemps assoupie. Ils décidèrent donc de procéder à une révision des statuts de l'Alliance pour transformer ce lâche rassemblement de notables républicains libéraux en un véritable parti autonome et discipliné. Cet objectif d'autonomie passait par des clarifications politiques parfois douloureuses, car le cumul des affiliations partisanes, fréquent chez les « modérés », n'était dès lors plus autorisé : entre l'Alliance et les autres formations, il fallait choisir. Cette réorganisation intérieure rencontra quelques résistances, telle celle de Lépine qui, au congrès extraordinaire de mars 1933, plaida contre tout sectarisme entre « nationaux » : « La situation actuelle étant inquiétante, ce n'est peut-être pas le moment de s'isoler et, au contraire, l'heure est peut-être de faire front. » Convart de Prosles répliqua alors fermement : non, il faut à tout prix éviter les « amphibies [95] ».

Les mises en demeure lancées par l'équipe Flandin exacerbèrent évidemment les relations entre les « modérés ». À la Fédération républicaine, Jean Guiter, déplorant « la lamentable attitude de Flandin », enregistrait, irrité, plusieurs démissions de membres inscrits à la fois à l'Alliance et à la Fédération et sommés de choisir entre les deux affiliations [96]. Cette volonté d'autonomie de l'Alliance préparait en fait une politique de concentration des centres et indisposait fortement un membre influent de ce parti, André Tardieu. Les rapports de celui-ci et Flandin s'étaient d'ailleurs aigris au cours de l'année 1933, le premier acte de dissentiment ayant été le refus de l'ancien ministre des Finances de suivre son chef dans le vote de défiance au gouvernement Herriot en juin 1932. L'état d'exaspération et de dissension suscité par les entreprises de Flandin suggéra même à Jean Guiter un scénario d'éclatement de l'Alliance dont profiteraient et Tardieu et Marin : « Car peut-être, y aurait-il à un moment donné une grande opération à faire de dissociation de l'Alliance démocratique par un accord sous une forme à déterminer – comité d'entente, rapprochement ou même fusion – avec ce qui correspond, dans la Chambre et dans le pays, au groupe des députés du Centre républicain [97]. »

Dans ce contexte de division, la dynamique de rassemblement des « modérés », lancée et animée par Henri de Kérillis et Jacques Bardoux sur le thème du révisionnisme constitutionnel et autour de la personnalité de Tardieu, s'essouffla vite. Les propositions pour réunir les forces de l'opposition en un grand congrès antimarxiste, restées toutes sans lendemain, démontrèrent l'impossibilité d'un regroupement des droites. Kérillis, témoin attristé des divisions endémiques des conservateurs, dressait ainsi le tableau des incompatibilités de personnes :

> « Le moment n'est, hélas ! pas venu de tenter une manifestation d'union qui n'aboutirait qu'à donner publiquement le spectacle décourageant de nos divisions. M. Louis Marin ne veut pas s'asseoir à côté de M. Tardieu. M. P.-E. Flandin ne veut pas s'asseoir à côté de M. Louis Marin. M. Champetier de Ribes ne veut s'asseoir ni à côté de M. Tardieu, ni à côté de M. Marin, ni à côté de M. Flandin. M. Billiet, qui tient la grosse caisse électorale des forces nationales, ne veut pas d'un regroupement [98]. »

La convergence d'efforts souhaitée par Tardieu pour sortir la République parlementaire de l'impuissance institutionnelle prit donc plutôt l'allure d'une croisade solitaire. Abandonné par les « modérés » qu'il ne parvenait pas à enrôler sous la bannière révisionniste, récupéré par une extrême droite avec laquelle il ne voulait pas se compromettre, incapable, malgré des avertissements réitérés, de dessiller les yeux du citoyen français, il dut reconnaître en novembre 1933 que sa campagne d'opinion ne convainquait guère que les convaincus, laissant la population dans l'apathie générale : « Contre moi, j'ai trouvé, pour une fois d'accord, la quasi-totalité des élus de tous ordres. Je m'y attendais. Mais je n'ai pas rencontré l'appui actif des masses, dont pourtant je défendais les intérêts profonds [99]. » S'être ainsi coupé de la vie parlementaire pour défendre la révision de la Constitution, idée indéfendable aux yeux des républicains orthodoxes, relevait pour nombre de vieux routiers de la politique de la naïveté et de l'imprudence. « Cet homme-là prête à sourire », constata François Le Grix en juillet 1933 [100]. La stratégie de relance politique adoptée par Tardieu au mois de janvier précédent, au lieu de préparer son retour en force, semblait au contraire le confiner à une marginalisation sans avenir. L'affaire Stavisky et les événements du 6 février allaient pourtant lui venir en aide et lui donner ultimement raison.

À L'ASSAUT DE LA RÉPUBLIQUE RADICALE

Les droites, vaincues en mai 1932, se consolèrent de la défaite en invoquant le précédent de mai 1924 : la « faillite » du Cartel des gauches avait alors permis leur prompt retour au pouvoir sous l'autorité de Poincaré. En juillet 1932, Émile Buré conseilla donc aux républicains nationaux d'« attendre sans impatience l'heure de l'union nationale, évidemment prochaine », étant entendu que « les fureurs destructrices » du nouveau Cartel conduiraient rapidement la France au bord du gouffre. Ce sentiment d'inévitable catastrophe financière, habilement cultivé dès la campagne électorale par la majorité Tardieu, devint rapidement une conviction partagée par l'ensemble des droites. « Nous n'éviterons pas, confiait Flandin à François-Poncet en décembre 1932, une crise du crédit public analogue à celle de 1925-1926, telle est du moins mon opinion [101]. » Le Cartel des gauches, inflationniste et étatiste par définition, ne pouvait en effet se montrer à la hauteur des difficultés de l'heure. Les faits d'abord, le pays ensuite allaient sanctionner son incompétence et imposer le retour de ministères garants des intérêts nationaux, c'est-à-dire économes et gestionnaires comme seules les droites, prétendument, savaient l'être.

Les conditions économiques et politiques particulièrement difficiles de la nouvelle législature renforçaient la conviction d'une probable répétition de la « faillite » de 1926. En effet, la crise économique, avec ses symptômes inquiétants – déséquilibre budgétaire, flambée du chômage, aggravation de l'endettement public –, frappait alors le pays de plein fouet, et le marasme paraissait devoir durer. L'état alarmant des finances permettait à peine d'assurer les échéances publiques à court terme [102]. L'impossible accord des radicaux et des socialistes sur les projets financiers condamnait la majorité gouvernementale à la précarité. Quant à la solution retenue par les gouvernements radicaux – une déflation généralisée se traduisant par des économies accrues et de nouveaux impôts –, si elle rassurait les milieux d'affaires et évitait ainsi l'effondrement de la monnaie, elle aggravait la récession et mécontentait la clientèle même du parti radical, les classes moyennes, premières victimes de la crise.

Les droites semblaient donc avoir la partie belle ; ni les difficultés ni les mécontentements à exploiter ne manquaient. Quelques semaines à peine après la formation du gouvernement Herriot, Paul Reynaud faisait part à Tardieu de ses espoirs : « Il est possible que l'on arrive plus vite que nous le pensions (quand nous parlions de deux ans) à l'union nationale (qui s'appellera redressement financier [103]) ». L'accord sur le but final – réparer un mauvais scrutin en renversant la majorité sortie des urnes – n'empêchait toutefois pas de profondes divergences au sein de la minorité « nationale » sur les moyens mis en œuvre pour assurer le retour au pouvoir. Les différences de tactique entre les trois leaders de la minorité, Flandin, Marin et Tardieu, étaient à ce sujet significatives.

Flandin se voulait l'homme de la concentration. « Je persiste à croire, écrivait-il au sénateur Beaumont, que la collaboration entre radicaux-socialistes et républicains de gauche constitue la seule solution permettant d'espérer un redressement financier [104]. » Ainsi, au lendemain de la chute du gouvernement Daladier, troisième ministre de la législature, Flandin décida de « pratiquer l'oubli des injures » et de « tendre la main à ses amis et à ses adversaires » pour permettre enfin la trêve des partis républicains [105]. Selon la fameuse image de l'« omelette » propagée par Lautier, la concentration de Flandin délaissait donc les extrêmes, écartant Blum et Marin de la future combinaison gouvernementale. Devant l'impasse des gouvernements cartellistes, Julien Durand, sénateur radical partisan d'un tel rapprochement des centres, assurait Flandin de son avenir politique tout en lui donnant des conseils de prudence et de patience : « Vous avez le droit d'être exigeant, on ne pourra rien sans vous [106]. »

Louis Marin, exclu de toute combinaison centriste, prêchait de son côté pour l'union nationale, c'est-à-dire pour une formule gouvernementale de combat antimarxiste devant empêcher au plus vite la « démence » et la « rage destructrice » du Cartel [107]. Sur ce terrain, Marin rencontra Henri Franklin-Bouillon, promoteur infatigable de l'union nationale, avec qui il lança, au printemps de 1933, une campagne de propagande anticartelliste intitulée l'« Union pour la nation » [108]. Pour préparer cette union nationale, Marin préféra toutefois aux diverses propositions de Buré, Bardoux et Soulier, qui toutes envisageaient la réunion d'un vaste congrès de nationaux, la pratique « des négociations discrètes et constantes », seule à même de respecter les susceptibilités de futurs partenaires peu disposés à se compromettre trop tôt dans une telle entreprise. Selon l'arithmétique parlementaire, l'union nationale ne pouvait, en effet, se réaliser qu'en débauchant des voix cartellistes, et les « possibilistes » ne franchiraient le pas qu'« au jour d'un très grand danger [109] ». Au nom de son patriotisme, Marin refusait néanmoins le catastrophisme irresponsable de nombre de nationaux qui, laissant mûrir l'abcès, pratiquaient la politique du pire dans l'espoir d'imposer ensuite leurs solutions au pays. Étaient directement visés par Marin, André Tardieu et sa « politique du laisser-faire [110] ».

Tardieu ne désirait pas, à l'instar de Flandin, pratiquer l'oubli des injures, ni passer sous silence l'inventaire des fautes commises. « Par le Cartel, nous fûmes battus. Contre le Cartel, nous nous battons », lança-t-il à la Chambre en décembre 1933 [111]. Il qualifia donc la chute du gouvernement Herriot d'« excellente en soi », écrivit à Flandin à propos du gouvernement mort-né de Paul-Boncour : « Il ne faut les aider en aucun cas », et accueillit le renversement du ministère Daladier comme « une première revanche de la majorité qui avait gouverné de 1928 à 1932 [112] ». Persuadé que la mort du Cartel résulterait plus « des maladies internes de l'organisme cartelliste » et des ravages qu'il ferait subir au pays que des coups portés par la minorité [113], Tardieu préconisait un attentisme impitoyable dans son décompte de l'incurie dangereuse des ministères radicaux. Cet attentisme n'empêchait toutefois nullement le harcèlement systématique de la majorité gouvernementale et l'exacerbation des oppositions, le pays tout entier gagnant en effet à voir au plus vite sa mise en faillite abrégée.

Si Tardieu ne pouvait accepter la main tendue de Flandin aux radicaux, il montra aussi beaucoup de scepticisme envers la solution de Louis Marin, l'union nationale. Les précédents historiques, ceux de Clemenceau et de Poincaré, s'étaient révélés précaire. À chaque fois, les « modérés » avaient été les dupes des radicaux-socialistes qui désertèrent l'union, se souvenant subitement que leur réélection dépendait de l'alliance à gauche [114]. L'union nationale pouvait donc se révéler « nécessaire », mais n'était pas « suffisante ». Seule une réforme des institutions et des mœurs politiques offrait une solution durable aux difficultés françaises. Ainsi, plus que n'importe quelle combinaison parlementaire et gouvernementale, fût-elle souhaitable, la révision constitutionnelle constituait pour Tardieu la condition inévitable du redressement national.

Cette conception, pourtant, n'avait guère recueilli d'approbation que du côté des ligues et associations très marquées à droite. Tardieu allait-il donc pour autant céder à la logique clairement antiparlementaire de sa campagne révisionniste et répondre aux invitations de l'extrême droite ligueuse ? Pierre Taittinger, président des Jeunesse patriotes, le pressait dans ce sens : « Prêchez la révision, écrire à *La Liberté*, c'est bien; mais, il nous faut écouter et passer à l'action en rédigeant ce programme de redressement avec nous, avec tout les anticollectivistes [115]. » Jacques Bardoux lui donnait également de vigoureux conseils. C'est ainsi qu'en novembre 1933, il lui suggéra de déposer à la Chambre une motion invitant le président de la République à « imposer la trêve des partis et à former un gouvernement de salut public, muni des pleins pouvoirs, dont la tâche exclusive serait de rétablir l'ordre dans les finances et de maintenir la paix en Europe ». Au cas où la Chambre refuserait le vote d'une telle motion, Bardoux assurait alors que la majorité du pays était prête à se rallier sous son autorité à une « ligue de salut public [116] ». Tardieu ne donna pas suite à cette proposition, qu'il jugea « nettement inconstitutionnelle [117] » et refusa de céder à la tentation ligueuse et de prendre ainsi la tête de l'agitation antirépublicaine.

Jacques Bardoux n'abandonna pas pour autant son idée, révélant une fois de plus qu'à l'heure des affrontements tranchés un conservateur, un libéral de tradition parlementaire pouvait, par entraînement et contamination idéologique, céder aux solutions les plus extrêmes. Ainsi, dans l'atmosphère insurrectionnelle du 5 février 1934, il revint à la charge et convia Tardieu, en termes presque comminatoires, d'ajouter à son courage de plume l'audace de l'action directe.

> « Mets la main sur Chiappe et si possible sur Renard. Crée avec Chiappe et deux ou trois personnes cette Ligue républicaine de salut public pour la réforme de l'État dont je t'ai maintes fois entretenu. Ne laisse pas échapper l'occasion. Il peut être trop tard demain [118]. »

Tardieu dût-il une fois de plus écarter cette proposition factieuse, à peine déguisée sous une tradition jacobine revue et corrigée pour l'occasion, Bardoux n'osait alors plus parier sur l'avenir politique de son ami :

> « Un collaborateur de Kérillis m'a affirmé que si tu ne jetais pas les bases de cet organisme, dont le service de documentation, d'affichage et d'impression serait assuré par Kérillis, tu risquais de voir se détourner de toi très rapidement, sous le coup des attaques de gauche et de droite, les sympathies profondes que tu gardes encore en province. »

Tardieu rejeta à nouveau cette suggestion trop empressée qui débouchait sur l'aventure. L'option ligueuse n'entrait pas dans sa stratégie politique. Hostile à la politique de concentration, sceptique au sujet de l'union nationale, réfractaire à l'aventure ligueuse, il semblait s'interdire toute action politique en dehors de sa croisade éducative en faveur de la révision constitutionnelle. Pour renverser la majorité, toutefois, l'appel à l'union nationale apparut encore comme le moyen le plus praticable. C'est pourquoi dès novembre 1933, Tardieu mêla sa voix à celles, nombreuses, qui, dans toute la presse conservatrice, modulaient sur ce thème depuis l'été 1932 :

> « La seule route où se puisse engager un gouvernement résolu à aboutir est celle où se rencontreront, dans une répudiation formelle de toute compromission avec les socialistes durs ou mous, tous les non-socialistes de la Chambre. C'est celle qu'avait suivie, il y a sept ans, M. Poincaré. Nul ne peut, dans les circonstances présentes, se bercer de l'espoir de faire aussi bien que lui. Mais nul ne peut conserver l'illusion qu'il soit possible de faire autrement que lui. Ce n'est peut-être pas la solution idéale. Mais c'est la solution indispensable [119] ».

Dès lors, Tardieu n'eut de cesse d'aboutir au plus vite à cette formule d'union. Sa consigne politique, régulièrement martelée dans *La Liberté*, invitait au harcèlement : « Jeter impitoyablement à terre tout ministère propre à retarder l'avènement de l'union nationale [120]. » Les éphémères cabinets Sarraut, Chautemps et Daladier, qui s'égrenèrent d'octobre 1933 à février 1934, représentèrent pour Tardieu une accumulation irresponsable de « contresens » politiques, défiant le bon sens, voire même la logique constitutionnelle.

> « L'appel à un des chefs radicaux, écrivait-il au lendemain de la chute du gouvernement Chautemps, qui n'ont cessé de faire la chaîne depuis vingt mois, en s'accrochant au pouvoir sous le signe maçonnique, serait impossible à justifier du point de vue constitutionnelle [121]. »

Ces cabinets, créés contre le sentiment public, étaient appelés à succomber sous la révolte de l'opinion. « La France aura le dernier mot », lança-t-il en guise d'avertissement [122].

Dans son application à renverser ces « ministères de répétition », Tardieu fut en fait fortement aidé par les circonstances. Le 24 décembre 1933, le premier acte de l'affaire Stavisky se jouait : Tissier, directeur du Crédit municipal de Bayonne, accusé d'avoir émis pour 200 millions de faux bons de caisse à l'instigation de Stavisky, était arrêté. Ce scandale politico-financier, démesurément amplifié et adroitement travesti, allait emporter la République radicale en quelques semaines.

Occasion inespérée pour l'opposition, l'affaire Stavisky fournit le prétexte d'une offensive décisive contre les pouvoirs en place.

Dès que le scandale eut éclaté, les gouvernements radicaux perdirent en fait l'initiative politique, dans la rue comme au Parlement. L'Action française, entraînant peu à peu les ligues d'extrême droite – Jeunesses patriotes, Solidarité française, Francisme, Ligue des contribuables, puis les anciens combattants, Croix-de-Feu et UNC de la région parisienne –, inaugura le 9 janvier une série de manifestations de rue dont la violence et les déprédations allèrent marquer tout le mois [123]. Avec habileté, Maurras et ses amis transformèrent le procès Stavisky en procès du Parlement, puis en procès de la République, gangrenée jusqu'à la moelle par les complices de l'escroc. Vitupérations et libelles allèrent jusqu'à l'appel au meurtre. L'escalade verbale fut aussi le fait de toute la presse conservatrice qui pilonna sans relâche une opinion publique avertie depuis de longs mois déjà de la décadence du Parlement et invitée à venir dans la rue manifester son sentiment de probité blessée. « À bas les voleurs ! À bas les assassins ! À la Chambre ! », ces invectives, scandées pendant des semaines, allaient attirer sur le chemin du Palais-Bourbon, au soir du 6 février, des dizaines de milliers de mécontents encadrés par leurs états-majors respectifs. Le choc avec les forces de l'ordre devait faire 15 morts et près de 1 500 blessés.

L'exploitation politique du scandale Stavisky ne fut pas seulement le fait des ligues d'extrême droite qui espéraient renverser ou du moins ébranler le régime républicain. Les « modérés » tenaient là également le prétexte pour faire tomber le gouvernement et permettre cette union nationale annoncée depuis les lendemains du scrutin de 1932. À la tête de cet assaut contre la République radicale, chef officieux de l'opposition « nationale », André Tardieu se transforma alors en grand accusateur, faisant flèche de tout bois. S'il ne descendit pas lui-même dans la rue, il contribua à l'embrasement final par le harcèlement sans relâche des gouvernements Chautemps et Daladier. Par ses articles à *La Liberté*, par la réédition de sa conférence de janvier 1933, intitulée cette fois *L'Heure où nous sommes*, par la sortie à grand tapage publicitaire, cinq jours avant les événements tragiques du 6 février, de son livre *L'Heure de la décision*, par ses interventions à la Chambre et par l'intransigeance de ses consignes politiques excluant toute solution de compromis, il fut un des principaux acteurs du coup de force contre le pouvoir légal. Le 6 février, à la Chambre, alors que les coups de feu crépitaient sur la place de la Concorde, le député radical André Cornu tenta une démarche d'apaisement auprès de lui : « Il s'y refusa obstinément, et j'eus l'impression très nette qu'après avoir allumé le feu, il souhaitait que se produisît le pire [124]. »

Le scandale arrivait en fait à point nommé pour lui. Son exploitation politique le servit doublement. D'une part, il put espérer prendre une revanche peut-être définitive contre les vainqueurs de 1932 en discréditant pour longtemps le Parti radical. D'autre part, la violente montée des mécontentements permit de relancer une campagne révisionniste toujours en quête de son public et sur le point de s'essouffler à l'automne de 1933. S'il manœuvrait adroitement, sans même se compromettre directement avec des ligues servant d'infanterie d'assaut contre la République radicale, il avait toutes les chances de réaliser son objectif de janvier 1933 : revenir au pouvoir sur le thème révisionniste porté par un mouvement populaire. Pourquoi laisser passer une telle occasion?

Tardieu n'en était d'ailleurs pas à sa première entreprise diffamatoire contre le Parti radical. À la fin de la guerre, il avait vigoureusement épaulé son patron, Clemenceau, dans la campagne contre les « traîtres » Caillaux et Malvy. En 1934, il retrouva donc facilement le ton de l'accusateur public. Il plaça ainsi le journal de son ami Désiré Ferry, *La Liberté*, à l'avant-garde des délations infondées. En première page du quotidien, les lecteurs pouvaient voir s'enfler régulièrement les sommes escroquées et la liste des personnalités radicales-socialistes éclaboussées par le scandale. Tardieu lui-même, quelques mois plus tard, devant la commission d'enquête, dans un réquisitoire serré mais fabriqué de toutes les rumeurs plausibles, impliqua jusqu'à dix-sept parlementaires radicaux et frappa à la tête du parti en plaçant la famille Chautemps au centre du scandale [125]. Manifestement, si telle était l'ampleur des concussions, le Parti radical et « son personnel usé » ne jouissaient plus de la probité nécessaire aux charges d'État. Kérillis donna la logique ultime de cette accumulation de diffamations :

> « Si, comme on le croit de plus en plus, Stavisky a été, par l'intermédiaire de Bonnaure, le bailleur de fonds électoraux du Parti radical-socialiste, il est permis de dire que le parti tout entier est atteint et qu'il n'est plus qualifié pour diriger le destin du pays. Décidément la crise est profonde [126]. »

« Le cartel des maquignons [127] », concluait Tardieu, devait céder la place.

Dans les différents épisodes parlementaires qui sapèrent la légitimité des gouvernements radicaux, Tardieu tint également un rôle de premier plan. En accord avec les députés les plus agressifs de la Fédération républicaine, Jean Ybarnégaray et Philippe Henriot, il déposa ainsi une proposition de résolution demandant l'institution d'une commission d'enquête. Lorsque, le 30 janvier, Daladier succéda à Chautemps et chercha à élargir son cabinet à des personnalités centristes, notamment en offrant à Jean Fabry le portefeuille de la Guerre, Tardieu, sur-le-champ, radia du groupe du Centre républicain ce transfuge coupable de tendre la main aux radicaux. Le soir du 3 février, à la suite du mouvement administratif qui déplaça le préfet de police, Jean Chiappe, dont les complaisances envers les ligues d'extrême droite étaient devenues inadmissibles pour les socialistes, il fut le premier à réagir publiquement contre l'« odieux » arbitraire qui frappait son ami Chiappe [128]. Il dénonça cette mesure comme une « opération de politique pure », troquant des « têtes pour des voix », et invita les nationaux à manifester leur écœurement devant une telle injustice [129]. Quant à son jugement sur le nouveau cabinet, il était sans appel : « Le ministère Daladier a montré hier sa vraie figure. Il avait dit : " Vite et fort. " Il n'a été que hypocrite. Il s'était annoncé national. Il n'est que cartelliste. Il s'était proclamé justicier. Il n'est que combinard [130]. »

La nouvelle du limogeage de Chiappe, répercutée le lendemain avec fracas dans toute la presse d'opposition, provoqua chez les nationaux une colère vengeresse qui allait mettre le feu aux poudres. Dans des manifestes incendiaires aux accents insurrectionnels, les ligues factieuses et les anciens combattants multiplièrent les appels à l'action directe. Le 5 février, à l'Hôtel de Ville, la majorité nationale des conseillers municipaux, sous l'influence des dirigeants Jeunesses patriotes – Taittinger, Soulier, d'Andigné et Des Isnards –, éleva contre cette « lâcheté nouvelle » du gouvernement Daladier un acte de solennelle protestation et lança au peuple de Paris un appel lourd de sous-entendus menaçants : « Demain, sera ce que vous déciderez : ou bien la consécration de la tyrannie, du sectarisme et de l'immoralité, ou bien le triomphe de la liberté et de la probité [131]. » Cette entrée en scène des conseillers municipaux allait donner aux événements du 6 février leur logique politique.

Comme le démontra l'enquête menée par la Ligue des droits de l'homme, les conseillers municipaux furent en effet le cerveau politique de l'émeute. « Si la place de la Concorde fut le centre insurrectionnel de l'émeute, l'Hôtel de Ville fut son centre politique [132]. » Les élus de Paris non seulement se placèrent à la tête de divers groupes de manifestants pour servir de « ciment », mais ils donnèrent encore l'objectif de la journée. Le cortège qui s'ébranla aux alentours de 19 heures, place de l'Hôtel de Ville, emmené par Taittinger, scandait : « Démission! À la Chambre! » Par une sorte de jacobinisme travesti, s'élevant cette fois contre le suffrage universel, les manifestants entendaient donc contraindre le gouvernement à la démission sous la pression de la foule parisienne. Les plus décidés d'entre eux espéraient forcer les portes du Palais-Bourbon pour « exercer, après les discriminations nécessaires, [...] de solides représailles (solides, mais non sanglantes) sur les élus du suffrage universel qui mène la France à la guerre et à la ruine [133] ».

Le coup de force accompli, la vacance légale réalisée, chacun des groupes et organisations politiques descendus dans la rue envisageait l'avenir selon son idéologie propre. Dans la confusion des intentions ultimes [134], cependant, un seul projet politique parut suffisamment mûr pour l'emporter : l'appel à un gouvernement de salut public réalisant la trêve des partis, c'est-à-dire l'union contre le socialisme, puissance de désordre. Les ligues factieuses, surprises par l'ampleur des événements, servirent en fait la solution « nationale » affichée depuis des semaines à la Une des journaux conservateurs.

À la Chambre, la minorité nationale, en pleine solidarité de buts avec les émeutiers, préparait elle aussi l'assaut final contre le nouveau gouvernement en quête d'investiture. La séance fut orageuse. La déclaration du gouvernement Daladier, complètement étouffée sous les huées et les sifflets de la minorité, obtint une ovation tonnante des radicaux et des socialistes. De leur côté, les communistes ajoutèrent à ce brouhaha fantastique en criant : « Les soviets ! Les soviets ! » Le président, Fernand Bouisson, dut à plusieurs reprises interrompre la séance. Lorsque Tardieu demanda la parole, le vacarme redoubla, la droite et le centre, debout, hurlant *La Marseillaise* en réponse à *L'Internationale* entonnée par les gauches. À Maurice Thorez qui l'insultait et lui « crachait, au nom des prolétaires, son mépris au visage », il dit sa fierté de l'avoir fait une fois déjà jeter en prison [135]. À la nouvelle des coups de feu tirés par les forces de l'ordre menacées de débordement sur le pont de la Concorde, les cris de « Démission ! » emplirent l'hémicycle. Georges Scapini lança alors à la face de Daladier : « C'est un gouvernement d'assassins » : et Franklin-Bouillon de renchérir : « Vous êtes indigne d'être là où vous êtes traîné. Allez-vous-en, avant que le pays ne vous chasse comme vous le méritez [136]. »

Ce climat de guerre civile raffermit évidemment les solidarités partisanes. Le gouvernement Daladier obtint ainsi à trois reprises de substantiels votes de confiance. La volonté de résistance au coup de force ne fit pas défaut sur les bancs de la majorité. « Je ne veux pas qu'il soit possible, déclara Daladier, d'instituer dans la République un quatrième pouvoir, celui des agitations de la rue [137]. » Quant à Léon Blum, il lut, malgré le chahut des interruptions, une déclaration de son groupe parlementaire qui désignait et les fauteurs de trouble et leurs méthodes de chantage. Tardieu était directement visé :

> « Les partis de réaction, vaincus il y a deux ans et qui ont cherché tour à tour leur revanche dans la panique financière et dans la panique morale, tentent aujourd'hui le coup de force. Ce n'est même plus la dissolution qu'ils visent, c'est la mainmise brutale sur les libertés publiques que le peuple de travailleurs a conquises. [...] Dans la bataille dès à présent engagée, nous revendiquons notre place au premier rang. La réaction fasciste ne passera pas [138]. »

De fait, au soir du 6 février, la « réaction » ne passa pas. Le gouvernement Daladier avait tenu et se préparait à défendre dans la nuit les institutions contre un nouveau coup de force. Si l'émeute n'aboutit pas, les manœuvres de Pierre Laval auprès du président de la République, Albert Lebrun, et surtout l'abdication du personnel politique radical-socialiste, effrayé par le sang versé et abandonnant le matin du 7 février Édouard Daladier à sa volonté de résistance, devaient finalement imposer un gouvernement de salut public [139]. L'homme choisi depuis longtemps déjà par les nationaux pour remplir le rôle tenu autrefois par Clemenceau et Poincaré, Gaston Doumergue, accepta, à l'annonce des événements tragiques, de sortir de sa tranquille retraite. Il constitua, le 9, un gouvernement national par lequel les vrais gagnants de l'émeute, Tardieu, Laval et Marin, renouaient avec le pouvoir.

L'exploitation extrême du scandale Stavisky avait donc permis à la minorité nationale de remporter cette bataille sanglante sur la République radicale. Pour les tenants de la cause révisionniste, tel Tardieu, le succès fut véritablement total. En effet, en plus du bénéfice d'un retour au pouvoir largement avancé sur l'horaire des prochaines élections, celui-ci voyait ses préoccupations réformistes dominer l'opinion publique et parlementaire. L'émeute lui avait donné raison, les choses ne pouvant décidément plus continuer ainsi. Le scandale Stavisky avait d'ailleurs été exploité dans ce sens.

En effet, que la « République des camarades » trouvât sa logique ultime dans une « République des trafiquants », le problème avait des causes profondes qui dépassaient la cupidité individuelle de quelques concessionnaires et prébendiers particulièrement entreprenants, fussent-ils assimilés en gros au Parti radical. Non, la crise politique cachait une véritable crise du régime ; le scandale de Bayonne était scandale d'État.

> « Ce qui rend possible les opérations d'un Stavisky, précisait Tardieu, ce n'est pas seulement la corruption ou la débilité de certains hommes appartenant au Parlement ou à l'administration : c'est l'asservissement des pouvoirs et la confusion des responsabilités. [...] Réforme de la Constitution et réforme des mœurs, voilà ce qui doit passer avant les réformes administratives [140]. »

Alors, devant le spectacle désolant de cette « République en quenouille », « total d'asservissements articulés », il déclinait à nouveau les articles de son programme révisionniste et ne prêtait plus, cette fois, à sourire. « Il y a un an, écrivait Kérillis, quand M. Tardieu a commencé sa campagne révisionniste, la plupart de ses amis l'ont laissé tomber. Ils sont unanimes à rendre compte maintenant qu'il leur offre la dernière chance de sauver la République [141]. »

Tardieu apparut comme le grand bénéficiaire des événements de février 1934. Désapprouvé par le suffrage universel en mai 1932, abandonné par la majorité de son propre groupe parlementaire quelques semaines plus tard, isolé en 1933 dans une campagne révisionniste qui le conduisait à la marginalisation politique et à l'exclusion républicaine, il trouva dans le 6 février un spectaculaire retournement de situation. La stratégie de relance politique imaginée en janvier 1933, pari alors des plus hasardeux, remplit en fait ses promesses les plus inespérées. Non seulement Tardieu put renouer avec le pouvoir, mais le révisionnisme qu'il avait longtemps représenté dans l'indifférence générale devint programme de gouvernement. Le recueil de ses articles à *L'Illustration*, *L'Heure de la décision*, sorti en librairie le 1er février 1934, s'annonçait en effet comme le bréviaire politique de l'année.

CHAPITRE IX

La République en quenouille

En auscultant le corps malade de la République parlementaire, Tardieu révélait une fois de plus la prégnance d'un sentiment national formé dans l'inquiétude douloureuse des lendemains de la défaite de Sedan. Car c'était bien cette psychologie tourmentée, à l'affût des moindres atteintes portées à la grandeur française, qui dictait le détail du constat de décadence dressé avec une application inquiète dans *L'Heure de décision*. De cette obsession de la décadence, Tardieu avait pourtant cru pouvoir se débarrasser en 1919, alors que le traité de Versailles rachetait « un siècle et demi de revers et de recul[1] ». Le réveil de 1914 n'avait malheureusement été qu'un sursaut d'énergie sans lendemain, les Français préférant au culte de la victoire « le repos dans la possession[2] ». Le résultat de cette abdication, annoncé par Tardieu à l'époque du clemencisme militant, n'avait rien de surprenant : après avoir gagné la guerre, la France était en train de perdre la paix. Plus encore, par une sorte de « fléchissement nerveux » anémiant l'esprit public et le ressort national, les Français semblaient vouloir renoncer à leur propre histoire. « Avant-garde de la libération humaine », la France trahissait le « rôle de direction » auquel son passé glorieux l'avait destinée[3].

Par fidélité à cette haute idée de la France, Tardieu refusait toutefois de céder à la désespérance du présent. Il trouvait dans l'exceptionnel patrimoine historique de son pays les raisons de croire en un redressement prochain. « Pour quiconque sentait vivre en soi les fiertés du passé français », écrivait-il en janvier 1934, les difficultés présentes ne pouvaient qu'être l'occasion d'une grandeur future[4]. Retrouvant les accents de Michelet, il conjurait la menace de déclin national en réaffirmant sa foi en « l'éternel miracle de l'histoire française[5] ».

Cette foi inébranlable dans le destin national ne relevait cependant pas de la confiance béate et passive. Rien n'irritait plus ce nationaliste fervent que l'indifférence dans laquelle la République parlementaire subissait les événements. « Ce régime à la Tolstoï [6] », de tolérance illimitée et de non-résistance au mal, conduisait la France au désordre et à la démission. Persévérer dans cet immobilisme irresponsable tenait donc de l'aveuglement suicidaire. Le corps débile et sclérosé de la République se révélait malheureusement incapable du « vigoureux coup de rein » nécessaire au salut national.

En effet, seule une République débarrassée de ses abus et revigorée dans sa puissance d'action par une révision des mœurs politiques et des institutions pouvait faire face à la crise économique et à l'insécurité internationale. L'obstination dans le *statu quo* signifiait inévitablement la déchéance de l'idéal de liberté, idéal français par excellence, et promettait à terme le triomphe de la dictature ou de l'anarchie. Pour Tardieu, la défense de la République passait donc impérativement par la dénonciation des insuffisances d'un régime représentatif qui « avait perdu la face [7] » et par l'élaboration d'un plan de réformes salvatrices. *L'Heure de décision* se présentait ainsi comme une « contribution critique et constructive » qui ne blâmait que pour améliorer.

La République abusive

À se pencher sur les dérèglements du système représentatif, Tardieu distinguait deux niveaux dans la profondeur du malaise politique. Il y avait d'abord « une crise de surface » dont l'instabilité gouvernementale constituait l'effet le plus spectaculaire et qui trouvait son origine dans l'alliance contre-nature des radicaux et des socialistes. Au-delà des syncopes chroniques de la machine parlementaire, il décelait ensuite une « crise en profondeur » touchant les mœurs et les institutions [8]. Cette seconde crise dépassait largement le problème des majorités politiques toujours chancelantes pour atteindre le régime représentatif dans ses rouages les plus essentiels. La crise traduisait pour Tardieu une double perversion tant de la délégation que de l'organisation des pouvoirs. Ainsi corrompu dans ses principes premiers de représentation et de division des pouvoirs, le régime représentatif n'était plus qu'une caricature cumulant les défauts conjugués des régimes de clientèle et d'irresponsabilité.

En effet, les préventions de la tradition républicaine contre l'idée d'autorité ajoutées à la conception révolutionnaire d'une souveraineté du peuple monopolisée par les élus de la nation avaient mené la République vers une sorte de nouvel absolutisme, parlementaire cette fois. « Le maître trait du régime, constatait Tardieu, est l'omnipotence parlementaire en face d'un pouvoir amoindri d'exécution [9]. » À l'origine organe de contrôle des activités gouvernementales, le Parlement était devenu un organe de tyrannie exerçant une tutelle abusive sur des ministères ramenés au rang de simple commission exécutive. Par une hypertrophie intolérable de ses prérogatives, le législatif avait absorbé l'exécutif. « Aujourd'hui, la Chambre règne et gouverne. C'est fâcheux pour la France et pour la République [10]. » Fâcheux car, à l'heure où tout le monde s'accordait sur la nécessité d'une direction plus ferme, ce régime d'assemblée dissolvait l'autorité dans le corps acéphale de neuf cents parlementaires livrés en toute impunité à leurs ambitions les plus démesurées. De cette dissolution de l'autorité à l'irresponsabilité généralisée, la logique était respectée. Et Tardieu de dénoncer ce « régime d'abdication » sans volonté dirigeante ni puissance réalisatrice, qui ankylosait la France au milieu des périls.

Et pourtant cette « domination désordonnée » du législatif ne constituait que l'apparence du pouvoir, car « la Chambre qui gouverne, elle aussi, est esclave [11] ». À remonter ainsi la chaîne de l'asservissement général, Tardieu démontrait les limites de la représentation démocratique. Derrière le corps amorphe du peuple souverain s'agitaient en fait d'étroites oligarchies qui confisquaient à leur profit la souveraineté nationale. L'exiguïté de l'arrondissement soumettait le candidat à la députation à une convergence de pressions géographiques, politiques, économiques et personnelles qui le transformaient par destination en « un multiplicateur d'abus » au service d'intérêts particuliers. Délégué d'un comité de parti ou représentant d'un groupe de pression, le député était à la merci des « ordres mendiants » de sa circonscription, véritables oligarchies électorales se déléguant elles-mêmes à la souveraineté. Face au geste éphémère de l'électeur consulté tous les quatre ans, ces oligarchies permanentes détenaient donc le vrai pouvoir. Plus grave, elles faussaient la démocratie en rapetissant « le peuple » à quelque « 200 000 comitards », ramenant du même coup la République du suffrage universel aux mœurs des « censitaires de Louis-Philippe [12] ».

Cette « spécialisation du mandat » parlementaire réintroduisait insidieusement le joug jacobin du mandat impératif et sacrifiait les intérêts de la nation à ceux de la circonscription. Commissionnaire zélé de ses électeurs, le député passait l'essentiel de son temps à quémander des faveurs aux ministres, Mérites agricoles ou Palmes académiques, et à assiéger l'administration pour obtenir de multiples passe-droits. La moralité publique ne résistait pas à ce régime d'intervention et de « combines » qui rabaissait la politique au règne du « piston ». « Cette cuisine équivoque me dégoûte », déclarait-il [13]. Au bout du compte, la démocratie représentative, dénaturée dans sa représentation et son organisation, languissait sous l'effet d'un triple asservissement :

> « L'asservissement de l'exécutif devenu, en face du législatif, un pouvoir subalterne ; l'asservissement du législatif devenu le docile exécuteur de pressions extérieures ; l'asservissement du corps électoral, bénéficiaire, tous les quatre ans, d'une puissance, dont les comités, quatre ans durant, le dépouillent de façon continue [14]. »

Ce régime d'irresponsabilité, de clientèle et d'abdication non seulement défigurait le régime représentatif, mais atteignait dans sa structure et son autorité « le centre éternel de l'histoire de France [15] », c'est-à-dire l'État. Débordé, pillé, désobéi et bientôt démembré, celui-ci subissait une crise sans précédent depuis la féodalité. Et Tardieu de décrire l'assaut lancé contre l'État et le bien public par un « réseau d'oligarchies » et de groupements aux intérêts étriqués, grands féodaux de l'âge moderne campés dans leurs fiefs économiques, électoraux et administratifs. De ce déferlement d'égoïsmes coalisés, le budget subissait la charge dépensière. Était ainsi organisé un véritable « pillage des fonds publics ». L'inflation budgétaire – 6 milliards de francs d'avant-guerre contre 50 milliards en 1933 – témoignait à elle seule de cette démesure dans la dépense démagogique [16].

La dilapidation des deniers publics n'était rien encore comparée à la menace représentée par le syndicalisme des fonctionnaires. Non contents d'assister les « ordres mendiants » dans leurs entreprises de détournement de l'intérêt général, ceux-ci, au mépris de la loi et de leurs devoirs réglementaires, revendiquaient une totale autonomie et posaient même leur « candidature à la succession de l'État, de sa souveraineté et de sa hiérarchie [17] ». Ainsi miné de l'intérieur par « la révolte de ses employés », l'État perdait toute capacité d'action et souffrait d'un morcellement de son autorité qui conduisait droit à l'anarchie administrative et au démembrement politique. Tolérer l'existence de ces corps de fonctionnaires syndiqués, véritables États dans l'État, c'était accepter que fût aménagée contre la puissance de la nation la trahison permanente [18].

Dans sa volonté d'« atteindre les causes » du dérèglement de l'organisation publique française, Tardieu décelait enfin, au-delà des ratés du régime parlementaire et de la progressive dissolution de l'État, une crise des valeurs de la société française, une crise morale. « Les seuls problèmes essentiels sont les problèmes moraux », devait-il d'ailleurs reconnaître [19]. Ainsi, non seulement le corps, mais aussi l'âme de la démocratie française méritaient l'attention du rénovateur. La crise institutionnelle n'avait en effet pas d'autonomie propre. Elle reflétait l'inadaptation des pratiques et des idéologies politiques dominantes face aux problèmes concrets de l'heure. Or l'heure était à la crise économique, avec son lot de désordres matériels et de détresse morale. De cette crise de confiance générale, de cette mise en cause par les faits de l'ancien cadre de civilisation libérale, de cette « crise des années trente », Tardieu allait lui aussi tenter quelques explications.

En 1933, alors qu'il analysait les causes de la dépression mondiale, il avait perdu l'enthousiasme productiviste arboré en 1929 comme président du Conseil. Le héraut de la prospérité à l'américaine, le chantre du néocapitalisme, préférait dorénavant les vieilles certitudes de la bourgeoisie française, garanties contre le démesure et la facilité. Car la crise économique, fautes gouvernementales mises à part, lui apparaissait comme le produit d'une conception artificielle de la prospérité, bâtie sur l'abus de crédit et la spéculation, et léguée par les États-Unis à la naïveté du monde entier. Il dénonçait dès lors « les vices du néocapitalisme » responsables du dérèglement général des rapports économiques : « Concentration industrielle, implacable rationalisation, perfection de l'outillage, hausse des salaires et des prix, groupements dans de monstrueux cartels d'entreprises divergentes, développement formidable des frais fixes, inflation de la production et du crédit – voilà le schéma [20]. » Schéma de faillite inévitable dans le cas d'une surproduction sans débouchés, de consommateurs sans moyens et d'emprunteurs insolvables. La promesse faite au vieux monde par la jeune Amérique d'un Eldorado de réfrigérateurs et d'automobiles se révélait « la plus grande mystification du siècle [21] ». Tardieu, comme tant d'autres, s'était candidement laissé éblouir par le clinquant de l'américanisme. On ne l'y reprendrait plus.

En outre, cette civilisation de la démesure souffrait d'« un défaut d'humanité ». Par une foi excessive placée dans la technique et le machinisme, elle enchaînait l'homme à « la pauvre mécanique de M. Ford [22] » et, plus grave encore, confondait le progrès matériel avec le progrès de l'être, le développement technologique avec le développement moral. Ainsi s'était insinué dans la vie publique française un matérialisme étroitement utilitaire qui minait la vitalité nationale. « On n'entend plus qu'un bruit de gros sous. [...] Ni idées, ni sentiments, ni passions [23]. » À une mystique idéaliste capable de s'élever à la compréhension de notions générales – Patrie, État, intérêt commun –, était substituée une mystique matérialiste synonyme d'égoïsme sacré, car « la philosophie du système est un individualisme simpliste » et desséché, n'ayant point d'autre fin pour l'homme que l'homme lui-même [24]. À subir ainsi l'action corrosive de cette « philosophie de l'égoïsme tant bourgeois que prolétarien », la démocratie française avait perdu le sens et la valeur du mobile collectif pour s'étioler dans la satisfaction d'intérêts étriqués. Et Tardieu de conclure ce constat désespérant par une comparaison à valeur d'avertissement : « On songe, en regardant la France, à cet Empire romain du IIIe siècle [25]. »

Crise du régime représentatif, crise de l'État, crise des valeurs, ce triple diagnostic faisait apparaître deux pathologies au développement fatal pour l'avenir de la France : carence de l'autorité gouvernementale et « prévalence » des intérêts particuliers sur l'intérêt général. Dans son organisation comme dans son esprit, la démocratie française semblait mortellement atteinte. Elle n'était pourtant pas condamnée.

Le « Pour en sortir » de Tardieu, premier titre donné à sa croisade intellectuelle, ne renvoyait pas, en effet, au « Pour en sortir » littéral de Charles Maurras lancé en 1925 dans les colonnes de *L'Action française*. Selon le monarchiste, la réforme de l'État n'avait de sens qu'en dehors de la République, puissance de désordre par elle-même. Pour sa part, Tardieu considérait la République comme le cadre incontestable de la vie française, cadre de création et d'avenir. Dans son organisation actuelle, le régime souffrait non pas d'une quelconque tare originelle, mais d'une profonde corruption de son esprit et de ses principes. Tardieu empruntait en effet à Montesquieu la logique de son analyse de la décadence. Les régimes meurent de la corruption de leurs principes, de la défaillance de l'esprit qui les animent; ou encore, selon les mots de Tardieu lui-même, de « la défiguration des idées qui constituent les bases mêmes de notre civilisation par des abus qui les privent de leur noblesse et de leur sens [26] ». De cette corruption, les institutions portaient trace.

Devenu « nocif en vieillissant », le régime représentatif fonctionnait à l'encontre de son objet, sous l'effet d'une série de dérèglements par abus de principe. Ainsi, l'excès de défiance républicaine envers le pouvoir avait annulé toute autorité en République. Le contrôle démocratique du Parlement s'était mué en tyrannie des assemblées. L'hypertrophie du législatif ayant absorbé l'exécutif, la division des pouvoirs, garante des libertés, cédait devant la confusion des responsabilités. Le peuple des citoyens, dépouillé de sa souveraineté par la « caste » parlementaire et les « comités », faisait figure de « souverain captif ». Censés représenter la nation, les élus n'étaient plus que les ambassadeurs-courtiers de leur circonscription. Créé pour consentir l'impôt et freiner les dépenses, le Parlement aggravait la gabegie financière en agissant comme un promoteur de déficit. Par crainte de la « réaction », enfin, la République se complaisait dans l'ankylose et l'inaction.

La crise économique elle-même apparaissait comme le produit de la corruption d'un capitalisme débridé, sujet à l'emballement par l'effet de sa propre réussite. Dès lors, à la saine mesure bourgeoise, à la persévérance laborieuse et à la méfiance envers le gain facile, s'étaient substitués l'euphorie et la démesure productivistes, l'excès du machinisme et la surcapitalisation, l'abus de crédit et l'inflation spéculative des profits. Un capitalisme de spéculation avait prit le pas sur un capitalisme d'épargne. « En se flattant de faire du réalisme, on est tombé dans l'irréalisme [27]. »

La crise morale avait suivi cette même logique corruptrice. Par leurs extraordinaires succès, les sciences appliquées avaient enchaîné l'homme au progrès matériel et sacrifié le développement spirituel de l'humanité à une quête utilitariste sans idéal. L'individualisme, promoteur de la dignité de la personne humaine et de la liberté individuelle, avait subi une pareille dégradation que Tardieu résumait en un raccourci explicite : « Chute de l'individualisme sain de Descartes et de Bacon à l'égoïsme maladif du déraciné de Barrès [28]. » Le produit final de cette dénaturation des valeurs avait donné ce « Français moyen », pris pour idéal par l'idéologie radicale-socialiste, mais qui ne constituait qu'un pâle reflet des qualités foncières du peuple français :

> « On a fabriqué un " Français moyen ", qui n'est pas le Français normal, un Français dont on a développé les défauts et amenuisé les vertus. Curieux mélange de méfiance et de crédulité, d'indiscipline et d'indifférence, de révolte contre les pouvoirs, d'asservissement aux pouvoirs et d'exploitation des pouvoirs [29]. »

Ainsi fondée sur un « Français moyen » aux vertus anémiées, la République parlementaire avait subi inévitablement toutes sortes de déformations. Selon une psychologie politique à la Montesquieu, Tardieu plaçait au cœur de la crise française l'effet dissolvant d'une « vertu politique » corrompue. À définir cette vertu ou cet « esprit des lois » propre à la République selon Tardieu, on retrouve le lien indissoluble unissant République et nation. En effet, l'amour de la République n'avait d'autre contenu que sa signification littérale, c'est-à-dire l'amour de la chose publique. En d'autres termes, cette vertu républicaine à caractère moral devait assurer la « prévalence » de l'intérêt général sur les intérêts particuliers : « Cette prévalence, c'est l'ordre même [30]. » Ce civisme politique incluait d'autre part le sentiment patriotique. La vertu républicaine était en effet naturellement « nationale », République et patrie se conjuguant dans le même amour.

Ranimer et revigorer cette « vertu politique » soucieuse du bien général et attachée au sentiment national constituaient pour Tardieu la condition morale, donc première, de toute rénovation nationale. C'est pourquoi il considérait sa campagne révisionniste comme une tâche d'« éducation politique de la France » – éducation « à refaire [31] » d'ailleurs – plutôt que comme le simple énoncé d'un programme d'aménagements institutionnels. C'est pourquoi, enfin, sa réforme de l'État se comprenait d'abord comme un retour aux valeurs nationales et aux principes momentanément corrompus qui avaient fait dans le passé la grandeur de la France. « Restaurer », « redresser », « purifier » des principes et des institutions « déformés », « rouillés » et « souillés », tel était le sens de sa réforme de l'État [32].

À identifier ainsi un principe dynamique expliquant les défaillances de la République parlementaire, à savoir la corruption de cette vertu républicaine et « nationale », on ne s'est attaché qu'à un aspect du drame français, celui, descriptif, des symptômes et des effets de la dénaturation du régime représentatif. Or il n'est pas de corruption sans agent corrupteur.

Le poison socialiste

Le militantisme antisocialiste accompagna toute la vie politique de Tardieu. Pour ce bourgeois « national », l'internationalisme et le collectivisme socialistes ne pouvaient que signifier la négation des valeurs françaises. En 1933, alors que la France était entrée dans une « phase où le caractère général des crises multipliait les conséquences de chaque erreur », il stigmatisait une fois de plus « la puissance d'erreur » du Parti socialiste et mettait le pays en garde contre les catastrophes en récidive [33].

Dans les faits, le socialisme s'était en effet avant tout illustré comme fauteur impénitent de faillites retentissantes. Les expériences allemande, autrichienne, anglaise et australienne, indiquait Tardieu, avaient amplement démontré que socialisme au pouvoir rimait avec banqueroute, chômage, déficit, inflation et déliquescence générale. « Il est de règle, en tous pays, que les hommes de gauche arrivent au pouvoir par suite de difficultés financières et qu'ils les portent, en quelques mois, au point extrême d'acuité [34] ». La gauche, dépensière et démagogique par définition, ne pouvait qu'entretenir la crise économique. La réponse du Cartel au dilemme implacable – déflation budgétaire ou inflation monétaire – apparaissait en effet comme automatiquement désastreuse, car, « pour faire une politique de déflation, affirmait Tardieu à la Chambre, il ne faut pas une majorité d'inflation [35] ». Cette incapacité gestionnaire ne relevait d'ailleurs pas de l'accident ou de la conjoncture, mais d'une conception économique et financière défiant tout bon sens. La tare était bien congénitale, l'hymne à l'étatisme le prouvait amplement.

En effet, le retour à l'autorité, condition indispensable de tout redressement national, passait par une limitation des fonctions de l'État, la force de l'organisme central étant inversement proportionnelle à son volume. La puissance publique, incapable d'initiatives fécondes, devait donc résister à la tentation de se substituer au seul centre d'impulsion du progrès, l'individu doué de liberté. « L'État, affirmait Tardieu, ne crée jamais l'idée. » Et de donner pour preuve ces affirmations édifiantes : « Colomb seul a découvert l'Amérique; Fugger seul a inventé le capitalisme [36]. » Or le socialisme avait réussi à faire accroire auprès de l'électeur l'idée d'un État tout-puissant, garant du bonheur pour tous, guichet ouvert aux sollicitations de chacun, véritable État-providence dont il faut tout attendre : « C'est l'esprit socialiste qui pousse le citoyen à vouloir que l'État devienne un nourrisseur universel [37] ». Les socialistes firent d'ailleurs de cette illusion de la prodigalité étatiste « la pointe de leur pénétration [38] » politique, pointe aiguisée par une mystique de la répartition aussi aguicheuse qu'absurde économiquement. L'étatisme constituait l'« ancre de salut » de l'organisation et de la force électorale des gauches. Car les oligarchies quémandeuses étaient par excellence de gauche, comme ces comités radicaux et socialistes, « sergents-recruteurs des engagements électoraux ». À droite, les candidats étaient « forcés de se mettre à la page et, par prudente concurrence, promettaient tout autant que les candidats de gauche [39] ». Mais la démagogie budgétaire et la surenchère dépensière appartenaient en propre aux hommes de gauche.

Cet étroit électoralisme avait substitué à l'égalité du régime républicain les profits d'un régime de clientèle. Pillage et inflation du budget en découlèrent; car, de percepteur, l'État se mua en payeur universel, l'immense gamelle publique étant généreusement promise à tout le monde. La mystique de gauche jouait sur l'exploitation des envies niveleuses pour exproprier d'abord et distribuer ensuite, excitant cet insatiable besoin de gratuité de l'électeur. « Les peuples étant d'instinct matérialistes [40] », cet étatisme utilitaire trouvait facilement son public et entretenait la bruyante cohue des « rentiers sociaux », version nouvelle du parasitisme économique. Amalgamant dans une fureur démonstrative toutes sortes de dépenses publiques, Tardieu s'indignait de voir que plus de la moitié des recettes de l'État étaient « ristournées » à des particuliers, sous forme de salaires, indemnités, retraites, allocations, pensions, subventions et abattements à la base [41]. À favoriser ainsi la clientèle des rentiers sociaux au détriment des forces vives de la production, l'étatisme socialiste brûlait par les deux bouts la chandelle de l'économie nationale. Car, en dépit de la ponction fiscale opérée auprès des « nantis », l'État-providence péchait par excès de gratuité et conduisait inévitablement au déficit et à la crise financière. Voilà comment, dans l'esprit de Tardieu, les mots de socialisme, d'étatisme et de faillite s'enchaînaient immanquablement.

À considérer l'indigence de la doctrine socialiste, il ne s'étonnait pas des résultats désastreux obtenus par les gouvernements socialistes ou sous influence socialiste. La pensée obscure de Marx, maintes fois démentie dans ses prophéties, avait pris l'allure d'un catéchisme desséché. À la faillite des actes, s'ajoutait donc la faillite de l'idée, et ce n'était pas le caporalisme des partis socialistes qui pouvait revigorer cette doctrine débilitée [42]. Plus grave encore, le socialisme ne s'illustrait pas seulement comme fauteur de faillites économiques et sociales; véritable agent corrupteur, il travaillait à la dissolution de tout ce qui fondait la grandeur française. Se trouvaient ainsi directement menacés de décomposition l'État, la nation et finalement la civilisation française elle-même.

Horrifié par la rébellion des fonctionnaires syndiqués, Tardieu voyait l'État engagé sur la voie du démembrement administratif et politique. Les fonctionnaires constituaient les agents électoraux de la gauche, ces fameux « cadres » lancés un jour par Briand à la face de Barrès. Or ces cadres, après avoir travaillé pour le radicalisme, servaient maintenant avec diligence le socialisme et préparaient de l'intérieur l'assaut révolutionnaire contre l'État républicain : « Parce qu'ils comptent sur le concours des syndicats de fonctionnaires, nos SFIO, de poil dur ou de poil mou, considèrent la mise en vacance de la légalité comme une opération facile [43]. »

Le socialisme avait également parasité l'esprit républicain et sapé l'idée nationale en propageant une doctrine de division, sans Dieu, ni passé ni patrie. Au service de cette éradication des valeurs françaises, Tardieu retrouvait la milice des fonctionnaires syndicalisés, sous la figure rebelle, cette fois, des instituteurs confédérés qui s'appliquaient à enseigner à la jeunesse de France l'objection de conscience et la grève générale [44]. Par suite de cet endoctrinement sous alibi de neutralité scolaire, les qualités foncières des Français ne pouvaient que se dégrader et leur capacité de sacrifice et de résistance s'anémier. La gauche était responsable de l'affaissement de la volonté nationale dont pâtissait la France tant face à la crise économique que face à Hitler. C'était d'ailleurs l'égoïsme maladif du « déraciné de Barrès », en d'autres termes l'égoïsme du boursier aigri, intellectuel déclassé cherchant dans le socialisme patrimoine et revanche sociale, qui avait dénaturé « l'individualisme sain de Descartes et de Bacon » en une vulgaire quête matérialiste. Antithèse française absolue, le socialisme, plus qu'un quelconque corps étranger dans la nation, apparaissait, enfin, aux yeux de Tardieu comme une importation allemande porteuse de barbarie.

« Depuis la guerre, notait-il, le socialisme, avec son étatisme, son caporalisme et son collectivisme, a glissé dans la vie française un poison qui n'est pas de chez nous [45]. » En effet, à Saint-Simon, Fourier ou Proudhon, les socialistes français avaient préféré « la courte doctrine du bourgeois allemand [46] ». Karl Marx lui-même ne fit d'ailleurs que « doctriner » l'éternelle « mystique asiatique des masses » dont le but déclaré visait à l'asservissement de l'homme. Se rejouait donc la « vieille histoire » de l'assaut de l'Orient contre l'Occident, la horde dévastatrice ayant simplement changé de nom et de tactique. La barbarie asiatique ne troublait plus le monde civilisé à la manière de Gengis Khan ou d'Attila ; plus sournoise, elle « s'insinuait ». L'Allemagne, « à demi slave », servit de foyer d'expansion de cette philosophie de la force, trouvant dans Hegel, Fichte et Marx de puissants interprètes. Partout, la barbarie du nombre, que celle-ci cultivât la notion de classe ou de race, s'appuyait sur « la volonté des gens sans place en veine d'expropriation », « cuistres à tout faire » qui, une fois encore, rappelaient les « déracinés » de Barrès [47].

Le marxisme constituait le rejeton moderne et effrayant de ce que Tardieu appelait « le lobe oriental du cerveau ». Il confondait ainsi dans la même idolâtrie de la force et de l'État, le bolchevisme, le fascisme et le nazisme. « Au bref, affirmait-il dans un raccourci étourdissant de simplicité démonstrative, les trois régimes sont fils, sinon du même lit, du moins du même père » ; et de compléter l'amalgame en citant les épigones de seconde classe de Staline et de Mussolini, les dictateurs Primo de Rivera, Venizelos, Voldemaras, Pilsudski, Kémal Pacha et même Franklin Roosevelt [48]. En somme, l'ennemi était unique, et ce n'était pas par hasard si Karl Marx était né allemand. Le danger socialiste et le danger allemand constituaient les deux faces hideuses, extérieure et intérieure, du même projet d'anéantissement de l'Occident et de sa civilisation, et par conséquent, de la France, avant-garde universelle de la libération humaine.

La France, doyenne de la civilisation, avait un rôle de sentinelle à tenir. Dernièrement, en 1918, elle avait refoulé la masse allemande derrière le Rhin, frontière de la liberté. Si elle continuait à subir les événements au lieu de les façonner, si à la réforme de son organisation politique elle préférait l'immobilisme, elle ne ratifiait pas seulement sa propre déchéance, mais acceptait du même coup la mort de la civilisation de liberté. De l'avenir d'une République française revigorée dépendait l'avenir démocratique de l'Europe. Tel était l'enjeu ultime de la réforme de l'État :

> « Si nous restons tels que nous sommes, il nous arrivera quelques jours de nous trouver dans la même condition qu'à Berlin : bastonnade, camps de concentration, antisémitisme, lois de stérilisation... Et quand nous serons là, la nuit de la servitude aura tôt fait de s'étendre sur l'Europe continentale [49]. »

La restauration nécessaire

Face à cette grande offensive des dictatures marxistes et fascistes contre la civilisation, offensive qui pouvait s'enorgueillir de conquêtes spectaculaires depuis la guerre, la France, patrie de la liberté, n'offrirait de résistance victorieuse que si elle retrouvait équilibre et idéal. La réforme de l'État se présentait comme un ressourcement à une tradition nationale que Tardieu, fidèle à l'enseignement du « petit Lavisse », interprétait dans un sens très œcuménique. Louis XI, Henri IV, Richelieu, Louis XIV, Bonaparte et Clemenceau pêle-mêle étaient mobilisés pour rappeler le sens de la grandeur française et montrer la voie du rétablissement souhaité : « l'unité ordonnée » de la nation au service de l'intérêt général [50]. Ni révolution, ni « réaction », ni imitation, la rénovation envisagée devait trouver ses propres ressources de régénération dans le génie français, fait de mesure et d'équilibre. Les solutions extrêmes retenues à l'étranger, « remèdes simplistes et précaires » que ne tolérerait pas la France cartésienne, apparaissaient, malgré leur puissant attrait, totalement inassimilables au génie national. « Je ne crois pas que la France, pour se libérer du trouble qu'elle subit, ait besoin de se faire ni bolcheviste, ni fasciste, ni nazie [51] ». La rénovation nationale de Tardieu se présentait d'abord comme une restauration, c'est-à-dire comme un refus d'imitation.

La voie française vers une autorité républicaine plus affirmée passait inévitablement par la révision constitutionnelle. Ni les décrets-lois, expédients précaires, ni les amendements à la procédure parlementaire, cosmétique sans effet, ni les combinaisons gouvernementales, fragiles ingéniosités, ne pouvaient corriger durablement ce « régime faussé et rouillé [52] ». Les objections contre la révision ne résistaient guère, d'ailleurs, à une argumentation dépassionnée. En effet, la révision non seulement était l'instrument du changement légal, mais elle avait plusieurs fois déjà servi la République.

L'article VIII de la loi constitutionnelle du 25 février 1875 prévoyait une procédure de révision dont la facilité d'engagement témoignait par elle-même de son utilité dans l'esprit des constituants : le simple et double vote séparé, à la majorité absolue, de la Chambre et du Sénat pouvait en effet décider de la convocation d'une Assemblée nationale de révision. La forme républicaine de l'État étant déclarée intangible depuis 1884 et les limites du débat révisionniste étant strictement et préalablement fixées, tout risque de débordement et de mise en cause du régime semblait écarté. Les préventions républicaines contre cette procédure n'étaient donc pas fondées, surtout si l'on se rappelait que la révision, dans les dix premières années du régime constitutionnel, avait été l'apanage de la gauche qui s'en était servie comme moyen de « défense républicaine [53] ». À un demi-siècle de distance, Tardieu réclamait le droit d'user du même outil, dans le même esprit.

Car son programme révisionniste se concevait précisément comme un acte de défense républicaine. « Ignorez-vous, déclarait-il à ses auditeurs laonnais en mars 1933, que la seule façon de barrer la route aux dictatures, c'est de réformer et de rajeunir les démocraties vieillies? [54] » Le fétichisme constitutionnel et « l'inertie dans le *statu quo* », en perpétuant le mauvais fonctionnement d'une République parlementaire défigurée jusqu'à la caricature, entretenaient désordre et mécontentements et invitaient au coup d'État et au saut dans l'inconnu. Être authentiquement républicain en 1933, vouloir que vive la République, c'était pour Tardieu obligatoirement opter en faveur du changement. La révolution étant exclue, restaient donc les réformes, soit la révision constitutionnelle. Et celle-ci ne saurait être regardée comme un crime de lèse-République. Tout examen sans prévention de la question aboutissait en effet à cette conclusion à la fois simple et inoffensive : « Réviser, c'est appliquer la Constitution [55] ».

La révision déclarée « légale », « possible » et « nécessaire », restait à en définir le « maître but ». Et Tardieu de l'indiquer clairement : « Restaurer, contre l'abusive omnipotence du législatif, l'indépendance de l'exécutif [56] ». Les remèdes découlaient donc du diagnostic : il s'agissait de corriger la République des abus nés de sa longue existence. La tyrannie anonyme des députés et leur prodigalité financière s'étant substituées à celles des princes d'autrefois, le retour à un meilleur équilibre des responsabilités exigeait le déplacement des mécanismes de garantie contre les nouvelles formes d'abus de pouvoir. La réhabilitation du droit de dissolution mettrait ainsi un frein aux empiétements continus du législatif sur l'exécutif. Le retrait de l'initiative financière rétablirait les députés dans leur indépendance vis-à-vis des « ordres mendiants ». À cette première correction des travers de la République parlementaire s'ajoutait l'affranchissement du suffrage universel. L'élargissement du suffrage au droit de vote des femmes et la mise en place d'une procédure référendaire devaient restituer à la femme et au peuple une souveraineté confisquée respectivement par l'homme et par les comités partisans. Enfin, pour remédier à la désobéissance syndicale des serviteurs de l'État, Tardieu proposait l'adoption d'un statut des fonctionnaires réglementant clairement les devoirs et les droits de chacun.

Invoquant l'exemple anglais et le patronage de juristes illustres, tels Esmein et Duguit, Tardieu présentait le droit conféré au gouvernement de dissoudre la Chambre des députés comme la contrepartie normale et nécessaire de la responsabilité ministérielle, contrepartie sans laquelle le parlementarisme se trouvait faussé parce que totalement déséquilibré. Dans l'architecture constitutionnelle française, il déplorait la présence d'un « caillou » bloquant ce mécanisme de la dissolution. En effet, l'article V de la loi du 25 février 1875 exigeait « l'avis conforme du Sénat » pour que le président de la République, sur demande du président du Conseil, fût autorisé à dissoudre la Chambre. Or, en raison du précédent maladroit du 16 mai 1877 et surtout de l'évolution politique du Sénat et de sa solidarité professionnelle avec la Chambre, le droit de dissolution était tombé dans une désuétude telle qu'il n'existait pratiquement plus. Pour le réhabiliter, Tardieu suggérait la suppression pure et simple des mots « sur l'avis conforme du Sénat », la dissolution ne dépendant plus dès lors que de l'exécutif. Cet équilibre des pouvoirs et de la responsabilité rétabli, Tardieu promettait plus d'autorité et de stabilité ministérielles. La menace de dissolution devait exercer un véritable effet de dissuasion sur les ardeurs ravageuses de la Chambre et permettre, en dernier recours, l'arbitrage du peuple en cas de conflit majeur entre la Chambre et le gouvernement [57].

Pour protéger la nation contre l'abus de l'impôt et endiguer le flot dépensier des surenchères démagogiques, Tardieu proposait de retirer aux députés le droit de proposer des dépenses. Il entendait réserver ce droit au gouvernement, seul capable de la vue d'ensemble et de la cohérence nécessaires à une juste considération de l'intérêt général. Cette annulation de l'initiative financière des députés, tout en laissant illimité leur pouvoir d'initiative législative, désenchaînerait les représentants de la nation de leur étroite dépendance vis-à-vis des « oligarchies mendiantes ». En effet, la possibilité de proposer de nouvelles dépenses étant supprimée, le député ne pourrait plus alors servir de relais privilégié pour les quémandeurs en tout genre. Délivré en grande partie des servitudes de sa circonscription, il retrouverait ainsi sa fonction première de contrôleur et non plus de multiplicateur d'abus. Le pillage du Trésor cesserait, et la moralité publique y gagnerait [58].

Pour défendre sérieusement la démocratie, il fallait d'abord la réaliser. Or, tant que la moitié de la nation restait privée de droits politiques, la démocratie souffrait d'un grave inachèvement. Sans trop s'étendre sur la faible argumentation des opposants au suffrage féminin, Tardieu fit de cette revendication « une simple et claire question de justice ». À considérer le rôle des femmes durant la Grande Guerre et l'exemple probant de quelque trente nations déjà converties, la correction de cette injustice paraissait des plus urgentes. Par ailleurs, la France en crise ne pouvait faire l'économie des « vertus ménagères » et du supplément de force morale apportés par les femmes [59].

Toutefois, le suffrage devenu réellement universel souffrirait d'une dernière carence : l'impossibilité pour les citoyens de se prononcer non pas sur des hommes, mais sur des idées. L'institution du référendum devait servir de « contrepoids apporté par la volonté populaire aux abus de pouvoirs des assemblées ». Introduire dans une démocratie jugée ultra-représentative cet élément de démocratie directe, c'était rétablir un équilibre indispensable et consolider dans sa souveraineté un peuple trop longtemps dessaisi de son pouvoir par la caste parlementaire.

> « Le référendum pourrait remédier à deux de nos maux : le dessaisissement de l'exécutif et le dessaisissement du peuple au profit d'une aristocratie parlementaire elle-même asservie à des oligarchies d'intérêts particuliers [60]. »

Parmi toutes les formules référendaires possibles, Tardieu retint pourtant une des versions les plus modestes dans son ouverture au peuple, le référendum de consultation, confié pour son application au bon vouloir du gouvernement.

Enfin, sans en détailler le contenu, il proposait d'élaborer et d'inscrire dans la Constitution un véritable statut administratif et politique des fonctionnaires afin de rendre à l'État toute son autorité réglementaire sur ses agents. Un tel statut, en fixant précisément droits et devoirs, favoriserait un progrès des mœurs administratives, notamment en réglementant l'avancement, et empêcherait les serviteurs de l'État de travailler, par le syndicat et la propagande révolutionnaire, à la démolition de l'ordre établi [61].

Ce programme révisionniste en cinq chapitres formait un ensemble de réformes solidaires que Tardieu demandait d'accepter ou de rejeter en bloc. Son plan d'aménagement de la République ne comportait que les chapitres institutionnels qui, par leur importance, méritaient la « sanction constitutionnelle [62] ». Cette sanction, considérée par certains comme inutilement encombrante, il la regardait non seulement comme la condition d'efficacité de la refonte des institutions, mais encore comme la garantie d'une rénovation en profondeur des mœurs politiques. Seule la convocation de l'Assemblée nationale et l'inscription solennelle des nouvelles règles de droit dans la Constitution pouvaient en effet suffisamment marquer la volonté politique de la classe dirigeante d'en finir avec ce régime d'irresponsabilité et de clientèle. A un nouveau départ, il fallait un nouvel acte de naissance. Le voyage à Versailles devait en être l'occasion.

Par ce plan de réformes, Tardieu montrait une grande continuité d'analyse et d'objectifs. En effet, sa préoccupation profonde en 1933-1934 restait celle exprimée dans sa jeunesse, en 1908, lorsqu'il écrivait que « la France politique est devenue un corps sans tête », ou celle reprise pour préfacer son « expérience » gouvernementale en 1931 et qui exhortait ses contemporains à « restaurer la notion d'État [63] ». Au centre de sa conception de la République, dominait toujours cette préoccupation de la nécessaire acclimatation de l'idée d'autorité en démocratie. *L'Heure de la décision* n'était qu'une longue variation sur le thème : « Un exécutif fort est la condition technique d'une démocratie libre », sur ce constat de carence : « La France est un corps sans tête; le corps ne s'aperçoit pas que la tête manque », et enfin sur cette conviction profonde : « Pour sauver la liberté et la paix, rétablissons l'autorité [64]. » Seul le point de vue de l'État, au sens régalien de son pouvoir politique et de son autorité exécutive, retenait en fait l'attention réformiste de Tardieu. Un pouvoir exécutif fort, doté des deux armes de la dissolution et du référendum, maître absolu de ses dépenses et secondé par un corps administratif obéissant, tel semblait être l'organisation minimale de cet « État fort » dont dépendait l'avenir de la France et de la liberté. Entre l' « autorité consentie » ou l' « autorité subie », Tardieu demandait à ses contemporains de choisir.

La solution libérale

L'analyse du mal français comme le choix des solutions procédaient chez Tardieu d'une double critique habilement combinée. Une critique proprement institutionnelle aux apparences objectives renforçait une analyse politique manichéenne, confortée dans sa vigueur démonstrative par l'exigence d'un plaidoyer *pro domo*. Ce discours révisionniste visait deux cibles distinctes dont la superposition adroite justifiait et amplifiait à la fois la nécessité de changements profonds. Concrètement, la critique de la République parlementaire s'achevait en un assaut systématique contre la République radicale-socialiste. Simple chirurgie institutionnelle ou machine de guerre utilisée contre la gauche, le révisionnisme de Tardieu cumulait les deux objectifs. Car réformer l'État, ce n'était pas simplement adapter des institutions pour en améliorer le fonctionnement ; c'était surtout s'assurer le contrôle de l'instrument de puissance par excellence dans la société française. Contrairement aux sociétés anglo-saxonnes, dans lesquelles l'État représente la simple expression d'une communauté nationale à forte capacité auto-organisatrice, l'État français, absolutiste de tradition et dominant une société civile atomisée par de forts penchants individualistes, constituait l'enjeu primordial des luttes politiques. La réforme de l'État prenait ainsi une double signification, affectant celui-ci à la fois comme acteur et comme enjeu de la dynamique politique.

Une critique institutionnelle éculée

Les pannes et carences de la République parlementaire, son mauvais fonctionnement et ses insuffisances donnaient à la critique institutionnelle de Tardieu un fondement indiscutable. Sans les déficiences réelles et objectives du régime parlementaire, il eût été très difficile d'exploiter le malaise politique jusqu'à l'explosion du 6 février 1934. Nombre de dénonciations de Tardieu trouvaient facilement confirmation dans l'instabilité et la paralysie gouvernementales. 1933 était d'ailleurs apparue comme une année test pour le parlementarisme, et cette rude mise à l'épreuve avait accru le scepticisme à l'endroit du régime. L'impression laissée par René Capitant témoignait du sentiment de désaffection d'une grande fraction de l'opinion publique à l'endroit de l'agitation stérile et impuissante de la classe parlementaire.

> « La Chambre est devenue comme une baraque foraine où les députés massacrent des silhouettes ministérielles. Les coups, d'ailleurs, font plus de bruit que de mal, et les pipes ne volent pas en éclats ; les personnages sont à bascule, et, quand ils ont été touchés, il suffit de les relever : ils sont prêts de nouveau à affronter les joueurs. Il n'y a de victime que le pays [65]. »

Six ministères en dix-huit mois, cela faisait effectivement beaucoup pour la crédibilité d'un régime.

Tardieu avait certes raison d'affirmer que la République était un « corps sans tête ». Il ne montrait toutefois guère d'originalité dans l'analyse. En fait, l'ensemble de son réquisitoire contre la République parlementaire reprenait avec quelques formules heureuses des lieux communs ressassés depuis les premières années d'installation du régime par toutes les oppositions constitutionnelles. Rien, dans la critique institutionnelle de Tardieu, n'était vraiment original. Ainsi, pour ne prendre qu'un seul exemple, son schéma central du triple asservissement des pouvoirs – le citoyen tenant l'élu par le souci de réélection, l'élu tenant le gouvernement par la crainte de la chute et le gouvernement tenant l'élu et le citoyen par les faveurs –, cette dynamique de la servitude qui transformait la République en une immense mutualité de services rendus appartenait depuis longtemps au domaine public.

En effet, le plébiscitaire Alfred Naquet, théoricien constitutionnel du boulangisme, ne disait guère autre chose lorsqu'il stigmatisait en 1883 « la dépendance mêlée d'insubordination du député, ayant pour corollaire la dépendance mêlée d'insurrection du ministre [66] ». Le sénateur libéral Edmond Scherer, à la même époque, se montrait plus explicite encore en décrivant ainsi l'armature de la démocratie française :

> « Le comité local nommant et gouvernant le député, le député faisant dépendre le concours qu'il prête au gouvernement de la satisfaction qu'il en reçoit pour ses fins personnelles, les intérêts électoraux, enfin, entendus au sens le plus étroit, le plus matériel, et devenus les arbitres de la politique du pays [67]. »

Charles Benoist, quelques années plus tard, s'était interrogé lui aussi sur l'avenir de la République en des termes fort semblables [68]. Le « progressiste » Poincaré avait repris ce même thème des pouvoirs asservis dans une série d'articles écrits en 1896 sur les « déviations du régime parlementaire » :

« Les fonctionnaires, réduits aux sollicitations dégradantes, les députés transformés en courtiers de leurs électeurs, les ministres forcés de louvoyer au milieu des intrigues, la justice menacée dans son indépendance et dans son autorité, voilà les résultats les plus visibles de ces empiétements et de ces confusions [69]. »

D'autre part, Tardieu se plaçait sous l'autorité intellectuelle de Daniel Halévy, Lucien Romier, André Siegfried et Albert Thibaudet qui, comme lui-même, à l'entendre, avaient étudié les caractéristiques de la France contemporaine « hors des partis pris politiques [70] ». Plus précisément encore, quelques livres rendus en juin 1933 à la bibliothèque de la Chambre des députés laissaient entrevoir des influences plus directes sur la pensée de Tardieu. Il consulta en effet deux ouvrages qui, autour de l'année 1925, avaient étoffé le constat de « crise de la démocratie ».

Cinquante Ans d'expérience démocratique, œuvre du nationaliste autoritaire Hubert Bourgin, révisionniste de la première heure, exposait avec une violence sans retenue les tares d'un régime de « bateleurs, de sophistes, de menteurs et d'escroqueurs [71] ». Le trait de Bourgin, pour très outré qu'il fût, ne caricaturait pas moins nombre de travers dénoncés par Tardieu quelque dix ans plus tard : l'État décapité, rongé de l'intérieur par le syndicalisme des fonctionnaires; le jeu démocratique confisqué par les oligarchies franc-maçonnes et la caste parlementaire; le gaspillage effréné de bonnes volontés dû à une « ministérialite » mangeuse d'hommes; les funestes effets d'un socialisme tenant sous bonne bride le Parti radical. Quant à l'ouvrage de Charles Benoist, *Les Maladies de la démocratie*, il dressait à travers la description de trois affections aiguës de la démocratie représentative, « la parlementarite », « l'électorite » et la « comitardite », le tableau quasi complet des défauts et déficiences retenus dans *L'Heure de la décision*. L'influence de Benoist et cette similitude dans le diagnostic du mal montraient la pérennité des préoccupations et des analyses réformistes entre la période de l'« organisation de la démocratie » et celle de la « réforme de l'État ». Entre les deux époques, pourtant, la nécessité du changement semblait s'être accrue en intensité et en urgence. Benoist lui-même le reconnaissait : « Il y a vingt-cinq ans, on pouvait encore regarder au-dehors et penser en philosophe. Aujourd'hui, on sent le mal dans sa chair et il faut crier [72]. »

Il est évident, cependant, que l'accord sur le constat de crise ne signifiait pas pour autant l'adhésion aux mêmes solutions. Quand il s'agissait de développer un plan de redressement, Tardieu, le républicain national, ne suivait plus ni Hubert Bourgin, tenté par le fascisme, ni Charles Benoist, séduit par le monarchisme maurrassien. Était-il dès lors plus original dans les remèdes proposés que dans le diagnostic du mal? Guère plus. Chacune des cinq réformes constitutionnelles qu'il demandait appartenait en fait à la liste des solutions couramment évoquées depuis le tournant du siècle. À chercher de l'originalité, il faut considérer la posologie indiquée plutôt que les remèdes en eux-mêmes. Il convient surtout de mettre en évidence la finalité du projet révisionniste pour en montrer la véritable spécificité.

La note référendaire

L'adoption du suffrage féminin révélait certes chez Tardieu un progressisme qui tranchait avec la timidité des sénateurs radicaux. La réforme, pourtant, tenait bien plus de la clause de style, éculée malgré son application toujours différée, que de la revendication audacieuse. Autre lieu commun de la littérature réformiste, l'élaboration d'un statut des fonctionnaires avait fourni, depuis le début du siècle, ample matière à discussions à tous les hommes politiques animés de velléités réformistes. Gaston Jèze, dans ses chroniques administratives à la *Revue du droit public*, revint fréquemment sur cette question mise à l'ordre du jour de la déclaration ministérielle de Clemenceau dès 1907 [73].

Quant à la réhabilitation du droit de dissolution, elle apparaissait comme le moyen privilégié pour renforcer l'exécutif, moyen presque unanimement défendu par la plupart des partisans du changement institutionnel, qu'ils fussent parlementaires ou doctrinaires. Alexandre Millerand, Maurice Ordinaire, Gaston Doumergue et Léon Blum rejoignaient les professeurs Duguit, Hauriou, Esmein, Jèze, Redslob et Capitant pour considérer le droit de dissolution comme un rouage « normal », « naturel », « légitime », voire « nécessaire » du régime parlementaire [74]. Sur les modalités d'aménagement de ce droit, les avis certes divergeaient. Mais là encore, Tardieu avait opté pour la formule la plus couramment acceptée qui écartait l'automaticité du mécanisme en cas de crise ministérielle et confiait au gouvernement l'initiative de la dissolution. Le référendum, en revanche, distinguait véritablement le projet constitutionnel de Tardieu de la plupart des autres plans de réformes.

Le droit public révolutionnaire et la tradition républicaine avaient clairement prononcé l'incompatibilité entre le référendum et le régime parlementaire. Depuis Sieyès et la Déclaration des droits de l'homme et du citoyen de 1789, il était en effet entendu que seul le corps des députés élus énonçait la « volonté générale », le peuple ne pouvant parler et agir que par ses représentants. Juxtaposer, voire mettre en concurrence deux sources de « volonté générale », c'était attenter à l'indispensable unité de l'État. Le Parlement, incarnation de la souveraineté nationale, était ainsi souverain vis-à-vis du peuple même qu'il représentait. Le professeur Mirkine-Guetzévitch rappelait, au début des années trente, l'orthodoxie républicaine : « L'amalgame du référendum avec le parlementarisme, en faussant le régime parlementaire, ne correspond ni à la structure juridique du parlementarisme ni à la réalité politique de la démocratie moderne [75]. » Cette longue incompatibilité entre régime représentatif et procédés de démocratie directe expliquait notamment l'intérêt mitigé manifesté à l'endroit du référendum par les réformistes français.

Mirkine-Guetzévitch reconnaissait pourtant que la combinaison du parlementarisme et du référendum constituait « l'un des phénomènes les plus intéressants du droit constitutionnel d'après-guerre ». Nombre de Constitutions nouvelles d'Europe orientale avait assuré la promotion du peuple au rang de régulateur de la vie institutionnelle et politique en introduisant dans leur organisation publique des mécanismes de démocratie directe, référendum et initiative populaire. Ces exemples renforçaient d'autre part la conviction d'un Carré de Malberg qui voyait dans le parlementarisme un « régime de transition dont la destinée normale était d'aboutir, sinon à la démocratie intégrale, du moins à un mélange d'institutions démocratiques et représentatives [76] ». Et le grand juriste de défendre le référendum comme l'instrument approprié pour tempérer le « parlementarisme absolu » et préfiguré le temps où le Parlement, comme naguère la monarchie, deviendrait véritablement « constitutionnel », c'est-à-dire limité dans sa puissance. Les partisans du référendum pouvaient ainsi se placer sous une double autorité, historique et juridique, celle des développements récents du droit constitutionnel et celle, distinguée, de Carré de Malberg.

Mais de quel référendum était-il question? Car Tardieu précisait justement : « Parler de référendum sans autre précision, c'est créer l'équivoque [77]. » Ainsi, dans leur plan de réforme de l'État favorable à cette pratique, les démocrates-populaires avaient-ils pris soin de préciser leur conception. Par volonté d' « intégraliser le régime », ils considéraient en effet les procédés de démocratie directe comme les institutions devant assurer « l'intervention effective et l'adhésion permanente du peuple dans le mécanisme gouvernemental [78] ». La « démocratie populaire » de Marcel Prélot et de son parti était ainsi une démocratie de participation dans laquelle les citoyens étaient conviés à remplir directement des fonctions de législation et de gouvernement. Tardieu n'allait pas jusqu'à conférer un tel caractère créateur à l'intervention du corps électoral.

En dépit de quelques exercices de style sur l'opposition entre démocratie directe et démocratie représentative, il se montra en effet d'une grande timidité dans l'ouverture du régime parlementaire à plus de gouvernement direct. Le contraste entre la confiance affichée envers le peuple et la modeste formule du référendum de consultation était frappant. « J'ai parlé souvent au peuple. Je l'ai toujours trouvé plus accessible que les assemblées aux grandes vérités que, sous peine de décadence, nous devons restaurer [79]. » Cette confiance accordée, Tardieu affirmait pourtant, au nom du réalisme, qu' « il serait absurde d'aller trop vite ». Il écartait du coup les audacieuses versions du référendum législatif pour ne retenir qu'un simple mécanisme de consultation confié au gouvernement :

> « Lorsqu'une décision grave va se poser devant le pays, le référendum de consultation permet de prendre son avis avant de discuter et de voter. C'est au pouvoir central qu'il appartient de l'interroger [80]. »

Jean Gicquel interpréta les avances référendaires de Tardieu comme un « hommage verbal au peuple [81] ». En effet, ce type de référendum tenait plus du mécanisme en trompe-l'œil que de l'invitation à la participation effective des citoyens au processus de décision. La communication entre le gouvernement et le peuple était certes assurée, mais l'initiative du dialogue, les termes du débat et l'interprétation des résultats appartenaient en propre au pouvoir exécutif. Malgré le soin apporté par Tardieu pour distinguer le référendum du plébiscite, une telle consultation du peuple sentait le relent plébiscitaire si incommodant pour tout républicain. Alfred Naquet avait d'ailleurs depuis longtemps invité les républicains à la plus extrême vigilance en la matière : « Le référendum ne peut conduire qu'à la dictature lorsque la nation est interrogée par un homme qui pose la question à son gré et qui dispose de toutes les ressources de l'administration [82]. » Le référendum de consultation relevait en partie de cette catégorie, et le danger de dérapage plébiscitaire n'échappa pas à la gauche.

La formule retenue par Tardieu était en fait très représentative de sa conception politique de la démocratie. En défendant le référendum, il ne cherchait pas, à l'instar de Marcel Prélot, à acclimater en France une démocratie de participation faisant du corps électoral un véritable centre d'impulsion et d'initiative. En effet, si la consultation épisodique des citoyens permettait de redéfinir le rôle de figurant laissé au peuple par le dogme de la souveraineté parlementaire, elle ne transformait pas pour autant l'électeur en un véritable acteur de la vie politique, mais tout au plus en un spectateur sollicité de temps à autre pour applaudir ou siffler une pièce qui de toute façon se jouait sans lui. À une démocratie de participation, Tardieu préférait donc une démocratie d'adhésion qui substituerait au gouvernement de type strictement parlementaire un gouvernement fondé sur l'opinion.

Le référendum de consultation permettait justement de dégager, par-dessus le Parlement, ce courant de confiance populaire propre à renforcer l'autorité gouvernementale. Car Tardieu croyait profondément en l'existence dans le pays d'un « coefficient d'unanimité [83] » sur les valeurs essentielles, consensus étouffé par le tintamarre des querelles partisanes mais qu'il suffisait de questionner pour qu'il s'exprimât. Le référendum apparaissait ainsi comme la traduction institutionnelle de la pratique plébiscitaire du pouvoir observée par Tardieu dans les années 1929-1932. Car, entre l'appel au peuple et le référendum de consultation, la nuance ne pouvait guère être que juridique dans l'esprit des contemporains.

L'option référendaire révélait d'autre part sa conviction profonde, propre notamment à sa conception de la politique comme notable, selon laquelle le régime des groupes parlementaires et des partis faussait la représentation nationale et étouffait la vraie France dans le carcan du pays légal. Le régime représentatif usurpait son qualificatif, car n'était véritablement « représentée » que l'étroite minorité de la France des comités. L'appel au peuple par référendum avait donc le double avantage d'affaiblir les affiliations partisanes, le peuple interrogé se prononçant en sa masse sur une question simple et sans le contrôle des comités, et de rendre sa voix à ce pays réel cher aux hommes de droite. Il permettait enfin d'assainir les mœurs politiciennes au contact revigorant des vertus foncières de la « France profonde », voire d'arracher la politique aux politiciens.

> « Le référendum, précisait Tardieu, serait un moyen de vérifier et d'assurer l'harmonie des volontés populaires et des volontés parlementaires. La France profonde y trouverait l'occasion de s'exprimer en face de la France de surface qu'est le monde politicien de Paris et de la province [84]. »

Entretenir par-dessus le Parlement et en dehors du régime des partis la confiance du peuple et fonder l'autorité gouvernementale sur cette « communication plus directe », telle semblait être la conception politique à l'œuvre derrière cette option référendaire. C'était là préfigurer la perspective gaulliste.

Limiter le parlementarisme

Citant Herbert Spencer, Tardieu donna l'axiome de la philosophie politique qui commandait ses choix institutionnels : « La fonction du libéralisme, dans le passé, a été de mettre une limite au pouvoir des rois. La fonction du libéralisme dans l'avenir sera de limiter le pouvoir des parlements [85]. » Avant même de répondre aux aspirations démocratiques, le référendum avait donc pour fonction de réduire l'omnipotence parlementaire. On retrouve là les préventions de Carré de Malberg contre le « parlementarisme absolu » illustrées dès avant-guerre par l'ambition d'un Charles Benoist qui indiquait, au quatrième point de son programme d' « organisation de la démocratie », la nécessité de « limiter le parlementarisme – non de le détruire, mais de le remettre à sa place [86] ». Plus largement encore, cette volonté de limitation de la puissance du Parlement plongeait aux sources même du libéralisme politique qui considère l'abus de pouvoir comme la pente naturelle de tout pouvoir non limité. Tardieu s'inscrivait parfaitement dans cette tradition libérale qui cherchait la difficile mais nécessaire conciliation entre autorité et liberté, point d'équilibre délicat entre deux pôles toujours menaçants, l'anarchie et la tyrannie, ou, selon les termes de Tardieu, « la dictature du désordre » et « la dictature de police [87] ». Entretenir une tension permanente entre ces deux pôles, telle était la fonction des institutions libérales.

La République parlementaire, constatait toutefois Tardieu, avait rompu l'équilibre. Concrétisation institutionnelle de l'émancipation démocratique du peuple, les assemblées élues avaient en effet développé leurs fonctions de contre-pouvoir aux autocraties anciennes jusqu'à absorber tout le pouvoir et à créer ainsi un nouvel absolutisme. La République, par définition chose de personne, était devenue la chose du Parlement et des partis. L'abus de pouvoir avait changé de camp, et l'idéal de liberté se retournait naturellement contre l'omnipotence parlementaire. « Ce n'est point aujourd'hui le *Contr'un* qu'écrirait La Boétie [88] », faisait remarquer Tardieu en pensant à la tyrannie anonyme des neuf cents élus.

Dans son esprit, toutefois, limiter le parlementarisme signifiait essentiellement l'affaiblir. Ses réformes allaient uniquement dans ce sens. Ainsi, le retrait de l'initiative financière touchait à une prérogative essentielle de la Chambre et négligeait des solutions moins radicales, plus respectueuses des droits des députés et garantes elles aussi de l'équilibre du budget. Quant à la dissolution et au référendum, tous deux confiés au bon plaisir du gouvernement, ils étaient conçus comme des armes de dissuasion à la disposition du président du Conseil pour contraindre le Parlement à plus de retenue dans ses prétentions.

Les retouches constitutionnelles de Tardieu corrigeaient donc le déséquilibre des pouvoirs, sans toutefois remettre en cause le cadre de la République parlementaire et déplacer les bases de la légitimité politique. Limiter le parlementarisme ne signifiait en effet pas le « construire » différemment, à l'instar de Benoist. Dans son plan de réaménagement institutionnel en faveur d'une démocratie enfin organisée, ce dernier avait prévu, comme Millerand vingt ans après lui, une émancipation relative de l'exécutif vis-à-vis du législatif par l'élargissement du collège électoral du président de la République [89]. Le Parlement non seulement perdait ainsi le contrôle étroit sur le chef de l'État, mais voyait également le monopole parlementaire de la légitimité populaire ébranlé, donc la raison même de sa puissance incontestée. Les rapports entre les pouvoirs ainsi remodelés jusque dans leur source de légitimité, le régime parlementaire était bel et bien reconstruit sur des bases nouvelles. De son côté, Tardieu rejetait cette conception présidentialiste du régime représentatif. Il l'écartait, tout comme Maurice Ordinaire [90], au nom de la tradition républicaine française, cette même tradition contre laquelle pourtant il s'élevait. Là apparaissait la limite du changement institutionnel chez lui : réformer signifiait rééquilibrer plutôt qu'innover. Prendre le simple contrepied de la tradition républicaine, c'était pourtant, dans une certaine mesure, rester prisonnier de cette tradition.

Primauté du politique

Le révisionnisme constitutionnel de Tardieu se caractérisait autant par ce qu'il proposait que par ce qu'il laissait de côté. Or, en matière de lacunes, tout un chapitre de la pensée réformiste, la représentation des intérêts économiques dans l'État, était escamoté. La manière même de poser la question du changement sur le plan strictement constitutionnel constituait d'ailleurs une régression de la pensée de Tardieu sur l'État par rapport aux conceptions esquissées quelques années plus tôt durant son expérience gouvernementale. En effet, en juin 1930 à Dijon, il avait abordé dans un esprit très « jeunes équipes » le problème de l'État moderne : il avait alors parlé d'intégrer les « forces neuves » du syndicalisme dans l'État, d' « adapter l'organisme [public] à l'état social » et présenté cet ambitieux programme d'aménagement institutionnel comme « le rêve d'une génération ». À l'époque, Georges Valois avait critiqué ce détournement de vocabulaire qui camouflait mal une volonté de « domestiquer » le syndicalisme. Trois ans plus tard, cependant, même ce vocabulaire « avancé » avait disparu des textes de Tardieu.

En effet, dans sa croisade en faveur de la révision constitutionnelle, il évita soigneusement jusqu'à l'expression de « réforme de l'État », trop liée à la gauche syndicaliste. Ce ne fut qu'en 1934, alors que le succès et la polysémie de l'expression lui avait enlevé toute connotation particulière, qu'il adopta la formule. Ce refus marquait en fait un désaccord avec les multiples propositions très en vogues depuis la fin de la guerre d'intégration du suffrage économique dans l'État. L'éphémère aventure gouvernementale de Paul-Boncour, au tournant de l'année 1932, devait d'ailleurs confirmer les préventions de Tardieu contre toute solution syndicaliste à la crise de l'État.

Appliquant des idées exprimées quelque trente années plus tôt dans sa thèse sur *Le Fédéralisme économique*, qui reconnaissait aux syndicats une souveraineté partielle, limitée aux intérêts professionnels mais susceptible de représentation, Joseph Paul-Boncour cherchait le renforcement de l'État républicain dans son adaptation au fait syndical. Au début de 1933, les nécessités financières imposant aux fonctionnaires de nouvelles économies, il trouva l'occasion d'une première mise en pratique de cette volonté d'intégration du syndicalisme dans l'État. À une collaboration « désordonnée et toujours un peu honteuse » entre les syndicats de fonctionnaires et l'État, il substitua alors la négociation « ouverte » et « réglée [91] ». Cette politique hardie de concertation fit cependant long feu. Les fonctionnaires refusèrent en effet de consentir de nouvelles réductions de leur traitement et leur refus condamna le ministère Paul-Boncour. Sur cet épisode, Tardieu fit ce commentaire :

> « Une jeune école a proposé d' " intégrer " les syndicats de fonctionnaires dans l'État républicain. Un président du Conseil s'est même déclaré, en janvier 1933, favorable à ce système. Mais les " intégrés ", le trouvant trop lent, l'ont jeté par terre en moins de trois semaines. La puérilité périlleuse de cette conception saute aux yeux [92]. »

Cette réaction n'avait rien de surprenant pour un homme qui considérait les syndicats de fonctionnaires comme des organisations illégales et les rapports entre l'État et ses employés comme essentiellement hiérarchiques. Plus généralement, le syndicalisme réformiste de Paul-Boncour, qui inspirait aussi la mouvance des « jeunes équipes », alarmait Tardieu par le danger qu'il faisait courir à l'unité et à l'indépendance de l'État. Reconnaître une parcelle de souveraineté aux syndicats, c'était assurément aboutir au fractionnement et à la dissolution de toute autorité. Imaginant l'application d'un tel système, Tardieu retint à peine son horreur : « Ce serait un morcellement d'autorité pire encore que la décentralisation élective de 1791. On organiserait le gouvernement des subalternes [93]. » L'« unité ordonnée » de l'État ne pouvait guère s'accommoder d'une représentation des forces économiques et sociales. Associer les intérêts particuliers à la gestion publique n'assurait d'ailleurs pas automatiquement la promotion de l'intérêt général regardé comme étant bien supérieur à la simple somme des intérêts privés. Au contraire, seul un État fort et en pleine possession de sa souveraineté pouvait dominer et arbitrer les syndicats et associations d'intérêts privés dans le sens du bien public.

À la base de la conception d'un État rénové par le syndicalisme prévalait souvent l'idée selon laquelle le monde moderne consacrait la primauté de l'économique sur le politique. Tardieu contestait une telle vue des choses et affirmait la prédominance du politique, voire du moral, dans les affaires humaines : « C'est très bien de proclamer qu'on se place sur le terrain économique : mais où et comment défendra-t-on l'économie, sinon dans les assemblées et par des moyens politiques [94] ? » D'ailleurs, pour lui, la primauté donnée à l'économique menait droit au matérialisme et à l'étatisme.

En pleine crise économique mondiale, il se réfugiait donc dans les vieilles certitudes et opposait l'État libéral de type XIXe siècle à l'interventionnisme envahissant en honneur tant aux États-Unis que dans les économies « corporatisées » des dictatures fascistes. Il expliquait l'effondrement économique de l'Allemagne weimarienne par « la faillite de la mystique socio-capitaliste, de l'économie contrôlée, de l'arbitrage obligatoire, des salaires fixés par décret, du chômage largement entretenu [95] ». La solution à la crise économique passait par une stricte limitation des fonctions de l'État et par la restauration des notions d'autorité, d'ordre et de stabilité dans la vie publique. « Les pires troubles économiques peuvent être apaisés par un État fort. Les plus modestes excèdent les moyens d'un État faible [96]. » Dans cette perspective libérale conservatrice, Tardieu n'accordait donc aucun crédit à tous les projets instituant un suffrage économique, une seconde chambre professionnelle ou un Conseil national économique remodelé. Sa vision du changement était strictement politique ce qui, pour certains, le classait automatiquement dans le camp des « vieux » :

« Les " vieux " respectueux de l'ordre et d'une lente évolution, écrivait Georges Mer, se contentent d'une timide réforme de la Constitution. Les " jeunes " veulent davantage : ils demandent une organisation nouvelle de l'État, la participation des grands groupements économiques à la direction des affaires, moins de politique, plus de travail et d'honnêteté [97]. »

Le constitutionnalisme de Tardieu pouvait paraître étroit, voire myope et dépassé dans le contexte perturbé des années trente. Il reflétait pourtant assez exactement la problématique du libéralisme politique qui, en contraste avec le point de vue démocrate préoccupé essentiellement par l'insertion du pouvoir populaire dans l'État, traite avant tout des problèmes de contrôle politique et de forme de l'État. Pour inadaptée qu'elle fût, cette solution strictement constitutionnelle à la crise française des années trente n'était rien d'autre que la solution libérale.

Contre la République des gauches

Nourries de références nombreuses au modèle anglais, étayée de recours habilement documentés à l'histoire constitutionnelle de la IIIe République, consolidée par le patronage revendiqué d'illustres juristes et hommes politiques, la critique institutionnelle de Tardieu invitait le lecteur, par une argumentation apparemment dépassionnée, à accepter les réformes comme une évidence anodine. « Quand un moteur devient capricieux parce qu'il a trop tourné, notait-il simplement, on envoie la voiture à l'usine pour révision [98]. » Bon sens et réalisme dictaient donc la solution. Et pourtant, cette critique institutionnelle de la République parlementaire, tout en s'en prenant aux pannes objectives du système, dénonçait également l'influence pernicieuse du socialisme dans la vie publique. Les remèdes ne devaient donc pas seulement lutter contre les défaillances institutionnelles du régime, mais servir également d'antidote au « poison socialiste ». Une nouvelle lecture des solutions révisionnistes de Tardieu, politique cette fois, achèvera donc de donner sa cohérence conservatrice à l'ensemble du projet réformiste présenté dans *L'Heure de la décision*.

Si le statut des fonctionnaires répondait à un souci légitime de rationalisation administrative, les intentions politiques de la réforme apparaissaient néanmoins avec évidence. En codifiant strictement l'obligation de réserve, la discipline et le loyalisme des fonctionnaires envers l'État, un tel statut permettait d'assainir la fonction publique, ce « vestibule de l'action politique, du socialisme et de l'agitation révolutionnaire ». Plus directement, étaient visés par cette remise en ordre administrative les cadres partisans de la gauche, soit cette « ardente milice des instituteurs, des postiers, des cantonniers et des agents voyers [99] », infatigables agents électoraux du radicalisme et du socialisme. Interdire la politique aux fonctionnaires, c'était ainsi atteindre la gauche dans sa clientèle la plus active et la plus influente, dans ses « cadres » mêmes que Tardieu déclarait vouloir « briser [100] ».

Le suffrage féminin, « simple et claire question de justice », cachait également une manœuvre politique contre la philosophie matérialiste et utilitaire qui animait, selon Tardieu, la gauche démocratique et radicale-socialiste. Avec obstination, celle-ci résistait d'ailleurs, depuis 1919, dans sa citadelle sénatoriale contre l'invasion des suffragettes dont la victoire eût livré la place publique à la « propagande politique de la chaire et du confessionnal ». Tardieu espérait bien que ces craintes républicaines étaient fondées et que le vote des femmes assurerait la prépondérance au vote conservateur. D'autre part, il ne doutait pas que, à l'exemple de l'Angleterre, l'action morale, sociale et pacifique des femmes, cultivant « le sens de l'intérêt et de l'amour du pays [101] », vînt renforcer l'esprit national dans la vie publique française. Le suffrage féminin, tout en servant une politique conservatrice, autorisait son défenseur à se flatter de progressisme. C'était faire coup double.

Par le référendum, Tardieu rendait certes la parole au peuple, mais dans l'espoir que celui-ci exprimât, contre les aberrations démagogiques de la gauche, sa mesure et son bon sens légendaires. L'exemple de la Confédération helvétique avait d'ailleurs de quoi le rassurer sur les effets du référendum : le cas suisse donnait le véritable sens politique de la réforme en montrant tout le bénéfice à en attendre : « Le référendum, pendant ce demi-siècle, a montré le peuple suisse plus prudent, plus conservateur, moins étatiste, plus économe et d'esprit plus libre que ses législateurs [102]. » Aux excès et folies d'une « France de surface », artificielle et politicienne, toujours inquiète de ne pas paraître assez « avancée », Tardieu opposait la sagesse et la prudence de la « profonde France » :

> « Combien de lois, votées depuis quinze ans, sous l'influence socialiste, grâce à de savantes manipulations de surenchère parlementaire, auraient gagné à passer par le laminoir du bon sens populaire ! Le gaspillage des fonds publics, le pullulement des fonctionnaires, l'hypertrophie des attributions de l'État, la démagogie égalitaire auraient trouvé devant lui moins facile accueil qu'au Palais-Bourbon [103]. »

Le référendum représentait ainsi l'instrument approprié d'une politique authentiquement conservatrice capable de barrer la route aux ravages socialistes.

L'initiative financière, confiée sans restriction aux ardeurs dépensières des députés, mettait dangereusement au pillage les fonds publics par une touchante solidarité professionnelle, tous les partis participaient à la curée. À y regarder de plus près, pourtant, Tardieu identifiait à gauche « les plus puissantes oligarchies dépensières [104] ». En effet, les députés de gauche, défenseurs par excellence des intérêts des « petits », se muaient naturellement en quémandeurs insatiables pour répondre à la ruée de ces « petits appétits » qui commandaient leur réélection. L'initiative financière, plus qu'une prérogative parlementaire prétendument intangible, constituait dès lors l'« instrument de travail » et le « gagne-pain » du député de gauche. La supprimer, c'était peut-être soulager le budget de l'État, mais c'était surtout couper le cordon ombilical entre les députés et les « ordres mendiants », et par là même affaiblir la capacité d'influence des comités. La même intention politique soutenait l'idée de détacher le droit de dissolution du consentement sénatorial. Une telle réforme, en limitant les droits constitutionnels du Sénat, enlevait une prérogative importante à cette « inexpugnable citadelle occupée par une garnison de gauche [105] ».

D'une manière générale, le suffrage féminin, le statut des fonctionnaires, le référendum, la dissolution et le retrait de l'initiative financière étaient conçus pour « briser ou gêner les moyens de pression qui fondaient le pouvoir » des gauches. Tardieu s'élevait contre « une certaine façon d'administrer et d'exploiter le régime [106] » à laquelle les radicaux et les socialistes étaient attachés depuis trop longtemps. Le mécanisme de cette « machine » exploitante, dont « le fonctionnaire d'obédience socialiste ou maçonnique » constituait dans chaque commune le rouage essentiel, ne devait pas résister au traitement institutionnel que l'on se proposait de lui faire subir. La cohérence institutionnelle et politique du programme révisionniste de Tardieu, du diagnostic du mal aux remèdes proposés, s'achevait ainsi dans une identification des déficiences de la République parlementaire aux tares de la République radicale-socialiste.

C'était en effet bien la gauche qui était responsable, par ses comités, du « régime de clientèle », par son impuissance gouvernementale, du « régime d'irresponsabilité », et par son pacifisme aveugle, du « régime d'abdication » internationale. Son inclination naturelle à l'association l'avait conduite à superposer aux « vices d'une Constitution abusivement parlementarisée ceux d'une

Constitution syndicalisée ». La République était malade du Cartel des gauches qui entretenait l'instabilité ministérielle avec « la plus extrême légèreté ou la plus extrême duplicité », infligeant d'insolentes leçons de cynisme et de scepticisme à la démocratie. La promesse d'un bloc gouvernemental des gauches, entonnée à chaque consultation électorale, relevait de la « tromperie » la plus éhontée. Dans ce ménage à deux politiquement illicite, le Parti socialiste exerçait son extraordinaire puissance de désordre sur un Parti radical obéissant à la « voix de son maître [107] ».

Les socialistes, pour néfaste que fût leur influence, avançaient néanmoins la visière levée et le drapeau déployé, vantant ouvertement les monopoles et le désarmement. Les radicaux, en revanche, ignoraient une telle honnêteté politique : profiteurs honteux, ils préféraient perdre leur âme plutôt que d'abandonner le pouvoir. Ce pragmatisme intéressé se lisait d'ailleurs dans la courbe en zigzag de leurs alliances gouvernementales depuis 1919. Par goût du pouvoir et habitude des prébendes, ils se faisaient les fourriers du socialisme, acceptant par nécessité électorale le pernicieux slogan « Pas d'ennemis à gauche ».

Depuis leurs refus réitérés de collaboration avec les « modérés », Tardieu tenait les radicaux pour responsables de la crise générale qui frappait la France. Sans eux, l'inoculation du « poison socialiste » dans le corps national n'eût guère entamé que l'épiderme : « Isolée, cette action socialiste aurait été sans effet [108]. » On comprend, dès lors, l'acharnement de Tardieu contre le Parti radical. Car s'il voyait dans le socialisme le creuset germanisé des valeurs antifrançaises, il accusait le radicalisme, dans sa philosophie et sa pratique du pouvoir, d'avoir exploité l'idée républicaine jusqu'à lui faire perdre le meilleur de sa substance, ne laissant plus subsister que des éléments bassement utilitaires. Le sectarisme intéressé d'un Émile Combes représentait exactement cette mystique républicaine dégradée en politique – selon la forte image de Péguy. La pensée du philosophe Alain, « le plus écouté des écrivains radicaux », précisait Tardieu, témoignait également de l'affadissement de l'idéal républicain revu et corrigé par le radicalisme.

Tardieu reprochait en effet à « l'âpre doctrinaire » du radicalisme un individualisme foncièrement antisocial, incapable de s'élever à la considération de mobiles collectifs, obsédé uniquement par la satisfaction d'intérêts étriqués [109]. Un système qui bannissait la raison d'État en la qualifiant de « folie d'État » et présentait les notions d'intérêt général et de patrie comme des mythologies à dissiper ne pouvait que conduire à la déchéance. À l'école d'une telle philosophie, la démocratie française s'était détachée du « concept national » et complu dans l'utilitarisme :

« À une génération de lecteurs de Michelet a succédé une génération de lecteurs d'Alain; à une mystique idéaliste, une mystique matérialiste; à une philosophie de l'individualisme, une philosophie de l'égoïsme tant bourgeois que prolétarien [110]. »

D'autre part, Tardieu s'élevait précisément contre la conception d'un député, mandataire empressé des intérêts de sa circonscription, devant maintenir « sa porte toujours ouverte [111] ». Enfin, l'obsession du contrôle démocratique professé par Alain, en plaçant derrière chaque décideur un surveillant, laissait un exécutif anémié face à un Parlement omnipotent et figeait la République dans l'immobilisme en consacrant la primauté du contrôle sur l'action. Assurément, « la politique des gauches [qui] depuis 1880 était avant tout la politique du Parti radical [112] » avait débilité les institutions républicaines.

L'acharnement de Tardieu contre le Parti radical avait bien sûr des accents revanchards. Depuis le congrès d'Angers de 1928, véritable coup d'État partisan contre l'Union nationale, il reprochait aux radicaux d'avoir mis le pays « en bataille ». Il avait d'ailleurs lui-même buté sur leurs refus répétés de collaboration ministérielle et leur devait l'échec de son expérience gouvernementale ainsi que l'ostracisme prononcé contre sa personne au lendemain des législatives de 1932. Les charges qu'il retenait contre les radicaux traduisaient aussi la nécessité pressante d'une double justification tant de la gestion gouvernementale passée que des promesses de catastrophes annoncées durant le dernière campagne électorale. Les dénonciations de la politique radicale-socialiste se chargeaient aussi d'un plaidoyer *pro domo* qui profitait de toutes les difficultés de l'heure pour accabler la gestion radicale et vanter par contraste la situation léguée en 1932.

Par une habile exploitation des difficultés politiques et économiques de la France de 1933, Tardieu entendait disqualifier toute la gauche française. Il assimilait, dans une seule et même logique pernicieuse, l'économie dirigée, « prémarxisme honteux » des radicaux, et l' « étatisme exacerbé » des communistes [113]. L'amalgame dans le rejet de la gauche rejoignait donc l'amalgame entre socialisme et nazisme, fruit d'un même lit, l'Allemagne à moitié slave. La nécessité d'une intégration nationale forte passait ainsi par de fortes exclusions. Le cumul des adversaires clarifiait les enjeux en confondant dans une simplification confortable pour l'esprit ennemis de l'intérieur et ennemis de l'extérieur. La scission des néo-socialistes Marquet, Déat et Montagnon au congrès de la SFIO à Paris, à l'été de 1933, vint conforter à droite cette analyse réductrice. Paul Reynaud ironisa alors sur ces « fascistes » en herbe;

Henri de Kérillis se moqua de ces « bons néo » qui pratiquaient le « fascisme sur le mauvais terrain de gauche »; et Tardieu vit dans cette dissidence « une occasion à saisir » pour « les bourgeois qui n'avaient pas peur d'être des bourgeois » et qui étaient prêts à « prendre contre le socialisme, sans distinction de nuance, une offensive résolue [114] ». La campagne pour la révision de la Constitution représentait précisément le fer de lance de cette offensive contre la République de gauche.

De fait, la révision constitutionnelle était conçue comme une machine de guerre lancée à l'assaut de la République radicale. En 1930, commentant la proposition faite par Jacques Piou de galvaniser l'opinion publique en inaugurant une vaste campagne révisionniste, Kérillis avait qualifié l'idée de « beau sujet » académique; il préféra alors donner toute priorité à la nécessité d'organisation partisane des « modérés [115] ». En 1933, ce même Kérillis terminait tous ses éditoriaux à *L'Écho de Paris* par les cris de « Dissolution! Révision! ». Entre les deux périodes, les radicaux avaient retrouvé le pouvoir, et, pour les déloger, la révision apparaissait comme un thème suffisamment rassembleur et mobilisateur. La cohérence institutionnelle et politique du projet révisionniste de Tardieu se trouvait ainsi renforcée par son utilité tactique immédiate dans le combat pour la reconquête du pouvoir. L'assimilation des ratés de la République aux tares de la République radicale était grosse du 6 février 1934.

AU PIED DU MUR

Qualifié de « fasciste » par Blum et de « condottiere » par Herriot, Tardieu ne s'étonna guère des résistances suscitées par sa campagne en faveur de la révision. Par avance, il avait lui-même recensé les adversaires du changement institutionnel. Il désignait ainsi en premier lieu les bénéficiaires de la République abusive, ces hommes qui avaient substitué à l'égalité du régime républicain les profits d'un régime de clientèle, descendants embourgeoisés des jacobins : « Ce sont, avec un masque, les clubs de 1793. Mais en 1793, il y avait aussi la guillotine. Les clubs nous restent. » La comparaison stigmatisait les « comitards » de la République des gauches, radicale-socialiste surtout, cette foule des nouveaux « censitaires » du régime, « féodalité recréée » et campée dans ses privilèges politiques et financiers [116]. Autre catégorie réfractaire au changement, « la famille intellectuelle des sceptiques, des négatifs, des objecteurs de carrière », « causeurs » impénitents et fâcheux importants, s'attristant avec ostentation sur les tares du régime, mais écartant, apeurés ou dédaigneux, la moindre tentative réformiste. « Ces stériles se recrutent dans la bourgeoisie modérée », précisait Tardieu [117]. L'allusion désignait l'ensemble des « modérés », gardiens honteux de la conservation, qui l'avaient abandonné dans l'opposition dès 1932. Inscrits à l'Alliance démocratique ou à la Fédération républicaine, véritables Machiavels de l'abstention, ils répugnaient trop à la bataille pour suivre leur ancien chef sur le terrain politiquement scabreux de la révision constitutionnelle.

De telles timidités, en revanche, ne retenaient pas « la masse sonore des surenchérisseurs », zélateurs bruyants de l'imitation fasciste qui encombraient le courrier de Tardieu par des appels à l'action directe. À cette cohorte des ligues d'extrême droite, il répondait que le génie français ne souffrait ni l'esprit d'imitation ni surtout l'atteinte aux « traditions de liberté individuelle dont la France bénéficiaient depuis des siècles [118] ». Enfin, aux objections des tenants du « profitage », du « dilettantisme » et de la « surenchère », il ajouta les préventions cultivées contre sa propre personne : « La dernière troupe de choc déclare approuver mes idées. Mais elle les repousse parce que c'est moi qui les propose [119]. »

Ces tenants de l'immobilisme ne pourraient cependant s'obstiner trop longtemps contre les réalités du moment. En effet, la République française devait en toute urgence répondre à la menace d'une Allemagne « en incubation de guerre » et apaiser les « bruits de la rue » dont la fureur montante pouvaient conduire la France jusqu'à la « lutte civile [120] ». Pour cela, il n'était d'autre voie que de redonner à la France son vrai visage, débarrassé de la rouille des abus qui la rendait méconnaissable, et de restaurer l'autorité en République. « Ou réforme et régénération ; ou guerre et servitude », l'alternative interdisait l'attentisme [121]. La France, sa longue histoire le prouvait, était à la hauteur du défi. Récemment encore, durant la Grande Guerre, le peuple français avait confirmé sa vitalité dans le péril. « Ce qui fut alors possible, sur les champs de la guerre, serait-il impossible sur les champs de paix? Je me refuse à le croire [122]. » Les vertus profondes du peuple autorisaient l'espérance en un redressement prochain. Parfois assoupies, jamais pourtant ces vertus ne faillirent à la France quand il avait été question du destin national. Pour faire front une nouvelle fois, Tardieu sonnait le réveil des masses populaires. Et « tant pis pour le Parlement s'il ne comprend pas [123] ! »

CHAPITRE X

L'expérience Doumergue

Le 5 février 1934, Georges Lachapelle félicita Tardieu pour la vigoureuse analyse développée dans *L'Heure de la décision*. Le publiciste « modéré » désespérait toutefois de la clairvoyance de ses contemporains et ne voyait d'autre terme à l'agonie de la République que la convulsion insurrectionnelle : « C'est par une révolution que, depuis toujours, l'organisation des pouvoirs publics a pu, chez nous, être transformée. Je crains que nous n'échappions pas à cette solution de force, nécessairement précédée d'affreuses convulsions et de désordre dans la rue, pour ne pas dire de coups de mitrailleuse [1]. » À peine écrit, ce scénario dramatique trouva, place de la Concorde, ses acteurs et son théâtre. Les coups de feu tirés et les morts laissés sur les pavés avaient-ils pour autant ouvert les voies du changement institutionnel ? La gravité de la crise politique le laissait croire.

La crise d'autorité du régime représentatif, lancinante et de plus en plus insupportable dans le contexte de désarroi économique et d'insécurité internationale, s'achevait, en ce début 1934, en une grave crise de légitimité. Le divorce entre l'État et la nation semblait consommé. Pour manipulés ou conditionnés qu'ils fussent, les milliers de Parisiens descendus dans les rues aux cris de « À bas les voleurs ! » n'en exprimaient pas moins leur désaccord profond avec les pratiques d'un régime qui paraissait se complaire dans l'impuissance et la corruption. Le peuple ne pouvait plus s'identifier à ses représentants, et les liens d'adhésion et de confiance se dénouèrent, ouvrant une crise de légitimité portant davantage sur les pratiques en usage et les hommes en place que sur les principes et les fondements du régime républicain. Cette désaffection populaire violemment exprimée autorisait tous les espoirs dans le camp des rénovateurs. L'abcès semblait en effet crevé et une certaine pratique de la République pour toujours discréditée. Chez les « nationaux », qui renouaient avec le pouvoir, on parlait d'une ère nouvelle ou, comme Tardieu, d'une « lueur tragique [2] » annonciatrice de redressements futurs.

Moralisation et adaptation constituaient les deux impératifs qui commandaient l'avenir immédiat. Le « sauveur » appelé pour éviter le pire, c'est-à-dire la guerre civile, et rétablir la confiance, Gaston Doumergue, incarnait parfaitement ces deux exigences. D'une part, en vertu de son simple statut de citoyen en retraite, éloigné depuis plusieurs années des sentines politiciennes, il réconfortait tous ceux, alors nombreux, qui assimilaient politique et corruption. Par ses prises de position récentes, il entretenait d'autre part les espoirs d'une adaptation du régime parlementaire. N'avait-il pas préfacé, en octobre 1932, la brochure de son ami le sénateur Ordinaire, *Le Vice constitutionnel et la révision?* Et ne confia-t-il pas à Pierre Lafue le 7 février 1934, dans une interview, que « les Constitutions ne sont pas des fétiches et doivent évoluer avec le temps [3] ». Assurément, le gouvernement d'union nationale présidé par lui pouvait mettre l'immense crédit populaire dont jouissait le « sage de Tournefeuille » au service du changement institutionnel. Le sang versé au soir du 6 février avait créé les conditions psychologiques d'une réforme à chaud du régime parlementaire. La mobilisation des esprits et des formations politiques sur le thème révisionniste témoignait d'ailleurs de l'imminence du changement.

L'EFFERVESCENCE RÉFORMISTE

« Les plombs sautent », s'était exclamé en 1931 Daniel Halévy dans un essai sur *La Décadence de la liberté* [4]. Trois ans plus tard, les courts-circuits du régime ne canalisaient plus la tension croissante qui s'échappa finalement du système en une journée tragique maculée de boue et de sang. Car, dans la soirée du 6 février, pour nombre de contemporains, les plombs « sautèrent » effectivement. Le « Ça ne peut plus durer » si souvent répété, passif et incantatoire, se transforma alors en conviction agissante, suscitant un peu partout une réelle ardeur réformiste. Les rangs des anciens militants du changement, rénovateurs de l'immédiat après-guerre ou tenants convaincus de la réforme de l'État, s'étoffèrent de la masse des hommes que l'explosion convertit à la nécessité des réformes. Dans le désarroi et la hantise du lendemain, les thèmes réformistes et révisionnistes envahirent alors la presse et les revues. Ils trouvèrent rapidement une consécration officielle dans la constitution d'une commission parlementaire chargée d'examiner « tous les projets et propositions relatifs à la réforme de l'État et à la révision de la Constitution [5] ». Le Sénat, gardien sourcilleux de la Constitution, céda lui aussi au tapage révisionniste et institua sa propre commission de la réforme de l'État. D'abord préoccupation marginale, puis formule publicitaire sans avenir proche, la réforme de l'État devint ainsi en quelques semaines une priorité nationale.

Les « jeunes équipes », les spécialistes du droit public et de science politique, les révisionnistes de la première heure et les anciens combattants, tous ces groupes et associations qui avaient travaillé dès les années vingt à l'adaptation de l'État et de la République aux réalités de l'après-guerre purent croire leur heure venue. Ils redoublèrent donc d'activité pour ne pas laisser passer cette occasion de rénover le régime représentatif.

Les « jeunes équipes », réaffirmèrent leurs positions, convaincues que les événements avaient définitivement condamné la vieille formule de l'État étroitement politique. Dans un manifeste présenté comme « le plan de l'État moderne », la revue de Georges Mer dénonça le triple fétichisme du passé, du budget et de la monnaie, réclama la convocation immédiate, sans dissolution préalable, de l'Assemblée nationale et inscrivit à l'ordre du jour de la révision constitutionnelle la représentation économique de tous les producteurs dans une assemblée délibérante, la réorganisation technique de la présidence du Conseil et une réforme administrative profonde évitant toutefois l' « holocauste des fonctionnaires [6] ». Cette refonte institutionnelle actualisait la promesse émancipatrice de 1789 en organisant, après la démocratie politique, une démocratie économique dotée enfin d'un État moderne, conscient de sa mission économique et organisé pour l'accomplir. L'insécurité et la misère, avertissait cependant Georges Mer, constituaient des obstacles importants à cette régénération unanimement souhaitée. Le « plan de l'État moderne » invitait toutes les nations européennes à une « conférence de la Cité moderne », grandiose manifestation de solidarité qui devait mettre en place un vaste chantier de grands travaux internationaux, préludes d'une prospérité porteuse de paix [7].

L'idée d'une République régénérée et fortifiée par la représentation dans l'État des syndicats et associations professionnelles trouva au Sénat de solides appuis en Joseph Paul-Boncour, Henry de Jouvenel et Joseph Caillaux. Paul-Boncour, qui d'ailleurs présidait régulièrement les banquets de *L'État moderne*, et Henry de

Jouvenel, directeur de *La Revue des vivants*, y « complotèrent » ensemble dans le dessein de profiter de la dynamique révisionniste pour forcer la main des sénateurs et peut-être même pour faire triompher leur conception syndicaliste de la rénovation de l'État. Ils furent à l'origine de la proposition d'instituer dans ce temple du conservatisme institutionnel une commission de la réforme de l'État. La conversion des sénateurs au révisionnisme se révéla cependant plus tactique que réelle. La tiédeur des convictions se manifesta d'emblée dans le refus de nommer Paul-Boncour ou Jouvenel à la présidence la nouvelle commission.

Les professions organisées et représentées dans l'État, parties prenantes d'une « économie dirigée » ne portant pas atteinte au droit de propriété, constituaient par ailleurs un pan important du plan conçu par les « jeunes radicaux » pour sortir la France de la crise économique et répondre aux défaillances de l'État républicain. En partie démentis et submergés par la victoire du radicalisme traditionnel aux législatives de 1932, les « jeunes radicaux » trouvaient dans la démission du Parti radical face aux émeutiers de février l'occasion d'une nouvelle offensive politique. Moins nombreux qu'au temps de leur affirmation comme courant rénovateur du radicalisme dans les années 1926-1931, les « jeunes radicaux », groupés autour de Kayser, Lange, Sauger et des députés Cot, Zay, Mendès France, Monnerville et Martinaud-Deplat, organisés en « comité de vigilance » à l'intérieur de leur propre parti, réclamèrent au lendemain du 6 février la convocation d'un congrès national extraordinaire pour tirer les leçons de la carence politique et du laxisme moral qui avaient mené le parti à la capitulation [8].

À la veille du congrès de Clermont-Ferrand, un plan publié le 5 mai dans *L'Œuvre* et signé par Jacques Kayser, André Sauger et quelques militants moins connus rappelait les idées qui commandaient depuis longtemps leur action réformiste : la réorganisation de la présidence du Conseil, la réduction du nombre des ministères et le droit de dissolution confié au seul gouvernement apporteraient plus d'efficacité et d'autorité à l'exécutif républicain ; la représentation proportionnelle et la limitation de l'initiative parlementaire en matière de dépenses libéreraient l'élu de la tyrannie des intérêts particuliers ; enfin, la « création d'une assemblée économique issue des corporations organisées », prenant en compte la faillite d'une économie libérale devenue « féodale, désordonnée et égoïste », doterait la République d'un organe réunissant les compétences professionnelles nécessaires au rôle de direction économique désormais dévolu à l'État. Ni « spoliation », ni « expropriation », ni « collectivisation » : les « jeunes radicaux » souhaitaient instaurer un régime d'« économie ordonnée » allant dans le sens de la démocratie économique. Par ce plan, augmenté d'une liste de mesures immédiates répondant aux besoins urgents des victimes de la crise économique, ils espéraient reconquérir une position stratégique à l'intérieur d'un parti vieilli et compromis dans le gouvernement d'union nationale aux côtés des hommes du coup de force de février.

Opposant leur jeunesse aux clivages partisans traditionnels et tirant profit de leur psychologie « collaborationniste » et unitaire, les nouvelles générations multiplièrent alors les occasions de rencontre et de rassemblement. C'est ainsi que se tinrent, à la fin de juin 1934, des « États généraux de la jeunesse », qui réunirent la plupart des organisations françaises de jeunesse, des Jeunesses patriotes aux Jeunesses laïques et républicaines. À en croire Jean Luchaire, une « série d'unanimités impressionnantes » se dégagea de cette confrontation dans la solidarité d'âge; unanimités plutôt négatives, d'ailleurs, puisque l'entente s'articula sur une commune condamnation du régime capitaliste, de la « fausse démocratie », viciée par l'emprise des trusts et de la presse, et d'un système institutionnel qui ne faisait aucune part à l'activité économique des électeurs ou à « la valeur fondamentale de la profession ». La déclaration finale de ces États généraux insistait sur l'impasse de la voie réformiste et présentait le destin de la jeunesse française comme « révolutionnaire par nécessité [9] ».

Le Plan du 9 juillet constitua une autre manifestation exemplaire de cet effort de rassemblement et de rajeunissement de la politique. Dix-neuf représentants des jeunes générations, venus d'horizons les plus divers – syndicalistes, néo-socialistes, jeunes radicaux, polytechniciens, membres du mouvement Jeune République, du Parti agraire, des Jeunesses patriotes, des Croix-de-Feu –, élaborèrent quatre mois durant, et sous le parrainage admiratif de Jules Romains, un « programme de rénovation opposable aux fauteurs de guerre civile [10] ». Née sous le signe du 6 février, cette réflexion commune chercha à démontrer qu'au-delà des clivages politiques existait parmi les jeunes un accord confus sur « un grand nombre de points essentiels » et que l'entente entre Français n'était qu'une simple question de clarification et de sacrifice d'amour-propre. Pour combler les « abîmes d'ordre métaphysique » responsables des discordes franco-françaises, Jules Romains invita la jeunesse à travailler dans l'ordre du positif pour réaliser enfin le rêve de leur génération, une « société sans classe » libérée de l' « oligarchie capitaliste [11] ». Voix collective et formule de ralliement, le Plan du 9 juillet resta cependant souvent au milieu du gué dans un constant souci de privilégier l'effort de synthèse sur l'originalité et la cohérence du projet.

Entre la « décadence du libéralisme » et le « danger des mystiques totalitaires », les « juillettistes » fondèrent leur révolution constructive sur l'idée de service social : « Au stimulant du profit doit se substituer progressivement la mystique du service [12]. » Sur le plan institutionnel, les propositions retenues, quelques forts accents technocratiques mis à part, reprenaient un catalogue de réformes bien connues : renforcement de l'exécutif par l'instauration d'une procédure de défiance pouvant entraîner la dissolution automatique de la Chambre et par l'institution du monopole en matière d'initiative financière; amélioration du travail législatif par l'intervention d'organismes techniques, le Conseil national économique, organe des corporations, et le Conseil d'État; restructurations administratives, la présidence du Conseil cumulant les charges de l'Intérieur et de la Justice, et les fonctionnaires obtenant une reconnaissance syndicale, sans droit de grève toutefois. Le choix en faveur d'une « économie consciente », c'est-à-dire statistiquement informée, n'entraînait pas les auteurs du plan jusqu'à l'idée d'une économie mixte, mais limitait leur audace rénovatrice à la formule courante d'un État arbitre et contrôleur. Ne croyant pas à la capacité d'autoréformation du régime parlementaire, les « juillettistes » réclamaient vaguement un gouvernement de transition chargé de convoquer une assemblée constituante. Enfin, ils plaçaient leurs espoirs de réconciliation nationale dans la société civile, syndicats, anciens combattants et jeunesse, creuset des forces morales du pays, encore vierges, disaient-ils, de l'emprise partisane [13].

Les controverses et discussions publiques sur l'imminente réforme de l'État ne laissèrent pas indifférents juristes et politologues. Ceux-ci avaient d'ailleurs amplement instruit le débat institutionnel depuis les années vingt et ne manquèrent pas de continuer leur œuvre d'information et de recommandation comme le montraient de multiples publications ainsi que deux imposants numéros spéciaux publiés en 1934 par les *Annales du droit et des sciences sociales* et par les *Archives de philosophie du droit et de sociologie juridique* consacrés respectivement à « La réforme de l'État » et à « La crise de l'État [14] ». L'engagement des spécialistes du droit public dans les débats touchant au réaménagement institutionnel de la République se concrétisa notamment par la constitution d'un Comité technique pour la réforme de l'État ou Comité Bardoux du nom de son initiateur. Les membres de ce comité, Bardoux, Alibert, Joseph-Barthélemy, Gidel, Laferrière, Lavergne, Mirkine-Guetzévitch, Mercier, Lambert-Ribot, Valensi et Pichon, professeurs de droit ou membres du Conseil d'État pour la plupart, faisaient figure de techniciens qualifiés du changement institutionnel. Leur association se proposait un but « volontairement réaliste et soigneusement limité » que Bardoux traduisit en ces termes ambitieux :

> « Apporter à l'opinion, pour orienter ses tendances, et au gouvernement, pour faciliter ses décisions, l'ensemble de textes, lois et décrets, dont le vote ou la signature permettraient de réorganiser les services de l'État et de redresser les institutions de la République, conditions préalables de l'apaisement moral et de la reprise économique, aussi nécessaires que l'épuration chirurgicale des administrations et l'arrestation immédiate des prévaricateurs et des assassins [15]. »

Jacques Bardoux, président de cet officieux comité d'experts aux prétentions technocratiques, inscrivait son ardeur rénovatrice dans la ligne des « survivants des générations de la guerre » décidés à tirer pour l'avenir de la République les leçons léguées par le conflit mondial. Rénovateur de la première heure, son militantisme réformiste résumait assez bien les activités du courant libéral progressiste qui, dès la fin de la guerre, travailla au changement institutionnel. Il parraina ainsi les Compagnons de l'Université nouvelle, promoteurs de la réforme de l'enseignement supérieur, participa à la fondation du mouvement de la « Quatrième République », soutint l' « admirable apostolat » de son ami Probus-Corréard, montra un vif intérêt pour les conceptions administratives développées par Henri Chardon et fut un membre actif du conseil d'administration du Redressement français. En janvier 1933, avec l'appui de son ami Mercier et des hommes de la Ligue civique, Bardoux mit la section puy-de-dômoise de la Fédération républicaine au service d'une nouvelle campagne en faveur de la réforme de l'État et se montra l'un des plus chauds partisans de la croisade révisionniste de Tardieu. Le Comité technique pour la réforme de l'État, créé après le 6 février, continuait donc l'ensemble de ces initiatives réformistes.

En accord avec Tardieu sur son constat de la « République en quenouille », Bardoux insistait cependant sur l'effet pervers de l'invasion du « nombre », exprimant ainsi, à l'instar d'un Charles Benoist au début du siècle, la tenace aversion des libéraux envers une démocratisation de la politique vécue comme une médiocratisation généralisée. Car, selon Bardoux, les démocraties, loin d'être en faillite, vivaient une phase d'hypertrophie désordonnée étouffant les « élites » sous l'emprise débridée du « nombre ». Le machinisme industriel et la « machine à voter » conjuguaient les effets de leur logique d'uniformisation jusqu'à un nivellement social achevé, consacrant ainsi le déclin et le dessaisissement des élites en une heure où pourtant la gestion des problèmes réclamait impérativement la mobilisation nationale de tous les savoir-faire, de toutes les aristocraties [16]. « La fin des notables » prononcée avec tapage par Daniel Halévy en 1930 signifiait pour Bardoux la fin du parlementarisme, aristocratique par définition, et condamnait la France à de brusques oscillations entre anarchie et dictature, les deux figures institutionnelles du « nombre » souverain. Le salut national passait par un rééquilibrage des fonctions entre la masse et l'élite, et donc par une meilleure prise en considération dans l'organisation étatique de la loi de compétence. Telle était la philosophie à la base des réformes proposées par le « Comité Bardoux ».

Le premier acte du réaménagement institutionnel envisagé consistait à substituer la représentation proportionnelle au scrutin d'arrondissement, « désorganisateur et corrupteur », dénoncé comme le vrai responsable de l'abaissement des caractères et de l'asservissement de l'élu aux intérêts privés. Pour restaurer l'autorité de l'exécutif, le Comité Bardoux entendait revaloriser la présidence de la République en la fondant sur un collège électoral élargi et en lui conférant un pouvoir propre de nomination. D'autre part, autorité et stabilité gouvernementales étaient assurées par une présidence du Conseil techniquement réorganisée, munie de la double arme de la dissolution et du référendum de consultation, assurée d'une vie minimale de six mois et protégée contre les renversements sans signification politique par une véritable procédure de défiance. La réglementation de l'initiative des députés en matière de dépenses, la possibilité de proroger le budget et la nécessité du vote de défiance constituaient autant de limitations apportées à la toute-puissance du Parlement. Enfin et surtout, le « Comité technique », fidèle à ses penchants technocratiques, désignait pour assister les ministres un corps de techniciens de gouvernement, les « sous-secrétaires d'État permanents », dont la fonction résumait le double avantage d'une telle nouveauté administrative : compétence et durée. L'institution d'une Cour suprême garantissait l'équilibre futur du système par le contrôle de constitutionnalité et servait de tribunal suprême en matière électorale et politique [17].

Ce nouvel agencement institutionnel, en redistribuant les rôles à l'intérieur de la République, rétablissait une harmonie garante de pérennité. « L'élite gouverne et le nombre en profite. La République dure [18]. » Et pourtant, Bardoux sentait que ces amendements à la vieille Constitution de 1875, par leur juridisme aride et étroit, ne pouvaient guère enthousiasmer des foules avides de certitudes plus tranchantes et de formules plus brèves. Il manquait au plan des amis de Bardoux, techniciens de la République nouvelle, le souffle d'une mystique mobilisatrice capable seule de transformer leur charte constitutionnelle en « évangile de la résurrection française [19] ». À défaut d'un nouveau Maurice Barrès, Jacques Bardoux comptait ainsi sur le capital moral et la ferveur nationale des anciens combattants pour promouvoir et animer une République revigorée.

Au lendemain du 6 février, « l'heure des anciens combattants » sembla effectivement venue. La République qui démissionna devant l'émeute était celle des partis diviseurs et impuissants, des égoïsmes coalisés et des intrigues personnelles, de la cuisine électorale et de l' « assiette au beurre ». Face à ce qu'ils regardaient comme un monde usé par l'ambition, l'esprit de combine et le maquignonnage, les combattants se présentaient alors comme la « force nouvelle, encore jeune, au-dessus et en dehors des partis », comme « le seul point fixe, la seule force cohérente et désintéressée » capable, dans la déroute des partis, de travailler au redressement français [20]. Définis depuis toujours par opposition au milieu délétère de la politique, ils trouvaient dans le discrédit général jeté sur la classe parlementaire les raisons de croire à leur investiture nouvelle. En matière d'honnêteté et de probité, de solidarité et de civisme, toutes vertus morales qui conditionnaient le redressement national, ils revendiquaient un véritable monopole. La magistrature d'assainissement et de redressement confiée à Doumergue ne pouvait donc trouver zélateurs plus ardents que les hommes de la « génération du feu ». Leurs réflexions sur les défaillances du régime représentatif n'étaient d'ailleurs en rien circonstancielles, mais remontaient aux années vingt et avaient pour elles le bénéfice d'une lente maturation. Historiquement, moralement et politiquement, les anciens combattants s'affirmèrent ainsi comme les agents de la régénération nationale.

La protestation violente du 6 février, bien qu'elle n'ait pas fait l'unanimité au sein du mouvement combattant, fut considérée par certains observateurs comme « l'irruption des anciens combattants dans la politique [21] ». Depuis 1927, pourtant, ceux-ci avaient manifesté leur désir d'intervenir dans la vie publique, mettant leur force morale et sociale au service de la réforme de l'État. L'aile gauche du mouvement, l'Union fédérale (UF), avait toutefois boycotté les congrès spécialement organisés autour du thème révisionniste et dénoncé les accents autoritaires de certaines propositions adoptées alors par l'Union nationale des combattants (UNC) et la Semaine du combattant. Le choc du 6 février devait finalement convertir l'UF à la cause révisionniste et raffermir l'unité combattante au sein de la Confédération nationale. Celle-ci, mettant à profit les travaux de sa propre commission de la réforme de l'État au travail depuis janvier 1934, fit adopter, fin mars, une motion proclamant la nécessité « d'adapter dans le calme les institutions aux nécessités nouvelles ». Les deux axes de ce programme réformiste étaient d'une part la restauration de l'autorité de l'État garantie par un exécutif « stable, fort, responsable et contrôlé » et d'autre part l'intégration des forces économiques et sociales invitées à participer régulièrement à la gestion des affaires publiques [22]. En mai, au cours de leurs congrès nationaux respectifs de Metz et de Vichy, les deux grandes associations combattantes, l'UNC et l'UF, établirent ainsi des programmes de réformes qui confirmaient, malgré les divergences, leur communauté d'effort en faveur d'un réaménagement institutionnel [23]. Rarement les deux associations avaient manifesté une telle solidarité dans l' « action civique ».

Le caractère vague de certaines formules n'empêcha pas l'enthousiasme rénovateur, conséquence directe de l'espérance née en février. Aussi les anciens combattants programmèrent-ils déjà l'ordre du jour de la future « constituante » ou, selon la proposition de Robert Monnier, des nouveaux « États généraux » dont la convocation semblait une simple question de semaines. En fait, l'irruption soudaine des anciens combattants sur le devant de la scène politique, symbolisée notamment par la participation au ministère Doumergue du président de la Confédération nationale, Georges Rivollet, entretenait une sorte d'euphorie civique dans leurs rangs. L'heure des partis étant passée, les anciens combattants pensèrent sérieusement pouvoir désormais tenir les premiers rôles et se montrèrent décidés à veiller eux-mêmes au redressement national. Ils allèrent même jusqu'à mettre Doumergue sous surveillance et dicter une sorte d'ultimatum au gouvernement en acceptant de façon conditionnelle les sacrifices financiers demandés sur leurs pensions [24]. Réunis en conseil extraordinaire de la Confédération le 12 avril, ils avertirent solennellement le gouvernement qu'ils « contrôleraient son action de redressement et qu'ils étaient résolus à imposer, par les moyens en leur pouvoir et pour assurer une fois de plus le salut du pays, leur propre programme de rénovation [25] ». Cette détermination, présomptueuse et naïve de la part d'associations qui ne rassemblaient finalement que de simples citoyens sans mandat formel et tenant, qui plus est, la « politique » en horreur, reflétait en fait l'atmosphère fiévreuse consécutive aux événements de février.

La crise des institutions, le désordre économique et financier, la défaillance des mœurs et surtout les morts de la place de la Concorde accréditaient tous les programmes de rénovation, laissant parfois croire que tout était possible. La société civile, non comprise par les errements passés, se sentait naturellement investie de la tâche de régénération nationale. Henri Pichot, président de l'Union fédérale des anciens combattants, affirmait que « des forces sociales s'étaient créées entre le pays et le parlement » et voyait dans les syndicats, les fonctionnaires, les femmes, les jeunes et la paysannerie, les alliés des combattants dans cet effort urgent de redressement national [26]. Cette mobilisation de la société civile en faveur du changement n'allait pas laisser le monde politique sans réaction.

L'idée d'une adaptation de la République parlementaire ne prenait certes pas les formations politiques au dépourvu. En effet, depuis la fin des années vingt, les programmes des radicaux, des démocrates-populaires et des socialistes français exhibaient l'élégante formule de la « réforme de l'État [27] »; la Fédération républicaine militait elle aussi pour des aménagements constitutionnels. La permanence de l'anathème jeté sur tout projet révisionniste, cependant, mesurait la distance entre l'adoption d'idées réformistes et leur possibilité de réalisation. Car s'il paraissait envisageable de réformer l'État sans réviser la Constitution, la plupart des projets réformistes, de par leur ambition, ne pouvaient trouver crédibilité et durée sans amender quelque peu les lois fondamentales. Or les premières semaines de 1934 et surtout les événements du 6 février levèrent l'hypothèque historique pesant sur le thème révisionniste. Les conversions individuelles ne se comptèrent plus dès lors, telle celle de Paul Reynaud.

Reynaud, en effet, avait longtemps considéré la révision comme un « remède dangereux » et refusé, en 1933 encore, de se solidariser ouvertement avec la croisade révisionniste lancée par Tardieu. Après la soirée sanglante, toutefois, il défendit avec ténacité le triptyque « représentation proportionnelle, dissolution, révision », convaincu désormais que « ce n'était pas avec des tisanes que l'on guérirait le malade [28] ». Le révisionnisme « modéré », défendu d'abord par quelques isolés téméraires (Millerand, Ordinaire, Tardieu, Bardoux, Kérillis), obtenait droit de cité et entrait dans tous les programmes partisans. Les partis ne crurent pas pouvoir se dérober à ce qui apparut comme une nécessité impérieuse, et chacun d'eux s'efforça de présenter à sa clientèle une panacée de réformes qui lui fût spéciale [29].

En fait, la Fédération républicaine de France avait inscrit depuis longtemps des articles réformistes dans son programme. Représentation proportionnelle intégrale, suffrage féminin, vote familial et obligatoire, limitation de l'initiative parlementaire en matière de dépenses, réduction importante du nombre des parlementaires, institution d'une Coup suprême, toutes ces revendications dataient des années vingt [30]. Le congrès national de Paris, à la fin de mai 1933, insista sur la nécessité de la révision de la Constitution. En janvier 1934, Louis Marin, président de la Fédération, regrettait le caractère fragmentaire des lois constitutionnelles de 1875 et réclamait impérativement l'adoption d'une vraie Constitution. Poitou-Duplessy, le vice-président, assignait d'ailleurs comme thème principal de la future campagne électorale consécutive à une dissolution perçue comme imminente, la révision constitutionnelle. Invité du début de juin au banquet de clôture du congrès de la Fédération républicaine, Tardieu eut la satisfaction d'entendre les congressistes s'aligner sur ses positions réformistes, nonobstant quelques différences en matière de réforme électorale et de référendum.

Si la droite était acquise depuis quelques années déjà à l'idée d'amender la Constitution, le centre droit, en revanche, avait toujours montré de fortes réticences devant un tel projet. Durant l'anne 1933, l'Alliance démocratique n'avait-elle pas laissé l'un de ses chefs, Tardieu, se compromettre tout seul dans l' « aventure » révisionniste ? Un an plus tard, cependant, sous l'effet du choc psychologique du 6 février, l'Alliance bascula elle aussi dans le camp révisionniste, la dynamique réformiste étant devenue irrésistible. Dans un *Manifeste* du 9 mai, signé, entre autres, par Flandin, de Fels, Baréty, Reynaud, Rollin, elle reprenait à son compte les idées de Tardieu sur le droit de dissolution et l'initiative des dépenses, adoptait, à l'instar de la Fédération républicaine, la représentation proportionnelle et le vote familial et faisait un clin d'œil au centre gauche en se prononçant en faveur de la « représentation des forces collectives dans l'État [31] ». Kérillis, qui complimenta Flandin pour ces audaces réformistes, dut également apprécier les commentaires du comte de Fels et de Louis Rollin à la suite d'une réunion de propagande de l'Alliance. De Fels, pourtant peu convaincu de la nécessité de la révision, déclara souhaiter voir la réforme de l'État « menée à bonne fin » ; quant à Rollin, ami de Tardieu et membre de la commission de la réforme de l'État, il affirma que, « de l'aveu de tous, la Réforme de l'État, n'était pas seulement essentielle mais encore extrêmement urgente [32] ».

À gauche, le Parti radical-socialiste était la formation la moins portée à céder à la ferveur révisionniste tant par tradition républicaine que par le désir de ne pas désavouer sa récente gestion des affaires publiques. Toutefois, dans ce parti discrédité à droite comme un foyer de corruption et à gauche comme un refuge des capitulards, des hommes entendirent réagir. Ils proposèrent ainsi, en plus d'une épuration exemplaire des prébendiers et de l'habituelle logomachie républicaine, des solutions nouvelles à la crise du parti et de la France. Au congrès extraordinaire de Clermont-Ferrand, devaient être discutés trois rapports portant sur la crise économique, la réforme de l'État et la réforme électorale, respectivement rédigés par Émile Roche, Paul Marchandeau et Alfred Dominique. À ces rapports officiels s'ajoutait le plan de réformes publié à la veille du congrès par l'aile gauche « jeune radicale ». Le débat institutionnel fut cependant escamoté. Les congressistes préférèrent en effet renvoyer la question au prochain congrès de Nantes prévu pour octobre.

Cet attentisme ne signifiait pas pour autant un refus du changement. Le rédacteur du rapport sur la réforme de l'État, Paul Marchandeau, présidait la commission parlementaire de la réforme de l'État dont les travaux, menés avec zèle et célérité depuis mars, préfiguraient une révision substantielle de la Constitution et du règlement du Parlement. Par ailleurs, avant même la convocation du congrès radical-socialiste, un article central du révisionnisme, la restauration du droit de dissolution, avait reçu l'aval de la commission Marchandeau, qui supprima, par 21 voix contre 3, l'assentiment sénatorial dans la procédure de dissolution. Ce 27 avril, les radicaux-socialistes Cornu, Marchandeau, Potut et Mendès France s'étaient rangés dans le camp révisionniste. Enfin, quelques radicaux, tels Henri Clerc, Paul Gruet et Paul Elbel, rénovateurs de la première heure, allaient jusqu'à demander la réunion d'une assemblée constituante [33]. Ainsi, même le Parti radical-socialiste, pour réservé qu'il fût sur la question institutionnelle, comptait dans ses rangs des personnalités tout acquises à l'idée de réaménager la République.

« Jeunes équipes » plus ou moins révolutionnaires, spécialistes du droit public et des sciences politiques, anciens combattants, partis politiques et assemblées parlementaires, sans même insister sur les nombreuses ligues et associations plus radicales dans leur désir de changement, toute une partie de la société française, tant civile que politique, était mobilisée au printemps 1934 autour du thème de la réforme de l'État. Quelles que pussent être les divergences de programme et d'intentions, l'accord sur le principe d'une nécessaire adaptation de la République aux réalités de la crise économique et aux exigences internationales parut général, voire « unanime » à en croire Georges Mer. Les voies du changement restaient certes à définir, mais la gravité de l'heure avait largement levé l'anathème jeté sur le révisionnisme. « La réforme constitutionnelle est dans l'air, constatait Mer. Elle devient presque une " tarte à la crème ", selon le mot de Molière, et les esprits même timorés sont maintenant conquis [34]. » Cet enthousiasme rénovateur sous-estimait certes les résistances de la tradition républicaine. Il exprimait toutefois un sentiment largement partagé au lendemain du 6 février. Un point de rupture annonciateur de transformations profondes paraissait avoir été atteint. Le désarroi économique et la menace internationale ne pouvaient plus se suffire de l'impuissance gouvernementale.

Du foisonnement de plans et de programmes rénovateurs, alambiqués jusque dans les détails les plus extrêmes pour certains ou grossièrement esquissés pour d'autres, quelques thèmes et réformes émergeaient pourtant comme axes privilégiés du changement institutionnel. La représentation proportionnelle, adoptée par l'Alliance démocratique et par la Fédération républicaine dans l'espoir de briser la solidarité cartelliste, et par la gauche socialiste et communiste afin d'accroître leur représentation, disposait ainsi d'une majorité théorique importante à la Chambre. D'autre part, la restauration de l'autorité gouvernementale par la réhabilitation du droit de dissolution, la limitation de l'initiative financière des députés et la réorganisation administrative de la présidence du Conseil figuraient dans presque tous les programmes. Enfin, pour répondre au divorce entre la société et l'État, la plupart des projets de réformes prévoyait à des degrés d'intégration divers une représentation des forces économiques. Ces trois grands chapitres réformistes, détaillés et agencés de manière très différente suivant les sensibilités et les traditions politiques, révélaient cependant la continuité des préoccupations institutionnelles depuis les campagnes d'un Charles Benoist au tournant du siècle. Le révisionnisme « modéré » de 1934 n'innovait guère. Les mêmes articles s'attaquait au même adversaire, la République radicale :

> « La formule un peu pompeuse et si répandue de " réforme de l'État ", écrivait à l'été de 1934 un chroniqueur de *La Revue de Paris*, n'est après tout que le prolongement et la somme de propositions qui ne sont pas neuves et que l'on retrouverait facilement, si on les cherchait dans tout le vocabulaire électoral en usage depuis cinquante ans [35]. »

Pour anciennes qu'elles fussent, ces propositions prirent toutefois au milieu des années trente un caractère d'urgence particulière qui se formula dans des programmes de redressement national aux ambitions globalisantes. En effet, l'importance des enjeux suscités par une crise qui ébranlait le cadre même de la civilisation libérale dictait des solutions nécessairement totales. La régénération ne pouvait pas être le produit d'une réforme ponctuelle et isolée. Les ratés de l'économie capitaliste et les défaillances de la démocratie représentative imposaient des solutions d'ensemble, pensées comme un tout logique et cohérent réalisable dans son unité seulement. De là cette prolifération de « plans », cet engouement pour des architectures ambitieuses qui traçaient de vastes et intangibles programmes de reconstruction et invitaient à la réconciliation dans l'effort. Tardieu lui-même ne procéda pas autrement, bien qu'il limitât son entreprise rénovatrice à un « planisme » strictement institutionnel, considérant que la crise économique se résoudrait d'elle-même une fois l'autorité politique rétablie : « Toutes ces mesures ensemble [ses cinq réformes] constituent un programme minimum qu'il convient soit d'accepter, soit de rejeter dans l'unité, qui fonde son sens, sa portée, sa valeur [36]. »

Posologies aux vertus miraculeuses, ces programmes minimum développés sur le papier avec ferveur et foi rassuraient à peu de frais des Français en quête de certitudes bienfaisantes. Le foisonnement des plans censés résoudre la crise économique et institutionnelle manqua ainsi, selon l'avis de Charles Pomaret qui tenta l'inventaire, de « submerger » la France [37]. Ce « planisme » tous azimuts traduisait en fait la profondeur et la généralité de l'inquiétude. Il exprimait d'autre part la vigueur de l'espérance. L'heure était aux adaptations et les métamorphoses à venir soulageaient nombre de Français du sentiment pénible et parfois blessant pour l'orgueil national d'un retard français sur le reste du monde. « Tandis que le monde évoluait autour de nous, les Français piétinaient », regrettait ainsi Reynaud en avril 1934. Et Henry de Jouvenel concluait : « La France est entrée en crise constitutionnelle comme elle est entrée en crise économique : la dernière [38]. » Retard, vieillissement, décadence, quelle que fût l'interprétation de cet immobilisme national, cet état de choses paraissait inacceptable à une nation habituée à un rayonnement intellectuel et politique universel. Si la France voulait « reconquérir sa place morale et spirituelle [39] » dans le monde et renouer avec son destin d'avant-garde de l'émancipation humaine, le temps du sursaut était venu :

> « Les bouleversements constitutionnels de l'étranger donnent aux institutions françaises un aspect d'isolement et d'exception. La France, qui demeure avec l'Angleterre le seul grand pays d'Europe pratiquant le parlementarisme démocratique, échappera-t-elle à la contagion, et pour y échapper, ne doit-elle pas réformer son organisation politique et administrative [40] ? »

Paul de La Pradelle posait ainsi la question de la rénovation dans son véritable contexte, c'est-à-dire sous l'emblème menaçant de la « contagion » fasciste. Face à l'offensive des dictatures dans une Europe qui voyait se généraliser le principe du chef unique et de la pensée « totalitaire », les « vieilles » démocraties libérales défendaient « la dernière tranchée de la liberté [41] ». « Nous sommes à la croisée des chemins », avertissait aussi le sénateur Maulion dans son rapport sur la réforme de l'État [42].

Au printemps de 1934, cette formule quasi magique de la « réforme de l'État » portait ainsi l'ultime espoir d'un redressement salvateur et apparaissait comme la dernière carte à jouer d'une démocratie fatiguée. Or à lire Claude-J. Gignoux, rédacteur en chef de *La Journée industrielle*, le président Gaston Doumergue incarnait précisément cette « dernière carte du régime [43] ».

LE PATRIARCAT DE DOUMERGUE

Commentant l'appel pressant lancé par les plus hautes autorités de la République à un citoyen savourant la tranquillité d'une retraite méritée, Kérillis attira l'attention des lecteurs de *L'Écho de Paris* sur un réflexe institutionnel promis à un certain avenir : « C'est devenu, chez nous, une sorte de rite que l'appel à un vieillard, à un père de la patrie dont la longue expérience et le patriotisme ont fait leurs preuves [44]. » L'appel à Doumergue ne relevait toutefois pas de l'improvisation. Depuis la chute du troisième gouvernement Herriot en décembre 1932, le nom de l'ancien président de la République circulait dans les milieux « modérés » en quête d'une personnalité incontestable capable de diriger cette union nationale annoncée comme inévitable. Au début de janvier 1934, le général de Castelnau renforça la rumeur en écrivant au *Figaro* : « Je ne crois pas que M. Doumergue se déroberait à l'appel impérieux du devoir [45]. » Le principal intéressé, cependant, sollicité à plusieurs reprises après la chute du cabinet Chautemps, déclina le 28 janvier l'invitation du président de la République à former un gouvernement. Faisant état de son âge, il ne se sentait plus l'allant d'un chef et préférait, si nécessaire, « donner des conseils », tout au plus [46]. Le 7 février, ne devait-il pas embarquer à Marseille pour un voyage en Égypte ? Plus que les supplices du président Lebrun, des présidents des deux assemblées, Jeanneney et Bouisson, et d'un Laval particulièrement insistant, les morts du 6 février réussirent pourtant à le convaincre : « " On se tue ". C'est sur ce mot que je suis revenu [47]. »

L'annonce de l'arrivée du « bon président » apaisa les esprits.

Appelé par les « nationaux », Doumergue avait toutefois commencé sa carrière dans les rangs radicaux, et sa participation au ministère Combes interdisait tout soupçon quant à l'authenticité de son républicanisme. Sa carrière politique avait franchi de manière exemplaire toutes les étapes du *cursus honorum* de l'État républicain, depuis la première députation de 1893 jusqu'à la présidence de la République en 1924. Retiré depuis 1931 à Tournefeuille, dans le Sud-Ouest, il avait conservé le capital de popularité acquis au cours d'un septennat marqué par le retour à la prospérité, l'apaisement des querelles partisanes et la détente internationale. Ayant lui-même appelé Raymond Poincaré en juillet 1926, il comprit dans le même esprit que le « sauveur du franc » le sens de sa mission : « J'ai été appelé pour former un gouvernement de trêve, d'apaisement et de justice », déclara-t-il dans un premier communiqué au peuple français [48].

La référence au précédent de 1926 était à plus d'un titre consistante. Pas moins de six ministres de Poincaré se retrouvaient aux côtés de Doumergue pour cette réédition de l' « union nationale ». La trêve des partis était symbolisée par la nomination au poste de ministre d'État sans portefeuille de Tardieu et de Herriot, les deux adversaires des dernières législatives. De la droite nationale à la gauche néo-socialiste, le ministère rassemblait nombre de notables du régime : Marin, Tardieu et Flandin pour les différentes nuances « nationales »; Herriot, Sarraut et Queuille pour les radicaux qui conservaient les trois ministères clés de l'Intérieur, de l'Éducation nationale et de l'Agriculture; et Adrien Marquet qui élargissait la combinaison ministérielle jusqu'au néo-socialisme. Doumergue fit également appel à trois hommes n'appartenant pas au Parlement : Georges Rivollet apportait la caution des anciens combattants et le maréchal Pétain offrait au nouveau gouvernement comme dote de son entrée en politique l'immense prestige lié à son nom. Enfin, le cabinet ne souffrait pas d'inexpérience puisque l'on pouvait y compter six anciens présidents du Conseil, dont Louis Barthou, en charge de la diplomatie, et Pierre Laval aux Colonies. Ainsi composé, ce ministère de trêve ne provoqua pas l'enthousiasme chez les « nationaux ».

> « La première impression du public a été certainement une déception, notait Kérillis. Le président Doumergue [...] vient de refaire exactement l'ancienne formation du président Poincaré. Mais, en 1934, nous sommes bien loin de 1926 [49]. »

Trop parlementaire, la combinaison ministérielle ne rompait pas assez avec les habitudes de compromissions d'un régime discrédité. Le président du Conseil semblait avoir mobilisé « tous les vieux chevaux de parade [50] » du parlementarisme pour un nouveau tour de piste grandiloquent et inutile. Et pourtant, au-dessus de ces dosages et prévenances ministérielles, émergeait la figure du président Doumergue portant tous les espoirs de la nation. Appelé avec empressement par une grande partie de la classe politique, ovationné par des foules tout au long de son trajet de Tournefeuille à Paris, soutenu par le gros des troupes du 6 février, les anciens combattants, Doumergue, « comme Thiers en 1871, Clemenceau en 1918, Poincaré en 1926, était le maître de l'heure [51] ». La République s'abandonnait dans les bras d'un nouveau sauveur.

Or ce sauveur ne tenait ni de l'aventurier ni du rebelle. Vieux serviteur de la République, comblé par les honneurs d'une carrière qui l'avait amené jusqu'au faîte du régime, n'aspirant plus qu'à la tranquillité d'une retraite paisible, il accepta le pouvoir dans un acte de dévouement patriotique et de civisme républicain. Quatre ans avant un illustre successeur, il faisait ainsi « don de sa personne » à la France :

> « Je ne tiens pas au pouvoir. Je ne tiens pas aux honneurs. Je ne veux rien pour moi-même. Je n'ai aucun intérêt à ne pas dire ce que je pense et ce que je crois être la vérité. Cette vérité, je vous la dirai toujours, dût-elle déplaire à ceux-ci ou à ceux-là. J'aspire au repos et à la retraite silencieuse qui conviennent à mon âge [52]. »

Cette carrière bien remplie subitement relancée n'accréditait pas seulement le désintéressement, mais donnait à cette tête blanchie par les années et l'expérience tous les attributs de la sagesse. L' « ermite de Tournefeuille » devint ainsi dans le légendaire populaire le « sage de Tournefeuille ». Cette sagesse n'avait cependant rien de spéculatif. « Je suis moi-même un rural qui sait parler aux hommes de la terre [53] », aimait à dire Doumergue, et l'accent méridional qu'il n'avait jamais travesti attestait cette proximité du petit peuple. Sa bonhomie naturelle et son sourire confiant avaient d'ailleurs conquis nombre de Français qui l'appelaient volontiers « Gastounet ».

« Je suis moi-même un rural », « je suis un simple citoyen [54] ». Cette double identité définissait à la fois la personnalité et les atouts de ce nouveau sauveur. Après les convulsions parisiennes, Doumergue apportait l'air frais de la province et le bon sens terrien. Lui-même d'une probité absolue, il incarnait le désir violemment exprimé au soir du 6 février d'une « France honnête et propre ». Dénonçant le dogmatisme, avisé et prudent, il ne promettait aucun miracle, mais invitait les Français à prêcher pour une mystique du coude à coude et de l'effort et à se rassembler sous la devise « Ordre, Union, Travail [55] ». La cause de la crise générale étant avant tout d'ordre moral et intellectuel, il souhaitait une prompte restauration de « la hiérarchie traditionnelle » : « La cause de tout le mal, déclarait-t-il à Pierre Lafue le 7 février, c'est peut-être uniquement l'absence de discipline. » Et de conclure contre le matérialisme triomphant et le désordre intellectuel par une défense de la « culture synthétique », humaniste et donc française par excellence [56]. Au milieu d'un monde qui glorifiait l'excès et la nouveauté, Doumergue cherchait ainsi la voie du redressement national dans la mesure et la tradition. Sa foi inébranlable dans les ressources du peuple de France, « sain, fort, vigoureux, à la vue claire, à la conscience droite [57] », l'empêchait de douter de l'avenir.

En s'affichant « simple citoyen », Doumergue prenait ses distances avec la politique et les partis. Rappelé au pouvoir en des jours d'inquiétude profonde, il n'entendait d'ailleurs pas faire de la politique mais servir son pays. Il demandait donc une suspension de la politique et opposait la trêve et l'union au « malfaisant esprit de parti [58] ». Car il était évident que la nation dans son fond était « honnête, probe et saine », et que les difficultés présentes de la société française ne relevaient pas tant de contradictions sociales, d'impasses idéologiques ou de contraintes économiques que des querelles oiseuses des « politiciens » professionnels.

« J'ai pu me rendre compte pendant ces trois années qu'en dehors des agitateurs professionnels, des politiciens de petits comités et des partisans du bouleversement général, la presque unanimité des Français, attachés au régime démocratique, souhaitait ardemment que ce régime ait à sa tête des gouvernements pourvus d'autorité [59]. »

Le mal était ainsi identifié comme superficiel et extérieur à la nation française, la guérison ne posait donc pas de difficultés : neutraliser le virus « politicien », démystifier les « discours ensorceleurs et les programmes truqués [60] », et retrouver, au-delà des divisions partisanes artificielles, l'accord sur l'essentiel qui unissait fondamentalement les Français. Du coup, Doumergue pouvait se faire rassurant, voire optimiste : « Un gouvernement fort, appuyé sur un Parlement éclairé, aurait vite résolu la crise financière, pas si inquiétante que cela après tout, dans un pays comme le nôtre [61]. »

Au lendemain d'une crise qui discréditait le régime parlementaire et la classe politique, la personne de Doumergue répondait aux espoirs de régénération et de redressement. À la déliquescence de l'autorité, le vieux président opposait sa tutelle paternelle et bienveillante à l'ambition sans scrupule son dévouement désintéressé, aux mensonges électoralistes la franchise d'un homme qui n'était candidat qu'à la retraite, à la corruption et aux scandales la probité et la sévérité du paysan français, au désarroi intellectuel la sagesse du vieux philosophe, au déficit public la rigueur de la ménagère française, à la menace extérieure la vigilance du patriote. Si dictature il devait y avoir, ce serait « la paternelle dictature du sens commun et de l'honneur [62] ». Car rétablir « l'ordre et l'autorité dans la maison [63] » ne signifiait pas tant bouleverser et révolutionner que apaiser et restaurer. Dans son discours d'investiture, Doumergue définit ainsi la tâche de son gouvernement de trêve : « Apaiser, faire rendre la justice, faire voter le budget et surveiller ce qui se passe au-dehors [64]. » Ceux qui attendaient au lendemain de l'émeute une restauration brutale de l'autorité, une justice énergique et prompte, des actes spectaculaires voire révolutionnaires furent évidemment déçus. Le sauveur préférait à la méthode héroïque et brusquée la temporisation avisée, les ménagements et les exhortations patriarcales.

La mission dépassait cependant le simple assainissement moral et financier de la République. La remise en état d'un régime parlementaire jugé « faussé » impliquait en effet des réformes institutionnelles conséquentes. Les récentes prises de position de Doumergue en faveur de nécessaires aménagements constitutionnels laissaient donc augurer une très prochaine initiative révisionniste. En décrétant la trêve des partis, le ministère d'« union nationale » procurait au pays une période de calme et de réflexion devant permettre la révision d'un mécanisme institutionnel détraqué. Le président Doumergue s'offrait ainsi comme mécanicien providentiel, envisageant toutefois son rôle de remise en route de la machinerie républicaine comme provisoire, car le sauveur « ne tenait pas à s'éterniser [65] ». Remettre la France sur ses rails suffisait. René Capitant ne comprenait pas autrement la mission du « sage de Tournefeuille » :

> « M. Doumergue a été le premier à affirmer le caractère provisoire de son intervention. Un jour, un jour prochain, sa tâche politique accomplie, il s'en ira, chargé de reconnaissance, mais nous laissant à nos responsabilités. [...] Ce jour-là, la réforme de la Constitution devra être accomplie [66]. »

Confiance et parcimonie

L'imminente actualité de la réforme de l'État ne pouvait cependant faire oublier l'urgence des questions financières. Non seulement le budget de 1934 était toujours en souffrance, mais Doumergue découvrait avec ahurissement les caisses vides de l'État: « Un million en caisse le matin de mon arrivée et 700 millions le soir à payer [67]. » Avant même de réformer les institutions, le nouveau président fut donc contraint de parer au plus pressé. « Je prendrai la Constitution comme elle est et je travaillerai. Puis il faudra penser à une révision de la Constitution pour arriver enfin à son fonctionnement normal. Voilà tout ce que je vais résoudre [68]. » Le retour à l'équilibre financier constituait ainsi le premier acte d'une remise en ordre de la maison française. La stabilité politique de la France en dépendait, comme l'avait amplement démontré la cascade de ministères renversés depuis décembre 1932 sur cette douloureuse question financière.

Pour s'attaquer au problème budgétaire, Doumergue bénéficiait cette fois, par la vertu de l' « union nationale », de la procédure expéditive des décrets-lois accordée au gouvernement le 22 février [69]. Dans ces conditions exceptionnelles de confiance, il obtint dès la fin du mois le vote du budget. L'orthodoxie des conceptions économiques et financières qui présida à l'élaboration de ce budget préfigurait en fait le conservatisme des réformes politiques ultérieures. En effet, l'analyse de la crise économique conditionnait nécessairement l'ampleur des changements souhaitables en vue du redressement national. Les socialistes, en voyant dans la gravité de la crise la faillite du système capitaliste, ne partageaient certes pas les solutions institutionnelles des « modérés ».

Les prodigalités de la « politique de prospérité » engagée à contretemps par les gouvernements Tardieu avaient accéléré en France le retour au déficit budgétaire. La décrue des recettes fiscales consécutive à la crise économique et l'importance des dépenses incompressibles de l'État creusèrent rapidement ce déficit. Pour 1934, il manquait à l'équilibre budgétaire 7 milliards de francs que Germain-Martin, ministre des Finances du cabinet Doumergue, ramena à quelque 2 milliards sur la copie budgétaire votée le 28 février [70]. L'orthodoxie financière chère au gouvernement exigeait non seulement la poursuite d'un équilibre rigoureux, mais dictait également la méthode à suivre : « C'est par les économies seules que doit être obtenu l'équilibre du budget », pouvait-on lire dans l'exposé des motifs accompagnant les premiers décrets-lois du 4 avril. Rejetant comme solutions de dangereuse facilité le recours à l'impôt, l'emprunt à jet continu et la dévaluation, le ministre se prononça en faveur d'une « déflation raisonnée, sage, efficace [71] », dans l'espoir de ramener les prix français, parmi les plus élevés au monde, au niveau des prix internationaux. La relance économique dépendait de cet impérieux ajustement. Une bonne déflation de 4 à 5 milliards effectuée dans un climat de retour à la confiance, telle était la posologie miraculeuse préconisée par le gouvernement de trêve. Doumergue, témoin privilégié du redressement monétaire de 1926, ne doutait pas de la vieille recette poincariste : confiance et parcimonie.

1934, cependant, n'était pas 1926. « Nous sommes loin de cette saison de 1926, faisait remarquer Henry de Jouvenel, où ne se posait qu'un problème monétaire, où l'État se croyait pauvre et ne l'était pas, où la nation tenait des milliards en réserve pour le premier ministère qui lui inspirerait quelque sécurité [72]. » Si, dans les années 1926-1928, la stabilisation monétaire de Poincaré avait sérieusement amputé les revenus fixes, l'industrie, l'agriculture et le commerce connurent alors une période de réelle prospérité. En 1934, en revanche, ces mêmes secteurs souffraient de l'accroissement des prix de revient et de la réduction des débouchés. Après l'hymne à la production des années Poincaré, la France malthusienne des années trente entonnait le « *miserere* de la surproduction ». La crise économique, par sa gravité, menaçait les classes moyennes de prolétarisation [73]. La médication déflationniste du gouvernement, en ne traitant que le symptôme du mal, c'est-à-dire le déficit budgétaire, aggravait en fait la maladie et mécontentait fortement pensionnés et fonctionnaires, victimes privilégiés de la rigueur financière. La dévaluation de la monnaie constituait l'alternative à ce pénible ajustement budgétaire. Mais c'était là s'engager dans un sens interdit où seuls quelques hérétiques intrépides osèrent s'aventurer.

Le choix en faveur de la déflation comme méthode d'ajustement des prix français aux prix mondiaux révélait en fait l'inadaptation des conceptions économiques et politiques des décideurs français. Ainsi, le dogme de l'équilibre du budget de l'État, assimilé naïvement au budget de la ménagère, interdisait toute relance économique par le soutien de la demande publique. La relance par le déficit, solution exposée par Keynes en 1934 dans sa *Théorie générale*, représentait pour le bourgeois français une absurdité dangereuse. Plutôt que de s'interroger sur les conditions de la production, le gouvernement stigmatisait de manière presque obsessionnelle le désordre des finances publiques, pourtant simple reflet de la crise. Autre réflexe malheureux en ces temps de marasme économique, les exhortations malthusiennes lancées par la majorité de la classe politique. En effet, face à ce qui était regardé comme une crise de surproduction, le mot d'ordre inlassablement répété fut d'ajuster étroitement la production à la consommation et d'éviter tout investissement créateur qui devancerait les besoins. Quant à la dévaluation, pourtant correctement défendue par Paul Reynaud comme le simple ajustement technique de la valeur extérieure du franc à sa valeur intérieure, elle fut tout bonnement assimilée à l'inflation. « Dévaluation et inflation sont des termes synonymes », affirmait Germain-Martin [74]. Simple « morphine monétaire », la dévaluation reportait les difficultés en les aggravant. Et puis, à entendre les arguments des déflationnistes, le franc, dévalué à 20 centimes en 1928, était déjà plus qu'aligné sur les devises anglo-saxonnes. C'était là négliger les dernières dévaluations de la livre sterling et du dollar, et assimiler dans la même opération monétaire deux nécessités différentes : l'ajustement consécutif au coût de la guerre et celui imposé par une crise mondiale sans précédent.

Ces confusions et incompréhensions firent pourtant l'unanimité. « Il se trouve que chez nous, notait Bertrand Nogaro dans *L'Ère nouvelle*, la science officielle est d'accord avec le gouvernement de la Banque de France et avec l'opinion commune faite d'instinct et de tradition [75]. » Prêcher différemment en matière monétaire, c'était risquer sa carrière tant était fort le consensus contre la dévaluation. Tardieu, pourtant instruit à plusieurs reprises par son ami Paul Reynaud de la signification économique et des effets salutaires d'une dévaluation du franc, se déclara lui aussi épouvanté par la perspective d'une telle manipulation monétaire. Il alla même jusqu'à interdire à Reynaud toute allusion au problème monétaire dans *La Liberté* [76]. Et quand Reynaud joua ouvertement les iconoclastes en prenant position à la tribune de la Chambre, le 28 juin 1934, Tardieu invita le président de son groupe parlementaire à modérer ses ardeurs dévaluatrices :

> « Je n'ouvre plus les journaux sans terreur. Car je crois de plus en plus que vous vous trompez profondément. Et vous allez fort ! Mes collègues [ministres] dont vous parlez sont convaincus ou font semblant... que c'est moi qui vous excite. Vous voyez le jeu d'ici. Modérez-vous, je vous en supplie, à Belgrade. Car votre idée me paraît plus lourde encore de dangers sous l'angle international. Sous l'angle français, c'est vous qui avez dit à Rouen en 32 : " Le Cartel, c'est le franc à 2 sous. " Que vous l'offriez en 34 ne nous facilitera pas la plate-forme de demain. Mais je n'y puis rien, vous êtes obstiné comme un mulet d'Espagne. Alors buvons frais[77] ! »

Et Gaston Doumergue de donner le sentiment général sur l'intangibilité de la monnaie : « Notre petit franc à quatre sous vaut de l'or [78]. »

Pour une majorité de la classe politique, le dilemme déflation-dévaluation recouvrait en fait l'alternative effort ou facilité. Le gouvernement Doumergue, en modulant sur le thème connu de la « grande pénitence », n'entendait pas détourner les Français de l'effort honnête et laborieux, seul fécond et seul moral. Garant des vertus de travail, il n'attenterait pas par une manipulation du franc à l'épargne française. « Nous sommes travailleurs et économes et nous voulons le rester », déclarait Doumergue dans son premier discours radiodiffusé [79]. Toucher à l'étalon-or, c'était non pas remettre de l'ordre dans la maison, mais faire trembler les fondations de l'édifice en dérogeant au devoir de loyauté et de moralité qui commandait l'action de l'État. Économiquement, politiquement et moralement, l'opération était donc inconcevable. De toute façon, la crise économique relevait essentiellement de facteurs psychologiques, et aucune mesure technique n'en viendrait à bout. La veille de son retour au pouvoir, Doumergue lui-même avait pris soin de dénoncer « le règne des techniciens » : « C'est parce qu'on les a laissés gouverner que nous souffrons tant [80]. » Quatre petits textes de propagande gouvernementale, apparemment rédigés par Tardieu, résumaient dans leur titre les lieux communs qui servaient de directives à l'action du gouvernement : « C'est de votre faute », « L'État et la ménagère », « La confiance », « Le sens national [81] ».

Pour les bourgeois « nationaux », la voie du redressement passait ainsi par l'installation d'un gouvernement de large concentration libéré de l'emprise démagogique et dépensière du socialisme, résolu à appliquer une politique de sévères économies budgétaires et renforcé dans son autorité vis-à-vis d'un Parlement discrédité dans son omnipotence stérile. Bien que la crise des institutions n'eût pas d'autonomie propre, mais découlât largement de l'obsolescence des idéologies qui depuis 1932 rendaient la République « malade de la gauche [82] », les « nationaux », obsédés par l'inflation budgétaire, symptôme d'un étatisme jugé envahissant, firent porter toute la responsabilité de la crise économique sur le régime parlementaire. Rien d'étonnant dès lors que la réforme de l'État version gouvernementale ne touchât pas aux structures économiques et sociales, mais s'attaquât aux excès du parlementarisme. À Reynaud qui lui expliquait la nécessité de dévaluer le franc, Tardieu fit une réponse révélant le conservatisme simpliste des bourgeois « nationaux » : « Mais cela va très bien, il suffit que le gouvernement se montre énergique [83]. »

Sur la route de Versailles

D'abord thème de réflexion pour divers mouvements et associations politiquement marginaux, puis objet de délibérations parlementaires au sein de commissions spécialement créées, la réforme de l'État devint article de gouvernement avec l'arrivée au pouvoir de Doumergue. Dès son premier discours radiodiffusé, le « bon président » confirma en effet des intentions révisionnistes connues depuis 1932 :

> « Le salut [du régime parlementaire] exigera des réformes dans les lois qui régissent ce régime, des changements de méthode, des mises au point dont l'expérience a démontré la nécessité et aussi le retour à des disciplines trop oubliées en même temps que l'adoption de disciplines nouvelles [84]. »

Ces formules vagues contrastaient avec les déclarations qu'il avait faites quelques semaines plus tôt, comme simple citoyen, sur la nécessaire réhabilitation du droit de dissolution, envisagé comme « une coutume normale, banale », et sur la tutelle excessive des commissions parlementaires [85]. Investi de responsabilités, le nouveau président du Conseil montra plus de prudence verbale et mit en garde les impatients contre toute précipitation désordonnée. « La révision ne peut se faire comme une opération à chaud. C'est un travail qui exige patience et réflexion [86]. » En fait, Doumergue entendait surtout conserver sa liberté d'action. La réforme de l'État appartenait clairement à son domaine réservé. N'était-il pas l'homme providentiel plébiscité par la nation pour remettre la République sur ses rails ?

Fort de cette exceptionnelle investiture, Doumergue décida seul du calendrier des réformes, mettant Parlement et gouvernement devant le fait accompli. Ainsi, sa campagne en faveur du voyage à Versailles, longtemps différée en raison de tâches plus urgentes, commença presque inopinément, le 24 septembre, par une sorte de second discours d'Évreux. Cette manière d'agir par-dessus le Parlement et sans même délibérer avec les membres du gouvernement n'était pas accidentelle. En se plaçant dès les premiers jours au-dessus de la « politique », Doumergue signifia d'emblée à la classe parlementaire que sa mission de redressement national dépassait le cadre discrédité des querelles partisanes et des combinaisons de couloirs. De cette mission, d'ailleurs, il ne se sentait redevable que devant le peuple français duquel il tirait sa légitimité. « Je n'ai jamais perçu ni utilité ni nécessité de chercher appui ailleurs que dans le bon sens du pays qui m'inspire une confiance absolue », déclara-t-il quelques semaines après l'échec de son expérience gouvernementale [87]. Cette pratique personnelle du pouvoir trouva un moyen d'expression privilégié, la « causerie » radiophonique.

Prendre la nation à témoin supposait évidemment que le contact avec l'opinion publique fût maintenu. C'est ainsi que Doumergue inaugura à la fin du mois de mars une série de « conversations » radiodiffusées avec le peuple français. La régularité de l'exercice exceptée, il n'innovait pas en matière de propagande gouvernementale. Deux ans plus tôt, on l'a vu, Tardieu s'était déjà fait le pionnier de la publicité politique par TSF. Les « causeries » de Doumergue, toutefois, mettaient entre parenthèses non seulement les institutions parlementaires, mais encore la « politique ». Par un style simple et familier, bonhomme et paternel, le « bon président » s'adressait moins à l'électeur qu'à l'honnête homme affectueusement promu au rang d'« ami ». C'était dans les foyers français, hors des intrigues de la place publique, qu'il disait reconnaître ses « meilleurs soutiens » et son « plus sûr réconfort » : « Je m'excuse, mes chers amis, de m'être un peu étendu [...]. Mais j'en avais gros sur le cœur. Je me sens réconforté d'avoir pu vous le dire [88]. » Cette familiarité de ton, ajoutée à des récurrentes affirmations de sincérité et de désintéressement, tranchait avec le langage politique habituel. Par ce contact direct et régulier avec le peuple français, Doumergue cherchait en fait à obtenir une sorte de plébiscite moral sur sa personne. Car c'était moins à son programme, imprécis et peu développé, qu'à sa personne même qu'il demandait adhésion et confiance. À propos du projet de réforme de l'État, cette pratique toute personnelle du pouvoir se confirma : le Parlement, le gouvernement, les Français devaient lui faire crédit. Le « sage de Tournefeuille » pensait pour la France.

Ce fut donc au cours de l'une de ces « causeries », le 24 septembre, que les Français furent informés pour la première fois des projets révisionnistes du président du Conseil. De février à septembre, la gestation avait été longue et quasi solitaire. Doumergue avait bien demandé à deux de ses ministres, Adrien Marquet et Georges Rivollet, un « travail préparatoire » sur la réforme de l'État; mais le projet final du président n'accorda aucune place aux préoccupations économiques et sociales du néo-socialiste et du représentant des anciens combattants. Plus symptomatique encore, Doumergue avait comme ignoré les substantiels travaux de la commission de la réforme de l'État. En mai, à une délégation venue lui rendre compte de l'avance des projets adoptés et de l'urgence d'une discussion devant les Chambres, il avait répondu que, « n'ayant pas même une dactylo à son service », il ne pouvait prendre en main une affaire de cette importance [89]. Tardieu lui-même, pourtant héraut du révisionnisme constitutionnel et proche conseiller, ne bénéficia d'aucune prévenance particulière et se montra, à en croire les souvenirs d'Herriot, « irrité de n'avoir pas été consulté et renseigné plus tôt [90] ». Doumergue agissait seul, oubliant jusqu'au principe de collégialité gouvernementale, politesse pourtant minimale dans le cadre d'un ministère de coalition.

En trois discours radiodiffusés, les 24 septembre, 4 octobre et 3 novembre, il fit donc connaître ses projets d'amendements constitutionnels. Quelques propositions présentées dans les premiers discours disparurent toutefois du texte définitif remis aux ministres le 2 novembre. Il en fut ainsi de la réorganisation du Conseil national économique, organe consultatif à vocation de conciliation sociale, que Doumergue renforçait par la création de conseils régionaux et dotait d'un droit d'initiative. Les amendements constitutionnels finalement soumis à l'approbation du Conseil des ministres et des Chambres prévoyaient les changements suivants : le chef du gouvernement se voyait attribuer la qualité de « Premier ministre sans portefeuille », mais devait renoncer à des ministères excédant vingt collaborateurs; les députés acceptaient une limitation de leur droit d'initiative en matière d'augmentation des dépenses publiques et admettaient, en cas de retard législatif, la prorogation du budget de l'exercice précédent; l'administration voyait ses droits et devoirs codifiés dans un statut des fonctionnaires qui proscrivait d'emblée le droit de grève; enfin, et comme pièce centrale de la « Constitution Doumergue », sous réserve de la première année de la législature, le droit de dissolution pouvait être exercé librement par le président de la République, c'est-à-dire sans l'avis préalable du Sénat [91]. Dans ce projet de retouches constitutionnelles, seule la réhabilitation du droit de dissolution, lieu commun de la grande majorité des programmes réformistes, sortait véritablement de l'anodin. Le projet Doumergue pour sauver le régime parlementaire avait des allures de « réformette » dérisoire.

L'accueil de cette « révisionnette » fut pourtant enthousiaste chez les « modérés » et provoqua même quelques conversions remarquées, telle celle de Joseph Barthélemy, réformiste de la première heure longtemps opposé à la procédure de révision constitutionnelle [92]. Au sein du gouvernement, Tardieu « s'engagea à fond », résolument suivi par Marin, plus timidement par Flandin. L'Action française exceptée, les droites ligueuses, sensibles aux diatribes de Doumergue contre le front commun socialo-communiste et cultivant quelques arrière-pensées sur la possibilité, une fois l'Assemblée nationale réunie, de radicaliser les réformes, apportèrent elles aussi leur bruyant soutien au président du Conseil. Restait, bien sûr, à obtenir l'accord du parti sans lequel aucune réforme de l'État n'était réalisable, le Parti radical. Là, les résistances s'annonçaient sérieuses.

Au Sénat, d'abord. Le groupe de la Gauche démocratique, à majorité radicale-socialiste, réagit vivement à cette volonté d'attenter à l'une des prérogatives essentielles des sénateurs, leur consentement préalable à toute dissolution de la Chambre des députés. Le 22 octobre, Bienvenu-Martin et Cuminal effectuèrent ainsi une démarche auprès de Doumergue afin de « mettre en garde le gouvernement contre certains points du programme [révisionniste] ». Henri de Kérillis dénonça cette « campagne d'intimidation » conduite par la « vieille garde branlante et maçonnique du Luxembourg » et se répandit en invectives contre ces « vieux rhinocéros », profiteurs du régime [93]. Il était pourtant difficile de demander au Sénat, traditionnel gardien des institutions, d'accepter tranquillement une amputation de ses droits et de se réjouir de la perspective d'un voyage à Versailles qui eût dissous l'influence des quelque 300 sénateurs dans la masse des 600 députés. L'hostilité d'Herriot aux « graves réformes » fut immédiate : ôter la garantie sénatoriale à la dissolution, c'était ouvrir la voie à toutes les aventures [94]. Or la détermination de Doumergue forçait Herriot à la démission, ne laissant au leader radical que le choix du moment et du prétexte. Le maire de Lyon refusa pourtant de prendre l'initiative de la rupture, redoutant des lendemains difficiles comparables aux journées de février, et surtout ne voyant guère quelle autre formule gouvernementale substituer au gouvernement de trêve. Le parti, réuni en congrès à Nantes le 25 octobre, dut donc se prononcer sur la continuation de la trêve et sur la « Constitution Doumergue ».

Les deux questions furent en fait intimement liées par la conjonction d'un double refus qui s'additionna pour condamner à terme le gouvernement : l'aile gauche du parti, bien disposée à l'endroit des réformes constitutionnelles, dénonçait l'union nationale comme « trêve des dupes » ; les sénateurs radicaux, favorables au maintien de la trêve politique, exprimaient « les plus expresses réserves [95] » quant à la modification de la procédure de dissolution. Le résultat de ce chassé-croisé donna une résolution finale liant le maintien de la trêve gouvernementale à l'abandon de la réforme du droit de dissolution. Herriot, hissé au rang de « garde des frontières de la République » avec mission de « ne laisser passer personne », obtenait mandat pour faire valoir auprès de Doumergue les craintes républicaines des congressistes et trouver à propos de la réforme de l'État un terrain de conciliation. Étant donné le refus têtu de tout compromis sur le droit de dissolution de la part du président du Conseil, le sort du gouvernement parut scellé. Les ministres radicaux, virtuellement démissionnaires depuis les premiers jours de novembre, devaient trouver dans la maladresse tactique de Doumergue et du côté de l'Alliance démocratique à la fois le prétexte d'une démission habilement différée et la perspective d'une formule gouvernementale de rechange.

En effet, au congrès de l'Alliance démocratique, assemblé le 3 novembre à Arras, Flandin tendit la main aux radicaux. Sa prudente réserve sur la réforme de l'État et la condamnation par la *Correspondance hebdomadaire*, organe de presse de l'Alliance, des ligues et bandes armées constituaient autant de clins d'œil à l'adresse du Parti radical. Du clin d'œil discret, Flandin passa à l'invite ouverte lorsqu'il rendit à Arras un hommage appuyé à Herriot et déclara :

> « J'enregistre d'autre part avec satisfaction les cordiales relations qui nous unissent avec le Parti radical-socialiste. [...] J'y vois le gage d'un avenir meilleur, car, tant que ne se fera pas une alliance entre les deux forces qui constituent les partis d'ordre, il n'y aura pas de stabilité humaine sur laquelle repose la stabilité des institutions d'un pays. Je souhaite que cette alliance se fortifie [96]. »

Ces avances, en définissant une majorité de rechange, offraient aux radicaux l'occasion de s'émanciper du patriarcat, autoritaire et déshonorant pour nombre de militants, de Doumergue. La droite ne s'y trompa pas. Henri de Kérillis stigmatisa « le discours perfide du traître d'Arras », et Tardieu, qui raconta plus tard l'événement, ironisa sur ces « politesses dont la platitude étonna l'opinion et lui fit soupçonner une action concertée [97] ». Les collaborations prochaines esquissées, restait à faire tomber le « bon président ».

Animé d'une « conviction absolue » quant à la nécessité de la réforme de l'État, Doumergue décida, par un nouveau discours radiodiffusé, de forcer les événements. Le 3 octobre, il avertit donc les sceptiques de sa détermination : « J'userai, pour réussir, des moyens que la Constitution met à ma disposition. [...] Je n'hésiterai pas à user de la dissolution, si, contrairement à ce que j'espère, je m'y trouvais obligé [98]. » Et, pour se donner les moyens de dissoudre et garantir le gouvernement contre toute obstruction financière, il demanda le vote de trois douzièmes provisoires. Devant cette nouvelle offensive radiophonique, qui atteignait sans nécessité immédiate une prérogative essentielle de la souveraineté parlementaire, le contrôle sur le budget, Herriot offrit sa démission et obtint ce qu'il désirait depuis plusieurs jours déjà : la chute du cabinet [99]. À *La Liberté*, journal de Tardieu, Désiré Ferry dénonça « la revanche des vaincus du 6 février » et parla de « stupeur », de « catastrophe » et d' « effondrement [100] ». En lieu et place de ces augures de guerre civile, il y eut un gouvernement Flandin, formé quelques heures à peine après la démission de Doumergue et constitué à quelques exceptions près des mêmes hommes. Il est vrai que, parmi ces exceptions, il fallait compter Tardieu et Pétain et que, si la trêve continuait, la réforme de l'État passait à la trappe.

CHAPITRE XI

L'occasion manquée

Pour Paul Reynaud comme pour tant d'autres de ses contemporains, le 6 février annonçait l'aube d'une ère nouvelle. La France, épicentre de l'immobilisme mondial, allait enfin participer à son époque. « Un souffle a passé. Une grande espérance est née. La France, à son tour, est entrée dans la révolution du monde [1]. » En fait de révolution, ce fut plutôt le triomphe de la continuité. Une déflation rigoureuse et de modestes palliatifs institutionnels, voilà toute l'audace rénovatrice d'un gouvernement investi pourtant, jusque dans son nom, du « salut public ». À expliquer comment les espoirs de février furent déçus à peine quelques mois plus tard, il convient de considérer toute une série de raisons qui tiennent aux maladresses de Doumergue et à son projet de réformes, aux divisions des « modérés » et à la résistance des gauches, au contexte politique général et aux chances réelles du changement institutionnel dans la République des années trente.

LA RÉFORME AVORTÉE

L'homme providentiel appelé le 7 février pour éviter une guerre civile et renflouer les institutions parlementaires pouvait se prévaloir de son éloignement des affaires publiques. Totalement étranger aux discordes récentes, il avait qualité pour apaiser et réconcilier. Cet éloignement de la politique comportait toutefois quelques désavantages. L' « ermite de Tournefeuille » avait quitté la Chambre des députés en 1910, le Sénat en 1924, la présidence de la République en 1931, et ne connaissait plus guère qu'une soixantaine de députés et une dizaine de préfets. Cette ignorance du personnel politique et administratif, qui expliquait notamment les choix ministériels en faveur des « anciens », se doublait d'une méconnaissance générale des problèmes à résoudre. Étienne de Nalèche nota ce handicap :

> « Par un paradoxe qui a un grand sens, Gaston Doumergue est, au sein de cette journée tragique [le 6 février], un des rares hommes en France qui ne connaissent pas les événements. [...] Il ne sait réellement rien. Il ignore par quelles intrigues, par quelle conjuration d'injustice et de légèreté un pays qui aime l'ordre et la paix est arrivé à cet état de décomposition. [...] Il est devenu étranger aux petits et aux grands problèmes. Il a quelques amis fidèles, quelques rares amis. Autant dire qu'il est seul [2]. »

Quant à l'expérience du vieux serviteur de la République, il ne fallait pas exagérer. Les responsabilités protocolaires de l'Élysée ne préparaient pas exactement aux charges de la présidence du Conseil. Et si Doumergue n'était pas sans expérience gouvernementale, il n'avait dirigé un gouvernement que sept mois durant, en 1913-1914, et sous la tutelle officieuse de Joseph Caillaux. Rien d'étonnant, dès lors, de trouver sous sa plume cet aveu d'étrangeté : « Dépaysé, je le fus immédiatement [3] ».

Cet homme qui quittait ses rosiers pour résoudre la crise politique la plus grave de l'après-guerre n'eut guère le temps de s'adapter à ses nouvelles fonctions, ni de se familiariser avec les problèmes. Il le raconta lui-même avec des accents dramatiques qui laissaient voir à quel point ce « sauveur » fut plutôt mené et malmené par les événements que maître de la situation : « Pris à la gorge, le comprenez-vous, j'ai été pris à la gorge. [...] J'ai été le gouvernement de la déroute quotidiennement menaçante. Jour après nuit, il m'a fallu réparer, colmater [4]. » Pour un homme de soixante-douze ans qui n'aspirait qu'au repos, cela faisait évidemment beaucoup. Ainsi submergé par les difficultés quotidiennes, Doumergue ne trouva guère le temps de penser au devenir institutionnel de la France. Il attendit donc l'été et les vacances pour examiner posément « tout ce qui appelait une mise au point [5] ».

Cet attentisme lui fut abondamment reproché par tous ceux dont l'impatience réformiste espérait profiter du choc psychologique causé par le 6 février. Ces ardents révisionnistes, qui exhortèrent le président du Conseil à l'action immédiate, avaient d'ailleurs pour eux la sagesse populaire : ne faut-il pas battre le fer quand il est encore chaud? À suivre les conseils des républicains nationaux, Doumergue aurait dû dans les plus brefs délais faire voter la RP, puis dissoudre et enfin réviser. Paul Reynaud, chef parlementaire du groupe Tardieu, indiqua après coup le calendrier idéal pour la réalisation de ce triptyque : « Il fallait faire voter une nouvelle loi électorale en mai, faire des élections générales en juin et réviser la Constitution en juillet [6]. » L'intention des « nationaux » était évidente : après avoir renversé le gouvernement Daladier, ils désiraient pousser l'avantage à fond et donc se débarrasser de « la vieille Chambre cartelliste vaincue et angoissée » avant qu'elle ne se montrât à nouveau « rétive » et « méchante [7] ». Car ils ne doutaient pas des résultats de nouvelles élections en avril. L'échec électoral du « bourgeois bolcheviste » Gaston Bergery, soutenu par la SFIO et l'aile gauche du Parti radical, démontra suffisamment la faiblesse de l'adversaire : « Aujourd'hui, ce n'est pas Mantes, c'est toute la France qui eût "voté national" si on l'avait consultée ! » s'exclama triomphalement Henri de Kérillis. Et le rédacteur politique de *L'Écho de Paris* de presser Doumergue d'agir : « En politique comme à la guerre, il ne faut jamais manquer l'occasion de remporter une victoire. On paie cher les armistices accordés trop tôt et les répits laissés à l'adversaire [8]. »

Doumergue, cependant, ne suivit pas ces conseils pourtant avisés en termes de stratégie politique. Au-dessus des partis, il ne voulait considérer que l'intérêt de la France et n'entendait pas faire de la réforme de l'État une œuvre partisane; achever les « vaincus du 6 février » n'était pas son rôle. En outre, tant par tempérament que par conviction, il n'était pas l'homme des changements brusques : « Recréer un régime comme beaucoup m'y invitaient, je n'y ai même pas pensé. Je n'en avais pas le temps et moins encore le goût [9]. » Il laissa ainsi passer la crise et ses opportunités. Il écarta la dissolution au lendemain de l'émeute, ne profitant ni de la confiance extraordinaire dont il jouissait alors, ni de l'antiparlementarisme exacerbé qui eût certainement forcé l'aval du Sénat. À la mi-mai, lors de la rentrée parlementaire, il ne comprit pas l'opportunité d'ouvrir le débat sur la réforme de l'État alors qu'à la commission Marchandeau une majorité venait de s'affirmer en faveur de réformes importantes, celles-là mêmes proposées cinq mois plus tard et qui devaient apparaître alors inacceptables.

Enfin, devant la Chambre, le 31 mai, alors qu'était en jeu la réforme électorale, premier acte de tous les changements, Doumergue invoqua la traditionnelle abstention gouvernementale en matière de régime électoral et ignora les appels de Reynaud l'invitant à sortir de l'expectative [10]. Il manqua 11 voix aux partisans de la RP pour triompher du scrutin des « mares stagnantes », et Doumergue eût certainement pu « bousculer les superstitions » dans ce « débat-témoin » : « Se refuser à la proportionnelle, c'est rendre impossible toute réforme organique de l'État, tout rajeunissement du régime; c'est opter délibérément pour un *statu quo* lourd de dangers et gros d'incertitudes mortelles [11]. » En refusant de prendre fermement position contre l'ajournement de la réforme électorale, Doumergue laissa ainsi passer la dernière chance d'une réforme à chaud du régime parlementaire, c'est-à-dire d'une réforme profitant de la dynamique rénovatrice issue des événements de février.

Lorsque, à l'automne, il inscrivit enfin les questions institutionnelles à son ordre du jour, l'autorité morale et politique du « bon président » s'était en quelque sorte usée dans l'inaction et l'opposition au gouvernement de trêve ressaisie. En outre, le souvenir de l'émeute estompé, l'urgence des réformes s'en trouva sérieusement émoussée. Doumergue ne paraissait pourtant pas s'apercevoir de ces changements et continua à se comporter comme s'il entendait encore résonner dans ses oreilles l'accueil triomphal de février. Malgré l'opposition immédiate et résolue des ministres et sénateurs radicaux à ses projets révisionnistes, il crut pouvoir forcer la main des parlementaires en mettant tout son poids dans la balance et en jouant la nation contre la classe politique. Convaincu de l'adhésion profonde du peuple français à sa réforme de l'État, il refusa toute transaction, se déclarant lié par ses discours à la nation : « Il ne faudra pas s'attendre à ce que je me laisse aller à la recherche de compromis entre ce que je croirais bon et ce qui me paraîtra mauvais pour vous et à oublier les promesses que je vous ai faites », affirma-t-il dans son dernier discours radiodiffusé [12]. Aux radicaux, donc, de prendre la responsabilité de sa chute et des graves conséquences qui s'ensuivraient pour le pays. Depuis des mois, en effet, la presse gouvernementale présentait Doumergue comme le dernier rempart contre la guerre civile, le fascisme ou le communisme, et avertissait les radicaux que la répétition du « coup d'Angers » serait cette fois un « coup de Jarnac » pour la France entière [13]. Du printemps à l'automne, Doumergue était ainsi passé de l'attentisme prudent à la détermination têtue et intransigeante, sommant les parlementaires radicaux de se prononcer sous le double chantage de l'émeute et de la dissolution. Dans ces conditions, la réforme de l'État devint suspecte aux yeux des républicains.

En raison du blanc-seing moral reçu de la nation en février, Doumergue eut le tort de se croire indispensable. C'était exagérer sa représentativité nationale et se montrer trop sensible au tintamarre approbateur des ligues nationales, Croix-de-Feu, Jeunesses patriotes et Solidarité française, qui lui apportèrent en fait un soutien plus compromettant qu'utile et violemment dénoncé par la gauche :

« Le président de la trêve et de l'apaisement a dévoilé son jeu. Les Jean Renaud, les colonel de La Rocque ont applaudi à ses projets. La presse réactionnaire qui le soutient a intimé au Sénat l'ordre de lui obéir, sous peine d'un nouveau 6 février. Les Lebecq et les Jean Goy ont confirmé la menace. Il apparaît avec netteté que le président du Conseil républicain utilise les Camelots du roi, les Jeunesses patriotes, les Croix-de-Feu, les bandes de la Solidarité française et les chefs politiciens de l'UNC comme instrument de coercition contre les Chambres. M. Doumergue fait des ligues fascistes un moyen de gouvernement, avant de leur céder le gouvernement [14]. »

Depuis l'été, le « bon président » avait d'ailleurs perdu de sa sérénité et hauteur d'âme. Par ses violentes diatribes contre le « Front commun communo-socialiste », présenté comme la coalition de l'anti-France, il abandonna sa mission première d'apaisement et de réconciliation. Sa proposition d'un « front commun de la liberté et de la patrie » renforçait au contraire la bipolarisation politique et le climat de guerre civile [15]. L'homme providentiel descendit de son estrade, et ses appels désintéressés sonnèrent de plus en plus faux. « On se lassa de l'entendre s'appeler le Juste », rapporta André Maurois [16]. Tout-puissant au printemps, mais laissant passer son heure, Doumergue fut facilement remplacé le jour même de sa démission. Sa réforme de l'État était restée radiophonique.

Les atermoiements et maladresses tactiques de Doumergue ne suffisent certes pas à expliquer l'échec des réformes. La division des républicains nationaux, consommée en novembre par la main tendue de Flandin aux radicaux, joua également son rôle. Au lendemain du 6 février, il n'y eut ainsi pas d'accord sur la nécessité d'une dissolution rapide de la Chambre, et Kérillis regretta que « la plupart des chefs de la Fédération républicaine et de l'Alliance démocratique » refusassent de suivre la campagne « Dissolution ! Révision ! » soutenue par *L'Écho de Paris* et *La Liberté* [17]. D'autre part, sans même considérer le contenu du projet révisionniste de Doumergue, le principe même de la révision constitutionnelle posait problème dans le camp des « modérés ». En effet, de fortes personnalités contestaient la nécessité d'un voyage à Versailles. Ainsi Poincaré avait-il opposé à Tardieu en 1933 une conviction exprimée dès 1898 : « Ce ne sont pas les écrits qu'il y a lieu de réviser, puisque les écrits sont lettres mortes ; se sont les mœurs et les pratiques [18]. » Trente-cinq ans plus tard, le même Poincaré réaffirmait sa position à l'encontre de la croisade révisionniste de Tardieu :

« Le voyage à Versailles est donc une dangereuse aventure, et du reste il est parfaitement inutile, car la principale cause des difficultés actuelles ne réside pas dans la Constitution. Elle dérive du règlement [de la Chambre], lequel peut être modifié sans aucune réunion de l'Assemblée nationale. [...] Il est tout à fait inutile de remplir un train ou de prendre une multitude d'autos pour aller à Versailles. Nous déraillerions certainement à l'aller, au retour ou pendant le séjour [19]. »

Les « antirévisionnistes » militants, parmi lesquels il fallait compter des personnalités influentes de l'Alliance démocratique, telles André de Fels et Joseph Barthélemy, prêchaient surtout pour une meilleure rationalisation du travail parlementaire et gouvernemental. À la formule de la « réforme de l'État », ils préféraient celle de la réforme *dans* l'État, par retouches partielles et progressives, et s'irritaient volontiers de la vogue grandiloquente du planisme institutionnel :

« Entre toutes les manières de perdre le temps et de gaspiller le papier, écrivait de Fels, la plus vaine est, sans contredit, celle du redresseur de Constitutions. On ne saura jamais quel préjudice, en notre pays, la Réforme – avec un grand R – aura causé aux réformes menues et courantes, modestes et peu ambitieuses, dont l'accomplissement au jour le jour eût amélioré progressivement les conditions de notre vie politique et sociale [20]. »

Au centre de leurs préoccupations réformistes, les antirévisionnistes plaçaient ainsi la refonte du règlement des assemblées et la réorganisation administrative de la présidence du Conseil. Concrètement, ils déclaraient la guerre au verbalisme brouillon, à l'absentéisme irresponsable, aux embûches procédurières et surtout entendaient redéfinir les méthodes de travail et les compétences des commissions parlementaires, dénoncées comme le lieu de tous les problèmes du parlementarisme français [21].

Cette opposition à la révision ne résista certes pas à la secousse de février, mais la conversion à la cause révisionniste tint souvent plus à la force des circonstances qu'à la conviction résolue. Le Manifeste de l'Alliance démocratique du 9 mai défendait bien l'idée de substantielles réformes, dont la représentation proportionnelle intégrale ; trois semaines plus tard, cependant, lors du scrutin important sur la modification du régime électoral, le groupe des « républicains de gauche » se scinda en deux, douze membres votant contre la réforme alors que Flandin et Piétri s'abstenaient. Aussi, lorsque les radicaux rejetés au centre par la formation du front socialo-communiste cherchèrent des alliés sur leur droite pour s'émanciper de la tutelle de Doumergue, Flandin et ses amis n'eurent guère de peine à sacrifier la réforme de l'État sur l'autel d'une nouvelle concentration républicaine. Pour Flandin, d'ailleurs, le redressement économique et la stabilité gouvernementale dépendaient bien plus de l'effort concerté des deux grands partis du centre que de quelques retouches constitutionnelles. Dans son bilan politique de l'année 1934, André de Fels, vice-président de l'Alliance démocratique, pouvait donc ironiser sur la « chimère » révisionniste et inviter les derniers militants de cette cause inutile à rentrer dans le rang républicain : « Condamnons ces révolutionnaires de droite obstinés à méconnaître la formule du centrisme inaugurée par M. Flandin, celle du cartel de l'ordre qui doit rallier tous les bons Français en présence des dangers [extérieurs] que nous avons signalés [22]. » Avec le gouvernement Flandin, la réforme de l'État perdait toute priorité face aux questions économiques internationales. Elle retombait dans l'ornière de la réforme administrative.

La défense républicaine

Comme tous les hommes politiques qui eurent la prétention de toucher à la Constitution, Gaston Doumergue dut à cette audace d'affronter l'opposition tenace de républicains hantés par le spectre de la République césarienne. « Réformer la République sans alarmer les républicains, n'est pas entreprise aisée », avait averti Henry de Jouvenel. Au printemps 1934, l'éditorialiste de *La Revue des vivants* laissait pourtant toutes ses chances au « bon président » : « Hors l'ancien chef de l'État, on voit mal qui pourrait réussir [23]. » Si Doumergue galvauda ses chances, ce fut aussi parce que ce patriote dévoué, pourtant trempé dans le creuset républicain du combisme, prêta à la suspicion par sa pratique personnelle et autoritaire des institutions. Les républicains ne pouvaient en effet transiger sur les prérogatives des assemblées et manifestaient à l'endroit de toute velléité autoritaire une susceptibilité épidermique. Doumergue, par sa pratique du pouvoir d'abord, par ses projets révisionnistes ensuite, eut à subir les fortes contraintes de la tradition républicaine.

En acceptant d'entrer dans le gouvernement de trêve au lendemain de l'émeute sanglante du 6 février, Herriot avait obéi à un réflexe de « défense républicaine ». La République avait failli être emportée par l'assaut des ligues, et, la menace « fasciste » persistant, l'heure était au rassemblement de tous les républicains derrière une personnalité incontestable. Le groupe parlementaire radical assigna d'ailleurs pour tâche aux ministres valoisiens « la sauvegarde des libertés républicaines et la défense du régime parlementaire attaqué par les ennemis de la République [24] ». Dans l'esprit des radicaux, cette entreprise de défense républicaine tourna cependant à l'entreprise de « réaction ». En effet, la « trêve », agressivement rompue par Tardieu à la mi-juillet, apparut comme une façon habile de museler les partis. Rien ne fut fait, d'autre part, pour désarmer les ligues factieuses. Quant au Parlement, il accepta d'abdiquer ses droits devant la procédure des décrets-lois.

Plus grave encore, Doumergue montra une forte inclination pour le gouvernement d'opinion. Ses rendez-vous radiophoniques quasi mensuels avec la nation constituaient un véritable escamotage de la souveraineté parlementaire et ravivaient le spectre de la démocratie plébiscitaire. Aussi, lorsqu'il abandonna à l'automne sa tranquille bonhomie pour le ton de l'injonction, Henri de Kérillis se réjouit de découvrir « un caractère » derrière cet homme « sage » et « prudent », mais Herriot, de son côté, s'inquiéta de l'autoritarisme « démagogique » du président du Conseil. « La connaissance du passé nous éclaire », nota gravement dans son Journal le leader radical ; et Herriot de déceler dans le dernier discours de Doumergue « l'inspiration de l'appel de 1851 ». Le sauveur de février, devenu « l'instrument de la réaction », menaçait directement le régime parlementaire. Herriot, préposé par le congrès de Nantes à la garde de la République, n'eut alors de cesse d'écarter le danger de cette résurgence du césarisme [25]. « J'avais cru, naïvement, écrivait Doumergue, que, dans une démocratie, le chef du gouvernement avait le droit de s'adresser directement au peuple souverain par la " radio-diffusion " [26]. » L'expérience montra au « sage de Tournefeuille » que ce « droit » relevait en fait de l'usurpation plébiscitaire. La démission du gouvernement du 6 février marqua ainsi la revanche du parlementarisme.

Le mécanisme de défense républicaine, mis en branle dès le 6 février et renforcé par la constitution du front commun antifasciste, allait fonctionner à plein régime contre la « machination Doumergue-Tardieu [27] ». L'homme qui s'érigea en défenseur vigilant et opiniâtre du parlementarisme, et notamment des droits du Sénat en matière de dissolution, fut celui-là même qui acceptait un aménagement de ce droit de dissolution et proposait la suppression du Sénat : Léon Blum [28]. Ce paradoxe ne tint toutefois pas face à l'enjeu de la bataille, la sauvegarde des libertés républicaines. Depuis le 6 février et la débandade radicale-socialiste devant l'émeute, ce furent d'ailleurs le Parti socialiste et son leader qui prirent en charge la défense de la République. Blum se lança ainsi dans une grande campagne d'alerte contre le fascisme naissant, publiant dans *Le Populaire*, du 25 septembre au 11 novembre, une série d'éditoriaux incisifs qui démasquaient les ambitions autoritaires de Doumergue et de son éminence grise, André Tardieu.

Car, pour Blum, le véritable inspirateur du « sage de Tournefeuille » n'était autre que Tardieu, le vaincu de 1932 porté au pouvoir par une émeute qu'il avait lui-même orchestrée. Dès la présentation du « ministère de réaction, d'aventuriers et d'État-major », Blum avait affirmé « voir M. Tardieu derrière M. Doumergue [29] ». En octobre encore, le leader socialiste exprima son « idée de derrière la tête et à laquelle il tenait mordicus » :

> « Pour qui opère M. Doumergue, pour lui-même ou pour un autre? Une fois que l'autorité du " Premier ministre ", telle qu'il la conçoit, se trouvera consacrée par la Constitution, compte-t-il l'exercer en personne, ou la transférer toute chaude à M. Tardieu? Je penche, quant à moi, pour la seconde hypothèse, et l'avenir montrera si j'ai vu clair ou non dans la " combine " [30] ».

Beaucoup plus que ce vieux président du Conseil, capable tout au plus de quelques « gastounades » radiophoniques, Tardieu représentait donc la vraie menace « fasciste » à écarter. Depuis 1930 déjà, *Le Populaire* invitait ses lecteurs à lire la brochure de Félicien Challaye, *André Tardieu, un aspirant dictateur*. Des placards publicitaires en faveur du pamphlet réapparurent à l'automne de 1934. L'arrogance de classe, l'ambition sans scrupule et les penchants autoritaires du député de Belfort étaient rappelés avec insistance. La défense républicaine animée par Blum visait ainsi moins Doumergue que Tardieu, chef et symbole de la « réaction ». N'était-ce pas lui, d'ailleurs, qui le premier développa ce programme de « fascisation » des institutions repris plus tard par Doumergue?

En effet, même si les projets révisionnistes de Doumergue restaient notablement en retrait par rapport aux propositions de *L'Heure de la décision*, le rôle joué par Tardieu dans la cause révisionniste depuis 1933 fit inévitablement de lui le vrai inspirateur des réformes constitutionnelles. La vente de son livre-programme, paru le 1ᵉʳ février chez Flammarion, donna lieu d'ailleurs à un spectaculaire succès de librairie : 19 000 exemplaires vendus en quinze jours, sans parler des multiples tirages qui suivirent [31]. Si, dans le gouvernement Doumergue, la fonction de Tardieu, associé avec Herriot dans une sorte de « duumvirat de l'inefficacité [32] », consistait avant tout à symboliser la trêve des partis, il parut évident que le ministre d'État, pionnier du révisionnisme, allait aussi s'occuper des réformes en préparation. En fait, ce furent Paul Reynaud et Louis Rollin, deux fidèles « tardieusards », qui menèrent ouvertement l'offensive au sein de la commission de la réforme de l'État. Leurs initiatives débouchèrent sur de rapides succès puisque la restauration du droit de dissolution et la limitation de l'initiative financière des députés, deux réformes centrales, furent acquises respectivement le 27 avril et le 9 mai. *Le Temps* pouvait ainsi honorer Tardieu du titre de « bon ouvrier » de la réforme de l'État, et *La Liberté* se féliciter de l'« adhésion presque unanime » des membres de la commission Marchandeau au programme défendu dans *L'Heure de la décision*[33]. Ainsi, quelles que pussent être les propositions de Doumergue, les gauches identifièrent largement leur combat contre le révisionnisme à la lutte contre Tardieu. Le repoussoir était d'ailleurs idéal.

Dès les premières étapes de sa croisade révisionniste, Tardieu fut accusé de « néo-boulange » et de fascisme caractérisé. Ainsi, en mars 1933, les radicaux, les socialistes, les communistes, soutenus par la Ligue des droits de l'homme, la Ligue de la libre-pensée, la Loge du Laonnais et le Cartel des fonctionnaires, constitués en une sorte de front commun avant la lettre, protestèrent contre la venue de Tardieu à Laon. Le texte de leur appel au rassemblement stigmatisait l'impudence fascisante du député de Belfort : « Tardieu emprunte aux éléments ennemis de notre pays, installés par la violence dans deux nations, des doctrines qui, internationalement, visent à l'écrasement de la démocratie. » Et Blum d'avertir son adversaire par un article au titre railleur : « Laon... plan... rantanplan » : « L'instinct populaire ne prend pas l'opération des ennemis avérés de la démocratie au tragique ; il la prend à peine au sérieux. Mais, s'il le fallait, il saurait barrer la route avec une tranquille et ferme résolution[34]. » Dix-huit mois plus tard, Blum tenait sa promesse de défense républicaine face au plan de « grignotage des institutions démocratiques[35] » habilement camouflé sous l'étiquette fallacieuse de réforme de l'État.

Pour démystifier « les noirs desseins » de Doumergue et de Tardieu, Blum mobilisa les vieux démons qui hantaient le souvenir des républicains. L'entreprise ourdie par le gouvernement constituait à l'évidence la « préparation matérielle du fascisme[36] ». Mais plutôt que d'utiliser l'épouvantail fasciste, Blum préféra représenter la menace dictatoriale incluse dans les projets révisionnistes en mettant en scène les spectres de l'histoire républicaine. Les projets de Doumergue étaient identifiés à un « 16 mai revu et corrigé[37] ». Au fil des éditoriaux, l'habileté démonstrative du leader socialiste allait étoffer cette interprétation.

En effet, selon Blum, la suppression de la prérogative sénatoriale dans la procédure de dissolution visait à instaurer un pouvoir personnel « affranchi de sa responsabilité constitutionnelle devant le Parlement ». Le « Premier ministre » de Doumergue ne gouvernerait donc plus en République, la souveraineté parlementaire étant escamotée, mais ramènerait la France au temps du « Consulat » ou à « une sorte de monarchie ». Instruits, d'autre part, par l'échec du maréchal de Mac-Mahon, dont le coup d'État avait achoppé sur l'absence de budget, Doumergue et Tardieu prirent leur précaution contre la perspective d'une impasse budgétaire à leur entreprise césarienne en réclament le droit de proroger le budget par décret. Enfin, le statut des fonctionnaires, en domestiquant les employés d'État, faisait régner un nouvel « ordre moral » dans l'administration [38]. Dissolution, prorogation du budget, statut des fonctionnaires, toutes les réformes demandées « s'épaulaient pour se compléter l'une l'autre » et autoriser de véritables 16 mai à répétition : « Dans " l'État réformé " de MM. Doumergue et Tardieu, les coups de force à la 16 mai deviendraient un moyen de gouvernement normal et régulier. » Ils instituaient à leur profit, concluait Léon Blum, mais surtout au bénéfice du ministre d'État, successeur désigné du vieux président du Conseil, une pratique toute particulière de la démocratie représentative, « le coup d'État légalisé [39] ».

La méthode choisie pour imposer ces réformes – « le chantage à l'émeute » – reflétait d'ailleurs les intentions autocratiques des deux complices en parfait acoquinement avec les ligues factieuses. En cas d'obstruction, la menace d'un « nouveau 6 février » devait en effet ramener les sénateurs récalcitrants à la raison, si bien que le choix proposé par le gouvernement se résumait à l'alternative : « l'obéissance passive ou l'émeute fasciste [40] ». Le but et les moyens ainsi dénoncés, restait pour Blum à définir l'inspiration profonde de la Constitution Doumergue. Monarchiste dans sa prétention à la stabilité d'un pouvoir personnel, bonapartiste dans ses penchants pour l'appel au peuple, le plan de réformes cumulait donc tout ce qu'abhorraient depuis toujours les républicains.

> « Les projets de MM. Tardieu et Doumergue *ne s'évadent du monarchisme que pour choir dans le bonapartisme.* Ils condensent en eux toutes les formes de réaction et d'autocratie contre lesquelles les républicains luttent depuis plus d'un siècle [41]. »

Après un tel verdict, asséné avec l'autorité politique et intellectuelle de Léon Blum, l'adhésion aux réformes de Doumergue constituait un acte de rupture avec le camp républicain. En fait, cette campagne de persuasion et d'avertissement s'adressait surtout aux hésitants, c'est-à-dire aux radicaux. Le leader socialiste attira ainsi l'attention des ministres valoisiens sur « l'*énormité* et la *monstruosité* du texte qu'on faisait passer sous leurs yeux » et les supplia de réfléchir [42]. Au congrès radical de Nantes, l'argumentation de Blum trouva nombre d'échos favorables. André Cornu, chargé du rapport sur la réforme de l'État, présenta la prétention gouvernementale de se passer de « la sagesse tutélaire du Sénat » en cas de dissolution comme une « véritable abdication » à laquelle aucun républicain ne pouvait consentir [43]. Six mois plus tôt, pourtant, à la commission de la réforme de l'État, ce même Cornu avait donné son aval à cette réforme « antirépublicaine », soutenu dans son vote par trois de ses collèges, Potut, Marchandeau et Mendès France. Dans un article intitulé « On ne sait qui », *L'Œuvre* reprit l'idée de Blum, sans toutefois citer Tardieu, d'un successeur moins scrupuleux que Doumergue et qui utiliserait les droits du « Premier ministre » pour instaurer son pouvoir personnel [44]. L'exemple des dissolutions répétées de l'Allemagne weimarienne précisait suffisamment le sens de la menace. La contre-offensive républicaine de Blum contre les « prétendants du pouvoir personnel » se révéla donc efficace. Elle contribua sensiblement au retournement de l'opinion sur la signification d'une révision constitutionnelle.

Démasquer Tardieu derrière Doumergue, c'était habilement montrer derrière le sourire du « bon président » le rictus agressif de la « réaction ». Comme repoussoir, les gauches ne pouvaient en effet trouver mieux. Par tempérament, Tardieu non seulement invitait à la bagarre, mais il rendait les coups, si bien que les inimitiés réciproques s'envenimaient rapidement. Dès le début de la décennie, son nom faisait clivage. Sur sa personne s'étaient accumulées quelques solides rancœurs. « La gauche, notait Lucien Romier, lui porte une de ces haines personnelles comme seules en conçoivent les tendresses secrètes, déçues et humiliées [45]. » Les dernières législatives le désignèrent comme le chef défait de la « réaction » militante. Les gauches lui prêtaient ainsi tous les desseins dans sa soif de reconquête du pouvoir. Campagne en faveur du truquage de la Constitution, puis orchestration de l'émeute, depuis 1932, constatait Pierre du Clain, « Tardieu s'est rangé parmi les extrémistes [46] ». Le 6 février fut peut-être sa revanche, mais la vigilance républicaine ne désarma pas, au contraire. Au début de mars, la gauche retourna l'affaire Stavisky contre Tardieu, car, le hasard faisant bien les choses, un talon de chèque portant le nom « Camille A. Tardie... », la dernière lettre étant illisible, avait subitement été retrouvé. La prébende se serait élevée à 300 000 francs [47]. L'accusation était de bonne guerre après les affabulations rapportées contre les radicaux par *La Liberté*. Tardieu ne sut toutefois pas résister à cette provocation, et sa riposte brutale faillit emporter le gouvernement Doumergue.

Déposant le 18 juillet comme « témoin plaignant et accusateur » devant la commission d'enquête chargée de l'affaire Stavisky, il développa six heures durant la trame sensationnelle des crimes, complicités et complaisances de toutes sortes qui constituaient le scandale. Au centre de toute l'affaire, toutefois, « quelqu'un a voulu tout cela [...], profité de tout cela [...], et organisé tout cela [48] ». Et de désigner derrière chaque malversation l'influence directe ou non de Chautemps. Complicité active, volonté d'étouffement et machinations de diversion, tels étaient les trois chapitres du réquisitoire accablant dressé contre le leader radical-socialiste. Un montage méticuleux et serré, faisant flèche de toutes les rumeurs, impliquait les frère, beau-frère et cousin de Chautemps, dix-sept parlementaires radicaux et nombre de fonctionnaires, hommes de cabinets ministériels ou inspecteurs de la Sûreté générale, dans un trafic d'influence révélant une véritable « mafia » radicale-socialiste. Le chèque « Camille A. Tardie... », fabriqué par le fameux inspecteur Bonny sur l'ordre de Chautemps, ne constituait plus dès lors qu'une perfide manœuvre de diversion, réponse des prébendiers à l'honnête homme qui osait les montrer du doigt.

Dans la quiétude de l'été, cette disposition fracassante fit l'effet d'une bombe. À droite, *Le Figaro, La Liberté, L'Écho de Paris, Le Temps* applaudirent à tout rompre devant le brio de l'argumentation et dédouanèrent Tardieu de toute intention politique. Témoin calomnié, le député de Belfort n'aurait fait que répondre à ses détracteurs, sans viser aucun parti en particulier [49]. Pour les radicaux, cependant, l'agression parut frontale dans ses objectifs et irréparable dans ses conséquences. « L'indécente diatribe » contre le leader du groupe parlementaire radical-socialiste calomniait le parti dans son ensemble et rompait définitivement la trêve politique [50]. Les plates excuses et justifications de Tardieu au conseil de cabinet du 20 juillet – « je n'ai prononcé ni le mot radical, ni le mot Cartel, ni le mot franc-maçonnerie [51] » – ne changeaient rien à l'affront. Après « les accents de haine » entendus lors de la déposition, la cohabitation gouvernementale se révélait impossible, et les radicaux attendaient de Doumergue qu'il choisît entre leur collaboration et la solidarité avec Tardieu. L'arbitrage du président du Conseil tint plutôt du chantage. Après avoir blâmé Tardieu d'être sorti « des limites à l'intérieur desquelles il devait se maintenir », Doumergue plaça ses collaborateurs devant l'alternative suivante : « le maintien du gouvernement tel qu'il est composé, ou sa démission collective avec les conséquences qu'elle pourra entraîner [52]. » Ne désirant pas assumer la responsabilité d'une nouvelle crise ministérielle, les radicaux, « la rage au cœur », capitulèrent et rentrèrent dans le rang. De son côté, Tardieu avait laissé entendre, qu'en cas de limogeage il ferait entrer l'affaire Stavisky dans une « nouvelle phase », portant ainsi un coup fatal à la trêve politique si chère à Doumergue [53]. Après cette algarade, de toute façon, la trêve ne vivait plus qu'un sursis.

De cet esclandre, Tardieu ne sortit pas grandi. Si Doumergue le protégea, ses collègues Barthou, Piétri, Flandin désavouèrent cette brutale rupture de la trêve et se désolidarisèrent ouvertement avec les procédés utilisés par le fougueux ministre d'État. Une fois de plus, celui-ci avait joué les « mirobolants », laissant parler son orgueil et ses rancunes, emporté par son tempérament de polémiste, incapable de ne pas relever l'insulte ou la calomnie. Une fois de plus encore, il se trouvait du côté des extrémistes, recevant les félicitations de François Le Grix pour ce « magnifique travail » ou de Pierre Taittinger pour ce « " direct " bien placé [54] ». Cette agression contre le Parti radical était toutefois trop bien préparée pour ne constituer que la réaction instinctive d'un impulsif. À sonder les mobiles de Tardieu, André Sauger et Jean Luchaire restaient songeurs : si manœuvre politique il y avait, elle semblait trop subtile pour être comprise. Quant au dessein d'une opération de plus vaste envergure, « installer Doumergue à l'Élysée et s'emparer lui-même du pouvoir avec l'appui " physique " des Croix-de-Feu et l'appui " économique " des grands trusts », selon l'explication du *Populaire*, ce dessein pouvait certes satisfaire les militants mais manquait sérieusement de crédibilité [55].

En relançant si brutalement l'affaire Stavisky, il semble que Tardieu ait voulu marquer sa rentrée politique en ranimant l'esprit du 6 février. L'agitation « nationale », en voie d'apaisement depuis une trêve politique qui tournait à l'assoupissement général, avait bien besoin de ce sursaut si les « nationaux » entendaient véritablement tirer profit de leur victoire récente sur la République radicale. L'algarade du 18 juillet visait ainsi à porter le coup de grâce à un Parti radical convié, dès le lendemain du 6 février, à entrer dans « la voie du repentir [56] ». La déposition de Tardieu semblait une parfaite illustration d'un commentaire fait par Henri de Kérillis sur l'avenir du radicalisme :

> « Le temps n'est plus où le Parti radical-socialiste était le centre de la politique française. Il est trop profondément atteint, trop profondément discrédité par les événements récents, par les scandales, par sa faillite éclatante. Et jamais plus désormais il ne se relèvera [57]. »

Rentrée politique et crise ministérielle sur fond de dissolution, rassemblement des « nationaux » à nouveau trempés dans l'esprit combatif du 6 février, désagrégation d'un Parti radical enfin amené à résipiscence, aucun des objectifs attendus de la provocation de Tardieu ne se produisit. En revanche, Tardieu apparut clairement comme le chef honni de la « réaction ». Il devint l'épouvantail idéal pour le rassemblement des gauches et le prétexte tout trouvé pour condamner les projets Doumergue. En septembre, Louis Barthou devait d'ailleurs confier à Lucien Romier : « Le président Doumergue prépare un projet de réforme de l'État. Il suffira de laisser entendre aux partis de gauche que les idées de Tardieu ont inspiré ce projet pour que le cabinet soit renversé [58]. » Léon Blum s'en chargea.

L'IMMOBILISME TRIOMPHANT

Après les grandes espérances rénovatrices du printemps de 1934, l'échec de l' « expérience Doumergue » sanctionnait certes la défaite d'un homme, mais révélait d'autre part l'impasse d'une République parlementaire incapable de se réformer elle-même. Les deux constats d'échec n'étaient pas totalement étrangers l'un à l'autre. Quelle rénovation fallait-il attendre d'un Gaston Doumergue qui, sa vie durant, avait si bien su se conformer aux usages et routines d'un système qu'il finit par en obtenir les plus grands honneurs, sans coup férir, grâce à sa docile persévérance? Benjamin Crémieux compara le retour du « sage de Tournefeuille » au retour éphémère à la tête de l'Italie de 1920 du vieux Giolitti et redouta qu'un même triomphe du conformisme usé ne débouchât sur une « nouvelle marche sur Rome [59] ». Pour François Le Grix et nombre de militants de l'extrême droite, l'attente d'un « chef » fut également déçue par l'arrivée de ce « maire de village un peu fatigué », incapable d' « infuser cette rénovation, ce sang neuf » nécessaires au redressement national. La combinaison ministérielle concoctée par Doumergue, trop bien dosée, trop parlementaire, révélait d'ailleurs l'emprise des routines. « Tout ce qui reste d'utilisable dans l'ancien personnel, notait encore François Le Grix, agacé et rêvant d'un nouvel Henri IV, s'est entassé dans cette dernière charrette [60]. »

Dans la galerie des hommes providentiels, Doumergue ne montrait en effet ni la hardiesse conquérante d'un Alexandre, ni la hauteur de conceptions d'un Solon, ni l'aura prophétique d'un

Moïse [61]. Le sauveur de Tournefeuille tenait plutôt du modèle de l'illustre Ancien, avisé et prudent, sage et modéré, dont la tâche consistait plus à protéger qu'à innover. À Pierre Lafue qui l'interrogeait sur les solutions susceptibles de sortir le pays de la crise générale, il révéla la banalité et les limites de sa pensée rénovatrice : « En somme, monsieur le président, il s'agit de restaurer des notions oubliées ? – Oui, et si oubliées qu'en les restaurant on donnerait l'impression de faire du neuf. Apporter du nouveau, voyez-vous, comme on le demande tant, ce n'est pas autre chose que de retrouver un certain passé [62] ! » Cette profession de foi édifiante avait de quoi rassurer les conservateurs à tous crins. Et pourtant, une partie des propos de Doumergue visaient juste. « Retrouver un certain passé », telle était bien l'espérance des Français qui cherchaient dans la confusion et le désordre du présent à retrouver le temps idéalisé d'avant la crise économique, d'avant la menace hitlérienne. Rappeler le « bon président » des années vingt, c'était donc appeler au secours d'un présent douloureux la période heureuse de la prospérité Poincaré et de la détente internationale inaugurée par la politique locarnienne. Le sourire de « Gastounet » portait bien cet espoir, mais les temps avaient changé.

Ne jouissant ni de l'autorité charismatique de Clemenceau ni de l'autorité de compétence de Poincaré, Doumergue ne fit pas longtemps illusion avec ses paternelles exhortations. Le profil de l'homme providentiel de février 1934 ne sortait pas de cette « bonne moyenne » qui faisait alors les présidents de la République et plaisait tant aux républicains toujours méfiants à l'endroit des fortes personnalités. La République pouvait certes se reconnaître dans ce « héros de la normalité [63] » et reconquérir un instant son identité perdue dans les cruelles incertitudes du présent, mais il semblait difficile d'attendre une régénération de la part d'un citoyen retraité affirmant comme intention ultime sa volonté de « restaurer la hiérarchie traditionnelle [64] ». Pour sévère que fut son jugement final, Blum ne se trompa guère sur le fond :

> « Le ministère Doumergue aura duré neuf mois jour pour jour. Mais pendant le temps d'une grossesse normale, il n'a enfanté que le néant. [...] M. Doumergue n'a rien fait parce qu'il était inégal au rôle où l'avait juché un caprice de l'histoire. Il n'excellait que dans le métier, dans le " truc " politique. Il savait se tirer avec justesse, astuce et sang-froid d'un pas difficile. Mais il n'avait rien de ce qui permet la vraie décision et assure la vraie autorité, ni l'ascendant du caractère, ni la supériorité de la compétence, ni la domination de l'esprit [65]. »

Si 1934 apparut comme l'année des occasions manquées, cela tint également aux illusions entretenues par nombre de Français sur le changement. En effet, une crise politique majeure comme celle du 6 février ne constituait pas en elle-même une solution. Elle marquait certes un point de rupture à l'intérieur d'un système parlementaire soumis à des tensions trop fortes pour être canalisées par les pratiques habituelles, mais elle ne faisait qu'ouvrir le champ des possibles sans rendre ni automatiques ni inéluctables les adaptations nécessaires. « Étrange système, notait Étienne de Nalèche, où c'est la catastrophe qui commande et où le pire autorise le meilleur [66]. » L'excès du mal décuplait certes le désir de guérison, mais la conviction unanimement acceptée d'un « Ça ne peut plus durer » ne devait pas obligatoirement conduire à une transformation du régime parlementaire vers une forme d'organisation mieux adaptée aux exigences modernes. Les insuffisances d'un système, pour dommageables quelles soient, sont souvent préférées aux innovations correctrices parce qu'elles maintiennent tradition et identité. Ainsi du droit de dissolution, quasi unanimement considéré par la doctrine juridique comme le pendant naturel de la responsabilité ministérielle, mais regardé par Blum, parlant pour les républicains orthodoxes, comme un « chantage » équivalant à « l'annulation ou à la dégradation du régime parlementaire [67] ».

Les plans de redressement national élaborés par les révisionnistes « modérés » révélaient par ailleurs une réelle naïveté à propos des modalités du changement. Cette naïveté traduisait évidemment l'archaïsme des conceptions politiques, économiques et sociales des « nationaux » dans la France des années trente. Ainsi, à écouter ces réformistes, cette crise générale dont la vigueur ébranlait les fondements même de la civilisation libérale pouvait être résolue presque immédiatement par quelques retouches institutionnelles d'apparence anodine. Un simple coup de baguette magique sur la Constitution et le branle salvateur se communiquerait à l'ensemble de la société. « Deux mots à changer dans le règlement [des Chambres] et tout s'apaiserait », affirmait, confiant, Raymond Poincaré. Pour restaurer l'autorité en République, « il suffirait de rayer six mots », répétait Alexandre Millerand en pensant aux derniers mots de l'article réglant la procédure de dissolution. « Le vote de quelques lois » portait tous les espoirs de redressement, concluait Tardieu [68]. Les révisionnistes « modérés » partageaient ce juridisme étroit qui décrétait le changement par pointillisme institutionnel. Si les « nationaux » avaient montré quelque méfiance à l'endroit de la pactomanie des années vingt, ils cédaient à leur tour, dans les affaires intérieures de la République cette fois, à l'illusion du juridique.

Cette illusion sur la voie du changement social se trouva confortée par l'apparente unanimité qui entourait l'idée et l'expression de la « réforme de l'État ». En 1934, il n'était en effet guère de partis, mouvements ou associations qui ne se réclamassent de cette formule. Toutefois, l'accord général sur l'idée ne signifiait pas pour autant l'imminence de sa réalisation. Car un tel consensus sur l'expression cachait nécessairement d'importants glissements sémantiques. Cette polysémie, d'autant plus riche que le contenu de la « réforme de l'État » prêtait à d'innombrables variantes, donnait ainsi l'illusion de l'unanimité là où tout restait à débattre. Cet accord général sur l'apparence, plutôt que d'autoriser le rapide passage à l'action, fit entrer la revendication incessante des réformes dans le mode de l'incantation euphorisante. Une véritable mystique de la « réforme de l'État » se développa ainsi : non seulement le pluriel était banni, mais la majuscule ennoblissait cette formule abstraite qui prenait, dans certains esprits, la force d'un mythe sorélien. Joseph Barthélemy avait prévenu ses contemporains contre la forme mystique d'un réformisme exagérément ambitieux :

> « Ne vous cassez pas la tête contre le mur de la réforme de l'État, de la Réforme avec un grand R. [...] Action, action, action : il ne faut pas que la Réforme de l'État devienne un paravent pour la paresse. [...] N'attendons pas d'une recette magique, d'où qu'elle vienne, la fin du malaise qui oppresse le monde moderne [69]. »

L'avertissement ne porta pas. La « réforme de l'État » devint le fourre-tout des problèmes en souffrance. Mais placer ainsi la condition du redressement national à la hauteur d'une « réforme de l'État », c'est-à-dire d'une solution globale, voire définitive, des problèmes, n'était-ce pas la meilleure garantie contre le changement? À l'horizon de l'année 1934, la réforme apparut souvent comme un simple mirage, vite dissipé par l'inquiétante obsession des questions internationales.

L'illusion du consensus sur la réforme de l'État fut particulièrement le fait des « nationaux » conservateurs, toujours enclins à sous-estimer les clivages idéologiques ou à mettre en cause la rigidité des notions de droite et de gauche. « Les termes [de notre choix] sont si lumineux, notait Tardieu, si étrangers et si supérieurs à toute manœuvre de parti qu'ils devraient, à la seule exclusion des hommes de révolution, fonder l'unanimité [70]. » Œuvre nationale, la réforme de l'État devait donc échapper aux querelles quotidiennes de la politique. Hormis les « révolutionnaires » et les « internationalistes », irrémédiablement exclus de la République, les « nationaux » appelaient donc au rassemblement des Français sur le programme de Doumergue dont les termes semblaient indiscutables du fait de leur conformité à l'intérêt général. Cette présentation des choses ne fut guère convaincante. Par son origine immédiate, son contenu et son inspiration profonde, le révisionnisme « modéré » apparut comme une habile diversion des conservateurs pour maintenir l'ordre économique et social existant.

Comme la croisade révisionniste de Tardieu le montra, la réforme de l'État fut une arme offensive utilisée par les vaincus de 1932 contre la République radicale-socialiste. L'attaque réussie, la finalité politique resta la même : discipliner la Chambre, neutraliser le « poison » socialiste et amener les radicaux à résipiscence. Un rédacteur anonyme de *La Revue de Paris* révélait l'inspiration profonde du courant révisionniste en précisant les attentes suscitées par la formation du gouvernement Doumergue : « Il est arrivé pour rétablir l'ordre dans la rue; mais en fait on attend de lui qu'il rétablisse l'ordre dans les esprits, dans les cœurs, dans les hiérarchies, dans les efforts, dans la vie de la grande ruche bourdonnante. » *Le Temps*, journal de la conservation bourgeoise, définit de même le sens de la réforme de l'État : « La justice mieux exercée et l'ordre mieux assuré [71]. » Défense et restauration de l'« ordre », les projets révisionnistes ne semblaient pas dépasser ce conservatisme autoritaire. Ils révélaient en outre l'archaïsme des conceptions de la droite libérale.

Fondé sur l'idée que la crise économique et sociale découlait de la crise institutionnelle, et non l'inverse, le révisionnisme « modéré » cherchait la solution aux difficultés françaises dans l'assainissement moral et le retour à l'autorité. « Une autorité gouvernementale restaurée, bien organisée et durable, assurait Doumergue, est le seul moyen efficace de grouper, d'unir et de mettre en œuvre tous les éléments propres à redresser la situation économique [72]. » Plus d'autorité pour appliquer l'indigente politique de déflation n'aurait toutefois pas résolu les problèmes; la gauche socialisante en était convaincue, et la période des décrets-lois le démontrait amplement. La panoplie de réformes retenues par Doumergue et puisées dans le magasin d'accessoires de Tardieu se révélait inadaptée et inopérante :

> « Aller à Versailles, notait Georges Mer, pour engendrer un pouvoir public de plus, la présidence du Conseil, pour revigorer le droit de dissolution, pour châtrer le Parlement de ses prérogatives financières, pour enserrer la fonction publique dans un statut " de force ", c'est déranger bien des gens et exciter bien des esprits en vue d'un maigre résultat [73]. »

Et Blum de préciser la pensée de Mer : « Des amendements ou additions au texte de la Constitution ne réduiraient pas d'une unité le nombre des chômeurs et n'augmenteraient pas d'un fifrelin la puissance des masses [74]. »

Pour une grande partie de la gauche, la rénovation de l'État passait par la reconnaissance d'une certaine prédominance de l'économique sur le politique. La droite libérale, avec sa phobie de l'étatisme et du syndicalisme, montrait cependant une singulière myopie en s'hynoptisant sur la carence institutionnelle et en refusant d'envisager une redéfinition des rapports entre l'État et l'économie. Aux réformes de structures mettant en cause les hiérarchies et privilèges sociaux, elle préférait les retouches constitutionnelles. Ce cosmétique cachait évidemment un conservatisme foncier, mais révélait surtout l'indigence de la pensée libérale sur la crise. La démagogie financière des partis de gauche et l'action déstabilisatrice des syndicats de fonctionnaires apparaissaient en effet comme les seules causes du malaise général dont souffrait la France. Rien de concret sur l'organisation de la démocratie économique ne complétait ainsi les mesures tendant au renforcement de l'exécutif. Plutôt que d'élargir la démocratie, les révisionnistes « modérés » la rapetissaient donc. « C'est le passé qui se cramponne », notait Jean Luchaire, avant de conclure au fascisme : « M. Doumergue se rend-il compte qu'il fait du fascisme, et du plus mauvais, du plus haïssable – parce que ne comportant que les inconvénients du fascisme sans en comporter la justification populaire et " anti-capitaliste [75] ". »

Les événements du 6 février actualisèrent en France la menace fasciste. Depuis cette journée, la gauche, hantée par le mythe du « complot fasciste », vécut dans l'attente d'une « deuxième vague » : « La " première " vague – comme disent les Croix-de-Feu – a emporté un cabinet voulu par le suffrage universel et donné le pouvoir à un cabinet d'union nationale. La " seconde vague " est prête », avertissait Victor Basch, qui appelait tous les républicains à organiser la résistance antifasciste [76]. L'heure n'était donc plus aux débats mais aux affrontements irréductibles, chacun des « fronts » avançant avec ses alliés sur des lignes de totale rupture. Le comité de la Ligue des droits de l'homme qualifia la situation politique de « guerre civile perlée [77] ». Aux morts du 6 février pleurés par des ligues d'extrême droite résolues à ne pas laisser sans profit le sacrifice de leurs camarades, la gauche pouvait opposer les quatre militants communistes morts le 9 février dans une contre-manifestation particulièrement violente.

Dans ce contexte de radicalisation et de dramatisation de la vie politique française, les chances d'une réforme effective de l'État semblaient sérieusement compromises. Le changement institutionnel comportait en effet trop de virtualités et impliquait trop d'enjeux pour que sa réalisation pût être envisagée sans un substantiel débat et, par suite, sans d'importants compromis entre les parties prenantes au dialogue. La réforme de l'État eût ainsi demandé aux formations politiques en présence une réelle capacité de discussion et de transaction. La forte bipolarisation politique consécutive au 6 février, en créant un climat de guerre civile, empêcha l'instauration d'un tel débat et ruina les efforts de rassemblement et de réconciliation, tel ce *Plan du 9 juillet* élaboré quelques jours à peine avant la conclusion du pacte d'unité d'action entre communistes et socialistes et bientôt déchiré par l'aimantation bipolaire de la vie française. Monologues sur le désirable sans réelle prise en compte du possible, les plans réformistes et projets révisionnistes proposés par l'ensemble des mouvements et partis politiques n'étaient pas sujets à discussion. Chacun des camps en présence, se réfugiant dans son idéal de République, préféra aux formules de transaction autorisant la négociation les solutions absolues et définitives conformes à la pureté idéologique. En outre, l'esprit de surenchère vint souvent annihiler l'esprit de réforme. À placer les enjeux de la réforme de l'État à la hauteur des principes et des visions du monde, les antagonismes se montrèrent irréductibles entre les « bandes fascistes » et le « front socialo-communiste ». Ce double monologue manichéen ne laissa bien sûr que peu de place à la réalité des problèmes à résoudre. « Gauche et droite, raconta André Maurois, partaient en guerre contre des monstres de fiction et leurs grands coups d'épée, donnés à l'aveuglette, déchiraient la malheureuse France [78]. »

Ce qui aurait pu être l'occasion d'une réflexion critique sur les déficiences réelles et pour la plupart reconnues du régime parlementaire devint objet à anathèmes. Dans ce climat de guerre de religion, le contenu des plans de réformes importait en effet moins que leur origine. Qui proposait l'emportait sur ce qui était proposé, le prisme idéologique imposant sa propre réalité des choses. Georges Bidault trouvait ce « petit jeu » non seulement « ridicule », mais « odieux » : « Le bon sens indique que l'intérêt d'une mesure dépend de son contenu plus que de son auteur. [...] Nous avons trop longtemps vu des gens combattre les projets de l'adversaire alors qu'ils en approuvaient la teneur pour la seule raison que ces projets émanaient de l'adversaire [79]. » Ce fut là l'histoire de la représentation proportionnelle, tour à tour réclamée par Louis Marin et Léon Blum, puis rejetée par l'un et l'autre en l'espace de quelques mois seulement. Ce fut aussi le cas de la réhabilitation du droit de dissolution, proposée dans de très nombreux programmes réformistes, officiellement acceptée, au printemps, par la commission de la réforme de l'État et notamment par les trois socialistes présents, Bracke, Albertin et Frossard, puis combattue, à l'automne, dans les éditoriaux du *Populaire*, comme un instrument de coup d'État.

Assurément, dans cette culture politique française où priment l'idéologie et l'histoire, la rénovation ne pouvait pas venir de la droite. Seule la gauche, « parti du mouvement » par excellence, jouissait de la légitimité suffisante pour amender la République tout en persévérant dans son principe. Le soupçon de « réaction » pesait immanquablement sur toute entreprise réformiste soutenue par les « modérés ». Commentant un discours de Tardieu exposé en mars 1933 à Laon, Pierre Dominique donna la caricature idéologique qui commandait bien des réflexes politiques en matière de changement institutionnel :

> « Supposons qu'une excellente réforme soit à entreprendre. Tout dépend de l'entrepreneur. Oui, la vie politique française est à transformer complètement. Mais qui la transformera? La droite, c'est-à-dire les délégués de quelques féodaux, assistés d'une presse à gages et d'hommes de main, ou la gauche, c'est-à-dire les délégués des petites gens? Pour nous, notre choix est fait [80]. »

En raison de cette hypothèque républicaine, Lucien Romier pouvait affirmer au lendemain de l'échec de l' « expérience Doumergue » : « Si M. Tardieu avait voulu être un homme de gauche, quelle carrière assurée et triomphale il eût faite, même en réformant tous les articles de la Constitution [81]! » Ce commentaire poussait jusqu'à l'extrême et même forçait la logique politique ; mais, sur le fond, l'éditorialiste du *Figaro* ne se trompait guère.

Les réformes furent donc rarement considérées pour elles-mêmes, de manière pratique ou « réaliste » comme on eût dit dans les années vingt ; seules comptaient les intentions prêtées à leurs auteur. Noircies à l'envi par le climat politique de l'époque, ces intentions firent rapidement de l'adversaire un ennemi irréductible. Car, dans les camps retranchés, ce sont toujours les extrêmes qui l'emportent et, l'amalgame aidant, les nuaces se gomment pour ne laisser subsister que deux antagonismes radicaux. *Vigilance*, le bulletin du Comité d'action antifasciste constitué dans les semaines qui suivirent le 6 février par des intellectuels de gauche – le socialiste Paul Rivet, le radical Alain et le communisant Paul Langevin –, publia en septembre 1934 un éditorial sur la réforme de l'État qui illustrait parfaitement ce principe de l'amalgame réducteur : « Ils sont tous d'accord : le *Redressement français,* le *Temps,* les *Débats,* le *Bulletin quotidien,* la *Revue hebdomadaire,* le colonel de La Rocque, Tardieu, le capitalisme d'armement, les chefs fascistes et Doumergue [82]. » Confortable pour l'esprit et mobilisateur pour le combat, ce point de vue figeait toutefois la République dans ses clivages anciens et interdisait l'évolution négociée. A l'automne de 1934, le rejet de la « constitution Doumergue » procéda du même type d'excommunication idéologique : « Et la preuve que c'est bien du fascisme, ironisait Georges Bidault, c'est que la mesure [dissolution] est réclamée par M. Tardieu dans son livre *L'Heure de la décision* [...] Car il va de soi que M. Tardieu ne saurait avoir raison, quoi qu'il dise, et même si par hasard il demande quelque chose que ses adversaires ont de tout temps réclamé [83]. »

Si le révisionnisme « modéré » avait officiellement conquis après le 6 février le droit de cité en République, il devait cependant souffrir des circonstances mêmes de son succès. Promu par l'émeute parisienne au rang de préoccupation gouvernementale, il ne put en effet s'affranchir de cette référence empoisonnée. Tardieu, apôtre du révisionnisme et « chef de la réaction », symbolisait à merveille, par son retour au pouvoir, la convergence des phénomènes. « Fascisme » et révision avaient partie liée. Une tare originelle pesait donc sur la réforme de l'État : elle était le fruit du « gouvernement de l'émeute fasciste ». Ainsi, en toute logique, la chute du cabinet Doumergue et l'abandon des projets révisionnistes furent salués par Blum comme « une première victoire contre le fascisme [84] ».

La « défense républicaine » trouva dans l'antifascisme un souffle nouveau qui réactualisait, à gauche, une solidarité de combat née aux meilleurs temps de l'anticléricalisme militant. Que cette défense aboutît au triomphe de l'immobilisme institutionnel ou qu'elle cachât l'impuissance de la gauche face aux problèmes de l'heure, cela n'importait guère. Fiévreusement, la République renouait avec sa mission première : « Résistance au pouvoir plutôt qu'action réformatrice », ainsi parlait le doctrinaire du radicalisme [85].

L'OCCASION MANQUÉE

La démission de Doumergue représenta un grave échec personnel pour Tardieu. Depuis 1932, le député de Belfort avait fondé la relance de sa carrière politique sur l'idée révisionniste. D'abord abandonné et critiqué en 1933, puis suivi et approuvé au printemps de 1934, la parenthèse fermée sur « l'expérience Doumergue » le laissait à nouveau isolé et désenchanté. Solidaire d'un programme et d'un homme qui, quelques mois auparavant, lors de l'algarade de juillet, l'avait affectueusement protégé contre la fureur des radicaux-socialistes, Tardieu suivit son président du Conseil dans la retraite et refusa les avances ministérielles de Flandin. Hospitalisé le 4 novembre pour une opération bénigne à la jambe, il n'avait d'ailleurs pas participé au dénouement de la crise politique. Il regretta ainsi la timidité peu combative de Doumergue, convaincu que le « forcing » et le « bluff » auraient été payants : « Si le président s'était, le 8 novembre, présenté devant la Chambre, ce qui eût été parfaitement correct, il aurait eu la majorité [86]. » Le pays légal, pensait Tardieu, confronté à l'ouverture d'une nouvelle crise, eût fortement hésité à renverser un homme plébiscité par le pays réel. Doumergue préféra pourtant se montrer « scrupuleux et modeste à l'excès [87] ». L'échec consommé, Tardieu refusa de tendre la main aux « étrangleurs de M. Gaston Doumergue » : « Il obéissait, confirma Désiré Ferry, à un sentiment de dégoût pour les procédés par lesquels on venait d'assassiner son vieux chef [88]. »

Les raisons de dégoût et d'amertume ne manquaient en effet pas. Le « double jeu » habituel des radicaux-socialistes avait trouvé cette fois la complicité active des « modérés » pour saborder l'expérience d'union nationale. Flandin et ses fidèles bien sûr, mais aussi Pierre Laval et Louis Marin appartenaient à la nouvelle combinaison ministérielle. Au jour de l'investiture parlementaire du cabinet Flandin, la trahison prit finalement l'ampleur d'une majorité de 423 voix, majorité plus forte que celle qui avait accueilli Doumergue lui-même en février. Quant au soutien attendu des ligues et associations d'anciens combattants, il s'exprima par un défilé solennel mais inutile sous les fenêtres d'un président Doumergue démissionnaire depuis trois jours déjà. Au moment opportun, dans la première semaine de novembre, les ligues avaient préféré la discrétion. En bref, concluait Tardieu, « la désertion fut générale » : « Les chefs de ligues ne furent pas moins mous [que les élus modérés] [89]. »

À cette défection partisane s'ajouta, plus grave encore, le reniement de la cause révisionniste acclamée pourtant par l'ensemble des « modérés » quelques mois plus tôt. Car, en se débarrassant de Doumergue et de Tardieu, le gouvernement de concentration républicaine réalisé par Flandrin sacrifiait également la réforme de l'État au centrisme. Les radicaux-socialistes, comme le conseillait Albert Milhaud, allaient d'ailleurs eux-mêmes veiller à l'abandon de ce thème trop diviseur :

« Dès que la pensée " réformatrice " constitutionnelle de M. Tardieu, adoptée par la commission de la réforme de l'État d'abord et par le président du Conseil ensuite, a surgi, elle a immédiatement provoqué d'irréductibles conflits internes. Que cette leçon serve demain [90]. »

L'occasion d'une adaptation légale du régime parlementaire semblait ainsi définitivement passée. Du coup, Tardieu perdait non seulement sa place sur l'échiquier gouvernemental, mais encore la raison même de son engagement politique depuis 1932. Sa croisade institutionnelle, triomphante un instant, avait buté sur la double contrainte de la tradition républicaine et des dictatures fascistes, avant de servir de monnaie d'échange dans l'élaboration d'une énième formule de concentration républicaine. L'impasse du présent s'aggravait pour Tardieu d'une forte hypothèque sur l'avenir. À servir ainsi de repoussoir pour la gauche, Tardieu était en effet devenu une sorte de pestiféré dont la fréquentation était compromettante pour tout républicain. Rien d'étonnant, dès lors, à ce qu'il figurât, deux ans plus tard, dans la liste des « six candidats Führers » dressée par le quotidien *La Lumière*, aux côtés des autres épouvantails de droite : Pierre Laval, François de La Rocque, Pierre Taittinger, Henri de Kérillis et François de Wendel [91]. La campagne soutenue de Léon Blum contre les prétentions césariennes de Tardieu avait porté ses fruits.

En donnant un profil dictatorial aux modestes palliatifs constitutionnels recommandés dans *L'Heure de la décision*, Blum avait politiquement frappé juste : il combattait l'inspiration profondément antisocialiste du révisionnisme « modéré ». Sur le plan institutionnel, cependant, il avait caricaturé les intentions de Tardieu.

« Depuis des mois, déclarait celui-ci à la tribune de la Chambre en décembre 1933, je demande que le régime parlementaire soit défendu. Car je ne fais pas de différence entre les dictatures qui le menacent. Que ce soit celle d'une classe, d'un syndicat, d'un homme, je ne veux d'aucune [92]. »

Donner une tête à la France, ce n'était pas livrer la République à un seul homme. L'autorité de Clemenceau et de Poincaré, faisait remarquer Tardieu, n'avait pas survécu à la peur de la défaite militaire et de la faillite financière. À exclure ainsi l'état de siège et les décrets-lois, seule une limitation constitutionnelle des pouvoirs du Parlement pouvait remédier à l' « absence mortelle » d'un exécutif républicain « faible, fragile, paralysé et inopérant [93] ». Rien de « fasciste » dans tout cela ; ou alors c'était abusivement identifier fascisme et révisionnisme, et interdire tout perfectionnement institutionnel d'un régime parlementaire qui pourtant, de l'aveu de tous, fonctionnait mal.

Trop bourgeois et rationaliste pour céder aux mystiques plébéiennes, trop libéral et anti-étatiste pour admettre l'idée d'un État totalitaire ou même se laisser séduire par une quelconque organisation des professions à l'intérieur de l'État, trop « national et imbu de grandeur française pour envisager une imitation des modèles étrangers, trop républicain enfin pour renoncer aux libertés civiles et au patrimoine de 1789, Tardieu ne montrait guère de penchants pour le fascisme. Tout au plus devait-il épouser l'avis d'Henri de Kérillis qui, au terme d'une grande enquête sur le fascisme italien, concluait : « Mussolini? Un géant que j'admire. Le fascisme? Quelque chose qui, à tous égards, ressemble au communisme. Je le déteste [94]. » De retour d'un séjour italien en automne 1932, Tardieu avait d'ailleurs confié à Jacques Debû-Bridel quelques impressions sur l'Italie fasciste : il déplorait la suppression de « libertés essentielles », mais ne cachait pas son étonnement admiratif devant l'œuvre réalisé par le Duce. En fait, Tardieu avait surtout été frappé par la ferveur civique de la population italienne et expliquait ce contraste avec l'atmosphère française en dénonçant l'action dissolvante de « nos instituteurs socialistes [95] ». L'agent corrupteur était une fois de plus désigné.

La solution à l'affaissement de l'esprit public en France ne passait pas, toutefois, par une fascisation de la vie française. La République avait ses propres ressources, et le souvenir des vieux instituteurs de Jules Ferry inculquant aux jeunes générations civisme républicain et sens de la grandeur française autorisait tous les espoirs de régénération nationale. Restait bien sûr à renouer avec cette tradition républicaine, à la restaurer. Car l'ambition rénovatrice de Tardieu ne dépassa guère ce désir de ressourcement à la République bourgeoise de Ferry et de Waldeck-Rousseau. Il resta étranger aux recherches fiévreuses et tâtonnantes qui passionnèrent, au début des années trente, les non-conformistes de tous bords. Chez lui, la réflexion rénovatrice ne débouchait sur aucune « troisième voie » entre l'anarchie libérale et l'étatisme socialiste. Sa thématique du changement n'était pas celle du dépassement, de l' « au-delà » du nationalisme ou du marxisme. Tout au plus avait-il été, dans les années vingt, en pleine euphorie productiviste, un « néocapitaliste » ébloui par le clinquant de la réussite américaine, mais les rigueurs de la crise économique l'avait brusquement ramené aux certitudes prudentes et aux valeurs d'effort de la bourgeoisie française.

Durant ces années trente, Tardieu ne participa donc pas au bouillonnement intellectuel suscité par la remise en cause du cadre de civilisation libérale. Son antiparlementarisme, par exemple, reproduisait les thèmes classiques, synthétisés avant la guerre déjà par Robert de Jouvenel dans son fameux phamphlet *La République des camarades*, mais méconnaissait totalement la critique « technicienne » des institutions parlementaires alors en vogue dans les milieux syndicalistes. Quant à sa dénonciation du matérialisme, elle n'entamait pas les fondements du système capitaliste et ignorait les appels de la jeunesse « non conformiste » en faveur d'une véritable révolution spirituelle. Ni corporatiste, ni planiste, ni technocrate, ni dévaluateur, ni décentralisateur, ni anticapitaliste, ni antirationaliste, encore moins pacifiste, il resta un bourgeois libéral demandant « aux bourgeois, qui n'ont pas de honte à être des bourgeois, de prendre contre le socialisme, sans distinction de nuances, une offensive résolue [96] », un « national » obsédé par la décadence française et la menace allemande et un républicain convaincu de la nécessaire et impérative réhabilitation de l'autorité gouvernementale.

Purifier la République de ses abus et réinscrire la France dans son histoire glorieuse, ou encore « restaurer le sens des destinées permanentes de la nation [97] », tel fut son dessein. Pour le réaliser, Tardieu n'hésita pas à bousculer la tradition républicaine et à attenter à la Constitution. À ceux qui le traitèrent d'« ennemi de la liberté », de « boulangiste », de « condottiere » ou de « fasciste » et qui lui proposait la tradition de 1871 à 1914 comme idéal, il répondait : « Je respecte cette tradition. Mais je préfère n'en pas revoir le terme – qui fut la guerre. Or, continuait-il, « l'Allemagne, en ce début de 1934, est en incubation d'une guerre, qu'elle fera, si la menace et le bluff ne suffisent pas à lui assurer les résultats qu'elle espère. La politique allemande tend à la guerre dans un délai déterminé [98] ». Dans ce contexte international, la faiblesse constituait une prime à l'agression. Seule une République renforcée dans sa capacité d'action et une nation régénérée dans sa volonté de résistance pouvaient opposer une dissuasion suffisante au bluff allemand. La campagne d'opinion et la croisade révisionniste lancées en janvier 1933 devaient ainsi attirer l'attention des Français sur cette double nécessité et les forcer à réagir contre un engourdissement fatal à brève échéance. Une « complète rééducation » de l'esprit public apparaissait en effet comme la condition du redressement national.

En 1933, alors qu'il envisageait les voies de cette rééducation, Tardieu considéra deux scénarios possibles :

> « Cette rééducation pourrait s'opérer rapidement, à chaud, sous la secousse d'une catastrophe. Mais qui donc oserait la souhaiter? À froid, elle prendra du temps. Car c'est à la base qu'il faut redresser, sans les déraciner, les idées sur lesquelles, depuis plus de cent ans, vit le peuple français [99]. »

Les événements du 6 février fournirent l'occasion d'une réforme « à chaud » de la République parlementaire. Toutefois, l' « expérience » démontra que le système, pour intolérable qu'il fût, n'en était pas moins imperfectible, vérité qui allait dès lors commander la carrière politique de Tardieu jusqu'à la fin de sa vie. Restait donc la réforme « à froid », par la rééducation en profondeur de l'esprit public. Dans ce cas, le combat contre la République abusive, loin de cesser, devait changer de terrain.

Ainsi, après avoir tenté d'aménager les institutions par une pratique audacieuse du pouvoir, puis s'être placé sur la frontière du régime pour amender la Constitution, Tardieu décida de persévérer dans son action réformiste en abandonnant cette fois toute charge politique pour mieux se consacrer à sa mission d'éducateur public. Le temps de la dénonciation systématique était alors venu. Pour rééduquer, il fallait d'abord dénoncer.

Troisième partie

DÉNONCER

CHAPITRE XII

Sur son rocher

À scander l'histoire de la législature en cours depuis 1932, Tardieu décrivit une « tragédie en trois actes » : d'abord vingt et un mois d'impuissance cartelliste misérablement achevés dans la boue et le sang; puis « neuf mois de détente et d'espoir », fragile sursis dans la décadence nationale; enfin la « reprise du règne des gauches » et le retour aux errements passés, sous couvert d'une nouvelle trêve politique qui sacrifiait l'espoir d'une République rénovée aux jouissances stériles mais immédiates de la République abusive. « Affligeante monotonie » dans les faillites et trahisons répétées, « déchéance continue », tant matérielle que morale, « disparité entre les nécessités extérieures et les moyens français », tels étaient les traits dominants d'une histoire de trois ans qui, dangereusement, plaçait la France *Sur la pente*[1].

Contre ces mœurs suicidaires, Tardieu tenta de réagir. Battu en mai 1932, il trouva dans le révisionnisme constitutionnel une stratégie de relance politique au succès éphémère. L'inertie parlementaire devait une fois de plus l'emporter, ne laissant plus de l'espérance de février 1934 qu'une « clarté clignotante[2] ». Échec et désenchantement amers qui, cette fois, remettaient en cause vingt années d'action publique au service de la République parlementaire. Car l'« expérience Doumergue » enlevait les derniers espoirs d'une adaptation légale et volontaire du régime politique. Face à l'impasse douloureusement ressentie d'un régime à la fois intolérable et imperfectible, Tardieu ne vit plus alors dans la poursuite de son activité parlementaire qu'une triple perte de temps, de liberté et d'autorité. L'heure de la démission libératrice voire rédemptrice, de la rupture franche et totale, de la retraite fertile et combative était proche.

Marginalisation définitive

« Oui, ils ou elles ont réussi [3]. » Par ces mots, Doumergue avertit Tardieu, absent du Conseil des ministres en raison d'une courte hospitalisation, de la manœuvre des radicaux-socialistes associés aux centristes de l'Alliance démocratique. Le ministère du 6 février avait été forcé à la démission, la réforme de l'État était officieusement enterrée, Doumergue et Tardieu étaient poliment remerciés. Triple débarras donc, sous prétexte de continuité bien sûr. Et les « nationaux » de fulminer devant la trahison des « modérés » :

> « Revanche du 6 février ! Revanche des voleurs sur les honnêtes gens ! Revanche des cliques maçonniques et du Front commun sur les six cents victimes sanglantes de la place de la Concorde. Revanche du drapeau rouge sur le drapeau tricolore ! Revanche de l'Allemagne sur la patrie ! Une sainte et terrible colère nous envahit [4]. »

Dégoûtés par « le mauvais coup » joué contre Doumergue, les « nationaux » n'entendaient pourtant pas capituler sans réagir. À la suite des chaleureuses mais tardives manifestations de soutien exprimées par les Croix-de-Feu, les Jeunesses patriotes et les anciens combattants de l'UNC le 11 novembre sous les fenêtres du « bon président », avenue Foch, Kérillis décida de lancer un référendum de protestation aux allures plébiscitaires. À partir du 13 novembre, les lecteurs de *L'Écho de Paris* purent découper dans leur quotidien un bulletin spécial : « Je, soussigné, déclare protester contre le départ du président Doumergue, victime des politiciens et des francs-maçons. » En outre, le Conseil municipal de la ville de Paris, proposa, à la fin de novembre, l'institution d'une rue Gaston-Doumergue.

Quelques mois plus tard, Kérillis, chargé des cartons du référendum, faisait le voyage de Tournefeuille et annonçait à Doumergue le triomphe du plébiscite sur sa personne : à tout compter, quelque 4 millions de Français auraient ainsi témoigné leur confiance au « sage de Tournefeuille [5] ». L'événement, pourtant habilement préparé, n'en fut pas un. Au printemps de 1935, Doumergue ne représentait plus que le souvenir d'une occasion manquée, comme le démontrait cette proposition de rue Gaston-Doumergue rapidement passée aux oubliettes administratives.

Si l'homme était oublié, ses idées réformistes avaient elles aussi subi une éclipse qui s'annonçait durable. Ce n'était pas faute, pourtant, de propagande autour du thème révisionniste. Doumergue avait lui-même averti ses successeurs : « Vous ne pourrez pas échapper à la réforme de l'État »; une mystique irrésistible s'était, selon lui, formée autour de cette idée [6]. Michel Missoffe proposa d'ailleurs d'en faire la plate-forme électorale des législatives de 1936 pour tous les partis qui refusaient d'abdiquer leur identité « nationale [7] ». De son côté, Tardieu relança l'intérêt pour son programme de révision en publiant le 20 novembre, chez Flammarion, une nouvelle édition de *L'Heure de la décision*, fortement amaigrie et beaucoup plus accessible, intitulée simplement *La Réforme de l'État*. Ces initiatives, cependant, ne ressuscitèrent pas un thème sacrifié à la nouvelle coalition gouvernementale.

Car si Pierre-Étienne Flandin avait bien écrit, le matin même de la démission du cabinet Doumergue : « Il ne suffit pas d'affirmer le principe de la réforme de l'État, il faut l'appliquer », sa déclaration ministérielle du 14 novembre ne laissa aucun doute sur ses intentions réelles : la réforme de l'État y était présentée comme une « œuvre immense et nécessaire », mais son contenu politique était vidé pour ne plus laisser subsister qu'une maigrichonne réforme administrative. Surtout, rassurant ses amis radicaux, le nouveau président du Conseil affirma qu' « il restait assez à entreprendre pour écarter tout ce qui divisait [8] ». Quelques jours plus tard, deux nominations devaient confirmer l'enterrement officieux des réformes politiques. Léon Baréty, partisan têtu du scrutin à deux tours, obtenait la présidence de la commission du suffrage universel, et Georges Bonnet, adversaire résolu des projets de Doumergue, allait dorénavant diriger les travaux de la commission de la réforme de l'État. Enfin, le prochain plébiscite de la Sarre et les difficultés économiques persistantes ravirent à la réforme constitutionnelle le peu d'actualité qui lui restait.

Doumergue, accueilli comme un sauveur puis renvoyé comme un factieux, la réforme de l'État tombée dans l'ornière administrative, tels étaient donc les résultats de « neuf mois de détente et d'espoir ». Qu'allait donc faire André Tardieu? Et quelle place pouvait-il encore occuper sur l'échiquier politique? À gauche, il symbolisait la pire « réaction », cynique et méprisante. Léon Blum le présentait comme « le chef civil des ligues factieuses » préparant le prochain complot fasciste [9]. À droite, sa solidarité avec Doumergue l'isolait du reste des « modérés » qui, pour la plupart, évitaient de trop se compromettre avec une personnalité aussi marquée. À la Chambre, la trentaine de députés du Centre républicain, présidé par Paul Reynaud, constituait une escouade dérisoire et fragile, d'autant qu'un bon tiers de ses membres s'affichait ostensiblement avec la majorité gouvernementale. Tardieu, d'ailleurs, ne se faisait plus d'illusions sur sa représentativité parlementaire. À Jacques Bardoux qui l'exhortait à sortir de son silence, il répondit que sa parole rallierait à peine vingt voix [10]. Cet isolement partisan confinait à la marginalisation définitive tant la condamnation politique qu'il avait lancée à l'endroit du gouvernement Flandin semblait irrémédiable.

En déclinant l'offre ministérielle de celui-ci, Tardieu refusa de tremper dans la « conjuration » qui traîtreusement poignarda le « bon président ». À son ami député Raymond Lachal, il décrivit comme « crapuleuses » les conditions qui présidèrent à la naissance du cabinet Flandin [11]. Le coup monté contre Doumergue ne traduisait en fait qu'un lâche soulagement corporatif qui expliquait par lui-même la désertion générale des « modérés » : les députés menacés de dissolution préférèrent la trahison à la remise en jeu de leur siège. Ce vil réflexe professionnel jeta en fait la majorité « nationale » du 6 février dans les griffes du Cartel. Car Flandin n'était que « l'homme de paille » dont les politesses et ménagements à l'endroit d'Herriot et de Blum désignaient trop bien les vrais maîtres de l'heure [12]. Otages du Cartel, les « modérés » devaient ainsi tout encaisser, jusqu'aux reniements les plus pénibles : désarmement des ligues, interdiction de commémorer dignement les morts du 6 février, ajournement de la loi sur les deux ans de service militaire, impunité accordée aux instituteurs révolutionnaires. C'était cher payer la survie parlementaire. Quant à la fameuse « trêve » politique, elle n'était qu'un piège tendu par les radicaux au bénéfice du Front commun. Les « modérés » allaient en effet endosser seuls, aux prochaines élections, la responsabilité d'une politique désastreuse qu'ils ne maîtrisaient même pas. Plus grave encore, en « se livrant poings et pieds liés aux ennemis de tout changement [13] », le centre et la droite disparaissaient comme force politique cohérente proposant une réelle alternative réformiste à la démagogie ruineuse des gauches.

L'homme qui couvrait de son nom cette abdication d'identité bénéficia pourtant longtemps de l'appui amical de Tardieu. En 1929, celui-ci avait été le premier, en effet, à hisser Flandin au rang ministériel; en 1933, renonçant à son droit de préséance, il lui avait assuré la présidence de l'Alliance démocratique. S'il confia à Gabriel Cognacq que « nul conflit personnel [14] » ne le séparait de Flandin, leur différend politique, évident depuis juin 1932, profond en novembre 1934, souffrait des relents d'amertume laissés par une amitié blessée. Particulièrement impardonnable était l'impression donnée par Flandin d'avoir renié sa classe : « On éprouve une impression de malaise, notait Tardieu, à retrouver dans une bouche de bourgeois le vocabulaire du Front commun [15] ». La capitulation devant le Cartel, de politique, s'achevait ainsi en reniement social. Et le fait que cette abdication fût générale marquait le drame français d'une gravité fatale. Car Flandin n'était pas l'unique « pupille des gauches [16] ». Louis Marin, en acceptant un rôle de figuration aux côtés d'Herriot, ministre d'État comme lui, engageait toute la Fédération républicaine dans cette triste aventure gouvernementale. Ainsi, les « modérés », qui n'avaient pas eu aux côtés de Doumergue le courage de leur victoire sur la République radicale, retombaient pitoyablement avec Flandin sous l'emprise des « comitards ». Tardieu n'avait décidément plus sa place parmi eux.

Dans l'immédiat, cependant, son état de santé lui laissait un temps de réflexion. Opéré à la jambe le 4 novembre, il passa un mois à l'hôpital avant de partir, au début de décembre, pour Menton, bien décidé à prendre trois bons mois de convalescence. En fait, il devait s'astreindre au silence jusqu'à la fin mai 1935, ce qui, bien sûr, alimenta toutes sortes de rumeurs sur ses intentions futures. Ses adversaires trouvèrent dans cette abstention silencieuse un terrain propice à l'offensive sournoise et des campagnes de dénigrement se développèrent. À les écouter, Tardieu était, au choix, mourant, mort, gâteux, « fou, découragé, neurasthénique [ou] enfoncé dans le dilettantisme [17] ».

Mais différer un choix ne dispense pas d'une décision, et Tardieu n'était pas homme à rester dans l'équivoque. Ce lutteur infatigable devait fatalement choisir son terrain de bataille. Lucien Romier, dans un article de novembre 1934, posait avec intelligence les termes de l'alternative enserrant l'avenir politique de Tardieu :

> « La vraie question est de choisir entre une réforme avec l'appui des " cadres " actuels ou contre eux. Si l'on choisit la réforme avec l'appui des " cadres " actuels, il faut évidemment associer à l'entreprise les forces de renouvellement qui se manifestent à l'intérieur des " cadres " mêmes. Il y a toute une école de renouvellement par les " cadres ", celle dont un haut fonctionnaire, M. Georges Mer, vient justement de préciser la doctrine. Si l'on choisit la réforme contre les " cadres ", il faut mettre en cause le régime tout entier. Mais c'est assurément un paradoxe de mettre le régime en cause sur son propre terrain, le terrain électoral et parlementaire [18]. »

Tardieu, qui remercia l'éditorialiste du *Figaro* pour son article, n'allait pas émousser l'alternative. Avec ou contre les « cadres », de l'intérieur du système ou de l'extérieur, la poursuite du combat réformiste se posait pour lui en termes radicaux.

Ruptures

En une quinzaine de mois, Tardieu allait rompre progressivement avec la République parlementaire, se détachant, par une série de ruptures plus ou moins brutales, de tous les centres officiels du pouvoir et de tous les lieux de l'intégration politique. Gouvernement, Parlement, solidarités partisanes, implantation d'arrondissement et amitiés politiques furent ainsi tour à tour sacrifiés à sa nouvelle conception de l'action publique.

Les désillusions et amertumes laissées par l' « expérience » Doumergue mirent un terme définitif à la riche carrière ministérielle de Tardieu. Trop d'espoirs avaient été déçus, depuis trop longtemps. En fait, le doute sur l'efficacité de l'exercice gouvernemental remontait à ses propres années de présidence du Conseil, années d'impuissance à l'entendre. En janvier 1934, un mois à peine avant son entrée dans le gouvernement du 6 février, il affichait à nouveau son scepticisme désabusé sur les possibilités d'action d'un ministère : « Après d'abondantes expériences gouvernementales, on n'a pas le désir de les recommencer, si ce devait être dans les conditions qu'on a précédemment connues [19]. » L'expérience avortée de Doumergue acheva de le convaincre. Grippé par la sclérose parlementaire, le régime ne laissait aux ministres que la gestion de l'immobilisme. Restait donc à tirer les conséquences de cette constatation tant de fois vérifiée. « Le pouvoir? Est-il seulement possible de l'exercer? » s'interrogeait Tardieu en avril 1935. Et de répondre lui-même : « Si demain les hasards de la politique portaient à la tête du gouvernement l'un de mes amis, fût-ce le plus cher, et si cet ami m'offrait de collaborer dans les conditions actuelles, JE REFUSERAIS, parce que j'ai conscience que ce concours serait vain [20]. »

Dans son refus, il incluait toutes les formules gouvernementales, de la concentration des centres, qui plaçait les « modérés » sous le joug radical-socialiste, à l'union nationale, formule de l'équivoque par excellence. Dans la République abusive, quelle que fût la subtilité de la combinaison ministérielle, l'effort au sommet de l'État relevait de la vaine agitation. À soixante ans, Tardieu aspirait à l'action utile et efficace et n'acceptait plus de perdre son temps dans des « ministères de mystification ». Ces paroles trouvèrent rapidement confirmation dans des actes. En juin 1935, il écarta coup sur coup deux propositions de collaboration ministérielle avancées pourtant par deux amis fidèles : Fernand Bouisson, président de la Chambre des députés; et Pierre Laval, proche du député de Belfort, nonobstant des différences de personnalité et d'origine sociale, complice des années de pouvoir à l'époque du fameux « tandem Tardieu-Laval ». Cet état de rupture avec toutes responsabilités ministérielles fut confirmé en janvier 1936 dans un petit mot de bonne année parlementaire que le retraité de Menton envoya à Laval, alors président du Conseil : « Je te souhaite bonne chance. Mais je demeure convaincu que ce n'est pas un régime normal de gouvernement et que, au lieu de te fatiguer le foie à le pratiquer, tu ferais mieux de m'aider à le changer [21]. »

Indifférent, à court terme du moins, à toute ambition gouvernementale, Tardieu allait rapidement se détacher des joutes politiques quotidiennes et de leurs lieux d'expression privilégiés, les groupes parlementaires et les formations partisanes. Notable républicain d'esprit profondément indépendant, il assimilait les structures et la discipline des partis modernes à de l'embrigadement bêtifiant et refusait de soumettre ses idées au laminoir transactionnel des congrès politiques. Couper définitivement les liens avec un type d'action politique qu'il avait si peu pratiqué ne lui coûta donc guère. En décembre 1935, il donna sa démission de l'Alliance démocratique, formation conduite depuis juin 1932 sur une voie « injustifiable » et « périlleuse » par son président, Pierre-Étienne Flandin [22].

Le 31 du même mois, il lut à la TSF sa lettre de démission du Centre républicain, groupe parlementaire qu'il avait lui-même fondé au début de la législature. Il y exprimait sur la question des sanctions contre l'Italie son désaccord total avec Paul Reynaud, président depuis février 1934 du groupe Tardieu à la Chambre. Si les députés Lyrot et Laniel plaidèrent en faveur des conceptions de Reynaud, l'ensemble du groupe se solidarisa totalement avec Tardieu et, par une démarche pressante auprès de lui, espéra ébranler sa résolution de demeurer à l'écart du Palais-Bourbon. Il est vrai que, Tardieu disparu, le Centre républicain perdait sa signification et sa raison d'être. Parlant au nom de la majorité du groupe, Achille-Fould cherchait ainsi à minimiser la portée du différend entre Tardieu et Reynaud, étant entendu que ce dernier était démissionnaire, et insista auprès de Tardieu pour qu'il reprît son rôle de « chef » et de « patron ». La réponse du retraité de Menton fut aussi claire que possible : « Ne comptez pas sur mon retour prochain. Je suis très bien où je suis. » En fait, il avait laissé entendre à son ami Ivan Martin qu'il ne reprendrait la présidence du Centre républicain qu'à la condition expresse et irréalisable dans l'immédiat d'une notable augmentation de ses membres [23].

La rupture avec les groupes et partis politiques se fit donc aussi sur fond d'amitiés déçues. Tardieu rompit ainsi publiquement avec Reynaud, ami loyal qui mit longtemps son tempérament combatif au service de la politique du député de Belfort et qui se présentait, en 1932 encore, comme un fidèle « second [24] ». Le divorce, longtemps différé en raison de l'amitié et de la collaboration passée, ne tenait pas de la querelle passagère et superficielle mais d'un désaccord profond sur toutes les questions importantes de l'heure. Ainsi, à la divergence d'opinion sur la dévaluation monétaire, s'ajoutait, depuis mars 1935, le soutien public apporté par Reynaud aux idées du commandant Charles de Gaulle sur la défense nationale. Tardieu, qui avait partagé l'amitié d'André Maginot et se vantait d'avoir réussi à débloquer les crédits nécessaires à la construction de la fameuse ligne fortifiée, ne pouvait guère comprendre l'urgente nécessité d'allier dans le domaine militaire la qualité à la quantité, la mobilité et la vitesse au barrage statique. L'idée de créer un corps de divisions blindées assisté d'une véritable armée de métier resta ainsi sans prise sur lui qui recevait pourtant de première main les ouvrages du commandant de Gaulle. À la fin de décembre 1935, le différend avec Reynaud en matières financière et militaire s'aggrava de l'hostilité ouverte du député de Paris à l'endroit de la politique pro-mussolinienne de Laval dans l'affaire d'Éthiopie. Cette fois, la coupe était pleine, et les deux amis étalèrent leur désaccord dans la presse, à coups de lettres ouvertes [25]. Le Centre républicain ne survécut pas à cette dissension.

La campagne électorale du printemps de 1936 ne rapprocha pas les deux hommes. En remerciant Reynaud pour l'envoi de son petit livre-programme, *Jeunesse, quelle France veux-tu?*, Tardieu constata plaisamment que le désaccord devenait « amusant à force d'être total ». En fait, le retraité de Menton trouva les idées de son ancien compagnon tout à fait « insupportables » et n'empêcha pas, comme le lui demandait pourtant Henri de Kérillis, que son nom fût utilisé contre Reynaud dans la campagne électorale [26]. La dissension entre les deux hommes devait encore s'aigrir après la victoire du Front populaire. En effet, Tardieu ne pardonna pas à Paul Reynaud sa « dernière manifestation d'euphorie sur " l'opposition-service public " ». Il le fit savoir dans un article de *Gringoire* qui stigmatisa l'attitude conciliante de la nouvelle minorité de droite : sous prétexte d'opposition constructive, les « modérés » se confondaient piteusement devant Blum en « silences », « politesses » ou « bassesses [27] ». Dans sa réplique, Reynaud regretta que Tardieu ignorât la gravité de la situation politique et internationale et qu'il acceptât le risque d'une révolution dommageable pour tous, voir pour la survie de la France. La modération qu'il affichait visait à

« maintenir ce mouvement populaire [le Front populaire] dans le cadre de la légalité [28] ». Il n'était dès lors pas question de jeter de l'huile sur le feu, n'en déplaise aux extrémistes.

L'attitude de Tardieu froissa d'ailleurs une grande partie des « nationaux », parmi lesquels il fallut compter Henri de Kérillis. Ce dernier, pourtant, avait été de toutes les campagnes de Tardieu, que celui-ci fût au pouvoir ou qu'il combattît seul, comme en 1933, pour la révision de la Constitution. L'importante logistique du Centre de propagande des républicains nationaux avait souvent été mobilisée pour servir la politique et les idées du député de Belfort. En mars 1935, l'amitié et la confiance partagées dominaient encore les relations des deux hommes. À cette date, en effet, Tardieu mit Kérillis dans la confidence de son retrait politique et lui témoigna sa confiance en écrivant : « Vous êtes bien le seul à qui j'aie écrit si librement [29]. » Par ailleurs, ni la dévaluation monétaire ni la politique italienne de Laval ne portaient ombrage à leur accord politique. Kérillis, toutefois, désapprouva la démission politique de Tardieu. Surtout, cet homme, qui sa vie durant œuvra en faveur du rassemblement et de l'organisation des partis conservateurs, n'accepta pas les critiques amères du retraité de Menton contre « les chefs défaillants des modérés [30] » et s'opposa à ce travail de division dans les rangs « nationaux ». En avril 1936, Tardieu informait le sénateur belfortain, Louis Veillard, de « l'attitude assez peu plaisante » adoptée par Kérillis à son égard [31]. Rupture avec Reynaud, froid avec Kérillis, Tardieu sacrifiait donc à son intransigeant soliloque avec le pays des amitiés politiques chères et influentes.

Un autre ami, et des plus fidèles, allait vainement user sa bienveillante patience à le convaincre de la stérilité de sa retraite sur l'Aventin. Jacques Bardoux, en effet, continuait à croire en l'avenir politique de Tardieu et entendait précipiter la rentrée parlementaire du convalescent de Menton. À écouter Bardoux, d'ailleurs, Flandin « manquait d'antennes, n'avait que mépris pour les forces morales et se méprenait sur le courant d'opinion », si bien que les semaines de son gouvernement étaient comptées. D'autre part, les troupes « nationales », « mal encadrées, mal outillées et encore plus mal commandées », réclamaient impérativement un chef capable de répondre aux frustrations et de canaliser les énergies. Sur le choix de cette personnalité, l'avis de Bardoux était catégorique : « Tu es le seul survivant de notre génération, écrivait-il à Tardieu, qui soit capable d'être un chef et qui ait, en province, une autorité incontestée. Tous les autres n'existent pas [32]. » Enfin, Bardoux refusait d'admettre que Menton représentât « un observatoire parfaitement exact de la météorologie électorale » et pressait instamment son ami de ne pas rester en ce lieu de villégiature au risque de « ternir le prestige de son talent, l'autorité de son caractère et l'éclat de sa carrière [33] ». Bardoux nourrissait, d'ailleurs, de grands projets pour son ami.

Bardoux partageait en effet l'analyse générale faite par Tardieu sur l'impasse politique de l'heure et l'ampleur de la rénovation nécessaire pour redresser le destin français : « Il n'y a rien à faire avec la Chambre et avec la majorité dont nous sommes gratifiés. [...] Je pense comme toi qu'il s'agit d'une reconstruction presque révolutionnaire, et je m'efforce d'en préparer les éléments [34]. » Toutefois, cette préparation de l'avenir exigeait le « concours prochain et direct » de Tardieu, soutenu cette fois par de nouvelles équipes, jeunes et extra-parlementaires pour la plupart, mais qui avaient prouvé depuis 1934 leur dynamisme et crédibilité politiques. Bardoux désignait ainsi les Croix-de-Feu du colonel de La Rocque et la Fédération des contribuables présidée par Lemaigre-Dubreuil. Il assignait ainsi au député de Belfort un rôle de coordination des forces de renouvellement national et avançait la formule d'un « comité de salut public ayant pour secrétariat général l'organisation de Kérillis » et pour programme les articles suivants : « Faire justice, sauver le franc, restaurer l'exécutif, réviser la Constitution et redresser l'État [35]. » Pour initier le mouvement et assurer une audience à la rentrée politique de Tardieu, Bardoux offrait le cadre de sa section du Puy-de-Dôme de la Fédération républicaine et mettait à la disposition du député de Belfort les travaux du Comité technique pour la réforme de l'État. Enfin, en cas d'échec devant les instances officielles de la République, il suggérait à son ami de prendre alors la tête de l'activisme extra-parlementaire et de partir une nouvelle fois, comme en 1933, en croisade dans le pays.

La réponse de Tardieu à ces pressants conseils brisa net les espoirs d'un retour prochain du député de Belfort sur le terrain parlementaire. La décision de tirer définitivement un trait sur les expériences politiques passées paraissait irrévocable. Au nom d'une vieille affection pour Bardoux, Tardieu s'appliqua donc à mettre « les points sur les *i* » :

> « Tu parais admettre qu'on puisse se contenter d'une reconstruction dans le cadre parlementaire classique. J'ai cessé de le croire. Tu me donnes l'impression de te contenter en gros du plan de réforme, sur lequel nous étions d'accord ces trois dernières années. Je le juge désormais insuffisant. [...] Quant à continuer le métier que je fais depuis vingt ans, non, non et non ! Cela seul est fixé dans mon esprit. Mais je te prie de croire que c'est solide [36]. »

Le rejet de la politique était donc sans appel. Même l'amitié entreprenante d'un Jacques Bardoux ne put ébranler cette résolution de retraite anticipée.

Ce ne furent pourtant pas les invitations à l'action qui manquèrent, telle cette lettre chaleureuse de Jean Chiappe qui commençait par : « Vous êtes le grand ami *incomparable* » pour finir par : « Je ne vois pas la politique sans vous [37]. » Nombre de ces énergiques exhortations constituaient de véritables appels au chef n'hésitant guère devant l'évocation d'un coup d'État. Ainsi, plus encore qu'en 1933, se posait pour Tardieu la question de la tentation ligueuse et de l'activisme extra-parlementaire. De fait, la solidarité avec Doumergue et la dénonciation du « centrisme » à la Flandin le rejetait inévitablement du côté des ligues. De manière révélatrice, les hommes qui, le 11 novembre 1934, témoignèrent, leur soutien à Doumergue appartenaient aux Croix-de-Feu, aux Jeunesses patriotes, à Solidarité française, à la section parisienne de l'UNC, à l'Action française et au Conseil municipal de la ville de Paris, c'est-à-dire à tous les organismes et associations qui avaient fourni les troupes combattantes du 6 février et qui, depuis, rêvaient d'une répétition, plus achevée cette fois, de l'émeute populaire contre la République parlementaire. Pierre Taittinger, président des Jeunesses patriotes, chercha ainsi à embrigader Tardieu dans son dessein de revanche nationale : « Au milieu de l'aveulissement général, lança-t-il au député de Belfort, vous parlez haut et clair. Votre voix sera entendue. Votre exemple sera suivi. L'heure des grandes revanches a sonné [38]. » François Le Grix, le directeur « réactionnaire » de *La Revue hebdomadaire*, s'efforça lui aussi de convaincre Tardieu de céder à la logique de son destin politique : « Pour une partie de l'opinion chaque jour plus nombreuse [...], vous êtes l'homme qui, à brève échéance, devez continuer Doumergue [39]. »

En fait, depuis la démission du « bon président », la droite « nationale » et l'extrême droite ligueuse cherchait fébrilement un nom à coller sur son aspiration récurrente à l'homme providentiel, seule issue entre la révolution et la décadence. Gustave Hervé avança avec insistance le nom du maréchal Pétain qui, « à défaut d'un Bonaparte jeune et audacieux », saurait par « un brin de dictature » remettre à l'endroit une maison française totalement chamboulée par les mortels excès de la « pétaudière parlementaire ». Le nom seul de Pétain suffisait comme programme : il évoquait immanquablement chez tous les Français « honneur et patrie, autorité et discipline, bon sens et mesure ». Nul besoin de coup d'État militaire, précisait enfin Hervé, puisqu'il s'agissait « tout bonnement, tout bêtement » de porter le maréchal aux pleins pouvoirs par la voie légale d'un plébiscite sur son nom lors des prochaines législatives [40]. Victor Giraud, secrétaire général de *La Revue des Deux Mondes*, espérait lui aussi « l'avènement d'un Mussolini français », mais il doutait de la volonté de pouvoir du vieux maréchal. Après une courte analyse des hommes disponibles, il fit part à Tardieu de ses impressions sur le profil du « chef » souhaitable : « Tout au plus Pétain pourrait entrer dans un duumvirat ou un triumvirat. Reste... vous-même! Oh! je sais les difficultés... Mais lequel d'entre nous peut bien dire ce que les circonstances feront de lui demain [41] ? »

Dans l'hiver de 1934-1935, Pétain et Tardieu, tous deux solidaires de Doumergue dans la démission, apparurent clairement pour l'opinion « nationale » et d'extrême droite comme deux recours possibles contre l'« avachissement » et l'« angoisse », la « neurasthénie » et le « pessimisme [42] ». Tardieu dut répondre aux attentes diverses qui le désignaient comme le « chef » de demain. La tentation de l'activisme ligueur fut donc très concrète, mais il n'y céda pas. Tout au plus avait-il accepté, dans certaines circonstances comme celles de février 1934, d'utiliser l'agitation ligueuse, mais il refusa toujours de s'engager lui-même dans une voie qu'il jugeait stérile. Dans une interview de novembre 1934, consécutive à la sortie de son ouvrage *La Réforme de l'État*, il fit preuve dans la définition de ses projets d'avenir d'un attentisme réservé et prudent et se montra, à mots couverts, réfractaire au tapage des ligues revanchardes : « Il faut attendre les réactions du pays et éviter une agitation vaine qui, vous le savez, n'est pas de mon goût [43]. »

Refus répétés des responsabilités gouvernementales, absence prolongée des travées parlementaires, rupture consommée avec les groupes et formations partisanes, dissension radicale et obstinée avec ses principaux amis politiques, rejet résolu de l'activisme extra-parlementaire, ces multiples lignes de fracture avec le milieu politique ne laissaient aucun doute sur la volonté de retraite du député de Belfort. Une dernière amarre, toutefois, attachait encore Tardieu à la République parlementaire : son siège de député. La décision d'abandonner le « métier » mûrit dans l'hiver 1934-1935. Conspué ou inassimilable, désenchanté et isolé, quel rôle pouvait-il encore jouer au Parlement ? Il n'avait plus, enfin, le goût des servitudes parlementaires. Sa démission n'eût-elle concerné que sa personne, il eût fait ses adieux à ses électeurs dès mars 1935. Cependant, comme il le confia à Henri de Kérillis, il ne voulait pas « infliger inhumainement une élection partielle à son département [44] » et attendit le début de la campagne législative de 1936 pour prendre définitivement congé de son arrondissement. Entre-temps, ses liens avec le Territoire de Belfort n'étaient plus entretenus que par une volumineuse correspondance échangée avec le préfet Robert Tabart et le sénateur Viellard, informateurs minutieux et principaux relais d'influence de Tardieu dans la région, et avec le maire de Giromagny, Émile Lardier, successeur du retraité de Menton à la députation [45]. L'élection de son protégé assurée, Tardieu se désintéressa alors des affaires du Territoire, coupant ainsi les bases de son assise politique locale. Ce détachement de l'implantation arrondissementière marqua la dernière étape d'un processus de rupture qui épuisait là sa logique du rejet de la politique.

Quitter la politique, sortir de la République, la mise à distance des expériences passées se concrétisa enfin en éloignement géographique. Pour un regard neuf et une réflexion renouvelée sur la France, Tardieu chercha un nouveau point d'observation, éloigné de la trépidation inutile de la vie parisienne. Les mois de convalescence à Menton s'étirèrent ainsi jusqu'à faire des années. Logé d'abord à l'hôtel Annonciata, il transforma ce cadre de vie provisoire en lieu de résidence, puis décida de faire construire au-dessus de Menton, sur un rocher surplombant la mer, sa nouvelle demeure. En juin 1937, récemment marié, il emménageait avec sa femme, Mme Blanchard, dans sa nouvelle maison. Les 40 000 livres ramenés de Paris témoignaient de la valeur définitive de ce choix. Pour cet homme du VIIIe arrondissement, fier de sa très longue généalogie parisienne, il y avait dans cette séparation physique avec la capitale le signe volontaire d'un véritable arrachement au passé.

Au nom de la moralité publique

Après trente ans de carrière parlementaire et quelque dix années de fonctions gouvernementales, ce rejet de la politique pouvait surprendre bien des observateurs. Le sentiment d'un simple repli tactique fut d'ailleurs tenace au sein de la classe politique, malgré les évidences de rupture données tout au long de l'année 1935. Cette retraite anticipée impliquait une profonde remise en cause des valeurs qui avaient guidé quarante années d'activités publiques. Sortir ainsi de la République pour mieux en dénoncer les tares, c'était assurément faire violence à « un passé qui faisait du bruit derrière lui [46] » et contredire une éducation et un milieu. « Libéral de parfaite bonne foi » depuis toujours, Tardieu commença en effet à douter de ce qu'il prit longtemps pour une évidence péremptoire et indépassable : le régime parlementaire. « Je pensais, à tort ou à raison, que ce système [politique] allait de soi », nota-t-il en mars 1936 [47].

L'interrogation sur le cadre de ses activités passées déboucha ainsi sur une véritable crise personnelle fondée sur un sentiment aigu d'aliénation. Tardieu cessait de se reconnaître dans le régime parlementaire avec lequel il s'était pourtant jusqu'alors tacitement identifié. Les principes que ce régime énonçait, les rites et pratiques qu'il mettait en œuvre, les mœurs qui l'animaient, les hommes qui l'incarnaient, tout cela lui apparut comme étranger à sa propre idée de la République et de son rôle en politique. À Kérillis qui l'invitait à présider la réunion annuelle du Centre de propagande des républicains nationaux, il rétorqua qu'il se trompait d'orateur, car lui-même avait perdu le goût du jeu politique au point où il en avait oublié le langage : « Il vous faut un orateur qui parle la même langue qu'eux [les hommes publics]. Je ne la parle plus et, qu'ils soient de droite ou de gauche, mes collègues ne me comprendraient pas [48]. » Les doutes étaient donc profonds, et Tardieu n'avait pas l'intention de se les dissimuler ou de faire semblant de croire encore à des règles de jeu auxquelles il n'adhérait plus. Cet état d'aliénation le forçait à l'exil volontaire.

Les premiers doutes sérieux sur le régime étaient toutefois anciens. Il reconnut en effet avoir traversé « une première crise d'antiparlementarisme » pendant la guerre, quand il sonda « l'abîme infranchissable » qui séparait, au Parlement, la pensée de l'action [49]. Mais la victoire de la République sur l'Empire allemand balaya ces hésitations passagères et liées, somme toute, à des circonstances exceptionnelles. L'ingratitude de la classe politique envers Clemenceau, cependant, fut beaucoup plus grave. Le régime qui avait applaudi à Versailles, en janvier 1920, cette « honteuse immolation du vieux chef [50] », ne recelait-il pas quelque chose de profondément vicié ? Tardieu, dégoûté, le pensa un instant, mais les batailles alors engagées accaparèrent rapidement son esprit et ses ardeurs. Cet épisode figurait néanmoins dans la liste des « souvenirs répugnants » accumulés durant sa longue fréquentation de la République parlementaire et recensés, en mars 1936, dans un bilan des trahisons vécues. Tardieu y ajouta l' « assassinat politique » de Poincaré en 1928 par les radicaux, sa propre « asphyxie » par les mains du Sénat en décembre 1930, le sabotage, au printemps de 1932, de son plan de désarmement par les gauches et enfin le récent « étranglement » de Doumergue [51]. Longtemps, cependant, l'espérance du mieux l'empêcha de désespérer d'un régime qui autorisait de telles perfidies. Lorsque, à la fin de 1934, les illusions du changement se dissipèrent, l'espoir d'une amélioration s'éteignit laissant un fort relent d'amertume. De cet écœurement peu « politique », Tardieu ne s'excusa point : « Je n'ai jamais prétendu n'avoir éprouvé que des impressions politiques. Et je m'honore d'en avoir ressenti, qui étaient simplement humaines [52]. »

Ces occasions de dégoût s'accompagnèrent tout au long de sa carrière publique d'un certain mépris non pour l'homme politique mais pour le « politicien ». Or ce régime de clientèles entretenait une large classe de professionnels de la politique qui, au lieu de penser leur charge publique comme un service d'intérêt général, concevaient la politique comme un « métier » donnant accès à tous les profits de « l'assiette au beurre ». Par ses origines sociales, du fait des opportunités ouvertes par ses très brillantes études et en raison de la notoriété publique acquise bien avant la députation, Tardieu ne pouvait guère s'identifier aux arrivistes ambitieux qui trouvaient dans le mandat parlementaire le moyen de compenser une vie professionnelle sans envergure. Par ailleurs, l'aveuglement du suffrage universel produisait une sorte de sélection à rebours qui expliquait cette confidence à Pierre Lafue : « Le milieu parlementaire est bas, intellectuellement et moralement [53]. »

Tardieu souffrit ainsi du discrédit qui, dans le pays, s'attachait à la fonction de député. Dès 1926, fraîchement réélu, il avait fait part du sentiment pénible que lui laissaient l'estime et le crédit limités accordés généralement à la personne du député : « Si vous voulez, sur ce point, toute ma pensée, je dirai que, lorsqu'un député s'adresse au public, il a l'impression douloureuse de moins inspirer confiance à ce public que s'il n'était revêtu d'aucun mandat [54]. » Cette désagréable « impression » d'un régime parlementaire discrédité et, par là, discréditant ses serviteurs ne quitta jamais tout à fait Tardieu qui réaffirma en janvier 1934 : « L'homme public est devenu suspect. [...] Pour être entendu par la masse, mieux vaut ne pas être investi d'un mandat parlementaire [55]. » Ce fut cette même conviction, assumée jusqu'au bout cette fois, qui, entre autres raisons, dicta l'adieu aux électeurs de mars 1936 [56].

L'abandon du mandat parlementaire parut d'ailleurs d'autant plus facile que Tardieu avait été fort peu parlementaire durant sa carrière politique. De fait, sur les trente années de députation, il ne fréquenta guère le Parlement, en tant que député, que durant la période clemenciste de 1920 à 1924. La guerre, les fonctions gouvernementales et les absences volontaires le tinrent la plupart du temps éloigné des travées du Palais-Bourbon. Quant à l'expérience des années d'immédiat après-guerre, elle ne prêchait pas en faveur de l'institution. En effet, au bout d'un effort assidu et d'un combat de chaque instant pour la défense des acquis de la victoire, il n'avait réussi qu'à se faire battre aux législatives de 1924. L'institution parlementaire s'était révélée un instrument peu efficace, absorbant les meilleures idées dans le verbalisme et les procédures.

Loin donc de compromettre l'action, sa démission était vécue comme un acte de libération. Il s'émancipait de « la plus absorbante et de la plus humiliante des professions [57] », faite de transactions mutilantes sur le plan des idées, de besognes fastidieuses et de commissions dégradantes auprès des ministères pour le quotidien et de préoccupations étroitement électoralistes ou ministérielles pour toute finalité. Par toutes ses corvées et servitudes, le mandat parlementaire « avait cessé d'être une force pour devenir une faiblesse [58] ». En l'abandonnant, il eut le sentiment de reconquérir son temps et sa liberté, de reprendre possession de son destin et de briser cet insupportable état d'aliénation en accordant intimement, dorénavant, sa pensée et ses actes.

Cette retraite volontaire, par ailleurs, tenait de l'acte de moralité et du calcul d'efficacité. Elle découlait tout naturellement d'un constat établi par l'histoire de la République de l'après-guerre et confirmé récemment :

> « Je ne veux plus êtes député, écrivait Tardieu à ses électeurs le 10 mars 1936, parce que je pense depuis longtemps, et chaque jour plus fortement, que le système politique n'est ni tolérable pour la nation ni perfectible par les moyens parlementaires et parce que, ayant essayé depuis quatre ans de corriger ce régime par ces moyens, j'ai constaté que c'était impossible [59]. »

« Ni tolérable pour la nation », l'impuissance face aux problèmes de l'heure ne le démontrait que trop, et la toute récente humiliation diplomatique – la dénonciation par Hitler du traité de Locarno et l'occupation militaire de la Rhénanie – ajoutait foi au constat de Tardieu; non « perfectible », l'expérience avortée de Doumergue et « le marché sans éclat » passé entre Flandin et les radicaux-socialistes avaient en effet scellé sur les projets officiels de réforme de l'État « la pierre du tombeau [60] ».

Dès lors, si le souci du bien commun commandait encore l'engagement politique, pour quels profits personnels et inavouables Tardieu conserverait-il sa place dans le système? Assurément, la remise en cause radicale du régime ne pouvait s'accommoder de la jouissance de ses privilèges. Une telle situation eût été ressentie par lui comme contradictoire et surtout immorale. À son ami le sénateur Henry Lémery, qui partageait nombre de ses analyses, mais refusait de comprendre la nécessité de rompre avec la République parlementaire, il rétorqua, choqué : « Mais tu ne peux tout de même pas dénoncer la malfaisance du régime et continuer à en faire partie [61] ». La retraite de Tardieu se comprenait comme un acte de moralité personnelle et publique.

La démission parlementaire répondait également à un souci d'action utile et efficace. Les institutions viciées étant par elles mêmes conservatrices d'abus, l'effort en faveur du changement ne pouvait venir en effet que du dehors : « Dedans, constatait Tardieu, on est paralysé; dehors, on est libre. C'est dehors que j'entends me placer. C'est dehors que je veux, dans l'indépendance, livrer ma bataille [62]. » Catégoriquement et ostensiblement, Tardieu se posait ainsi en *outsider*. Cette rébellion individuelle contre la République parlementaire avait trouvé depuis 1935 un ferment supplémentaire et radical : Tardieu ne croyait plus au programme réformiste défendu depuis janvier 1933. Dans le pays, d'ailleurs, à écouter Alexandre Millerand, « la réforme de l'État était devenue « la tarte à la crème » de tous les partis [63] ». Inscrite à presque tous les programmes, on ne l'évoquait plus que comme une invocation lointaine. En publiant *La Réforme de l'État* en novembre 1934, Tardieu avait déclaré au journaliste Marcel Hutin : « On n'enfonce un clou qu'en tapant dessus [64] ». Quelques mois plus tard, l'atonie générale sur le front du changement des mœurs et des pratiques politiques dut le convaincre de l'inutilité de ses derniers efforts en faveur des réformes constitutionnelles. À Bardoux, qui accrochait encore quelques espoirs à ce projet ancien, il écrivit qu'il le jugeait « désormais insuffisant ». À Kérillis, il dit plus explicitement : « Je suis à un stade au-delà. Je veux m'attaquer aux idées [65] », c'est-à-dire à la philosophie du progrès dénaturée par un matérialisme ravageur, cause profonde de la décadence française. Une nouvelle vocation saisissait ainsi Tardieu, celle d'éducateur public en charge de « la refabrication de l'âme française [66] ».

Nouveau statut

En remplaçant le portefeuille ministériel par le livre, Tardieu quittait la grande scène publique de la politique pour le monde plus solitaire des idées. Il renouait ainsi avec une vocation de jeunesse, qui toujours l'habita, l'écriture et le journalisme. Avant même son entrée en politique, n'avait-il pas déjà à son actif dix ans d'éditoriaux au *Temps* et sept ouvrages remarquablement documentés sur l'actualité internationale? Après sa non-réélection aux législatives de 1924, n'avait-ce pas été l'écriture de *Devant l'obstacle* qui l'avait consolé de son échec personnel et de ses doutes sur le destin national? Dès cette époque, il avait traversé une phase de désenchantement profond, comme une lettre à Gabriel Puaux, adressée en mai 1925, le laissait clairement comprendre:

> « Je crois, que la bourgeoisie, le parlementarisme et la démocratie sont présentement forces aussi vides qu'étaient il y a cent cinquante ans la noblesse, les États Généraux et la royauté. Le confort général assure une indifférence somptueuse à la nation, d'où pour cette maladie toute chance de durer [67]. »

Entre l'écrivain d'avant-guerre et le publiciste des années trente, cependant, les préoccupations avaient changé au point que ce même acte d'écriture prenait une signification nouvelle. Tardieu ne cherchait plus à dénouer avec brio la trame enchevêtrée des crises diplomatiques. Il ne se réfugiait pas non plus, comme en 1925, dans une histoire des relations difficiles et contrariées entre la France et les États-Unis. Son esprit était tout entier absorbé par une urgence comminatoire, le devenir national. Dès lors, le débat, dans lequel il souhaitait s'inscrire n'était rien d'autre que le débat fondamental, le débat sur la « cité ». Sa pensée entendait dépasser le simple niveau des faits pour s'élever jusqu'aux principes du vouloir-vivre collectif. Car à remonter la pente des malheurs conjoncturels de la France, il atteignait nécessairement les valeurs et principes fondateurs de la République. Cette interrogation sur les principes visait une finalité élevée, véritable pédagogie politique à l'échelle du pays. Sa pensée en gestation revendiquait en effet une telle ambition.

> « Il n'y a de salut possible, confiait-il en 1935 à Kerillis, que dans une refabrication de l'âme française, à quoi nos parlementaires n'entendront jamais rien. Y préparer le pays par la parole et par la plume est désormais la seule chose qui me tente [68]. »

À cette hauteur de point de vue et d'ambition, le retraité de Menton briguait un nouveau statut dans la République, celui d'« intellectuel [69] ».

En fait, cette qualité d'intellectuel devait peu à la situation sociologique de Tardieu, encore que celui-ci eût lui aussi été, quelques années durant, un professeur à l'École de guerre et à l'École libre des sciences politiques. Elle découlait plutôt d'une intention stricte et pleinement assumée de s'en tenir dorénavant au combat d'idées : « Les idées, comme les peuples, ont besoin, pour vaincre, qu'on se battent pour elles [70]. » Longtemps, Tardieu avait cédé à son tempérament et privilégié les vertus de l'action et de l'empirisme entreprenant sur la pose méditative et doctrinale. Gabriel Puaux le lui rappela en mars 1936 : « Vous pensiez comme Faust, "*Am Anfang war die Tat*". C'est saint Jean qui a raison : " Au commencement était le Verbe " [71]. » Ainsi, après avoir mesuré à maintes reprises les limites de l'action, Tardieu redécouvrit la puissance des idées. Tonifié par cette évidence, il allait se mettre au service des idées avec une conviction et une ardeur conquérantes et confiantes. Car, à n'en pas douter, l'action utile sur le monde était action sur les idées. Et de développer, avec une foi empreinte de la naïveté qui sied à l'intellectuel, une conception tout idéaliste de l'histoire : « Un livre, s'il est bon et s'il porte, est plus fort qu'un ministère ou qu'une assemblée. On s'en est aperçu à tous les âges de l'humanité [72]. » Écrire un de ces livres, tel était le nouveau pari sur l'avenir, la nouvelle mission régénératrice.

Le travail sur le plan des idées, cependant, ne peut rien promettre au court terme. L'immédiat n'est pas de son ressort. Ainsi, sans ignorer le présent, Tardieu avait conscience d'œuvrer pour un lointain avenir. Indifférent aux fausses solutions offertes par les procédés empiriques de l'heure, il acceptait sereinement de ne pas voir le terme de son effort. Toute entreprise pédagogique est œuvre de longue haleine et réclame de celui qui l'assume patience et modestie. Au sénateur Louis de Blois, Tardieu donna la même hypothèse de travail qu'à Jacques Bardoux : « Je me suis établi sur une montagne déserte pour écrire cinq gros volumes, que je n'espère pas efficaces avant quatre-vingts ou cent ans. C'est vous dire ma sérénité totale [73]. »

Sa seule ambition, vécue comme un véritable sacerdoce, était désormais de servir la vérité. Cette prétention imposait à sa réflexion sur la vie française une exigence élevée avec laquelle nulle compromission n'était autorisée. En effet, quelles qu'en fussent les conséquences personnelles ou collectives, « il s'agissait de dire la vérité et de la faire accepter [74] ». L'œuvre de Tardieu se présentait ainsi comme une grande entreprise de démystification montrant de l'opiniâtreté dans le courage de la vérité. En accord avec Bergson, Tardieu attribuait neuf erreurs sur dix à la lâcheté ou à l'hypocrisie devant la vérité. Ainsi, la France mourait de son obstination dans l'immobilisme alors même qu'elle savait son régime parfaitement inefficace et ses mœurs corrompues. Trop avide de jouir de ses privilèges, la classe politique entretenait évidemment cette immense duperie sur des institutions inopérantes et des principes sans cesse bafoués. Un devoir civique irrépressible poussait Tardieu à dénoncer les poses artificielles et intéressées des profiteurs du régime et à montrer derrière les faux-semblants démocratiques la réalité d'une souveraineté usurpée.

Mais, le service de la vérité ne s'accommodait ni d'équivoques ni de demi-mesures et condamnait par là même cette pratique mutilante de transactions perpétuelles propre au régime parlementaire. Transiger, même dans la recherche du consensus, était devenu synonyme de trahir. Désormais, l'ancien président du Conseil préférait avoir raison seul et contre tous, fût-ce au détriment du présent et de l'action immédiate, plutôt que de s'assimiler en se reniant à la majorité paresseuse. Celui qui prêchait le changement se condamnait immanquablement à une certaine solitude, le grand nombre étant par nature moutonnier et frileux dans la novation. Au milieu de l'anesthésie générale, Tardieu vivait donc sa marginalisation comme un signe de vitalité. Il défendait d'ailleurs une conception élitiste de l'histoire, bien réconfortante dans son isolement momentané :

« Toutes les réformes heureuses furent œuvres de minorités; toutes nos libertés furent œuvres de minorités; dans la décadence politique des majorités, les minorités seules peuvent posséder une mystique [75]. »

Cette foi dans la force d'entraînement des minorités agissantes n'empêchait pas Tardieu de croire à la nécessité de faire nombre pour triompher. Une citation de Maurras, relevée dans les cahiers de lecture de Tardieu, définissait peut-être la stratégie retenue : « Il ne s'agit pas d'être en nombre, mais de choisir un poste d'écoute et d'attendre les occasions de créer le nombre et le fait [76]. » Le retraité de Menton n'avait certes pas l'intention de s'enfermer dans une méditation contemplative. Son combat pour les idées constituait une nouvelle croisade qui cherchait à recruter un maximum de croisés. Restait, bien sûr, à réveiller le peuple assoupi et ignorant de ses ressources. Car une fois de plus, Tardieu faisait crédit aux vertus populaires. S'adresser à l'élite seulement, c'était oublier « ce que furent, sous la Monarchie de Juillet, la faillite des intellectuels de droite et, après l'affaire Dreyfus, la faillite des intellectuels de gauche [77]. » Surtout, il croyait profondément au peuple français dont les vertus foncières avaient été révélées par la guerre. La conviction affirmée en 1919 commandait encore l'optimisme pédagogique de 1936 : « Si le peuple s'égare, c'est souvent parce qu'il ne sait pas et plutôt que de douter de lui – vous qui savez plus que lui –, songer à l'instruire et songer à le convaincre [78]. » L'apathie meurtrière de la nation était essentiellement le produit de l'ignorance des Français et de leur crédulité face au mensonge démocratique. « Je voudrais, notait Tardieu, s'il se peut, ouvrir les yeux à la France [79]. »

Pour cette haute ambition, de quels moyens de réalisation disposait donc Tardieu? Ayant rompu avec les partis, les institutions et la politique, il n'entendait compter que sur lui-même, persuadé de son propre talent et de l'autorité morale de sa personne. Car le retraité de Menton prêchait d'abord par l'exemple : il avait démissionné. Par cet acte spectaculaire, Tardieu ne retrouvait pas seulement une indépendance enfin réalisatrice, mais il espérait révéler à la France entière un état général d'impuissance proprement suicidaire. Si l'un des caciques du régime claquait aussi violemment la porte de la République parlementaire, il y avait bien là le symptôme d'un mal profond. À ses électeurs de Belfort, Tardieu ne dit pas autre chose : « Puisse ma renonciation volontaire à une carrière, qui m'a prodigué les honneurs, contribuer à fixer l'attention de notre peuple insouciant sur la gravité de ses maux et la nécessité de réagir [80]! »

En fait de moyens, cette dénonciation du système par l'exemple ne suffisait évidemment pas. La parole et la plume, armes de l'intellectuel, allaient porter et entretenir la contestation sur la place publique. Deux conférences, données fin mai 1936 à la salle Pleyel, rappelaient ainsi au public parisien l'existence d'un homme qui trouvait, au seuil de l'expérience gouvernementale du Front populaire, la justification de ses craintes sur la décadence nationale. À la salle Pleyel, Tardieu décortiqua avec soin l' « énigme française », avant de disserter sur le « mensonge démocratique ». Mais c'est surtout par la plume qu'il choisit de communiquer son refus du présent et de préparer l'avenir. Avec une constance passionnée dans l'effort, il développa ainsi une œuvre à deux niveaux d'analyse : il interrogeait d'une part l'histoire française à la recherche des causes profondes et portait d'autre part un regard critique et hebdomadaire sur l'actualité politique. Ces deux approches, complémentaires dans leurs résultats, donnèrent deux types d'ouvrages correspondant aux deux sortes d'activité. Les volumes de *La Révolution à refaire,* par leur perspective historique et leur ambition intellectuelle, relevaient de la catégorie de l'essai politique, alors que les trois recueils de *Note de semaine* ne faisaient que rassembler les articles publiés régulièrement dans *Gringoire*. Au travail lent et documenté du publiciste s'ajoutaient donc les réflexions spontanées du journaliste. Nul doute que Tardieu aimât cette combinaison d'activité, la réflexion n'étant chez lui jamais tout à fait séparée de l'action.

Pour la diffusion de ses idées, le retraité de Menton trouva chez Flammarion et à l'hebdomadaire *Gringoire* des amitiés solides. Publié par le même éditeur depuis *L'Épreuve du pouvoir* (1931), il put en effet compter sur l'attention toute particulière du directeur littéraire, Max Fischer [81]. À deux reprises, Flammarion accepta ainsi une nouvelle publication, sous une forme nettement abrégée, d'ouvrages plus touffus et peu accessibles par leur prix. Ce fut le cas de *La Réforme de l'État*, version allégée de *L'Heure de la décision*, et surtout de la brochure *Alerte aux Français* (1936), tonique vulgarisation des conclusions établies dans *Le Souverain captif*. Cette brochure, tirée à deux cent mille exemplaires et vendue pour la modique somme de 1 franc, constitua un véritable support de propagande. Pour « ouvrir les yeux à la France », l'écrivain Tardieu avait évidemment besoin d'une telle diffusion de sa pensée.

Quant au journaliste Tardieu, lui aussi ne pouvait guère se plaindre de ses conditions de travail. Horace de Carbuccia, gendre de l'ancien préfet de police Jean Chiappe et beau-frère du député porte-parole des ligues à la Chambre, Jean Ybarnégaray, présenta dès juin 1935 une offre de collaboration à Tardieu. Le directeur de *Gringoire*, qui commençait toutes ses lettres par « Mon cher patron », obtint d'abord de Tardieu la publication par morceaux du premier tome de *La Révolution à refaire*, dont les premiers passages parurent en mars 1936 [82]. Ce même mois, les avances de De Carbuccia se firent plus concrètes et aboutirent le 2 avril 1936 à la signature d'un contrat d'éditorialiste : Tardieu recevait 250 000 francs pour son article hebdomadaire et 150 000 francs pour son engagement d'exclusivité [83]. Le 10 avril suivant, il donna son premier article, « La saison du mensonge », qui stigmatisait la supercherie de la campagne électorale et dénonçait la « poignée de mystificateurs » qui trompaient les Français. Le ton d'une collaboration jamais interrompue était d'emblée donné [84].

Le choix en faveur de ce périodique d'extrême droite, bien disposé à l'endroit du fascisme italien et qui avait orchestré en 1936 l'odieuse campagne de diffamation contre Roger Salengro, put paraître compromettant pour le « modéré » Tardieu. Celui-ci, sans trop se soucier de son image politicienne, appréciait surtout l'entière liberté d'expression qui lui était laissée et l'audience importante de *Gringoire* qui tirait, en 1936, à quelque 500 000 exemplaires [85]. À un admirateur de Dole qui lui suggérait d'offrir sa plume au quotidien *L'Action française*, il répondit : « Je ne trouverais jamais une meilleure tribune que *Gringoire*, qui est le seul journal où je puisse dire ce que je veux et qui est lu, chaque semaine, par trois millions de Français [86]. »

Aidé par Flammarion et *Gringoire*, Tardieu pensait ainsi avoir les moyens de faire réagir le pays avant qu'il ne fût trop tard. Car, « de deux choses l'une, écrivait-il à son ami Bardoux; ou bien on créera un mouvement d'idées chez 25 millions de Français, ou bien, ne le créant pas, on continuera à aller de mal en pis [87] ». En limitant son combat au plan des idées, il n'avait donc pas opté pour la tour d'ivoire. Le fameux « clerc » de Julien Benda, indifférent aux passions politiques par intransigeance sur les principes et attachement aux notions abstraites, n'était pas son modèle. Sa retraite politique fut en effet placée sous le signe d'un nouvel engagement, plus intellectuel certes, mais pas moins exigeant. La démission de la République ne constituait ainsi ni une abstention de la politique ni une désertion de l'action. Au contraire, elle plaçait la lutte sur son vrai champ de bataille, le domaine des idées, offrant enfin à Tardieu une réelle chance de succès.

> « Je ne sors pas [du Parlement] par lassitude, expliquait-il à ses électeurs. J'en sors, afin d'augmenter, à une heure difficile, ma capacité d'agir pour le bien commun. Cette sortie ne sera pas pour moi, comme pour tant d'autres, une fin, mais un commencement [88]. »

Dérive réactionnaire

Si en 1936 la retraite fut magnifiée comme un commencement, le but vers lequel tendait ce nouveau départ demanda quelque temps pour être défini clairement. En refusant de tenir plus longtemps son rôle dans la République parlementaire, Tardieu savait exactement ce qu'il ne voulait plus. En revanche, l'usage et la finalité de cette liberté reconquise ne se précisèrent qu'au cours de l'année 1935. Pendant sa période de convalescence à Menton, Tardieu retrouva le goût de l'étude et demanda à son ancien chef de cabinet, Henry Moysset, de lui faire parvenir des livres. La retraite ainsi prolongée allait se faire studieuse; Moysset se félicita de cette attitude qui répondait à l'appel du pays : « Car ils demandent une mystique, à l'unanimité [89]. » Les projets littéraires de Tardieu, toutefois, ne montrèrent pas d'emblée cette résolution.

À Max Fischer, Tardieu parla d'un projet d'ouvrage politique portant sur la législature en cours, mais son humeur était indécise et ses intérêts semblaient fuir l'actualité politique :

> « Mes tendances actuelles me portent plutôt vers le Moyen Age français qui a été la plus grande époque de notre histoire, bien supérieure au siècle qualifié de grand et sur quoi j'ai déjà ramassé beaucoup de documents [90]. »

En mars 1935, la rumeur circulait, reprise par Weygand, d'un Tardieu retiré du monde et absorbé par l'étude du thomisme. L'actualité politique, pourtant, allait finalement l'emporter. À la fin de mai 1935, chez Flammarion, sortait un recueil de discours précédés d'un long avant-propos sur l'histoire des trois années précédentes et dont le titre évocateur, *Sur la pente*, sonnait comme un avertissement. Au même instant, le gouvernement Flandin tombait, ajoutant foi aux abruptes mises en garde de Tardieu. L'avant-propos de *Sur la pente*, cependant, marquait dans la pensée politique de l'auteur une nette évolution. L'analyse de l'actualité voyait son cadre de référence historique dilaté jusqu'au XVIIe siècle et la remise en cause du présent allait dorénavant s'inscrire dans une philosophie de l'histoire imprégnée de conceptions nettement contre-révolutionnaires. La prétention aux explications globales allait conduire le républicain Tardieu sur les sentiers de la pensée réactionnaire.

En quelques pages explicatives du fléchissement de l'esprit public, il reprenait donc à son compte une série de lieux communs historiques qui illustraient parfaitement une dérive de ses conceptions vers une philosophie politique très critique à l'endroit de l'idéologie du progrès. À le suivre, l' « entreprise de vulgarisation » du XVIIIe siècle, abusivement qualifiée de « philosophie », avait produit une doctrine politique qui avait certes enfanté la Révolution française, mais qui reposait en fait sur des postulats douteux et contestables, tels la bonté naturelle de l'homme, le progrès continu de l'humanité, la prétention à la découverte des lois sociales, le rejet de la religion et de toute inquiétude métaphysique. Les effets de ces postulats indémontrables furent ravageurs pour l'unité nationale puisqu'ils décrétèrent une guerre systématique au passé et à la religion, soit à la monarchie et à l'Église [91]. Cédant à ce penchant réactionnaire qui s'affirmait en lui, Tardieu désigna naturellement les francs-maçons comme animateurs occultes et disciplinés de cette France révolutionnaire et sectaire. Le 4 septembre marqua ainsi le couronnement d'un plan maçonnique mûri de longue date : une République s'installait, qui allait désapprendre aux enfants « l'amour du pays, le respect de la famille et l'orgueil du passé », pour leur inculquer un empirisme utilitaire vidé de toute exigence morale. Il est vrai, concluait Tardieu en rapportant une parole du duc de Broglie, que « le suffrage universel n'a pas le sens de la vue; il n'a que le sens du toucher [92] ».

Invité, à la mi-juin 1935, à présider le LIIIe congrès de la Société d'économie sociale, cénacle des idées de Le Play, Tardieu donna une conférence qui, tout en reprenant des développements anciens sur les origines de la crise matérielle et morale, confirmait ses doutes à propos de la course effrénée au progrès à l'honneur depuis deux siècles. Ainsi, expliqua-t-il, le mal de l'économie contemporaine, « d'origine psychologique et morale », fut inoculé au monde dès les années 1880 par les États-Unis et l'Allemagne. Ces pays, qui se crurent messagers de civilisations, se révélèrent en fait « porteurs d'anarchie matérielle et morale ». Car à mal digérer le rationalisme de Descartes, ils confondirent dans un immense contresens séculaire le progrès de la mécanique et le progrès de l'humanité. La quantité et le rendement l'emportant dès lors sur la qualité, un matérialisme étroit envahit les sociétés modernes qui peu à peu asphyxia les économies sous la loi de la machine et du profit divinisés. La crise ayant ainsi une origine intellectuelle et morale, le salut ne viendrait que d'un retour à la saine prééminence de l'ordre moral sur la conception matérialiste de l'existence. « On s'est trompé sur tout, il faut par conséquent revenir en arrière [93]. »

L'invitation de Tardieu, pour vague qu'elle fût, constituait bien une réponse réactionnaire à cette fuite en avant dans l'aberration matérialiste, abusivement identifiée au progrès. La réforme institutionnelle tenait dès lors du palliatif superficiel. Pour opérer le nécessaire renversement des valeurs, la rénovation devait toucher aux racines du mal et viser à une complète rééducation des Français. Donner une « tête » à la France, préoccupation jusque-là dominante, ne représentait plus que la moitié de la pente à remonter pour éviter à la nation française l'ultime glissade. « Il s'agit, précisait Tardieu, de refaire à notre France déréglée une tête et un cœur. Ce ne sera pas l'œuvre d'un jour [94]. » L'immensité de l'entreprise ne devait pourtant pas effrayer Tardieu. La conviction qu'il avait d'empoigner enfin le drame français par le bon bout constituait pour le présent sa seule motivation et son unique réconfort. Il n'y avait d'ailleurs pas tâche plus urgente que de provoquer chez les Français ce « retour à la vérité métaphysique [95] ». Après avoir mis ses actes en accord avec ses idées, Tardieu allait soumettre le régime parlementaire à la même exigence.

Démasquer l'hypocrisie démocratique au nom même des principes fondateurs de la France républicaine afin que, dans cette révélation du mensonge démocratique, les Français comprissent la nécessité de réagir, telle apparut pour Tardieu la pédagogie la plus féconde. Cet ambitieux projet intellectuel impliquait une substantielle remise en cause du devenir de la France contemporaine. Le discours critique de Tardieu se plaçait à la hauteur du débat sur l'identité française et remontait donc à la Révolution française. Car quelque part, au cours de son histoire récente, la France s'était fourvoyée, oubliant le sens des vérités permanentes qui la firent grande et glorieuse. Assurément, *La Révolution est à refaire*, allait s'attacher à démontrer Tardieu dans une œuvre de longue haleine qu'il avait hâte d'entreprendre.

CHAPITRE XIII

La Révolution à refaire

C'était un homme réconcilié avec les joies de l'action qui entamait, en été 1935, la rédaction d'un ouvrage considéré par avance comme le couronnement politique et littéraire d'une vie au service de la France. Une juvénile allégresse soutenait Tardieu dans son effort intellectuel et libérateur. « Je ne me sens pas vieillir, confiait-il à un journaliste du *Figaro*, et j'ai hâte d'exprimer les idées que je crois justes, utiles à mon pays [1]. » Le passage à l'écriture permettait en fait de surmonter le sentiment d'aliénation fortement ressenti à l'endroit du régime parlementaire. Cette authenticité existentielle reconquise, le pénible divorce entre pensée et action disparut, et il retrouva, plus conquérante encore, une forte impression de liberté et de sérénité. Une citation de Bergson servait d'épigraphe à cette halte méditative dans une carrière mouvementée qui avait trop souvent laissé à Tardieu le sentiment de rester à la surface de lui-même :

> « Nous vivons pour le monde extérieur plutôt que pour nous. Nous parlons plus que nous ne pensons. Nous sommes agis plus que nous n'agissons nous-mêmes. Agir librement, c'est reprendre possession de soi [2]. »

La rupture avec la République parlementaire obéissait à cet impératif existentiel.

Le drame français, toutefois, dépassait de loin la crise individuelle et Tardieu en était pleinement conscient. Ainsi, pour répondre à cette obsession de la décadence, confirmée au printemps 1936 par la victoire électorale du Front populaire et par l'apathie diplomatique française face au coup de bluff d'Hitler en Rhénanie, il sentit le besoin d'approfondir ses réflexions sur le devenir national en cherchant dans le passé les germes de la dissolution présente. Il trouva dans cette vaste entreprise de relecture de l'histoire contemporaine un guide expérimenté et fort savant, Hippolyte Taine.

À L'OMBRE DE TAINE

> « Toute œuvre de longue durée, affirmait Tardieu, naît d'une impression d'un instant. L'idée de celle-ci s'est offerte à mon esprit il y a quelques années, quand je relisais, après mon passage au pouvoir, *Les Origines de la France contemporaine* de M. Taine. J'ai pensé que ce livre admirable, non achevé par son auteur, était dépassé par la vie [3]. »

Sans hésiter devant la comparaison, Tardieu se nomma lui-même à la succession intellectuelle du grand historien de « la race, du milieu et du moment » avec pour tâche de prolonger la grande entreprise tainienne jusqu'aux années trente et d'en développer les ultimes conséquences. Cette mise en perspective d'une « France nouvelle », née autour des années 1880 avec ce que Daniel Halévy appela « la fin des notables », attendait encore son véritable « peintre ». Le retraité de Menton accepta l'ouvrage avec enthousiasme.

Que la lecture des *Origines de la France contemporaine* provoquât chez lui le désir d'une version actualisée de ces « noires » réflexions sur le devenir national, c'était évidemment révélateur d'un état d'esprit et d'une situation. Une lettre à son directeur littéraire, Max Fischer, nous apprend d'ailleurs qu'il s'était véritablement découvert comme le continuateur de l'ouvrage de Taine : « Quand j'ai relu mon premier jet, je me suis aperçu que c'était ce livre [une nouvelle version des *Origines*] que j'avais fait [4]. » L'influence de Taine dépassait donc le simple apport d'idées pour refléter plus profondément une communauté de sensibilité et une analogie d'intention dans le projet intellectuel. À plus d'un titre, le détour par Taine paraît donc éclairant.

Ce fut sous le double choc de la défaite de Sedan et de la Commune de Paris qu'Hippolyte Taine entreprit la rédaction de sa monumentale histoire nationale. Ce profond ébranlement de la puissance et de la cohésion françaises révéla subitement un fait avec lequel il n'était dès lors plus permis de ruser, la décadence de la nation. *Les Origines* apparurent ainsi comme le tribut payé par leur auteur à la réflexion douloureuse et collective sur la perte de substance nationale. Car, au-delà du constat, la décadence de l'heure exigeait une explication, premier effort sur eux-mêmes des Français qui entendaient surmonter cette sévère affliction [5]. Taine s'assit donc pendant vingt années au chevet de la France malade pour dresser, en « médecin consultant », le diagnostic circonstancié du mal français. L'historien disséqua les métamorphoses de la France moderne avec la méticulosité du naturaliste, convaincu de trouver dans cette intime connaissance du passé les remèdes du présent. « La forme sociale et politique » qui convient à chaque peuple, avertissait le déterminisme de Taine, ne relève pas des préférences particulières des hommes, mais de la nature et de l'histoire : « Il s'agit de *découvrir* la Constitution, si elle existe, et non de la mettre aux voix [6]. » L'œuvre de Taine, loin d'être contemplative, se voulait ainsi une contribution utile à la définition de la complexion française, seule base solide pour les échafaudages institutionnels futurs : « Plus nous saurons précisément ce que nous sommes, plus nous démêlerons sûrement ce qui nous convient [7]. »

Cette volonté constructive, finalité lointaine de l'entreprise intellectuelle, n'allait toutefois pas résister au pessimisme foncier qui submergea l'écrivain au début des années 1870. « Vous savez, écrivait-il en mars 1871 à Émile Boutmy, que j'ai toujours eu des idées grises à l'endroit de la France. Le gris est devenu noir [8]. » Ce pessimisme, nourri par une vision de l'homme enchaîné à sa nature animale, « gorille féroce et lubrique » à peine domestiqué par un vernis de civilisation, ce pessimisme politique et moral donna son souffle et son unité passionnelle à l'œuvre de Taine. Car l'historien, dans quelque direction qu'il tournât son regard sur la France, ne voyait que médiocrité envahissante et échecs répétés. « Je comprends, lui dit un jour Gabriel Monod, l'Ancien Régime a été un fiasco, la Révolution un fiasco, l'Empire un fiasco, c'est pour cela que nous pataugeons dans la boue. – C'est absolument cela », rétorqua Taine [9]. *Les Origines de la France contemporaine* devinrent ainsi un formidable réquisitoire contre le passé, mettant à profit la redoutable passion polémique et l'extraordinaire érudition positiviste d'un procureur enfermé dans sa logique catastrophiste. Car *Les Origines* ne faisaient que remonter aux sources de la décadence et de l'échec final, Sedan et la Commune. La recherche historique obéissait ainsi à une loi extérieure qui lui donnait sa cohérence philosophique et passionnelle.

Cette histoire tout imprégnée d'un sombre déterminisme identifia une cause unique au mal français, le génie latin dont les avatars successifs furent la raison classique puis l'esprit révolutionnaire jacobin. Tout découlait, logiquement, de cet « élément producteur », de ce « fait causal » qui permettait d'interpréter les moments de l'histoire française comme les symptômes divers d'une même et unique maladie, la conception purement rationnelle et abstraite de l'homme, source de toutes les contorsions révolutionnaires pour faire entrer la société « réelle » dans des formes arbitraires et, par conséquent, desséchantes. Cette aversion de Taine pour l'Idée imposait une méthode, le culte positiviste du fait, et aboutit à une conclusion, le sacre de la Tradition, fait social par excellence. « D'avance, la nature et l'histoire ont choisi pour nous [10] », avertissait Taine dans la préface d'une œuvre qui racontait avec minutie les échecs successifs du volontarisme abstrait face à la nature des choses, de l'idéalisme formel face à une réalité sociale complexe et foisonnante.

En revendiquant la succession tainienne, Tardieu manifestait certes le désir de prolonger une œuvre « dépassée par la vie »; il se reconnut surtout une parenté intime avec l'auteur des *Origines*. Enfant de la défaite, le jeune Tardieu fut formé à ce patriotisme inquiet et douloureux qui contenait mal le sentiment diffus d'une décadence française. Si la victoire de 1918 réconcilia un instant la France avec sa glorieuse histoire, le doute sur le destin national reconquit rapidement les esprits. Dès 1931, Tardieu ne put réprimer un tragique avertissement contre le défaitisme des Français face à l'avenir : « Nous recommençons [11] », s'inquiéta-t-il. En 1936, l'abdication internationale continue depuis 1919, se conjugua, en politique intérieure, avec la victoire d'un Front populaire débordé par l'anarchie révolutionnaire des occupations d'usines. Cette flambée de « terreur syndicale [12] », comme la Commune pour Taine, confirma Tardieu dans son sentiment d'une intime dissolution nationale. L'optimisme rénovateur des années de pouvoir et le volontarisme constitutionnel de la période suivante cédèrent alors la place à un profond pessimisme moral. La répulsion du présent ne trouvait plus de réconfort que dans l'abstention politique et la réflexion sur les origines de cette lente glissade.

À l'exemple de Taine, Tardieu entreprit donc un travail d'auscultation de la France contemporaine avec pour ambition d'établir dans le détail « l'examen clinique du mal français [13] ». Le régime allait ainsi être étudié dans ses principes et ses moyens, dans son rendement matériel et ses effets moraux. Le diagnostic établi, et pas avant, Tardieu entendait conclure sa vaste enquête par l'exposé de solutions concrètes, convaincu que les remèdes aux désordres français se dégageraient d'eux-mêmes « au cours du chemin [14] ». Cinq tomes, rassemblés sous le titre provocateur de *La Révolution à refaire*, devaient scander cette recherche sur les causes profondes du mal présent : *Le Souverain captif, La Profession parlementaire, Le Sabotage des intérêts généraux, Le Règne du matérialisme* et *Les Issues possibles*. Ce dernier volume indiquait bien la volonté constructive de ce réexamen critique des conditions modernes de la vie politique française. Au « régime infernal » d'un tome par année, Tardieu consacrait onze heures par jour à la réalisation de cette sorte de nouveau plan quinquennal. Comme dans le cas de Taine, cependant, l'œuvre allait rester inachevée, les premiers jets des troisième et quatrième tomes ainsi que l'esquisse du cinquième demeurant dans les papiers privés. En juillet 1939, Tardieu devait être subitement arrêté dans son effort de rédaction par une attaque cérébrale.

Sans doute l'inachèvement de l'enquête exagérait-elle le passif du bilan historique dressé par Tardieu. Dans cette œuvre tronquée, seule la face négative avait été peinte, et le portrait de la France contemporaine qui en résultait apparaissait en tous points accablant. Toutefois, si l'entreprise intellectuelle montra un tel acharnement dans le réquisitoire, ce fut surtout parce que le retraité de Menton, à l'instar de Taine, lança un formidable appel au passé pour condamner le présent. Il souhaitait en effet répondre à l' « énigme française », c'est-à-dire expliquer l'injurieux divorce entre les virtualités et les réalisations françaises :

> « Cette énigme, la voici : quelle est, et comment expliquer, l'opposition, que voient nos yeux et que constate notre pensée, entre les immenses possibilités de la France, fondées sur ses vertus éternelles, et l'affreuse médiocrité de son rendement, qu'expliquent sans doute ses défauts successifs [15] ? »

Le problème ainsi posé, l'auteur ne se contenterait pas de réponses faciles et toute faites, telles la fatigue de l'après-guerre, la crise économique ou la maladie du monde. Ces « alibis paresseux » anesthésiaient la pensée et, en cachant les vraies difficultés, empêchaient le redressement en profondeur. Le courage de la vérité apparaissait donc comme le prélude obligé à toute action salvatrice. « Si la France, en tant que France, est malade, affirmait Tardieu, elle l'est d'un mal français [16]. » La décadence présente trouvait ses causes dans l'histoire française, et seule une « longue et austère investigation sur les faits » pouvait remonter aux origines du mal.

L'investigation historique mise au service d'une cause militante prenait ainsi l'allure d'une immense démonstration qui trouvait sa logique explicative dans le résultat final, l'acclimatation en France d'un régime de clientèle, d'irresponsabilité et d'abdication dont le Front populaire allait constituer l'apothéose. Pour simplifier, Tardieu allait s'employer à démontrer la cohérence désastreuse qui unissait, de dérapage en dérapage, Jean-Jacques Rousseau à Léon Blum. Son but était d' « ouvrir les yeux à la France », c'est-à-dire de faire partager à la majorité des Français sa profonde aversion pour la République parlementaire. L'un des premiers titres retenus pour l'ensemble des cinq volumes avait d'ailleurs été *Les Tares de la France contemporaine* [17].

En faisant sonner presque à chaque page de retentissantes épithètes – « fous », « cuistres », « monstres », « détraqués », « bandits » – Taine n'avait reculé devant aucun effet pour faire partager son horreur des révolutionnaires. De même, Tardieu accumula contre le développement du régime représentatif un florilège extraordinairement étoffé d'attaques et de critiques trouvées chez tous les adversaires du système électif quelles que fût leur sensibilité politique ; toutes les flèches, de tous les bois, furent bonnes à tirer. Il n'hésita jamais à utiliser les ragots les plus énormes, ni à faire d'un cas individuel la règle générale, si cela servait sa démonstration. Si Taine et Tardieu avaient en partie les mêmes méthodes, c'est que tous deux travaillèrent à une entreprise de démystification. L'auteur des *Origines* s'élevait contre le préjugé dévot à l'égard de la Révolution française et cherchait à détruire la légende créée par le mysticisme révolutionnaire propagé par les œuvres de Mignet, de Thiers et de Michelet. Sous sa plume, les « héros » et « philanthropes » de la Révolution se changèrent ainsi en « crocodiles », en « bêtes malfaisantes et mangeurs d'hommes » dont il se complut à décrire les mœurs féroces [18]. Quant à Tardieu, il s'ingénia à montrer derrière la façade démocratique la réalité de l'usurpation des droits du citoyen et l'étendue du despotisme parlementaire. L'invocation des « immortels principes » de 1789 ne cachait plus, dès lors qu'un immense « mensonge démocratique ».

Œuvres de démystification, les enquêtes de Taine et de Tardieu opposaient le culte du fait à l'idéalisme républicain. Tardieu entendait ainsi faire de son ouvrage une simple « matière de fait, comme disent les Américains », en mesurant de manière pragmatique la distance qui séparait l'énoncé des principes démocratiques de la réalité de leur application dans la vie politique. Le retraité de Menton, invoquant même le souvenir de Claude Bernard, annonça son intention de s'inspirer de la méthode scientifique établie par ce grand physiologiste : « J'écris, prétendait-il, une *Introduction à la politique expérimentale*. » Le débat sur les valeurs n'interviendrait donc qu'en fin d'enquête, car celle-ci portait d'abord et exclusivement sur les faits :

> « Je ne me demanderai pas si la liberté est une chose bonne ; si l'égalité est une chose bonne ; si la souveraineté est une chose bonne. Je me demanderai, et je ne me demanderai rien d'autre, si la liberté existe ; si l'égalité existe ; si la souveraineté nationale existe [19]. »

Il déclarait ainsi prendre ses précautions contre une histoire partiale et subjective. Sa prétention à l'objectivité positiviste se fondait d'ailleurs sur un raisonnement très simple : « Les faits sont notoires ; l'information facile. Toute incertitude et toute équivoque peuvent être évitée [20]. » Pour être simple, ce raisonnement en matière de démarche scientifique n'en était pas moins simpliste. En fait, la totale assurance qu'il avait de dire le vrai sur le régime parlementaire ne s'embarrassait pas de retenues épistémologiques.

Taine avait certes trié les événements d'une manière cavalière, mais son savoir encyclopédique résultait d'une fréquentation assidue des archives. Pour sa part, Tardieu n'utilisa que des sources secondaires de qualité tout à fait inégale allant de l'ouvrage universitaire au pamphlet politique [21]. Il pensa le devenir national en homme engagé qui n'avait réussi à mettre entre ses préjugés politiques et l'objectivité intellectuelle qu'une dérisoire distance géographique. Car pour écrire de Menton, il n'en avait pas moins conservé toutes ses passions parisiennes. Son état de rupture avec la politique ne lui conférait nullement la sérénité du « clerc » de Julien Benda. Hors de la République parlementaire, il restait engagé dans la « cité » et pensait toujours en homme politique. À l'engagement sur l'avenir du régime s'ajoutait d'ailleurs la nécessité de justifier un rôle passé et le plaidoyer *pro domo* prit souvent le pas sur l'analyse. En dépit de ses prétentions à l'objectivité, *La Révolution à refaire* était donc une œuvre partiale et militante, cultivant souvent la mauvaise foi et le propos outré.

Avant d'aborder les thèses de Tardieu, il convient finalement de souligner sa dette idéologique envers Taine. En effet, l'auteur des *Origines* avait jeté, avec Ernest Renan et son essai fameux *La Réforme intellectuelle et morale de la France* (1871), les bases d'une critique antirépublicaine nouvelle, qui opposait aux doctrines socialement conservatrices des droites françaises une doctrine nationalement conservatrice [22]. Contre l'optimisme idéaliste, universaliste et révolutionnaire de 1789, Taine et Renan définirent en effet un réalisme pessimiste et traditionaliste mieux adapté à l'état d'une France vaincue qui cherchait douloureusement les voies du redressement national. L'influence de cette nouvelle sensibilité nationale et antilibérale se fit directement sentir sur les grandes figures du nationalisme français de la fin du XIXe siècle, Barrès et Maurras, et, par-delà ces deux écrivains, sur l'ensemble de la droite française [23]. À propos de l'influence particulière de Taine, Émile Boutmy put affirmer : « La machine à penser et à raisonner que Taine avait construite est celle dont deux générations de suite se sont servies ; pendant quarante ans, toutes les idées dominantes ont porté la même marque d'origine, la sienne [24]. » Tardieu n'échappa pas à cette puissante « machine » qui avait forgé des armes efficaces contre l'idéalisme républicain et influencé les maîtres à penser du nationalisme de sa génération. Plus encore, Taine fit redécouvrir à Tardieu, en amont de l'histoire intellectuelle française, la force de la pensée contre-révolutionnaire.

Ainsi, l'idée de réécrire une version mise à jour des *Origines de la France contemporaine* inscrivait Tardieu dans une tradition politique de droite qui allait des contre-révolutionnaires traditionalistes et théocratiques du début du XIXe siècle aux nationalistes de la fin du siècle, en passant par le substantiel relais tainien. La bibliographie laissée dans les papiers privés de Tardieu est à ce sujet très explicite puisque les noms d'Edmund Burke, de Joseph de Maistre et Louis de Bonald côtoient ceux de Brunetière, Bourget, Barrès, Maurras et Bainville, c'est-à-dire ceux du traditionalisme et du nationalisme, intégral ou non. Cette filiation mise en évidence, reste à voir comment celle-ci se traduisit dans l'œuvre de Tardieu.

LE RÉGIME DU MENSONGE

De *L'Heure de la décision* à *La Révolution à refaire*, les idées de Tardieu sur le régime parlementaire ne changèrent guère : l'impuissance institutionnelle, l'irresponsabilité généralisée, le clientélisme corrupteur constituaient toujours les maîtres traits du système. Pourtant, en prétendant cette fois réfléchir en philosophe plus qu'en politique, Tardieu allait considérablement élargir et systématiser ses réflexions sur les défaillances de la République des années trente et produire ainsi une grille de lecture nouvelle du développement de la démocratie en France. Cette prétention à l'explication globale, en dilatant la problématique de l'heure jusqu'à la rupture révolutionnaire de 1789, semblait explicitement remettre en cause l'appartenance de Tardieu à la tradition libérale et posait de délicates questions d'interprétation quant à une possible dérive réactionnaire du retraité de Menton.

La conclusion de sa grande enquête historique sur le développement du régime démocratique en France peut se résumer par deux mots chocs : « mystification » et « mensonge ». La vie publique française souffrait en effet, de deux profondes « altérations » entretenues et aggravées par la succession des régimes politiques depuis 1789 et qui touchaient d'une part les principes philosophiques de la démocratie et d'autre part les techniques institutionnelles de la représentation politique. Tardieu résuma ainsi cette « double imposture » qui ne laissait au peuple français qu'une contrefaçon de démocratie dont profitaient les nouveaux censitaires du régime :

> « D'une part, les principes, sur lesquels la France croit avoir fondé sa vie publique, sont outrageusement violés et le peuple est dessaisi, au profit de ses élus, des pouvoirs dont on lui fait honneur. D'autre part, les élus, qui détiennent ces pouvoirs, se comportent non en mandataires, mais en professionnels du métier parlementaire [25]. »

Le terme de cette double corruption à la fois des principes et de la pratique politique fut la confiscation de la souveraineté du peuple et de l'autorité de l'État par une oligarchie de professionnels de la politique ne représentant plus qu'eux-mêmes, c'est-à-dire « un total d'égoïsmes dressés contre le bien commun », et vivant de la perpétuation de cet état d'usurpation. Faire l'histoire du développement démocratique en France revenait donc à suivre, régime après régime, la fabrication et la mise en scène de ces deux mensonges, le mensonge sur les principes démocratiques et le mensonge sur la nature du mandat parlementaire. En effet, « ces deux mensonges superposés, c'est le système politique de la France », ou encore « le ressort profond de notre vie politique [26] ».

Entre ces deux altérations, Tardieu établit une hiérarchie logique. La transformation des mandataires en professionnels de la politique eût été en effet impossible sans un préalable dessaisissement du peuple au profit de ces mêmes mandataires. Des deux altérations, toutefois, de l'usurpation de la souveraineté du peuple et de la professionnalisation du mandat, Tardieu privilégia la seconde comme élément explicatif de la décadence française. Car « pratiquement », laissait-il entendre, l'histoire du développement démocratique en France se confondait avec la création, le développement et la consolidation de la profession parlementaire. Cette primauté accordée à la forme sur le fond traduisait bien la démarche réaliste et positiviste dont se réclamait l'auteur et montrait un homme plus préoccupé, en fait, de techniques institutionnelles et de pratiques politiques que de méditation sur les principes démocratiques.

Tardieu avait ainsi identifié la cause essentielle de la corruption et du détournement des principes : le peuple souverain était captif de la profession parlementaire ou de ce qu'il appelait encore « le métier ». Sous le sophisme de la représentation, ce fut l'expropriation du peuple que les classes parlementaires réalisèrent tout au long du XIXᵉ siècle. Les privilèges arrachés à l'Ancien Régime trouvèrent dès les premières assemblées révolutionnaires de nouveaux titulaires, le mandat parlementaire étant rapidement devenu une charge, une sorte de bien de famille, « ainsi qu'une étude de notaire ». « La loi de 1791 proclame que la Constitution française est représentative. C'en est fini du mandat. Le métier va naître [27]. » L'émancipation démocratique fut alors court-circuitée et frappée d'inachèvement. Confisquée par des mandataires qui, une fois entrés dans les « places », avaient négligé de faire entrer les grands principes dans les lois, la démocratie française n'était en effet qu'une présomption de démocratie dont le peuple, naïvement, se satisfaisait : « La France a fait trois révolutions pour conquérir le droit politique, ou ce qu'elle appelait ainsi. Elle n'a rien conquis du tout. Mais elle a créé la profession parlementaire [28]. »

Taine avait expliqué la lente déchéance française par une cause unique aux effets multiples : les ravages d'un « esprit classique » préférant l'abstraction rationaliste à la réalité des choses. Avec le « métier », Tardieu tenait lui aussi le « fait causal » permettant d'interpréter l'histoire contemporaine et d'élucider au terme de sa démonstration historique la décadence de la France des années trente. Dans une lettre de décembre 1937, Tardieu répondait à son correspondant : « Je ne suis pas, comme vous, sensible à l'abondance des événements. Car je n'y vois que la manifestation d'une loi unique [29]. » Ainsi, malgré une profonde aversion pour les explications déterministes de types sociologiques, il se lança dans un essai de sociologie historique qui réduisait le développement démocratique français à celui de la profession parlementaire.

> « La profession parlementaire, désormais établie dans les mœurs, domine la politique de la France. Définir sa structure, son objet, ses tendances, son milieu, ses moyens, ses effets, son despotisme, ses servitudes, c'est expliquer aux consciences alarmées les conditions de la vie française [30]. »

Avant toutefois de suivre le « métier » dans tous ses états, Tardieu présenta les effets et conséquences de l'épanouissement de la « profession » sur le plan des principes démocratiques. Le constat établi était accablant. Depuis 1789, les droits fondamentaux des Français, la liberté, l'égalité et la souveraineté, pourtant sans cesse invoqués, avaient constamment été violés par ceux-là mêmes qui prétendaient les appliquer. Ces droits ne constituaient que de beaux mirages habilement entretenus par le mensonge et l'hypocrisie pour abuser le peuple. En quelques chapitres articulés comme des réquisitoires exhaustifs aux titres incisifs – « La liberté en échec », « L'égalité violée », « La souveraineté escamotée », « La volonté générale annulée » – Tardieu dressa la liste impressionnante des atteintes, abus et violations qui entachèrent dans leur application la pureté des immortels principes.

Le détail de ce procès serait fastidieux à suivre, car on imagine facilement l'aisance et la faconde accusatrices d'un procureur qui mesure la relativité du monde à l'absolu des idéaux. Une citation parmi d'autres, tout en résumant une partie des conclusions établies après enquête, donne de l'argumentation et de son insistance démonstrative un bon exemple :

> « La France vit dans le mensonge. Mensonge, quand on lui dit qu'elle vote universellement : car les trois quarts du peuple n'ont pas le droit de voter. Mensonge, quand on lui dit qu'une voix vaut une voix : car la valeur des voix varie d'une circonscription à l'autre. Mensonge, quand on lui affirme que la loi exprime la volonté générale : car la loi est votée par des Chambres qui, élues par le quart de la nation, ne représentent même pas la majorité de ce quart. Mensonge, quand on lui parle de liberté et d'égalité : car la France vit sous le régime de l'arbitraire, de la faveur et de la recommandation. Mensonge, quand on lui affirme la souveraineté de la représentation : car, à tout instant, le régime représentatif, en se substituant les décrets-lois, démissionne et disparaît. Voilà cent cinquante ans que l'on se moque du peuple [31]. »

Et le peuple, ignorant ou apathique, toujours disposé à ratifier le fait accompli, s'accommodait de ces apparences de démocratie. Il cultivait même une quiétude complaisante face à ce travestissement. « La France contemporaine est devenue une sorte d'automate de la démocratie [32] », concluait Tardieu, tout en espérant, par son cri d'alarme, déranger cet automatisme suicidaire, synonyme d'une progressive mais fatale abdication nationale.

L'ÉPANOUISSEMENT DU « MÉTIER »

« Remplir un mandat, c'est travailler pour les autres; faire un métier, c'est travailler pour soi-même [33]. » La naissance et la consolidation de la profession parlementaire signifia dès la Révolution la mise en exploitation de la France au profit des gens du « métier ». Une telle entreprise, conduite sur une telle échelle, exigeait évidemment une organisation précise du cadre professionnel. Tardieu entreprit donc la description de cette profession constituée en analysant l'oligarchie parlementaire dans ses structures, son milieu, ses mœurs, ses mobiles, ses effets. Il proposa ainsi une sociologie du « métier » dont la dynamique propre et les lois se montrèrent plus efficients que les principes démocratiques et plus forts que les divers régimes que connut la France. Car, quel que fût le cadre parlementaire, monarchique ou républicain, le « métier » primait et imposait ses lois à la vie politique.

Les professionnels de la représentation politique, installés dans leur charge comme dans un privilège de famille, organisèrent à leur avantage les structures du métier parlementaire. Ainsi, la totale liberté d'accès, sous la seule réserve de l'âge, accordait un blanc-seing à l'ignorance et à l'incompétence ; la rééligibilité indéfinie garantissait jusqu'à la sénilité l'exercice du « métier » ; le cumul des mandats autorisait la constitution, dans certaines régions, de véritables « puissances féodales » ; la rétribution mensuelle, la retraite et les avantages en nature consolidaient enfin une activité publique transformée en « gagne-pain » pour les désœuvrés de tout poil. Ainsi structuré, le « métier » avait trahi sa fonction représentative pour ne plus servir que le petit nombre des privilégiés acoquinés au club parlementaire.

> « Ce que l'on persiste à appeler la Chambre, concluait Tardieu, est le syndicat professionnel de la profession parlementaire. C'est une association alimentaire, une mutuelle, qui vit et se développe pour ses fins propres, parce que son mécanisme est plus fort que son idéal [34]. »

Cette organisation professionnelle, cependant, avait un coût de fonctionnement élevé. En aiguisant les petits appétits, le clientélisme généralisé présentait en fin d'addition une grosse facture aux « tireurs de ficelles ». L'emprise de l'argent sur la vie publique était ainsi devenue prépondérante et le dessaisissement du peuple s'était accompagné d'une profonde démoralisation : « La démocratie contemporaine, qu'elle soit de droite ou qu'elle soit de gauche, est ploutocratie [35]. »

Cette oligarchie politique organisée en « mutuelle » obéissait à deux mobiles, l'un statique, l'obsession de la réélection, l'autre dynamique, l'obsession de l'avancement ministériel. Dominant le « métier », ces deux mobiles imprimaient leur logique à la vie politique française. Ainsi, en transformant l'élu en perpétuel candidat, le souci prioritaire de la réélection sacrifiait l'intérêt général à l'intérêt électoral, favorisait le clientélisme et la corruption tout en provoquant l'engorgement des institutions sous le flot des sollicitations, et plaçait le parlementaire sous la tutelle des « comités » locaux. Quant à la soif de portefeuilles ministériels, elle entretenait comme un impérieux besoin professionnel l'instabilité gouvernementale, imposait la recherche du nombre par la formation de coalitions contre-nature émoussant les idées et choquant la morale, et transformait les Chambres en un champ clos d'hypocrisie et de traîtrise. Ces deux mobiles se renforçant l'un l'autre, l'accession au pouvoir facilitant en effet la réélection, ils conjuguaient naturellement leurs effets pervers pour ne plus faire de la politique qu'une vaste intrigue entre profiteurs du régime. La fréquence des scandales politico-financiers et leur facile résorption prouvaient à la fois l'avidité concussionnaire et la solidarité dans la forfaiture des hommes du « métier » [36].

Cette dévaluation de la politique s'expliquait aussi par la baisse constante des qualités intellectuelles et morales des parlementaires. Car « de déplacement en déplacement, la souveraineté, devenue l'attribut d'une minorité, passera dans les mains les moins dignes [37] ». Le « métier » étant ouvert à tous, les médiocres finirent en effet par l'envahir, trouvant dans les Chambres les satisfactions qu'ils n'avaient pas réussi à se donner ailleurs. Cette « médiocrité foncière » des assemblées produisit, à droite comme à gauche, une culture politique abâtardie et sans esprit critique, cultivant le cliché sonore et les formules creuses, tenant l'intelligence en haine et la « bonne moyenne » pour qualité dirigeante. Les représentants des « nouvelles couches » annoncées par Gambetta se révélèrent des « besogneux » en même temps que des « naïfs », subissant les contraintes d'une fonction parlementaire trop lourde pour leurs ressources, leur conscience et leur intelligence [38]. Les conséquences directes de cette impunité générale accordée à l'incompétence et à la faiblesse de caractère furent d'une part la stérilité du travail parlementaire et l'impotence institutionnelle, d'autre part la chronicité familière de scandales politiques d'autant plus ravageurs qu'ils profitaient de la mainmise parlementaire sur un État tout-puissant et hypertrophié. Une solidarité de privilèges renforcée par un esprit de corps plus fort que l'esprit de parti unissait enfin cette minorité légale dans l'exploitation du pays « réel ».

Toutefois, le despotisme des majorités parlementaires ne s'exerça pas dans n'importe quelle direction. Il céda à une pente naturelle qui, irrésistiblement, poussait le pays toujours plus à gauche.

> « Ce mouvement à gauche, qui se couvre de l'idée de progrès, constitue un phénomène essentiellement professionnel. [...] De 1830 à 1937, la courbe du mouvement à gauche apparaît solidaire de l'organisation de la profession parlementaire [39]. »

Si la gauche française réussit à se mettre ainsi dans le sens de l'histoire, elle ne le dut pas à la valeur de ses idéaux, mais à sa plus grande capacité à s'assimiler le « métier » et à jouer de ses lois. Le système électif, en favorisant le nombre, favorisa la gauche qui sut faire croire qu'elle parlait pour le plus grand nombre. L'envie démocratique et l'horreur des supériorités constituèrent en fait les principaux moteurs de ce mouvement. Les hommes de gauche montrèrent aussi du génie dans les formules de combat et d'exclusion politique : « Le cléricalisme, voilà l'ennemi », « La révolution est un bloc », « Pas d'ennemi à gauche », « Le mur d'argent », « Les deux cents familles », « Le pain, la paix, la liberté », verbalisme creux et sans substance réelle, mais qui donna successivement la victoire au Bloc des gauches, au Cartel et au Front populaire. Enfin, ces hommes firent preuve d'un talent tactique supérieur comme « ouvrier de métier », d'un sens de la discipline jamais démenti, même dans les volte-face politiques les plus inattendues, et d'un aplomb sans scrupule dans la jouissance des bénéfices du pouvoir.

En somme, le « métier » créa son propre personnel, à la fois servile et despotique, représentant ambitieux de ces « nouvelles couches », avocats sans cause, journalistes sans journaux, médecins sans clients, fonctionnaires sans loyauté, « gens sans place en veine d'expropriation [40] ». Ils occupaient si massivement la République depuis 1880 que les véritables élites de la nation se détachèrent de l'activité politique. Ce noyautage social et politique réussi, ils se partagèrent les prébendes. Les artisans du mensonge démocratique triomphaient :

> « Le mouvement à gauche est le secret artifice qui permet de se couvrir du peuple tout en l'expropriant ; de défendre le régime tout en refusant de le réformer ; de trahir les principes et de garder les profits [41]. »

Le nom des profiteurs changea bien sûr avec les époques ; pour les années trente, Tardieu identifiait « les comités maçonniques, pacifistes, sociaux et planistes », dignes héritiers de la « troupe de brigands qui fournira la Révolution de son personnel et qui, quatre ans durant, mettra la France au pillage [42] ». Les mêmes causes produisirent les mêmes effets, l'unité du mal, de Robespierre à Blum, étant incontestable. La IIIe République apparaissait comme de « la Révolution ralentie » et de « la Terreur délayée [43] ».

« Qu'il y ait, en 1936, une doctrine du régime, comme il y en avait une en 1793, point de doute. Cette doctrine, qui date de loin, s'est adaptée à des nécessités changeantes. Mais elle demeure [44]. » La comparaison de 1936 avec les pires moments de la Révolution fut abondamment exploitée par Tardieu. Les tares de la France contemporaine trouvaient en effet leur achèvement dans ces deux périodes, l'une, point de départ sanglant, l'autre, aboutissement historique de l'usurpation démocratique. Tardieu relevait ainsi une même médiocrité des hommes : Daladier « le triplepatte sanglant », Herriot « le maître dans le néant sonore », Blum « le premier pour la duplicité et la poltronnerie », Jouhaux avec sa « réconfortante silhouette de forçat de la faim » n'avaient rien à envier à Robespierre « le cuistre », à Marat « le fou alcoolique », à Danton le « voleur, dictateur, massacreur », à Condorcet « le niais cultivé [45] ».

Médiocres, les révolutionnaires, qui prêchaient pourtant la vertu rousseauiste, furent aussi les agents de toutes les corruptions : Stavisky et ses hommes n'inaugurèrent pas l'ère de la « canaillocratie ». En matière de concussion, Chautemps trouvait dans Danton un célèbre prédécesseur [46].

Au-delà des hommes, Tardieu prolongea sa comparaison des deux époques en insistant sur la pratique consommée d'un même despotisme parlementaire, responsable à cent cinquante années de distance des mêmes maux. Ainsi, la Convention avait donné l'exemple achevé de l'omnipotence des assemblées et de la confusion de tous les pouvoirs sous une autorité anarchique : « La Convention fait les lois. Elle gouverne. Elle administre. Elle juge [47]. » Les parlementaires qui suivirent n'eurent de cesse de revenir à cet idéal conventionnel de la toute-puissance du « métier ». Sous la IIIe République, ce fut chose faite. Il est vrai que les racines du despotisme, à savoir les cadres locaux de cette tyrannie anonyme des « tireurs de ficelles », ne purent être extirpées et profitèrent d'une organisation bien structurée, les loges maçonniques. Car, des « sociétés raisonneuses » du XVIIIe siècle aux comités radicaux-socialistes de la IIIe République, Tardieu décelait une même manière d'exploiter secrètement la France. La franc-maçonnerie, main invisible derrière cette séculaire usurpation, appelait cette méthode de gouvernement par une oligarchie de coulisses l' « art royal ».

Dans *Le Règne du matérialisme*, tome IV non achevé de *La Révolution à refaire*, l'auteur reprenait en effet totalement à son compte la thèse du complot maçonnique travaillant sournoisement l'histoire française, du XVIIIe siècle à la IIIe République. La franc-maçonnerie aurait ainsi fourni une doctrine et un personnel à la Révolution. La libre-pensée, doctrine « athée, individualiste et, pour ces deux raisons, matérialiste et égoïste », exerça sa « terreur intellectuelle » dans les sociétés de pensée du XVIIIe siècle avant de légitimer le régime criminel de la Terreur. Spoliations et exactions furent couvertes par des abstractions hypocrites, telles volonté générale, démocratie, science, progrès, justice. Au XIXe siècle, le rayonnement funeste de ce « foyer négatif » s'amplifia irrésistiblement. Officiellement installée dans la République depuis 1880, la franc-maçonnerie tenait la France en tenant les comités radicaux et socialistes. « De la société à penser en commun, on était passé à la société à profiter en commun [48]. » Et Tardieu de se laisser emporter dans un délire explicatif en présentant l'odieux renvoi de Clemenceau en janvier 1920, la trahison politique du congrès d'Angers, les refus répétés de collaboration que lui opposèrent les radicaux et enfin le Front populaire comme la simple exécution de consignes maçonniques.

Depuis le XVIIIe siècle, la trame du complot maçonnique n'avait donc pas rompu, et sa dynamique gauchissante, du libre-penseur au socialiste, avait été respectée. En 1936, après les clubs, les loges, les comités, ç'avait été au tour des syndicats de manipuler les élus selon la vieille recette jacobine. « Aujourd'hui, les tireurs de ficelles, fortifiés dans les syndicats et dans les cellules, mènent le pays, au défi des principes, en occupant les usines [49]. » Le mouvement à gauche, selon sa dynamique propre, s'infléchissait une fois de plus. Cette fois, cependant, le despotisme des minorités mettait en danger l'indépendance nationale : la CGT, rappelait Tardieu, était aux ordres du communisme russe, terme fatal de l'épanouissement du « métier ». Au peuple qui s'inquiétait pour la République à chaque crise ministérielle, il demandait donc de voir plus loin et de s'inquiéter pour la France elle-même. Au-dessus du régime, ne fallait-il pas placer la France ? Et si 1936 sortait de 1789, ne fallait-il pas reconsidérer tout l'héritage politique de la France contemporaine ?

LA RÉVOLUTION EN QUESTION

L'interrogation sur la décadence du présent amena inévitablement Tardieu à remonter aux sources de l'identité française et à questionner l'acte de naissance révolutionnaire. Son intention, une fois de plus, se voulait démystificatrice : susciter chez des contemporains trop crédules de « pénibles surprises ». Pour cette tâche, Taine fut un guide irremplaçable. À l'exemple de l'auteur des *Origines*, Tardieu refusait de distinguer des « moments » dans l'épisode révolutionnaire, prenant les républicains au mot en acceptant l'idée du « bloc ». Ainsi, aucune Révolution de la liberté ne précéda la Révolution de l'égalité, et la Révolution ne tourna pas non plus à la Terreur. Tardieu avait lu Burke et affirmait avec lui que ce qui devait arriver arriva. Tout, dès l'origine, porta en fait la forte empreinte d'un homme :

« On a longtemps coupé en tranches la Révolution : tranche Montesquieu, tranche Voltaire, tranche Rousseau. Ce ne sont là que des vues de l'esprit. [...] La source puissante et jaillissante, la source, qui va irriguer triomphalement l'histoire de cent cinquante années, c'est Rousseau, et Rousseau tout seul [50]. »

Les principes du *Contrat social* – les hommes sont « libres », dût-on les forcer à l'être, « égaux », quitte à les réduire à un signe algébrique toujours interchangeable pour mieux les insérer dans les théorèmes sociaux, et « souverains » – trouvèrent dans la Terreur leur pleine signification avant d'animer les utopies démocratiques jusqu'au xxe siècle [51]. Rousseau apparaissait donc comme le grand mystificateur de l'âge démocratique.

Au-delà de ce raccourci bien connu « C'est la faute à Rousseau », Tardieu exposa une à une les diverses réfutations de la nécessité révolutionnaire. Ni la science, ni la morale, ni l'histoire ne justifiaient la Révolution. L'équation d'identité faite entre lois de l'esprit et lois de la démocratie, entre confiance dans la science et enthousiasme de gauche était rudement démentie depuis les progrès des sciences naturelles et de la biologie. Comment accorder, en effet, le monde biologique et les principes de 1789 : « Le déterminisme est l'ennemi de la liberté. La sélection est l'ennemie de l'égalité. La lutte pour la vie est l'ennemie de la fraternité [52]. » Faut-il alors invoquer l'autorité intellectuelle et morale des philosophes des Lumières ? Mais Franklin n'aimait que l'argent, Voltaire menait une vie de flatteur impudent et Rousseau cherchait des excuses à ses insuffisances et à ses vices. Quant aux propagandistes de second et troisième ordres, les Helvétius, d'Holbach, Condorcet, Volney, Lalande, Raynal, Mably, Morelly, etc., ils n'élaborèrent qu'une « métaphysique de sous-gradués et des mathématiques de commis de douanes ». Gens de lettres, leur moralité fut celle des courtisans [53].

Restait donc l'histoire, c'est-à-dire les fautes de l'Ancien Régime, indéniables, et l'exemple des révolutions anglo-saxonnes. Pourtant, des réformes limitées fondées sur les cahiers de doléances eussent satisfait la majorité des Français. En outre, la rupture brutale de 1789, opposant à la tradition et à l'histoire la folie de la table rase, prit l'exact contrepied de l'exemple anglais. Une fois de plus, d'ailleurs, Tardieu appelait Edmund Burke à la barre de l'accusation pour opposer l'empirisme anglais et la révolution conservatrice de 1688 à l'idéalisme absolu et à la négation du passé qui caractérisèrent 1789 [54]. Comment donc alors expliquer l'explosion révolutionnaire ?

Tardieu préféra à la thèse tainienne de « l'esprit classique », trop schématique et abstraite, l'explication morale d'Ernest Seillière :

« Les idées de 1789 sont, d'abord et surtout, une explosion furieuse d'orgueil humain [55]. » Le XVIIIe siècle, « siècle de l'orgueil poussé jusqu'à la vanité », avait préparé les esprits en inventant l'homme naturellement bon et indéfiniment perfectible dont allait s'emparer le rationalisme mécaniste des révolutionnaires. Les premiers devoirs d'orgueil furent ainsi de déclarer la guerre au passé, pour enfin commencer l'histoire de la liberté, et à la religion, préjugé désuet que la raison ne reconnaissait plus. Les préoccupations métaphysiques écartées, restaient une philosophie matérialiste et une morale utilitaire pour guider les hommes vers l'étroit bonheur rousseauiste. Lorsque les révolutionnaires mirent ce nouveau catéchisme en pratique, ils « désossèrent » la France pour faire place nette à leur homme abstrait, qui obtenait en échange de ses droits historiques antérieurs l'universalisme déclamatoire des droits de l'homme. Ce volontarisme politique, qui prétendait reconstruire la société *ex nihilo* et sous la haute autorité de la raison, ne fut finalement qu'un immense péché d'orgueil [56].

En dépit du bilan désastreux de la Révolution – « elle ne fut qu'un long pillage » –, cet esprit d'orgueil légué par le XVIIIe siècle perdura avec toutes ses conséquences. « Projetez, disait Tardieu, cet orgueil dans le temps : vous tenez l'esprit de progrès, qui se confond avec l'esprit d'orgueil [57]. » Une foi indéfectible dans le progrès encombra le XIXe siècle. En son nom, la science fut divinisée, la religion réfutée. La IIIe République institutionnalisa dans l'école républicaine cette foi laïque plus intolérante encore que les anciens dogmes. L'armée sectaire des instituteurs put alors reprendre avec méthode le combat révolutionnaire : **guerre à la religion, guerre au passé.** L'école sans Dieu n'enseigna plus l'histoire qu'à partir de 1789 et, pour conjurer l'obscurantisme ancien, figea l'esprit des jeunes Français dans un positivisme de strictes nomenclatures. Ainsi, le « stupide » XIXe siècle ne fit que rejouer la pièce révolutionnaire dans un long bégaiement, maladroitement et sans originalité propre. « Le XXe siècle mettait [lui aussi] ses pas dans ceux du XVIIIe », et la République vivait encore sur le capital d'idées fausses léguées par ce siècle « orgueilleux » et « court d'esprit [58] ».

Autant dans sa forme opérante, la profession parlementaire, que dans son fond, la philosophie du progrès, la IIIe République représentait l'achèvement d'un mouvement séculaire qui, tout en organisant les cadres de l'usurpation et de l'exploitation du peuple, confortait la bonne conscience des profiteurs par la diffusion d'une philosophie matérialiste et utilitaire. Le mal français avait de profondes et de solides racines. Pour l'extirper, Tardieu proposait, dans la logique de sa démonstration, de refaire la Révolution. Pour bien refaire, toutefois, il fallait d'abord systématiquement défaire.

L'ENTREPRISE DE DÉMOLITION

La retraite politique et la résignation silencieuse auraient peut-être pu suffire à endiguer l'écœurement provoqué par le spectacle de la France du milieu des années trente. Tardieu, toutefois, n'entendait pas renoncer à l'action et, par haine de la résignation, il se dégoûta de la République. Georges Suarez qualifia la passion ravageuse qui emporta alors certains partisans du changement : « Nous nous sommes mis à haïr ce que nous voulons changer et nous ne voulons changer qu'en renversant [59]. » La forte aversion de Tardieu pour la République parlementaire manifestait de manière désespérée sa façon d'aimer la France.

Cette haine du présent, toutefois, était grosse de tentations extrémistes et pouvait le conduire fort au-delà de la République. Avant même de déterminer jusqu'à quel point le retraité de Menton s'était laissé tenter par les extrêmes, il convient d'accorder toute son importance à ce refus radical du présent qui seul donne à *La Révolution à refaire* sa cohérence et son unité passionnelle. Il s'agit en effet de démêler, dans le réquisitoire de Tardieu, ce qui tient de la volonté démonstrative de ce qui relève de ses propres convictions. Emporté par son dégoût, il chercha en effet surtout à étayer par l'histoire son diagnostic de décadence et accumula à cet effet le plus grand nombre d'arguments possibles. Faire partager à ses contemporains son aversion de la République parlementaire parut ainsi toujours plus important que de prendre position sur les arguments utilisés. La pensée de Tardieu était donc avant tout une pensée en réaction – ce qui n'en faisait pas obligatoirement une pensée « réactionnaire ». Sa démarche, bien sûr, n'évitait ni les ambiguïtés, ni les contradictions.

La conclusion de Tardieu sur la mise en cause des « immortels principes » est à cet égard très révélatrice. En effet, après avoir exposé dans un brillant raccourci les nombreuses raisons de douter de la valeur de ces principes, il relativisait les opinions avancées, considérant que « le débat entre la thèse de 1789 et la thèse adverse restait ouvert », et renvoyait dos à dos ces deux « credo » également indémontrables pour aborder le seul domaine autorisant de solides conclusions : le domaine des faits. « Il n'y a jamais de conclusion pour les controverses d'idées. Laissons les idées et venons aux faits [60]. » L'abstention finale de Tardieu cachait pourtant mal ses sympathies : le lecteur ne pouvait oublier le soin particulier apporté à la réfutation des principes de 1789. Par cette confrontation partielle des thèses en présence, cependant, il cherchait avant tout à entamer le monopole idéologique républicain et à en diminuer la force d'attraction en le réduisant à un simple credo auquel on pouvait aisément opposer un autre credo. Il s'agissait de briser l'hégémonie intellectuelle de la gauche, parti de la Révolution, plutôt que d'exposer sa propre conversion à la contre-révolution.

Le passage sur la médiocrité collective des assemblées paraît exemplaire de la méthode et des intentions poursuivies. Après avoir caricaturé l'incompétence générale des élus, leur esprit suiveur et leur indigente éloquence, après avoir rapporté une série de témoignages sommaires sur les atermoiements imbéciles des assemblées, Tardieu, aidé par plusieurs auteurs, tenta quelques hypothèses explicatives. Fallait-il croire avec Proudhon à l'équation « démocratie, médiocratie » ou avec Stuart Mill à la nécessaire inclination de tout régime représentatif à la déficience intellectuelle? Fallait-il penser avec Alain que « tout est médiocre, dès que les hommes pensent en réunion »? Ou avec Anatole France qu' « un homme politique ne doit pas devancer les circonstances »? Péguy avait-il raison de stigmatiser l'effet du matérialisme envahissant et l' « abusive primauté du primaire »? Enfin, ne fallait-il pas reconnaître que « les collectivités électives sont, par nature, incapables de réaliser l'effort d'abstraction, qu'exigent les notions d'intérêt général [61] »? Si Tardieu approuvait l'ensemble de ces explications, à des degrés divers certes et semble-t-il avec une préférence pour la dernière, il ne les exposait toutefois qu'à titre d'hypothèses, sans en choisir aucune explicitement. Le lecteur pouvait trier lui-même dans cette accumulation de causes qui, par elle-même, accréditait la réalité de la médiocrité parlementaire, propos unique de la démonstration. Le point de vue expliquant la médiocrité des assemblées importait donc moins que la constatation de cette médiocrité.

La Révolution à refaire était tout entière construite sur ce modèle: il s'agissait d'accumuler, contre la décadence de la France des années trente et plus précisément contre la République de gauche, le plus impressionnant faisceau d'arguments critiques, indépendamment de la cohérence de ces arguments entre eux. Pour soutenir son réquisitoire, Tardieu fit ainsi citer à la barre de l'accusation des centaines de témoins historiques et parler des dizaines de publicistes et écrivains. Les notes de lecture, les premiers brouillons et la bibliographie nous permettent de suivre de très près les emprunts de Tardieu à la littérature existante [62]. Mentionner une partie des sources utilisées, c'est montrer, par la diversité des emprunts, la logique de démolition qui animait Tardieu.

Pour discréditer l'épisode révolutionnaire, il mobilisa ainsi les théocrates contre-révolutionnaires, Joseph de Maistre et Louis de Bonald, le libéral conservateur et traditionaliste, Edmund Burke, Hippolyte Taine, bien sûr, mais encore Auguste Comte, Augustin Cournot, Proudhon et Georges Sorel. Les historiens de la Révolution furent également mis à contribution : pas Aulard, évidemment, mais le robespierriste Albert Mathiez pour l'utile concours apporté par son livre *La Corruption parlementaire sous la Terreur* et Augustin Cochin, monarchiste catholique, dont les études sur les sociétés de pensée du XVIIIe, alors mal interprétées, permettaient de présenter la Révolution comme l'œuvre des loges maçonniques. Tardieu n'utilisa pas les écrits de l'abbé Barruel, mais, en matière de complot maçonnique, les notes prises dans les ouvrages de Vallery-Radot, *La Dictature de la franc-maçonnerie*, et de Goyau, *La Franc-Maçonnerie*, suffirent à étayer le procès de ce pouvoir occulte. Ayant noté chez Bonald que la Révolution, loin d'être un simple « événement », était en fait une « époque », l'auteur trouva chez les traditionalistes et les maurrassiens de la fin du XIXe siècle un utile prolongement de la critique contre-révolutionnaire. *L'Enquête sur la monarchie* de Maurras, bien sûr, mais encore Bainville et ses *Histoire de France* et de *La Troisième République* furent ainsi consultés et utilisés avec profit.

Étant une conception globale du monde, la pensée contre-révolutionnaire offrait à Tardieu une thématique critique très riche, saturée de théologie et d'ontologie, tout à fait idoine pour un assaut radical contre l'idéologie républicaine dominante. Toutefois, d'autres sources venaient aussi étoffer son histoire militante et polémiste du mouvement démocratique. Les publicistes et universitaires contemporains qui s'interrogèrent sur la crise de la démocratie, tels James Bryce, Joseph-Barthélemy, Georges Guy-Grand, Bernard Lavergne, Lucien Romier, lui apportèrent nombre de remarques et réflexions précieuses sur les déficiences de la République parlementaire. Tardieu utilisa également des classiques de la science politique, tels les ouvrages de Roberto Michels et d'Ostrogorski sur les partis politiques : il fit ainsi jouer contre la classe parlementaire la fameuse « loi d'airain de l'oligarchie » de Michels et profita de l'étude d'Ostrogorski sur la « machine » partisane américaine pour montrer les effets pervers – corruption et manipulation généralisées – des partis et « comités » sur la vie politique. Quant à la thématique antiparlementaire, Tardieu n'eut besoin que de l'étoffer d'exemples historiques et de lui donner son ton personnel, pamphlétaire et souvent méprisant, car pour l'ensemble, et même pour le détail, elle était depuis longtemps déjà établie.

Si l'on considère les thèmes de plus près, la diversité des sources et des arguments critiques utilisés apparaissent avec évidence. Pour remettre en cause l'idéologie républicaine Tardieu avait d'abord donné la parole aux contre-révolutionnaires. Dans un deuxième temps critique, il abandonnait son point de vue « réactionnaire » pour dénoncer, en ultra-démocrate cette fois, toutes les atteintes portées dans la pratique aux principes de 1789. Il allait en effet s'en prendre aux républicains et à la gauche française au nom même de ces principes dont il venait pourtant de mettre en cause la valeur.

Ainsi, pour défendre la liberté, Tardieu fit donc naturellement appel aux libéraux français. La distinction classique de Benjamin Constant entre la liberté chez les anciens et la liberté chez les modernes fut mise au service de sa démonstration. Elle lui permit de défendre une liberté plurielle et les droits privés de l'individu contre la liberté en majuscule des révolutionnaires et leur prétention à tyranniser l'individu au nom du citoyen. Tardieu cita également Mme de Staël et sa réflexion célèbre : « C'est le despotisme qui est nouveau, et la liberté qui est ancienne », afin de détruire le mythe républicain d'une histoire de la liberté commençant en 1789 seulement. Pour stigmatiser les atteintes à la liberté de conscience, à la liberté d'enseignement et à la liberté politique, il dressa le passif libéral d'une IIIe République qui avait réduit à la qualité de demi-citoyens les anarchistes, les communards, les internationalistes, les congréganistes, les prêtres. Avec l'aide de deux juristes réputés, l'un « libéral et classique », Esmein, l'autre, « socialisant et novateur », Duguit, il fit l'inventaire des violations de la liberté depuis le début du XXe siècle. Enfin, contre la « métaphysique d'État » du parti républicain, il rappela les attaques de Péguy contre l'hégémonie sectaire du « parti intellectuel [63] ».

S'il endossa le discours libéral pour défendre la liberté violée, Tardieu n'allait toutefois pas se faire égalitariste en comptabilisant les coups portés à l'idéal égalitaire. Comme nombre de conservateurs et de libéraux, il tenait l'idée d'égalité en horreur. « D'origine mathématique et non pas expérimentale », cette notion était pour lui purement « négative ». Anarchique, elle exprimait une révolte insensée contre les hiérarchies nécessaires et les inévitables différences. Car la nature était aristocratique; la biologie mais aussi l'histoire le prouvaient abondamment. Plus grave encore, l'idéal démocratique souffrait d'un vice interne rédhibitoire : la contradiction entre les notions d'égalité et de liberté. Comment concilier, en effet, la liberté avec la formidable contrainte sociale nécessaire au maintien de l'égalité? Ou comment empêcher que l'exercice de la liberté ne suscite des inégalités nouvelles et toujours renaissantes?

Tardieu trancha nettement en faveur de la liberté. Il présenta, avec Tocqueville, l'égalité comme « l'une des avenues de la tyrannie ». Il tomba d'accord avec Auguste Comte pour penser que l'égalité n'exprimait guère qu'une haine des supériorités, qu'une envie niveleuse capable tout au plus de déplacer des abus de pouvoir, mais impropre à construire [64]. Par ailleurs, Tocqueville fournit à Tardieu le moteur de son histoire du développement démocratique, l'irrésistible poussée égalitaire avec, à la clef, l'avertissement tocquevillien du progrès conjoint de l'égalité et de l'asservissement. Chez Tardieu, toutefois, l'égalitarisme ne s'abîmait pas dans le despotisme administratif, mais dans le despotisme parlementaire. Plutôt que de partir de la centralisation continue de l'État, il faisait en effet tout découler de la professionnalisation du mandat parlementaire. Les effets, cependant, se rejoignaient dans ce que Tocqueville appelait le « despotisme de la majorité » et qui devenait chez Tardieu, une fois les déficiences du suffrage universel comptabilisées, le « despotisme de la minorité ».

L'aversion pour l'idée égalitaire n'empêcha toutefois pas Tardieu de dresser le constat des inégalités entretenues par les profiteurs du mouvement démocratique. Une fois encore, le tableau critique reprenait un ensemble des griefs contradictoires censés noircir au maximum le bilan final. La bourgeoisie, grande et petite, et les masses ouvrières et paysannes virent ainsi leurs plaintes respectives adressées. Au nom de l'égalité devant l'impôt, Tardieu défendit les « riches », prétendument soumis à une fiscalité d'expropriation, et les épargnants, spoliés par les manipulations monétaires. Dans le même temps, il invoqua Lamennais pour condamner la République bourgeoise et « antisociale », et prit même à son compte une défense marxisante du prolétariat qui « continue de vendre ses bras comme une marchandise, en participant très peu aux bienfaits de la vie civilisée [65] ». La cohérence douteuse de cette défense sociale tous azimuts n'inquiétait guère l'auteur puisqu'elle obéissait à sa logique finale, stigmatiser la gauche française :

> « L'inégalité des conditions qui pèse sur les travailleurs est systématiquement maintenue, comme M. Georges Sorel l'a montré de façon définitive, par les parlementaires d'extrême gauche : car ces parlementaires vivent de cette inégalité. L'inégalité en bas est la source des profits en haut. L'élu révolutionnaire joue sur deux tableaux, le tableau de la Révolution, qu'il ajourne ; le tableau du capitalisme, qu'il exploite [66]. »

Contre l'hypocrisie du socialisme réformiste, il est vrai, Sorel fut pour Tardieu un allié précieux.

Dans son examen de la « souveraineté escamotée », le retraité de

Menton cumula là encore des types de critiques définissant des conceptions politiques contradictoires. En effet, le peuple souverain était déclaré « captif » de l'oligarchie parlementaire, mais aussi de lui-même, c'est-à-dire de ses passions et de son ignorance. À une attitude démocratique dénonçant l'usurpation de souveraineté se juxtaposait ainsi un point de vue antidémocratique mettant en doute le bien-fondé du suffrage universel selon la tradition libéral du citoyen capacitaire. L'impressionnant florilège de cautions intellectuelles et de témoignages rassemblés contre la loi du nombre montrait une fois de plus la volonté de Tardieu de faire flèche de tout bois. Étaient ainsi invoqués dans un beau désordre Pascal, Pufendorf, Montesquieu, Louis Blanc, Proudhon, Stuart Mill, Auguste Comte, Herbert Spencer, Carlyle, Royer-Collard, Montalembert, Balzac, Flaubert, Thiers, Barrès, Renan et Anatole France [67].

Enfin, Tardieu étoffa son réquisitoire contre la France républicaine d'exemples étrangers choisis de manière à mettre en évidence les déficiences du développement démocratique français. Il cita la longue liste des pays ayant accordé aux femmes l'exercice des droits politiques pour stigmatiser l'inachèvement démocratique français. Il invoqua l'exemple américain de la Cour suprême pour déplorer l'absence dans la Constitution de 1875 de garanties des droits et de recours possibles contre l'arbitraire. Il fit de la Suisse et de ses procédures de démocratie directe un modèle opposable à l'usurpation parlementaire française. Il présenta enfin le parlementarisme anglais combinant défiance et dissolution comme un système équilibré faisant ressortir la scandaleuse omnipotence des chambres françaises [68].

Par dégoût de ce que la France était devenue, il fut emporté dans une fureur critique sans retenue ni nuance. Pour noircir au maximum le bilan historique républicain et discréditer la gauche française, il se fit tour à tour le porte-parole de la critique réactionnaire, libérale et socialiste révolutionnaire, utilisant, dans un dosage confus mais détonant, Maistre et Burke, Constant et Tocqueville, Proudhon et Sorel. Un violent et radical réquisitoire antirépublicain sortit de cet enthousiasme dans la démolition qui, en synthétisant tous les mécontentements, n'épargna quasiment rien ni personne. L'effet critique obtenu par le cumul des attaques de tous bords et de tous acabits fut sans aucun doute ravageur. Le gain en force, cependant, se fit au détriment de la cohérence intellectuelle et politique. Le tableau critique du *Souverain captif*, en n'obéissant qu'à une logique du refus passionné du présent, restait ainsi profondément ambigu dans son interprétation. L'ouvrage apparaissait d'abord comme réactionnaire dans sa critique des principes de 1789, puis libéral dans son constat de leur prétendue non-application. Où situer dorénavant Tardieu et que traduisait une telle confusion idéologique?

Sympathies maurrassiennes

Les partisans de la contre-révolution cultivaient l'idée-programme d'un rétablissement de la monarchie qui ne fût point, selon le mot de Joseph de Maistre, « une révolution contraire, mais le contraire de la Révolution [69] ». À la Terreur jacobine, nulle Terreur blanche ne serait opposée; au contraire, on refermerait simplement la parenthèse révolutionnaire, monstrueux dérapage de l'Histoire, pour renouer avec la stabilité et la douceur de l'Ancien Régime. Dans son réquisitoire systématique, Tardieu chercha également l'image positive d'une République contraire, reflet inversé de la République du mensonge et de l'abus permanent. Car à s'obstiner dans la dénonciation des tares républicaines, il dressa en négatif la liste virtuelle des réformes souhaitables. Il esquissa surtout les éléments constitutifs d'une véritable contre-pédagogie républicaine, instrument indispensable de la rééducation du peuple français.

En 1934, Tardieu avait placé ses espoirs dans des corrections apportées à la lettre des institutions; mais corriger le régime, c'était encore, pour l'essentiel, le subir. Afin de préparer la « refabrication de l'âme française », condition du salut national, Tardieu devait atteindre les vraies causes de la déchéance de l'heure et donc attenter à l'idée républicaine elle-même pour la purger de tout son « fatras de néant pseudo-scientifique », de son « matérialisme obtu [70] ». Sur ce terrain idéologique, cependant, il devait inévitablement rencontrer l'instance hégémonique du militantisme antirépublicain, celle qui occupait déjà sur le plan intellectuel cet « envers de la République [71] » confusément recherché par Tardieu dans la négation du présent, la ligue d'Action française.

Maurras, en revendiquant Maistre, Bonald, Comte, Le Play, Fustel de Coulanges, Renan, Taine pour ses maîtres, résumait en fait la tradition politique qui inspira Tardieu pour penser sa *Révolution à refaire*. Rien d'étonnant, dès lors, à ce que les recoupements entre la doctrine maurrassienne et la pensée de Tardieu fussent substantiels, surtout dans leurs versants critiques. *Nos Raisons contre la République, pour la monarchie* (1931) montrait ainsi une frappante similitude d'argumentation avec les écrits de

Tardieu, similitude qui se traduisait jusque dans les titres de chapitres : « Les grands principes », « La fausse liberté », « L'égalité imaginaire », « Le Nombre et l'opinion », « La course au pouvoir », « Le gouvernement d'une oligarchie », etc. Tardieu aurait certes souscrit au bilan final dressé alors par Maurras :

> « République constituée sur des oligarchies héréditaires et traditionnelles, mais, la plupart du temps, indifférentes à l'intérêt français, hostiles au génie français. Anarchie conservatrice, puis révolutionnaire. Organisation d'un gouvernement contre la religion et contre l'armée. Abaissement européen et gaspillage financier. Systématisation de la décadence acceptée [72]. »

L'accord intellectuel et politique entre Tardieu et Maurras touchait en fait de nombreux points : affirmation de la primauté absolue du fait national, dénonciation de l'aberration égalitaire, rejet d'une idéologie du progrès s'abîmant dans le matérialisme, priorité accordée à la philosophie morale en politique, souveraine ignorance de l'économie, critique des illusions démocratiques, assauts corrosifs contre le parlementarisme, promotion de l'homme « réel » contre l'universalisme abstrait, défense du pays « réel » et non représenté contre l'usurpation du pays légal, apologie des élites sociales, foi dans les minorités agissantes, culte de l'unité française contre tout ce qui divise.

Avant la Grande Guerre déjà, l'Action française avait non seulement « épongé le sentiment antirépublicain [73] », mais aussi largement épuisé l'idée antirépublicaine. Solidement charpenté et cohérent jusqu'à l'irréalisme, le maurrassisme mit la passion nationaliste en doctrine en réintégrant la raison dans le camp de la « réaction ». Il fournit, par ailleurs, dans une synthèse séduisante des traditions de droite, un arsenal d'arguments aux conservateurs à court d'idées. En fait, l'Action française se présentait comme la seule alternative « intelligente » et sérieuse à l'idéologie républicaine : « Face au progrès apparemment sans merci de l'histoire, Maurras dressait une argumentation apparemment sans merci également, indiquant des nécessités contraires [74]. » Dans la polarisation radicalisante des années trente, l'Action française aimanta ainsi dans sa sphère d'influence intellectuelle nombre de transfuges du libéralisme conservateur, républicains nationaux désespérés de la démocratie qui, sans forcément adhérer à la ligue d'Action française, partagèrent avec elle une commune manière de penser et de sentir [75]. Tardieu devint l'un de ces nombreux sympathisants, tout comme ces « intellectuels » du même milieu « républicain de gauche » qui cédèrent eux aussi à la séduction maurrassienne : Léon Bérard, Joseph Barthélemy, Lucien Romier,

Maurice Colrat et Charles Benoist. Comme pour Tardieu, la vanité des tentatives réformistes et l'espoir trop souvent trompé du changement dégoûtèrent ces hommes de l'immobilisme républicain et finalement de la République.

Ainsi, Maurice Colrat, ami de jeunesse et par deux fois colistier de Tardieu en Seine-et-Oise, avait d'abord fondé son engagement politique aux côtés de Paul-Boncour, Anatole de Monzie et Henry de Jouvenel sur l'espoir d'une organisation technique de la démocratie et d'une République moins sectaire, préoccupée enfin des réalités économiques et sociales. Quarante ans plus tard, aux tristes heures de la défaite militaire, Colrat arriva à la conclusion que, « si nous mourons, c'est parce qu'on a voulu donner tort à Maurras [76] ». La dérive réactionnaire d'un Charles Benoist, de *La Revue des Deux Mondes* à *La Revue universelle*, était elle aussi exemplaire du désenchantement progressif d'un républicain libéral qui pensait la conservation dans l'adaptation institutionnelle de la République et dans son ouverture idéologique à toutes les familles françaises – nous l'avons suivi dans ses multiples efforts pour « organiser la démocratie », puis dans sa campagne de dénonciation des « maladies de la démocratie [77] ». Mais persuadé par trente années perdues au service du réformisme que la démocratie ne pouvait être organisée parce qu'elle refusait d'être hiérarchisée, il se rapprocha de l'Action française, puis y adhéra. En 1928, il affirma haut et fort sa conversion dans un nouvel ouvrage :

> « Ceci est un manuel de réaction. Pourquoi, *après un dur débat intérieur*, me suis-je décidé à le publier? Parce que, dans les conditions actuelles de la France [...], il n'y a de politique sensée, saine et utile que réactionnaire. Tout le reste, de glissements en chutes, du radicalisme au socialisme et du socialisme au communisme, du pacifisme aveugle à l'hypnose et de l'hypnose à la catalepsie, nous mène en une, deux ou trois étapes à la révolution au-dedans, à une nouvelle guerre, à une nouvelle invasion et à leurs suites désastreuses au-dehors; par le marécage, à l'abîme [78]. »

Dès la fin des années vingt il donnait là ainsi les termes mêmes dans lesquels allait s'exprimer la rupture de certains « nationaux » avec la République dans le milieu des années trente.

L'adhésion à la monarchie mise à part, Tardieu aurait pu souscrire à cette profession de foi réactionnaire. La cause royaliste, d'ailleurs, ne constituait pas un point de désaccord profond. Chez Benoist, l'adhésion à la monarchie était « acquiescement de la raison fondé sur l'étude et la pratique ». En fait, comme il le confia à Henri de Kérillis, il était moins royaliste qu'antidémocrate et pensait moins restaurer le roi que détruire le régime du Nombre débridé [79]. En adhérant à l'Action française, il avait donc poussé jusqu'au bout sa logique antiparlementaire et donné à sa répulsion devant la « médiocratisation » de la vie politique française l'étiquette partisane la plus engagée. Tardieu, qui avait suivi un itinéraire assez comparable – du révisionnisme « modéré » à la rupture antirépublicaine –, avait des chances d'être lui aussi enrôlé sous l'intransigeante bannière du nationalisme intégral. Il posait, d'ailleurs, le problème du drame français en des termes très semblables à ceux de Maurras.

En effet, si le nationalisme de celui-ci trouva son expression achevée dans la monarchie, ce fut au terme d'une enquête politique tout empreinte de réflexion logique et d'empirisme pratique. « Si vous avez résolu d'être patriote, démontrait Maurras dans son *Enquête sur la monarchie*, vous serez obligatoirement royaliste. [...] La raison le veut [80]. » Cette adhésion traduisait un choix rationnel en faveur de la forme de régime politique qui avait assuré devant l'histoire le plus de force et de grandeur à la nation. Le nationalisme obéissait donc à une logique d'efficacité et se souciait du « rendement » des différents régimes plutôt que de l'attrait de leurs principes. Sous cet angle, le couple République et nation apparaissait comme un dilemme irréductible, la première étant un « régime désorganisateur par essence » menant droit au démembrement national. L'unique alternative politique selon les maurrassiens se posait donc en termes simples et rigoureux, dénués de toute passion : la République ou la patrie, la démocratie et la division entretenue ou la monarchie et l'unité nationale magnifiée.

Ce raisonnement en termes d'efficacité des institutions politiques était aussi celui de Tardieu. « Les idées sont ce qu'elles sont, affirmait-il. Mais, en politique, c'est dans les faits et par les faits que les idées prennent leur valeur d'efficacité [81]. » Ce souci pratique était d'ailleurs au centre de « l'énigme française » que le retraité de Menton s'efforçait de résoudre. Comment expliquer autrement que par un cruel défaut de rendement le contraste saisissant entre le « spectacle magnifique, fait d'unité, de persistance, de diffusion, d'élan, de cohérence, d'harmonie » offert par la France de toujours et les médiocres réalisations résumées par la formule « L'échec partout [82] » ? Pour Maurras, la solution de l'énigme relevait de l'évidence rationnelle : les qualités françaises recensées par Tardieu – « unité, continuité, rayonnement et faculté de redressement » – étaient qualités royales par excellence. Tardieu, cependant, n'adhéra jamais à la cause monarchiste, en dépit de fortes sympathies maurrassiennes [83].

En fait, le système intellectuel de Maurras, pour séduisant qu'il fût par la rigueur logique, préférait le postulat rationnel à la réalité. Dans la ligne de Barrès, Tardieu rejeta donc l'irréalisme d'une restauration monarchique qui niait dogmatiquement cent cinquante années d'histoire française. Dans les notes rassemblées pour la rédaction de son tome V (*Les Issues*) il distingua les « bonnes raisons » des « mauvaises raisons de l'Action française ». Dans ce contexte, il affirma l'enracinement de la République dans le patrimoine national comme une nouvelle dynastie : « La République a été la quatrième dynastie. Elle a déplacé Louis XVI devenu fainéant, comme les Mérovingiens avaient été déplacés par les Carolingiens et les Carolingiens par les Capétiens [84]. » Nier la République, c'était amputer la France. L'accord avec Barrès contre le rationalisme impénitent de Maurras n'empêcha pourtant pas Tardieu de combiner le nationalisme barrésien essentiellement éthique, éducatif et moral, avec la préoccupation prioritairement politique du nationalisme intégral [85].

Il aurait pu, en effet, faire sien le précepte de l'Action française, « Politique d'abord ». L'injonction correspondait parfaitement à sa tournure d'esprit et à ses intentions : d'une part elle ignorait l'économique et le social et œuvrait par là même à la conservation de l'ordre établi; d'autre part elle répondait à l'urgente nécessité de réformer la République pour donner à la nation française des institutions fortes et efficaces, condition de sa survie. Le mot d'ordre « Politique d'abord » permettait donc à Tardieu, comme à Maurras, de concilier chacun à sa manière conservation sociale et changement institutionnel. Tardieu mit d'ailleurs ses efforts réformistes en parallèle avec ceux de Maurras, tout en les distinguant par les objectifs ultimes.

> « Quand on parle à la France soit de changer le régime, soit de changer les institutions, elle n'écoute plus. Voilà trente-cinq ans que M. Charles Maurras essaye de l'engager dans la première de ces voies. Voilà cinq ans que j'ai tenté de l'engager dans la seconde [86]. »

Du fait de la situation respective des deux hommes, cependant, la priorité accordée à la politique se plaçait plus sur le plan intellectuel et pédagogique que sur le plan politicien et pratique. En effet, l'Action française ne constituait pas plus un parti politique que la Ligue des droits de l'homme, et son ambition n'était pas tant de prendre le pouvoir que d'agir sur le pouvoir et sur la société [87]. De son côté, Tardieu vivait retiré sur son rocher de Menton, isolé dans son refus de participer à ce qu'il considérait comme une anesthésie politique générale. Il ne pouvait donc guère agir que sur le plan des idées. Rejetant, contrairement à Maurras, l'action illégale et l'agitation ligueuse, il donnait à la formule « Politique d'abord » un sens qui aboutit en pratique à un ajournement de l'action politique immédiate pour l'exercice d'une pédagogie en profondeur à l'échelle de toute la France. La conquête des esprits devait nécessairement précéder la conquête du pouvoir. Celle-ci, d'ailleurs, passait inévitablement par une hégémonie culturelle et intellectuelle, atout que la droite avait depuis longtemps perdu et qu'il fallait reconquérir.

L'influence de Maurras sur Tardieu fut donc substantielle : à une critique du régime représentatif fort semblable dans ses termes, s'ajoutait une manière identique d'envisager la primauté du fait national sous l'angle de l'efficacité institutionnelle et d'affirmer la priorité du politique dans la stratégie de redressement national. Cette commune sensibilité face à la décadence de la France expliquait notamment la réponse de Tardieu à un admirateur de Dole qui lui suggéra, pour donner « le signal d'une cristallisation irrésistible autour de " La France avant tout ", de prendre la place au quotidien de *L'Action française* de Maurras emprisonné pour incitation au meurtre sur la personne de Léon Blum : « Votre idée est sympathique, mais serait, pour beaucoup de raisons qui ne sont pas de mon fait, irréalisable [88]. » Durant cette même période, d'ailleurs, Tardieu manifesta à l'endroit de Maurras une sympathie qui traduisait leur rapprochement idéologique et personnel. Ainsi, cette lettre de juillet 1937, attention sensible et complice témoignant d'une réelle volonté de réconciliation :

> « Mon cher Maurras, au moment où vous sortez de cette prison, où l'on avait enfermé, en votre personne, la liberté d'écrire, je veux vous envoyer mon salut. Nous nous sommes trouvés bien souvent en désaccord, et je ne crois pas que vous ayez toujours été juste à mon endroit. C'est une raison de plus pour moi de vous envoyer cette lettre, que je vous prie d'accueillir aussi cordialement qu'elle est écrite [89]. »

Les insultes passées de l'Action française – des rituelles invectives contre le « rateur cambré du traité de Versailles » au « Bottez-lui le derrière » du temps de l'exercice du pouvoir – semblaient oubliées. Tardieu et Maurras partageaient désormais la solidarité des assaillants irréconciliables du « mensonge démocratique ».

Un Burke français

Contrairement à Charles Benoist, Tardieu ne laissa donc pas son dégoût de la République et ses penchants réactionnaires le mener jusqu'à l'adhésion à l'Action française. Il ne croyait pas, d'ailleurs, à l'efficacité de l'activisme ligueur et déclinait nombre d'articles du maurrassisme. Outre le rejet de la solution monarchique, il refusait l'action illégale et l'idée chère à Maurras d'un coup d'État. Il ne suivait pas non plus les maurrassiens dans leur obsédante dénonciation de l' « État juif ». Son réquisitoire polémique contre la République de gauche était ainsi exempt d'accents antisémites pourtant fort répandus à l'époque du Front populaire. Par ailleurs, s'il acceptait dorénavant le principe d'une représentation parlementaire des groupes sociaux, il manifestait de fortes réticences à l'endroit de l'ordre corporatif et de la décentralisation, panacées sociales et administratives de l'Action française. Enfin et surtout, il rejetait la totale répudiation de l'héritage révolutionnaire faite par Maurras. Il considérait, au contraire, que les principes de 1789 constituaient le cadre même de la vie politique et morale de la France : « Les idées de 1789 sont, depuis un siècle et demi, le bien de famille des Français. Ils y vivent dans leur atmosphère, comme on vit dans une vieille maison, où se sont succédé les générations [90]. » Nier cet héritage, c'était nier la France contemporaine. Sur ce point essentiel, Tardieu se séparait doublement de Maurras : pour le nationalisme de Barrès d'une part, pour la tradition libérale française d'autre part.

Le nationalisme de Maurras sacrifiait en effet la continuité du devenir national au culte abstrait de l'unité française dont la monarchie héréditaire était la seule et unique garantie. Le nationalisme de la « terre et des morts », en revanche, cherchait avant tout à faire revivre dans la conscience des Français la prégnance du passé et l'enracinement déterminant de chaque individu dans une famille, dans une race et dans une nation. « Je ne puis vivre que selon mes morts », écrivait Barrès à qui Tardieu faisait écho : « Ce sont les morts qui gouvernent les vivants [91]. » Le nationalisme de Tardieu, tout comme celui de Barrès, obéissait donc à la loi de continuité, et son point de vue traditionaliste n'admettait aucune soustraction au patrimoine national. Ainsi, la Révolution française, pour critiquable qu'elle fût, n'en était pas moins inséparable du destin national. Elle représentait même l'un des chapitres les plus glorieux de l'histoire française, l'un de ces événements qui firent une fois de plus de la France « le centre des ondes, par qui est, de siècle en siècle, remuée la pensée humaine [92] ». Les principes de 1789, appliqués ou non, avaient donné une nouvelle identité à la France contemporaine. Il était donc vain de les nier puisqu'ils constituaient « l'habitat mental » des Français [93].

En acceptant 1789, Tardieu ne faisait pas seulement preuve de réalisme politique, mais il exprimait aussi son adhésion à la tradition libérale issue de cette **date** fondatrice. Car contrairement à

Taine et à Maurras, il ne rendait pas l'affirmation et la diffusion des principes de 1789 directement responsables de la décadence française, responsabilité qui incombait uniquement à la « profession parlementaire » et à ce qu'elle avait fait de ces principes, à sa manière d'en user et d'en abuser pour son profit professionnel. Le « métier », seul, était responsable : il avait détourné le sens et la valeur de ces principes pour légitimer la mise en exploitation de la France dans des formes politiques qui institutionnalisaient l'abus et le passe-droit. Dénoncer cette usurpation séculaire, ce n'était pas dénoncer les principes de 1789, mais au contraire défendre leur idéal contre la forme pervertie que leur avaient donnée leurs faux défenseurs, « de Camille Desmoulins à Édouard Herriot ». Il s'en expliqua clairement :

> « Le second terme du sophisme, qui est plus perfide, consiste à accuser ceux qui dénoncent les abus, par lesquels on a dénaturé et corrompu les principes, d'être les ennemis de ces principes. C'est le grief que hurle, contre moi, une partie de la presse et qu'elle résume, sans se fatiguer le cerveau, en me dénonçant comme le chef de tous les fascismes, de même qu'elle m'eût dénoncé, il y a quarante ans, comme le chef de toutes les calottes. »

Hésitant à répondre à une accusation aussi « bête », il répliqua tout de même, pour ne pas laisser aux « imbéciles » un triomphe trop facile : « Ce grief me fait penser au cambrioleur qui, pour égarer les agents, se sauve en criant : " Au voleur ! " [94]. »

Tardieu se présentait même comme l'authentique défenseur des principes de 1789. Il y avait toutefois plusieurs manières de les accepter et il prit soin de distinguer les « enthousiastes » des « résignés » et des « adhérents inattendus ». Les premiers étaient connus : conspirateurs de 1830, républicains de 1848, fondateurs de la IIIe République. Quant aux derniers, ils représentaient la foule bigarrée des « ralliés » en tous genres. La dernière catégorie, celle des « résignés », constituait assurément celle dans laquelle il se serait placé lui-même. Il la définit ainsi : « Les principes [de 1789] ont eu des adversaires réfléchis et résignés qui, sceptiques ou inquiets, se sont inclinés, avec humilité, devant la force entraînante, irrésistible, dominatrice et fatale du phénomène [95]. » Les adjectifs employés dans cette dernière citation laissaient en fait une grande latitude à cette catégorie de « résignés », comme la liste dressée par l'homme d'État le confirmait : Maistre, Royer-Collard, Guizot, Tocqueville, Edmond Scherer, Péguy appartenaient, chacun à sa manière, à ce parti de la résignation.

Qu'il fut « résigné » face au fait démocratique ne signifiait pas pour autant que Tardieu abandonnât toute idée d'action. Sa façon de raisonner pour sortir de la résignation, cependant, traduisait la diversité des influences subies et l'ambiguïté fondamentale de sa propre position. En effet, il posait le problème de l'avènement du fait démocratique et de ses effets pervers, en libéral influencé par Constant; il cherchait ensuite des solutions constructives du côté d'Auguste Comte et des doctrinaires, Royer-Collard et Guizot; enfin, avec Taine et les contre-révolutionnaires, il refusait de distinguer, dans la ligne du libéralisme français, 1789 et 1793, et affirmait, en nationaliste traditionaliste, la continuité de la grandeur française.

Le problème de la démocratie cachait un « conflit rationnel » quasiment irréductible :

> « Si la société, si le peuple, en son ensemble, possède l'autorité sans bornes, qu'exige la souveraineté, quelle sera la condition de ses membres? [...] Il y a nécessité de choisir. [...] Veut-on la souveraineté de l'État? Veut-on la liberté du citoyen [96]? »

Tardieu reprenait donc le point central de la critique du *Contrat social* faite par Benjamin Constant. Comment concilier la liberté « moderne », c'est-à-dire l'autonomie de la sphère privée et les droits de l'individu, avec le principe d'une souveraineté illimitée du politique sur le social tel que Rousseau le définissait? Or, sans continuer, avec Constant, sur la voie du système représentatif fondé sur un compromis entre la souveraineté populaire et les droits fondamentaux, il trouvait chez Comte un « commencement de réponse » à ce « conflit rationnel » de la démocratie, réponse qui l'amenait, toutefois, à l'opposé de l'individualisme libéral. Il reprit à son compte la célèbre distinction faite par Comte entre la valeur destructrice et la valeur constructive des principes de 1789.

> « Pour détruire, les notions de liberté, d'égalité et de souveraineté nationale se sont révélées excellentes. Mais, pour construire, elles sont nulles, parce que toutes, elles sont négatives. [...] C'est là, contre le système démocratique, la plus redoutable critique, qui ait jamais été formulée [97]. »

Utiles pour démolir et renverser les rois, pour faire passer la politique de l'« âge théologique » à l'« âge métaphysique », les dogmes de 1789 ne recelaient aucune potentialité créatrice et, par conséquent, ne pouvaient pas présider à la réorganisation sociale et politique de la France après la grande secousse révolutionnaire. Il était en effet impossible de terminer la Révolution avec les doctrines qui l'avait commencée. Le bilan révolutionnaire, pour bénéfique qu'il fût par l'abrogation de l'Ancien Régime, était essentiellement négatif : « La Révolution a tout proclamé, sans rien créer. La Troisième République a maintenu l'éloquence des proclamations et l'absence des réalisations [98]. » À ce stade du raisonnement, toutefois, l'auteur brouillait une fois de plus les familles idéologiques et quittait un Auguste Comte absorbé dans sa quête de l' « âge scientifique » et de l'organisation une et nécessaire de la société, pour renouer avec la problématique libérale.

En effet, Tardieu sauvait la liberté de l'anathème comtien, car le dogme négatif par excellence c'était l'idée d'égalité, « notion négative, qui prétend tout niveler et qui se borne à déplacer des abus d'influence [99] ». D'autre part, il admettait que, si les nouveaux principes politiques en étaient restés au stade de la proclamation, la Révolution avait néanmoins créé une société démocratique qu'il fallait dès lors organiser. Dans les notes accumulées pour la rédaction du tome V, il avait retenu cette idée de Prévost-Paradol : « La Révolution a fondé une société. Elle cherche son gouvernement [100]. » Reconnaître l'inachèvement du processus révolutionnaire, qui ne réussit pas à instituer sur le nouvel état social démocratique un pouvoir politique libre, accepté et durable, c'était s'inscrire dans la problématique libérale du XIXᵉ siècle. La famille libérale française n'étant toutefois pas homogène, si ce n'est par une commune opposition à l'absolutisme et la conscience de l'irréversibilité de la Révolution, il penchait nettement du côté des doctrinaires, notamment Royer-Collard et Guizot.

Cette influence de la pensée des doctrinaires sur Tardieu traduisait en fait une réelle proximité de conceptions et d'intentions. L'ambition des doctrinaires était en effet soit d'opposer « un libéralisme conservateur au libéralisme démolisseur » (Victor Hugo), de construire et d'organiser une France nouvelle sur l'héritage de 1789, soit de fonder un ordre stable et durable sur l'égalité civile et la liberté politique [101]. Cette immense tâche de réorganisation impliquait toutefois une rupture avec la philosophie du XVIIIᵉ siècle, trop critique pour fonder et stabiliser la nouvelle société démocratique. Ce libéralisme du début du XIXᵉ siècle pensait donc la politique contre Rousseau et rejetait tant le volontarisme politique que la démocratie identifiée à la souveraineté du peuple et à la loi du nombre. Au Nombre, mené par les passions et susceptible de débordements incontrôlables, comme en 1793, les doctrinaires opposaient la « souveraineté de la raison » mise en œuvre par les « capacités », c'est-à-dire par une classe de citoyens capables justement de médiatiser cette « raison » socialement révélée. Enfin, penseurs et hommes d'action à la fois, ils se montrèrent plus sensibles aux questions de technologie politique et d'efficacité qu'à la réflexion philosophique sur le politique [102]. Sur tous ces points, libéralisme conservateur, antivolontarisme politique, nécessité de domestiquer la loi du nombre, souci du rendement institutionnel et réalisme politique, Tardieu partageait la sensibilité des doctrinaires. Ceux-ci, d'ailleurs, avaient mis en doctrine l'orléanisme politique, famille du « juste milieu » dont pouvait se réclamer le Tardieu de « l'épreuve du pouvoir [103] ».

Dernier exemple de confusion idéologique, le retraité de Menton refusait pourtant de reconnaître, avec les doctrinaires et tous les libéraux français, la distinction fondamentale entre 1789 et 1793. Ce refus marquait cette fois l'influence des contre-révolutionnaires et en particulier de Taine, à qui il empruntait le témoignage « impartial » de Malouet pour soutenir l'idée d'une Révolution à rejeter en bloc : « Malouet disait que ce régime, Terreur comprise, a commencé le 14 juillet 1789 [104]. » En considérant 1793 comme un dérapage accidentel ou une perversion maligne du processus révolutionnaire, les libéraux entendaient sauver l'héritage de 1789, acte de naissance de la nouvelle France et référence fondatrice du libéralisme français [105]. En ignorant cette distinction, Tardieu se rangeait immanquablement dans le camp des réactionnaires qui considéraient que le cours naturel de l'histoire avait été arbitrairement interrompu en 1789.

En fait, ce qui le choquait particulièrement, c'était l'idée d'une rupture historique totale, d'une nouvelle année zéro de l'histoire laissant, derrière elle et dans l'opprobre, des siècles de pratiques, de coutumes et de gloires françaises. « Tuer la tradition au nom de la raison », tel était le scandaleux programme des révolutionnaires, repris par leurs successeurs républicains. Or « la France de Philippe-Auguste et de Philippe le Bel était déjà la France ». Du coup, « ne pas comprendre ce passé, c'était s'ignorer soi-même et se minimiser pour les actes de demain [106] ». Ce libéralisme se voulait donc traditionaliste. Influencé par Burke, Tardieu magnifiait également l'exemple anglais :

> « L'Angleterre, par une lente culture des droits historiques, a fait sortir les libertés modernes de son peuple des anciens privilèges de son aristocratie. Jamais elle n'a rien brisé, ni supprimé. Elle a gardé ses rois, ses comtés, ses lords et son Église [107]. »

En déclarant la « guerre au passé », les républicains défendaient une conception du progrès qui dénaturait la France en l'arrachant à elle-même. À retenir l'enseignement de Burke, progrès et conservation apparaissaient indissociables et trouvaient leur synthèse dans l'idée d'un perfectionnement continu, fruit du lent travail cumulatif des générations [108].

La présence de Burke dans *La Révolution à refaire* semble à ce point importante qu'elle autorise que la comparaison de Tardieu avec cette grande figure libérale anglaise. L'influence de l'auteur de *Reflections on the Revolution in France* donne d'ailleurs une clef pour interpréter la position idéologique paradoxale de Tardieu, partagé entre le libéralisme et la contre-révolution. Le retraité de Menton peut ainsi être regardé comme un Edmund Burke français vivant au XXe siècle, c'est-à-dire comme un libéral conservateur acceptant 1789 comme un élément du patrimoine national, mais préférant toujours la tradition continuellement ajustée à la pratique de la table rase, l'empirisme prudent au volontarisme rationaliste, l'homme « réel » à l'homme abstrait, les libertés concrètes à la liberté en majuscule. Faire ainsi de Tardieu un Burke français, c'est concilier dans une comparaison l'inconciliable (la contre-révolution traditionaliste et le libéralisme français) et tenir ensemble la condamnation de la rupture de 1789 et son apologie. C'est surtout rendre compte – mais non la résoudre – de l'ambiguïté fondamentale de la position idéologique de Tardieu, libéral égaré en « réaction » dans le désarroi des années trente.

Les paradoxes et contradictions de la pensée politique de Tardieu exprimaient l'impasse idéologique d'une partie des libéraux et « nationaux » français tombés en désespérance d'une République parlementaire contaminée par le poison socialiste et incapable de défendre la position internationale de la France. Sa quête intellectuelle, menée avec une énergie boulimique, engloutit quelque deux cents ouvrages en deux ans dans l'espoir de trouver les moyens idéologiques et institutionnels permettant d'enrayer la progression de la décadence nationale, soit d'empêcher la dérive irrésistible de la République vers la gauche. Un double sentiment commandait donc l'entreprise : la révolte, consommée dans la rupture, d'abord, puis dépassée et surmontée par la volonté d'un vaste ressourcement politique et moral vivifié au contact des grands doctrinaires de la droite française. Et Tardieu de prendre Maistre, Bonald, les deux ducs de Broglie, Guizot, Maurras [109] pour guides dans l'élaboration d'une idéologie véritablement alternative face à l'idéologie du « progrès », c'est-à-dire face à la fuite en avant dans un matérialisme utilitaire menant directement au communisme.

Telle était la condition du redressement : on ne défendrait l'ordre contre l'anarchie socialisante que si celui-ci était d'abord repensé, puis solidement étayé d'une doctrine opposable en tout point au décalogue de la gauche. Tardieu reprochait à la droite d'avoir abdiqué sur le plan des idées, de n'être plus, en dépit des apparences, qu'une aile modérée du « parti du mouvement », cherchant plus à freiner et à ralentir une évolution acceptée comme inéluctable qu'à arrêter la fatale glissade de la France. L'abdication remontait à la Révolution : « Au mot de Saint-Just : " La République consiste dans la destruction de ce qui lui est opposé ", les modérés n'ont rien trouvé à répondre [110]. » Ils subirent, au contraire, l'idéologie de leurs adversaires jusqu'à humilier leurs propres convictions sous des étiquettes partisanes « avancées ». La droite n'osait même plus s'appeler droite : « Les mots conservateurs, libéraux, modérés suent la paresse et la peur, et dégoûtent le peuple », notait Tardieu avec Bernanos [111]. Les conservateurs et les « modérés » étaient les dupes complaisantes de la main hypocritement tendue par des républicains qui n'acceptèrent ces « ralliés » que comme d'utiles repoussoirs. À force de capituler, les « modérés » avaient renoncé à eux-mêmes, et, « sous prétexte d'éviter le pire, accepté le mal [112] ».

La Révolution à refaire constituait donc un acte de résistance cherchant dans les diverses traditions de la droite les éléments d'une doctrine politique capable d'armer une contre-attaque des « nationaux » contre la République de gauche. Toutefois, le résultat de cette tentative de ressourcement politique ne représenta guère qu'un bricolage idéologique confus et incohérent laissant l'impression de n'être qu'un immense pamphlet antiparlementaire et antirépublicain, cédant parfois à la plus pure réaction antidémocratique. « Il faut avant de construire, notait Tardieu, avoir le courage de commencer par la réaction [113]. » Une seule partie du projet, le discours du refus, avait cependant réellement pris corps. Manquait la face régénératrice et constructive de cette vaste investigation sur les causes profondes du mal français. Et ce n'était pas seulement en raison du caractère inachevé de l'œuvre.

À force de « défaire » la Révolution, de démonter et d'éparpiller ses causes et ses éléments constitutifs, Tardieu ne savait plus comment « refaire » la République. Faute de cohérence interne, les pièces du puzzle qu'il entendait conserver ne pouvaient s'emboîter. Comment concilier de manière positive ces trois dénégations assenées en mars 1937 dans une lettre à son ami Octave Homberg?

> « Il est faux que les principes [de 1789], auxquels je ne suis pas moins attaché que vous, aient *jamais* été appliqués : erreur historique. Il est faux qu'on puisse essayer de les appliquer sans démolir (et voilà que je me répète) le régime actuel, qui en est la *négation* : erreur politique. Il est faux que le problème politique puisse être résolu sans que soit détruit l'édifice intellectuel et moral, artificiellement fabriqué depuis cent cinquante ans et qui est antinomique à la *dignité humaine* : erreur philosophique [114]. »

Une fois de plus, les traditions libérale et contre-révolutionnaire, confusément mêlées, ne trouvaient de terrain commun que dans l'ardeur destructrice et le refus ravageur. Cette unité passionnelle ne suffisait pas, toutefois, à transformer le rejet radical du présent en un projet sérieux pour l'avenir.

L'EXIGENCE MÉTAPHYSIQUE

Sur quel autre « édifice intellectuel et moral », moins artificiel et plus soucieux de la dignité humaine, instituer une République enfin respectueuse de son idéal? En juin 1935, Tardieu donna le soubassement philosophique qui guidait, de manière diffuse, son entreprise intellectuelle :

> « Je rêve, confia-t-il à Pierre Lafue, d'écrire un livre sur l'idée de progrès, qu'on a tant défigurée depuis Descartes. Je ne serai pas bien sûr du côté des prophètes délirants de la civilisation moderne, mais bien plutôt du côté de ceux qui ont douté, parmi leurs contemporains, de la vertu des découvertes et des inventions de notre époque, de ceux qui ont bien vu que l'amélioration de l'humanité n'était peut-être pas fatale; du côté des hérétiques, Maine de Biran, Lachelier, Bergson [115]. »

Cette remise en cause de l'idéologie du progrès participait évidemment de l'inquiétude profonde suscitée par une crise des années trente assimilée de plus en plus à une crise de civilisation. Comme nombre de ses contemporains, Tardieu pensait assister à la fin d'un monde né quelque part dans ce XVIIIe siècle « insouciant » et « jouisseur » qui avait inventé l'« homme naturel, naturellement bon et toujours perfectible » et s'était mis à croire au progrès indéfini de la même façon qu'un siècle plus tôt on croyait au péché originel [116]. La civilisation moderne étouffait sous les effets d'un progrès technique qui submergeait le monde de ses capacités surproductives et qui, surtout, enchaînait l'homme à la machine et aux valeurs matérialistes. La réaction à cette folle fuite en avant, qui aggravait sans cesse la disparité entre la morale et la technique, ne pouvait être qu'un retour salutaire au spirituel et à la métaphysique. La philosophie de Bergson se présentait donc comme un sursaut salvateur.

« En vieillissant, écrivait Tardieu à François Piétri, j'ai l'impression qu'il faut passer de Montaigne à Descartes et Pascal pour atteindre Maine de Biran et Bergson [117]. » Sans considérer la rigueur philosophique de cette généalogie, la mobilisation de ces philosophes était celle de la raison tempérée, sensible au spirituel et au mystère insondable de la vie contre la raison orgueilleuse et totalitaire qui prétendait mettre le monde et les hommes en équations. « L'orgueil rationaliste du XVIIIe siècle », en appliquant les règles du quantitatif à la morale, à l'histoire et à la politique, sacrifiait en fait la science de l'homme à la science des choses et portait atteinte à la dignité de l'homme en niant l'esprit et son exigence de transcendance. Ainsi, « le positivisme est mort » et la sociologie de Durkheim, « morte en naissant [118] », desséchés l'un et l'autre par leurs propres postulats scientistes, englués dans des systèmes qui emprisonnaient la vie jusqu'à l'étouffer et ignorants de cette instance particulière de la connaissance humaine qu'est le « cœur » chez Pascal, le « sens intime » chez Biran ou encore l' « intuition » chez Bergson.

On comprend dès lors ce choix en faveur des « hérétiques » Maine de Biran, Ravaisson, Lachelier et Bergson, c'est-à-dire de « la fleur du spiritualisme français [119] ». Par une progressive mise à distance de la philosophie des Lumières, l'itinéraire intellectuel d'un Maine de Biran, assimilable à une sorte d' « évasion » du XVIIIe siècle, répondait tout à fait aux préoccupations d'un Tardieu en révolte contre le siècle qui accoucha de la Révolution. Parti du sensualisme et de l'agnosticisme, Biran élabora en effet une psychologie de la subjectivité et une métaphysique fondée sur l'expérience religieuse. Le fait primitif de l' « effort » biranien, « lieu qui unit la matière à l'esprit, le relatif à l'absolu », correspondait bien à la philosophie personnelle de Tardieu qui privilégiait l'action tant comme affirmation de la liberté humaine que comme moyen privilégié de connaissance [120]. Mais Tardieu ne semble pas avoir lu directement Biran ou Lachelier. Bergson, très admiratif du premier et élève du second à l'École normale supérieure, résumait en fait la filiation. Il était le guide à suivre pour une restauration spiritualiste.

La « philosophie nouvelle » de l'auteur de *L'Évolution créatrice* exerça en son temps un effet de fascination qui se manifesta par des « conversions » de toutes sortes : Charles Péguy, Joseph Lotte, Daniel Halévy ou, au sein d'une génération plus jeune, Jacques Maritain, Charles Demange, Gilbert Maire, Ernest Psichari, Henri Franck « revenaient de loin » à en croire leur camarade Henri Massis ; en fait, ils s'émancipaient enfin du spencérisme, du « sociologisme » et de la négation systématique : « Dans notre bagne matérialiste, Bergson introduisait la liberté ! Il brisait le cercle implacable de phénomènes qui tournaient autour de nos esprits " encagés " [121]. » C'est avec un sentiment de libération joyeuse que fut accueillie cette philosophie qui s'opposait à Kant, ignorait Karl Marx, ne devait rien à Hegel et proposait une autre manière de philosopher, hors des systèmes et de l'histoire de la philosophie, mais réhabilitant le psychologique et concluant à la réalité du libre-arbitre contre le déterminisme, à la distinction de l'esprit et de la matière. L'évolutionnisme de Bergson était en effet spiritualiste et permettait de consacrer « la restauration d'une métaphysique de l'immanence ouverte à la transcendance [122] ». Dans *Les Deux Sources de la morale et de la religion*, le philosophe affirmait en effet que l'univers devait avoir un « sens » connaissable par l'investigation scientifique mais rendu véritablement accessible par la dilatation de l'intuition jusqu'à la métaphysique et par la foi seulement. Il donnait par là même plus de force pour agir en décloisonnant les individus et en déchirant leur gangue matérialiste, car les hommes, participant de l'humanité, n'étaient plus isolés des autres hommes. Ce déplacement de la philosophie sur le terrain de l'expérience psychologique et spirituelle répondait admirablement aux besoins d'évasion et de régénération de tous ceux qui souffraient du matérialisme triomphant. À l'explication quantitative, mécaniste ou déterministe des choses, ils pouvaient opposer la qualité, la durée, la spontanéité, la liberté, le jaillissement imprévisible, l'élan vital et l'énergie spirituelle.

Tardieu trouva donc chez Bergson les éléments d'une remise en cause du *Règne du matérialisme*, assimilé par ailleurs à la philosophie de la gauche, c'est-à-dire à une doctrine « athée, individualiste, matérialiste et égoïste » qui transforma la France en un « pays de contremaîtres sans âme [123] ». Les ravages de cette « idée matérialiste » n'avaient donc rien d'étonnant :

> « Qui ne voit d'ailleurs, demandait Tardieu, qu'entre la conception mécanique de l'économie, qui nous a valu le dérèglement des rapports entre la production et la consommation, et la conception matérialiste de l'existence, dont nous tenons l'anarchie parlementaire et le gaspillage électoral, il y a une parenté profonde, grâce à quoi les deux ordres de phénomènes se multiplient l'un par l'autre [124] ? ».

La crise des années trente était en fait la crise de la civilisation matérialiste artificiellement construite par des hommes qui avaient décidé, à l'exemple de René Viviani, d'éteindre toutes les étoiles du ciel. Or la religion abolie, l'idéal supprimé, le passé banni, c'était le règne de l'homme s'assignant pour fin l'homme lui-même et dont la logique criminelle s'illustra en 1793. L'acharnement dans la négation des traditions et le mépris systématique pour les « vieux besoins de l'âme humaine », légués par le XVIIIe siècle, constituaient encore les bases intellectuelles et morales de la France contemporaine. Dans un raccourci très caricatural mais aussi très caractéristique du point de vue conservateur et « national », Tardieu résumait la philosophie officielle de la République, sa constitution et son développement, sa logique pernicieuse et ses effets :

« Ce qui dominait, c'était un kantisme assez imprécis, lourd d'abstractions et sans rapport avec la tradition. On est passé de là à un vague positivisme ; puis, après Durkheim, à une obscure théologie sociologique. La philosophie de la solidarité de Léon Bourgeois, et quelques autres sous-produits du même ordre, ont servi de base à la philosophie morale qui devait, suivant la formule, libérer les consciences des jeunes générations. Au début, on avait inventé la religion de la patrie qu'on ne conserva pas très longtemps. On passe ensuite à la religion de l'humanité qu'on agrémente de maximes telles que la foi par la science, l'espérance par le progrès, la charité par la solidarité, en bornant les affirmations scientifiques à celles de l'existence naturelle du cerveau, toutes autres étant problématiques. Pour aller de là, dans l'atmosphère de l'affaire Dreyfus, d'abord à l'antimilitarisme, ensuite à l'antipatriotisme, il n'y avait qu'un pas, qui fut facilement franchi. Et ainsi s'établit un système uniquement orienté vers le monde des phénomènes et de ce qu'on nomme les faits sociaux, avec le dos résolument tourné à la substance humaine de la personne [125]. »

Tel était donc esquissé, d'une plume grossière et dédaigneuse, l'édifice idéologique républicain, « antinomique à la dignité humaine ».

Le redressement national, loin d'être simplement institutionnel, dépendait donc d'une vaste restauration spiritualiste régénérant des Français décérébrés et rapetissés au seul sens du toucher par une morale strictement utilitaire et intéressée. Il fallait insuffler au pays ce « supplément d'âme » bergsonien. C'étaient les derniers mots de *La Profession parlementaire*. L'inspiration bergsonienne du projet de rénovation moral de Tardieu était explicitement soulignée dans une correspondance avec le philosophe qui témoigna à plusieurs reprises au retraité de Menton son soutien admiratif :

« Mon cher Maître, écrivait Tardieu en 1935, je suis profondément touché de votre lettre et aussi de ce que vous avez dit de mon livre [*Sur la pente*] à quelques amis communs. Il s'agirait, dans mon esprit, de rejoindre, à travers la politique, votre doctrine philosophique. Nous en sommes loin et nous sommes vieux [126] ! »

L'adhésion à l'exigence métaphysique et spirituelle définie par Bergson se trouvait confortée chez Tardieu par la fréquentation des théocrates contre-révolutionnaires. Avec Joseph de Maistre, il dénonçait dans le militantisme anticlérical des républicains une « théophobie matérialiste d'hommes qui se sont juré de ne regarder que la terre [127] ». Cette « guerre à l'Église » déclarée au XVIIIe siècle sous le prétexte d'une quête du « progrès » était en fait une guerre déclarée à la civilisation dans la mesure où les services rendus par le christianisme à l'humanité étaient incalculables. Et Tardieu trouvait dans l'Église l'origine de toutes les valeurs fondamentales pour l'organisation politique des hommes : libertés de la personne face à l'État, égalité devant le mérite, autorité acceptée dans une juste hiérarchie et unité fondée sur le lien spirituel :

> « L'Église chrétienne a fondé toutes les libertés, en séparant l'Église de l'État. Elle a fondé l'égalité en admettant tous les fidèles aux plus hautes fonctions et en excluant l'hérédité par le célibat. Elle a fondé l'autorité en faisant du pape élu un souverain absolu. Elle a fondé la plus ouverte des aristocraties. Elle a ramassé toutes les civilisations antérieures. Elle s'est fondée sur le mérite intellectuel et moral. Elle a été au Moyen Age le seul lien entre les nations européennes [128]. »

Le redressement passait donc par une prise en compte régénératrice de cet héritage chrétien pluriséculaire. Il n'y avait d'ailleurs pas de pouvoir humain durable sans fondement spirituel. Même Durkheim avait dû reconnaître que, dans toute société, le lien social prenait un caractère religieux. Par son culte de l'unité et de l'autorité et par sa haute tenue morale, l'Église avait donc beaucoup à apporter à une démocratie inachevée tant que la notion d'autorité ne trouverait pas sa juste place dans la République. Or « le fléchissement du principe d'autorité coïncide avec le fléchissement de la foi [129] ». La victoire de la raison sur la foi avait en effet généralisé parmi les hommes un orgueilleux refus, anarchique et déstabilisateur, d'obéissance, ne permettant plus de fonder les hiérarchies nécessaires à toute organisation politique. La réhabilitation de la religion dans l'idéal républicain apparaissait donc comme le retour à un principe naturel d'autorité tout en constituant la condition d'une France forte parce que enfin réconciliée. Car si, avec Maistre et Bonald, le catholicisme s'était identifié à la « réaction », il était cependant infiniment plus large que cette expression particulière. Tardieu pensait par exemple que le « catholicisme libéral » d'un Ballanche pouvait réconcilier les deux France [130].

La République à refaire

« Réformer, non négativer [131]. » Dans ses notes, Tardieu avait retenu cette formule pour qualifier son entreprise intellectuelle. Peu de choses, pourtant, avait trouvé grâce aux yeux de ce procureur. Son application à critiquer les fondements et les pratiques de la République parlementaire tenait à la fois de la technicité du chirurgien et de l'habileté du bourreau chinois : « M. Tardieu, lisait-on dans *Le Petit Bleu*, fouille les chairs, peut-être dans l'espoir de guérir, sûrement avec la joie de faire hurler le patient [132]. » Ce systématisme dans la démolition laissait ainsi croire que tout était à refaire. Mais tout refaire – et même la Révolution –, c'était refaire quoi au juste? Et par où commencer? Après le réquisitoire, les lecteurs attendaient un programme d'action précis et mobilisateur. Le « Que faire? » du retraité de Menton gardait cependant son point d'interrogation. Au maurrassien Bernard Faÿ qui le pressait d'agir, il répondait :

> « Un mot d'ordre? Par quel bout commencer? J'ai consacré, depuis quatre ans, ma vie à chercher la réponse, et je ne serai pas prêt à la donner avant d'avoir fini l'analyse du mal. Donc, pour le moment, je ne veux rien dire. Je ne crois pas d'ailleurs qu'il faille commencer par un bout. Il faudra, si l'on veut aboutir, tout aborder d'un coup : le politique et le national, le social et le moral [133]. »

Bien que *La Révolution à refaire* n'ait pu être achevé, un certain nombre de solutions se dégage en creux. Dans sa préface, Tardieu énumérait les différents plans visés par ses conclusions finales : le plan intellectuel et moral, soit « la formation des esprits et des volontés »; le plan institutionnel, soit « l'organisation du suffrage et des pouvoirs », et plus audacieusement encore, « la question du régime [134] ». Sur ces trois plans, les ouvrages publiés, les brouillons et notes laissés dans les papiers privés apportent suffisamment d'éléments pour autoriser quelques conclusions.

Le premier objectif, la rénovation de l'enseignement public, devait prendre le mal à la racine et saper l'édifice intellectuel et moral bâti par la gauche depuis la Révolution et responsable de la dégradation de l'esprit public. L'auteur restait toutefois très vague sur les moyens propres à insuffler à la démocratie française ce fameux « supplément d'âme » si nécessaire à l'observation des vertus civiques. Comme beaucoup de réformateurs, Tardieu visait le système éducatif, et son refus de l'idéologie républicaine incluait évidemment le rejet d'une école laïque conçue pour l'endoctrinement et tenue par des syndicats socialisants et antinationaux. « C'est l'école qu'il faut jeter bas, non point seulement au sens politique du mot, mais au sens philosophique [135]. » Réduit central des gauches, elle entretenait l'irréligion active et visait, après avoir décérébré le peuple, à fabriquer par le monopole de l'« école unique » un Français unique, docile à l'embrigadement dans la République de gauche. On entrevoit l'instauration d'un nouvel « ordre moral » dans l'enseignement :

« Il faut surveiller l'Université. Elle contribue à détruire le principe français, à nous décérébrer, sous prétexte de faire des citoyens de l'humanité. Elle nous déracine de notre sol, de notre idéal aussi [136]. »

Sur le plan institutionnel, les solutions suggérées, pour être plus précises, ne demeuraient pas moins étonnamment modestes eu égard à l'ampleur du réquisitoire. Tardieu avait certes historiquement élargi ses réflexions sur les causes de la décadence française et systématisé son explication par la mise en évidence d'un fait causal central – la dépossession du peuple par les élus aggravée de la transformation du mandat parlementaire en « métier » –, mais il n'offrait guère d'autres solutions que celles déjà énoncées quelques années plus tôt dans *L'Heure de la décision*. Pour détruire la « profession parlementaire », la réhabilitation du droit de dissolution, l'instauration du référendum, le retrait de l'initiative parlementaire des dépenses, le suffrage féminin et le statut des fonctionnaires constituaient des propositions de réformes efficaces qui résolvaient déjà une bonne partie des abus. Dans la liste des réformes souhaitées, l'élargissement du collège électoral du chef de l'État et l'institution d'une procédure garantissant les droits fondamentaux des personnes apparaissaient comme les seules innovations institutionnelles notables par rapport au programme révisionniste de 1934. En fait, Tardieu n'avait systématisé que son refus de la République parlementaire et guère progressé que dans la négation.

Quant à la « question du régime », inévitablement posée vu l'ampleur du mal, elle ne recevait qu'une réponse prudemment conservatrice. Le plan du tome V eût ainsi déçu la plupart des contemporains qui applaudirent au réquisitoire antirépublicain et antiparlementaire des deux premiers volumes de *La Révolution à refaire*. Sous la division « Redressement avec », l'auteur énumérait les têtes de chapitres figurant les solutions institutionnelles envisageables et leurs effets possibles :

« *Monarchie* : difficulté d'une renaissance française; ligues inopérantes. *Césarisme* : désordre. *Dictature* : le peuple français n'en veut pas. *République* : tous les principes bafoués; propriété de quelques-uns; Constitution mortelle. » Et de conclure par cette exhortation : « La République à refaire [137]. »

Le retraité de Menton renvoyait donc dos à dos les monarchistes de l'Action française, les bonapartistes plébiscitaires genre Pierre Taittinger et tous les zélateurs de la dictature fasciste : la République restait le cadre d'action et de création approprié pour une renaissance française. Pour l'ancien président du Conseil, qui affirmait ne pas vouloir « un renversement total de plusieurs siècles d'habitudes », il s'agissait, selon la formule suggérée par Bergson, de toucher, sans tout bouleverser, aux « points névralgiques » du régime [138]. Pour être belle, cependant, la formule resta largement théorique.

En attendant une révolution des esprits qu'il fallait préparer, l'abstention critique et vigilante apparaissait comme la seule attitude conforme à l'idée que Tardieu se faisait de la France. La « République à refaire », œuvre pédagogique de longue haleine, renvoyait à la quête d'une nouvelle identité française, nationale et internationale, capable sur ces deux plans de neutraliser le « poison socialiste » et d'enrayer le déclassement progressif du pays depuis 1918. Cette quête se révéla pourtant décevante. Les solutions, toujours différées sous prétexte de ne pas anticiper sur l'analyse « objective » des problèmes, apparurent finalement dérisoires. À prolonger sa critique des institutions parlementaires jusqu'à celle des principes démocratiques. Tardieu s'enferma dans la contemplation du mal français et aggrava le diagnostic jusqu'à rendre les remèdes inopérants et le malade quasiment incurable. Sorti de la République pour mieux agir, il s'interdisait en fait tout espoir d'action utile au nom même de sa compréhension des problèmes et ajournait toute solution d'ensemble pour plusieurs décennies – « quatre-vingts ans » aimait-il répéter.

Quant à la formule même de « Révolution à refaire », en dehors de l'engouement de l'époque pour le mot révolution et de son bel effet publicitaire comme titre général de l'enquête, elle n'invitait pas à de violents bouleversements. Tardieu resta d'ailleurs toujours très vague sur le sens concret à donner à cette formule. À Victor Giraud qui en forçait l'interprétation, il rétorqua de manière énigmatique : « Me bornant à contester un mot, je vous prie de noter que je n'ai jamais dit, dans mon titre, qu'il fallait *refaire la révolution de 1789. Il y en a d'autres* [139]. » Lesquelles, ce n'était pas précisé. En fait, tout discours sur l'identité française imposait un discours sur la révolution de 1789, acte de naissance de la France contemporaine. La Révolution était donc à refaire parce que l'identité nationale était à redéfinir, au risque de se laisser aller à l'ultime glissade, *Sur la pente*. Hormis la certitude de ce constat, tout restait imprécis, voire confus dans la quête de Tardieu.

D'une part, la volonté de ressourcement idéologique aux traditions contre-révolutionnaires et libérales françaises ne donna pas de synthèse cohérente à opposer à la mystique du progrès assimilée à la gauche et ne s'avéra opérationnelle que dans le refus du présent. D'autre part, en dépit des déficiences dénoncées, le cadre républicain apparaissait encore comme un horizon indépassable. Enfin, le « supplément d'âme » tant recherché ne servait qu'à conjurer les méfaits d'un matérialisme envahissant et ne débouchait guère que sur une moralisation conservatrice, bien-pensante et peu attrayante de la vie sociale et politique. En fin d'enquête, donc, la pensée politique de Tardieu, loin de constituer un renouvellement d'idées apte à préparer l'action, mena à une impasse politique et idéologique à peine camouflée par la retraite volontaire et la pose méditative de l'ancien homme d'État philosophant sur son rocher de Menton.

L'échec de l'entreprise intellectuelle de Tardieu reflétait en fait l'obsolescence et l'inadaptation des idéologies conservatrices, libérales ou réactionnaires dans le contexte de la crise des années trente. En vain le retraité de Menton avait-il tenté de combiner ces traditions pour redéfinir une politique socialement conservatrice qui fût véritablement alternative sur le plan idéologique et opérationnelle face à la réalité des problèmes de l'heure. Tardieu se montra incapable de surmonter la crise de la culture politique des droites enfermées dans leur idéal Belle Époque de « société équilibrée » et aveuglées par leur conception étroitement libérale de l'État. Sa tentative, toutefois, illustrait la relative autonomie de la culture politique française par rapport aux modèles étrangers et particulièrement par rapport au fascisme.

En effet, les voies du ressourcement idéologique ne passèrent jamais, chez Tardieu, par la prise en considération de l'exemple et de l'idéologie fascistes. *La Révolution à refaire* ignorait tout simplement le fascisme. Certes, les attaques d'allures « fascisantes » lancées contre la démocratie libérale ne manquèrent pas, mais leur cadre de référence politique et intelletuel resta toujours français. Plutôt que d'interroger les idéologues du fascisme, Tardieu préférait s'adresser à Maistre, Guizot, Taine, Maurras ou à d'autres grandes figures intellectuelles nationales. La manière même de poser le problème, en remontant jusqu'à la grande fracture de 1789 et en récrivant l'histoire nationale pour enfin rendre intelligible la décadence de l'heure, procédait de la culture politique même de la France qui toujours médiatisait la compréhension du présent par la référence au passé. Prendre ainsi la révolution de 1789 pour toile de fond de la critique de la République des années trente, c'était certes obéir à ce réflexe culturel de translation historique, mais c'était aussi s'immuniser en grande partie contre toute influence étrangère, très difficile à intégrer dans cette perspective strictement nationale. Ainsi, le poids d'un passé toujours vivant et qui ne cesse de « remonter » contribua à insulariser la culture politique française et détourna un nationaliste tel que Tardieu de toute tentation fasciste et même de toute analyse du fascisme. La bataille resta toujours pour lui strictement franco-française.

À son terme, l'enquête traçait donc un itinéraire intellectuel paradoxal, juxtaposant un libéralisme étrangement mâtiné de Contre-Révolution traditionaliste, une attirance particulière pour le maurrassisme et un vague spiritualisme bergsonien. Apparemment, les composantes idéologiques de ce cocktail ne pouvaient guère se mélanger. Les contradictions se résolvaient pourtant sur le plan psychologique : l'unité et la cohérence de ces différents points de vue étaient externes et d'ordre uniquement passionnel. Restait que, dans le camp du refus, Tardieu semblait difficilement étiquetable. Pas pour ses adversaires, bien sûr, qui voyaient de plus en plus se confirmer dans la dérive réactionnaire du retraité de Menton l'accusation de « fascisme » lancée contre lui depuis longtemps déjà. Pour cet homme en rupture de République, cette étiquette n'avait toutefois qu'une valeur politique contingente et ne résistait pas à l'analyse dépassionnée.

Perdu à mi-chemin entre son ancienne foi libérale et ses nouveaux penchants réactionnaires, difficilement classable si ce n'était dans le camp des nationalistes dégoûtés par le régime parlementaire et désespérés de la démocratie, Tardieu resta donc seul dans son refus de la République, cultivant son dépit dans des assauts incessants contre les hommes et les institutions en place. De toute évidence, sa retraite s'annonçait longue et solitaire.

CHAPITRE XIV

Sous le Front populaire : un spectateur engagé

La quête intellectuelle engagée avec ardeur dès l'hiver 1934-1935 traçait dans les deux premiers tomes de *La Révolution à refaire* un profil idéologique ambigu et paradoxal de Tardieu. En effet, trop de lecteurs aux conceptions trop divergentes étaient en droit de souscrire au réquisitoire. Les contradictions laissées par cet itinéraire intellectuel allaient toutefois recevoir un éclairage complémentaire, celui de l'engagement politique du retraité de Menton dans les années du Front populaire. De fait, il ne limita pas son activité de réflexion à la recherche historique des origines de la décadence française. À cette investigation sur les causes profondes s'ajouta une attention vigilante accordée aux effets quotidiens de la perte de substance nationale. Tardieu entreprit ainsi un double travail thérapeutique, comme écrivain et journaliste : le livre remontait aux origines du mal français ; l'article hebdomadaire livré à partir d'avril 1936 à *Gringoire* décrivait au présent, semaine après semaine, les multiples symptômes et ravages de la maladie.

Spectateur en rupture, mais spectateur engagé, Tardieu se prononça sur toutes les questions importantes de l'actualité politique, nationale et internationale, de la dernière législature de la IIIe République. Sa « conscience civique », mais aussi son tempérament et un vif souci de propagande lui interdisaient le silence. Il compta ainsi parmi les opposants les plus acharnés du Front populaire. En attaquant l'honneur du colonel de La Rocque, il fut en outre à l'origine d'un procès politique important qui divisa les droites. Toutefois, ces régulières incursions dans le commentaire d'actualité et cette intervention dans les querelles politiciennes n'entamèrent pas son indépendance politique ni ne remirent en cause sa retraite studieuse. En dépit de multiples et diverses sollicitations, il ne revint jamais sur le choix de rupture fait en 1936.

Les diverses prises de positions et éléments biographiques de ces années de fin de décennie allaient confirmer tout en la clarifiant l'œuvre intellectuelle, le situer plus précisément parmi les nationalistes intransigeants et permettre une meilleure compréhension de sa solitude orgueilleuse et amère. L'engagement politique du Tardieu journaliste éclaire ici la confuse tentative de ressourcement intellectuel du Tardieu écrivain.

Le Front populaire, expression achevée du mensonge démocratique

La victoire électorale du Front populaire ne surprit pas Tardieu. Une fois encore, la loi du régime, l'intérêt du « métier » avaient prévalu sur toute autre considération. Dès novembre 1934, en effet, les élus conservateurs avaient préféré, par égoïsme professionnel, la complicité suicidaire avec les radicaux-socialistes à la lutte dans la dignité. Ils payèrent, deux ans plus tard, cette abdication d'identité. Flandin puis Laval durent assumer la responsabilité de la gestion douloureuse de la crise économique, donnant ainsi du temps aux radicaux pour faire oublier les morts du 6 février et préparer une nouvelle trahison. Car la dynamique politique du « métier », spectaculairement confirmée par la « main tendue » des communistes aux classes moyennes, précipitait l'irrésistible mouvement à gauche : après l'union républicaine, la défense républicaine, le Bloc des gauches, le Cartel des gauches, voilà le Front populaire, expression achevée du fameux mot « Pas d'ennemis à gauche » dont la logique pernicieuse travaillait impunément la République depuis 1880. La victoire du Front populaire ne constituait donc pas tant l'irruption d'« un Satan inattendu dressé sur la montagne », comme le croyaient les bien-pensants, que la consécration d'une lente évolution : « Ce n'était qu'une suite et le fruit d'une vieille préparation historique [1]. »

Lorsque au printemps 1936, Tardieu renoua avec le journalisme politique et le commentaire d'actualité, il était en pleine possession du cadre intellectuel de *La Révolution à refaire* : *Le Souverain captif* était déjà publié. Sa pensée critique ne s'était donc pas élaborée contre l'expérience du Front populaire. En fait, les analyses firent mieux que de précéder la constitution du gouvernement Blum, elles l'anticipèrent. Les événements de 1936 le confirmèrent ainsi dans la justesse de ses vues. Tardieu allait faire de l'expérience du Front populaire l'illustration vivante et accomplie du « mensonge démocratique ».

Dans cette logique démonstrative, Léon Blum « n'était rien, ou presque rien » : simple « effet » et non pas « cause ». « Effet du système matérialiste et frauduleux [...] installé dans les mœurs françaises », le leader socialiste n'était que le continuateur et l'accélérateur des us et abus du régime. Sa seule qualité propre était donc d'aggraver par sa puissance d'erreur inégalée les effets pervers du système : « M. Blum n'a rien inventé. Il s'est borné à exagérer [2]. » La décadence du régime se précipitait ainsi sous l'emprise des mystificateurs de gauche les plus chevronnés. Le mensonge démocratique s'enflait quotidiennement, peut-être jusqu'à l'éclatement, espérait Tardieu. Car évidemment, le despotisme des minorités persistait. Pis encore, il se complaisait désormais dans l'illégalité et l'obédience à Moscou. En effet, la vieille formule maurrassienne du « pays réel » asservi au « pays légal » n'exprimait même plus la réalité du régime d'exploitation mis en place depuis mai 1936. Le « pays légal » lui-même subissait le despotisme de « forces extra-légales » avides de revanche sociale et de chambardement. « Le pouvoir n'appartient plus, écrivait Tardieu durant le mois révolutionnaire de juin 1936, aux organes constitutionnels, mais à des forces extérieures dont M. Blum est allé chercher l'investiture au Vélodrome d'Hiver, après avoir obtenu celle de la Chambre [3]. » Était ainsi stigmatisé le nouveau maître du pays, Léon Jouhaux ou le syndicat CGT.

Rien de bien extraordinaire, cependant, dans cette nouvelle forme syndicale de l'usurpation démocratique, pour qui se souvenait des illustres prédécesseurs en manipulations et concussions en tous genres, les jacobins, suivis des « comitards » radicaux. Et pourtant, cette fois, la souveraineté usurpée risquait d'échapper aux Français eux-mêmes. Le dictateur Jouhaux, homme par ailleurs « ni méchant ni intelligent », était en effet flanqué de « terribles lieutenants » ex-CGTU, Frachon et Racamond, et apparaissait comme l'humble « employé de Staline [4] ». Par aveuglement dans la jouissance, les nouveaux prébendiers du régime ne servaient donc plus seulement leurs appétits mais également les intérêts d'une puissance étrangère, patrie d'une révolution hideuse et abominable. Dans cette « comédie malhonnête » sur le thème de la servilité, chacun avait un rôle à jouer, à l'exclusion de la France elle-même.

> « Il n'y a plus d'opérant, dans ce régime, que ce qui est illégal. Les syndicats sont aux ordres de Moscou; le gouvernement, aux ordres des syndicats; le Parlement, aux ordres du gouvernement; la France aux ordres du Parlement [5]. »

Assurément, la survie de la nation était en jeu.

La confiscation du pouvoir s'accompagna évidemment de la litanie habituelle sur le respect des principes. À écouter les leaders du Front populaire, il n'était même question que de « 1789 économique et social », que de « nouvelles bastilles » à prendre. Pourtant, jamais la liberté, l'égalité et la souveraineté n'avaient subi des atteintes aussi graves qu'en juin 1936. À l'heure de la grève obligatoire, des occupations d'usines et des séquestrations de personnes, que restait-il, demandait Tardieu, des notions fondamentales de propriété, de liberté de la personne et de liberté du travail? Lorsque, le 7 juin, les accords Matignon, fruit d'une double usurpation syndicale et patronale, sacrifièrent les intérêts des travailleurs non syndiqués et des classes moyennes au profit de la CGT et de la grosse industrie, quel toupet ne fallut-il pas pour présenter cet « engagement pris par les gros au nom des petits » comme l'accomplissement dans la cité de plus d'égalité. Quant à la souveraineté, elle ne résidait même plus dans les organes constitutionnels, le gouvernement, incapable de maintenir l'ordre public, préférant céder aux injonctions de Jouhaux [6].

À la violation éhontée des principes s'ajoutait enfin l'imposture plus générale du socialisme qui, sous prétexte de défendre le peuple, lui jetait de la poudre aux yeux et en fin de compte aggravait sa détresse. Car la hausse des salaires obtenue en juin ne devait pas résister longtemps aux conséquences sur les prix de la nouvelle et absurde « doctrine de la prospérité par le déséquilibre ». En effet, la « théorie du pouvoir d'achat » libérait totalement la démagogie financière des gauches en prétendant concilier dans des théorèmes douteux l'inconciliable, c'est-à-dire l'augmentation des charges de l'État et la diminution de ses recettes. Déficits béants et budgets aussi acrobatiques que malhonnêtes, inflation tonifiée et dévaluation contrainte, en un mot faillite assurée, tels étaient les résultats obligés de cette politique irresponsable. La dévaluation honteuse de septembre 1936 puis la fameuse « pause » de février 1937 vinrent sanctionner la déconfiture d'une politique qui niait la réalité pour mieux la façonner.

Les titres mêmes de quelques articles économiques résumaient les griefs de Tardieu et donnaient le ton critique des attaques assenées : « L'assassinat des classes moyennes » (31 juillet 1936). « L'escroquerie aux salaires » (28 août 1936), « Un budget qui est un faux » (6 novembre 1936), « Le franc à moins d'un sou » (9 juillet 1937), « Le gouffre des dépenses » (19 novembre 1937), « La triste histoire des grands travaux » (6 août 1937) [7]. Après six mois de Front populaire, Tardieu dressait donc un bilan impitoyable.

« La presse muselée; une sarabande scandaleuse de nominations arbitraires; un manque budgétaire de 40 milliards; le franc amputé d'un tiers de sa valeur; la propriété et la liberté bafouées; les classes moyennes dépouillées; les ouvriers trompés par des salaires qui montent moins vite que le prix des choses; l'ordre public troublé; la confiance ruinée; une politique étrangère d'équivoque et de passivité [8]. »

Tout cela, malheureusement, était prévisible pour qui connaissait l'impuissance du socialisme et les palinodies du chef du gouvernement.

De « ratages » successifs en « aplatissements » honteux, Blum ne réussit que dans le reniement, confirmant par là une carrière étonnante par sa puissance d'erreur :

« M. Blum s'est, toute sa vie, trompé sur tout : pacifisme allemand de 1914, mobilisation des obligations Dawes de 1924; chances de notre stabilisation en 1926; succès des socialistes allemands en 1930 et des travaillistes anglais en 1931; désastre de M. Hitler en 1932 et de l'Italie en 1935 [9]. »

Les revirements spectaculaires et promesses non tenues s'accrurent encore avec l'exercice du pouvoir : sanctions contre l'Italie, d'abord exigées puis levées; dépenses militaires rituellement conspuées mais copieusement augmentées; dévaluation solennellement refusée puis honteusement acceptée; décrets-lois honnis mais finalement réclamés [10]. Bref, sur presque tous les points, Blum contredisait son programme et trahissait ses électeurs, éternels dupes du « mensonge démocratique ». La tromperie infligée au peuple par la gauche prit même, le 16 mars 1937, une tournure tragique : à Clichy, la police de Marx Dormoy ouvrit le feu sur des contre-manifestants communistes décidés à empêcher une manifestation du Parti social français du colonel de La Rocque, pourtant légalement autorisée. On compta cinq morts et 500 blessés parmi les contre-manifestants. Et Tardieu de rappeler le 6 février et d'exploiter cette nouvelle tragédie, symbole de la duplicité des gauches : « Quand est-ce qu'on tue le peuple ? Quand il y a, au pouvoir, des ministères de gauche qui se prétendent seuls capables de représenter le peuple [11]. » Mensonger, irresponsable, liberticide, ruineux et finalement fusilleur, tel était donc ce gouvernement du Front populaire qui suscitait dans les masses tant d'espoirs.

Une entreprise – la préparation de l'Exposition internationale de Paris – résumait assez bien, selon Tardieu, les conditions de vie françaises depuis que l'« anarchie spontanée » des premières semaines de mai-juin 1936 s'était organisée en système. L'ouverture prévue pour le 1ᵉʳ mai 1937 mais repoussée au 24 mai démontra une fois de plus l'incapacité du gouvernement à tenir ses engagements. Parmi les causes de ce retard, Tardieu retenait les effets néfastes sur la production et le travail de la semaine de quarante heures. Il stigmatisa également le manque de direction et l'abdication de la puissance publique. Il s'éleva surtout contre le « monopole de l'embauche » réservé à la CGT, monopole qui préfigurait à l'échelle de l'Exposition le système du syndicat obligatoire rêvé par Jouhaux sur le plan national. Tardieu accusait Blum d'avoir ainsi tué la liberté du travail en « sous-traitant » l'Exposition à la CGT, avant de sous-traiter pareillement la nation tout entière. Le prestige de la France se trouvait donc directement atteint par cette désorganisation tant « il était irritant de voir que les étrangers avaient mieux travaillé que nous, que leurs pavillons étaient prêts avant les nôtres ». Enfin, magnifique occasion de stimulation économique et, surtout, de détente morale, l'Exposition était devenue un enjeu et une œuvre strictement partisans. En s'appropriant ce qui aurait pu exprimer « une synthèse de la France », le gouvernement du Front populaire avait travaillé à la division des Français et excité une nouvelle fois la suspicion, l'envie et la haine. N'était-ce pas d'ailleurs Léon Blum lui-même qui, un jour, ne pouvant contenir sa hargne, jeta à une moitié de la Chambre des députés : « Je vous hais ! », un cri qui résonnait encore [12] ?

L'opposition de Tardieu au Front populaire, militante et agressive, tranchait avec la modération observée par les leaders de la droite parlementaire, Flandin et Reynaud, tous deux acquis, devant la gravité des problèmes à résoudre, à l'idée d'une opposition constructive. Retiré dans son refus de participer à l'anarchie montante, Tardieu n'avait personne à ménager, ni aucune solution de compromis parlementaire à préserver. Les « Changer de politique ! » ou « Allez-vous-en ! » lancés par l'opposition lui apparaissaient comme autant de « niaiseries » et « puérilités [13] ». N'attendant plus rien d'un régime profondément vicié et des hommes qui le servaient encore, le retraité de Menton pouvait se laisser aller à toutes les dénonciations et même à la politique du pire. En mars 1936, prévoyant la victoire électorale du Front populaire, mais persuadé de l'incapacité gouvernementale de la coalition des gauches, il avait opté pour un attentisme catastrophiste :

> « Cette expérience durera deux ans au plus, à condition qu'elle ne soit pas contrariée dès son début par de graves événements d'ordre extérieur. J'ai décidé de suivre attentivement, dans l'ombre, l'évolution de cette expérience qui, à n'en pas douter, doit immanquablement se retourner contre ceux qui la réclament aujourd'hui. Je le répète, les gauches seront effondrées avant deux ans et c'est alors, mais alors seulement que je reprendrai mon activité politique [14]. »

Cette résolution en faveur de l'abstention studieuse précédait de quelques semaines seulement la signature du contrat d'éditorialiste à *Gringoire*. Entre-temps, Tardieu dut penser qu'il était nécessaire de sortir de « l'ombre » et d'aider au prompt renversement d'une expérience condamnée d'avance.

Cependant, pour paraître dans *Gringoire*, la critique de Tardieu, militante sur le fond, ne céda guère à l'outrance diffamatoire, ni à certains des penchants favoris de l'hebdomadaire d'extrême droite, tels l'excès dans l'attaque *ad hominem* et l'antisémitisme hargneux d'un Henri Béraud. Mise à part une unique allusion sarcastique au « juif errant [15] », ses articles tout comme sa correspondance privée, ne montrèrent aucun attrait pour la haine raciale. Autre particularité de la démarche critique de Tardieu, les récurrentes comparaisons de sa propre œuvre gouvernementale avec la folle politique des gouvernements du Front populaire. À opposer ainsi ces deux périodes, on devine l'aisance dans le plaidoyer *pro domo* et les satisfactions à bon compte que pouvait se donner un ancien chef atteint de nombrilisme complaisant et amer.

Quant au « danger communiste » unanimement dénoncé à droite, Tardieu ne le sous-évaluait pas. Toutefois, il entrevoyait la soviétisation de la France par la progressive emprise syndicale plutôt que par le succès d'un complot insurrectionnel. Dans un article intitulé « Paris vendu à Moscou », il abondait certes dans le sens de son ami Jacques Bardoux qui, dans sa brochure *Les Soviets contre la France*, se répandait en détails sur un scénario insurrectionnel fomenté et préparé de longue date par le Komintern et prévu pour le 11 juin 1936, puis soudainement ajourné. Tardieu dénonça lui aussi les agissements clandestins des communistes français, allant jusqu'à publier une liste d'adresses parisiennes utilisées comme centres de réunion mais aussi comme dépôts d'armes prêtes à servir pour le « grand soir » tout proche [16]. Cependant, plus que le Parti communiste, c'était le syndicat CGT, d'après lui complètement bolchevisé depuis l'union avec la CGTU, qui l'obsédait. Avec obstination, les articles de *Gringoire* désignaient Jouhaux et ses acolytes comme les nouveaux « tireurs de ficelles » acoquinés avec l'Internationale rouge. Le retraité de Menton révélait une fois encore sa profonde répugnance à l'endroit du syndicalisme, et en particulier du syndicalisme des fonctionnaires, agent de démoralisation nationale dans l'école publique et de dissolution de l'autorité dans l'État. « André Tardieu a une phobie, notait Marcel Prélot. Il voit rouge quand il pense aux " forces syndicales " [17]. »

Cette phobie s'excerça sans discrimination ni nuance. Symétriquement à la dénonciation de l'usurpation cégétiste, Tardieu s'en prit également à l'« usurpation patronale » en critiquant le rôle joué dans les accords de Matignon par la Confédération générale de la production française. À René Duchemin, président de la CGPF, qui lui reprochait de travailler à la division du front patronal en présentant les accords du 7 juin comme une entente entre « gros » industriels au détriment des « petits », il répondit :

> « Je tiens l'accord Matignon pour la faute la plus grave des dernières années, où l'on en a pourtant commis beaucoup. [...] Improvisé sous la menace, il porte en lui la ruine des petites entreprises qui, je vous prie de le croire, s'en rendent compte en établissant leur fin de mois. D'autre part, la puissance artificielle de recrutement assurée par lui à la CGT et que je vois s'exercer en plein, sera, aux dépens de l'ordre public, une cause supplémentaire de dissociation sociale [18]. »

Tardieu stigmatisait dans le syndicat, comme dans tous les groupes de pression auxquels il assimilait les partis politiques eux-mêmes, ce même « mensonge démocratique » d'une représentation confisquée et falsifiée des intérêts généraux de la nation. Dans sa critique des institutions parlementaires, il opposait les intérêts du pays non représenté mais largement majoritaire aux intérêts étroits de la classe politique. Dans sa dénonciation des accords de Matignon, il prétendait une fois encore parler au nom des non-syndiqués, c'est-à-dire des « 15 millions de travailleurs qui, sans faire partie de la CGT, faisaient néanmoins partie du peuple français », de cette petite et moyenne bourgeoisie ignorée du grand patronat qui la livra à la « dictature cégétiste [19] ». Non représentés ou non syndiqués : c'était toujours la croyance tenace selon laquelle il existait, au-delà du pays institutionnel usurpateur et corrompu, le « vrai » peuple de France dont le réveil aux réalités représentait le seul espoir de redressement national.

Le Front populaire, enfin, représentait la forme achevée de la décadence institutionnelle du régime représentatif français. Deux auteurs maurrassiens estimés par Tardieu, Jacques Bainville et Abel Bonnard, avaient qualifié l'histoire de la IIIe République de « révolution insensible », de « révolution ralentie » et de « Terreur délayée [20] ». Et voilà que l'explosion sociale de juin 1936 réanimait subitement et violemment cette « révolution » assoupie. Devant le spectacle des manifestations, des grèves sur le tas et des séquestrations de patrons, Tardieu parla lui-même d'une nouvelle Terreur, « syndicale » cette fois [21]. Durant quelques semaines, le souvenir de 1793 hanta à nouveau les esprits, et une peur panique s'empara des beaux quartiers. Les « partageux », sortis des banlieues rouges, étaient de retour pour exercer sur les bourgeois, grands et petits, leurs exactions de prédateurs faméliques. Tardieu n'échappa pas à cette psychose collective qui saisit la bourgeoisie française durant les premières semaines du Front populaire. Un dimanche de juin 1936, il emmena André Maurois déjeuner à la campagne chez Max Fischer, ami commun et directeur littéraire chez Flammarion. Maurois devait raconter le trajet : « Tardieu jugeait la banlieue si peu sûre qu'il avait mis à côté du chauffeur un policier en civil. Nous vîmes partout des drapeaux rouges, des cortèges, des routes désertes, vidées par la crainte [22]. »

Le climat psychologique de l'époque était tout entier à la haine sociale. Dans ces temps de guerre civile larvée, Tardieu, grand bourgeois nationaliste, entendait ne pas trahir sa classe, à l'instar des Flandin et Reynaud, et se rangea résolument dans le camp des opposants intraitables, du côté de la droite militante et même de l'extrême droite. Où exactement? L'affaire La Rocque donna un début de réponse.

TARDIEU CONTRE LA ROCQUE

Le 23 juin 1937, à l'hôtel Royal-Monceau, Tardieu reçut le duc Pozzo di Borgo, ex-dirigeant Croix-de-Feu recommandé auprès du retraité de Menton de passage à Paris par Horace de Carbuccia, directeur de *Gringoire*. L'entretien porta principalement sur une rumeur qui courait dans les milieux « nationaux » et sur laquelle Pozzo di Borgo désirait des éclaircissements. Le 15 juillet suivant, dans l'hebomadaire du colonel Guillaume, *Choc*, Pozzo di Borgo publia l'essentiel de sa conversation avec Tardieu :

« *Question.* — Monsieur le président, est-il exact que vous ayez entretenu La Rocque sur les fonds secrets? *Réponse.* — Tant que je fus ministre de l'Intérieur, je lui remis chaque fin de mois une enveloppe contenant vingt billets de mille. Le ministère auquel j'appartenais ayant été renversé, on me confia dans la nouvelle combinaison le portefeuille de l'Agriculture. Sur la demande de La Rocque, je le présentai au nouveau président du Conseil qui, plus avisé que moi, réduisit la subvention mensuelle à 10 000 francs. Treize mois plus tard, devenu à mon tour président du Conseil, je vis revenir le même La Rocque, qui non seulement sollicita la reprise de nos relations monétaires, qu'il obtint, mais me demanda un rappel... pour manque à gagner. Treize mois à 10 000 francs, cela faisant 130 000 que j'arrondis à 150 000 francs, lesquels lui furent versés séance tenante [23]. »

Par cette accusation La Rocque était non seulement atteint dans son honneur, mais également dans ses titres et qualités morales à diriger les 700 000 « braves gens » du Parti social français (PSF). À gauche comme à droite, cette occasion de discréditer le colonel ne resta pas inexploitée. Les révélations de *Choc* furent amplifiées par une campagne de presse menée parallèlement par *L'Humanité, Le Populaire, L'Œuvre* et par *Le Jour* et *L'Action française* [24]. Pour toute réaction, La Rocque décida d'abord d'ignorer l'affaire. Puis *Le Flambeau* (7 août) et *Le Petit Journal* (8 août) répondirent à la calomnie en démontrant l'inconsistance matérielle du témoignage de Tardieu et dénoncèrent une manœuvre politique de l'extrême droite ourdie depuis 1936 contre l'extraordinaire succès du PSF. Enfin, en septembre, La Rocque décida d'engager des poursuites judiciaires contre ses diffamateurs. Entre-temps, Pozzo di Borgo avait lui-même porté la querelle sur le terrain judiciaire. L'affaire donna donc lieu à deux procès tenus coup sur coup, le premier à Lyon (26 octobre), intenté par Pozzo di Borgo, et le second à Paris (15 novembre-6 décembre), plus important, car La Rocque demanda alors réparation à une quinzaine de journalistes et gérants de journaux. La droite « nationale » était ainsi appelée en correctionnelle et allait laver son linge sale en public. À l'origine de ce grand déballage, il n'y avait que le témoignage de Tardieu. Que cherchait donc le retraité de Menton?

Cité comme témoin de moralité au premier procès à Lyon, il confirma, à quelques détails près, la véracité des faits rapportés par Pozzo di Borgo. Pour justifier de l'emploi des fonds secrets en faveur des Croix-de-Feu, il invoqua la menace de subversion communiste énergiquement endiguée les 1er mai et 1er août 1929. « J'ai pensé, affirma-t-il, qu'il était intéressant d'avoir une force d'ordre qui s'opposât aux forces de désordre [25]. » S'il s'était toujours gardé de révéler publiquement l'affaire, il n'avait jamais hésité, toutefois, à éclairer discrètement les « personnes honorables » soucieuses de se faire une opinion sur le chef des Croix-de-Feu. Xavier Vallat, avocat de Pozzo di Borgo, put donc affirmer que Georges Lebecq, Paul Lévy, Philippe Henriot, Robbe, Monicault et Carbuccia avaient été mis dans la confidence avant même son client. Tardieu confirma d'ailleurs, au procès de Paris, s'être entretenu de l'affaire avec une dizaine de personnes depuis 1934, mais déplora fort, dans le cas présent, la publication faite à son insu de propos confiés à titre « confidentiel ». Maintenant que la vénalité du colonel de La Rocque était connue de tous, il comprenait sa déposition comme un acte de nécessaire salubrité publique : « Je dis à ces masses de braves gens de son parti qui croient encore en lui [La Rocque] et ne veulent pas cesser d'y croire qu'en disant la vérité sur un chef indigne, ce sont eux que j'ai voulu servir [26]. »

Pour étayer son accusation lors de sa deuxième déposition, il produisit une série de lettres écrites par La Rocque en 1931 et 1932. Les formules de reconnaissance et de gratitude ainsi que le ton de déférente affection témoignaient, selon Tardieu, de la docilité servile du dirigeant Croix-de-Feu. Des expressions telles que « À vos ordres! » ou encore « J'irais prendre vos ordres » ne laissaient subsister aucun doute sur la nature de cette relation d' « un payant à un payé ». Et, pour les incrédules qui demandaient des preuves plus concrètes, Tardieu rappela les manifestations de soutien organisées par les Croix-de-Feu en sa faveur à Toulouse (avril 1931), à la gare Saint-Lazare (octobre 1931), à Bordeaux (décembre 1931), à la gare de Lyon (février 1932) et lors de la première soirée électorale du printemps 1932, salle Bullier, où deux cents couverts étaient retenus pour les Croix-de-Feu. N'étaient-ce pas là autant de preuves d'un « service rétribué [27] »? Paul Chopine, ancien dirigeant Croix-de-Feu, avait d'ailleurs accusé La Rocque d'avoir trahi l'esprit du mouvement en mettant ses troupes au service des gouvernements « nationaux [28] ». L'accusation de Tardieu avait assurément les apparences pour elle. D'autant que dans sa forme, sa déposition constituait un petit chef-d'œuvre démonstratif admirablement bien articulé et présenté avec une aisance et une clarté qui avaient l'évidence et la simplicité de la vérité toute nue. Comme témoin, il déposait en outre sous la foi du serment, contrairement à La Rocque.

Et « quel témoin! » devait s'exclamer Paul Creyssel, député PSF et défenseur du colonel de La Rocque. « Un témoin qui s'était composé la figure d'un héros de Plutarque [29] », ajoutant à la puissance dialectique de son raisonnement la légende d'un chef désabusé, retiré sur son rocher pour méditer sur la déchéance de l'État, professant donc un désintéressement total dans cette affaire. Un témoin qui répondait par avance aux arrière-pensées de ses auditeurs. Non, n'ayant pas d'intérêts dans la presse quotidienne, Tardieu ne cherchait pas une revanche au récent achat par le PSF du *Petit Journal*. Non, il n'en voulait pas au chef des Croix-de-Feu de ne pas lui avoir servi « tout chaud », le soir du 6 février, le coup d'État prétendument souhaité : « Mais regardez M. de La Rocque et laissez-moi rire. » Non, enfin, il n'ambitionnait pas la place de président du PSF, lui qui avait abandonné toutes les places et qui concluait, hautain, par ces mots : « Je ne suis pas, dans ce débat avec M. de La Rocque, sur le même plan [30]. » Pourquoi donc aurait-il inventé cette « machination effroyable » contre La Rocque? Pour les injures dont il était depuis l'objet? Et peut-on inventer cette évocation d'un La Rocque se présentant régulièrement au domicile privé de Tardieu pour toucher ses mensualités, se levant en empochant ses vingt billets, claquant des talons et disant dans la meilleure attitude d'état-major : « Tous mes devoirs, Monsieur le président [31] ? »

Face à ce brillant réquisitoire circonstancié et cohérent, la réplique de La Rocque parut terne et maladroite, confuse et peu satisfaisante. Pour se justifier des fréquentes expressions de gratitude adressées à Tardieu dans ses lettres, il évoqua l'affection qu'il portait à ce premier représentant de la « génération du feu » à la présidence du Conseil : « À tort ou à raison – les événements démontrent maintenant que c'est à tort –, j'ai été pris d'une réelle sympathie et d'une réelle confiance envers M. Tardieu. » Les formules de déférence employées dans la correspondance reflétaient simplement l'admiration éprouvée par un « homme débutant dans l'existence civique » face à un chef d'État confirmé. Quant aux multiples « À vos ordres! », ce n'étaient que formules et habitudes acquises dans la carrière militaire qui n'exprimaient aucune servilité. Par ailleurs, La Rocque ne nia pas les différentes manifestations organisées en 1931-1932 pour soutenir la politique de Tardieu. À cette époque, méfiant comme nombre d'anciens combattants à l'endroit de tous les politiciens, il considérait l'ancien président du Conseil comme une « exception », comme « représentant quelque chose pour le pays ». Le soutenir, c'était soutenir la France « nationale » et combattante et non pas obéir sur ordre et par vénalité. Enfin, sur le fond de l'accusation, La Rocque, blessé par cette amitié déçue, ne put qu'affirmer que son adversaire avait menti : jamais il n'avait émargé aux fonds secrets. C'était sa parole contre celle de Tardieu [32].

Dans sa plaidoirie, Paul Creyssel reconnut lui-même l'inégalité des talents oratoires et des dépositions : d'un côté, un « accusateur sacramentel » à la facilité médisante, mettant au service d'un « faux témoignage parfait » le prestige de sa réputation d'homme d'État et une agressivité de battant; de l'autre côté, un homme attristé devant une amitié trahie et une « admiration assassinée », opposant simplement sa bonne foi et sa naïveté à l'argumentation serrée de l'offenseur. « Vaincus d'avance? se demandait donc Creyssel. Il nous semble que M. Tardieu peut avoir raison de nous, encore que nous ayons raison contre lui [33]. » Les défenseurs de La Rocque ne baissèrent pas les bras pour autant. Me Andriot s'occupa ainsi des détails de la déposition de Tardieu pour en démontrer toutes les imprécisions et affirmations douteuses; Me Olivier se pencha sur la valeur de la parole de Tardieu, puisque tout dépendait d'elle, et rappela les vieilles affaires de la N'Goko

Sangha et du Homs-Bagdad, puis, sur la lancée, invoqua pêle-mêle les scandales Oustric, de l'Aéropostale et l'affaire Stavisky, pour conclure sur le peu de vertu de ce « professeur de vertu ». Enfin, Creyssel tira le procès sur son vrai terrain, l'accusation politique : « Sommairement, on en veut à La Rocque d'avoir amolli le mouvement Croix-de-Feu et d'en avoir sacrifié l'esprit [34]. » Dans sa déposition, Tardieu n'avait pas dit autre chose : « Politiquement, je tiens M. La Rocque comme traître à ses troupes [35]. » Démontrer cette félonie pour discréditer à jamais le dirigeant des Croix-de-Feu, tel fut en effet le vrai procès que Tardieu instruisit avec force de détails.

Il comprenait trop bien, disait-il, la crédulité des adhérents du PSF puisque lui-même, pendant des années, avait été la dupe du colonel de La Rocque. « J'ai changé d'avis lentement, j'ai changé d'avis douloureusement », confia-t-il au terme de sa déposition. Précédait cette reconnaissance d'espoirs trompés l'histoire parallèle de ses désillusions et des trahisons successives de La Rocque. Tardieu faisait remonter son premier doute sur la loyauté « nationale » du président des Croix-de-Feu au 10 janvier 1934 : dans un « abominable » discours, salle Wagram, La Rocque avait en effet traité de « manifestations puériles et sans portée » l'expression du juste écœurement populaire qui devait finalement triompher au soir du 6 février. Plus choquant encore, le 7 février, au lendemain même de la fusillade, il avait été le seul homme de l'opposition à répondre à l'appel du « préfet de police fusilleur », auquel il avait même offert son soutien : « Vous m'aiderez à vous aider », lui avait-il dit alors, selon sa propre déposition devant la commission Bonnevay. Devant cette même commission, le chef des Croix-de-Feu s'était d'ailleurs déshonoré, aux yeux de Tardieu, en affirmant, sous la foi du serment et avec la plus totale hypocrisie, qu'il n'avait jamais reçu aucune « aide financière [36] ».

La félonie de l'homme trouva par la suite d'autres occasions d'être confondue. Ainsi, le refus de La Rocque, au printemps de 1934, en dépit de l'intervention insistante du maréchal Lyautey, d'entrer aux côtés des Jeunesses patriotes et de Solidarité française dans un Front national réalisant l'union des ligues antiparlementaires contre « le front rouge antifrançais ». Ou, plus révélateur encore, l'attitude observée à la chute du gouvernement Doumergue. En effet, voyant se former la conjuration Herriot-Flandin contre le « bon président », Tardieu avait fait « prévenir M. de La Rocque qu'il y aurait intérêt à faire, en pleine dignité, une manifestation en l'honneur de M. Doumergue, M. de La Rocque s'est dérobé et a attendu, comme heure H, celle où M. Doumergue était, depuis quatre jours, démissionnaire [37] ».

Cette dérobade montra de quelle lâcheté était capable le président des valeureux Croix-de-Feu une nouvelle fois abusés par leur chef indigne. Quant aux démonstrations de force, parades militarisées et mobilisations secrètes de l'année 1935, elles ne réussirent qu'à ameuter l'adversaire sans réaliser d'autre exploit de bravoure « nationale » que l'organisation d'inoffensives soupes populaires. Jean Zay put ainsi saluer en La Rocque « le père du Front populaire ».

> « Les promenades motorisées, déclara Tardieu au procès, les vingt rassemblements dans les châteaux déserts, les jours J, les heures H, les promesses de faire du sport, l'annonce répétée, à Lille et à Alger, en 1935, qu'on prendrait le pouvoir au mois de novembre, tout cela a apporté à cet excellent Front populaire, qui essayait de se former depuis 1934 et qui n'y arrivait pas, tout cela lui a apporté le ciment et le prétexte nécessaires [38]. »

Comment qualifier autrement que par le double jeu et la trahison cette persévérance dans l'abstention ostentatoire, cette opiniâtreté dans l'indépendance, obstacle à l'union de toutes les forces « nationales » ?

Enfin, Tardieu hésita devant la qualification d'autres « comédies » plus lâches encore, telle cette odieuse embrassade du 6 décembre 1936 entre Thorez, Blum et Ybarnégaray. Ce dernier, porte-parole à la Chambre du colonel de La Rocque, offrit alors au gouvernement « la dissolution spontanée des Croix-de-Feu » avant de demander, quelques mois plus tard, « l'autorisation et l'agrément de M. Salengro et de M. Blum » pour la création du PSF [39]. Sous prétexte d'apaisement, La Rocque avait ainsi mené ses troupes à la reddition devant l'adversaire et trahi l'esprit Croix-de-Feu. Et Tardieu de conclure :

> « Je crois que, si M. de La Rocque a joué ce rôle politique, c'est parce qu'à aucun moment de sa vie il n'a été indépendant et qu'il a toujours travaillé du côté où il a été payé [40]. »

Au souci de défendre la vérité et d'éclairer les 700 000 adhérents du PSF trompés dans leurs convictions par un chef félon, Tardieu devait finalement ajouter le désir de confondre un « voleur ». En effet, à la fin de 1936, un « hasard » – « il y en a dans la vie » – devait lui apprendre que jamais la comptabilité des Croix-de-Feu n'avait enregistré un sou des quelque 250 000 francs versés en 1931 et 1932. La Rocque les avait tout simplement empochés. La coupe était pleine ; cacher plus longtemps la malhonnêteté foncière de cet homme à ceux qui venaient lui demander son sentiment, c'était presque faire preuve de complicité dans la forfaiture. C'est pourquoi il avait parlé à Pozzo di Borgo.

À écouter l'exposé des griefs de Tardieu contre La Rocque, on comprend la nature essentiellement politique des procès de l'automne de 1937. À observer les parties en présence, on comprend les raisons de ce qu'il faut bien appeler un coup monté pour éliminer en le discréditant le chef des Croix-de-Feu. À droite, en effet, nombreux furent ceux qui prenaient ombrage de l'extraordinaire succès du colonel de La Rocque et de son mouvement qui, du début de 1934 à la fin de 1936, avait multiplié par vingt le nombre de ses adhérents [41]. Aux côtés de Tardieu, se trouvaient ainsi rassemblés par la volonté de tomber La Rocque des hommes de la Fédération républicaine, tels Xavier Vallat et Philippe Henriot ; des dissidents Croix-de-Feu et Volontaires nationaux, tels Pierre Pucheu, Bertrand de Maud'huy et Yves Paringaux, inscrits au Parti populaire français (PPF) ou tel Pozzo di Borgo, passé à l'activisme clandestin ; Jacques Doriot et son parti ; Pujo, Daudet et l'Action française. En somme presque toute la droite militante, de son expression parlementaire jusqu'à sa forme conspiratrice. Les mobiles de chacun variaient bien sûr en fonction de leur situation propre.

À la Fédération républicaine, on apprécia longtemps la ligue des Croix-de-Feu comme troupes de choc contre la République de gauche. Cependant, depuis la conversion de La Rocque au légalisme républicain (fin 1935) et l'expression des ambitions électorales d'un PSF dynamique, aux adhésions massives et à l'organisation partisane efficace, les rapports de forces à l'intérieur de la droite parlementaire risquaient d'être bouleversés aux prochaines législatives. En voulant s'insérer dans le jeu parlementaire, La Rocque menaçait de très nombreuses situations acquises, et son obstination à rester indépendant rendait ce concurrent très dangereux pour les « modérés [42] ». Xavier Vallat, à la fois Croix-de-Feu et vice-président de la Fédération républicaine, refusa ainsi d'adhérer au nouveau PSF, critiqua vertement cette dispersion des « nationaux » et se révéla, comme défenseur de Pozzo di Borgo, un adversaire violent et acharné du colonel de La Rocque, allant même dans sa plaidoirie jusqu'à conseiller le suicide au chef déshonoré des Croix-de-Feu [43].

L'inimitié se fit également hargneuse du côté des anciens dirigeants Croix-de-Feu qui avaient démissionné en 1935-1936, faute d'avoir réussi à entraîner leur chef dans un activisme plus décidé cherchant la prise du pouvoir dans l'affrontement physique avec les gauches. Ces hommes en voie de fascisation prononcée n'acceptèrent pas le désarmement, puis la dissolution des ligues, main tendue au Front populaire, et tentèrent de récupérer les troupes immobilisées par La Rocque. L'appel à l'union des forces anticommunistes lancé le 27 mars 1936, au lendemain de la fusillade de Clichy, par Jacques Doriot et son PPF, parti constitué notamment d'anciens Volontaires nationaux (Pucheu, Paringaux, Maud'huy, Loustau, Popelin), représenta ainsi une entreprise à peine déguisée de noyautage du PSF. Ce Front de la liberté, constitué le 8 mai, rassembla finalement autour de Doriot la Fédération républicaine de Marin, le Parti républicain national et social de Taittinger et le Parti agraire de Mathé, mais ne réussit pas à rallier La Rocque et ses centaines de milliers de militants et sympathisants. Par souci d'indépendance, mais surtout parce que le PSF se voulait le parti de la réconciliation française attaché à la perspective d'une nouvelle coalition des centres, La Rocque refusa de se marquer à l'extrême droite dans un nouveau front qui accentuait la division des Français et apparaissait comme une manœuvre de débauchage dirigée contre son parti [44].

Après avoir retenu ses troupes au soir du 6 février, rejeté le front national en 1934, aidé, par son scoutisme politique, à la constitution du Front populaire, rendu ses armes à Blum et Thorez, opté pour le « loyalisme républicain », contesté sur le terrain électoral et parlementaire les positions des « modérés », refusé d'adhérer au Front de la liberté, stigmatisé les agissements clandestins des « cagoulards », le colonel de La Rocque avait accumulé contre lui suffisamment de rancunes pour expliquer l'acharnement de la droite militante et extrémiste à le faire tomber. De là, notamment, la soudaine et vertueuse indignation de toutes ces droites apprenant que le colonel aurait émargé aux fonds secrets et le faisant savoir. Creyssel présenta donc à juste titre l'affaire La Rocque comme une « cabale de dissidents », « hommes déçus, qui attendaient un renouveau profond après le 6 février et comptaient sur l'élan irrésistible des Croix-de-Feu, confusément même sur un coup de force [45] ». Le coup monté fut effectivement préparé par les dissidents Croix-de-Feu aidés de certains leaders de la Fédération républicaine, Vallat et Henriot. Tardieu, pour sa part, s'y prêta de bonne grâce.

Sans doute, le duc Pozzo di Borgo n'avait-il pas prévenu Tardieu de la publication dans *Choc* de leur entretien, et il s'en excusa dans une lettre ainsi terminée : « Une chose nous réjouira ensemble : les plombs ont fait balles et le " zozzo ", pour reprendre l'expression de Maurras, apparaît comme vacillant sous le coup [46] ». De son côté, Tardieu regretta l'initiative intempestive de Pozzo di Borgo :

> « C'est le dernier des imbéciles, écrivait-il à Carbuccia. S'il ne m'avait pas mis en cause, mon intervention dans un cadre officiel aurait pu être décisive. Il y a beaucoup d'imbéciles au temps où nous vivons, et on finit par s'y habituer. Cela complique tout de même l'existence [47]. »

Tardieu, cependant, était au courant des intentions réelles de son visiteur. N'avait-il pas reçu de Pozzo di Borgo une carte de visite lui demandant un entretien et précisant clairement l'objet de la démarche de l'ex-Croix-de-Feu : « Nous avons affaire à un aventurier [La Rocque] dangereux pour le pays, ne serait-ce que par son insondable ignorance. Il est urgent de lui régler son compte, ceci sans jeu de mots [48]. » Avant même cet entretien, en janvier 1937 déjà, un conseiller général de Seine-et-Oise, Jean-Maurice Adam, avertissait Tardieu des intentions de Vallat et de Henriot de provoquer le colonel de La Rocque au sujet des fonds secrets et par là de le forcer à confirmer la rumeur qu'il avait lui-même laissé répandre. Quelques mois plus tard, une fois l'affaire réussie par l'entremise de Pozzo di Borgo, Xavier Vallat écrivait à Tardieu :

> « Je conçois votre réaction première et votre irritation même contre l'usage fait par Pozzo di Borgo de votre conversation, mais je vous assure que l'on avait plus le choix des moyens. Et peut-être mesurez-vous mal, de votre retraite, le service inestimable que vous avez, involontairement, rendu par son canal à la cause nationale [49]. »

Ni la réalité du coup monté pour éliminer La Rocque ni la complaisance complice de Tardieu n'étaient contestables. L'affaire engagée, toutefois, il fallait l'exploiter à fond, et tous les comploteurs comptaient sur l'autorité et la pugnacité de Tardieu pour écraser La Rocque devant le tribunal correctionnel. Vallat attendait l' « hallali » et la fin de l' « idolâtrie larocquiste », Pozzo di Borgo le « coup de grâce » ultime, et Bailby, directeur du quotidien *Le Jour,* inquiet de la concurrence représentée par *Le Petit Journal* récemment racheté par le PSF, plaça toute sa confiance dans Tardieu : « La Rocque est " reptilien ". On ne l'écrasera pas la première fois. Mais je ne pense pas qu'il puisse tenir, sous votre réquisitoire, plus que quelques mois [50]. » Un deuxième procès allait permettre à Tardieu de satisfaire les attentes d'un Xavier Vallat qui lui écrivait après la déposition de Lyon : « Encore que touchée à mort, la bête [La Rocque] essaie de se défendre. Il faudra donc l'achever [51]. » Et Tardieu d'aiguiser ses armes en préparant minutieusement sa deuxième déposition : ses archives privées contiennent pas moins de deux brouillons manuscrits complets, trois mises au point dactylographiées et de nombreuses feuilles volantes. Au jour du procès, on comprend l'aisance dans la mise à mort et ce commentaire du légitimiste Puységur : « C'était de l'assassinat, c'était la lutte du requin et du poisson rouge [52]. »

Quels mobiles animèrent donc le retraité de Menton dans cette affaire? Son ressentiment à l'endroit de La Rocque semblait remonter à l'année 1934. Non pas comme il l'affirma au procès, à ce discours « abominable » du 10 janvier, ni même à la prudente réserve observée par les Croix-de-Feu le soir du 6 février, mais bien aux circonstances entourant la chute du gouvernement Doumergue. En effet, de la même manière qu'il ne pardonna jamais à Flandin sa « trahison » de novembre 1934, Tardieu ne put accepter la passivité des ligues, et notamment celle des Croix-de-Feu, qu'il avait pris la peine de prévenir, au moment où le « bon président » tomba, victime de vulgaires ambitions politiciennes. Il pensa alors que, si Doumergue s'était présenté devant les Chambres porté par les ligues nationales, il eût put forcer favorablement l'opinion parlementaire et obtenir l'engagement de la procédure de révision constitutionnelle. Ce que Tardieu regardait comme l'abandon de La Rocque fit cependant tout échouer. « Fallait-il, demanda Creyssel dans sa plaidoirie, troubler profondément l'ordre public et déchaîner la guerre civile pour maintenir contre son gré le président Doumergue au pouvoir? Le colonel de La Rocque ne l'a pas pensé [53]. » Assurément, mais Tardieu en garda une rancune tenace.

À partir de cet épisode, l'itinéraire respectif des deux hommes devait dessiner un chassé-croisé révélateur de leur désaccord grandissant : alors que Tardieu rompait avec la République parlementaire pour mieux la dénoncer, La Rocque abandonnait l'agitation ligueuse pour s'insérer avec confiance dans cette même République parlementaire. La retraite de Tardieu fut interprétée comme une désertion, et le parlementaire PSF Robbe le rappela au procès de Paris : « Si M. Tardieu est le grand national qu'il prétend être, sa place n'est pas dans un ermitage, au milieu des roses... au soleil, à dix minutes d'une frontière [54]. » D'autre part, tandis que Tardieu pratiquait la politique du pire et se plaçait dans le camp des irréconciliables, La Rocque entendait œuvrer à la réconciliation nationale, à l'unité morale de la France dans la fraternité et le patriotisme, dans l'esprit des tranchées retrouvé. Le colonel ne pratiquait donc pas l'attentisme catastrophiste et ne se contentait pas de lutter contre le marxisme. Il défendait un programme d'action positif fait de solidarité dans l'ordre moral, social et économique, devant se traduire par le dévouement civique, l'union des classes et la « profession organisée ». Sur le plan institutionnel, il souhaitait une adaptation de l'État républicain renforcé dans son autorité exécutive et répondant dans son rôle économique à la formule « économie contrôlée, mais affranchie de l'étatisme [55] ».

Programme vague et formules sonores, pouvait ironiser Tardieu. Dans sa plaidoirie, Paul Creyssel lui répondit, épinglant les ambitions intellectuelles de *La Révolution à refaire*. « Nous pensons, nous, que la France n'a pas le temps d'attendre que M. Tardieu ait achevé de " tout expliquer " [56]. » Et de conclure qu'il était plus « urgent » et « facile » de refaire la nation que de reconstruire l'État, de recréer le climat de la patrie que de réformer les institutions. Indiscutablement, en matière de « révolution à refaire », La Rocque constituait un obstacle aux ambitions de Tardieu. Bien sûr, celui-ci affirmait travailler pour le long terme; à court et moyen terme, cependant, La Rocque endormait, dans l'acceptation du régime et dans la camaraderie ancien combattant, des centaines de milliers de « braves gens » enrôlés dans une grande formation à vocation parlementaire. Or cette clientèle du PSF était justement celle-là même à laquelle Tardieu adressait son message pédagogique et rénovateur. En quelque sorte, La Rocque lui volait ce « pays réel » qu'il espérait convaincre du « mensonge démocratique » et dresser contre l'usurpation parlementaire.

Pis, La Rocque, ce piètre politique à l'intelligence commune, avait réussi en moins de trois ans à constituer autour de sa personne un parti de masse sans précédent par la taille, alors que lui, Tardieu, esprit de premier plan et prestigieux homme d'État, restait seul et sans futur immédiat. S'ajoutaient donc aux mobiles politiques des raisons plus personnelles. L'extraordinaire succès du colonel de La Rocque n'avait pas été sans provoquer chez l'amer retraité de Menton un vif agacement et sans blesser un orgueil que celui-ci avait démesuré au dire de nombre de ses contemporains. Son tempérament batailleur fit le reste. Prisonnier de ses confidences médisantes, répétées puis publiées, il accepta ainsi d'officier à la mise à mort politique du « traître » à la cause « nationale ». N'avait-il pas une fois déjà pris plaisir, contre Camille Chautemps en juillet 1934, à jouer le rôle de l'accusateur public? Revanche politique et revanche d'orgueil se conjuguèrent en 1937 pour décapiter le PSF. L'extrême droite comptait sur le tranchant du réquisitoire de Tardieu, comme cette carte de Pozzo di Borgo le suggérait avant même que l'affaire La Rocque n'éclatât : « Avec l'espoir que vous ne tarderez pas, M. le président, à donner le coup de grâce qu'attendent, avec confiance, ceux qui savent [57]. »

Au terme de cet épisode judiciaire et politique, il apparaît donc que la parole de La Rocque l'emporte sur le serment de Tardieu : le chef des Croix-de-Feu n'a pas émargé aux fonds secrets. En plus des mobiles politiques et psychologiques déjà invoqués, d'autres éléments fondent cette conviction. D'abord, Tardieu a laissé trop de brouillons de sa déposition du 15 novembre, aux versions d'ailleurs pas toujours concordantes, pour écarter la tenace impression d'une machination bien huilée. Ensuite, le flou artistique entourant les dates et les circonstances des rendez-vous avec La Rocque ne fut jamais dissipé. Tardieu n'a produit aucune preuve matérielle de ce qu'il avançait alors même qu'il avait tenu, comme ministre de l'Intérieur, un carnet de comptes précis des subsides accordés aux journaux et organisations. On pouvait notamment y lire les fonds accordés à l'Union nationale des combattants en décembre 1930 ; jamais le nom de La Rocque ou des Croix-de-Feu, ni le chiffre régulier de 20 000 francs n'apparaissaient dans ces colonnes [58]. Enfin, les défenseurs de La Rocque produisirent plusieurs témoins assurant que le chef des Croix-de-Feu, par souci d'indépendance, avait refusé leur offre de soutien financier. Parmi ceux-ci, Henri de Kérillis, qui vainement lui offrit 50 000 francs, et « davantage » encore au lendemain du 6 février 1934, et qui émit de sérieux doutes sur la vraisemblance même de toute l'affaire : « Qu'on ait put offrir à cette ligue inexistante [en 1930-1931] des sommes aussi considérables me paraît absolument déroutant. Si c'était vrai, je dirais presque qu'il y aurait de la dilapidation de fonds publics... et une enquête s'imposerait immédiatement [59]. » Très probablement donc, Tardieu avait menti. Avec art et conviction, peut-être, mais il avait tout de même menti.

L'orgueilleuse solitude d'André Tardieu

Sa bruyante déposition dans l'affaire La Rocque suscita évidemment un certain nombre de questions sur les intentions futures de Tardieu. Ainsi, le fait de s'être retrouvé du même côté que Vallat, Daudet, Pozzo di Borgo et Doriot était-il occasionnel ou signifiait-il une adhésion à un activisme politique plus marqué ? Par ailleurs, cette brusque intervention dans les querelles de la droite annonçait-elle le retour à la politique active du retraité de Menton ? Quelles conséquences, enfin, le grand déballage politico-judiciaire de l'automne 1937 eut-il sur sa situation propre et sur les moyens de propagande à sa disposition ? En fait, beaucoup de contemporains interprétèrent sa réapparition politicienne comme un acte de rentrée politique. Las de sa solitude d'écrivain et impatient de passer à l'action, le retraité de Menton aurait renoué avec l'activité partisane en jouant la carte de l'extrême droite. L'état de rupture proclamé en 1936, factice et temporaire, aurait ainsi naturellement évolué en une dérive politique qui réintégrait Tardieu dans le cadre partisan aux côtés des autoritaires et des fascisants.

Cette interprétation, pourtant, ne fut en rien corroborée par les choix consécutifs à l'affaire La Rocque. Après sa déposition de Paris, il retourna sur son rocher méditerranéen, toujours aussi irréconciliable avec le régime et la vie parlementaire qu'en 1936.

L'affaire La Rocque ne fut qu'un court entracte dans la situation de rupture et d'éloignement critique qu'il avait voulue. Elle ne modifia en rien ses conceptions sur l'inutilité de l'activité politique dans le cadre de la République parlementaire. À Thiébault-Sisson, rédacteur au *Temps*, il dit clairement préférer l'abstention studieuse à « l'agitation immédiate et stérile dans le régime intolérable et non perfectible [60] ». Cette résolution maintes fois affirmée parut inébranlable malgré les très nombreuses sollicitations reçues dans ces années 1937-1939. Une grande partie de la correspondance privée de ces années consista en appels insistants lancés par quelques centaines d'admirateurs inquiets du désarroi de la droite et en quête d'un chef ou même d'un sauveur. À ceux qui, tel l'académicien Louis Madelin, le pressaient de reprendre sa place à la tête de l'opposition conservatrice, il répondait :

« Pourquoi voulez-vous donner un chef à une opposition qui n'existe pas? Pourquoi voulez-vous mener une bataille dans un milieu qui n'aura jamais de doctrine? Ce que je fais dans mon coin réussira ou ne réussira pas. Mais ce que je ferais là-bas, vu le milieu, ne pourrait réussir en aucun cas [61]. »

Aux autres, plus énergiques, qui le considéraient comme le seul « chef » capable de redresser le pays, quitte pour cela à jouer les Mussolini, il répliquait fermement :

« 1°) Je ne crois à aucune dictature. 2°) Je n'ai aucune vocation de dictateur. 3°) Mon métier est d'écrire, et je ne suis pas assez millionnaire pour ne pas l'exercer [62]. »

Ligues, partis et rassemblements ne constituaient donc que réponses inadéquates, « illusions », « paresse intellectuelle et morale » pour qui souhaitait un redressement national en profondeur. L'Histoire montrait d'ailleurs que Déroulède, Lemaître, Barrès, malgré leur patriotisme désintéressé, n'avaient allumé que des « feux de paille ». Manque d'audace, mais surtout manque d'idées, telles étaient les carences de ces formations extra-parlementaires plus bruyantes qu'efficaces. Quant aux « sauveurs de pacotille » des années trente, chefs modernes des ligues, ils ne surpassaient leurs aînés ni par l'intelligence ni par l'honnêteté : « Ce sont toujours, comme on disait naguère, " les hommes de la salade " » ; et, sur le plan des idées, « c'est toujours le même fatras de mystiques, de réconciliation, de rassemblement, de fronts. C'est moins que rien [63] ». Front national et Front de la liberté, Parti social français et Parti populaire français, la valse des étiquettes ne changeait rien à la vanité de ces efforts partisans. Le seul activisme acceptable était celui portant sur les idées. À un correspondant de Seine-et-Oise doutant à la fois de l'autorité du colonel de La Rocque et de la sincérité de Doriot, Tardieu rétorqua qu'il trouvait « peu sérieuses » les formations partisanes créées par ces deux hommes. Avec Léon Poncet, directeur de *La République du Sud-Est,* il fut encore plus explicite :

> « Devant la carence totale de l'opposition à la Chambre et dans le pays, devant la plaisanterie Doriot succédant à la plaisanterie La Rocque, je crois plus que jamais qu'il n'y a que les campagnes d'idées qui puissent agir à la longue [64]. »

Dans l'affaire La Rocque, le voisinage de Tardieu avec l'extrême droite ne signifiait donc ni une rentrée politique ni une conversion à l'activisme. Le retraité de Menton ne joua pas la carte de Doriot et du Front de la liberté, comme le laisse entendre Philippe Machefer [65]. Tardieu saisit certes l'occasion de nuire à un homme qu'il méprisait et à un mouvement qui immobilisait des centaines de milliers d'adhérents dans l'espérance inutile et toujours différée de réformes parlementaires. Il ne portait, cependant, guère plus d'estime à ses alliés du moment, les Doriot et Pozzo di Borgo, et à leurs ambitions politiques, électorales ou clandestines. Sa ponctuelle collaboration terminée, il retourna sur son rocher, satisfait des coups donnés et indifférent aux conséquences parlementaires et électorales de cette grande chicane entre « nationaux ». Cette attitude désinvolte et peu responsable lui fut vertement reprochée. N'était-il réapparu que pour accroître les divisions de la droite? À part la zizanie, qu'avait-il semé à Lyon et à Paris? Et à discréditer ainsi le colonel de La Rocque, n'avait-il pas, lui le grand « national », porté atteinte au seul grand parti « national » dont l'énorme masse des militants et sympathisants constituait la seule réserve saine et non compromise du pays, le seul espoir réel de régénération nationale?

Une partie de la correspondance privée qu'il reçut durant l'affaire La Rocque était faite de ces questions sous forme de reproches et mêmes d'insultes. Au procès de Paris, un homme qui s'était battu sa vie durant pour l'organisation des partis conservateurs et pour leur rassemblement résuma le pénible sentiment causé par la hargne revancharde et destructrice de Tardieu :

> « J'espérais, déclara Henri de Kérillis alors partisan de La Rocque, que M. Tardieu sortirait de sa retraite et qu'il deviendrait notre chef à tous, notre réconciliateur à tous. Qu'est-ce que je vois?

Je vois qu'il en est sorti pour détruire le seul parti organisé que nous ayons actuellement, en tout cas le plus grand des partis organisés, pour nous opposer les uns aux autres, pour jeter l'anarchie... J'étais réconcilié avec l'Action française, nous voici opposés; j'étais en relation d'amitié avec M. Léon Bailby, je suis opposé à lui; nous voici tous divisés, les uns contre les autres. C'est atroce ce qui a été fait là par M. André Tardieu. [...] Nous sommes tous éclaboussés et tous nous sommes atteints [66]. »

L'attitude de Tardieu était d'autant plus incompréhensible qu'elle sembla politiquement gratuite. Reproches et insultes mis à part, il reçut en effet deux fois plus de félicitations et d'encouragements pour son acte d'accusation [67]. Toutefois, la plupart de ces correspondants, enthousiasmés par le brio avec lequel il avait exécuté La Rocque, attendaient du retraité de Menton qu'il profitât de l'événement et de la confusion des esprits pour définir une véritable stratégie de reconquête du pouvoir. Les attentes allaient de l'espoir sommaire en un coup d'État aux souhaits d'une meilleure diffusion des idées de *La Révolution à refaire*. Ces attentes furent cependant déçues. À tous les hommes qui, à l'instar de Binet-Valmer en mai 1937, lui demandaient solennellement : « Avez-vous le droit, dans l'extrême péril où nous sommes, de ne pas reprendre du service actif? », Tardieu répondait en substance que l'action découlait des idées et que les siennes ne seraient totalement fixées qu'à la fin de son enquête intellectuelle, c'est-à-dire au terme de son effort quinquennal commencé en 1935-1936 [68].

Les insultes essuyées et les déceptions suscitées autour de l'affaire La Rocque accrurent donc l'isolement de Tardieu. L'homme apparut comme de plus en plus irrécupérable, enfermé dans une amertume critique qui n'épargnait ni les institutions ni les hommes. Ce radicalisme dans la dénonciation devenait compromettant pour ses amis, tel Horace de Carbuccia. L'affaire jeta en effet une ombre sur la parfaite entente avec le directeur de *Gringoire*. Ce dernier avait des lecteurs à ménager et des amitiés politiques à cultiver. Entre Tardieu, son « cher patron » et « leader », et Jean Ybarnégaray, son beau-frère et porte-parole du colonel de La Rocque à la Chambre, Carbuccia se trouvait dans une position délicate. La protection du tirage de l'hebdomadaire et « le désir de ne pas avoir d'ennemis à droite » l'emportèrent finalement. Pour éviter une vague de désabonnements de la part de lecteurs appartenant au PSF, *Gringoire* refusa donc de prendre position dans l'affaire des fonds secrets [69]. Pour justifier sa prudente abstention, Carbuccia envoya à Menton quelque deux cents lettres hostiles à Tardieu reçues au journal. Ce dernier trouva leur nombre dérisoire, compte tenu des effectifs PSF, et leur contenu « noirement stupide ». Il critiqua par ailleurs le manque de courage montré dans cette affaire et regretta le profil défensif, « mou » et « terne » adopté par le journal depuis les derniers éclats de l'affaire Salengro [70].

Ce désaccord cordial entre Tardieu et Carbuccia ne fut pas sans conséquences pratiques quant à la valeur accordée à la collaboration de Tardieu à *Gringoire*. À la suite de l'éclatement de l'affaire La Rocque, Tardieu se plaignit en effet de la suppression de son nom en tête d'article et sur les manchettes de l'hebdomadaire, de la réduction de la taille de ses éditoriaux et même de la censure appliquée à deux de ses contributions dont l'une malmenait Pierre-Étienne Flandin. Autre symptôme du refroidissement des rapports, sur la suggestion de Carbuccia, Tardieu allait écrire de plus en plus d'articles de souvenirs personnels, la narration du passé étant bien sûr moins compromettante que les commentaires d'actualité. Ainsi, en attaquant La Rocque, le retraité de Menton froissa un ami des plus utiles et compromit une partie de ses moyens d'influence sur l'opinion.

Il en fut de même avec le Centre de propagande des républicains nationaux dirigé par Henri de Kérillis. Celui-ci avait notamment déclaré au procès de Paris : « J'ai à choisir entre la parole d'honneur du colonel de La Rocque et la parole d'honneur de M. André Tardieu. Je choisis la parole d'honneur de M. de La Rocque [71]. » En s'aliénant l'amitié de Kérillis, Tardieu perdait un important réseau de distribution et de propagande qui avait très utilement fonctionné en sa faveur pendant des années. En avril 1936 encore, pour la diffusion de la brochure vulgarisatrice *Alerte aux Français*, le commandant Sayet, directeur du *Bulletin de presse du centre*, avait ainsi proposé à Tardieu de « se mettre à son entière disposition, en lui apportant les 500 journaux hebdomadaires de province qui étaient les abonnés du *Bulletin de presse*, les 500 à 600 comités de propagande qui travaillaient régulièrement avec le Centre et les milliers de correspondants qui étaient les clients habituels [72] ». Ce vaste réseau ne servirait plus les idées de Tardieu.

Homme de convictions, pourtant, celui-ci ne craignait pas la solitude. Il l'avait lui-même choisie dès 1935-1936 en abordant sa « longue et rude entreprise » de ressourcement intellectuel et de pédagogie politique.

> « Je sais, déclara-t-il à ses auditeurs de la salle Pleyel en mai 1936, que, pour me mettre en route, j'ai voulu d'abord m'isoler et que la solitude passe pour une faiblesse. Mais avez-vous jamais vu les grands rassemblements se former autrement qu'autour de solitaires [73] ? »

Cette solitude lui apparut d'ailleurs comme la seule garantie de son indépendance d'esprit et de sa liberté, à la fois conditions de l'exercice de la vérité et fondements de sa crédibilité auprès des Français. Dès lors, il s'obstina à refuser les nombreuses offres, plus ou moins sérieuses, d'affiliation et de participation à tous les groupements et mouvements qui s'adressèrent à lui durant ces années de retraite délibérée. La distance géographique prise avec Paris et donc avec la bataille pour le pouvoir devait suffire à faire comprendre son désintérêt présent pour tout engagement partisan.

Restait, toutefois, une question centrale. Comment espérait-il engager sa « révolution à refaire » en demeurant sur son rocher méditerranéen? Par l'exemple de son propre refus du régime, d'une part, et par la plume, d'autre part. En effet, la révolution attendue devant d'abord passer par une révolution des esprits et par un assainissement moral, le livre et l'article étaient des instruments bien plus utiles qu'un éphémère portefeuille ministériel. Quitte à « passer pour un utopiste qui a quitté les réalités pour poursuivre une chimère [74] », Tardieu allait s'en tenir à cette stratégie de conquête du pouvoir par la conquête des esprits. Était-ce d'ailleurs totalement utopique? Pour répondre à cette question, il convient d'abord de s'interroger sur sa capacité d'influence et par conséquent sur les moyens dont il disposait pour promouvoir cette façon d'envisager le changement.

Bien que retiré à Menton et ne faisant plus que de rares et courts voyages à Paris, il ne vivait pas en ermite, mais recevait au contraire de très nombreux visiteurs. Il confia par exemple à son ancien chef de cabinet, Henri Moysset, que de Noël 1935 au 16 janvier 1936, quelque 200 invités étaient venus dîner à Menton. À la fin de 1938 encore, à Bernard Lavergne venu lui apporter les deux tomes de son ouvrage *Le Gouvernement des démocraties modernes*, il déclara qu'il était la soixante-dixième personne à s'être assise dans son bureau depuis le début de la matinée [75]. L'isolé de Menton cultivait ainsi de nombreux contacts personnels qui lui garantissaient une certaine étendue et sûreté d'information. Les Bardoux, Rollin, Ferry, Monicault, Bonnefous, Lachapelle, Buisson, Taittinger, Binet-Valmer furent parmi les amitiés politiques les plus assidues. Par ailleurs, Tardieu entretenait une volumineuse correspondance avec une foule de journalistes et publicistes de son temps. Limitée souvent à de simples remerciements pour l'envoi d'articles ou de livres, cette correspondance manifestait néanmoins une constante attention à tout ce qui s'écrivait sur lui ou autour de ses idées dont la diffusion fit toujours l'objet d'un soin particulier.

Ainsi, la plupart de ses livres furent de grands succès de librairie. Il fallait lui reconnaître un indéniable sens du moment. *L'Heure de la décision* sortit quelques jours à peine avant le 6 février 1934; *Sur la pente* profita pour son lancement, en mai 1935, de la crise ministérielle du gouvernement Flandin; et *Le Souverain captif* tomba adroitement en pleine campagne électorale, en avril 1936. Pour ce dernier ouvrage, Tardieu avait d'ailleurs un peu forcé sa chance en jouant de ses relations, en particulier de son amitié avec Pierre Laval : « Si, comme il est possible, tu es indifférent à la date des élections, tu me ferais très plaisir en les laissant au 26 avril. Question éditeur et de publication de mon livre. Si tu as des motifs contraires, je n'ai rien dit [76]. » L'attente de ce premier tome de *La Révolution à refaire* parut considérable puisque *Gringoire, Candide, La Revue des Deux Mondes* et *La Revue de Paris* se disputèrent les droits de prépublication. Dans l'ensemble, les tirages des livres de Tardieu furent importants : *Sur la pente* et *Le Souverain captif* atteignirent respectivement 52 000 et 45 000 exemplaires; la brochure vulgarisatrice *Alerte aux Français*, vendue un franc, obtint le succès respectable de 200 000 unités diffusées; *La Profession parlementaire*, sorti en librairie en octobre 1937, enregistra toutefois un certain recul (35 000 exemplaires) attribué par Tardieu à un prix plus élevé que de coutume (18 francs) [77].

Quant aux articles hebdomadaires à *Gringoire*, outre le fait qu'ils furent chaque année rassemblés dans un recueil, *Note de semaine*, tiré à 12 000 exemplaires, ils bénéficièrent de l'audience du plus grand hebdomadaire politique français dont la clientèle estimée atteignait quelque deux millions de lecteurs. En outre, un sondage réalisé au printemps 1937 par Horace de Carbuccia pour le compte de Tardieu révéla que *Le Temps, Le Journal des Débats, L'Écho de Paris, L'Action française, La Liberté, L'Ami du peuple, L'Ère nouvelle, L'Homme libre, L'Ordre* et *Le Petit Parisien* citaient régulièrement dans leurs revues de presse les éditoriaux de Tardieu. Pour la presse de province, les résultats n'étaient pas moins négligeables puisque Tardieu semblait pouvoir compter sur « une bonne centaine de journaux amis » reproduisant ses articles. Afin de faciliter encore cette diffusion, *Gringoire* proposa d'envoyer directement à ces journaux les morasses de l'article de Tardieu afin que ces derniers ne dépendissent plus des agences de presse [78].

À partir du printemps de 1939, une autre amitié influente, celle de Lemaigre-Dubreuil, président de la Fédération nationale des contribuables, allait elle aussi se mettre au service de Tardieu pour élargir l'audience de ses articles hebdomadaires. Lemaigre-Dubreuil envoya à Menton une liste de périodiques amis, « représentant approximativement un tirage vérifié de 2 500 000 exemplaires », prêts à intégrer dans leur revue de presse les éditoriaux de Tardieu. À titre de « premier essai », il testa les possibilités de ce réseau de périodiques principalement provinciaux en proposant la publication du dernier article de Tardieu sur Hitler. 144 journaux avisèrent la Fédération des contribuables de la reproduction de l'article, ce qui se révéla tout à fait satisfaisant pour une première expérience [79]. Enfin, trop à l'étroit à *Gringoire* depuis la conférence de Munich, Tardieu renoua en avril 1939 avec la presse quotidienne en reprenant sa collaboration au *Journal*, quotidien dirigé par son ami Guimier.

Aux correspondants bien intentionnés qui lui parlaient de publicité et de propagande plus soutenues, Tardieu pouvait donc répondre avec une certaine satisfaction : ses livres tiraient à 50 000 exemplaires ; ses articles de *Gringoire* étaient lus chaque semaine par 2 à 3 millions de personnes, sans parler de leur fréquente reproduction dans la presse de Paris et de province ; en outre, à partir de 1939, il envoya un article hebdomadaire à un syndicat de 15 journaux de province et en donnait un autre, vingt fois par an, au *Journal*. Cela paraissait « suffire à ce qu'un homme seul pouvait souhaiter [80] ».

Quelle qu'importante que fût cette présence médiatique, elle demeurait toutefois dérisoire en regard de l'ambition poursuivie : « Ouvrir les yeux aux Français. » En effet, le maximalisme de Tardieu ne s'accommodait guère de succès ponctuels ou partiels. Il entendait « grouper, sur quelques idées claires, 25 millions de Français », rien de moins. Par ailleurs, la bataille réformiste devait se gagner sur tous les fronts à la fois ou se perdre, en détail, dans chaque secteur ; c'était la logique du tout ou rien : « La révolution, qui est à refaire, est un bloc, comme l'autre. C'est en bloc qu'il faut la concevoir, l'entreprendre et l'accomplir [81]. » Le problème de la rénovation française ainsi posé, ses chances de réalisation apparaissaient bien minces. Sur quels espoirs Tardieu fondait-il donc son action ? Essentiellement sur une double conviction : l'absolue certitude d'être dans le vrai et de défendre la vérité, d'une part, et la foi inébranlable dans le peuple français, d'autre part.

Tardieu, dont l'assurance ostentatoire prenait facilement la pose dédaigneuse, fut toute sa vie porté par le sentiment de sa propre supériorité. À plusieurs reprises dans sa carrière, il avait préféré « avoir raison » tout seul que de suivre la majorité dans ses équivoques. Renonçant en 1936 à la députation, il affirma à nouveau sa singularité avec une emphase bien à lui : « Beaucoup, dans la Chambre, pensent ce que je pense. Mais personne ne dit ce que je dis. Surtout, personne ne fera ce que je fais [82]. » La retraite volontaire était ainsi magnifiée par un sentiment de singularité orgueilleuse. Opposer la « vérité » au mensonge démocratique, tel était l'exigeant sacerdoce qu'il avait accepté d'assumer contre toute la classe politique française. « Et je suis, je le sais, seul, ou presque, à dire ce que je dis. Je dis vrai tout de même. Et vérité vaut mieux que majorité [83]. » Pour assumer à l'échelle de la nation ce magistère démesuré, il avait pour lui un orgueil également démesuré.

Bien sûr, la voix d'un homme seul, ramené au rang de simple citoyen, portait difficilement dans le brouhaha incohérent de l'époque. Tardieu avait pourtant quelques raisons de croire à sa capacité d'influence sur l'opinion. Avant-guerre déjà, par ses livres et ses articles au *Temps*, n'avait-il pas mérité le mot du prince von Bülow de « septième puissance » de l'Europe, tant comptaient dans les chancelleries ses avis sur la situation internationale ? Et sa campagne révisionniste dans *L'Illustration*, unanimement désapprouvée d'abord, n'avait-elle pas conquis l'opinion publique et parlementaire en 1934 ? Ces précédents furent assurément réconfortants lorsque, en 1936, il se retrouva seul avec pour tout instrument de pouvoir sa simple plume. En fait, Tardieu ne douta jamais de l'autorité de ses écrits dans l'exercice de son magistère. Le sentiment d'une profonde connivence avec le peuple de France renforçait en outre la conviction qu'il avait de l'autorité de sa personne. Le pays « réel », encore illusionné par la démocratie des apparences, devait tôt ou tard entendre son message démystificateur : « L'indifférence des Français est, en effet, formidable. Il faut tout de même penser qu'ils comprendront [84]. »

En fait, la foi dans les qualités du peuple fondait seule les espoirs de redressement national entretenus par Tardieu. « Le peuple français est un peuple antithétique et plein de surprises », pensait-il [85]. Antithétique ? Mais c'était justement la chance de la France. Car si, présentement, la division, l'instabilité et le doute sur la grandeur française l'emportaient, la face positive du caractère national – l'unité foncière d'un peuple de paysans, la continuité au-delà des révolutions de « la France de toujours » et la puissance de rayonnement d'une civilisation généreuse – pouvait aisément reprendre le dessus. Ce renversement des choses, de la décadence subie au sursaut salvateur, ne ferait d'ailleurs que confirmer l'étonnante capacité de redressement qui, au cours des siècles, forgea cet « éternel mystère de l'histoire de France où s'exprime le fond créateur de l'unité nationale [86] ». Susciter ce sursaut national apparaissait ainsi comme la seule œuvre utile à laquelle Tardieu acceptait encore de participer.

La profondeur du mal français ne lui laissait toutefois guère d'espoirs à court terme : « Sans doute, il faudra beaucoup de temps pour libérer nos institutions de leur mensonge de base et surtout pour guérir le mal né de l'enseignement matérialiste que l'on donne à la jeunesse [87]. » Malgré sa conviction d'œuvrer dans le bon sens, il ne s'illusionnait pas sur l'impact immédiat de son entreprise démystificatrice. Les événements plus que sa croisade isolée forceraient l'apathie suicidaire du peuple. « Jusqu'à la catastrophe, la séance continuera [88]. » Cet attentisme catastrophiste, conjuré par une fébrile activité intellectuelle cachant mal une impuissance fondamentale, donnait au nationalisme de Tardieu un caractère profondément désespéré. Mais puisque « pour la France, il n'y avait d'autre sauveur que la France elle-même [89] », le moment n'était peut-être pas si lointain où, face aux coups de boutoir donnés à l'ordre versaillais par la diplomatie allemande, la France devrait choisir entre l'abdication et la lutte. Dès 1938, cette perspective fut obsédante. Comme en 1914, les Français avaient peut-être besoin d'être une nouvelle fois révélés à eux-mêmes.

CHAPITRE XV

La faillite de la paix

Les symptômes domestiques du mal français ne représentaient qu'un aspect de la décadence nationale. L'érosion de la position internationale de la France, en situation de quasi-déclassement comme grande puissance, illustrait plus dramatiquement encore les tares de la République parlementaire. La politique étrangère donnait la vraie mesure de la vitalité d'une nation et de l'efficience d'un régime. À ce test crucial, la France avait lamentablement échoué : le régime, tel qu'il fonctionnait, ne permettait pas à la France de tenir son rang parmi les nations. Et au-delà du rang, c'était l'identité même de « la plus vieille, [de] la plus cohérente, [de] la plus sensible des nationalités [1] » qui était en jeu. La préservation et l'affirmation de cette haute et intangible idée de la France fondaient donc impérativement l'exigence de rénovation nationale.

Si la France se montrait inférieure à son destin, la cause de cette démission devait être recherchée dans les institutions et les mœurs politiques : « Un gouvernement, avertissait Tardieu, ne résiste sur le plan international que lorsqu'il est capable de résister sur le plan national. Pour parler clair à Genève, à Berlin, à Londres, à Rome, il faut, à Paris, vivre libre et fort [2]. » Pour avoir été lui-même renversé en pleine conférence de La Haye sur une question politiquement insignifiante, il comprenait trop bien la situation de fragilité faite aux plénipotentiaires français toujours inquiets du lendemain et confrontés à des interlocuteurs qui avaient pour eux la durée. Dans le contexte d'une Allemagne à nouveau menaçante, cette infériorité politique et institutionnelle de la diplomatie française pouvait être fatale. Dès lors, la question de la rénovation de la République parlementaire sortait du simple cadre académique pour revêtir un caractère vital. Hitler ne laissait guère de choix aux Français : « ou restaurer l'autorité consentie; ou nous courber sous l'autorité subie [3] ». La liberté et la paix, dont la France se voulait la garante universelle, dépendaient donc de la résolution des Français à sortir du sectarisme politique et de l'irresponsabilité institutionnelle.

Tardieu prit officiellement position en faveur de la révision constitutionnelle quelques jours à peine avant l'accession de Hitler au pouvoir. Cette coïncidence, fortuite, était pourtant très significative. En effet, la croisade révisionniste de 1933, d'emblée placée sous la menace grandissante du nazisme, ne se comprenait pas sans cette conscience aiguë et précoce du péril extérieur. Plus du tiers des articles écrits alors pour *L'Illustration* et publiés plus tard dans *L'Heure de la décision* s'appesantissaient gravement sur les défaillances diplomatiques de la France face aux initiatives revanchardes de l'Allemagne hitlérienne. Tardieu retrouva alors sa verve clemenciste des années d'immédiat après-guerre, lorsqu'il dénonçait sans relâche les mutilations successives portées au traité de Versailles. Cette vigilance particulièrement lucide à l'endroit des ambitions de Hitler ne devait plus le quitter jusqu'à l'été dramatique de 1939.

Tout en aggravant l'urgence et la nécessité des réformes intérieures, le spectacle des victoires diplomatiques allemandes conforta douloureusement Tardieu dans son diagnostic de déchéance française. L'histoire qu'il fit de la politique étrangère française de Versailles à Munich, c'est-à-dire de la plus grande victoire française au « plus beau succès allemand de l'après-guerre [4] », fut donc celle d'une irrémédiable décadence.

Du clemencisme au clemencisme

Le traité de Versailles, jugé abusif par les uns, inexécutable ou insuffisant par les autres, constituait pour les clemencistes un instrument adéquat pour défendre les droits de la France. Toutefois, sans une ferme et tenace volonté d'exécution, il ne remplirait évidemment pas ses promesses. Devant la Chambre, Clemenceau avait insisté sur ce point : « Il ne faut pas oublier que ce texte si complexe vaudra par ce que vous vaudrez vous-mêmes : il sera ce que vous le ferez. » À l'entendre, la ratification n'était même pas un commencement, mais « le commencement d'un commencement [5] ». Pour le Tigre et son équipe, le traité de paix risquait de devenir un texte mort s'il n'était pas constamment vivifié du même volontarisme résolu qui avait imprégné toutes les négociations du côté français. Le fossé entre la rigueur de certaines clauses et la faiblesse des garanties d'exécution exigeait pour être comblé une fermeté constante dans la politique d'application. En bref, tout comme la guerre, la paix se gagnait. Rien n'était plus dangereux que de croire à la permanence des acquis de la victoire. Dans cet esprit clemenciste, le traité n'était donc que « la prolongation des activités de la guerre jusqu'à complète exécution [6] ».

Derrière ce volontarisme de la paix, on pouvait certes déceler une conception de l'existence essentiellement combative : « La vie n'est qu'une lutte, [...], qu'un combat perpétuel dans la guerre et dans la paix [7]. » Ce pessimisme existentiel, qui se prétendait réaliste avant tout, n'expliquait pourtant pas à lui seul cette paix de vigilance. L'Allemagne éternelle n'autorisait en effet aucun relâchement, aucun répit. Matérialiste et belliqueuse, brutale et féroce, elle incarnait à travers l'Histoire la poussée incessante de la barbarie contre la civilisation, c'est-à-dire contre la France, son ennemie héréditaire. Tardieu décrivit ainsi l'opposition des deux caractères nationaux : « La France, poursuivant dans l'harmonie de son génie de liberté son développement pacifique; l'Allemagne, selon la forte expression de M. Clemenceau, " s'asservissant pour asservir " [8]. » Avec ce « peuple de proie » cynique et caporalisé, la conciliation était impossible, la distraction fatale. Car l'Allemagne ne comprenait que le langage de la force et montrait une redoutable capacité à exploiter les moindres faiblesses françaises. Les clemencistes ne croyaient donc pas, à l'instar des socialistes français, en une autre Allemagne, celle de Weimar, démocratique, pacifique, qui aurait renoncé, après les horreurs de la guerre, à ses instincts de déprédation et avec laquelle l'entente apparaissait souhaitable et même indispensable pour la paix de l'Europe. Il n'y avait en face de la France que l'éternelle Germanie.

La victoire de 1918 n'était donc qu'une bataille gagnée, la plus belle de toutes peut-être, dans une guerre qui continuait. La menace, d'ailleurs, paraissait toujours aussi aiguë, car la France, victorieuse mais dévastée et épuisée, devait contenir une Allemagne à la forte démographie dont la puissance industrielle demeurait intacte. Dans ces conditions, la paix ne pouvait être qu'armée. La sécurité française et la paix européenne dépendaient directement de la capacité de dissuasion militaire de la France. S'inspirant des leçons de Clausewitz, Tardieu fut toute sa vie convaincu que « la seule façon d'éviter l'explosion de la guerre, c'est de la rendre à ses adversaires plus onéreuse que le maintien de la paix [9] ». Être fort, le savoir et le faire savoir, telle était l'unique garantie. Plus encore, c'était la condition première à toute diplomatie entreprenante. « Une action diplomatique est une opération de crédit dont la base est constituée par ce que l'on pourrait appeler l'encaisse militaire de chaque peuple [10]. »

Il fallait par conséquent veiller à ne pas émousser la supériorité de l'armée française. Il fallait surtout exiger la complète exécution des clauses militaires du traité. Que ce fût à la Chambre, dans ses articles au *Petit Parisien,* à *L'Illustration* ou à *L'Écho national,* Tardieu manifesta une vigilance de tous les instants sur les manquements allemands aux clauses de limitation des effectifs et de désarmement. En mai 1922, il attira ainsi l'attention des députés sur l'extrême gravité de l'accord de Rapallo passé entre l'Allemagne et la Russie :

> « Après Rapallo, il n'y a pas, si rigoureuses qu'on les suppose, de clauses de désarmement de l'Allemagne qui puissent être efficaces, dès lors que l'aide économique totale de la Russie est mise à la disposition de l'Allemagne pour la fabrication militaire que le traité de Versailles lui interdit [11]. »

Cette vigilance à l'endroit du réarmement allemand fut pour lui une constante préoccupation.

La capacité de dissuasion de la France reposait également sur la prospérité de son économie et la santé de ses finances. Or le retour à ces deux états dépendait en grande partie du paiement des réparations allemandes. Sur ce point, la conception volontariste de la paix s'illustra parfaitement. Tardieu réfuta en effet avec acharnement la thèse anglaise en matière de réparations, thèse centrée pour l'essentiel sur la notion de capacité de paiement de l'Allemagne. À cause du formidable transfert de richesses à opérer, cette question était présentée comme principalement technique et économique. À ce jeu, l'idée de réparation s'estompait devant l'impératif du relèvement de l'Europe. « C'est la thèse du matérialisme économique. [...] C'est une thèse de révision. [...] C'est l'absolution de l'agression au nom de l'intérêt économique [12] », s'exclama Tardieu devant la Chambre alors qu'il dénonçait les conceptions de Keynes. La guerre avait été politique, son règlement aussi ; il devait en être ainsi de l'exécution des obligations allemandes. En accord avec ses alliés, la France avait obtenu des droits en 1919, il fallait fonc faire valoir ces signatures dans les conférences internationales. Quant à l'Allemagne vaincue, elle paierait toute sa dette pour autant qu'on ne tuât pas chez elle la volonté de paiement par une politique de concessions et de marchandages incessants.

D'ailleurs, insistait Tardieu, l'Allemagne pouvait payer. Elle préférait cependant organiser son insolvabilité en créant une hyperinflation frauduleuse. D'autre part, l'axiome énonçant qu'un pays ne peut payer ses dettes que sur l'excédent de sa balance commerciale se révélait erroné dans le cas d'espèce. Pour rembourser sa créance, l'Allemagne devait puiser dans son capital tout entier. Celui-ci avait d'ailleurs été gagé lors des traités de paix. Dans son ouvrage *La Paix,* Tardieu dressa une liste de « solutions positives » devant assurer le paiement des réparations : émettre des emprunts gagés sur les biens domaniaux et les revenus des États allemands; organiser un programme de livraisons en nature; contrôler les importations allemandes pour garantir des excédents d'exportations, sources d'annuités en espèces; démasquer, enfin, le scandale du contribuable allemand moins chargé que le contribuable français [13]. Pour mener à bien ces initiatives, les gouvernements français devaient faire appel à l'opinion publique et ne pas oublier qu'en cas de manquements allemands le traité de Versailles avait prévu des sanctions. Commencée le 11 janvier 1923, l'occupation de la Ruhr aurait donc dû plaire à Tardieu puisque la France osait enfin pratiquer une politique de prise de gages pour forcer le remboursement allemand. En fait, le bouillant député clemenciste ne se montra qu'à moitié satisfait.

Raymond Poincaré, qui avait trouvé le traité de Versailles nettement insuffisant et qui était devenu à la présidence de la commission des réparations « l'homme qui fera payer l'Allemagne », apparaissait plutôt aux yeux de Tardieu comme « l'homme des précautions inutiles [14] ». Sa fermeté en matière d'exécution des textes ne dépassait guère la politique déclaratoire. La décision d'occuper la Ruhr ne changea pas l'opinion du député clemenciste. D'accord sur le principe de la prise de gages, Tardieu reprocha en effet à Poincaré d'avoir « minimisé fâcheusement et l'enjeu de l'opération et les moyens d'exécution ». Pour le président du Conseil, l'occupation de la Ruhr était avant tout une opération politique devant fournir à la France cet élément de marchandage qui lui avait toujours fait défaut dans les conférences interalliées [15]. Or Tardieu critiquait précisément cette politique du « simple gage territorial ». Dans l'esprit du député clemenciste, l'occupation de la Ruhr devait être directement utilisée comme moyen de paiement, c'est-à-dire comme « gage productif ». Cela comportait « une formule d'exploitation industrielle et fiscale contrôlée avec deux ordres de versements, les uns en espèces, les autres en nature ». Cette politique de contrainte exigeait, par ailleurs, une forte présence militaire française. Pour entrer dans la Ruhr, cependant, Poincaré avait préféré « chausser des pantoufles au lieu de prendre des souliers à clous [16] ».

Le volontarisme de Tardieu dans la politique d'exécution des traités se fondait sur une double évidence. D'une part, quelqu'un devait forcément payer pour les ravages de la guerre et l'alternative apparaissait d' « une écrasante rigueur » : « elle [l'Allemagne] ou nous ». D'autre part, du paiement des réparations dépendaient en fin de compte la sécurité et le rang de la France en Europe, étant entendu que le transfert de richesses attendu des réparations équivalait à un transfert de puissance absolument nécessaire au maintien de la position diplomatique de la France de Versailles. Si ce transfert était impossible à opérer faute d'une suffisante détermination française, la France, en raison de ses difficultés financières, ne pourrait guère empêcher la rapide réémergence de l'Allemagne comme puissance économique dominante sur le continent, puis, à terme, comme grande puissance militaire. L'affaire de la Ruhr apparut alors comme « une partie décisive » dans l'histoire de la paix, comme la dernière occasion d'assurer le maintien de la prédominance française en Europe : « Je dirais volontiers, affirma Tardieu devant la Chambre, que c'est le Verdun de la paix [17]. » La politique de Poincaré ne permit pas, toutefois, de rééditer un nouveau Verdun. Devant faire face, en janvier 1924, à une crise financière qui prenait des allures de panique, Poincaré allait accepter les recommandations du Comité Dawes et perdre ainsi l'initiative diplomatique.

La paix par la dissuasion passait donc pour Tardieu par un volontarisme de la victoire intransigeant sur les acquis de 1919, par le maintien d'une armée importante toujours prête à intervenir comme fer de lance de la diplomatie, par une prospérité économique et financière retrouvée grâce notamment au paiement des réparations allemandes. « Diminuée, désarmée, condamnée, surveillée [18] », tel était l'état dans lequel la France devait maintenir sa voisine. Dans son énumération, Tardieu aurait pu encore ajouter « isolée ». Le but de la diplomatie française consistait en effet à créer autour de l'Allemagne un solide réseau d'alliances. Les pays désireux comme la France de contenir la masse toujours menaçante des soixante millions d'Allemands apparaissaient comme les alliés continentaux naturels de cette dissuasion à plusieurs. « Notre groupement de forces naturel, c'est la Petite Entente, c'est l'Italie et c'est la Belgique [19]. » La France devait donc renforcer ses liens avec ces pays et défendre dans les conférences internationales une politique qui manifestât une solidarité d'intérêts.

Dans ce système d'alliances et d'ententes, tout comme dans le règlement de la paix, un grand pays faisait défaut, l'Union soviétique. En 1910, Tardieu avait présenté l'alliance franco-russe comme « le type accompli du mariage de raison » : pour s'en convaincre, « il suffit de considérer une carte [20] ». Après la guerre, toutefois, la raison imposait une toute autre attitude. Les clemencistes, à la suite de leur patron, choisirent la mise en quarantaine d'un État révolutionnaire qui organisait partout la subversion. Ce fut alors la fidélité à la politique du « cordon sanitaire » : les bolcheviks devaient périr d'inanition [21]. Dans le cas soviétique, les motifs idéologiques l'emportèrent toujours chez Tardieu sur les considérations stratégiques. L'alliance avec la Pologne (janvier 1921), puis plus tard, celle passée avec la Tchécoslovaquie (février 1924) pouvaient d'ailleurs suppléer à la traditionnelle alliance de revers franco-russe. Par ailleurs, il fallait maintenir l'isolement de ces deux ennemis de la France, le boche et le bolchevick. À cet égard, la conférence de Gênes (avril-mai 1922), dont le résultat imprévu et stupéfiant fut le rapprochement soviéto-allemand de Rapallo, représenta pour Tardieu « le triomphe de la veulerie [22] ». Les vainqueurs se disloquaient misérablement tandis que les vaincus se regroupaient impunément. La France avait perdu le sens de la victoire et, par contrecoup, ses ennemis, celui de la défaite. Le pays glissait déjà *Sur la pente* malgré les avertissements répétés de l'opposition clemenciste.

Durant toute la législature bleu horizon, Tardieu tint avec une vigilance opiniâtre et rageuse la comptabilité précise des mutilations successives apportées aux droits reconnus à la France par les traités de paix. « San Remo, Hythe, Boulogne, Spa, Paris, Londres, Paris encore, Londres de nouveau, Cannes enfin sont les impardonnables étapes sur cette route d'abdications [23]. » Cette « route » allait être longue encore, et il serait fastidieux de suivre ici le détail du procès continu fait par Tardieu à la politique étrangère de Briand d'abord, puis de Poincaré. Nous savons que cette intransigeance dans la défense de l'œuvre de Versailles lui aliéna nombre d'amitiés utiles et finit par lui coûter son siège de député en 1924 [24]. Deux ans plus tard, pourtant, l'offre ministérielle de Poincaré refusée en 1922 allait, cette fois, avoir raison de l'intransigeance du nouveau député de Belfort. Les responsabilités ministérielles acceptées étaient certes techniques; mais aux Affaires étrangères, le briandisme triomphait comme jamais, désavouant quotidiennement les conceptions clemencistes défendues par Tardieu en février 1926 encore, lors de sa campagne électorale à Belfort. En fait, l'époque appartenait tout entière à l'esprit de Genève, antithèse de l'esprit de Versailles, et le silence de Tardieu sur les questions internationales disait fort son embarras.

Puis vint le jour où, pour succéder à Poincaré, il fallut assumer pleinement l'héritage briandiste. Tardieu n'hésita pas alors à l'endosser, provoquant chez son vieux patron Clemenceau ce commentaire amer : « Qu'allons-nous devenir? Tardieu me paraît avoir moins de conscience que Briand [25]. » Comment justifier, en effet, cette collaboration « très bonne et très facile [26] » avec Briand, l'homme pour lequel Tardieu le clemenciste avait inventé l'expression cruelle de « la politique du chien crevé au fil de l'eau ? » Le nouveau président du Conseil se déclara prêt à faire un grand *mea culpa* pour ses critiques faciles du temps où, simple député, il n'avait pas toujours eut conscience des difficultés rencontrées par ceux qui agissaient au nom de la France. Et puis, poursuivait Tardieu, « la vérité de 1919 n'était pas nécessairement la vérité de 1930 [27] ». Aux obsèques d'Aristide Briand, il acheva de se justifier en affirmant son constant accord avec la maxime briandiste, « sécurité d'abord ». Il alla même jusqu'à inscrire Clemenceau et Briand dans la même « ligne générale d'organisation de la paix [28] ». Cet œcuménisme posthume ne trompa que peu de monde. Pour beaucoup, Tardieu demeurait l'homme qui, en 1923, avait harcelé Poincaré pour sa timide politique de gage territorial et qui, sept ans plus tard, abandonna le dernier gage territorial français en acceptant d'évacuer, selon les termes du plan Young, la troisième zone rhénane. Le revirement choqua.

En fait, l'accord avec Briand, ministre inamovible des Affaires étrangères, était indispensable pour accéder à la présidence du Conseil et s'assurer une majorité parlementaire. Tardieu ne se troubla donc pas de son ralliement au briandisme ; au contraire, il en fit même un exemple de sagesse politique : « Vous voulez, dit-il aux sénateurs, l'ajustement des intérêts entre la France et l'Allemagne. Vous voulez la compréhension mutuelle. [...] Vous ne l'obtiendrez que si, dans chacun des deux pays, vous gagnez à cette politique ceux qui hier n'y étaient pas favorables. [...] Le succès ne vient que de l'expansion des idées. Il ne vient que du ralliement des esprits, conquis par des convictions raisonnées [29]. » Entre le « nationalisme négatif » (expression souvent accolée par la gauche au clemencisme de l'immédiat après-guerre), synonyme d'insécurité et d'isolement, et l'« internationalisme téméraire » et irresponsable des socialistes, Tardieu dit avoir opté pour Briand, c'est-à-dire pour une politique conjuguant conciliation et fermeté [30]. En fait, il assuma simplement la continuité gouvernementale, espérant aboutir enfin à une liquidation des questions financières en suspens depuis la guerre. Ainsi, après avoir présenté en 1924 le plan Dawes comme une capitulation, il négocia et fit ratifier le plan Young en 1930.

Dès l'été 1930, cependant, cette politique de conciliation avec l'Allemagne suscita chez Tardieu un certain doute. Face aux succès électoraux de Hitler et devant les violences observées en Rhénanie, Tardieu avoua des inquiétudes et une « désillusion » :

« Nous pensions, déclara-t-il au Sénat en décembre 1930, que notre esprit de détente serait payé de retour [31]. » Or l'opinion allemande semblait constamment remettre en question des signatures librement données. Si Tardieu admettait que la paix fût une « création continue », il ne tolérait pas qu'elle devînt une « révision continue ».

> « Dynamisme allemand, oui ! Mais faisons attention que dynamisme ne se confonde pas avec explosion. Un dynamisme allemand qui remettrait tout le temps en question tout ce que l'Allemagne signe est un dynamisme dangereux pour le monde entier [32]. »

La révision des traités de paix, avertissait-il, conduirait inévitablement à la guerre et à la révolution. Face aux prétentions insatiables d'une Allemagne révisionniste, que devait donc faire la France? « Renverser sa politique ou la continuer en étant vigilante? C'était l'option [33]. » Tardieu choisit la continuité dans la vigilance, la seule politique capable d'obtenir l'acquiescement des Chambres. La position qu'il défendit en février 1932 à la Conférence du désarmement témoigna de ce souci de conciliation dans la fermeté.

Devant l'Assemblée générale de la conférence à Genève, il lia ainsi désarmement et organisation de la paix dans le cadre d'une Société des Nations « véritablement et réellement fortifiée ». Il reprenait la vieille thèse française défendue par Léon Bourgeois lors de la création de la SDN d'une « police internationale ». Plutôt que de supprimer certaines armes, il s'agissait de les mettre à la disposition du pouvoir international, afin d'en contrôler l'emploi, d'assurer l'effectivité de la politique des sanctions et de mettre la force du côté du droit. L'assistance mutuelle pour base, la force internationale pour moyen, le désarmement pour résultat, l'organisation de la paix pour but, tels étaient, sur le papier, les principes du « plan Tardieu [34] ». L'avenir même du révisionnisme, s'il voulait rester pacifique, dépendait de l'application de ces principes.

> « Dira-t-on, déclara Tardieu, que notre plan n'est qu'un détour pour consolider l'ordre existant? Ceux-là même qui voudraient modifier cet ordre m'accorderont, je l'espère, qu'aucune hypothèse de ce genre ne saurait être sans péril à moins d'une forte organisation préalable excluant la violence, car il en est et il en sera de la société internationale comme des sociétés nationales, où l'égalité des règles de port d'armes n'est devenue possible pour les particuliers, malgré la diversité de leurs conditions individuelles, que le jour où, pour présider à cette égalité, il y a eu des juges et des gendarmes [35]. »

Cette égalité dans le port d'armes, toutefois, devait être comprise selon les termes des traités de paix. Les clauses de 1919 concernant le désarmement de l'Allemagne gardaient en effet leur caractère définitif. D'autre part, ces clauses n'imposaient aucune obligation de réciprocité aux pays vainqueurs. La thèse allemande de « l'égalité des droits » *(Gleichberechtigung)* – « désarmer autant que moi ou j'armerai autant que vous » –, tenait donc pour Tardieu du sophisme juridique le plus grossier. Dès 1930, il réfuta avec fermeté cette mystique de l'égalité des droits autorisant le réarmement d'une Allemagne qui s'était elle-même déjà dérobée à l'exécution des clauses du désarmement [36]. Sur ce point, la France ne pouvait pas céder; il y allait de sa sécurité.

Battu aux législatives de 1932, Tardieu fit donc de la question de la sécurité française le point central de son premier discours dans l'opposition. De manière péremptoire, il demanda à Édouard Herriot de se prononcer entre la position traditionnelle de la France, résumée dans une formule ainsi ordonnée : « arbitrage, sécurité, désarmement », et la thèse de Léon Blum qui inversait les termes de ce trinôme. La réponse vague de Herriot : « j'accepte ma thèse, voilà tout », ne satisfit pas Tardieu qui refusa de voter la confiance au gouvernement [37]. C'est de ce vote et de ce mois de juin 1932 que Tardieu data le tournant politique et diplomatique qui devait précipiter la France sur le chemin de la décadence. Les radicaux, prisonniers des votes socialistes, allaient, en effet se montrer incapables de sauvegarder les droits de la France, rompant tour à tour avec trois principes centraux de la politique étrangère française, à savoir : « Impossibilité de renoncer aux réparations sans annulation des dettes et sans un solde net pour nos dommages; impossibilité d'accepter l'égalité des armements sans organisation préalable et effective de l'assistance mutuelle; impossibilité de consentir à la répudiation des signatures [38] ».

En 1932-1933, devant les succès de la diplomatie allemande, Tardieu retrouva naturellement ses positions clemencistes de l'immédiat après-guerre. L'Allemagne redevenait une « nation de proie » dont la parole et la signature étaient sans valeur. La dissuasion armée paraissait plus importante que jamais. Les alliances orientales méritaient toute l'attention de la diplomatie et des états-majors français. Il fallait résolument cultiver l'amitié italienne. L'Union soviétique, en revanche, devait rester au ban des nations. Surtout, il était urgent de rompre avec ce pernicieux et « mortel défaitisme de la paix », transformé dans les années trente en défaitisme de la révision. Face aux initiatives hitlériennes contre ce qui restait encore de l'ordre de Versailles, Tardieu allait donc reprendre le rôle accablant de comptable impitoyable des abandons français et proposer sans relâche un volontarisme de la résistance. « Celui qui voudra le plus fortement et le plus longtemps aura raison de l'autre partie [39] » avait écrit Clemenceau dans la préface de La Paix. Cette vérité de 1920 apparaissait plus vraie encore en 1933. La pratique du briandisme avait fait son temps : le rapprochement avec l'Allemagne risquait d'avoir un prix trop élevé. Dès 1933, Tardieu eut le sentiment qu'on ne pouvait « apaiser » l'Allemagne.

L'ALLEMAGNE EN INCUBATION D'UNE GUERRE

Considérant l'histoire de la paix, Tardieu dressa en 1933 un constat des plus affligeants : « L'Allemagne, si elle a perdu la guerre, a, en quinze ans, gagné la paix [40]. » Cette cruelle constatation blessait doublement Tardieu, en tant qu'ancien combattant et comme artisan du traité de Versailles. Lucidité, pourtant, valait mieux que satisfaction aveugle. La sanction du fait étant tombée, il convenait de prendre la mesure des échecs pour mieux préparer l'avenir. Le bilan prit alors des allures de faillite. Dans l'exécution des traités, d'une part, les anciens alliés avaient gravement failli ; et cela sur des points essentiels : responsabilités de la guerre, réparation des dommages, clauses de sécurité. L'unité des vainqueurs n'avait pas résisté à la première épreuve. En dépit des abandons répétés consentis aux vues anglo-saxonnes, la France demeurait en désaccord avec l'Angleterre et les États-Unis sur nombre de questions importantes. D'autre part, la politique de conciliation, fondée sur l' « espoir respectable » de consolider en Allemagne un régime de détente et de liberté, avait échoué : Hitler était au pouvoir. Enfin, la belle idée d'une organisation de la paix par la sécurité collective, laissée sans moyens, s'était inutilement usée en d'innombrables discours genevois. La Société des Nations, abandonnée par les États-Unis, le Japon et l'Allemagne, n'avait d'ailleurs plus prise sur le monde [41].

Les pays anglo-saxons portaient une lourde responsabilité dans cet état de faillite. Les États-Unis d'abord, qui après avoir inspiré la paix, désertèrent ses institutions. Ce splendide isolement ne les empêcha pas, cependant, d'être parties prenantes au relèvement économique de l'Europe, et de l'Allemagne surtout, et de proposer des plans financiers qu'ils n'hésitèrent pas à suspendre dès l'aggravation de la crise économique mondiale née de leur capitalisme de spéculation. Ainsi, après le moratoire Hoover sur les réparations, l'Europe devait encore à leur opportunisme économique l'échec de la conférence de Londres (printemps 1923), dernier effort pour conjurer les nationalismes économiques hérissés de protectionnisme. Plus déstabilisant encore, Roosevelt livra le dollar aux hasards du change en le détachant de l'or (20 avril 1933). Devant la « désinvolture » et le « sans-gêne international » pratiqués depuis quinze ans par les Américains, Tardieu eut cette réflexion : « On dirait des enfants qui jouent avec des choses fragiles et qui les cassent sans y prendre garde [42]. »

La diplomatie anglaise ne se montra pas plus clairvoyante. À l'encontre des traités de paix, « les Anglais firent, au jour le jour, ce que les Américains avaient fait en une fois [43] ». Sans déserter la Société des Nations ni signer une paix séparée avec l'Allemagne, ils abandonnèrent l'esprit de la victoire pour reprendre leur traditionnelle politique d'équilibre sur le continent. L'Allemagne trouva ainsi un soutien constant contre les revendications françaises, et la paix de Versailles devint, au fil des ans, une paix britannique. Car, pour les Anglais, l'insécurité et les troubles du monde étaient fruits non de la guerre, mais de la paix. Dès lors, « la politique de révision de la paix apparut aux pays d'outre-mer comme le remède aux maux dont souffrait l'humanité ». Pour « enfantin » et « puéril » que fût ce raisonnement [44], il servit admirablement la diplomatie allemande. En effet, après avoir rendu les réparations responsables de la faillite financière de la République de Weimar, les Anglais allaient défendre la cause allemande de l'« égalité des droits » en matière d'armements, laissant entendre que la marge de sécurité militaire exigée par la France était source d'insécurité.

Aidée par la complaisance intéressée des pays anglo-saxons – le marché allemand avait de réels attraits –, l'Allemagne put ainsi « finasser » pendant quinze ans avec brio tout en montrant une continuité de but exemplaire. L'idée de révision des traités fut en effet l'« âme de sa diplomatie ». Elle joua avec art de la désunion des vainqueurs si bien qu'elle réussit dans beaucoup de cas à faire passer les concessions obtenues de la France, souvent sans contrepartie, pour des concessions françaises aux anglo-saxons. Les deux derniers résultats de cette politique furent édifiants. À la conférence de Lausanne (16 juin-9 juillet 1932), les puissances décidèrent de liquider les réparations allemandes « grâce à l'artifice du solde net de trois milliards de marks, tout de suite chiffré à trois marks par M. Hitler et dont personne, depuis, n'a plus jamais entendu parlé [45]. » À la conférence du Désarmement, l'Allemagne refusa de poursuivre les négociations sur une base autre que celle de l'« égalité des droits » et obtint du Premier ministre anglais

Macdonald qu'il fît pression sur un Édouard Herriot fort réticent. Le 10 décembre 1932, Herriot céda : l'Allemagne avait gagné, ce qui ne l'empêcha pas, en octobre 1933, de quitter à nouveau la conférence du Désarmement, et même la Société des Nations, et d'annoncer bientôt son droit de grande nation à réarmer librement [46].

L'Allemagne, cependant, n'avait pas attendu ce succès diplomatique pour réarmer. Tardieu en fit la démonstration en opposant l' « armée théorique » autorisée par le traité de paix et l' « armée réelle » constituée par infraction depuis des années. En assimilant l'armée officielle, la police encasernée et les unités de garde-frontières avec l' « armée brune » des SS et des SA et les associations de toutes sortes pratiquant le « sport armé » *(Wehrsport)*, Tardieu comptabilisa plusieurs centaines de milliers d'Allemands ayant reçu une formation militaire ou para-militaire et prêts à faire d'excellents soldats. Pour le matériel, le constat d'infraction était inscrit dans le budget allemand de la guerre dont les dépenses excédaient considérablement les besoins de l'armée autorisée en 1919. Au terme de sa démonstration, Tardieu réfuta donc la légende d' « une Allemagne désarmée en face d'une France surarmée ». Il regretta surtout que les pays anglo-saxons et les bureaucrates genevois préférassent la quiétude de la légende à la brutalité des faits. Ces derniers, pourtant, étaient à la portée de tous ; la lecture de documents publics suffisait en effet à les établir. « Il n'y a pas, concluait Tardieu, de dossier secret. Il n'y a pas de secret. Il y a des ignorants, des distraits et des poltrons [47]. »

Le député de Belfort constata le même aveuglement général à l'endroit des projets de Hitler et invita instamment ses contemporains à lire *Mein Kampf* avant de découvrir, entre deux trains, le régime nazi et de convier le monde à lui faire confiance [48]. « N'aurait-on rien lu, rien vu ? » s'interrogeait Tardieu. Pour sa part, il avait retenu des intentions déclarées de Hitler quelques points suffisamment inquiétants pour fonder son opinion. Ainsi, la politique nazie s'inscrivait dans la continuité du pangermanisme de Guillaume II, avec pourtant une différence de taille. L'Allemagne du dernier Kaiser se serait contentée de gains territoriaux, alors que Hitler réservait un tout autre sort à ses adversaires vaincus : « L'esclavage au mieux ; peut-être, comme il est dit dans le livre du chancelier, l'anéantissement *(Vernichtung)* [49]. » Le premier point du programme hitlérien consistait donc à « forger l'épée » de la revanche. Les desseins de conquête, par ailleurs, dépassaient largement le retour aux frontières de 1914. En effet, Hitler voulait « la réunion de tous les Allemands dans une grande Allemagne » qui ne tolérerait aucune puissance concurrente sur le continent européen.

La France, « alliée des juifs et des nègres », représentait l'obstacle incontournable à la réalisation des ambitions nazies. Tardieu prit soin de citer les commentaires racistes de Hitler sur la France – « un grand État, peuplé de mulâtres, d'êtres formés par un abâtardissement continu » – et insista sur la conclusion inévitable de cette haine débridée du chancelier allemand contre les Français : « M. Hitler veut bien s'entendre soit avec l'Angleterre, soit avec l'Italie, mais pas avec la France. Avec la France, " pas de réconciliation possible ". À la France, il faut " régler son compte " [50]. » Dès 1933, l'opinion de Tardieu était donc faite sur la réalité de la menace hitlérienne. Un de ses articles écrit dans *La Liberté*, intitulé « Le danger » et daté du 23 août 1933, lança un solennel avertissement aux Français :

> « La politique allemande tend à la guerre dans un délai déterminé, mais, de même qu'en 1914, elle ne désespère pas d'éviter la guerre, parce qu'elle attend tout de la faiblesse de ses interlocuteurs. Et ceci est précisément, comme en 1914, le danger maximum de guerre. Car il y a un moment où les pires faiblesses sont forcées de se redresser et où, pour avoir trop cédé, on est obligé de résister. [...] Très légitimement depuis quinze ans, on a pu espérer et douter : aujourd'hui c'est fini. [...] C'est selon moi une erreur de croire que le mouvement hitlérien puisse échapper à sa propre fatalité. [...] L'affaire hitlérienne, qui a commencé par la violence à l'intérieur, finira, si l'on n'y pare pas, par la violence à l'extérieur. [...] Il n'y a pas en cette affaire plusieurs questions. Il n'y en a qu'une. Avec des méthodes diverses, en Autriche, à Dantzig, en Silésie, dans la Sarre, en Alsace et en Lorraine, l'Allemagne est animée de la même volonté de reprise et de prise. Le seul problème c'est de savoir si elle aura le sentiment que les risques de ces prises et reprises sont plus grands que le profit. C'est de savoir, en d'autres termes, si l'Allemagne continuera à penser soit qu'elle peut réussir sans guerre, soit qu'une guerre lui serait certainement favorable. Ainsi posé, ce problème ne comporte, en ce qui concerne les pays autres que l'Allemagne, qu'une seule solution : c'est que ces pays convainquent à temps l'Allemagne qu'ils ne la laisseront pas faire et qu'ils sont plus forts qu'elle. Car s'ils ne la convainquent pas ou s'ils l'en convainquent trop tard, ce sera la guerre – comme en 1914. »

Ce texte de l'été 1933, d'une exceptionnelle et précoce lucidité, inspiré d'un nationalisme jacobin à la Clemenceau, plaçait d'emblée André Tardieu dans le camp des résistants intransigeants. Jusqu'en 1939, il commanda ses prises de position.

Contenir l'ennemi héréditaire

La vraie mesure du danger prise, Tardieu déclina les quatre conditions dont dépendaient la sécurité française et, en dernier ressort, la paix européenne : une armée « égale à toutes les circonstances » ; une diplomatie qui s'appuyât sur « les seules forces réelles » ; des « finances saines » pouvant soutenir l'effort diplomatique et militaire à entreprendre ; un esprit public trempé de « virilité confiante [51] ». À ces conditions correspondaient évidemment un programme d'action résumé en cinq points : organiser la sécurité collective en créant une force internationale ; renforcer la défense nationale « mutilée depuis 1932 » ; raffermir les liens de la France avec ses alliés naturels, Petite Entente et Europe orientale ; convaincre les alliés anglais et américains du danger allemand ; enfin, « ouvrir les yeux à la réalité et savoir que le mélange permanent de difficultés intérieures et de provocations extérieures, qui est à la base du régime hitlérien, peut, à tout instant, devenir un mélange explosif [52] ».

Cette politique étrangère de résistance et de mobilisation, définie en novembre 1933 et résumée plus simplement encore par « s'armer, s'allier, s'unir », ne trouva jamais d'interprètes satisfaisants au pouvoir. Certes, la période Barthou, ministre des Affaires étrangères du gouvernement Doumergue, représenta un redressement indéniable par rapport à la politique d'abandons du Cartel. Mais Barthou lui-même, à écouter Tardieu, s'était fourvoyé dans le rapprochement franco-soviétique. Les commentaires de politique étrangère faits de 1933 à la conférence de Munich retracèrent donc l'histoire des défaillances diplomatiques françaises face aux initiatives hitlériennes.

Sur le plan de la sécurité d'abord. En décembre 1932, Herriot accepta l' « égalité des droits », levier diplomatique autorisant le réarmement de l'Allemagne, et bientôt son surarmement. En mars 1933, Daladier adhéra au plan de désarmement proposé par le Premier ministre anglais Macdonald, plan qui notamment substituait à l'assistance mutuelle un système de contrôle. C'était « tourner le dos à la thèse française » et sacrifier des principes essentiels à des formules inopérantes : « Le contrôle en temps de paix et la consultation en cas de menace de guerre, commenta Tardieu, ne sont qu'une plaisanterie, s'il n'y a derrière elles ni sanctions militaires, ni engagement d'action commune, ni force internationale [53]. » Le député de Belfort n'était pourtant pas au bout de ses déconvenues. Le 15 mars 1935, la Chambre des députés vota le principe du service militaire de deux ans pour compenser le déficit des effectifs lié aux « classes creuses ». Le lendemain, Hitler annonça le rétablissement du service militaire obligatoire. Cette violation unilatérale du traité de paix marqua la fuite en avant dans la course aux armements. Devant « la constatation passive » du gouvernement Laval, Tardieu ne put alors qu'enregistrer l'effondrement du système de sécurité mis en place à Versailles : « L'édifice tout entier se disloqua et ses débris jonchèrent le sol [54]. »

À ces défaites sur le front diplomatique, il fallait encore ajouter les effets sur l'armement français de la politique de déflation militaire des gouvernements radicaux. En effet, à force de privilégier ce qu'elle appelait les « budgets de vie » sur les « budgets de mort », la gauche, sous influence socialiste, entreprit depuis juin 1932 une véritable « démolition » de l'œuvre de défense nationale léguée par les gouvernements Poincaré, Tardieu et Laval. Si l'amputation des crédits militaires s'aggravait encore, le drame de 1914 se rejouerait. Tardieu n'en doutait pas : « On nous condamne, une seconde fois, à la guerre des poitrines [55]. » Fidèle à sa conception de la dissuasion armée, Tardieu voyait dans le relâchement de l'effort militaire une mise en infériorité de la diplomatie française et, à terme, une prime à l'agression. « La préservation et la sauvegarde de la paix exigent encore plus de force matérielle et morale que la conduite de la guerre. » Et de résumer son idée en décembre 1933 devant les députés : « La paix, c'est la force [56]. » Jusqu'à son dernier article, Tardieu allait moduler sur ce thème les plus instantes exhortations au réarmement.

La dissuasion devait aussi se comprendre à plusieurs. En 1919, les vainqueurs avaient tenté d'organiser la paix sur deux principes : le désarmement des agresseurs de 1914 et la politique de sécurité collective. Dans les années trente, ces deux principes étaient devenus deux fictions. Tardieu regretta certes la constante interprétation du pacte de la Société des Nations « dans le sens du moindre effort ». L'idéal genevois, toutefois, était un idéal en perdition. La vie, à la suite des grandes puissances, avait quitté la Société des Nations. L'affaire d'Éthiopie consommée, Tardieu intitula « La Morte » un article sur l'institution genevoise qui bientôt ne trouverait plus pour la défendre que « l'insociable Russie du massacreur Staline [57] ». De ce constat de décès, une conclusion s'imposait. Si le beau système de sécurité imaginé en 1919 avait fait faillite, il fallait revenir au vieux système de l'équilibre des forces par les alliances. Toutefois, il y avait alliance et alliance. Et Tardieu de se montrer extrêmement critique à propos de certains accords passés par la France. Le « Pacte à quatre », paraphé le 7 juin 1933 par l'Allemagne, l'Italie, l'Angleterre et la France, fut de ceux-là.

Ce pacte de collaboration entre grandes puissances cumulait les désavantages. D'une part, la France, garante de l'ordre de Versailles, était mise en état de minorité dans une association dont l'objectif évident était de faciliter la révision des traités de paix. « À l'abri de cette étrange association de contraires, Hitler appelle collaboration la suite de ses provocations [58]. » D'autre part, en revenant « au temps où la Sainte Alliance réglementait l'Europe », cet accord répudiait le principe égalitaire en honneur à la Société des Nations et provoqua chez les petites nations des alarmes fort compréhensibles. N'était-ce pas l'acte de naissance d'un nouveau directoire européen? Les pays de la Petite Entente, amis de la France, se sentirent abandonnés et protestèrent vigoureusement. « Pourquoi, demandait Tardieu, Tchèques, Yougoslaves et Roumains seraient-ils plus français que la France? » Quant à la Pologne, elle commença à chercher du côté de l'Allemagne d'autres garanties [59]. D'une manière plus générale, Tardieu se méfiait des pactes et de leur juridisme savant. La nouvelle poussée de « pactomanie » ne le convainquit donc pas, trop conscient qu'il était du contraste entre la somme des abdications françaises consenties depuis 1932 et l'abondance des signatures données :

> « Dans son inépuisable diversité, pactes ouverts et pactes fermés, régionaux et généraux, bilatéraux et plurilatéraux, de non-agression et d'assistance mutuelle, la littérature des pactes, aussi touffue et aussi obscure que celle des réparations, n'a pas encore fourni la preuve de sa valeur d'exécution. Les pactes font songer à des alliances, qui ne voudraient pas s'avouer et qui, en ne s'avouant pas, perdraient leur efficacité préventive [60]. »

Parmi les pactes particulièrement dangereux et inutiles, Tardieu rangeait le pacte de non-agression franco-soviétique, conclu le 29 novembre 1932 par les soins d'Édouard Herriot.

Lors du débat de ratification, en mai 1933, Herriot eut beau rappeler que le roi très-chrétien François Ier s'était allié aux Turcs musulmans, il n'ébranla aucunement l'hostilité foncière de Tardieu contre cette association contre-nature. Sur les quelque six cents députés français, Tardieu fut seul, en effet, à voter contre le pacte franco-soviétique. Cette singularité hautement revendiquée s'inscrivait directement dans la ligne du clemencisme de l'immédiat après-guerre. Tardieu réaffirma en 1937 ce que depuis 1917 il n'avait cessé de penser : « Entre ce que représente Moscou et ce que représente l'Europe occidentale, je pense qu'il n'est pas de conciliation possible. [...] Ou résister, ou disparaître, voilà l'alternative [61]. » Le conflit opposait deux civilisations, l'une de liberté, l'autre d'asservissement, et continuait la poussée séculaire et corruptrice de l'Asie contre l'Occident : « La horde est toujours vivante [62]. »

Tardieu se montra donc parfaitement insensible aux arguments présentés en faveur du rapprochement franco-soviétique : assurer la neutralité de l'URSS entre la France et l'Allemagne et surtout éviter un nouveau Rapallo, hantise du Quai d'Orsay; sortir l'URSS du camp révisionniste et l'intégrer au système genevois de sécurité collective; bénéficier, à terme, d'une alliance avec un pays comptant 170 millions d'hommes, masse non négligeable pour contenir l'Allemagne. Ces arguments furent soutenus notamment par la « droite réaliste » pour défendre le traité franco-soviétique d'assistance mutuelle négocié par Laval le 2 mai 1935 et ratifié par la Chambre le 27 février 1936. Reynaud, Flandin et quelque 80 députés « modérés » votèrent la ratification.

De son côté, Tardieu n'avait pas changé d'opinion. Il considéra le traité comme « une erreur fondamentale [63] ». Ses raisons étaient certes idéologiques, mais pas seulement. Elles témoignaient d'une lucidité remarquable quant à la signification à donner à l'apparition dans la société internationale d'un État se réclamant du communisme. En effet, il insista sur la dualité de la diplomatie soviétique, partagée entre des intérêts nationaux et des intérêts révolutionnaires, et demanda qu'on ne dissocia jamais ces « deux faces du communisme ».

> « À Moscou, il y a deux choses que l'on affirme indépendantes l'une de l'autre : le gouvernement des Soviets et l'Internationale communiste. Pour les relations extérieures, le gouvernement emploie la voie diplomatique et l'Internationale la voie révolutionnaire. À qui se plaint de la seconde, les diplomates répondent qu'ils ne la connaissent pas. En fait, le gouvernement et l'Internationale sont les deux faces de la même pièce et l'Internationale, avec son Komintern, n'est que le poste émetteur du régime soviétique [64]. »

La spécificité de l'Union soviétique empêchait toute relation normale avec un État communiste ne pouvant renoncer à subvertir les autres États, fussent-ils ou non ses alliés. Le traité franco-soviétique n'apportait donc aucune garantie quant à l'arrêt de l'action révolutionnaire du Parti communiste français. Pis, il renforçait son prestige et celui de ses adhérents.

À ces considérations idéologiques, Tardieu ajouta des arguments d'ordre stratégique. D'une part, « il est impossible de savoir ce que vaut militairement la Russie. Elle a le nombre et peut-être le matériel. Mais elle n'a pas de transports. Par ailleurs, ni la France ni personne n'a jamais réussi à mettre sur pied, avec elle, un traité militaire précis et positif[65] ». D'autre part, pour des raisons de géographie évidente, l'assistance militaire de l'URSS dans le cas d'une agression allemande nécessitait un accord de droit de passage des troupes soviétiques en territoires polonais et roumain, droit que ces pays n'étaient pas disposés à reconnaître. Enfin, dans un article à *Gringoire* faisant état des purges à grande échelle du « César en vareuse », Tardieu évoqua l' « affaire Toukhatchevski » et demanda ce qu'il fallait penser d'un allié qui décapitait ainsi son armée de tous ses maréchaux[66]. Dernier argument de Tardieu, et non des moins prémonitoires, contre le pacte franco-soviétique, l'argument diplomatique. Dominés par la hantise d'un nouveau Rapallo, les partisans de l'alliance se rassuraient à peu de frais par une illusion dangereuse, la fidélité de l'allié russe :

> « On nous dit, écrivait Tardieu en juin 1937 : " Il fallait faire l'alliance franco-russe pour empêcher l'alliance russo-allemande. " Mais quelle certitude avons-nous d'avoir rien empêcher ? Jamais les liens n'ont été, malgré les polémiques, rompus entre Berlin et Moscou[67]. »

Pour toutes ces raisons, le pacte franco-soviétique n'offrait aucune garantie à la France et ne servait finalement que les intérêts électoraux de la gauche. À cet exemple même de mauvaise alliance, Tardieu opposait l'alliance italienne.

Depuis 1919, il souhaitait que l'amitié de la France avec sa « sœur latine » se traduisît en termes d'engagements diplomatiques fermes. Hitler au pouvoir, l'alliance italienne se révélait plus utile que jamais. Pour contenir l'Allemagne, Mussolini apparaissait en effet comme un allié naturel. Il en donna d'ailleurs quelques preuves tangibles. En juillet 1934, après l'assassinat du chancelier Dollfuss par des nazis autrichiens désirant précipiter l'Anschluss, n'avait-il pas été le seul chef d'État à réagir en envoyant des divisions sur le Brenner ? Manifestement, le dictateur italien ne souhaitait pas avoir de frontière commune avec l'Allemagne. À la conférence anglo-franco-italienne de Stresa (avril 1935), le Duce démontra une fois encore sa volonté d'établir un front commun contre les ambitions hégémoniques d'Hitler. Dans sa réaction au rétablissement du service militaire obligatoire en Allemagne, Tardieu trouva l'Italie « plus résolue que l'Angleterre et plus près de nous[68] ». L'accord franco-italien signé à Rome par Pierre Laval (4 janvier 1935) réjouit donc le député de Belfort qui souhaitait, toutefois, que cette entente se développât en véritable alliance. Mais, avec l'éclatement de l'affaire d'Éthiopie, ses espoirs devaient faire long feu.

Lorsque, le 3 octobre 1935, Mussolini décida d'agrandir par les armes l'empire colonial italien en agressant l'Éthiopie, il ne fut plus possible en France, et surtout pour la droite, d'éviter un choix délicat. D'un côté, l'Éthiopie, membre de la Société des Nations, demandant l'application de sanctions contre l'agresseur italien avec l'appui de l'Angleterre dont les intérêts coloniaux coïncidaient heureusement avec la défense de la morale internationale; de l'autre côté, l'amitié italienne, impossible à préserver sans refuser de suivre l'Angleterre et sans porter un coup fatal au système de sécurité collective. Le gouvernement français était lui-même partagé. Laval, favorable à l'Italie et hostile aux sanctions, devait répondre aux anglophiles Flandin et Mandel ainsi qu'aux radicaux, Herriot en tête [69]. Le plan transactionnel qu'il négocia avec le ministre anglais des Affaires étrangères, Samuel Hoare, provoqua l'indignation d'une bonne partie de l'opinion publique française, choquée des avantages consentis à l'Italie. Le 27 décembre, une série d'interpellations condamnèrent à brève échéance le gouvernement Laval. Parmi les tombeurs du ministère, Paul Reynaud, qui mêla ses cinglantes protestations à celles du communiste Gabriel Péri, du socialiste Blum et du néo-socialiste Déat. Tardieu ne pardonna pas ce discours à son ami Reynaud et officialisa son désaccord par une lettre de démission du Centre républicain.

Si l'amitié politique entre les deux hommes avait résisté à leur divergence d'opinion sur la dévaluation monétaire, elle ne survécut pas à ce différend sur l'affaire éthiopienne. Pour Reynaud, le plan Laval-Hoare constituait « une prime à l'agresseur » concédée au moment même où l'Angleterre acceptait d'entrer dans le jeu de la sécurité collective et de pratiquer enfin la politique genevoise de la France. Aux « faux réalistes d'extrême droite » qui présentaient l'alliance italienne comme plus forte que l'alliance russe, Reynaud répondait que seul l'idéal de la Société des Nations pouvait être honorablement défendu et que, pour cette tâche, les forces morales et le potentiel militaire des Anglo-Saxons étaient indispensables. En bref, il demandait de « choisir entre l'Italie en rupture de pacte et l'Angleterre, gardienne du pacte [70] ».

Dans sa lettre ouverte à Reynaud, Tardieu contesta l'option proposée par le député de Paris. Selon lui, appliquer les sanctions sans les avoir préalablement organisées et en les limitant à des mesures économiques et financières partielles, c'était à la fois inefficace et dangereux. Depuis quinze ans, d'autre part, l'Angleterre était la principale responsable de l'inorganisation de la sécurité collective. Sa subite volte-face contrastait scandaleusement avec la passivité observée dans des affaires précédentes tout aussi graves, tels l'intervention japonaise en Mandchourie (1933) ou le rétablissement de la conscription en Allemagne (mars 1935). En conclusion,

« ce brusque renversement constituait, contre l'Italie, une injustice ; pour la paix, un péril ; pour le pacte [de la SDN], un risque de faillite [71] ».

L'amitié italienne était ainsi sacrifiée sans contrepartie véritable. Car les « ineptes, scandaleuses et inopérantes sanctions contre l'Italie [72] » consommeraient inévitablement la faillite du système de sécurité collective. Dans cette affaire, la France faisait figure de grande perdante. D'une part, elle renonçait à un allié puissant qui dès lors penchait dangereusement du côté de l'Allemagne. D'autre part, elle n'obtenait aucun gain de solidarité de la part de l'Angleterre qui persistait à « conserver sa position d'arbitre [73] » de la diplomatie européenne. Plus agaçant encore, la France avait une fois de plus suivi la politique anglaise, révélant par là son manque d'initiative propre et son incapacité à défendre le point de vue national. Cette fois, pourtant, le zèle français dans la pratique de l'amitié anglaise atteignit son comble. En effet, alors qu'en janvier 1937 l'Angleterre et l'Italie rapprochaient leurs points de vue en signant un *gentlemen's agreement*, la France, non invitée, restait « en carafe », brouillée avec sa voisine, sans même un ambassadeur à Rome : « Ainsi, constatait amèrement Tardieu, la France, qui a tout subi de la brouille imposée par l'Angleterre, aura tout ignoré de la réconciliation accomplie par l'Angleterre. [...] C'est une dérision [74]. »

Sur la route des abdications françaises, Tardieu, impuissant, devait lui aussi tout subir, en particulier, le coup de force hitlérien du 7 mars 1936. Ce jour-là, prétextant de la ratification du pacte franco-soviétique, faussement présenté comme une violation des accords de Locarno, le chancelier fit entrer ses troupes dans la zone rhénane démilitarisée. La violation des traités de Versailles et de Locarno était flagrante. En France, ce coup de force fit l'effet d'un coup de tonnerre, mais toute tentative de riposte sérieuse s'enlisa. Prise dans une véritable « tornade pacifiste » et ne se sentant pas suffisamment forte pour agir seule militairement, la France se rallia au point de vue anglais : éviter toute politique de rétorsion et finalement ne rien faire [75].

Dans un article daté du 17 mars, Tardieu donna son opinion sur « Le coup du 7 mars ». La remilitarisation de la Rhénanie constituait clairement un « acte d'hostilité » imposant des « responsabilités » aux garants de Locarno, et particulièrement à l'Angleterre qui avait réclamé des sanctions contre l'Italie pour « une simple expédition coloniale ». Or l'Angleterre, depuis Lloyd George déjà, avait choisi de revenir à sa « politique traditionnelle », c'est-à-dire à l'équilibre sur le continent européen. Dans le cadre de cette position d'arbitre entre la France et l'Allemagne, « l'idée hitlérienne de faire une paix nouvelle ne déplaisait pas à la bureaucratie du Foreign Office », même si l'Angleterre paraissait « faiblement fixée sur les caractères de cette nouvelle paix ». La France ne pouvait donc pas compter, dans le cas d'espèce comme pour l'avenir immédiat, sur l'appui anglais pour une action résolue contre Hitler [76].

Ces considérations d'ordre général faites, le retraité de Menton mettait ses contemporains en garde contre « trois dangers graves pour les proches lendemains de l'Europe ». D'une part, il était aussi imprudent et dangereux de fonder une politique sur « l'irréalité de Genève » que de voyager dans une voiture dont la direction serait faussée. D'autre part, il ne servait à rien de négocier et de signer de nouveaux traités « avec des pays et dans une époque où les signatures n'ont plus de valeur ». Enfin, la logique allemande de prise et de reprise ayant sa dynamique propre, il était illusoire de penser qu'elle pût s'arrêter en si bon chemin. « C'est dire que les concessions, prodiguées depuis dix-sept ans aux exigences allemandes, seront inutiles si elles ne sont pas totales, et que, après les sacrifices militaires, il faudra, si l'ont veut contenter l'Allemagne, en venir aux sacrifices territoriaux – je dis aux sacrifices territoriaux de toute espèce [77]. » La guerre constituait le dernier anneau dans cette chaîne d'abdications internationales. Dans un article de novembre 1936, Tardieu nota gravement : « Que la guerre soit certaine, tout le démontre, et seuls des insensés pourraient le contester. Que l'Allemagne, qui la perdra peut-être, soit maîtresse de l'heure où elle éclatera, c'est l'évidence. Et cette évidence est le grand fait nouveau de l'année finissante [78]. »

La garantie anglaise contre une agression allemande, conférée le 19 mars 1936 à la France et à la Belgique, apparut comme le seul résultat positif de la capitulation des démocraties face au « coup du 7 mars ». Quelques mois plus tard, cependant, la Belgique, en se désolidarisant de la France et de l'Angleterre pour choisir une politique d'indépendance, donna une bonne idée de la valeur encore accordée à cette garantie par les petites nations. La décision belge découlait directement de l'attitude de faiblesse démontrée par les Français et par les Anglais en mars 1936. L'énorme perte de prestige subie alors se rachèterait difficilement. Tardieu, qui pensait de même, reproduisit ce commentaire d'un journal tchécoslovaque : « Le jour de l'entrée allemande en Rhénanie, quand la France, au lieu de mobiliser, a choisi la conférence de Londres, elle a perdu sa position de grande puissance en Europe [79]. » Il regrettait profondément que la Belgique oubliât aussi rapidement l'histoire et la géographie. Il comprenait toutefois sa réaction frileuse devant « le binôme anglo-français dévalué ».

Ce désengagement belge de toute alliance représentait pour lui le « pire échec » subi par la France depuis l'armistice, et plus encore : « Une révolution vient de troubler l'équilibre de l'Europe occidentale et les conditions de la sécurité française [80]. » Quelle valeur fallait-il encore accorder aux plans de défense militaire français tous conçus sur l'articulation indissociable de deux lignes de front, la première strictement défensive, la ligne Maginot, la seconde autorisant la manœuvre avec la coopération des troupes belges et anglaises, la ligne de la Meuse? Par ailleurs, la crédibilité des alliances avec la Pologne, la Tchécoslovaquie et la Roumanie semblait, elle aussi, compromise. Comment la France, bloquée par la ligne Siegfried en voie de construction, pourrait-elle effectivement porter secours à ses alliés de l'Est sans passer par la Belgique? La neutralité belge disloquait gravement le système de sécurité français, ce que Tardieu traduisit en notant : « Contre l'attaque allemande, pas de base; pas de survol; pas de passage [81]. »

Des années de défaillances diplomatiques avaient donc conduit le pays à cette situation de déclassement international. Pour n'avoir jamais osé dire non, la France avait tout subi. « La pratique est de ronfler, écrivait Tardieu dès 1933. M. Hitler crie trop fort. Plus il crie, plus on ronfle. Ce Gengis Khan de la TSF a toutes les chances [82]. » Pourtant, lorsque la France avait osé résister, quitte pour cela à se désolidariser de l'Angleterre, le succès avait accompagné sa résolution. Et Tardieu de citer dans son entier la note retentissante du 17 avril 1934 par laquelle le gouvernement Doumergue refusa de « légaliser le réarmement de l'Allemagne » et signifia au monde sa ferme intention de se donner les moyens de sa sécurité [83].

À accepter les bluffs diplomatiques de Hitler, la France se condamnait à toujours céder jusqu'au jour fatal où la soumission au fait accompli serait impossible. Ce jour-là, pourtant, affaiblie par les effets de ses abdications passées, elle risquerait d'être déjà vaincue. Il était donc temps de dire « non ». 1938 pouvait être l'année de la fermeté reconquise.

MUNICH, OU
« L'EFFROYABLE CAPITULATION MAQUILLÉE EN SUCCÈS [84] »

1938 fut *L'Année de Munich*. Tardieu le comprit si bien qu'il retint l'événement comme titre général pour son recueil de *Note de semaine*. Bien sûr, les capitulations avaient commencé avant la fameuse conférence. Ainsi, la passivité des « démocraties » devant l'annexion de l'Autriche (11-12 mars 1938) n'augurait rien de bon pour le reste de l'année. Hitler commençait à s'en prendre aux clauses territoriales du traité de Versailles et son projet d'une grande Allemagne réunissant tous les Allemands risquait de bouleverser considérablement la carte européenne. Quelle serait alors l'attitude de l'Angleterre et de la France ? Dans le cas de l'Anschluss, Tardieu ne put que constater avec inquiétude qu' « une fois de plus Londres et Paris encaissaient [85] ». Avant que la prochaine proie ne tombât, la Tchécoslovaquie certainement, il était peut-être encore temps de réagir. Dès mai 1938, le retraité de Menton défendit l'intégrité territoriale de la Tchécoslovaquie et appela à la résistance.

En fait, il réagissait à une campagne de presse insistante dirigée contre la Tchécoslovaquie et menée par l'extrême droite. *L'Action française, Je suis partout, Candide, Gringoire, Le Matin* et même *Le Temps*, cherchèrent, au printemps 1938, à pousser le gouvernement à se dégager de ses obligations envers les Tchèques. Ceux-ci, pourtant, pouvaient faire valoir un traité d'alliance et d'amitié (25 janvier 1924) doublé d'un traité d'assistance signé à Locarno (16 octore 1925). L'argumentation utilisée par ces nouveaux isolationnistes était diverse. Juridique, d'abord : cette presse qualifia en effet de caducs les engagements internationaux de la France envers la Tchécoslovaquie. La thèse, exposée d'abord par le grand constitutionnaliste Barthélemy, fut notamment reprise par Léon Daudet avec la verve qu'on lui connaissait :

> « L'affaire de la Tchécoslovaquie ne nous regarde en rien, ne nous intéresse en rien. Notre entente avec M. Benès, qui avait acheté Berthelot comme cochon en foire, faisait partie de la farce macabre de Locarno et a disparu avec ce traité baroque, fait de pièces et de morceaux [86]. »

La campagne s'étoffa ensuite de considérations ethniques, géographiques et économiques, pour démontrer que la Tchécoslovaquie était un pays artificiellement créé en 1919 et non viable sur le plan économique sans ses échanges avec l'Allemagne. « Je ne sais dans quelle cervelle détraquée a été conçu ce nom bizarre autant qu'étrange : Tchécoslovaquie », pouvait-on ainsi lire dans *La Revue parlementaire, économique et financière* [87].

Le leitmotiv de cette campagne de presse était aussi simple que simpliste : la France ne se battrait pas pour les Tchèques. Penser différemment, c'était vouloir l'invasion et faire le jeu des provocateurs communistes qui, d'ailleurs, méritaient d'être éliminés.

L'extrême droite et une partie de la droite « nationale » se réfugièrent ainsi dans un isolationnisme défensif et frileux, prêt à tous les accommodements pour préserver la paix. En abandonnant les alliés de l'Est, il s'agissait d'éviter de provoquer l'Allemagne et de détourner sa volonté de conquête du côté de l'Union soviétique. Horace de Carbuccia, directeur de *Gringoire*, a rappelé dans ses Mémoires les raisons de ce néopacifisme de « nationaux » défaitistes :

> « La plupart des collaborateurs de *Gringoire* et moi avons pensé, après l'Anschluss, que la France avait plus à perdre qu'à gagner en se lançant dans une guerre contre l'Allemagne. Dans l'impossibilité de secourir les pays de l'Europe centrale, mieux valait, nous semblait-il, réarmer et attendre, l'arme au pied, l'inévitable choc entre le Reich nazi et la Russie soviétique [88]. »

Lorsque *Gringoire* adopta cette attitude, Tardieu fit connaître immédiatement son profond désaccord.

Après une conversation téléphonique avec son ami Carbuccia, il détailla sa vive opposition dans une note critique sur les « erreurs spéciales » et les « erreurs fondamentales » du numéro de *Gringoire* du 22 avril [89]. Ce numéro reprenait les arguments connus : la Tchécoslovaquie, puzzle de nationalités, était une « construction de l'esprit » créée de toutes pièces à Versailles, sans autonomie économique propre et qui ne méritait pas la mort d'un seul soldat français; la France, libre de tout engagement, ne se battrait qu'en cas d'invasion. En dépit de ses opinions et de la ligne choisie par l'hebdomadaire, Carbuccia laissa Tardieu exprimer son désaccord. Les lecteurs de *Gringoire* purent ainsi lire, à côté des articles de Recouly et de Béraud, l'opinion diamétralement opposée de Tardieu exprimée en une série d'articles, les 6 et 20 mai, puis les 9, 16, 23 et 30 septembre.

Tout d'abord, Tardieu répondit à la thèse de Joseph Barthélemy et défendit la validité des traités d'alliances liant la France à la Tchécoslovaquie. Aucun des deux pays n'ayant dénoncé l'accord de Locarno, ni négocié une modification de leurs engagements réciproques, les traités de 1924 et 1925 étaient toujours en vigueur. Ensuite, dans un très long article exhumant nombre de documents diplomatiques, il rappela les circonstances qui avaient présidé à la création de la Tchécoslovaquie et démontra que le nouvel État, loin d'être « une simple arlequinade » hâtivement improvisée, avait été soigneusement étudié et conçu. La question des minorités allemandes de Bohême, expliqua-t-il surtout avec insistance, n'avait provoqué en 1918-1919 ni scandale ni émotion. « Qu'est-ce que cela prouve ? Cela prouve que la question des Allemands de Bohême est, dans sa forme aiguë, une création artificielle de l'hitlérisme [90]. »

Il s'en prenait également au sophisme simpliste des nationalistes pacifistes lesquels affirmaient qu'après avoir refusé de se battre pour « l'ex-marchand d'esclaves d'Addis-Abbeba » et pour « les assassins de Barcelone », ils ne se battraient pas pour les Tchèques. Pas plus que la France ne s'était battue pour la Serbie en 1914, elle ne prendrait les armes en 1938 pour la Tchécoslovaquie. Il n'y avait pas d'exemple historique, faisait remarquer Tardieu, d'un peuple se battant pour un autre peuple. Si la guerre éclatait, « nous nous battrions [...] pour nous-mêmes – c'est-à-dire contre un colosse allemand de plus de cent millions d'hommes, dressé contre nous, au cœur de l'Europe [91] ». La question des minorités allemandes impliquait d'ailleurs directement la France. Ceux qui encourageaient les séparatistes sudètes travaillaient en fait pour les séparatistes alsaciens.

> « Certains nous adjurent de ne pas interdire aux Allemands des Sudètes [...] d'entrer dans la communauté allemande – simple problème intérieur, simple opération locale. Qu'est-ce qu'ils diront quand l'Allemagne refera le coup des Sudètes au Schleswig, en Silésie, au Tyrol, en Suisse, en Belgique, en Lorraine, en Alsace [92]? »

Enfin, il s'en prenait au défaitisme des pacifistes de droite et dénonçait leur complaisance envers Hitler et leur isolationnisme défensif comme un véritable encouragement à l'agression. « Dire dans la paix : " Nous ne nous battrons que si nous sommes envahis ", c'est plus grave encore. Car cela signifie que l'on ne se battra que dans les pires conditions et que, jusque-là, on cédera à tous les chantages [93]. » La Tchécoslovaquie démembrée, c'était non seulement la clef de voûte de la Petite Entente qui disparaissait, mais encore l'Europe danubienne qui passait sous contrôle allemand. Or une telle Allemagne grossie de ces conquêtes « sera, quand elle nous fera la guerre, invincible [94] ». La résignation des « démocraties » menait non seulement à la guerre, mais encore à la défaite assurée. Tardieu exhortait donc l'Angleterre et surtout la France à la fermeté. Il était invraisemblable que ces deux grandes nations se laissassent ainsi bluffer par un seul homme. Être calmes et forts, « retrouver le sens français », « faire taire ceux qui bêlent la peur », redonner à l'Europe centrale le sentiment d'être sous la garantie française, « obliger, sans jactance mais avec clarté, l'orateur de Nuremberg à prendre la mesure de son risque », « dire non, à temps, pour empêcher la guerre, au lieu de se laisser conduire à la subir » furent les exhortations lancées par le retraité de Menton tout au long du mois de septembre 1938 [95]. Et pour rappeler à ses lecteurs la détermination préméditée de Hitler, il émaillait ses articles de citations de *Mein Kampf*.

Lorsque l'accord de Munich mit fin à la crise aiguë de septembre 1938, Tardieu participa au soulagement général des Français : « C'est fini. On ne fera pas la guerre pour le moment. Grâce à la ténacité de M. Chamberlain et à la soumission des Tchèques, la paix est sauvée. Dieu soit loué ! » Cette joie « légitime » devant la paix préservée n'empêchait pourtant pas la réflexion. Ainsi, au terme de son analyse de l'événement, Tardieu écrivit avec une certitude inquiète : « L'accord de Munich est le plus beau succès allemand de l'après-guerre. » Daladier et Chamberlain, habilement manœuvrés par Hitler, avaient cédé à un « bluff multiforme, militaire, politique, diplomatique et tactique ». À rechercher la conciliation à tout prix, ils étaient devenus les complices actifs des revendications allemandes. Comment qualifier, en effet, leurs démarches plus que pressantes auprès de Benès ?

> « Nous avons apporté, concluait-il amèrement, la prime de notre adhésion à la politique de force, de violation des contrats et de dépeçage pacifique. Ce qu'on a appelé plan anglo-français n'était que l'exigence allemande. »

Et cette reculade n'atténuait en rien la menace allemande. Le semblant de Tchécoslovaquie laissé par l'accord de Munich formait en effet un État non viable, voué à une annexion prochaine. Plus grave encore, désormais « la marche de l'Allemagne vers l'Est ne connaît plus de barrière ». À ceux qui annonçaient la naissance d'une « Europe nouvelle », Tardieu rétorquait, agacé : « Non ! C'est la résurrection en pire de l'Europe de 1914 – de celle dont la guerre est sortie. » Munich n'était qu'un sursis honteux qui atteignait irrémédiablement les démocraties dans leur prestige de grandes nations garantes de la paix et de l'ordre européens [96].

Cet article du 7 octobre par lequel Tardieu exprima son désaccord avec la politique munichoise ne refléta que l'opinion, adoucie car censurée, du retraité de Menton. En effet, Horace de Carbuccia, s'inquiétant de « l'aspect d'affreuse macédoine » donné à son hebdomadaire par la juxtaposition des articles de Recouly et de Béraud à côté de ceux de Tardieu, dès la mi-septembre avait demandé à ce dernier de modérer ses attaques contre les « nationaux » et lui avait proposé, plutôt que de censurer ses articles, de les publier dans un autre journal [97]. L'amitié et l'esprit de conciliation prévalant, Tardieu poursuivit sa campagne à *Gringoire* en insistant principalement sur le fond de la menace allemande et en dépersonnalisant largement les responsabilités quant aux défaillances françaises. Toutefois, le triomphe de Daladier après

Munich consommé, Carbuccia ne toléra plus d'ambiguïtés. « Aujourd'hui, l'accord est fait. Le porte-parole de la France est rentré sous les acclamations de la ville et des faubourgs. Hormis les communistes, de nombreux israélites et Henri de Kérillis, tout le monde se réjouit du résultat de Munich, et moi tout le premier [98]. » Au lendemain de la conférence, le patron de *Gringoire* refusa donc de publier un article de Tardieu intitulé « Faisons le point » dont le contenu lui paraissait trop nettement antimunichois. Dès le 9 octobre, il libéra l'ancien président du Conseil de son contrat d'exclusivité.

Celui-ci regretta le différend, mais refusa de se rallier à « l'invraisemblable politique qui est devenue celle de *Gringoire* depuis cette année, politique qui est la négation des idées de toute ma vie et qu'incarne présentement Flandin [99] ». S'il demanda à renégocier son contrat, il entendit néanmoins poursuivre sa collaboration, quitte pour cela à livrer davantage d'articles de souvenirs. De novembre 1938 à janvier 1939, Tardieu fit ainsi paraître les bonnes pages de son ouvrage *Avec Foch,* puis, en juin 1939, il retraça en cinq articles *La Grande Bataille de Clemenceau.* Par amitié, toutefois, il tenta de convaincre Horace de Carbuccia de l'erreur de son option munichoise. Sur le fond, il craignait que l'Allemagne n'obtînt tout ce qu'elle voulait par la simple « répétition d'un chantage dont elle connaissait maintenant la formule ». Sur la politique du journal, il déplora que la recherche de la paix eût conduit celui-ci à crier : « Vive Daladier ! » après « une des pires humiliations » de l'histoire de France. Il avertit Carbuccia, qu'une fois les illusions dissipées, celui-ci pourrait être surpris de l'étonnante brusquerie du retournement de l'opinion. *L'Action française, La Journée industrielle, Le Journal des débats, Excelsior* étaient déjà passés à « la critique sévère des opérations »; *Gringoire* nullement. Tardieu conseilla enfin plus de modération et de nuance dans l'expression des idées et critiqua « l'antisémitisme de Béraud » comme inutilement nuisible au journal [100].

Vers la guerre

L'accord de Munich, pour humiliant qu'il fût, confirma néanmoins Tardieu dans ses certitudes quant à la manière de contenir l'Allemagne. D'une part, Hitler n'avait accepté le principe de la conférence que par suite de la mobilisation de la flotte anglaise et de la mise en place de la couverture française. D'autre part, la médiation italienne s'était révélée capitale, « ce par quoi il est, une fois de plus, démontré que l'Angleterre et la France ont toujours tort de se brouiller avec l'Italie [101] ». Tardieu souhaitait donc toujours un net rapprochement de la France et de l'Italie, rapprochement rendu possible au lendemain de Munich par le rétablissement des relations diplomatiques entre les deux pays. En fait, le retraité de Menton retrouvait les conceptions stratégiques défendues au *Temps* dans un autre avant-guerre, de 1905 à 1914 : il aspirait au renforcement de l'Entente cordiale tout en cultivant l'espoir d'affaiblir la nouvelle Triplice, en détachant l'Italie de sa solidarité avec l'Allemagne nazie. En bref, il croyait en une réédition possible de la diplomatie des Hanotaux, Barrère et Delcassé. Pendant l'été de 1938, après un bilan peu encourageant de la situation diplomatique – « pire non seulement que celle de 1918, mais que celle de 1914 et même de 1904 » –, il nota en effet : « Il est attristant de constater que ce qui reste à faire, en face de l'axe Rome-Berlin-Tokyo, consiste purement et simplement à recommencer ce qui avait été parfaitement fait de 1896 à 1908 et qu'on a démoli depuis 1918 [102] ».

Selon Tardieu, le rapprochement de l'Italie et des « grandes démocraties » demandait certes beaucoup de souplesse et de ténacité, mais il n'était pas impossible. En avril 1938, Chamberlain n'avait-il pas signé avec Mussolini un accord du « type bismarckien de contre-assurance » devant être suivi d'un accord similaire avec la France ? Seules grandes puissances européennes et africaines, l'Angleterre, l'Italie et la France avaient en outre trop d'intérêts en commun pour négliger l'importance de leur union. « Pour la Méditerranée et pour l'Afrique, l'entente entre Londres, Paris et Rome est une impérieuse nécessité. » Évidemment, la Méditerranée étant « la clef de leur accord », ces trois nations pouvaient soit se la disputer, « si elles sont folles », soit en user solidairement, « si elles sont sages [103] ». Tardieu osait encore croire en la sagesse. Ou plutôt, il misait sur le « besoin d'équilibre » que l'Italie devait ressentir face à la montée en puissance de l'Allemagne qui non seulement campait déjà sur la frontière italienne, mais risquait d'entraîner Mussolini plus loin qu'il ne désirait aller. Les cartes françaises face à l'Italie apparaissaient donc « modestes » mais « bonnes à jouer, à condition que la France eût des joueurs [104] ». Jusqu'à l'été de 1939, Tardieu resta persuadé, en dépit du Pacte d'acier (mai 1939) et des discours de Mussolini, que l'Italie pouvait être reconquise par les démocraties.

Dans la résistance à l'Allemagne, l'alliance franco-anglaise constituait bien entendu la solidarité essentielle à cultiver et à renforcer. S'il reprochait à la diplomatie française sa passivité et son esprit suiveur, Tardieu critiquait la crédulité et la bienveillance de la politique anglaise à l'endroit de l'Allemagne : « L'Angleterre entend se consacrer à l'apaisement des conflits; et c'est fort bien. Mais il y a des gens qu'on n'apaise pas [105]. » Les deux nations démocratiques devraient donc abandonner leur méfiance réciproque et pratiquer plus franchement leur alliance. Après la capitulation de Munich, Tardieu attendit une vigoureuse réaction de leur part, souhaitant un renforcement conséquent, diplomatique et militaire, de leur solidarité face à « la lutte engagée par le paganisme hitlérien contre la civilisation chrétienne ». Les discussions franco-britanniques de la fin de novembre 1938 le déçurent pourtant. L'accord, présenté comme général, signifiait en fait que rien de particulier n'était changé entre les deux pays. Tardieu se prit donc à émettre quelques « vœux » pour la consolidation de l'Entente cordiale qu'il mit en garde contre les fausses séductions et les « pièges » tendus par Rome et Berlin. Il invita les démocraties à se doter de ce qui leur manquait encore comme moyens dissuasifs, à la France une armée de l'air, à l'Angleterre une armée de terre; il souhaitait également pour les deux pays l'ordre et la stabilité à l'intérieur. Enfin, il invita les démocraties à cesser de « bêler leur volonté de paix, dont personne ne doutait, et à affirmer leur volonté de résister, dont personne n'est sûr [106] ».

Au soir du 15 mars 1939, il dut pourtant constater que les grandes démocraties en étaient encore au bêlement pacifiste et qualifia leurs réactions face à l'annexion de la Tchécoslovaquie de « lamentables ». Si Munich avait constitué « une soumission totale de la France et de l'Angleterre avec quelques formes », l'acte du 15 mars oublia les formes pour n'être plus qu'une soumission flagrante, « une capitulation pure et simple ». Il proclamait une fois encore la primauté, dans la morale internationale allemande, du droit du plus fort sur la parole donnée. L'humiliation des démocraties, pour sévère qu'elle fût, n'était malheureusement pas sans précédent. Passivité française et crédulité anglaise, les démocraties persévéraient dans leurs travers : « La France et l'Angleterre dansent devant l'Allemagne le pas de l'apaisement. Mais, comme écrivait le *Daily Telegraph,* on n'apaise pas un boa constrictor. Il lui faut chaque lundi son mouton vivant [107]. » Et les prochains « moutons » semblaient déjà désignés : la Pologne, bien sûr, mais aussi, pour leur blé, la Hongrie et la Roumanie. Devant la démission internationale des démocraties, l'Allemagne aurait certes tort de refréner ses appétits.

Puis vint « le coup de tonnerre anglais du 31 mars [108] » et l'espoir d'une résistance passant enfin par l'affirmation morale et matérielle de la force des démocraties. La garantie donnée par Londres à l'indépendance de la Pologne constituait non seulement la reconnaissance des erreurs passées, mais encore la fin des humiliations. Désormais le bluff hitlérien avait un prix, la guerre européenne. L'effet dissuasif de cette décision anglaise parut capital aux yeux de Tardieu qui se souvenait qu'en 1914 la guerre avait éclaté parce que Guillaume II avait pu croire trop longtemps à la neutralité anglaise. En avril 1939, Hitler ne pouvait plus compter sur la même illusion. Il existait désormais un axe Paris-Londres déterminé à s'opposer par la force aux ambitions expansionnistes allemandes. Dès ce moment et alors même que le péril se précisait, Tardieu recouvra une confiance presque sereine dans la paix et même dans la guerre si celle-ci devait éclater. Son assurance se fondait notamment sur le calcul des forces en présence.

Au lendemain du Pacte d'acier (22 mai 1939), il se lança dans une comptabilité comparative décrivant les atouts et faiblesses des deux blocs d'alliance en les référant à l'Europe de 1914. Diplomatiquement, l'axe Rome-Berlin avec ses satellites paraissait « spatialement et numériquement supérieur à la vieille Triplice » alors que « le binôme franco-anglais était moins bien placé qu'en 1914 ». Pourtant, « partout les Anglo-Français étaient plus forts qu'en 1914 et plus forts que les Italo-Allemands ». Et Tardieu de parler de la meilleure situation financière des démocraties, de leur avantage économique pour le ravitaillement et l'armement, de leur supériorité navale et même terrestre – « l'armée française de 1939 est cent fois supérieure à celle de 1914 » –, de leur plus grande unité morale et enfin de la supériorité de leurs idéaux – « il est dangereux de se mettre en guerre quand on a contre soi la papauté, le judaïsme, le protestantisme et la libre-pensée [109] ».

Le précédent de 1914-1918 confortait encore l'assurance du retraité de Menton qui raisonnait sur la guerre à venir avec les conceptions stratégiques de la précédente. Il anticipait un retournement d'alliance de la part de l'Italie et considérait comme inévitable l'entrée en guerre des États-Unis. En janvier 1939, il avait écrit un article dans lequel il rappelait que, lors des grandes décisions passées, la France et l'Italie se trouvaient depuis cent cinquante ans du même côté de la barricade. À la fin de mai, au lendemain même du Pacte d'acier, il mettait encore en doute la solidité de l'amitié italo-allemande et concluait, confiant : « J'attends, en toute cordialité, le jour où, comme en 1915, M. Mussolini criera, de sa forte voix : " À la porte, les barbares " [110]. » Quant à l'isolationnisme américain, il refusait d'y croire dans l'hypothèse d'une guerre européenne. En juin 1939, le projet d'amendement de la loi de neutralité proposé par le secrétaire d'État Cordell Hull le conforta dans ses certitudes : la clause

Cash and carry avantageait considérablement le bloc franco-anglais. En juillet, il nota dans un article intitulé « Comment seront-ils neutres » : « La neutralité américaine n'est qu'une coquille de noix flottant au gré des vents. Mais les vents sont pour nous [111]. »

L'Angleterre votant la conscription, la France rattrapant son retard dans la production d'avions, les États-Unis penchant du côté des démocraties, l'Italie optant pour la neutralité, voire pour le renversement d'alliance : pour toutes ces raisons, Tardieu était nettement plus confiant au printemps de 1939 qu'à l'automne de 1938. Il pensait même que, grâce à la fermeté conjuguée des Anglais et des Français, le risque de guerre s'amenuisait. Depuis 1935, en effet, Hitler avait profité de l'incurie des démocraties pour réaliser ses spectaculaires coups de bluff. Il n'avait joué de la menace de guerre que lorsqu'il savait ne risquer aucune guerre. En 1939, « les moutons [la France et la Grande-Bretagne] étaient devenus enragés – ou presque [112] », et le bluff hitlérien ne les paralysait plus. Convaincu que, pour des raisons de matières premières, de réserves financières et de stabilité intérieure, l'Allemagne « ne voulait, ni ne pouvait faire la guerre », Tardieu était persuadé que la dissuasion armée des deux grandes démocraties suffirait à sauvegarder la paix. Dans « le match de système nerveux » imposé par l'Axe, il fallait donc éviter l'affolement et « les paniques imbéciles et criminelles » qui laissaient croire à la faiblesse des démocraties. Hitler bluffait, il suffisait de tenir.

> « Le secret de M. Hitler [...], c'est le secret d'un fuyard virtuel qui, pour éviter le choc, hurle la menace. Quand les Français tombent dans ce panneau, ils passent les bornes de la naïveté. [...] Cette débâcle nerveuse est indigne de la France [113]. »

Enfin, le retraité de Menton exprimait sa pleine confiance dans le peuple français, cette « merveille vivante », « absurde » et « noble » à la fois. Bien sûr, pesait sur ce peuple le poids d'une éducation matérialiste et des institutions vicieuses, mais « l'étonnante qualité de la race » n'était en rien entamée. À n'en pas douter, s'il s'agissait de défendre le sol français, la race du Grand Ferré et de Jeanne d'Arc se dresserait, unanime. Bref, « le climat français est bon », écrivait-il en avril 1939, avant de conclure : « Et, s'il y avait une guerre, nous la gagnerions [114]. » Son état d'esprit au cours de l'été de 1939 était donc fait d'inquiétude devant la possibilité d'une nouvelle guerre, mais aussi de confiance dans la capacité des démocraties à renouveler leur effort victorieux de 1914-1918. Si l'optimisme semblait déplacé dans cette période de crise aiguë, la foi dans l'issue finale paraissait assurée : « Je n'ai pas changé d'avis quant aux chances d'une guerre, écrivit-il le 20 juin 1939. Cette guerre n'est pas probable. Cette guerre sera courte. Et nous la gagnerions [115]. »

Un mois plus tard, le 22 juillet, Tardieu fut victime d'une attaque cérébrale qui le condamna à l'immobilité et à l'exil au fond de lui-même. Son agonie dura cinq ans, le temps de suivre par la radio et les journaux la plus dévastatrice et la plus horrible de toutes les guerres. Décédé dans la nuit du 15 septembre 1945, il apprit, toutefois, la défaite allemande.

CHAPITRE XVI
Un homme irréconciliable

La retraite volontaire de Tardieu avait-elle encore un sens à l'heure où Hitler mettait en application le programme d'annexions décrit dans *Mein Kampf*? La pression du danger allemand et la volonté de résistance nationale ne devaient-elles pas l'emporter désormais sur les querelles partisanes et les ressentiments personnels? Après Munich, les événements eux-mêmes rendirent ces questions inévitables. Or, en dépit de son attitude de résistance et de mobilisation patriotique, Tardieu persévéra dans l'abstention dédaigneuse. L'homme apparut à jamais irréconciliable. Cette obstination dans la condamnation du régime parlementaire et de ses acteurs montrait les limites de son credo « national ». Elle traduisait en même temps les effets pervers de la radicalisation idéologique initiée par la rupture républicaine de 1935.

UN ANTIMUNICHOIS PAS COMME LES AUTRES

À l'image du vote de confiance donné au gouvernement Daladier au lendemain de Munich par 537 députés contre 75, la France de l'automne de 1938 était en très grande majorité munichoise. Les quelques antimunichois appartenaient généralement à la gauche antifasciste, en particulier au Parti communiste qui se réclamait, depuis juillet 1935, du patriotisme jacobin et des soldats de Valmy. Ainsi, 73 des 75 députés qui sanctionnèrent le 4 octobre la politique de Daladier étaient communistes. Ne vota à leur côté qu'un seul homme de droite, Henri de Kérillis. Minoritaires à gauche, les antimunichois firent véritablement exception à droite. Les historiens égrènent souvent les mêmes figures isolées de Kérillis, Mandel et Reynaud. Toujours oublié, Tardieu fut pourtant des leurs.

Le clivage révélé en septembre 1938 exprima en fait un reclassement des opinions qui remontait à l'année 1935. En effet, la bipolarisation politique, croissante depuis le début de la décennie, acheva alors de définir deux camps irréconciliables : ceux qui entendaient mettre un frein aux succès du fascisme et ceux qui souhaitaient endiguer les progrès du communisme et du socialisme. L'antifascisme et l'anticommunisme rendirent ainsi totalement solidaires les questions internationales des problèmes strictement nationaux. La compétition entre États devenant aussi une compétition entre ordres sociaux et politiques, les rivalités des puissances se prolongèrent automatiquement par la logique des passions et des préjugés en querelles et guerres civiles. La politique étrangère se plia ainsi aux clivages internes, idéologiques et partisans ; la politique intérieure elle-même apparut comme le simple reflet des grandes confrontations extérieures. Le débat sur l'opportunité d'une alliance avec l'Union soviétique et l'affaire des sanctions contre l'Italie illustrèrent parfaitement la forte empreinte des affinités idéologiques sur le classement des opinions en matière internationale. L'intérêt général – la sécurité, le rang de la France, la paix européenne – fut alors très largement apprécié en fonction de l'opposition radicale entre anticommunisme et antifascisme. La guerre d'Espagne consolida encore ces solides clivages en actualisant en France le spectre de la guerre civile [1].

La désormais impossible séparation entre préoccupations intérieures et choix de politique étrangère provoqua un paradoxal chassé-croisé dans l'attitude des partis et formations politiques à l'endroit de la sécurité et de la paix. En bref, le « bellicisme » et le pacifisme changèrent de camp. D'une part, la gauche internationale exigea, au nom de la lutte antifasciste, une politique de force et accusa de trahison ceux qu'elle qualifiait auparavant de militaristes. D'autre part, un néo-pacifisme de démission s'empara de la droite nationaliste. Obligés de choisir entre leur traditionnelle germanophobie et leur profonde aversion pour le communisme, les nationalistes penchaient en effet, par peur de la subversion sociale, du côté des dictatures fascistes pourtant directement menaçantes pour la France. Dans les rangs de la bourgeoisie conservatrice, la peur sociale l'emportait sur la peur nationale. Dès lors, cette même bourgeoisie qui avait applaudi, en 1923, à l'occupation de la Ruhr laissa Hitler s'emparer de l'Autriche et dépecer la Tchécoslovaquie.

Ce « néo-pacifisme » de droite se nourrissait certes d'une forte répulsion pour la guerre, viscérale ou raisonnée, léguée par les horreurs de 1914-1918 et véhiculée par les anciens combattants. La haine sociale, attisée par la victoire du Front populaire, joua toutefois les premiers rôles dans l'émergence et la consolidation de ce nouveau pacifisme. Effrayée par le communisme, la bourgeoisie conservatrice se prit à considérer l'Allemagne hitlérienne comme un rempart contre le péril bolchevique tant à l'extérieur qu'à l'intérieur. La guerre, désormais, ne servait plus que les intérêts du désordre et de la subversion. Au lendemain de Munich, Horace de Carbuccia fit part à Tardieu d'un sentiment répandu à droite :

> « En somme, les Français ne veulent se battre que si on les attaque. Et nous ne pouvons pas, nous, grand journal, ne pas tenir compte de cet état d'esprit. Seuls les juifs et les communistes font la guerre [2]. »

La complaisance, directe ou indirecte, des nationalistes à l'endroit de l'Allemagne connut évidemment toutes sortes de degrés ; elle commanda néanmoins l'option munichoise de la très grande majorité de la droite française, sujette à un néo-pacifisme défensif, volontiers isolationniste et défaitiste.

Les antimunichois de droite comprirent tout autrement les enjeux et menaces pesant sur la France. Ils firent preuve d'une grande clairvoyance à l'endroit des desseins de Hitler et restèrent surtout attachés à la défense de l'intérêt national. Devant la réalité de la menace allemande, ils acceptèrent donc de mettre en sourdine les dissensions idéologiques, en particulier leurs sentiments anticommunistes, et de mêler dans un souci de réalisme leurs votes résistants à ceux des antifascistes de gauche. Par le refus de la politique d'apaisement, ils défendirent en outre une certaine idée de la France, puissance de premier rang dont l'honneur ne pouvait souffrir tant d'humiliations répétées. Résolus à ne plus céder aux bluffs allemands et déterminés à arrêter Hitler, ils acceptaient l'épreuve de force, quitte à risquer la guerre. À considérer le détail des itinéraires individuels, cependant, les différences s'accusaient. Ainsi, Paul Reynaud et André Tardieu suivirent des parcours fort différents.

Le cas Reynaud apparaît rétrospectivement comme une sorte d'illustration de ce que le nationalisme bourgeois eut de meilleur. En effet, le député de Paris se désolidarisa dès 1935 d'une droite « nationale » qui, pour préserver l'amitié italienne, acceptait des compromissions avec le fascisme. Dans l'affaire d'Éthiopie, Reynaud monta en première ligne pour plaider en faveur des sanctions conte l'Italie, défendre l'idéal de la Société des Nations et privilégier l'alliance anglaise, c'est-à-dire la solidarité des démocraties face aux prétentions des dictatures. Un réalisme débarrassé de ses antipathies idéologiques le fit ensuite ratifier, en février 1936, le pacte franco-soviétique. Après la victoire du Front populaire, il refusa également de pratiquer la politique du pire et conçut son rôle dans l'opposition comme un « service public ». En dépit d'idées réformistes précises, il manifesta enfin un profond et constant attachement à l'endroit des institutions représentatives. Si tous ces choix contribuèrent à le marginaliser dans son propre milieu, ils devaient pourtant le conduire logiquement dans le camp de la résistance et le placer lors de la crise de septembre 1938 du côté des partisans de la fermeté.

L'itinéraire de Tardieu prit en tous points le contrepied du parcours de Reynaud, si bien que la position antimunichoise du retraité de Menton apparut presque paradoxale. Il cultiva l'amitié italienne jusqu'à excuser l'expédition coloniale de Mussolini ; il critiqua donc les sanctions et ironisa sur les institutions genevoises. Opposé à l'alliance avec Moscou dès les premières velléités françaises de rapprochement, il dénonça le pacte franco-soviétique comme un accord contre-nature. Sous le Front populaire, il se rangea avec détermination dans le camp des assaillants impitoyables et qualifia l'« opposition service public » de Reynaud d'opposition de « service commandé [3] ». Il se trouva même en collusion ouverte avec l'extrême droite pour faire tomber le colonel de La Rocque. Enfin, en état de rupture avec la République parlementaire depuis 1935, il développa une critique des institutions représentatives aux forts accents antidémocratiques.

Amitié italienne et admiration pour l'œuvre de Mussolini, anticommunisme intraitable et critique systématique de l'expérience du Front populaire, réquisitoire antidémocratique et mépris pour le parlementarisme ; en somme, Tardieu cumula nombre des affections pouvant pervertir son nationalisme de vigilance en ce pacifisme défensif qui s'empara de l'extrême droite française et qui privilégiait la préservation de l'ordre social à la préservation du rang de la France dans le monde. Qu'il se prononçât contre l'accord de Munich tint donc, à première vue, du paradoxe. Son ami Reynaud n'avait-il pas pensé, dès la fin de l'année 1935, que « désormais Tardieu était, hélas, définitivement de l'autre côté de la barricade [4] » ? La collaboration de celui-ci à *Gringoire* confirmait *a priori* cette place dans le camp du défaitisme munichois. Paul Mantoux lui fit d'ailleurs connaître son étonnement à propos de cette collaboration : « Nous sommes d'accord sur la politique extérieure, devant laquelle peu de choses comptent en ce moment. Ta campagne de septembre [1938] était excellente. Il était paradoxal de la trouver dans *Gringoire* [5]. »

À expliquer la position antimunichoise de Tardieu, on touche aux motivations essentielles de son engagement public. Que ce fût comme éditorialiste au *Temps,* lieutenant de Clemenceau, chef du gouvernement ou procureur implacable des tares du parlementarisme, il ne poursuivit en fin de compte qu'un seul but, la défense et la promotion d'une très haute idée de la France, de sa grandeur et de son rayonnement parmi les nations. Dans sa profession de foi pour les législatives de 1919, il affirma clairement la finalité de son action politique : « conserver à notre pays le rang qu'il a conquis sur les champs de bataille [6]. » Même dans la dernière période de sa vie, le désespoir amèrement ressenti à l'endroit de la République parlementaire ne se confondit jamais avec une quelconque désespérance de la France. La prégnance de son sentiment national le prévint contre la démission nationaliste. Tout fléchissement de l'honneur national, toute atteinte à la position internationale de la France lui parurent toujours insupportables. Malgré les désillusions de la décadence internationale française, il ne donna pas dans le défaitisme conciliateur ou l'isolationnisme honteux. C'eût été indigne de la France et contraire à ses plus fortes convictions. Durant la crise de septembre, Tardieu ressentit « le vif désir de se retirer dans un désert où les nouvelles n'arrivaient pas », tant le spectacle était déshonorant. Son « humiliation de citoyen » l'empêchait même de dormir [7].

Ses convictions nationales avaient été à jamais trempées dans l'épreuve du feu de la Grande Guerre et au contact d'une amitié fondatrice, celle de Georges Clemenceau. Son nationalisme s'inscrivait ainsi dans la tradition jacobine tout en assumant les haines de clemencisme, le malvysme et le caillautisme.

> « Le malvysme, précisait le nationaliste autoritaire Hubert Bourgin, c'était le rez-de-chaussée de la République des camarades, le rendez-vous des fêtards de gouvernement, entourés de compagnies suspectes. Le caillautisme, c'était la démagogie à talons rouges, le défaitisme coloré de théories démocratiques, la trahison déguisée en système [8]. »

Tardieu eût souscrit à ces définitions. Elles désignaient les deux ennemis de sa République « nationale », la République abusive des « comitards », celle des nouveaux censitaires, et la République du défaitisme qui jouait la France perdante « au nom d'une mystique puérile et roublarde de droit, de justice et de progrès [9] ». Dans ses *Souvenirs* non publiés écrits en 1939, il montra la prégnance de ses antipathies clemencistes en associant la réhabilitation des deux leaders radicaux-socialistes avec la consécration du défaitisme de la victoire : « La réhabilitation du défaitisme a commencé en 1922 avec les campagnes pour Caillaux, Malvy, Judet, Paul Meunier [10]. » De ce premier défaitisme qui cédait sur les réparations à la politique honteuse de l'apaisement munichois, la même logique joua, le « caillautisme » ou la peur et le refus de résistance morale dissimulés en postures conciliatrices et soi-disant généreuses. Tardieu fut donc antimunichois parce qu'il était resté clemenciste.

Son clemencisme donna à sa position antimunichoise un caractère relativement autonome par rapport à la signification idéologique du clivage de septembre 1938. Il ne se prononça pas tant contre le nazisme que contre l'Allemagne, c'est-à-dire contre l'ennemi héréditaire de la France. Il fut antimunichois par antigermanisme plus que par antifascisme. Les sentiments qui dictèrent sa conduite demeurèrent ceux du clemencisme de l'immédiat après-guerre : la haine du boche et le « Sus au bolchevik! ». Contrairement aux zélateurs du néo-pacifisme isolationniste, il sut toutefois hiérarchiser ses aversions en accordant la primauté à la défense nationale sur la défense sociale. Hitler ne lui apparut donc jamais comme un obstacle à Blum et à la révolution. En outre, il ne crut pas, comme certains stratèges de droite et d'extrême droite, qu'on pût rassasier l'Allemagne en lui laissant les « mains libres » à l'est – *Mein Kampf* était trop précis sur les intentions de Hitler quant à la France. Pour tout Français de toute obédience politique, l'ennemie publique n° 1 ne pouvait être que l'Allemagne. Tardieu regrettait qu'une grande partie des « nationaux » oubliassent cette vérité première.

De tout temps, il admit des limites d'intérêt national aux querelles partisanes : « Pas plus que le crédit public, la politique extérieure ne doit être l'enjeu des partis [11]. » Mais ce point de vue « national » ne résista pas à la bipolarisation politique des années trente. En septembre 1938, Tardieu cherchait vainement dans l'opinion française « l'unanimité de 1914 » : « Deux fronts se font face. Pourquoi? Parce que, sauf de rares exceptions, les réalités extérieures ont été considérées à travers le prisme déformant des polémiques intérieures [12]. » Au printemps de 1938, il distingua deux expressions perverties du nationalisme « la famille belliqueuse de gauche », souhaitant l'engagement de la France dans la guerre d'Espagne, et « la famille bêlante » des conciliateurs de tous crins qui « bêlaient si lamentablement la paix qu'ils nous conduisaient, comme des moutons, à l'abattoir [13] ». Bien sûr, le retraité de Menton trouvait « indécent » et « suspect » le retournement belliciste adopté par les communistes et par une partie des socialistes, antimilitaristes de la veille, longtemps partisans de la guerre civile libératrice. Il n'était pourtant pas moins sévère avec les nationalistes prêchant, au nom de la lutte anticommuniste, l'apaisement et la conciliation face à Hitler :

« Il était malheureusement à prévoir [...] que, pour parer au danger communiste, on négligerait le danger allemand, sans lequel pourtant l'autre n'aurait pas pu naître et que, à ne penser qu'à la Russie, on oublierait l'Allemagne. C'est ce qui est, hélas! arrivé [14]. »

Ces commentaires parus dans *Gringoire* ne reflétaient que l'expression adoucie des sentiments de leur auteur. Horace de Carbuccia exerçait sa censure sur les attaques dénonçant la démission des nationalistes, patente selon les allusions de Tardieu au *Jour*, à *L'Action française,* à *Je suis partout,* au *Petit Marseillais* et à *L'Éclaireur de Nice.* Au nom de l'union des « nationaux », le directeur de *Gringoire* refusa par exemple de publier ces questions par trop dérangeantes de Tardieu : « Est-ce que les objecteurs de conscience, qui se recrutaient jadis dans l'internationalisme, se recruteront désormais dans les partis nationaux ? [...] Est-ce une raison pour établir entre les uns et les autres une moyenne de capitulation ? » Carbuccia ne voulait en aucun cas fournir des armes aux bellicistes communistes qui « reproduiraient *Gringoire* comme ils reproduisaient Kérillis devenu un des principaux collaborateurs de *L'Humanité* [15] ».

Son attachement au clemencisme plaça donc Tardieu largement en dehors du clivage idéologique fascisme/antifascisme et préserva son nationalisme de toute contamination fascisante sérieuse par séduction conservatrice ou souci antirévolutionnaire. L'amitié de Tardieu pour l'Italie, par exemple, illustra parfaitement cette volonté toujours prioritaire de faire triompher le point de vue national sur de quelconques sympathies idéologiques. Ainsi, malgré l'utilité stratégique d'un rapprochement avec la « sœur latine » et en dépit de l'admiration pour l'œuvre mussolinienne de redressement national, il déclina en octobre 1938 une invitation pourtant préalablement acceptée au Congrès Volta organisé par l'Académie royale d'Italie sur le thème de l'Afrique. À un correspondant génois qui regrettait son absence, il répondit :

« Excusez-moi de ne pas suivre votre conseil. Je n'ai aucun goût pour répondre aux invitations des gens qui viennent de donner des coups de pied quelque part à mon pays. [Tardieu faisait allusion à " certaines brutalités verbales [de Mussolini] à l'adresse de la France "] [16]. »

Plus tard, tout en espérant encore en une neutralité italienne et peut-être même en un renversement d'alliance, il se montra très critique à l'endroit des projets expansionnistes italiens et s'en prit, dans un article intitulé « Mussolini déraille », aux absurdités déclamatoires du Duce [17].

Bien plus qu'idéologiques, les considérations qui commandèrent les prises de positions de Tardieu en 1938-1939 furent d'ordre essentiellement stratégiques. La paix étant simplement « un état statique d'équilibre de puissance [18] », les démocraties ne pouvaient constamment capituler devant les prétentions hitlériennes sans dangereusement bouleverser cet équilibre. Celui-ci rompu, la guerre devenait inéluctable – l'histoire de 1905-1914 l'avait amplement démontré : « Pourquoi tant de gens s'obstinent-ils à méconnaître qu'on n' " apaise " jamais l'Allemagne, quand elle se croit la plus forte [19] ? » La vision stratégique et diplomatique de Tardieu était d'ailleurs étroitement liée à la référence au premier avant-guerre et à sa propre expérience d'observateur privilégié de la montée des périls de 1905 à 1914. Ce cadre d'analyse renforçait encore l'autonomie de sa position antimunichoise. Ainsi, dans ses articles à *Gringoire*, il faisait constamment rejouer le passé, la Triplice et la Triple Entente, dans une version à peine modifiée du drame franco-allemand. Cette constante mise en perspective historique étoffa son analyse diplomatique et aiguisa sa vigilance. En même temps, toutefois, elle interdit une réelle compréhension du défi lancé au monde par Hitler et entretint nombre d'illusions rassurantes expliquant la confiance de Tardieu dans l'été de 1939.

En effet, à force d'affirmer que « la situation de 1938 ressemble étrangement à celle de 1914 » ou que « la politique des Hohenzollern et la politique de *Mein Kampf* ne font qu'un [20] », il assimila dans la même continuité deux impérialismes aux soubassements pourtant fort différents. Quelle que fût sa clairvoyance sur le révisionnisme de Hitler, le retraité de Menton ignora donc largement la singularité du régime nazi. Son clemencisme vibrait à l'antigermanisme traditionnel et ne concevait guère comme ennemie que l'Allemagne éternelle. Comme nombre de ses contemporains, il manifesta ainsi une inquiétude intellectuellement paralysante face à l'Allemagne nazie. Il ne comprit pas, notamment, la place occupée dans les régimes fascistes par la guerre, aboutissement logique de la radicalisation totalitaire, test ultime dans lequel la « race » retrempée affirmerait sa supériorité. Dès lors, il pouvait facilement se convaincre que Hitler bluffait et qu'il ne risquerait pas la guerre pour des raisons financières [21]. Cette incompréhension de la spécificité des fascismes, ajoutée à la référence stratégique de la Grande Guerre, expliqua les illusions entretenues sur l'improbabilité de la guerre et, dans le cas contraire, sur une guerre courte gagnée par les démocraties. À Bernard Lavergne venu lui rendre visite, Tardieu répondit « du ton le plus assuré » : « Une nouvelle guerre durera trois mois et nous signerons la paix à Berlin [22]. »

Cette étonnante assurance trahissait évidemment une façon

plus ou moins consciente de conjurer les périls. Elle traduisait d'autre part la conception résistante de Tardieu qui considérait que l'aveu de faiblesse constituait une provocation à l'agression. Être fort et le faire savoir, telles étaient en effet les seules garanties de la paix. Son optimisme sur l'issue d'un conflit tenait donc en partie de sa campagne de mobilisation des esprits intensifiée après Munich. Pour retremper les Français dans le sentiment de leur valeur et conjurer l'angoisse présente, Tardieu rappela dans de longs articles historiques les batailles victorieuses de Foch et de Clemenceau. À l'horizon d'une nouvelle guerre, évoquer le souvenir de la Grande Guerre et de ces deux grandes figures, c'était évidemment servir à la mobilisation patriotique de la nation face au nouveau danger. C'était également pratiquer un retour aux sources combattantes, c'est-à-dire commémorer une expérience indépassable réalisant l'harmonie entre la pensée et l'action, invoquer l'idéal de la République jacobine de Clemenceau, ou encore désigner le point culminant de la grandeur française.

En rédigeant *Avec Foch* et *La Grande Bataille de Clemenceau*, Tardieu se réfugia dans le souvenir idéalisé de l'histoire de la Grande Guerre. De là à postuler la victoire finale des démocraties et à anticiper une nouvelle union sacrée de tous les Français, il n'y eut qu'un pas, vite franchi en 1939. Ce ne fut pas la moindre des illusions de Tardieu que de croire en une réédition de l'« unanimité de 1914 ». La lucidité manifestée quelques mois auparavant sur la regrettable division des Français face à Munich disparut en effet avec l'aggravation des périls et la consolidation des deux blocs d'alliances. La guerre dût-elle éclater que la France connaîtrait un nouveau juillet 1914. Tardieu en était persuadé. Ses convictions « nationales » sous-estimaient la profondeur des clivages idéologiques constitués dans les années trente et négligeaient la signification réelle de l'apparition, dans la vie politique française, du Parti communiste, corps étranger dans la nation. Cette myopie idéologique se manifestait comme une incapacité mentale à concevoir qu'un Français pût mettre sa patrie à une place secondaire. En avril 1939, Tardieu témoignait encore une pleine confiance à « cet obscur et tenace sentiment de solidarité, qui a survécu aussi bien aux sottises des partis conservateurs qu'aux folies des partis révolutionnaires, et qui se réveille, quand il faut [23] ».

La France sacrifiée à la profession parlementaire

La trame explicative du déclassement international de la France de Versailles à la France de Munich n'obéissait pas à un principe différent de celui responsable de la décadence intérieure. Avec évidence, la démission internationale procédait de la déchéance nationale et, sur ces deux plans, agissait le même fait causal, « le " métier " tout entier à sa proie attaché [24] ».
Devant l'aggravation des périls extérieurs, Tardieu accorda à l'actualité internationale une importance accrue : après Munich, il ne consacra plus à la politique intérieure qu'un seul article sur cinq écrits pour *Gringoire*. La rédaction de son œuvre de réflexion sur le long terme, *La Révolution à refaire*, pâtit en conséquence de cette attention soutenue accordée aux événements internationaux. Le plan quinquennal projeté en 1935 – cinq volumes en cinq ans – prit donc du retard. Toutefois, pour essoufflée qu'elle fût, l'enquête intellectuelle progressait encore, et un quatrième tome, intitulé *Le Sabotage des intérêts généraux*, avait presque trouvé sa forme définitive en juin 1939. Après deux premières parties consacrées aux thèmes rabâchés de l'étatisme et de la corruption des mœurs politiques, l'ouvrage abordait dans une ample perspective historique remontant à la Révolution française les problèmes de politique étrangère.
La thèse centrale de ce quatrième tome s'inscrivait parfaitement dans la ligne des réflexions antérieures. Le retraité de Menton présentait en effet l'électoralisme comme le « germe destructeur » de toute politique extérieure cohérente et voyait dans le régime électif le fossoyeur du sens national et, à terme, de la France. L'après-guerre devait d'ailleurs consacrer, après « un siècle de bêtise absolue », le triomphe de cette soumission du national à l'électif. Tardieu résumait ainsi son propos :

> « Toute cette histoire [diplomatique de 1919 à 1939] a été le jeu de la profession parlementaire et de ses lois, habile à se reconstituer après la secousse de la guerre et obéissant à ses lois propres : réélection, accession au pouvoir, mouvement à gauche, médiocrité intellectuelle et morale, despotisme et servitude, peur, bêtise et canaillerie. Toute notre politique étrangère d'après-guerre s'explique par l'une de ces causes [25]. »

La France immolée sur l'autel du « métier », telle était l'ultime conséquence de l'usurpation parlementaire et du mensonge démocratique.

Cet ouvrage, plus encore que les précédents, laissait voir l'amertume revancharde d'un homme à jamais dégoûté par les mœurs et les institutions politiques de son temps. L'irritation méprisante et l'aigreur ravageuse s'étalaient sans fard dans ces pages qui, pour n'être que le quatrième jet d'un ouvrage non publié, n'en étaient peut-être que plus vraies encore. Ce pamphlet acerbe apparaissait comme une longue variation autour de quelques mots : niaiserie, poltronnerie, imbécillité, sottise, lâcheté, peur, bêtise, canaillerie, incurie, ces quatre derniers vocables formant même des titres de chapitre. La retenue intellectuelle des premiers volumes de *La Révolution à refaire* avait disparu. Tant par la forme que sur le fond, ce quatrième volume exprimait une telle enflure dans le réquisitoire qu'il perdait beaucoup de la crédibilité intellectuelle des deux premiers. En dépit de l'inachèvement de l'ouvrage, il semble que Tardieu, de plus en plus pénétré de son explication monocausale de la décadence française, n'arrivât plus à contenir son acrimonie contre le régime représentatif. En outre, l'imminence du danger extérieur n'était pas pour apaiser l'amertume d'un homme qui enrageait d'avoir vu juste sur Hitler depuis des années.

Dans son histoire diplomatique de la France, Tardieu n'épargna aucun régime. De la Révolution à la IIIe République, la politique étrangère fut la servante de la politique intérieure, c'est-à-dire de la profession parlementaire et de ses commodités électorales. La guerre, la paix, les alliances, l'Empire ne furent jamais considérés que sous l'angle étroit de la réélection et de l'accession au pouvoir, mobiles statiques et dynamiques de la classe politique. En s'occupant de politique étrangère, les assemblées censitaires ou démocratiques appliquèrent à la conduite extérieure de la France les défauts congénitaux du régime électif. Étaient ainsi désignés la peur, la bêtise, la canaillerie et l'incurie.

« La peur mène les assemblées [26] », affirmait Tardieu. Les héritiers du tiers état, en envahissant les assemblées du XIXe siècle, y apportèrent un égoïsme de classe suant la peur. À la recherche des résultats, ils préférèrent la conservation de leurs privilèges. Une seule crainte les rendait capables de quelque audace : la peur tenace de ne pas paraître assez à gauche pour courtiser le nombre. Cette timidité poltronne de la bourgeoisie française produisit un « affreux défaitisme » affaiblissant la conscience nationale jusqu'à laisser une France sans ressort face aux pires dangers. Ainsi, après avoir voulu se faire pardonner la défaite de 1870, les parlementaires voulurent se faire pardonner la victoire de 1919. Le caillautisme et la politique d'apaisement face à Hitler ne représentaient que les dernières expressions de cette « peur chronique » qui dominait les assemblées [27].

Peureuses, les assemblées se révélèrent tout aussi bêtes. « La bêtise internationale des assemblées brille avec la continuité d'un feu de montagne. » Et d'accumuler, en maltraitant l'Histoire, quelque vingt-cinq pages d'erreurs diplomatiques avant de conclure : « Après quatorze régimes, tous électifs, qui avaient tous souhaité la Grande Allemagne, il nous a fallu répondre à la déclaration de guerre de M. de Bethmann-Hollweg. Une seule conclusion : sottise! sottise! sottise [28]! » En fait, la bêtise se développa avec la consolidation du régime électif et de la profession parlementaire. L'après-guerre marqua ainsi une nouvelle étape dans cette inclination professionnelle à la stupidité. Il y eut, bien sûr, la Chambre bleu horizon, « bête infiniment », mais la période tout entière fut scandée, en 1924, 1932 et 1936, par des « législatures d'ahuris » aux majorités renversées. Il en résulta une obstination dans l'erreur diplomatique qui alla jusqu'au scandaleux engouement pour l'ennemi dont témoigna la stupide euphorie de la classe politique au lendemain de Munich.

« Si ce n'étaient que des imbéciles, continuait Tardieu. Mais ce sont aussi des canailles. La bêtise n'explique pas tout [29]. » Par canaillerie, il fallait entendre la subordination des intérêts permanents de la nation dans le monde aux intérêts des partis et des individus. La canaillerie, c'était donc précisément *Le Sabotage des intérêts généraux*, le sacrifice de la nation aux profits du mandat parlementaire. Les exemples foisonnaient puisqu'ils constituaient la pratique habituelle du régime électif. Pour l'après-guerre, Tardieu retint surtout la honteuse expulsion de Clemenceau en 1920 : « Dès ce jour, la défense du traité [de Versailles] passait au rang d'épiphénomène électoral. Il s'agissait, pour les élus, de faire carrière par-delà les tombeaux [30]. » Dernier défaut des assemblées, l'incurie ou l'incapacité à prévoir et à penser l'avenir en dehors des préoccupations électorales immédiates. Cette insouciance irresponsable interdisait toute préparation morale et matérielle de la guerre. En 1939 comme en 1914, les Français risquaient ainsi de subir une nouvelle guerre des poitrines.

Après ce long examen de la politique étrangère de la France depuis la Révolution, la conclusion était sans appel pour le régime électif. Au-delà d'une représentation défaillante, fruit de l'usurpation parlementaire, le retraité de Menton mettait en cause la valeur même du principe démocratique dans la conduite de la politique étrangère. « Telle est l'idée démocratique, accessible à la peur, ouverte à la bêtise, pénétrable à la canaillerie, dominée par l'incurie. Hostile à la guerre, elle l'est ouvertement à la victoire [31]. » Le point de vue « national » de Tardieu se colorait très nettement de touches « nationalistes » et réactionnaires.

Le défaut de conscience nationale imputé au régime parlementaire montrait en effet une grande proximité avec les thèses développées par Maurras. Pour celui-ci, « la nation *subsumait* », c'est-à-dire rangeait au-dessous d'elle les autres grands intérêts communs et les enveloppait dans sa dépendance. En conséquence, affirmait Maurras, « tout ce que devra gagner l'esprit national, c'est l'esprit de parti qui le lui cédera »; ou, exprimé différemment : « on ne fait pas garder les brebis par les loups, mais on confie l'intérêt général à son ennemi direct : l'intérêt du parti ». De son côté, Tardieu arrivait à la même conclusion, comme le montrent ces deux versions d'un même passage : « Dès lors qu'il y a des électeurs, des élus, des partis, il n'y a plus de politique extérieure possible » (premier brouillon); ou encore : « dès qu'il y a des électeurs et des élus, il n'y a plus de place pour l'action internationale et l'image du parti, ressort de la profession parlementaire, se substitue à l'image du pays (quatrième brouillon [32]) ». En optant pour la monarchie, Maurras faisait preuve de conséquence dans le raisonnement : en République, personne ne se souciait de faire prévaloir l'intérêt général de la nation. Pour sa part, Tardieu se révéla moins cohérent puisque, une fois encore, *Le Sabotage des intérêts généraux* acceptait l'analyse critique de Maurras sans adhérer toutefois à la solution proposée par le doctrinaire de l'Action française. L'inflexion antidémocratique et réactionnaire de la pensée de Tardieu n'en était pas moins évidente et prononcée. Sa nouvelle dénonciation des principes philosophiques du XVIIIe siècle et du « mouvement à gauche » le prouvait une fois de plus.

À n'en pas douter, la défaillance du sentiment national remontait, pour ses origines lointaines, au XVIIIe siècle et à son « affreux humanitarisme ». Sous prétexte de servir le genre humain, les philosophes firent pâlir la France. De l'homme naturel, désincarné et sans identité, au « pacifisme antinational », se développa la même logique pernicieuse. « Ayant inventé l'homme naturel, on en déduisit le cosmopolitisme. Et du cosmopolitisme, on conclut à l'internationalisme et au pacifisme [33]. » Sur ce terrain philosophique, allait naturellement fleurir l'antimilitarisme militant des républicains se réclamant du programme de Belleville (1869), puis des socialistes applaudissant les harangues pacifistes de Jaurès et de ses successeurs, Léon Blum en tête. La gauche française, héritière pourtant du patriotisme jacobin, versa ainsi dans la négation de la nation. Elle portait, selon Tardieu, la responsabilité de la lente mais continue déchéance internationale de la France. « L'esprit de gauche et le mouvement à gauche, non point seulement chez les révolutionnaires, signifient capitulation nationale [34]. »

L'aveuglement des gauches à l'endroit de l'Allemagne était d'ailleurs séculaire. Voltaire, « père de nos gens de gauche », léchait déjà les pieds du roi de Prusse [35]. Michelet, Lamartine et Quinet professaient eux aussi la « religion de l'Allemagne ». La Grande Guerre elle-même ne guérit pas les gauches de leur cécité. L'histoire diplomatique de l'après-guerre manifesta en effet de façon continue « la permanente ineptie du régime électif et plus spécialement de ses gauches, lorsqu'il s'agit de juger l'Allemagne [36] ». Et les gens de gauche d'aider d'abord l'ennemi héréditaire de la France quand il était faible, avant de se déclarer bellicistes face à la nouvelle menace allemande qu'ils avaient stupidement laissé grandir. Le mouvement à gauche, irrésistible, joua au profit de l'Allemagne et toute résistance, celle de Laval ou la sienne précisait Tardieu, accéléra le mouvement jusqu'à la honteuse capitulation de Munich.

La cause unique de la démission internationale de la France résidait dans le « métier » : « La profession parlementaire est laide. [...] Elle a été, dans ces vingt ans, plus forte que la victoire et plus forte que la France [37]. » Au-delà des tares institutionnelles de la République parlementaire. Tardieu visait les hommes de gauche, « poison actif du régime et de la profession [38] ». Du *Souverain captif* au *Sabotage des intérêts généraux*, le retraité de Menton déclina les mêmes idées nourries aux mêmes aversions.

L'ABSTENTION MALGRÉ TOUT

L'attitude de Tardieu envers les différents gouvernements du Front populaire fut faite de franche hostilité et d'opposition systématique. Avec la constitution, en avril 1938, d'un gouvernement Daladier largement ouvert au centre-droit, une nouvelle période sembla s'ouvrir. Le Front populaire vivait en effet ses derniers instants : en août, Daladier annonça sa ferme intention de « remettre la France au travail » ; en novembre, Reynaud, garant d'une politique libérale, accéda au ministère des Finances ; le 30 novembre, enfin, le gouvernement brisa la grève organisée par la CGT contre un nouveau train de décrets-lois dont l'inspiration libérale entamait les conquêtes sociales. Le retraité de Menton allait-il modérer ses critiques à l'égard de ce gouvernement qui manifestait une réelle volonté de redressement national ? La réponse de Tardieu serait d'autant plus intéressante que Daladier semblait inaugurer une pratique des institutions qui n'était pas sans rappeler les aspirations de l'« expérience Tardieu ».

Comme Tardieu en 1929-1932, le président du Conseil tenta en effet d'aménager de manière empirique la République parlementaire pour mieux répondre à l'urgence des problèmes. Il profita pour cela d'une popularité exceptionnelle et du profond besoin d'autorité ressenti dans le pays. Sans toucher à la lettre des institutions, mais notamment en généralisant la procédure des décrets-lois, Daladier parvint à instaurer un équilibre des pouvoirs nettement favorable à l'exécutif. Ce renforcement de l'autorité gouvernementale tenait à la fois du « phénomène de personnalisation du pouvoir et à l'affirmation d'une conception plus dynamique du rôle de l'État, de l'action gouvernementale et de l'intervention administrative [39] ». Au-dessus de son parti et même au-dessus des partis, Daladier n'hésita pas à prendre appui directement sur l'opinion en usant de la radio. Il cautionna enfin le reclassement à droite du radicalisme traditionnel transformé en un « néo-radicalisme plus réaliste, épris d'efficacité, partisan de l'autorité de l'exécutif, prêt à s'allier à la droite contre le danger marxiste [40] ». Exécutif renforcé et *leadership* personnalisé, appel au peuple et ébauche d'un gouvernement d'opinion, reclassement politique du radicalisme dans le camp antimarxiste et franche collaboration avec le centre-droit libéral, *efficiency* et souci de réalisme, par tous ces points l'expérience Daladier rappelait le projet d'aménagement institutionnel et politique tenté par Tardieu quelque dix ans plus tôt.

L'accueil réservé au nouveau gouvernement par le retraité de Menton fut pourtant très critique.

> « Voici Daladier, qui fut l'associé de Blum depuis 1935 et qui s'est rajeuni en recrutant le tortueux Chautemps, éternel revenant de l'affaire Stavisky; l'agioteur Patenôtre, millionnaire de service aux premiers ministères du Cartel; le décevant Paul Reynaud, mon ancien garde des Sceaux, devenu l'ami des bolchevistes, après s'être fait élire contre eux dans le quartier de la Bourse [41]. »

Tardieu reprochait à Daladier d'avoir participé, comme *leader* du Front populaire, à toutes les erreurs qu'il convenait de corriger et doutait fort que l'homme fût digne de cette tâche de redressement. En mai 1939, alors même qu'il se réjouissait des résultats obtenus par le gouvernement Daladier, Tardieu insista encore sur les responsabilités passées et contesta ce vieux dicton jugé immoral qui veut que l'on trouve les meilleurs gardes champêtres chez les braconniers. L'accusation dépassait d'ailleurs la personne de Daladier pour atteindre l'ensemble du Parti radical-socialiste :

« On ne peut pas oublier, quand les radicaux se présentent en sauveurs, que, depuis 1920, ils ont occupé le pouvoir quinze ans et demi sur dix-huit [42]. »

La politique du gouvernement Daladier ne changea guère l'opinion du retraité de Menton. Dans un article intitulé : « La farce des premiers décrets-lois », il présenta les premières mesures de redressement économique comme « un affreux magma », « une œuvre de "touche-à-tout" » confuse et inutile, sortie tout entière des tiroirs poussiéreux d'une bureaucratie qui profitait de l'occasion pour se donner de l'importance. Ces premiers décrets ignoraient les deux faces du problème français : « l'insuffisance de notre rendement par rapport à nos besoins » et « l'excès de nos charges par rapport à notre rendement ». Ainsi, pour financer les grands travaux, on puisait dans un Trésor vide ; quant aux dérogations prévues à la loi des 40 heures, elles n'existaient guère que sur le papier. Ce premier train de décrets constituait donc une « mauvaise plaisanterie » voire une escroquerie politique : dans une économie accablée par les dettes publiques, le gouvernement annonçait le redémarrage économique par un nouvel endettement. De Poincaré à Laval, les décrets-lois avaient été utilisés pour imposer des économies impopulaires ; depuis 1936, sous l'emprise d'un électoralisme de clientèles, ils servaient à l'augmentation des dépenses. Et Tardieu de conclure : « La profession parlementaire avait assimilé le procédé [43]. »

À l'endroit des décrets-lois élaborés par Paul Reynaud, la critique se faisait plus nuancée. Le dispositif présenté par le nouveau ministre des Finances de Daladier les 12 et 13 novembre 1938 contenait du « bon » et du « mauvais ». Tardieu ne pouvait en effet que se réjouir de ce retour aux solutions libérales : institution d'un « comité de la hache » pour alléger les dépenses publiques, libéralisation des prix, aménagement substantiel de la loi des 40 heures. Pour être mieux adaptées, ces nouvelles mesures reproduisaient toutefois la même « erreur fondamentale » que les décrets précédents, « qui est de méconnaître que le problème économique et financier est, d'abord, un problème politique et moral ». Le redressement national ne procéderait que d'une rénovation morale de la France et d'un acte politique d'une audace proprement révolutionnaire. Ni les décrets-lois ni les « expédients » de la proportionnelle et de la dissolution ne résoudraient la crise économique et financière : ils laissaient intacte, dans tous ses privilèges dispendieux, la profession parlementaire :

> « La conclusion s'impose donc que, si l'on veut sauver les finances, il faut d'abord changer le régime [...] Tant que vous ne serez pas d'humeur à prendre, pour sauver la France, un risque qui est un risque de révolution, vous ne ferez exactement rien du tout [44]. »

L'alternative restait celle de *La Révolution à refaire* : tout ou rien, sans que l'on sachât au juste ce qu'il fallait entendre par ce « tout ».

Le retraité de Menton n'analysa donc pas la pratique personnalisée des institutions établie par Daladier comme une expérience gouvernementale originale visant à l'aménagement dans la République d'une autorité exécutive plus concentrée et plus efficace. Le Tardieu de 1929 se serait certainement reconnu dans une telle interprétation. Dix ans plus tard, cependant, ce type d'expérience ne pouvait plus séduire un homme en rupture de République. La généralisation de la procédure des décrets-lois et la menace de dissolution n'inauguraient en aucune manière une mutation du régime politique français. Au contraire, ils témoignaient de l'aggravation des dysfonctionnements du régime : « La profession parlementaire est ainsi constituée que, s'il y a des difficultés, elle ne comporte que deux solutions : dessaisir les Chambres ou les renvoyer, c'est-à-dire dans les deux cas, les supprimer [45]. » Tardieu reprochait donc à Daladier de concevoir le redressement national dans le cadre d'institutions surannées, directement responsables de la décadence présente. Vouloir rénover sans réformer l'État et sans « briser la profession parlementaire génératrice de tous les maux », c'était « vivre sous le régime de l'inexactitude de la position de la question [46] ». C'était surtout perdre son temps et aggraver le mal français. Tardieu n'entendait en aucune façon participer à cette lente mais inévitable agonie. Après Munich, ce ne furent pourtant pas les sollicitations qui manquèrent.

Par sa position antimunichoise, le retraité de Menton provoqua en effet un regain d'attention auprès d'une partie de l'opinion publique qui cherchait avec anxiété les quelques hommes capables de résister à Hitler et de rénover la France ; la correspondance privée des lendemains de Munich en témoigna. La plupart des lettres reçues alors l'exhortaient à abandonner son abstention critique et à faire sa rentrée politique. Ainsi, Henry Moysset, son ancien chef de cabinet, lui décrivit une situation de crise pouvant fort bien, sous la pression de l'opinion, soudainement « le secouer de son rocher, sinon l'arracher à ses méditations ». Le journaliste Jacques Debû-Bridel envisageait lui aussi « l'hypothèse d'une " nouvelle expérience Tardieu " ». Les sollicitations furent en fait très diverses, allant de la proposition précise d'un siège de sénateur à l'appel confus au chef et au « sauveur [47] ». La discrète démarche tentée à la mi-octobre par Yvon Delbos et Léon Blum se révéla pourtant la plus importante de ces initiatives pour réintégrer le retraité de Menton dans la vie politique active.

Son ancien collaborateur aux États-Unis et à la conférence de la paix, Louis Aubert, fut en effet chargé par des proches de Delbos et de Blum de l'approcher pour lui proposer d'entrer dans un gouvernement d'union nationale rassemblant « les éléments résistants de tous les partis ». La question de la participation communiste restait réservée, et la présidence du Conseil, d'abord proposée à Jules Jeanneney ou à Maurice Sarraut, pouvait, en cas de dérobade de ces deux personnalités, être finalement confiée à Tardieu lui-même. Enfin, le programme de ce gouvernement d'union résumait l'urgence de la situation : « Faire front au pangermanisme, réorganiser la France [48]. » La réponse négative, catégorique, de Tardieu fut en tout point édifiante de son état d'esprit et de ses espoirs.

Il avoua d'abord son étonnement devant une telle démarche. « Je suis démeuré stupide », confia-t-il à Aubert [49]. Agacé que l'on réduisît la signification profonde de sa retraite politique à une simple pause tactique, il réaffirma son intention d'ajourner toute action politique avant l'achèvement de son entreprise intellectuelle. Dans une lettre adressée le même jour à Raymond Millet, rédacteur au *Temps*, qui le pressait de prendre la tête d'un mouvement de redressement national, il précisa son calendrier : « Il me faut encore trois ans pour achever mon livre [*La Révolution à refaire*], et, jusqu'à cet achèvement, je ne me laisserai pas détourner de mon but. L'obstination est l'une de mes qualités ou l'un de mes défauts [50]. » Outre cette résolution d'abstention, il contestait le sérieux de la proposition transmise par son ami Aubert. Quelles réalisations attendre, en effet, du « vieux Jeanneney et du non moins vieux Sarraut, profiteurs retors du régime »? Quant au souhait d'union nationale manifesté par Blum, il renouvelait l'appel insolent lancé au lendemain de l'Anschluss par le chef socialiste qui, sa vie durant, avait pourtant saboté toutes les expériences de rassemblement national. Du « Je vous hais ! » au subit « Je vous aime ! » de Blum, il y avait une distance que Tardieu trouvait immoral de franchir, surtout en si mauvaise compagnie [51].

Au-delà des hommes, le principe même de l'union nationale paraissait contestable. Après son réquisitoire contre le régime parlementaire, Tardieu n'entendait en effet plus perdre son temps dans des gouvernements dits de salut public. Il avait dénoncé l'escroquerie de ces formules gouvernementales dès 1935 :

> « Concentration et union nationale signifient la continuation d'une France sans tête, gouvernée par les pieds, soumise par la tyrannie de quelques harangueurs qu'affole la crainte de n'être pas réélus, à la dictature impersonnelle et irresponsable des convoitises inférieures [52]. »

Pour souhaitable qu'elle fût, l'union politique des Français demeurait un idéal irréalisable. Les « deux mobiles de férocité » de la profession parlementaire, la réélection et l'accession au pouvoir, cultivaient trop la médiocrité morale et intellectuelle pour que l'on espère de la classe politique qu'elle s'élevât à la hauteur d'une France réconciliée. Les camps étaient d'ailleurs depuis trop longtemps divisés : « L'union n'est pas possible avec l'école qu'on a donnée à la France et qui a coupé la France en deux [53]. » Plus clemenciste que jamais, Tardieu rejetait donc la formule d'un rassemblement associant les contraires sans les fondre ; c'eût été privilégier les ambiguïtés de l'unanimité au détriment des nécessités de l'action. Comme au temps de la Chambre bleu horizon, puis de la crise monétaire de 1926, il ne croyait guère qu'en un combat « à visière levée », avec une « troupe parlementaire de choc » servant un chef dont l'autorité fût incontestable. La référence au gouvernement Clemenceau apparaissait une fois encore comme le seul modèle opposable aux exigences du moment :

> « Quand la France a-t-elle gagné la guerre ? demandait Tardieu en mars 1938. Sous un cabinet Clemenceau qui, substituant à la réconciliation dans l'équivoque la brutalité dans l'action, mettait en prison les adversaires de la victoire [54]. »

Des « adversaires de la victoire », le retraité de Menton en compta certainement par dizaines en cette année 1938. Quelques-uns, d'ailleurs, se retrouvèrent dans cette combinaison gouvernementale esquissée par les amis de Delbos et de Blum et qu'on avait eu l'insolence de lui proposer. Fût-il au pouvoir, Tardieu ne les aurait peut-être pas fait enfermer. À l'heure présente, toutefois, il était exclu de leur tendre la main, fût-ce au nom de la résistance à Hitler. Ce refus nuança ainsi la position antimunichoise de Tardieu. En effet, un autre antimunichois, ami autrefois fidèle et qui avait partagé nombre de ses combats et de ses aversions, Kérillis, avait lui accepté dès mars 1938 l'idée d'un gouvernement d'union nationale dirigé par Blum. Pourtant, trois ans plus tôt, ce même Kérillis n'avait pu contenir sa haine envers le chef socialiste : « Ce demi-Allemand qui n'est pas, je crois, un traître conscient au vrai sens du mot, mais dont toute l'action tend à nous livrer sans défense au poignard des égorgeurs, cet anormal, ce monstre humain, va-t-on le laisser indéfiniment libre de faire le mal [55] ? »

Contrairement à Kérillis et en dépit d'une même lucidité précoce face au danger hitlérien, Tardieu ne surmonta pas son aversion envers Blum, et au-delà du cas particulier, envers l'ensemble de la gauche française. Si le point de vue « national » l'emporta donc dans l'analyse du péril extérieur, les modalités de l'engagement et de la résistance sur le plan national restèrent soumises à de fortes antipathies politiques et sociales. L'antigermanisme, bien que passion dominante chez Tardieu, ne devint pas une priorité absolue. Sauver la France, oui, mais pas n'importe comment ni avec n'importe qui. Il était des méthodes vaines et des hommes indignes. Tardieu avait certes su hiérarchiser ses haines, mais pas suffisamment pour empêcher qu'en fin de compte elles ne se neutralisassent. Le paradoxe de cet antimunichois écrivant dans *Gringoire* n'était donc pas total. On ne pouvait retenir contre lui nulle compromission avec les fascismes, nul défaitisme isolationniste. Et pourtant, ce résistant de la première heure rejetait en bloc le camp de la résistance, de Paul Reynaud à Léon Blum accusés de trahisons en récidive. Tout au plus consentirait-il, du haut de son rocher de Menton, à sonner le tocsin de la mobilisation des Français et des démocraties contre la barbarie allemande.

L'amertume laissée par les diverses expériences gouvernementales, la rupture politique approfondie par la quête intellectuelle d'une alternative idéologique introuvable, le dégoût quotidiennement cultivé au spectacle de la France du Front populaire empêchèrent Tardieu de réintégrer la République. Des deux notions sœurs que celui-ci avait sa vie durant refusé de dissocier, la République et la nation, la première, en son état actuel, ne méritait plus d'être défendue. En juin 1939, au terme de ses réflexions sur *Le Sabotage des intérêts généraux,* il écrivait avec conviction : « Pour servir la France, il faut abattre le régime et, pour avoir chance de l'abattre, en sortir [56]. » Le sentiment d'aliénation ressenti à l'endroit de la République parlementaire et de ses acteurs s'était ainsi accru depuis 1935 jusqu'au constat, orgueilleux et douloureux à la fois, d'une solitude totale. Une correspondance de mai 1939 révéla l'état avancé de l'aliénation vécue alors : « Quant à vous indiquer à Paris des confidents de mes pensées, je n'en connais pas, et je doute que vous trouviez personne pour vous bien renseigner sur la politique française de 1919 à 1939 [57]. »

LA SOLITUDE DE SOLON

À partir de sa rupture avec la République parlementaire, Tardieu montra une grande continuité d'intention. Il ne dérogea jamais au programme qu'il s'était ouvertement fixé : dans un premier temps, poser le diagnostic circonstancié du mal français, ensuite proposer les remèdes les plus adéquats, enfin appliquer le traitement – pour autant, bien sûr, que le patient souhaitât guérir. La réflexion préparait donc l'action. Et Tardieu n'excluait pas la possibilité de tenir un jour le rôle du médecin traitant. « Quand mon travail sera achevé, laissait-il entendre en décembre 1938, je n'aurai que soixante-cinq ans, et j'ai bon pied, bon œil [58]. » Sur les circonstances pouvant présider à son éventuel retour au pouvoir, il resta vague, hormis l'allusion à une « grosse crise ». La République parlementaire n'offrant pas les garanties d'une action efficace et utile, il n'envisageait pas d'abandonner sa retraite studieuse sans exiger une très large délégation de pouvoir. En clair, il attendait un véritable chèque en blanc l'autorisant à remodeler à sa guise le paysage institutionnel et moral de la France :

> « Essayer à mes risques cette réfection matérielle et spirituelle de la France, je le ferais d'un cœur tranquille si les circonstances m'en donnaient les moyens. [...] Pour accepter le pouvoir, si on me l'offrait, il faudrait que je fusse libre de prendre la pioche et la truelle et de les manier à mon idée [59]. »

En février 1939, Jacques Bardoux invita une nouvelle fois son vieil ami à abandonner la plume pour l'action : « J'attends avec mélancolie le jour où tu voudras bien être d'accord avec moi pour penser que ni les livres ni les articles ne suffisent pour prendre le pouvoir [60]. » S'il s'agissait de prendre le pouvoir dans le cadre des institutions parlementaires et à la suite d'un processus régulier d'habilitation, Bardoux avait certes raison. Mais le retraité de Menton rejetait catégoriquement un tel scénario. Ses chances de retourner au pouvoir, « possibles, bien qu'improbables [61] », dépendaient en fait de l'apparition d'une crise exceptionnelle provoquant un irrésistible courant d'opinion en sa faveur. Dans cette hypothèse, se tenir à l'écart et écrire des livres, cela paraissait tout à fait conséquent avec l'espoir de jouer un jour les « sauveurs ». Les événements lui donnèrent d'ailleurs quelques raisons d'espérer. Les offres indirectes de Blum et de Delbos n'étaient-elles pas, comme le lui écrivait Bernard Faÿ, « la première hirondelle annonçant le printemps [62] » ? Que cette démarche eût pu être envisagée témoignait déjà de la profondeur du désarroi et de l'affolement de la classe politique. Comme en 1917, 1926 et 1934, l'appel au « sauveur » pouvait à nouveau retentir. On était bien allé à Tournefeuille ; pourquoi n'irait-on pas à Menton ? Tardieu, en tout cas, disposait de nombre des attributs distinguant ces hommes du dernier recours [63].

D'abord, le retraité de Menton faisait figure d'*outsider*. En réserve d'une République qui usait vite les hommes, il n'était en rien compromis dans les récentes erreurs et pouvait à tout moment réintégrer le système politique. En claquant la porte de la République parlementaire, il avait en outre recueilli le capital de confiance lié au discrédit grandissant ressenti par une partie de l'opinion envers la politique. Ayant rompu avec la politique, il restait pour certains le seul homme politique digne de ce nom. Ce thème apparaissait dans des dizaines de lettres reçues à Menton. « C'est parce que vous n'avez pas supporté, lui écrivait l'un de ses admirateurs, d'être confondu avec la gent politicienne inconsistante et vague à force d'être émasculée, que je vous crois capable de ces réalisations qui s'imposent à nos besoins et à nos possibilités [64]. »

Ensuite, il appartenait au camp du refus. C'était un rebelle, assaillant sans relâche de l'ordre institutionnel et intellectuel existant. Cet ordre dût-il révéler son impuissance, voire sa faillite, Tardieu, procureur impitoyable, recevait du même coup prestige et autorité. Son non-conformisme critique validé par les faits fondait sa légitimité nouvelle. Non seulement la banqueroute du régime parlementaire accréditait son choix pour la rébellion, mais les sacrifices faits à la solitude et à la volonté d'indépendance attestaient de son désintéressement. Enfin, ce rebelle n'était pas un aventurier, un simple agitateur sans envergure ni expérience. Aux plus hautes fonctions ministérielles, il avait déjà montré sa stature d'homme de gouvernement et aimait à rappeler dans ses articles que la XIVe législature (1928-1932) ne constituait de loin pas la moins heureuse de celles de l'après-guerre.

À ces premiers attributs le plaçant en situation de sauveur potentiel s'ajoutait un système de croyances propre à soutenir ce rôle d'ultime recours. C'était d'abord la très forte conviction de détenir quelques vérités inébranlables du triomphe desquelles dépendaient le sort et l'avenir de la France. La profession parlementaire rongeait la République jusqu'à l'anémie mortelle : il fallait la briser, répétait inlassablement Tardieu. Cette conviction profonde voire obsessionnelle provoqua en outre une inévitable identification de Tardieu à une cause unique : La réforme de l'État transfigurée plus tard en Révolution à refaire. Cette cause transcendait d'ailleurs sa propre personne pour concerner la communauté française tout entière. Tardieu n'agissait plus en politicien, mais en homme d'État dont les choix étaient présentés comme supranationaux voire suprapolitiques. Sa seule satisfaction, si ses contemporains s'obstinaient à ne pas l'entendre, était de travailler pour l'avenir avec la parfaite sérénité de l'homme convaincu de voir juste : « Tôt ou tard, confia-t-il ainsi à son successeur dans le Territoire de Belfort, c'est moi qui aurai raison. » Cette confiance ne le quitta plus : « Tôt ou tard, répéta-t-il en avril 1938, l'issue me donnera raison [65]. »

Tardieu était doté d'un sens aigu de sa propre supériorité. Son orgueilleuse assurance pouvait ainsi aisément le conforter dans son destin d'homme providentiel. Plus la République parlementaire accumula de reculades et de défaillances, plus son sentiment d'avoir raison se boursoufla. La médiocrité parlementaire avait suivi, constatait-il, la pente du mouvement à gauche; elle empirait de législature en législature. Le retraité de Menton restait le seul à comprendre son époque : « Les politiciens dont je me suis séparé, écrivait-il en mai 1939, n'ont ni compétence, ni mémoire [66]. » Cette singularité se traduisit en actes : non seulement il était le seul à avoir eu le courage de ses opinions en abandonnant toute responsabilité politique, mais il était aussi le seul à défendre la vérité contre le mensonge démocratique. Dans ce face-à-face inégal avec le monde entier, il invoquait Dieu : « Dieu, j'espère, est avec moi. En tout cas, je ne sers que la vérité [67]. » Ce difficile sacerdoce pouvait suffire à fonder sa légitimité de « sauveur ».

Enfin, les ambitions de Tardieu ne pouvaient guère connaître de traduction matérielle que dans une magistrature exceptionnelle qui se définirait contre les habitudes du régime parlementaire. Il y avait donc d'abord, chez Tardieu, la répudiation revancharde des mœurs et des acteurs du système politique, comme en témoigna ce « Ils verront bien [68] » lancé au moment de la rupture avec le régime. Toutefois, la volonté de revanche sur la classe politique se combinait avec une nostalgie pour l'unanimité. Ouvrir les yeux aux Français, rassembler 25 millions d'hommes sur quelques idées claires, telle était, en effet, la condition de la rénovation française et de la propre réussite de Tardieu. De ces deux attitudes, l'une sectaire et l'autre consensuelle, la première l'emporta nettement. La position de refus dominait en effet massivement son discours. D'autre part, avec les années, la foi dans les masses s'effrita elle aussi. Confronté à sa persistante solitude et à l'apathie des Français, Tardieu s'interrogeait. « Si le peuple français n'en conclut pas que la Révolution est à refaire, il est plus bête qu'on ne croit. » Il en vint même à douter d'une des qualités françaises par excellence, l'esprit critique : « Est-ce que les Français ne savent même plus siffler [69] ? »

Outsider prestigieux totalement identifié à une cause dont dépendait le salut de la France, Tardieu s'était assurément mis en situation de « sauveur ». L'appel de la nation, cependant, ne dépendait pas de lui et semblait même bien improbable. Dans ce cas, la solitude et l'abstention continueraient à le protéger de l'écœurement de l'activité politique et préserveraient son œuvre pour les générations futures :

« Aussi bien, écrivait-il à Pierre de Monicault, peut-être à cause des années qui passent, je suis encore, beaucoup plus que quand je vous ai vu, résolu à l'isolement total. Si ce que je fais sert à quelque chose, comme je le crois, ce sera dans quatre-vingts ou cent ans. Alors [70]? »

Cette résignation face au présent n'excluait pas toutefois l'hypothèse d'une magistrature exceptionnelle dans le cas d'une crise majeure. Appelé à sauver le pays, quelle attitude Tardieu entendait-il incarner? Non pas, certes, la tempérance protectrice du vieux Cincinnatus, ni la hardiesse conquérante d'Alexandre, moins encore la mystique prophétique de Moïse [71]. Avec sa « pioche » et sa « truelle », il voulait inscrire son action salvatrice dans la durée d'un édifice institutionnel remodelé. La figure légendaire inspirant le retraité de Menton était donc celle de Solon, le sage législateur posant les règles et les principes de la Cité nouvelle.

André Tardieu travesti en législateur antique et donnant une Constitution à la France, le rôle correspondait certes à ses ambitions. Mais possédait-il vraiment la sagesse requise? À prendre la pose méditative de Diogène sur son rocher, avait-il pour autant atteint la hauteur de vue nécessaire à l'élaboration des grandes œuvres de fondation? En outre, l'usage voulait que le législateur antique fût étranger afin de garantir son indépendance d'esprit. Tardieu avait certes pris de la distance avec la politique; son rocher de Menton était-il toutefois suffisamment élevé pour surplomber l'esprit partisan? Enfin, quelle Constitution donner à la France? Ses contemporains attendaient toujours le fameux tome V de son œuvre, *Les Issues,* dans lequel ils pourraient enfin lire les solutions éludées depuis des années. Ces quelques questions disaient les limites évidentes de ce Solon français.

Durant sa retraite, Tardieu avait en effet manqué absolument de la sérénité d'âme nécessaire à une éventuelle réconciliation nationale sur son nom. Doumergue avait cultivé son jardin, lui son dégoût et ses ressentiments. Son aigreur vengeresse n'épargna personne, même pas ses amis. Dépité par de nombreuses allusions blessantes, son ami et ancien ministre François Piétri écrivait ainsi à Horace de Carbuccia:

« Mais pourquoi ne résiste-t-il [Tardieu] jamais au besoin d'abîmer ses amis? Nous voici des niais, des chasseurs de portefeuilles, peut-être sans doute des amis secrets de Blum! [...] On parle des dissensions de l'opposition. Comment les éviter si un homme comme Tardieu passe son temps à nous tomber dessus? Vraiment il a tort, et il met à nous affliger une cruauté que je ne crois pas utile à la cause commune [72]. »

Quant à ses adversaires politiques, ils essuyèrent tant d'attaques qu'ils devinrent des ennemis souvent irréconciliables. Après la discrète démarche ministérielle de décembre 1938, Blum aurait commenté : « Ah ! Si Tardieu ne s'était pas fait tant d'ennemis, il serait l'homme de la situation. » Le leader socialiste corrigea plus tard cette version en affirmant : « J'ai dû dire plutôt : Quel dommage que Tardieu ait fait tant de bêtises ! Et même je crois qu'il vient d'en faire une de plus [73]. » Dans les deux versions, le retraité de Menton était renvoyé à son soliloque amer.

Par ailleurs, sa crédibilité comme législateur ne pesait guère face à sa réputation de démolisseur. Sa vaste enquête intellectuelle sur l'histoire de France n'avait finalement étoffé qu'un radical refus du présent, sans fournir les étais d'une œuvre constructive et rénovatrice sérieuse. Le ressourcement idéologique aux diverses traditions de la droite française n'avait débouché que sur une position ambiguë et paradoxale faite de libéralisme et de traditionalisme réactionnaire. Les conclusions institutionnelles tirées de cet impressionnant effort de réflexion sur le long terme apparurent véritablement dérisoires en comparaison de la noirceur du constat de décadence dressé. En juin 1938, le Solon de Menton proposait ainsi cet ordre du jour rénovateur : garantir les droits fondamentaux des personnes et permettre un recours contre les lois abusives ; réformer la loi électorale en conférant les droits politiques aux femmes et le référendum au peuple ; interdire le cumul des mandats et la rééligibilité indéfinie ; élargir le collège électoral du chef de l'État et renforcer sa stabilité et son indépendance ainsi que celles du chef du gouvernement par le référendum, la dissolution et le veto ; supprimer, enfin, l'initiative parlementaire des dépenses [74].

Rien de bien révolutionnaire en somme, même si la tradition républicaine eût crié à la contre-révolution pour beaucoup moins que cela. Comme le plan provisoire du tome V le laissait comprendre, la formule publicitaire de *La Révolution à refaire* renvoyait en fait à celle, plus modérée et plus concrète, de « la République à refaire [75] ». Malgré les tirades antidémocratiques et les sympathies maurrassiennes évidentes du *Souverain captif*, la République resta un horizon non dépassé. L'état de rupture républicaine n'avait donc pas évolué jusqu'à la conversion antirépublicaine. La profonde désespérance devant le régime parlementaire et le doute philosophique sur le mouvement démocratique ne submergèrent jamais la prégnance de l'idée d'une France patrie de la liberté, telle que l'école laïque l'avait magnifiée dans son enfance. La République de Tardieu, renforcée, élargie, rationalisée, moralisée, combative, ou encore, « autoritaire » et conservatrice – demeurait soumise au suffrage universel auquel elle accordait même une place accrue. Dès lors, comment expliquer autrement que par l'amertume le contraste entre la violence du réquisitoire dressé dans *La Révolution à refaire* et la modération des solutions institutionnelles proposées? Le climat idéologique extraordinairement passionné de cette fin des années trente compta pour beaucoup dans cette montée aux extrêmes.

Tardieu fut en effet un soldat déterminé de la guerre civile verbale qui caractérisa alors la France [76]. Contre le socialisme triomphant, il ne pratiqua jamais la modération et stigmatisa avec vigueur l'emprise communiste sur la France du Front populaire. Dans ce contexte de passions idéologiques, l'enjeu de chaque question dépassait infiniment son domaine concret, toute discussion technique tombant facilement dans d'impérieux débats sur les valeurs fondamentales. La République subit ainsi les outrances d'une bipolarisation politique exacerbée qui ne procédait plus que par anathèmes et excommunications. La critique de *La Révolution à refaire* obéit parfaitement à cette logique passionnelle. En cherchant dans le passé une réponse à la décadence de l'heure, Tardieu ne fit guère que des variations intellectuelles contre « une France mise sur le chemin de la bolchevisation larvée [77] ». Sa façon de noircir le tableau et de démoniser l'adversaire traduisait l'intransigeance des clivages idéologiques de l'époque. Dans une République noyautée par la CGT communiste, la Révolution était évidemment à refaire.

Si le discours critique forçait abondamment le trait jusqu'à rendre irréductible la confrontation des camps, il ne fournit pas pour autant une doctrine d'action au contenu positif. La répulsion pour le socialisme ne constituait en effet pas un programme suffisant de rénovation républicaine. À vouloir définir les réformes nécessaires, Tardieu renoua donc naturellement avec une certaine modération, car il quittait le plan strictement idéologique pour celui, plus pratique, des solutions concrètes. Sur ce second plan, l'aménagement institutionnel suggéré en 1939 ne différait guère de celui proposé dès 1933. De *L'Heure de la décision* à *La Révolution à refaire*, l'approfondissement du refus systématisé par Tardieu reflétait assez exactement la radicalisation idéologique de la France elle-même. Dans son itinéraire personnel comme pour la politique française en général, 1935 constitua d'ailleurs une année tournante.

Si, après de vastes excursions historiques et idéologiques, *La Révolution à refaire* retombait modestement sur les principaux articles du programme révisionniste de 1933, ce détour intellectuel par 1789 ne se révéla pourtant pas sans conséquences. En chemin,

Tardieu avait en effet pu sonder la profondeur de la décadence française. La déficience institutionnelle cachait en fait une carence culturelle et morale plus que séculaire. L'espoir d'une guérison rapide par une action ponctuelle sur la Constitution était dès lors chimérique. À l'optimisme volontariste du ministre d'État de Doumergue succéda le pessimisme moral du retraité de Menton. À court terme, la France semblait incurable. « L'échéance de pas moins de quatre-vingts ans [78] » proposée en 1938 au vieil ami Jacques Bardoux disait la désespérance de Tardieu tout en donnant la mesure de ses illusions passées. La retraite volontaire, conçue en 1935 comme un nouveau départ devant préparer l'action, s'était peu à peu transformée en résignation solitaire face au présent. La contemplation douloureuse du mal français avait épuisé toute ardeur rénovatrice.

La solitude aigrie sanctionna des prétentions intellectuelles et politiques démesurées. Dans sa fonction de pédagogue et de « clerc » de la République, le retraité de Menton avait échoué : l'entreprise de rééducation politique des Français demeura sans écho. L'exil intérieur et la solitude, pourtant, parurent à bien des égards plus dignes que l'activisme d'extrême droite, plus ou moins badigeonné de fascisme, qui attira alors nombre de déçus de la République parlementaire. Plutôt que de « dériver » le long de l'échiquier politique, Tardieu avait préféré rompre. Son itinéraire décrivit ainsi une progressive rupture, qui, des déconvenues de « l'expérience Tardieu » à l'échec de la réforme de l'État, alla finalement jusqu'au sentiment d'une totale aliénation. Les sympathies maurrassiennes de la dernière période n'estompèrent pourtant jamais le rêve d'une République idéale.

Pour honorable qu'elle fût, la retraite volontaire n'exempta cependant pas Tardieu d'une réelle responsabilité dans l'affaiblissement du sentiment républicain en France. En démissionnant de manière exemplaire, ce prestigieux praticien du régime parlementaire conforta en effet le sentiment déjà répandu de désespérance démocratique. Dans une République dénoncée comme « intolérable » et « non perfectible », que donnait-il à espérer, hormis une promesse toujours différée de solutions finalement introuvables ? Plus encore, Tardieu renforça le scepticisme envers la démocratie parlementaire en l'étoffant d'une critique exceptionnellement riche d'arguments et largement diffusée. Son aspiration louable à une République rénovée ne servit en fin de compte qu'à saper l'idéologie républicaine. Car à opposer strictement l'idéal des principes de 1789 à la réalité de leur application, il conclut immanquablement au « mensonge démocratique ». Or c'était là faire un faux procès au nom d'un perfectionnisme critique à courte vue qui négligeait le décalage inévitable entre idéal et pratique.

Au lieu d'intégrer dans une même réflexion les valeurs et les faits, Tardieu les maintint juxtaposés pour dresser la sèche comptabilité des manquements aux principes. La « liberté en échec », l' « égalité violée », la « souveraineté escamotée », la « volonté générale annulée », malgré leurs imperfections momentanées, ne constituaient pas moins des biens précieux qui méritaient protection à l'ère des fascismes. Au nom d'un réalisme critique fait de ressentiments personnels et de fortes antipathies politiques, Tardieu préféra pourtant travailler à l'usure de l'idéal démocratique en dénonçant la démocratie en acte. C'était se mettre en porte-à-faux avec son attachement aux valeurs libérales et préparer un climat politique et idéologique propice aux « aventures ». Nul doute, par exemple, que nombre de pages de *La Révolution à refaire*, et en particulier du *Souverain captif*, fussent dans la ligne d'inspiration de la « Révolution nationale » tentée après la défaite par Pétain.

Les ressemblances idéologiques des deux réquisitoires contre la décadence républicaine dépassaient en effet la simple coïncidence conjoncturelle. Comme Tardieu, Pétain invita les Français à « un redressement [d'abord] intellectuel et moral [79] ». Le socle idéologique de la « révolution nationale » reposait sur les traditions politiques auprès desquelles le retraité de Menton avait lui-même tenté son propre ressourcement : la pensée contre-révolutionnaire de Joseph de Maistre et de Louis de Bonald, la critique de la société industrielle inspirée par Frédéric Le Play, l'exégèse anti-républicaine de Charles Maurras. Rien d'étonnant, dès lors, de trouver chez les deux hommes une commune aversion pour l'homme « abstrait » du XVIIIe siècle, pour le culte matérialiste du capitalisme débridé et pour l'individualisme hypertrophié de la société moderne. Le traditionalisme moralisant et contre-révolutionnaire de l'auteur du *Souverain captif* eût certes trouvé sa place dans le régime de Vichy.

S'il avait pu se prononcer, Tardieu aurait-il pour autant reconnu dans la « Révolution nationale » l'expression réalisée de sa « Révolution à refaire »? Certains, tel Louis Guitard, répondirent par l'affirmative : « Il est évident, écrivait-il en 1953, que la Révolution nationale répondait dans son principe aux exigences d'André Tardieu. » Tant sur le fond idéologique que sur la forme institutionnelle, Guitard décelait entre le Maréchal et le retraité de Menton une « large parenté » de vues et « peu de divergences que la présence de Tardieu à Vichy eût sans doute réduites [80] ». Cette récupération posthume se fondait sur les textes et exhibait les amitiés de Tardieu à Vichy. Trois figures centrales du nouveau régime avaient en effet conservé l'amitié pourtant fort susceptible du retraité de Menton : Pétain lui-même, seul membre du gouvernement Doumergue avec Tardieu à s'être solidarisé en novembre 1934 avec le départ du « sage de Tournefeuille »; Pierre Laval, le complice des années de pouvoir et que Tardieu aimait pour son côté « peuple »; et le général Weygand, nommé en janvier 1930 par Tardieu à la présidence du Conseil supérieur de la guerre malgré les protestations de la gauche et qui, en juin 1939, remerciait encore l'homme d'État de l'avoir « mis à sa place [81] ».

À cette interprétation d'un Tardieu trouvant dans le régime du Maréchal l'achèvement pratique de son œuvre intellectuelle, on pouvait opposer la modération et le libéralisme des solutions républicaines proposées en 1938. En outre, le culte de Tardieu pour le gouvernement de guerre de Clemenceau donnait à la dictature jacobine des limites qui se situaient bien en deçà des pratiques et des ambitions de la « Révolution nationale ». Enfin, aux témoignages des partisans de Vichy répondaient d'autres témoignages comme, en 1953, celui de Paul Reynaud, l'ami qui avait tant déçu Tardieu :

> « Il y a en tout cas une chose dont je suis sûr, c'est que si Tardieu avait été vraiment vivant pendant la guerre, il aurait eu l'attitude du grand patriote qu'il a toujours été. Sa protestation contre Munich le faisait prévoir [82]. »

Adhérer au régime de Vichy et à la rénovation intérieure voulue par Pétain signifiait en même temps accepter la collaboration avec le Reich, « Révolution nationale » et collaboration d'État étant indissociables [83]. Cette collaboration eût-elle été digne de l'idée de la France que Tardieu défendit sa vie durant? On peut très raisonnablement en douter. Il est vrai pourtant qu'après le choc extraordinaire de la défaite, les lois de la raison risquaient d'être fortement ébranlées... Nous laisserons donc intactes les ambiguïtés d'une œuvre et d'une carrière qui, suivant la face positive ou négative que l'on considère, pouvaient aboutir à des destins forts différents.

CONCLUSION

De l'adhésion franche et spontanée à la révolte amère et revancharde, l'itinéraire politique de Tardieu décrit l'histoire d'un désenchantement progressif et douloureux à l'endroit d'un système politique longtemps accepté comme « allant de soi », mais catégoriquement rejeté au terme d'une longue fréquentation passionnée. Ce parcours, de l'optimisme rénovateur et entreprenant au pessimisme résigné, de l'engagement dans la République à l'engagement contre la République, trace une ligne qui se courbe jusqu'à la cassure brutale de l'exil volontaire sous l'emprise d'une désespérance croissante de la démocratie. Au-delà des successifs points d'inflexion et de la ligne brisée, pourtant, la trajectoire obéit à une préoccupation constante qui fonde l'unité et la cohérence de la vie publique de Tardieu : le souci prioritaire de la grandeur française. Le souvenir de la défaite de Sedan conjugé à l'image magnifiée de l'histoire nationale inculquée par l'école de Jules Ferry distillèrent chez lui une obsession de la décadence. Cette sensibilité nationale douloureuse agit comme ferment de l'ambition rénovatrice.

Dès 1908, il exprima son inquiétude face à l'inadaptation de la République parlementaire en regard des exigences du monde moderne et des impératifs du destin national : « La France politique est devenue un corps sans tête : les décapités vivants ne fournissent jamais une longue carrière [1]. » Grandeur française et rénovation républicaine se trouvaient ainsi étroitement liées. L'obstination dans le *statu quo* condamnait la France à la déchéance et au déclassement. Suppléer à ce « trou par en haut » dont souffrait la République, travailler à une réconciliation possible entre la liberté et l'autorité dans une République enfin apaisée, généreuse et confiante, telle était l'espérance de Tardieu et des hommes de sa génération. La République installée, il convenait en effet de l'organiser. Henry de Jouvenel assignait ainsi à la génération Tardieu de très hautes ambitions : l'organisation économique de la démocratie, l'organisation technique de la paix et la restauration de l'État [2]. Moins « avancé » que ses camarades Jouvenel, Paul-Boncour et Monzie, Tardieu ne retint pour objet de son ardeur rénovatrice qu'une seule de ces trois tâches, primordiale et impérative : restaurer l'État.

Comme praticien du régime, comme réformateur de la Constitution, comme procureur des tares républicaines, il ne poursuivit d'autre ambition que celle d'autoriser, contre la fatalité d'une histoire nationale assimilant la lutte pour la République à la lutte contre l'autorité, l'apparition d'un État démocratique fort. Président du Conseil, il tenta d'abord de pallier la carence gouvernementale par une pratique des institutions improvisant un rôle de Premier ministre. Révisionniste, il rechercha ensuite la réhabilitation de l'autorité dans un réaménagement constitutionnel de la République. Marginalisé et incompris, il se mit enfin à haïr ce qu'il voulait changer, élargissant son refus des institutions aux soubassements intellectuels de la République et ne trouvant d'autre façon de provoquer un sursaut salvateur que la dénonciation outrée et rageuse des insuffisances du régime parlementaire.

Dans sa quête d'un État démocratique fort, Tardieu finit par se révolter contre sa propre famille politique. Par son milieu, son éducation et sa formation, il personnifiait la tradition orléaniste, libérale et parlementaire. En 1889, l'élection à Paris du général Boulanger causa sa première émotion politique : avec la candeur de ses douze ans et demi, le jeune Tardieu partagea la tristesse républicaine d'un père qui professait une « confiance presque illimitée dans le gouvernement des assemblées [3] ». Cinquante ans plus tard, cependant, il versait dans un antiparlementarisme militant mâtiné de fortes sympathies réactionnaires. Victime lui aussi de l'hégémonie maurrassienne en matière de critique républicaine, il ne réussit plus, au temps de la maturité solitaire et aigrie, à contenir ses doutes à l'endroit du régime représentatif. En outre, entre l'orléanisme politique de la jeunesse et les penchants contre-révolutionnaires de la retraite, il flirta assidûment avec une troisième famille politique des droites françaises [4], le bonapartisme. La pratique de l'appel au peuple, l'aspiration à une démocratie plus directe, la quête de l'autorité, la passion de la grandeur nationale, la croisade révisionniste, la dénonciation de la caste parlementaire et de l'usurpation politique des « comitards » furent en effet autant de thèmes et d'attitudes propres au courant bonapartiste.

L'itinéraire de Tardieu mêla ainsi les trois grandes traditions de la droite française dans une dérive politique restée inachevée du fait de la rupture officielle avec la République et de la préférence donnée à l'abstention. Aux années de pouvoir correspondit ainsi un orléanisme modernisé porté par une mystique de la prospérité à l'américaine et cherchant l'apaisement idéologique dans un torysme politique à la française. La campagne révisionniste, menée par-dessus le Parlement et en acoquinement avec l'agitation ligueuse, inscrivit ensuite Tardieu du côté du bonapartisme. Enfin, le ressourcement intellectuel fébrilement tenté à partir de 1935 conduisit le retraité de Menton sur le terrain du traditionalisme réactionnaire. Aux trois temps de la rénovation qu'il envisageait correspondirent ces trois tonalités idéologiques dominantes. Dominantes seulement, car, dans son évolution et en dépit des incompatibilités doctrinales, il cumula les diverses traditions de la droite dans une pensée politique composite qui ne trouva d'autre unité que passionnelle.

Le passage d'une tonalité politique à l'autre obéit à la radicalisation de l'attitude critique de Tardieu face au régime parlementaire et à la contagion des extrêmes induites par la bipolarisation croissante de la vie politique des années trente. Anticommuniste agressif, il ne céda pourtant jamais à la moindre tentation fasciste, et il affirma à maintes reprises son refus d'importer quelques formules simplistes forcément contraires au génie national. Le patrimoine intellectuel et politique de la France offrait d'ailleurs suffisamment de ressources, et le redressement national devait se comprendre comme une restauration et non comme une imitation. Dès les premiers mois de sa croisade révisionniste, Tardieu répondit donc clairement à son ancien ami Eugène Lautier qui déplorait une fascisation de ses idées : « Quant à ta vieille histoire, toujours répétée, que je vis comme un somnambule sous l'impression d'un voyage d'Italie... c'est du pur maboulisme [5]. »

Dans *L'Heure de la décision*, il présenta l'opposition entre la France et les régimes totalitaires comme un combat entre la civilisation de la liberté et la barbarie. La France, « avant-garde de la libération humaine », ne pouvait dès lors que s'opposer aux « interprétations géographiques, matérialistes, racistes où s'abreuve une pensée débilitée ». Les régimes cultivant l'idolâtrie de l'État et le mépris de la personne humaine, instituant, à Berlin, « la bâtonnade, les camps de concentration, l'antisémitisme, les lois de stérilisation », ou s'affichant, à Rome, comme « l'antithèse totale, directe et catégorique des principes de 1789 [6] », ces régimes n'avaient aucune solution à offrir aux Français. Penser autrement, c'était renier son identité.

La Révolution à refaire illustra en outre la relative autonomie de la culture politique française dans l'environnement des années trente. La compréhension du présent étant en France largement médiatisée par la référence du passé, la forte contrainte de l'histoire nationale rendait plus difficile les emprunts faits aux idéologies étrangères. De la part de Tardieu, nationaliste fervent, c'était plus vrai encore. Les réponses à la décadence de l'heure furent ainsi cherchées dans une réflexion sur 1789 et sur le développement démocratique français. Enfin, les trois traditions de droite qui cohabitèrent chez Tardieu présentaient chacune une pensée politique solidement charpentée offrant de sérieux antidotes doctrinaux au fascisme.

Vue de l'autre côté de la barricade, cependant, sa figure montrait nombre des traits caractérisant un « fascisme » à la française, c'est-à-dire une version modernisée du bonapartisme autoritaire. Car réhabiliter l'autorité, c'était forcément réveiller le spectre du « césarisme », fossoyeur à deux reprises déjà, le 18-Brumaire et le 2-Décembre, de l'émancipation démocratique. La vigilance paraissait donc fondée dans le camp de la République. Tardieu sous-estima ainsi les contraintes de la tradition républicaine et de la culture politique française. Il crut que les Français pouvaient enfin passer de la querelle incessante sur les fins dernières au débat pratique sur les moyens, de la période héroïque de la conquête du pouvoir démocratique à celle plus réaliste de son organisation. C'était oublier que les institutions françaises, au lieu de fournir, à l'exemple de l'Angleterre, le cadre durable des luttes politiques, constituaient en fait l'objet même de ces luttes. Or, dans ce combat séculaire sur la forme du régime, l'histoire française ne définissait que deux camps irréductibles. Léon Blum rappela l'alternative en 1934 alors qu'il stigmatisait les conceptions révisionnistes de Doumergue et de Tardieu :

> « Messieurs, quelque ingénieuses que soient ces conceptions, il faut bien reconnaître que, dans l'état présent de la France et même du monde, il n'y a que deux gouvernements possibles : le *gouvernement personnel* et le *gouvernement parlementaire*[7]. »

Vouloir autre chose que la République parlementaire, c'était immanquablement sortir de la République, de la même manière que « refaire la Révolution » signifiait pour la gauche républicaine aspirer à une contre-révolution. La République n'étant pas amendable, Tardieu fut donc d'emblée accusé du crime impardonnable de lèse-République et vit son avenir politique rapidement compromis. En se retirant prématurément de la scène parlementaire, il ne fit que tirer les conséquences de l'ostracisme prononcé contre sa personne dès 1930. La retraite anticipée prouvait malgré tout qu'il préférait se retirer du jeu plutôt que de se laisser entraîner vers des positions politiques insoutenables devant sa conscience républicaine.

Les contraintes de la tradition républicaine ne furent pas seules à confiner Tardieu dans la solitude. Sa personnalité y contribua grandement. Au temps de l'épreuve du pouvoir, Emmanuel Berl dressa le portrait contradictoire d'un Tardieu à la fois « chef de la bande cynique » et « excellent commis », « grand bourgeois » campé dans sa distinction sociale et téméraire « aventurier » prêt à tout, « sportif » enjoué et « tricheur » peu scrupuleux, manipulant avec la même aisance les concepts et les combines, capable de tout faire paraître comme possible et rien comme vrai. Chez ce « successeur de Boutmy » aux audaces de « boss américain », les idées, les intérêts, les doctrines semblaient s'entre-détruire sous l'effet de leur profusion joyeuse et désordonnée. « D'où cette adresse de M. Tardieu, concluait Berl, à saisir le monde moderne et cette gaucherie à le laisser tomber [8]. » Berl avait certes la plume acide et pamphlétaire, mais son portrait rend bien l'impression laissée à ses contemporains par Tardieu.

L'amalgame détonant de qualités exceptionnelles et de légèreté déroutante explique la forte séduction exercée un instant par Tardieu sur la classe politique. Si la conservation prit une allure nettement progressiste et « moderne » durant les années de pouvoir, il faut en chercher la manifestation dans sa personnalité et son style plus que dans ses conceptions politiques. Produit des grands concours nationaux, spécialiste des questions internationales, parlant les langues étrangères, familier des ministères techniques, pionnier dans l'utilisation politique des médias modernes telle la radio, combatif dans son rôle de chef de gouvernement, attaché à une France de l'expansion, Tardieu faisait Ve République.

Sous la troisième du nom, cependant, le personnage finit par susciter une profonde méfiance. La France radicale-socialiste et provinciale de l'époque, favorisant toujours le « petit » contre le « gros », cultivant en matière d'hommes le profil de la « bonne moyenne », ne pouvait que suspecter ses brillantes facilités et sa désinvolture toute parisienne. Un correspondant anonyme lui écrivait en août 1938 : « Vous avez toujours été ce grand gosse d'enfant gâté bien français, un peu farceur, à l'esprit vif, qui prend tout à la blague parce qu'il se sent (à tort ou à raison) capable de dominer la situation [9]. » Aux yeux de nombre des contemporains, la « politique de la bonne humeur » manquait du sérieux et de la gravité seyant à la République. Quand par ailleurs la gauche affirma déceler derrière le sourire dynamique du « moderne » président du Conseil un sombre rictus autoritaire, le sort politique de

Tardieu parut scellé : celui-ci ne froissait plus seulement les habitudes et mentalités politiques, mais représentait une menace directe pour la République. Il fallait donc l'écarter.

L'obstination et l'intransigeance avec lesquelles Tardieu défendit ensuite sa conception strictement institutionnelle du redressement national le conduisirent rapidement à la marginalisation dans son propre camp, puis à l'isolement définitif. Car contrairement à Pierre-Étienne Flandin et Paul Reynaud, il refusa d'envisager la possibilité de sortir la France de la crise économique et de l'instabilité politique sans profondément amender le régime parlementaire. À le suivre, le redressement général dépendait essentiellement de la réhabilitation du droit de dissolution et de quelques dispositions prises contre la démagogie financière des députés. Comme compréhension de l'état des problèmes, c'était évidemment un peu court. Ce constitutionnalisme étriqué reflétait certes la myopie des conceptions économiques de Tardieu, mais révélait plus largement l'inadaptation de la pensée libérale de l'époque.

Comme réformateur du régime, il avait assurément échoué, ne trouvant d'autre issue honorable à son ambition déçue que l'exil volontaire. Fallait-il pour autant ne parler que d'échec et de grand destin manqué? Paul Reynaud, qui considérait Tardieu comme « l'homme le plus étincelant de sa génération », s'interrogea sur les raisons de ce destin avorté : « Pourquoi, au total, après un départ fulgurant, un homme aussi étonnamment doué, a-t-il finalement échoué ? » Et de chercher la réponse dans un homme victime de ses propres facilités jusqu'à l'aveuglement hautain et péremptoire devant la réalité des années trente [10]. L'échec indéniable dans le présent valait-il aussi pour le futur, seul domaine pour lequel le retraité de Menton affirmait travailler? En d'autres termes, quelle fut la valeur prophétique de ce « J'aurai tôt ou tard raison » répété avec insistance tout au long de la retraite? Répondre à cette question, c'est inévitablement esquisser la postérité du message réformiste de Tardieu.

Étant donné son itinéraire politique et intellectuel, cette postérité n'est certes pas unique. En amont déjà, il s'inscrivait dans une généalogie politique à trois branches selon les différents moments de sa carrière : le souvenir des Gambetta, Ferry, Waldeck-Rousseau, Clemenceau inspira ainsi l'action gouvernementale; la critique institutionnelle des Alfred Naquet, Edmond Scherer, Charles Benoist, Émile Faguet préfaça le révisionnisme constitutionnel; enfin, Edmund Burke, Hyppolite Taine et Charles Maurras vinrent étoffer le rejet de la République parlementaire. En aval, cette même généalogie donna également plusieurs avatars.

Le traditionalisme de la dernière période trouva ainsi une postérité immédiate dans la « Révolution nationale » proclamée par le régime de Vichy. On ne développera pas ici, cependant, cette filiation contre-révolutionnaire, Tardieu n'ayant jamais montré qu'une inclination « réactionnaire » inachevée, sans conversion doctrinale complète et sans engagement concret. On le considérera en revanche dans ses deux moments rénovateurs positifs, au temps de la présidence du Conseil et de la réforme de l'État, pour en apprécier les filiations possibles.

Comme René Rémond l'a suggéré, le Tardieu de l'épreuve du pouvoir jette un « trait-union entre l'orléanisme et le giscardisme [11] ». De l'orléanisme, Tardieu et Valéry Giscard d'Estaing partagent nombre de traits caractéristiques : le souci d'apaisement idéologique et le rejet des extrêmes, l'attachement au libéralisme conjugué au goût de l'ordre, l'opportunisme social concevant la conservation comme un prudent réformisme, la dénonciation répétée du « collectivisme » envahissant, la prétention au centrisme et le dérapage irrésistible sur la droite. Toutefois, ce qui fait l'originalité de Tardieu parmi les libéraux de 1930 et qui permet de voir en lui un pont reliant deux époques du libéralisme français, c'est son attachement à la modernisation économique et les accents productivistes de sa politique de la prospérité.

On a noté les limites du néocapitalisme libéral de Tardieu au tournant des années vingt. Néanmoins, la nécessité de donner à la France les moyens d'un nouveau départ économique fut clairement affirmée ; tout comme fut claironnée la mystique d'une nation optant résolument pour la croissance et l'expansion. Pour trompé qu'il fût alors, l'espoir cultivé un instant par Tardieu d'une société de l'abondance socialement réconciliée dans la production exprime l'ambition poursuivie beaucoup plus directement par Valéry Giscard d'Estaing quelque quarante ans plus tard. Une filiation plus étroite encore corrobore cette appartenance à la même famille. En son temps, Tardieu avait en effet porté les espérances néolibérales du mouvement d'Ernest Mercier, le Redressement français. Or ce laboratoire du néocapitalisme des années vingt compta parmi ses membres fondateurs Jacques Bardoux, ami intime de Tardieu et grand-père de Valéry Giscard d'Estaing, et parmi ses rédacteurs Edmond Giscard d'Estaing lui-même. Si donc la modernisation économique envisagée en 1929 ne se traduisit que très modestement dans les faits, il paraît néanmoins fondé de voir dans son promoteur officiel, André Tardieu, un véritable relais entre un vieux libéralisme bourgeois plutôt qu'industriel, attaché à l'idée d'une « économie équilibrée », préférant la stabilité à l'expansion, et un libéralisme libéré de ses réflexes malthusiens et converti aux impératifs de la croissance et de la compétition internationale, tel qu'il se manifeste avec éclat chez un Valéry Giscard d'Estaing.

Et pourtant, cette filiation orléaniste, pour pertinente qu'elle soit, ne caractérise pas la postérité des idées de Tardieu autant que la filiation bonapartiste. Durant les années d'épreuve du pouvoir, la pratique de l'appel au citoyen montrait déjà une déviation caractéristique par rapport aux mœurs politiques de l'orléanisme. Ensuite, la conversion au révisionnisme constitutionnel et l'adoption du référendum, singularité du programme de réforme de l'État avancé par Tardieu, confirmèrent l'inclination en faveur d'une démocratie plus directe peu compatible avec la tradition libérale et parlementaire. En fait, au-delà des différents moments de l'itinéraire individuel, *L'Heure de la décision* apparaît plus que tout autre ouvrage comme l'expression de la pensée politique de Tardieu. Or la quête d'une République forte aux allures plébiscitaires constitue l'inspiration profonde de ce livre. C'est pourquoi il convient de chercher du côté des avatars du bonapartisme le véritable héritage de Tardieu. Ce faisant, on rencontre immanquablement le gaullisme et la Constitution de la Ve République.

Que Tardieu ait exprimé beaucoup des valeurs politiques résumant l'essentiel de la philosophie gaulliste [12], il n'y a aucun doute. Le souci de la grandeur et du rang de la France parmi les nations commanda ainsi son engagement public. La recherche d'un État démocratique fort, capable d'assurer « la prévalence restaurée de l'intérêt général sur l'intérêt particulier [13] », constitua l'axe central de son action réformiste. L'hostilité à l'endroit des partis, des syndicats, des groupes de pression et le rejet du suffrage économique, professionnel ou régional, pourtant fort à la mode dans les milieux rénovateurs, soulignèrent sa conception unitaire et centralisatrice de l'État, « unité ordonnée au service de l'intérêt général ». Par ailleurs, l'autorité centrale recherchée par Tardieu trouvait force et légitimité dans une alliance du gouvernement avec le peuple, périodiquement cultivée par la procédure référendaire et le droit de dissolution. Le choix de Tardieu en faveur du simple référendum de consultation traduisait une conception très gaullienne du pouvoir : l'initiative politique descend toujours du sommet à la base, et la démocratie ainsi envisagée représente une démocratie d'adhésion plutôt qu'une démocratie de participation. Enfin, il était une autre conviction gaullienne partagée par Tardieu : les espoirs répétés mis dans le peuple « réel » et dans les vertus d'une France profonde étouffée par la classe politique et le pays « légal ».

Sur un point important, cependant, la différence s'accuse :

CONCLUSION 543

Tardieu ne partageait pas en effet le nationalisme œcuménique du général de Gaulle. « Historique, syncrétique, unitaire, pragmatique et romantique », le nationalisme gaullien, défini ici par Jean Touchard [14], est avant tout un nationalisme de rassemblement, en quête du plus grand dénominateur commun à tous les Français et visant toujours à la plus large mobilisation de la nation face à l'étranger. Ainsi, en dépit de son hostilité foncière au communisme, de Gaulle accepta de collaborer avec les communistes. Le nationalisme de Tardieu apparaît au contraire comme un nationalisme d'exclusion proposant une définition exigeante et limitative de la nation, rejetant tout pragmatisme au nom d'une conception profondément morale de l'appartenance à la Cité. Sans hésiter, Tardieu retranchait ainsi du corps de la nation tous les socialisants collectivistes, antimilitaristes et anti-impérialistes, tous les Français ne reconnaissant pas la patrie et la liberté pour limites absolues à leurs querelles. Pour cette raison, le vichyssois Louis Guitard déniait ainsi au gaullisme le droit de s'approprier l'héritage de Tardieu :

> « De Gaulle est l'homme qui a abandonné aux communistes le gouvernement français et l'administration française; qui a signé le pacte de Moscou; qui a amnistié le déserteur Thorez – jadis emprisonné par Tardieu – afin de l'installer dans les palais nationaux. [...] L'héritage d'André Tardieu ne lui appartient pas [15]. »

Le nationalisme restrictif de Tardieu, pourtant, n'aurait guère détonné dans la famille gaulliste, car, à côté de la philosophie politique gaullienne, il y avait place pour des nuances gaullistes. Le cas de Michel Debré, nationaliste intransigeant à l'endroit des communistes, est particulièrement exemplaire. À bien des égards, d'ailleurs, le premier Premier ministre de la Ve République apparaît comme le véritable héritier d'André Tardieu.

La similitude de préoccupations et d'attitudes politiques est tout à fait frappante. En 1931, à la suite de son expérience gouvernementale, Tardieu attira l'attention de ses contemporains sur « deux notions à créer ou à restaurer : la notion de l'Empire et la notion de l'État [16]. » Le 27 août 1958, devant l'assemblée générale du Conseil d'État appelée à délibérer sur le projet de Constitution, Michel Debré, alors garde des Sceaux et principal rédacteur de la nouvelle charte constitutionnelle, expliquait ainsi l'objet de la réforme :

> « Il est, d'abord et avant tout, d'essayer de reconstruire un pouvoir sans lequel il n'est ni État ni démocratie, c'est-à-dire, en ce qui nous concerne, ni France ni République. Il est ensuite dans l'intérêt supérieur de notre sécurité et de l'équilibre du monde de sauvegar-

der et de rénover cet ensemble que nous appelons traditionnellement la France d'outre-mer [17]. »

Dans un contexte bien sûr différent, la Ve République répondait aux vœux émis par Tardieu au début des années 1930. Ce n'était là que l'aboutissement d'une quête politique et institutionnelle qui emprunta souvent les mêmes chemins chez Tardieu et chez Debré. À suivre les préoccupations de Michel Debré depuis la Seconde Guerre mondiale, on entend à maintes reprises l'écho de Tardieu.

La première consonance apparaît d'emblée dans l'œuvre écrite : *Refaire la France* (1945), *La Mort de l'État républicain* (1947), *La République et son pouvoir* (1950), *La République et ses problèmes* (1952), *Ces princes qui nous gouvernent* (1957), *Refaire une démocratie* (1958) constituaient des titres d'ouvrages presque interchangeables avec ceux de Tardieu. La ressemblance ne s'arrête toutefois pas à cette concordance de surface. Michel Debré posait en effet le problème du redressement français de l'après-guerre dans des termes identiques, mettant en avant le souci prioritaire du rang : « Quelles sont les institutions, écrivait-il en 1943 sous le pseudonyme de Jacquier, qui permettent le mieux de rendre à la France sa place dans le monde [18]? » Une même passion de la grandeur française animait donc les deux hommes : Tardieu souhaitait « restaurer le sens des destinées permanentes de la nation »; Debré entendait combattre un « mal national, c'est-à-dire un grand scepticisme à l'égard des destinées françaises [19] ». En outre, tous deux envisageaient le redressement de la France d'un point de vue essentiellement institutionnel : « Le problème décisif du redressement français, notait Debré, est bien celui des institutions [20]. »

Pareillement, Tardieu et Debré placèrent tous deux leurs entreprises réformistes sous l'impérieuse bannière du souvenir des Français tombés pour la patrie et du devoir des vivants envers les morts. Tous deux eurent le sentiment de sacrifices trahis, d'un esprit de Versailles et d'un esprit de la Libération trompés par le rapide retour aux querelles des partis. Le retrait de Clemenceau, présenté par Tardieu comme une « immolation », et le départ du général de Gaulle, ressenti par Debré comme une catastrophe, laissèrent la République comme orpheline. Dans sa critique des institutions de la nouvelle République, Debré allait ainsi retrouver la plupart des thèmes développés avant-guerre par le député de Belfort. Après avoir rêvé d'une « forme virile et disciplinée de démocratie », le sénateur d'Indre-et-Loire subissait une forme aggravée du régime d'assemblée : « En résumé, notait Debré, les principes de 1875 ont été rejetés pour mieux adopter l'application déformée que la IIIe République vieillissante et conservatrice en faisait [21]. » Face aux mêmes déficiences, Debré dressa donc un réquisitoire fort semblable de celui de la « République en quenouille » décrite par Tardieu.

Dans *La République et ses problèmes*, il n'était donc question que de « déviation de l'élection », de « déviation du pouvoir », de « déviation de l'administration », de « déviation de la justice » pour stigmatiser une IVe République sclérosée par la confusion des fonctions et confisquée par les partis, les syndicats et les « factions ». Derrière des « institutions-paravents », les profiteurs du régime cultivaient le mensonge démocratique : « Voyons donc à quel point, dénonçait Debré, les institutions françaises sont aujourd'hui un immense mensonge et ne peuvent porter à la place où devrait être le pouvoir que des menteurs conscients ou inconscients [22]. » Menteurs plutôt conscients, d'ailleurs, à suivre Debré dans sa critique du personnel politique de la IVe République, ces « princes » du régime montrés du doigt par le remuant sénateur et qui ressemblaient fort aux nouveaux « censitaires » décrits par Tardieu. Debré stigmatisait la complicité jouisseuse des dirigeants de la nation qui cultivaient les divisions artificielles, les faux problèmes et la passion de l'immobilisme pour préserver leurs privilèges et éviter tout dérangement dans l'exploitation égoïste du régime :

> « L'essentiel, précisait Debré, est de ne pas secouer l'arbre sur les diverses branches duquel chacun a fait son nid, et pour quiconque comprend cet essentiel, chaque féodalité, fût-elle son adversaire le plus déterminé, manifestera des trésors d'indulgence [23]. »

En son temps, Tardieu parla de « machine » exploitante. Debré n'eût pas désavoué l'expression pour qualifier la mutuelle des « factions » qui se partageaient la République. Entre le sarcasme et la superbe dédaigneuse, de Gaulle parlait lui aussi de « système ».

Debré avait une claire vision du terme inéluctable de ce régime de complaisance et d'abdication : « La logique du régime mène à la catastrophe [24]. » Comme Tardieu, il voyait dans les successives « humiliations nationales » subies par la France sur la scène internationale les preuves manifestes de la décadence. En février 1957, il dressait la comptabilité impitoyable des revers français :

> « Si, en 1951 ou 1952, dans un congrès politique, un orateur s'était levé pour dire : " Avant cinq ans, les Français ne seront plus ni dans les établissements de l'Inde, ni en Indochine ; le Maroc et la Tunisie seront des États non seulement indépendants mais hostiles ; la Sarre sera rattachée à l'Allemagne, la France sera chassée du

canal de Suez, et en Égypte elle n'aura plus aucune influence économique ni intellectuelle ; l'idée que l'Algérie fasse partie de la France sera discutée en France même ; au Parlement, on discutera de l'autonomie des territoires d'Afrique noire et de la fusion française dans un conglomérat continental ", on l'eût considéré comme fou. [...] La France a tout perdu, elle a changé plus gravement que si elle avait perdu une guerre [25]. »

Et la désagrégation de l'Empire ne pouvait que se prolonger en désagrégation de la nation elle-même. À brève échéance, Michel Debré demandait donc à ses concitoyens de choisir entre « le régime ou la France [26] ».

La sévérité du réquisitoire commanda l'attitude du sénateur Debré à l'endroit de la République, attitude qui rappelait l'intransigeance réformiste adoptée par Tardieu à partir de juin 1932. Debré refusait en effet de collaborer à l'irresponsabilité générale :

« Quand les institutions républicaines sont mauvaises, les premiers traîtres à la République sont ceux qui les défendent. Nul citoyen libre et fier de sa liberté ne peut, sans s'abaisser et même se déshonorer, chercher un alibi dans le maintien d'un système qui est la mort du régime. [...] Il n'y a pas de légitimité contre la morale politique [27]. »

Résistance et offensive étaient donc les seules réponses à cet état de la République, la vraie sagesse conseillant l'audace et la révolte contre le conformisme et l'atonie ambiants. Et c'est ainsi que Debré persévéra dans le révisionnisme constitutionnel, divulguant sans relâche les idées présentées par le général de Gaulle dans son discours de Bayeux (16 juin 1946), charte constitutionnelle du gaullisme. Sur les frontières d'une République désertée par de Gaulle lui-même, il anima, par le livre et les journaux, une croisade révisionniste tout en harcelant les gouvernements de la IVe République. En 1957, ses attaques se radicalisèrent, le ton pamphlétaire de *Ces princes qui nous gouvernent* et les diatribes hebdomadaires du *Courrier de la colère* remplaçant les analyses institutionnelles du début de la décennie. Comme Tardieu portant, dans l'hiver 1933-1934, les espoirs divers et confus d'une partie de l'agitation ligueuse, Michel Debré devint ainsi « la caution à la fois gaulliste et républicaine pour une action débordant de la lutte d'une légalité qui, à ses yeux, n'était plus que faux semblants [28] ». Contrairement à Tardieu, il n'avait en effet pas hésité à se faire le théoricien convaincu du gouvernement du salut public, opposant à la « légitimé tombée en quenouille » une « légitimité de rechange, celle du général de Gaulle [29] ».

Le bilan critique reprenait presque mot pour mot celui de Tardieu : « Aujourd'hui, chez nous, tout ou presque tout est à refaire [30]. » La volonté constructrice était aussi la même : « La critique seule est inutile. Il faut bâtir [31]. » Quant aux solutions proposées [32], elles différaient, certes, dans le détail, mais l'intention profonde était identique : restaurer l'État, donner une tête à la République. Tardieu n'aurait d'ailleurs pas désapprouvé les qualificatifs utilisés par Michel Debré pour colorer politiquement sa conception de l'autorité : « avant tout nationale et libérale [33] ». Cette large convergence de vues entre les deux hommes se traduisit donc naturellement dans les textes rédigés en 1958 sous l'autorité de Debré. En fait, à un diagnostic identique répondaient des remèdes semblables. L'architecture constitutionnelle de la Ve République intégra les cinq propositions essentielles de *L'Heure de la décision* : droit de dissolution sans avis conforme du Sénat, adoption de la procédure référendaire, retrait de l'initiative des dépenses aux membres du Parlement, suffrage féminin (acquis depuis 1945); quant au statut des fonctionnaires, il constituait une revendication centrale de Debré qui entendait, tout comme Tardieu, « dépolitiser » l'administration. La proximité des idées de ce dernier avec les institutions de 1958 paraissait indéniable.

Il semblait avoir ainsi accompli son destin. Il avait laissé à ses idées quatre-vingts ans pour entrer dans les faits. Un quart de siècle plus tard, l'Histoire lui donnait déjà raison. Bien sûr, la Ve République allait plus loin que l'aménagement institutionnel imaginé en 1934. Le député de Belfort avait alors trop cherché à prendre le simple contrepied de la IIIe République, restant fort en deçà de la définition d'une République nouvelle. Par-delà les différences entre 1934 et 1958, la continuité d'inspiration était toutefois frappante [34].

Les deux principaux constitutionnalistes du gaullisme, Michel Debré et René Capitant, s'abreuvèrent à cette même conception de l'État qui influença Tardieu, celle développée par le professeur Raymond Carré de Malberg dans sa monumentale *Théorie général de l'État* (1920). Les différences de génération et de contexte exceptés, Tardieu et Debré partageaient une critique semblable de la République parlementaire, le même volontarisme révisionniste, la même foi néo-libérale dans l'État, la même croyance en un intérêt national unique et, au-delà des questions institutionnelles, la même orthodoxie financière, le même anticommunisme intransigeant, le même souci d'une école républicaine qui ne fût pas « une organisation amorale et apatride d'enseignement [35] ». René Capitant lui aussi ne resta pas indifférent à la tentative de réforme du parlementarisme entreprise par Tardieu. Dans un substantiel article de 1936, il s'était penché avec le plus grand intérêt sur l' « expérience Tardieu » et avait reçu, en retour, les compliments amicaux du retraité de Menton : « J'admire combien, lui écrivait celui-ci, sur documents, vous avez compris mon effort inutile, qui est une des bases de mes conclusions présentes [36]. »

À tous ces indices étoffant la filiation entre le révisionnisme modéré de Tardieu et les institutions de mai 1958, on en ajoutera un dernier. En 1934 comme en 1958, les mécanismes de défense républicaine jouèrent de la même manière contre l'innovation institutionnelle. Alors que Léon Blum condamna les projets Tardieu par la formule du « coup d'État légalisé », François Mitterrand, écho fidèle de la tradition républicaine, qualifia les institutions gaullistes de « coup d'État permanent [37] ». À un quart de siècle de distance, la ressemblance des projets provoqua la même réplique de la part des mêmes adversaires.

Cette filiation entre Tardieu et Debré, entre *L'Heure de la décision* et les institutions de 1958, resta pourtant ignorée ou inavouée. Tardieu était ainsi totalement absent des ouvrages écrits par Michel Debré. Par ailleurs, le sénateur d'Indre-et-Loire passa sous silence l'effervescence réformiste des années 1933-1934 et ne consacra à la tentative Doumergue qu'une allusion dédaigneuse : « En 1934, on parle de révision : le projet, tracé d'une main hésitante, est irréel, pitoyable [38]. » Les raisons de ces oublis sont multiples, générales et particulières. Oubli collectif, d'abord. La IIIe République, « forme épuisée de démocratie [39] », subit le discrédit attaché à la défaite de juin 1940 et à l'abdication devant le maréchal Pétain. À la Libération, le rejet fut ainsi unanime : 96,3 % du corps électoral condamnèrent l'ancienne République lors du référendum du 21 octobre 1945. Face aux nécessités de la réconciliation nationale, le sujet devint même tabou, si bien que, sur la fin des années cinquante, dans un « plaidoyer pour une histoire délaissée », René Rémond attirait l'attention des historiens sur les silences historiographiques touchant les années trente [40].

Quand le travail de la mémoire autorisa le souvenir, Tardieu demeura pourtant dans l'oubli. La mémoire savante manifesta en effet longtemps une nette préférence pour les extrêmes, privilégiant d'abord les mouvements et les profils politiquement accusés, fussent-ils peu représentatifs de leur époque. Jusqu'aux années soixante-dix, le genre biographique pâtit en outre d'un certain dédain de la part des historiens français. Quant à la mémoire collective, elle opère souvent une sélection manichéenne des personnes et des événements. L'inventaire dressé ressuscite plutôt les images positives, tel un Poincaré, ou propose quelques « noires » figures comme repoussoir, tel un Laval. Tardieu n'entra pas dans cette stricte catégorisation. Ni suffisamment positif ni suffisamment négatif, il ne retint guère l'attention des générations. Les circonstances de sa carrière ne l'aidèrent d'ailleurs pas à passer la rampe de la postérité. N'ayant été ni véritablement populaire ni acclamé par un grand parti, il ne fut pas non plus directement lié à un événement marquant de l'entre-deux-guerres. Il quitta en outre la vie parlementaire dès 1936 et ne put se prononcer, dès l'entrée en guerre, sur les questions qui plus tard allaient véritablement classer les Français.

Ce silence sur l'un des hommes politiques les plus brillants de son temps ne semble pourtant pas délibéré. L'interrogation historique est sollicitation du passé par le présent. Or la carrière et la pensée de Tardieu n'offrirent ni modèles ni cautions pour l'avenir. C'était là la rançon d'une activité politique et intellectuelle polémique et contingente, finalement incapable de dépasser la crise de la pensée libérale. Sur le plan strictement institutionnel, ses idées pouvaient pourtant prétendre à une certaine postérité. On a tracé les filiations possibles, mais Tardieu ne devait pas compter sur ses héritiers pour faire vivre sa mémoire. L'homme était en effet trop marqué par la tradition républicaine pour que l'on revendiquât son héritage.

Si l'analyse dépassionnée le lave de toute compromission avec le fascisme, l'opinion l'a longtemps rangé encore du côté des « fascistes ». En 1945, Marcel Prélot qualifiait les cinq réformes avancées dans *L'Heure de la décision* de « solutions fascistes [41] ». À la mort de Tardieu, en septembre 1945, l'amalgame fut poussé jusqu'à la plus criante injustice : un « grand journal » ressortit en effet les photographies du « tandem » Tardieu-Laval de 1931 au moment même où le second payait sa dette à la nation pour haute trahison [42]. De son côté, Jacques Debû-Bridel provoqua un tollé général lorsqu'il imposa son article nécrologique sur Tardieu au *Front national*. Les communistes parlèrent d'« attentat contre la République et la démocratie », et le journal de la France résistante reçut des centaines de lettres de protestation [43].

Bien qu'une attaque cérébrale l'eût empêché de choisir son camp durant la guerre, il avait donc été rangé du mauvais côté de l'Histoire. Qu'il ait été un antimunichois convaincu importa moins que sa longue collaboration à *Gringoire*. Qu'il ait voulu rénover la République compta moins que le renfort apporté à la cohorte des assaillants de la démocratie représentative. De plusieurs façons, Tardieu s'était lui-même exclu de la République. Michel Debré avait donc raison d'ignorer cette filiation empoisonnée. Quant au gaullisme, sa légitimité remontait au 18 juin 1940 et s'en tenait à cette date, plutôt que de chercher dans le passé des ancêtres pas tous recommandables. Tardieu avait ainsi accumulé trop de tares pour figurer dans le panthéon de la Ve République naissante.

On ne voudrait pas, cependant, laisser comme dernier mot de cette biographie thématique l'image d'un Tardieu antirépublicain. Ce serait faire la part belle à la légende. L'analyse de la troisième période de l'itinéraire individuel a certes accusé son pessimisme moral et ses sympathies réactionnaires. Mais, au-delà du dégoût pour la politique et des doutes intellectuels sur le développement démocratique français depuis 1789, il convient de garder à l'esprit la méthode choisie par Tardieu pour promouvoir ses idées et d'en donner la signification profonde. Car l'appel au peuple par le discours, l'article ou le livre n'a jamais été chez lui un appel aux instincts, ni à l'émotivité. Tant la croisade révisionniste que la quête intellectuelle de *La Révolution à refaire* représentèrent en effet un acte de foi dans « la force de la raison ».

> « Respectez le peuple, déclarait Tardieu en 1919, et respectez le nombre. [...] Rappelez-vous que, si le peuple s'égare, c'est souvent parce qu'il ne sait pas, et plutôt que de douter de lui – vous qui savez plus que lui –, songer à l'instruire et songez à le convaincre [44]. »

En choisissant de s'adresser à la raison plutôt qu'aux sentiments, à l'individu plutôt qu'aux foules, il empruntait certes le chemin le plus difficile ou en tout cas le moins immédiatement profitable. Lucien Romier avait noté en novembre 1934 cet handicap dans sa stratégie révisionniste : « La raison n'est pas un moyen décisif en politique », faisait-il remarquer avant de conclure sur l'improbabilité d'un changement institutionnel par « consensus intellectuel [45] ».

En dépit des difficultés de la méthode, Tardieu préféra privilégier la raison plutôt que de céder à l'inclination de son époque pour les valeurs irrationnelles magnifiant les passions collectives et toutes sortes d'aspirations confuses et totalisantes. Le maurrassien Binet-Valmer, fondateur de la Ligue des chefs de section, s'étonna de cette préférence rationaliste et chercha à convaincre Tardieu de son erreur de méthode à l'ère des foules :

> « Et c'est pourquoi je vous répète, excusez mon audace, que la foule française, pas plus d'ailleurs que les foules allemande et italienne, voire russe et anglaise, ne sont sensibles au *raisonnement*. La TSF, les photographies dont sont encombrés les journaux, le mélodrame quotidien exaspèrent leur sensibilité. Elles se vantent d'appartenir à des idées, elles en sont parfaitement incapables. Elles appartiennent à des émotions, elles sont les esclaves de l'homme qui les provoque : Mussolini, Hitler. La Rocque n'a pas d'idées ; Doriot n'a pas d'idées... Je vous ennuie, mais j'aime ce pays auquel vous voulez rendre " une tête et un cœur ", et je crois personnellement que vous pouvez lui rendre un cœur, l'intelligence viendra après [46] ! »

Tardieu persévéra pourtant dans son attitude, rejetant les multiples invitations à l'activisme ligueur et au coup d'État. Cette fidélité au rationalisme témoigne d'une certaine naïveté, explique son intransigeance politique et certifie de son appartenance à la France républicaine. Naïve, en effet, cette conception idéaliste de l'histoire qui postule que les idées mènent le monde; naïve encore, cette certitude qu'il suffit de « dire la vérité », fût-elle douloureuse à entendre, pour emporter l'adhésion unanime. Intransigeante, ensuite, cette foi dans la démarche rationaliste, qui non seulement conclut à une seule solution possible, mais soupçonne toute opposition de mauvaise foi caractérisée, sinon de subversion pure et simple. Profondément républicain, pourtant, ce pari de Tardieu sur la « vérité », car il traduit une conception de la politique comme pédagogie permanente, cherchant l'adhésion du citoyen par la seule force de la persuasion et dans la liberté pratiquée. Au temps de la déraison fasciste, André Tardieu s'affirmait par là républicain.

Notes

INTRODUCTION

1. Chastenet (J.), *Histoire de la Troisième République*, t. V, Paris, Hachette, 1960, p. 189; Goguel (F.), *La Politique des partis sous la Troisième République*, Paris, Le Seuil, 1946, p. 253; Debû-Bridel (J.), *L'Agonie de la Troisième République*, Paris, Bateau-Ivre, 1948, p. xi-xii; Rémond (R.), *Les Droites en France*, Paris, Aubier, 1982, p. 191.
2. Rossi-Landi (G.), *Les Hommes qui ont fait la République*, Paris, Nathan, 1984, p. 107.
3. Tardieu (A.), dans *L'Écho national*, 20 juin 1922, et dans *La Liberté*, 13 juin 1935.
4. Tardieu (A.), *L'Heure de la décision*, Paris, Flammarion, 1934, p. 177.
5. Tardieu (A.), *La Note de semaine, 1936*, Paris, Flammarion, 1937, p. 11.

PREMIÈRE PARTIE : AMÉNAGER

Chapitre premier : *Guerre et rénovation*

1. Pour plus de détails sur le bilan des ruines humaines et matérielles consécutives à la guerre, voit notamment Sauvy (A.), *Histoire économique de la France entre les deux guerres*, t. I, 1918-1931, Paris, Fayard, 1965, chapitre i et annexes; le rapport Marin, *J. O.*, Chambre des députés, documents parlementaires, 1920, annexe 633, pp. 32-78. Gide (C.), Oualid (W.), *Le Bilan de la guerre pour la France*, Paris, PUF, 1931.
2. Caron (F.), *Histoire économique de la France*, Armand Colin, 1981, pp. 193-194.
3. Augé-Laribé (M.), *La Politique agricole de la France de 1880 à 1890*, Paris, PUF, 1950, p. 436.
4. Henri Chardon, cité en exergue par Albert (C.), *Des réformes nouvelles? Oui, mais d'abord une Constitution. L'Ordre nouveau*, brochure, *circa* 1920, p. 2.
5. Herbert George Wells, en exergue du premier numéro des *Cahiers de Probus*, novembre 1918.
6. Il s'agit de la campagne lancée en 1906 en faveur de la substitution du scrutin de liste avec représentation proportionnelle au scrutin d'arrondissement ou scrutin uninominal majoritaire à deux tours; voir ci-dessous, chapitre vi.
7. XXX [Blum, L.], *Lettres sur la réforme gouvernementale*, Paris, Grasset, 1918, pp. 19-20 et 57, 256. (Recueil d'articles parus dans la *Revue de Paris*, de décembre 1917 à janvier 1918.)

8. CAMBON (V.), *Notre Avenir*, Paris, Payot, 1916, p. 10. Voir aussi sur le même thème, LYSIS (E. LETAILLEUR), *Ce que veut la « Démocratie nouvelle »*, Paris, Éd. démocratiques, *circa* 1918, p. 3.

9. MICHEL (H.), *Organisation et Rénovation nationale*, Paris, Armand Colin, 1922, pp. 41 et 42. Dans le même ordre d'idées, voir GRUET (P.), *Vers la Constituante*, Paris, Plon-Nourrit, 1919, p. 22.

10. Sur cette absence de dispositions légales concernant l'organisation des pouvoirs publics en cas de guerre, voir RENOUVIN (P.), *Les Formes du gouvernement de guerre*, Paris, PUF, 1925, pp. 7 à 23.

11. Sur l'intervention de l'État dans l'organisation de la guerre, voir DELEMER (A.), *Le Bilan de l'étatisme*, Paris, Payot, 1922 ; TRUSTEE (Kellersohn, Maurice), *Le Bilan de la guerre*, Paris, Plon, 1921 ; RIALS (S.), *Administration et Organisation, 1910-1930*, Paris, Beauchesne, 1977, première partie ; RENOUVIN (P.), *op. cit.*, chapitre III notamment.

12. RENOUVIN (P.), *op. cit.*, p. 64. Un exemple de ce foisonnement administratif : « Au lendemain de la paix, les ministres de la Guerre, de la Marine et des Colonies possédaient chacun une direction de l'Aéronautique, ce qui n'évitait pas l'existence de deux services d'inspection et de trois services de matériel, sans compter une Commission interministérielle de l'Aéronautique civile et un service de la navigation aérienne. Comment trouver une direction dans ce dédale ? », *ibid.*, p. 66, note 1.

13. PROBUS (CORREARD, J.), *op. cit.*, p. 3.

14. CAMBON (V.), *op. cit.*, pp. 22-23.

15. RIALS (S.), *op. cit.*, p. 21.

16. PROBUS exposa ses idées dans *La Plus Grande France*, Paris, Armand Colin, 1916. « L'organisation de la démocratie », discours prononcé à l'assemblée constitutive de l'ANOD, 1er décembre 1918, Paris ; *L'Organisation de la démocratie*, Paris, Bossard, 1918 ; *Rénovation. Le Plan du syndicat des Français*, Paris, Grasset, 1919. L'ANOD eut également sa revue intitulée *Les Cahiers de Probus* dont le premier numéro parut en novembre 1918. Probus utilisa aussi les colonnes de *L'Opinion* et de *L'Information* pour diffuser la « doctrine nouvelle ». Dans les personnalités fondatrices de l'ANOD, notons le docteur Alexis Carrel, de l'Institut Rockfeller, Charles Georges-Picot, directeur du Crédit industriel et commercial, Jacques Bréguet, industriel, M. Motti, président de la Chambre syndicale des imprimeurs. Dans la liste des premiers adhérents, retenons les personnalités politiques et intellectuelles suivantes : Jacques Bardoux, Maurice Colrat, Charles Roux, Alfred de Tarde.

17. Pour assurer la séparation des pouvoirs, les ministres seraient pris en dehors des Chambres et rendus responsables devant le président de la République. Une Cour suprême serait instituée.

18. Pour plus de détails ; voir le discours-programme du 1er décembre 1918, *op. cit.*, pp. 8-10.

19. Pour le détail, voir BOURGIN (H.), *Cinquante Ans d'expérience démocratique, 1874-1924*, Paris, Nouvelle Librairie nationale, 1925, pp. 167-183. À partir de 1918, la Ligue civique disposait d'un bulletin d'information bimensuel à l'usage des journaux.

20. Parmi ces réformes, notons : réduction du nombre des députés, suppression de l'initiative parlementaire en matière financière, création d'un conseil supérieur de législation, choix des ministres hors Parlement ; à côté de ces mesures limitant l'omnipotence du Parlement, retenons celle renforçant l'exécutif : élargissement du collège électoral nommant le président de la République, élargissement du droit de dissolution, institution d'un Premier ministre sans portefeuille, atténuation de la solidarité ministérielle ; pour le détail, voir BOURGIN (H.), *op. cit.*, p. 210.

21. LYSIS (E. LETAILLEUR) exposa sa doctrine dans *Vers la démocratie nouvelle*, Paris, Payot, 1917 ; *Pour renaître*, Paris, Payot, 1917 ; et *Demain, profession de foi de la « Démocratie nouvelle »*, Paris, Éd. démocratiques, *circa* 1918, d'où est extraite la citation, p. 158. Son mouvement qui se proposait comme premier objectif d' « éliminer les politiciens parasites de la République » (*Demain*,

p. 158) rencontra un accueil bien plus limité que celui de Probus, ouvert à toutes les bonnes volontés.

22. Sa révision constitutionnelle proposait l'élection, pour 4 ans et par un collège élargi, d'un président de la République aux larges pouvoirs, gouvernant, proposant les lois et choisissant ses ministres. Les parlementaires n'auraient qu'une fonction de contrôle. Une Cour suprême serait instituée. Quant aux idées directrices, il s'agissait avant tout de favoriser la production par la science, l'initiative privée, l'union des classes, l'enseignement technique et professionnel... afin d'assurer le bien-être de chacun et la puissance du pays. Pour un résumé du programme de la « Démocratie nouvelle », voir *Demain, op. cit.,* pp. 158-159.

23. LEROY (M.), *Pour gouverner,* Paris, Grasset, 1918; FRANCQ (R.), *Le Travail au pouvoir,* Paris, La Sirène, 1920.

24. FRANCQ (R.), *op. cit.,* p. 95. L'USTICA est fondée le 9 mars 1919 par Roger Francq et l'ingénieur Barthélemy Montagnon. Pour plus de détails, voir BRUN (G.), *Technocrates et Technocratie en France, (1914-1945),* Paris, Albatros, 1985, pp. 23-24.

25. LEROY (M.), *op. cit.*

26. ALBERT (C.), *Des réformes? Oui, mais d'abord une Constitution, op. cit.,* p. 14.

27. ALBERT (C.), *op. cit.,* p. 4.

28. À l'ordre du jour du programme politique et de la révision constitutionnelle, on trouve : une assemblée unique, le scrutin de liste régional avec représentation à la proportionnelle intégrale, un Conseil national consultatif rassemblant toutes les compétences professionnelles et sociales, la « décongestion » du pouvoir central et une réforme administrative allant dans le sens d'une plus grande autonomie d'exécution.

29. GRUET (P.). *op. cit.,* préface, p. v.

30. *Ibid.,* p. 37. Gruet animait, en Bourgogne, un « Groupe républicain de rénovation nationale ».

31. LACHAPELLE (G.), *L'Œuvre de demain,* Paris, Armand Colin, 1917, p. 235.

32. Parmi les réformes proposées : une diminution de moitié du nombre des députés et sénateurs; un président de la République élu pour 6 ans au suffrage universel; l'interdiction de cumuler les mandats électifs et l'incompatibilité entre fonction représentative et fonction exécutive; l'organisation du référendum; la responsabilité individuelle des ministres; l'adoption d'un statut des fonctionnaires.

33. Leyret publia avant-guerre plusieurs ouvrages dénonçant les vices de la République parlementaire et plaida en faveur du renforcement de la fonction présidentielle, voir *La République et les Politiciens,* Paris, Fasquelle, 1909; *La Tyrannie des politiciens,* Paris, Cornély et Cie, 1910; *Les Tyrans ridicules,* Paris, Fayard, 1911; *Le Président de la République, son rôle, ses droits, ses devoirs,* Paris, Armand Colin, 1913.

34. *L'Avenir de la France. Réformes nécessaires,* présidé par HERBETTE (M.), Paris, Alcan, 1918. Parmi les contributions, LEYRET (H.), « Le gouvernement et le parlement », pp. 89-163; GIDE (C.), « Législation sociale », pp. 419-429. Ce recueil contient 25 études touchant tous les domaines de la vie nationale et fait état des aménagements et réformes souhaités.

35. XXX (BLUM, L.), *Lettres sur la réforme gouvernementale, op. cit.,* pp. 264-265, 268.

36. *Ibid.,* pp. 113-115.

37. Discours du Ba-Ta-Clan, 7 novembre 1919.

38. HERRIOT (E.), *Agir,* Paris, Payot, 1917, dédicace, p. 8. À Gaston Riou, Herriot devait dire à ce sujet : « Quelle niaiserie! Des gens se sont étonnés que moi, républicain, voire radical, j'ai dédié mon livre *Agir* à Colbert... Mais Colbert était plus moderne que la plupart de nos ministres républicains », dans RIOU (G.), *L'Après-Guerre,* Paris, Bandinière, 1926, p. 119.

39. HERRIOT (É.), *Créer,* 2 vol., Payot, 1919.

40. *Ibid.,* t. I, p. 46 et t. II, p. 341.

41. *Ibid.,* t. II, p. 342.

42. Prirent une part active à la création de l'hebdomadaire, Marcel Gounouilhou, Maurice Bokanowski, Frouin, Valude ; ces parlementaires formèrent à la Chambre, avec Provost de Launay, Charles Tisseyre, Charles Reibel, le colonel Fabry et Marc Doussaud, le Groupe d'action républicaine et sociale. Depuis le 29 janvier 1920, *La IVe République* eut comme sous-titre *Courrier hebdomadaire du Parti républicain de réorganisation nationale*. Écrivaient dans les colonnes de l'hebdomadaire, notamment : Joseph-Barthélemy, Binet-Valmer, Édouard Soulier, J. Capus, Pierre Cathala, Pierre Taittinger, Jacques Bardoux, Ferdinand de Brinon, Adolphe Delemer, Paul Devinat, Hubert Bourgin, René Lafarge, Ernest Pezet... Maurice Bokanowski animait également l'Association républicaine de rénovation nationale.
43. *La IVe République*, 29 janvier 1920.
44. Créée au lendemain de la guerre par Marc Sangnier, la ligue de la Jeune République reprenait le programme social du *Sillon* et réclamait dans l'ordre politique les réformes suivantes : établissement du référendum, suppression du Sénat, suffrage social de tous les travailleurs intellectuels et manuels représentés dans une assemblée élue sur la base régionale, représentation proportionnelle, droit de vote reconnu aux femmes.
45. Le Centre d'études administratives fut créé par Henri Fayol en 1918.
46. La Conférence de l'organisation française, animée par Le Chatelier, Fréminville et Parmentier, tint son premier congrès en juin 1923. Participaient à ce congrès, Louis Marin, Bertrand Thompson, Wilbois, Fréminville, Parmentier. Au comité de patronage figuraient : l'économiste Colson, l'ingénieur Victor Cambon, Clémentel, Arthur Fontaine, André Michelin... Voir RIALS (S.), *op. cit.*, pp. 139-140.
47. Sur le rôle de Clémentel au ministère du Commerce d'octobre 1915 à la fin 1919 et sur ses idées d'organisation de la production française, voir KUISEL (R.), *Le Capitalisme et l'État en France. Modernisation et dirigisme au XXe siècle*, Paris, Gallimard, 1981, pp. 83-100.
48. Pour avoir une première idée de cette masse bibliographique, il suffit de parcourir les notes de bas de page des deux tomes de *Créer* d'É. HERRIOT.
49. Notre intention n'est pas d'atteindre à l'exhaustivité quant à l'énumération des forces qui travaillèrent au changement dans ces années 1917-1919. Nous donnons une image générale du mouvement rénovateur, tout en écartant les positions extrêmes sortant du cadre républicain.
50. LEROY (M.), *op. cit.*, p. 36.
51. MICHEL (H.), *op. cit.*, p. 49. HERRIOT exprimait la même idée dans *Créer* : « Nous manquons non de génie mais d'ordre », *op. cit.*, t. II, p. 300.
52. LABADIÉ (J.), *L'Allemagne a-t-elle le secret de l'organisation*, enquête, Paris, Bibliothèque de l'Opinion, 1916. Répondirent à l'enquête, notamment : Maurice Colrat, Anatole de Monzie, Pierre-Étienne Flandin, Édouard Herriot, Ferdinand Buisson, Charles Maurras, Jacques Bainville, Charles Gide, H.G. Wells, Émile Boutroux, Georges Soul, Vilfredo Pareto, Lucien Levy-Brühel...
53. MICHEL (H.), *op. cit.*, p. 46 ; LYSIS exprime la même idée dans *Vers la Démocratie nouvelle. op. cit.*, p. 44, et dans *Pour renaître, op. cit.*, p. 39 ; voir aussi CAMBON (V.), *Notre Avenir, op. cit.*, p. 36.
54. HERRIOT (É.), *Agir, op. cit.*, p. 71.
55. PROBUS, *L'Organisation de la démocratie, op. cit.*, p. 6.
56. Villeneau, député, dans *La IVe République*, 23 décembre 1920.
57. HERRIOT (É.), *Agir, op. cit.*, p. 308.
58. HERRIOT (É.), *Créer, op. cit.*, t. I, pp. 18-22.
59. *Ibid.*, p. 27 ; voir également p. 35.
60. *Ibid.*, p. 14 ; Lysis rejoint Herriot sur ce point : « Un seul idéal est vrai, un seul idéal est grand, un seul idéal peut relever notre pays frappé si douloureusement, un seul idéal peut créer la civilisation meilleure à laquelle nous aspirons, celui de la science. Puisse-t-il être la religion du peuple ! », dans *Vers la Démocratie nouvelle, op. cit.*, p. 287.
61. *Ibid.*, p. 241. Herriot cite Freycinet et se réclame de la même ambition :

« À côté des grands précurseurs, disait M. de Freycinet en 1876, il y a des hommes qui se vouent à résoudre les problèmes d'administration et d'organisation que soulève l'application des idées nouvelles. Je demande à être enrôlé pour vous dans la phalange scientifique de la République », *op. cit.*, p. 240.

62. HERRIOT (É.), *Agir, op. cit.*, p. 69. Ce thème du retard de l'enseignement technique et professionnel de la France sur l'Allemagne et les États-Unis est développé abondamment par tous les rénovateurs.

63. LYSIS, *Ce que veut la Démocratie nouvelle, op. cit.*, p. 21. GRUET (P.), *op. cit.*, p. 122 : « L'ère nouvelle va être celle de la technicité » ; voir aussi, M. LEROY, *Pour gouverner, op. cit.*, p. 341.

64. Dans les réformes institutionnelles proposées par les rénovateurs, en plus de celles allant dans le sens du renforcement de l'autorité gouvernementale, se trouvaient généralement celles souhaitant une meilleure utilisation des compétences du Conseil d'État pour la rédaction des projets de loi ; et celles réclamant une représentation nationale, sous diverses modalités, des compétences professionnelles des différentes catégories sociales.

65. BAINVILLE (J.), *Les Conséquences politiques de la Paix*, Paris, Nouvelle Librairie nationale, 1920, p. VII.

66. GRUET (P.), *op. cit.*, p. 181. Pour la même idée, voir CAMBON (V.), *Où allons-nous? op. cit.*, p. 229 ; COLRAT (M.), dans LABADIÉ (J.), *op. cit.*, p. XIII.

67. HERRIOT (É.), *Agir, op. cit.*, p. 368. Pour LEROY (M.), *Pour gouverner, op. cit.*, p. 11 et sq. ; LYSIS, *Vers la Démocratie nouvelle, op. cit.*, chapitres VI et X.

68. HERRIOT (É.), *op. cit.*, p. 68.

69. HERRIOT (É.), *Créer, op. cit.*, t. I, p. 30. LYSIS, de son côté, dénonçait « la barbarie de notre vieille démocratie qui s'est occupée seulement de répartir sans penser à produire », dans *Ce que veut la Démocratie nouvelle, op. cit.*, p. 7. LEROY affirmait plus radicalement encore : « Servir est régalien ; produire, démocratique », dans *Pour gouverner, op. cit.*, p. 51.

70. THIBAUDET (A.), *Les Idées politiques de la France*, Paris, Stock, 1932, p. 56.

71. HERRIOT affirmait : « Pour nous, une loi dominera tout le détail du plan... Il faudra enrichir la France », dans *Agir, op. cit.*, p. 312 ; toute l'œuvre de LYSIS est un plaidoyer pour la puissance industrielle française ; André LEBON dans *Problèmes économiques nés de la guerre*, Paris, Payot, 1918, p. 124 : « Il n'y a pas de devoir plus saint que d'enrichir le pays » ; Camille CAVALLIER dans *L'Avenir de la France, op. cit.*, p. 468 « Un seul mot d'ordre : enrichissez la France, du charbon et des enfants » ; GRUET, *op. cit.*, p. 69 : « Produire est l'essentiel et le plus urgent » ; *Les Cahiers de Probus*, novembre 1918 : « le problème de demain est un problème de production ». Cet « industrialisme » dominait l'ensemble de la littérature qui cherchait à mesurer l'effort d'après-guerre.

72. MILLERAND (A.), discours de Ba-Ta-Clan, 7 novembre 1919. LYSIS était particulièrement conscient de cette alternative qu'il présentait sous la forme de « grandir ou mourir », dans *Pour renaître, op. cit.*, p. 62. LYSIS estimait le retard industriel français sur l'Allemagne à vingt années, dans *Vers la Démocratie nouvelle, op. cit.*, p. 6. HERRIOT affirmait de même : « Produire ou périr », dans *Créer, op. cit.*, t. I, p. 9.

73. Voir notamment, HERRIOT (É.), *Créer, op. cit.*, t. I, tout le chapitre X.

74. FAYOL (H.), *L'Éveil de l'esprit public*, Paris, Dunod et Pinat, 1918, p. 6. CHARDON (H.), *L'Organisation de la République pour la paix*, Paris, PUF, 1926, p. 27 : « Que doit faire le directeur d'un service public? Ce que fait le directeur d'une entreprise industrielle » ; HERRIOT concluait sa défense du système de Taylor par la même idée : « Le taylorisme peut s'appliquer à tout », *Créer, op. cit.*, t. I, p. 468.

75. BLUM (L.), *Lettres sur la réforme gouvernementale, op. cit.*, pp. 264-265.

76. LEROY (M.), *op. cit.*, pp. II et 50.

77. Le premier numéro parut le 10 janvier 1920. Au comité de rédaction siégeaient des intellectuels qui jouèrent un rôle actif dans l'organisation du syndicalisme intellectuel, tel Gabriel Darquet, fondateur de la revue, Henri Clouard et Gilbert Maire, deux compagnons de l'Intelligence, et Ferdinand Gros. Collabo-

raient à la revue, D. Halévy, J. Bainville, G. Valois, F. Delaisi, M. Leroy... Pour plus de détail, voir BOURDONNAIS (M.), *Le Néo-Saint-Simonisme et la Vie sociale d'aujourd'hui*, Paris, PUF, 1923.
78. *Le Producteur*, juin 1920, p. 14.
79. Cité par HERRIOT (É.), *Créer, op. cit.*, t. II, p. 336.
80. NOBLEMAIRE (G.), *Carnet de route au pays des parlementaires*, Paris, Hachette, 1923, p. 105, discours à la Chambre du 20 février 1920.
81. *Ibid.*, p. 106.
82. HERRIOT (É.), *Agir, op. cit.*, p. 77.
83. PROBUS, *L'Organisation de la démocratie, op. cit.*, pp. 20 et 31; Paul Gruet écrivait à ce propos : « Comment n'aurait-on pas le désir de voir transplantés en France les principes constitutionnels qui ont assuré la république américaine d'une stabilité gouvernementale et d'une prospérité sans pareilles », dans *Vers la Constituante, op. cit.*, p. 162. Notons au passage qu'un révisionniste comme Georges Lachapelle considérait la Constitution américaine comme un faux modèle, de toute manière inapplicable en France, dans *L'Œuvre de demain, op. cit.*, p. 237 et *sq.*
84. Probus, Lysis et Gruet, chacun à leur manière, maintiennent en effet une responsabilité ministérielle du président de la République. PROBUS, *L'Organisation de la démocratie, op. cit.*, p. 8, et *Rénovation, op. cit.*, p. 286; LYSIS, *Demain, op. cit.*, p. 158, lettre c; GRUET (P.), *Vers la Constituante, op. cit.*, pp. 163 et *sq.*
85. BLUM (L.), *op. cit.*, pp. 73, 221, 235.
86. Voir à ce propos FAYOL (H.), *op. cit.*, pp. 222-224, 245-246, 261-262; PROBUS, *La Plus Grande France, op. cit.*, pp. 186 et *sq.*; LYSIS, *Demain, op. cit.*, p. 86.
87. LYSIS, *Ce que veut la Démocratie nouvelle, op. cit.*, p. 21.
88. Il est évident que chacun entendait ses notions selon sa sensibilité propre.
89. RENOUVIN (P.), *op. cit.*, p. 130.
90. BOURGIN (H.), *Cinquante Ans d'expérience démocratique, op. cit.*, pp. 216-218.
91. Probus dans *L'Opinion*, 28 septembre 1918; Lysis dans *La Démocratie nouvelle, Probus et Nous*, 3 décembre 1918.
92. Voir PROBUS-CORRÉARD, *Nos petits hommes d'État*, Paris, Bandinière, 1925, pp. 31-38.
93. BOURGIN (H.), *op. cit.*, pp. 227-233.
94. Rapport de la Commission chargée de réunir et de publier les programmes et engagements électoraux aux élections législatives de 1919, par Louis Marin, *J. O.*, Chambre des députés, séance du 28 juillet 1920, n° 1431, p. 209.
95. Dans *Le Gouvernement de la France*, Paris, Payot, 1919, p. 241.
96. PROBUS-CORRÉARD, *op. cit.*, p. 53.
97. Voir à ce sujet, PROST (A.), *Les Anciens Combattants et la Société française*, vol. I, Paris, Presse FNSP, 1977, p. 66. Les suggestions constitutionnelles étaient d'inspiration américaine.
98. PROBUS, *La Plus Grande France, op. cit.*, p. 46.
99. Dans LABADIÉ (J.), *op. cit.*, p. 167.
100. SEMBAT (M.), *Faites un roi sinon faites la paix*, Paris, 1913.
101. RENOUVIN (P.), *op. cit.*, p. 147.
102. CROZIER (M.), *La Société bloquée*, Paris, Le Seuil, 1970, p. 23.
103. Cité dans KUISEL (R.F.), *op. cit.*, p. 87.
104. RENOUVIN (P.), *op. cit.*, p. 87.
105. Sur cette vague antiétatique voir note 13 KUISEL (R.F.), *op. cit.*, pp. 122-127; CARNOT (R.), *L'Étatisme industriel*, Paris, 1920; SCHATZ (A.)., *L'Entreprise gouvernementale et son administration*, Paris, 1922.
106. KUISEL (R.F.), *op. cit.*, p. 122.
107. Sur les anciens combattants en 1919, voir PROST (A.), *op. cit.*, t. I, pp. 63-69.
108. NOBLEMAIRE (G.), *op. cit.*, p. 23.
109. PROBUS-CORRÉARD, *op. cit.*, pp. 149-150.

110. TARDE (A. de) et JOUVENEL (R. de), *La Politique d'aujourd'hui*, Paris, Renaissance du livre, 1923, p. 6.
111. Dans *La Voix*, 27 octobre 1929.
112. « Ce qui nous sauvera et grandira la France, ce n'est point une paresse optimiste, c'est la patriotique formule de Danton », dans *Agir, op. cit.*, p. 40.
113. Sur ce point, BERSTEIN (S.), *Édouard Herriot ou la République en personne*, Paris, Presse FNSP, 1985, chapitres IV et V.
114. PROBUS-CORREARD, *op. cit.*, p. 54.
115. Discours de Ba-Ta-Clan, 7 novembre 1919.
116. Dans *L'Écho national*, 14 octobre 1923.
117. JOUVENEL (H. de), dans *Les Réformes politiques de la France*, conférence à l'École des hautes études sociales, Paris, Alcan, 1924, p. 149.
118. Sur la reconstruction, voir SAUVY (A.), *op. cit.*, t. I, chapitre XI; citation p. 211.
119. L'expression est de THIBAUDET (A.), *Les Princes lorrains*, Paris, Grasset, 1924, p. 100.

CHAPITRE II : *Une carrière, un homme*

1. TARDIEU (Ambroise), *Histoire généalogique des Tardieu*, 1893, Archives nationales, 324, Archives privées André Tardieu, carton 129 (ci-après AN 324AP 129). Sur Tardieu, voir AUBERT (L.), MARTIN (I.), MISSOFFE (M.), PIETRI (F.), POSE (A.), *André Tardieu*, Paris, Plon, 1957 (ci-après collectif AUBERT); BINION (R.), *Three defeated leaders. The political fate of Caillaux, Jouvenel and Tardieu*, New York, Columbia University Press, 1960, pp. 197-337; WEBER (Y.), *Les Idées politiques d'André Tardieu, (1876-1945)*, Nancy, Cahiers de la faculté de droit, 1967. Il existe également quelques mémoires inédits : ROUSSELLIER (N.), *André Tardieu, 1933-1939. Un itinéraire politique et intellectuel dans les années trente*, Paris X-Nanterre, 1985; FRAISSE (M.), *André Tardieu et le Parti radical, 1929-1932*, Paris X-Nanterre, 1971; BILLARD (Y.), *La Politique économique d'André Tardieu, 1929-1930*, Paris I, 1981.
2. MONZIE (A. de), *L'Entrée au Forum*, Paris, Albin Michel, 1920, p. 20.
3. Pour plus d'informations sur les années d'études d'André Tardieu, voir MISSOFFE (M.), *La Vie volontaire d'André Tardieu, essai de chronologie animée 1876-1929*, Paris, Flammarion, 1930, pp. 19-30; MONZIE (A. de), *op. cit.*, chapitre II; OLIVIERI (A.), *Revue contemporaine*, mars 1923, pp. 322-328; ainsi que les Papiers Tardieu, AN 324AP 129, carnets scolaires et diplômes de Tardieu au lycée Condorcet, 1888-1894.
4. TARDIEU (A.), *La Révolution à refaire*, t. I, *Le Souverain captif*, Paris, Flammarion, 1936, pp. 10-11.
5. TARDIEU (A.), *Le Prince de Bülow*, Paris, Calmann-Lévy, 1909, p. 5.
6. PAUL-BONCOUR (J.), *Entre-deux-guerres, Souvenirs sur la IIIe République*, t. I, Paris, Plon, 1945, p. 110 et 121.
7. TARDIEU (A.), *La Révolution à refaire, op. cit.*, t. I, p. 11.
8. Cité dans GUITARD (L.), *La Petite Histoire de la IIIe République. Souvenirs de Maurice Colrat*, Paris, Les Sept Couleurs, 1959, p. 137.
9. Le carton AN 324AP 136 contient une grande collection d'articles du *Petit Parisien* dont les thèmes principaux sont la politique coloniale et la vie culturelle parisienne.
10. Pour le détail de cette affaire, voir les cartons AN 324AP 76 et 129.
11. SUAREZ (G.), *Peu d'hommes, trop d'idées*, Paris, Éd. de France, 1928, p. 209.
12. *Ibid.*, p. 211.
13. Tardieu écrivit des articles notamment pour la *Revue des Deux Mondes*, la *Revue politique et parlementaire*, la *Revue économique internationale*, la Revue Bleue, la *Nouvelle Revue*, *The North American Review*, *Our World*, la *Deutsche Revue*, la *Revue de Belgique*...
14. Voir la bibliographie finale.

15. TARDIEU (A.), *La Révolution à refaire, op. cit.*, t. I, p. 12.

16. L'expression est de PIERREFEU (J. de), *G.Q.G., secteur 1. Trois ans au Grand Quartier Général par le rédacteur du communiqué*, Paris, Éd. Crès et Cie, 1920, vol. I, p. 169. Pour les détails de l'expérience de guerre d'André Tardieu, voir surtout : TARDIEU (A.), *Avec Foch*, août-novembre 1914, Paris, G.D., 1948; MISSOFFE (M.), *op. cit.*, pp. 111-152; GAMELIN (M.), *Servir*, Paris, Plon, 1946, vol. II, pp. XXVIII-XXIX; GALLIENI (J.), *Les Carnets de Gallieni*, Paris, Albin Michel, 1932, pp. 139, 150, 277; BINION (R.), *op. cit.*, chapitre XX, pp. 245-256.

17. Collectif AUBERT, *André Tardieu, op. cit.*, lettre de Tardieu à Gabriel Puaux, p. V.

18. RENOUVIN (P.), *Les Formes du gouvernement de guerre*, Paris, PUF, 1925, p. 125; et *J. O., Annales*, rapport n° 2319 du 7 juillet 1916 et rapport supplémentaire n° 2356 du 13 juillet 1916. La Chambre hésita, puis accepta le projet Tardieu, le 25 juillet, pour se déjuger ensuite, effrayée de son audace.

19. « Pas d'offensive générale avant que la préparation ne soit elle aussi générale [...]. L'offensive n'est pas une fin : elle n'est qu'un moyen, et ce moyen lui-même est subordonné à des conditions », Tardieu, *Petit Parisien*, 24 mai 1916; 30 janvier 1917. Voir également : POINCARÉ (R.), *Au service de la France*, Paris, Plon, 1931, t. VIII, p. 228, entretien du 19 mai 1916 et t. IX, p. 59, entretien du 6 février 1917.

20. *J. O.*, Chambre des députés, Débats, 14 décembre 1916, p. 3642 et AN 324AP 53.

21. *J. O., ibid.*, 4 décembre 1916, pp. 3642-3644; POINCARÉ (R.), *op. cit.*, t. VIII, pp. 102-103. PIERREFEU (J. de), *op. cit.*, p. 170; Tardieu, suite à ses critiques du haut commandement, fut regardé par l'ensemble du G.Q.G. comme « un modèle d'ingratitude ».

22. *Petit Parisien*, 12 avril 1917.

23. *J. O.*, Lois et décrets, 16 avril 1917.

24. TARDIEU (A.), *Devant l'obstacle. L'Amérique et Nous*, Paris, Éd. Émile-Paul Frères, 1927, pp. 224-225.

25. Pour plus de détails sur le haut commissariat de la République française aux États-Unis et sur le rôle d'André Tardieu, voir TARDIEU (A.), *L'Amérique en armes*, Paris, Fasquelle, 1919; *Devant l'obstacle, op. cit.*, pp. 215-239; CASENAVE (M.), « André Tardieu, Souvenirs d'Amérique », dans *Le Correspondant*, n° 318, 1930, pp. 892-899; collectif AUBERT, *André Tardieu, op. cit.*, pp. 57-67; BINION (R.), *op. cit.*, pp. 256-266; ainsi que la grande thèse de KASPI (A.), *La France et le Concours américain, février 1917-novembre 1918*, 3 vol., Lille, service de reproduction des thèses, 1974, pp. 160 et *sq*; enfin, voir le mémoire de maîtrise de JANSON (B.), *La Mission de Tardieu aux États-Unis, 1917-1918*, Paris I, 1966. Quant aux archives, voir l'imposante série conservée au Service historique de l'armée de terre à Vincennes, 13 N 1 à 130, ainsi que le premier versement des Papiers Tardieu au Quai d'Orsay, AEE, Papiers d'agents, sous-série 166.

26. RIBOT (A.), *Lettres à un ami*, Paris, Brossard, 1924, pp. 172-173.

27. Cité dans POINCARÉ, *Au service..., op. cit.*, t. IX, p. 425.

28. POINCARÉ (R.), *op. cit.*, p. 375 : « Il est certain que Clemenceau ne fait que dire ce que lui souffle Tardieu. Celui-ci mène entièrement celui-là. Il a pris une influence toute-puissante », voir aussi pp. 397, 417, 465.

29. TARDIEU (A.), *La Paix*, Paris, Payot, 1921, p. 95.

30. Sur la question rhénane, voir supra.

31. TARDIEU (A.), *La Révolution à refaire, op. cit.*, t.I, p. 14. Voir aussi le manuscrit de 24 pages, écrit en 1921 et intitulé *Pourquoi M. Clemenceau n'a pas été élu président de la République*, dans lequel Tardieu stigmatise surtout le clan Caillaux et Malvy, Briand ainsi que les militaires Foch, Mangin et Gérard, AN 324AP 106.

32. En 1920 et 1921, Tardieu collabora régulièrement au *Temps*, au *Petit Parisien*, au *Petit Journal*, à *L'Homme Libre*, à *L'Illustration*.

33. À plusieurs reprises Poincaré se plaignit de la forte et tenace opposition de Tardieu, voir notamment *J. O.*, Chambre des députés, Débats, 30 mai 1923, p. 2198 et 24 novembre 1923, p. 3697.

34. Bien que fondateur du journal, Clemenceau n'y écrivit jamais. Collaborèrent avec Tardieu, qui signait des éditoriaux, les députés L. Marcellin, E. Ignace, et plus rarement G. Bonnefous, G. Mandel, D. Ferry ainsi que Jean Martet, Georges Suarez, Joseph Kessel, Chichet, Paul Fuchs. Le journal parut du 10 janvier 1922 au 15 mai 1924.
35. Propos de Clemenceau rapportés par WORMSER (G.), *La République de Clemenceau*, Paris, PUF, 1961, p. 443.
36. *L'Écho national*, 10 janvier 1922.
37. *Ibid.*
38. Lettre de Tardieu à Poincaré, 14 janvier 1922, AN 324AP 67.
39. Expression de Léon Daudet, *Action française*, 18 mars 1924.
40. DOMINIQUE (P.), *Monsieur le Parlement*, Paris, Baudinière, 1928, p. 34.
41. KESSEL (J.), SUAREZ (G.), *Le Onze-Mai*, Paris, NRF, 1924, p. 77.
42. DAUDET (L.), *Souvenirs politiques*, Paris, Albatros, 1974, p. 198.
43. Lettre de Poincaré à Reibel, 21 avril 1924, dans AN 470AP Millerand, carton V. Voir aussi GUITARD (L.), *op. cit.*, pp. 117 et *sq.* Les autres colistiers de Tardieu étaient G. Amodru, Leredu, E. Gast, A. Mottu, J. Périnard, H. Rossignol, M. Bucard, V. Tison.
44. NAEGELEN (R.), *Cette Ironie que j'aime*, t. II, Paris, Hachette, 1965, p. 216, voir l'ensemble du chapitre VII.
45. Voir *Le Journal*, 11 février 1926, article de Raoul Sabatier.
46. *Le Républicain de Belfort*, 1re année, n° 1, 30 janvier 1926, p. 1; Les numéros des 3, 10, 13 et 18 février donnent d'amples informations sur la campagne électorale.
47. LAUTIER (E.), *L'Homme libre*, 15 février 1926; Daudet (L.), *L'Action française*, 16 février 1926; félicitations de Georges Clemenceau reproduite dans *Le Républicain de Belfort*, 18 février 1926.
48. Pour l'ensemble de ce programme, voir *Le Républicain de Belfort* des 25 mars, 15 avril, 12 mai, 22 mai, 30 mai et 19 juin 1926; voir également *Le Journal* du 1er juin et 11 juin 1926; et enfin son discours à l'Union du commerce et de l'industrie du 27 avril 1926, reproduit dans *Le Républicain de Belfort*, 9 juin 1926.
49. À une suggestion de rentrée politique, Clemenceau répondit alors : « Il est trop tard à une heure où je n'ai pas même Tardieu avec moi », CLEMENCEAU (G.), *Lettres à une amie*, 1923-1929, Paris, Gallimard, 1970, p. 336. Voir l'amertume croissante de Clemenceau envers « le fléchissement politique » de Tardieu dans les lettres du 24 et 26 juillet 1926, 2 août, 10 et 11 août 1926, 23 septembre 1926, 23 juin 1927, 25 septembre 1927, et 27 septembre 1929, entre autres. Sur l'entrée de Tardieu dans la combinaison Poincaré, Clemenceau écrivit : « Surtout pas un mot à l'infortuné Tardieu qu'il ne faut pas décourager même quand il gratte à la porte de l'abattoir », lettre à Nicolas Piétri, 26 juillet 1926, dans WORMSER (G.), *op. cit.*, p. 466.
50. Discours au Havre, dans *Le Républicain de Belfort*, 7 juillet 1928.
51. André Tardieu, *J. O.*, Chambre des députés, Débats, 1er décembre 1928, p. 3079.
52. Pour le bilan détaillé de cette œuvre ministérielle, voir *L'Œuvre de M. André Tardieu aux ministères des Travaux publics et de la Marine marchande*, bilan de 95 pages établi par le ministère, 2 février 1928, AN 324AP 67. Voir aussi le discours de Pierre Forgeot, successeur d'André Tardieu aux Travaux publics, *J. O.*, Chambre des députés, Débats, 15 décembre 1928. Voir également le témoignage d'Ivan MARTIN, collaborateur de Tardieu, dans collectif AUBERT, *op. cit.*, pp. 179-186.
53. Voir *J. O.*, Chambre des députés, Débats, 30 novembre 1926.
54. Pour les réactions de la presse sur l'attribution à Tardieu du ministère de l'Intérieur, voir *Le Républicain de Belfort*, 10 et 14 novembre, 5 décembre 1928.
55. Chronologie mai 1928-juin 1932, AN 324AP 82.
56. André Tardieu, *J. O.*, Chambre, Débats, 23 mai 1929, p. 6; voir dans le même débat, les critiques de Henri Guernut et Marcel Cachin. Voir aussi l'interview d'André Tardieu au *Petit Parisien*, reproduit dans *Le Républicain de Bel-*

fort, 8 mai 1929. À consulter également les notes et divers rapports sur « les activités publiques et clandestines du PCF », sur « la Banque ouvrière paysanne et le complot du 1ᵉʳ mai », AN 324AP 66.
  57. TARDIEU (A.), *La Révolution à refaire, op. cit.*, t. I, p. 56.
  58. Discours de Raymond Poincaré à Belfort, 24 septembre 1927, reproduit dans *Le Républicain de Belfort*, 1ᵉʳ octobre 1927.
  59. JOHANNET (R.), *Éloge du bourgeois français*, Paris, Grasset, 1924.
  60. Discours prononcé à la Société des industriels de l'Est, à Nancy, le 27 juillet 1930, dans TARDIEU (A.), *L'Épreuve du pouvoir*, Paris, Flammarion, 1931, pp. 98-99. Voir aussi l'allocution de Tardieu faite le 3 juillet 1921 à la Société des anciens élèves et élèves de l'École libre des sciences politiques, dans *Les Conséquences de la guerre*, Paris, F. Alcan, 1921, l'introduction.
  61. THIBAUDET (A.), *La République des professeurs*, Genève, Slatkine, 1979 (rééd. 1927), pp. 236 et sq.
  62. Note de Tardieu en marge de ses lectures préparatoires des volumes de *La Révolution à refaire*, AN 324AP 83.
  63. TARDIEU (A.), *La Révolution à refaire, op. cit.*, t. I, p. 9.
  64. TARDIEU (A.), discours du 24 juin 1927, inauguration d'une plaque commémorative de Jules, Charles et Abel Ferry.
  65. TARDIEU (A.), *Paroles réalistes*, Paris, Figuière, 1928, pp. 195-196.
  66. TARDIEU (A.), « À la jeunesse française », discours sur les traités de paix, à la fête des Éclaireurs unionistes, 22 juin 1919.
  67. TARDIEU (A.), *L'Épreuve du pouvoir*, Paris, Flammarion, 1931, pp. 213-214.
  68. TARDIEU (A.), « À la jeunesse française », discours cité, 22 juin 1919.
  69. TARDIEU (A.), discours cité, 3 juillet 1919, dans *Les Conséquences de la guerre, op. cit.*, ou AN 324AP 57.
  70. TARDIEU (A.), discours au banquet annuel des Parisiens de Paris, 25 février 1931, AN 324AP 59.
  71. Témoignage de PUAUX (G.), dans collectif AUBERT,*André Tardieu, op. cit.*, p. x.
  72. ALAIN, *Éléments d'une doctrine radicale*, Paris, NRF, 1925, p. 108.
  73. Union démocratique de la Haute-Saône, 21 octobre 1930, cité par LIVET (P.), *Les Dix Années de la Troisième République vues à travers les éditoriaux d'un journal radical*, Dijon, DES, faculté de droit et de sciences économiques, 1965, p. 15.
  74. THIBAUDET (A.), *Les Idées politiques de la France*, Paris, Stock, 1932, p. 17. Voir aussi sur cette question des étiquettes politiques : SEIGNOBOS (Ch.), « La signification historique des élections françaises de 1928 », dans *L'Année politique française et étrangère*, 1928, p. 260.
  75. TARDIEU (A.), *La Révolution à refaire, op. cit.*, t. I., pp. 9-13.
  76. TARDIEU (A.), discours à Belfort, 3 juillet 1927, dans *Le Républicain de Belfort*, 6 juillet 1927.
  77. *Ibid.*
  78. *J. O.*, Barodet, Chambre des députés, Annexe n° 1471, 25 mars 1925, pp. 840-845.
  79. TARDIEU (A.), *Le Prince de Bülow*, Paris, Calmann-Lévy, 1909, p. 366.
  80. Sur l'orléanisme politique, voir RÉMOND (R.), *Les Droites en France*, Paris, Aubier, 1982, pp. 84-98. René Rémond parle d' « orléanisme à l'américaine » pour Tardieu, p. 192.
  81. TARDIEU (A.), dans *L'Écho national*, 30 juin 1922.
  82. GAMBETTA (L.) dans BARRAL (P.), *Les Fondateurs de la Troisième République*, Paris, Armand Colin, 1968, discours du 18 avril 1872, Le Havre, p. 162.
  83. BLUM (L.) dans KESSEL (J.), SUAREZ (G.), *Le Onze-Mai*, Paris, NRF, 1924, p. 25; voir aussi l'avis d'Anatole de Monzie, *ibid.*, p. 155; HERRIOT, *J. O.*, Chambre des députés, Débats, 2 mars 1923, p. 912; le *Bulletin quotidien*, 1ᵉʳ août 1922, « Une controverse Lautier-Tardieu », pp. A5-A8; et PRIVAT (M.), *Les Heures d'André Tardieu et la crise des partis*, Paris, Portiques, 1930, p. 100.
  84. RECOULY (R.), « Une visite à André Tardieu », dans *Revue de France*, III, 1927, p. 232.

85. Sur le nationalisme français, voir GIRARDET (R.), *Le Nationalisme français*, Paris, Le Seuil, 1983.
86. TARDIEU (A.), *Paroles réalistes, op. cit.*, p. 41.
87. Sur cette question, voir GIRARDET (R.), *op. cit.*, p. 70-84 ; et NORA (P.), « Ernest Lavisse : son rôle dans la formation du sentiment national », *Revue historique*, juillet-septembre 1962, pp. 73-106.
88. TARDIEU (A.), *L'Heure de décision*, Paris, Flammarion, 1934, pp. 259-262.
89. Discussion du 3 juillet 1927, *Le Républicain de Belfort*, 6 juillet 1927.
90. TARDIEU (A.), *La Paix, op. cit.*, p. 171.
91. TARDIEU (A.), *La Note de semaine, 1936*, Paris, Flammarion, 1937, p. 117.
92. TARDIEU (A.), « La campagne contre la Patrie », *Revue des Deux Mondes*, 1er juillet 1913, p. 80.
93. Le premier point du premier programme électoral de Tardieu en 1914 était celui-ci : « Maintien intégral et application loyale de la loi de trois ans, impérieusement nécessaire à la sécurité de la France ; répression des campagnes antimilitaristes et antipatriotiques », dans *J. O.*, Barodet, 1914, p. 1176.
94. TARDIEU (A.), *Notes sur les États-Unis, op. cit.*, p. 30.
95. *Ibid.*, p. 116.
96. TARDIEU (A.), *Devant l'obstacle, op. cit.*, p. 69.
97. *Ibid.*, p. 74.
98. *Ibid.*, p. 111. Voir aussi *L'Épreuve du pouvoir*, Paris, Flammarion, 1931, pp. XIV-XV.
99. Voir *La Paix, op. cit.*, pp. 14-15.
100. *Ibid.*, p. 423 ; voir aussi, *L'Épreuve du pouvoir, op. cit.*, pp. 76-77.
101. *L'Écho national*, 30 avril 1922.
102. *L'Écho national*, 10 janvier 1922.
103. TARDIEU (A.), *J. O.*, Barodet, 1919, 28 juillet 1920, annexe 1431, p. 851.
104. *L'Écho national*, 31 mai 1922 ; voir aussi les éditoriaux des 14 janvier 1922, 30 juin 1922, 27 juillet 1922 ; ainsi que la campagne de photographies montrant des cadavres et des scènes horribles dues à la terreur bolchevique.
105. *L'Écho national*, 25 mai 1922, 4 juin 1922 ainsi que l'ensemble des articles précédant les législatives de mai 1924.
106. Voir FRANÇOIS-ALBERT, dans *Revue politique et parlementaire*, 10 novembre 1921, p. 258. GEODORP (V.), *Figures du Temps, op. cit.*, pp. 213-214, 228 ; NORMAND (G.), dans *France active*, avril 1929, p. 18.
107. DAUDET (L.), *Souvenirs politiques, op. cit.*, p. 198.
108. APP BA 1586, note 362, Henry de Jouvenel, *Hommes et documents*, n° 100, 4 mars 1930, p. 7. Voir aussi le souvenir de Maurice Colrat, dans GUITARD (L.), *La Petite Histoire de la IIIe République, op. cit.*, pp. 137-138.
109. AN 324AP 45, « Ce qu'il coûte d'être indépendant », p. 15.
110. Les radicaux-socialistes donnèrent de cette association une image troublante : « Le requin [surnom donné à Tardieu du fait de sa mâchoire " carnassière "] plane sur les hautes cheminées », dans *La Frontière*, février 1926.
111. À propos de ces deux affaires, le dépouillement des dossiers conservés aux Archives nationales sous la cote 324AP 69 à 74 nous laisse une impression contradictoire quant au bien-fondé de l'accusation. Une chose semble certaine pourtant : Tardieu, dans ses dix années passées au *Temps*, s'était toujours fait le vigilant défenseur des intérêts coloniaux de la France, surtout vis-à-vis de l'Allemagne. Si prébenbe il y eut, ce ne fut pas pour corrompre son opinion, mais pour la conforter... À la veille des élections de 1914, dans une lettre du 26 mars, Stephen Pichon lava Tardieu des accusations d'affairisme qui pesaient sur lui : « En raison même des divergences de vues politiques qui nous ont parfois séparés, je tiens à remplir un devoir de loyauté en déclarant de la façon la plus nette que votre rôle, dans la question de la N'Goko Sangha et dans celle du Homs-Bagdad, a été absolument correcte, parfaitement désintéressée et inspirée d'une vue clairvoyante de l'intérêt national », AN 324AP 106. Sur les campagnes contre « le patriotisme d'affaire » d'André Tardieu, voir les coupures de *L'Humanité*, de *La Bataille syndicaliste*, et de *La République française* conservées à la Préfecture de Police, APP, BA 1586.

112. Pierre Dominique le reconnut : « Ses ennemis, dont nous avons été, lui ont parfois jeté dans les jambes la N'Goko Sangha et le chemin de fer Homs-Bagdad avec Maimon. Ce sont projectiles politiques. C'est ainsi que l'on bombarda longtemps Clemenceau avec l'affaire Norton et Cornélius Hertz, sans oublier quelques autres gentillesses. Tardieu est cuirassé contre ces cailloux-là », dans *Monsieur le Parlement, op. cit.*, p. 34.
113. MORIZET (A.), dans *Le Quotidien*, 9 février 1926.
114. AN, ministère de l'Intérieur, police générale, F7 12957, voir notamment les rapports sur la situation politique d'août à octobre 1929. Lettre de Mme Doumergue, 3 novembre 1929, AN 324AP 131.

CHAPITRE III : *L'homme de demain*

1. BARTHÉLEMY (J.), dans *Revue politique et parlementaire*, septembre 1927, p. 335.
2. JOUVENEL (H. de), dans *Revue des vivants*, décembre 1929, p. 40.
3. JOUVENEL (H. de), *Pourquoi je suis syndicaliste*, Paris, 1928, p. 10.
4. GUITARD (L.), *La Petite Histoire de la III*^{e} *République. Souvenirs de Maurice Colrat, op. cit.*
5. Lémery, Paul-Boncour, Colrat, Monzie furent secrétaires de la Conférence du stage des avocats, pépinière des élites du barreau et de la politique.
6. Tardieu dirigeait le bulletin de l'étranger au *Temps*, Colrat était directeur de *L'Opinion*, Henry de Jouvenel était rédacteur en chef du *Matin*.
7. LÉMERY (H.), *D'une République à l'autre, op. cit.*, p. 7.
8. JOUVENEL (H. de), *op. cit.*, p. 20.
9. MONZIE (A. de), *L'Entrée au forum, op. cit.*, pp. 10-11 ; LÉMERY (H.), *op. cit.*, pp. 18-22.
10. Paul-Boncour en était le président, Colrat le vice-président, et Henry de Jouvenel le secrétaire général. Quant à Tardieu, secrétaire de Waldeck-Rousseau, nous n'avons trouvé aucune information nous permettant de l'inclure ou de l'exclure de cette entreprise, éphémère d'ailleurs.
11. SORLIN (P.), *Waldeck-Rousseau*, Paris, Armand Colin, 1966, p. 488.
12. TARDIEU (A.), *L'Épreuve du pouvoir, op. cit.*, p. 102.
13. PAUL-BONCOUR (J.), *Le Fédéralisme économique*, Paris, 1902. Waldeck-Rousseau signa la préface.
14. *Ibid.*, p. 11.
15. LÉMERY (H.), *op. cit.*, p. 18 ; JOUVENEL (H. de), *op. cit.*, p. 11 ; GUITARD (L.), *op. cit.*, p. 28.
16. Voir WALDECK-ROUSSEAU (R.), *Pour la République*, Paris, Fasquelle, 1904, pp. IV, 10, 13, 86, 320, 325.
17. *Ibid.*, pp. 82, 153, 182, 321, 325.
18. *Ibid.*, pp. 155-156, 192-193, 222, 300-301, 414.
19. THIBAUDET (A.), *Les Idées politiques de la France, op. cit.*, p. 70.
20. Voir à ce sujet la mise en place du « Grand Cercle républicain », dans SORLIN (P.), *op. cit.*, pp. 380-386.
21. Précisons que parmi ces « sept débutants », il y avait trois noms à particule : Henry de Jouvenel des Ursins, Anatole de Monzie et Maurice Colrat de Montorzier.
22. PAUL-BONCOUR (J.), *Entre-deux-guerres, op. cit.*, p. 39.
23. TARDIEU (A.), *Notes sur les États-Unis, op. cit.*, p. 20 ; TARDIEU (A.), *Devant l'obstacle, op. cit.*, p. 309.
24. MONZIE (A. de), *op. cit.*, p. 249.
25. PRIVAT (M.), *Les Heures d'André Tardieu et la Crise des partis, op. cit.*, p. 31.
26. Sur cette « génération du feu », voir WOHL (R.), *The Generation of 1914*, Cambridge, Harvard University Press, 1979 ; PROST (A.), *op. cit.*, vol. III, notamment pp. 135-137.
27. Tardieu est membre de l'UNC, section de Paris ; voir sa carte de combattant aux AN 324AP 49.

28. TARDIEU (A.), *L'Épreuve du pouvoir, op. cit.*, pp. 71-72, discours du 18 mai 1930.
29. TARDIEU (A.), *Avec Foch, août-novembre 1914*, Paris, Flammarion, 1939, p. 156.
30. TARDIEU (A.), *La Révolution à refaire, op. cit.*, t. I, p. 13.
31. TARDIEU (A.), Discours «*À la jeunesse française*», 22 juin 1919.
32. TARDIEU (A.), *L'Épreuve du pouvoir, op. cit.*, p. 72.
33. BARRÈS (M.), cité par MISSOFFE (M.), *op. cit.*, p. 152.
34. Voir WOHL (R.), *op. cit.*, p. 208; PROST (A.), *op. cit.*, vol. III, p. 137.
35. *L'Écho national*, 1er août 1922.
36. *Ibid.*, 18 juillet 1923.
37. *Ibid.*
38. TARDIEU (A.), *L'Épreuve du pouvoir, op. cit.*, p. 81.
39. TARDIEU (A.), Discours de janvier 1928, dans *Pour mieux connaître la France*, publications du Comité d action économique et douanière, 1928, p. 25. Sur le même thème, voir *Paroles réalistes, op. cit.*, pp. 195-196; discours à Bourges, 2 mai 1931, aux AN 324AP 54, feuilles dactylographiées, pp. 27-28.
40. TARDIEU (A.), *Notes sur les États-Unis, op. cit.*, p. II.
41. *Ibid.*, pp. 101-106.
42. *Ibid.*, pp. 102 et 135.
43. Discours d'André Tardieu à Delle, 15 septembre 1929, dans *Le Républicain de Belfort*, 18 septembre 1929. Dans la préface du livre de PETSCHE (M.), DONGE (J.), *Signe positif. À la recherche des temps nouveaux*, Paris, Hachette, 1928, Tardieu écrivait : « De l'optimisme, du calme, de la bonne humeur, de l'imagination, des idées, voilà pour cette période neuve, le nécessaire bagage dont se doivent munir les volontés résolues à toucher le but. »
44. TARDIEU (A.), *Devant l'obstacle, op. cit.*, pp. 53-66.
45. *Ibid.*, pp. 57, 204.
46. *Ibid.*, p. 114.
47. TARDIEU (A.), *Notes sur les États-Unis, op. cit.*, pp. 119, 126-127.
48. *Ibid.*, p. 205.
49. *Ibid.*, p. 95.
50. *Ibid.*, p. 207.
51. TARDIEU (A.), *Devant l'obstacle, op. cit.*, pp. 49-51.
52. REYNAUD (P.), *Revue hebdomadaire*, 15 juin 1929, pp. 261-262; voir également sur cette question, *J. O.*, Débats, Chambre des députés, séance du 8 novembre 1929, p. 3067 et l'accueil de la victoire du Front populaire par Reynaud, *Le Temps*, 9 mai 1936.
53. *L'Écho national*, 30 juin 1922.
54. TARDIEU (A.), *Le Mystère d'Agadir, op. cit.*, p. 604.
55. TARDIEU (A.), *Notes sur les États-Unis, op. cit.*, p. II.
56. RÉMOND (R.), *op. cit.*, p. 192.
57. MAIER (Ch. S.), « Between taylorism and technocracy : European ideologies and the vision of industrial productivity in the 1920s », in *Journal of Contemporary History*, 5, 2, 1970, pp. 35-37.
58. Ces secteurs furent notamment l'industrie chimique, l'automobile, le pétrole, l'électricité, les métaux. De 1924 à 1929, la production industrielle s'accrut de 5 % par an, contre 2,4 % pour la période 1900-1914. L'indice de production industrielle atteint en 1929 ne sera retrouvé qu'en 1951. Voir SAUVY (A.), *op. cit.*, t. I., pp. 266-269; GIDE (C.), et OUALID (W.), *op. cit.*, pp. 195-278; FOHLEN (C.), *La France de l'entre-deux-guerres*, Paris, Casterman, 1966, pp. 67-83; KUISEL (R.F.), *Le Capitalisme et l'État en France, op. cit*, pp. 156-159.
59. Voir notamment, DUBREUIL (H.), *Standards. Le Travail américain vu par un ouvrier français*, Paris, 1929; MOCH (J.), *Socialisme et Rationalisation*, Bruxelles, L'Églantine, 1927, préface de Léon Blum; pour Charles SPINASSE, voir son discours à la Chambre des députés, *J. O.*, séance du 1er février 1928. HERRIOT (É.), *Pourquoi je suis radical-socialiste, op. cit.*, pp. 159-160. Herriot, en défendant la rationalisation, fit cette profession de foi productiviste. « Nous croyons que l'avenir – le véritable avenir – appartiendra aux partis qui auront su le mieux

organiser la production. » Tous ces auteurs inscrivaient leur analyse de la rationalisation de la production dans la ligne du socialisme saint-simonien. Blum se montra plus réservé vis-à-vis de la rationalisation présentée comme une sorte de « bonapartisme industriel », voir notamment sa préface à Jules Moch et son article dans *Le Populaire*, 10 mai 1927. PHILIP (A.), *Le Problème ouvrier aux États-Unis*, Paris, 1927, demandait que l'américanisation fût accompagnée d'un changement dans la propriété des moyens de production.

60. Le livre de référence sur ce mouvement, KUISEL (R.F.), *Ernest Mercier, French technocrat,* University of California Press, 1967. Voir aussi le carton aux Archives nationales, ministère de l'Intérieur, Police générale, série F7 13240. Ainsi que le périodique *Le Redressement français, centre d'études et d'action sociale, économique et politique*, bulletin mensuel, Paris (premier numéro conservé à la BN, n° 5, 1er novembre 1926); et enfin les 35 Cahiers du *Redressement français*, 1re série, Paris, Éd. de la SAPE, 1927.

61. À l'origine, le conseil d'administration du RF était formé principalement de managers et d'ingénieurs polytechniciens issus du groupe Messine d'Albert Petsche et d'Ernest Mercier. À ceux-ci s'ajoutaient Jacques Bardoux, Émile Mireaux, directeurs de la SEIE, le comte de Fels, Max Leclerc, éditeur (Armand Colin), les professeurs Émile Bourgeois (histoire), J.L. Faure (médecine), Louis Germain-Martin (économie), Achille Mestre (droit) et Raphaël Alibert, membre du Conseil d'État. Au premier congrès du RF (avril 1927), le comité de patronage rassemblait, notamment, les maréchaux Foch et Lyautey, l'économiste Colson, René Duchemin, président du CGPF, Arthur Fontaine, polytechnicien, Peyerimhof, Richemond, président de l'Union des industries métallurgiques et minières, les académiciens René Doumic et Émile Picard, Charles Gide, professeur au Collège de France... Participèrent à la rédaction des 35 premiers Cahiers du RF, notamment, en plus de certains noms cités ci-dessus, Auguste Detœuf, directeur de Thomson-Houston France, Paul Devinat, spécialiste du « scientific management » et collaborateur d'Albert Thomas, E. Giscard d'Estaing, inspecteur des finances, Paul Desjardins, Raoul Dautry, directeur des chemins de fer d'État, William Oualid, professeur... Pour une liste plus complète voir, le *Le Bulletin du RF*, n° 5, 1er novembre 1926 et *Le Peuple*, 3 avril 1927.

62. Fascicule préparatoire au Congrès national du RF, 28 février 1927, AN F7 13240; Lucien Romier, économiste, sociologue et historien, journaliste influent, apprécié tant par la bourgeoisie industrielle que par la gauche modérée, fut l'une des principales plumes du RF. Il écrivait les éditoriaux du *Bulletin* et proposa un programme synthétique du mouvement dans : *Idées très simples pour les Français*, Paris, S. Kra, 1928. Sur le retard français, voir ROMIER (L.), *op. cit.,* pp. 8-11; KUISEL (RF), *op. cit.,* pp. 51-52.

63. MERCIER (E.), « Réflexions sur l'élite », dans *Revue des Deux Mondes*, 15 février 1928, pp. 882-896.

64. « L'esprit du RF est celui de la génération qui a fait la guerre », dans *Le RF*, « Organisation et Réforme », janvier 1927, p. 5. Voir également, *Le Bulletin du RF*, 1er janvier 1927, pp. 1-3.

65. BOURGOIN (P.), « La rationalisation », dans *Revue de France*, 15 novembre 1929, p. 292. À propos de « rationalisation », Gérard Brun écrit : « le mot et l'idée reveanient dans les écrits du moment d'une façon presque obsédante », dans *Technocrates et technocratie en France, op. cit.,* p. 96.

66. FLANDIN (P.-E.), « Le problème social », dans *Revue de Paris*, 1er février 1928, p. 502. Voir aussi, *Le Bulletin du RF*, janvier 1927, p. 23.

67. Tract aux instituteurs de France, janvier 1928, RF, AN F7 13240.

68. GISCARD-D'ESTAING (E.), article cité, p. 688.

69. MERCIER (E.), « Les conséquences sociales de la rationalisation en France », *Cahier du RF*, n° 10, 1927, pp. 1 à 42.

70. *Le Bulletin du RF*, 1er janvier 1927, p. 25, ROMIER (L.), *Idées très simples..., op. cit.,* p. 62.

71. ROMIER (L.), *Qui sera le maître, Europe ou Amérique?*, Paris, Hachette, 1927, p. 209.

72. ROMIER (L.), *Idées très simples..., op. cit.,* pp. 120-122.

73. Giscard d'Estaing (Ed.), article cité, p. 674.
74. Le *RF*, « Organisation et Réformes », janvier 1927, p. 13. Le *RF* versait des subsides à la revue anticommuniste la *Vague rouge*.
75. Affiche du RF, AN F7 13240.
76. Discours d'André Tardieu au congrès de la fédération des syndicats patronaux du bâtiment et des travaux publics de l'Est, 4 juin 1928, AN 324AP 55.
77. La réforme administrative, *Cahiers du RF,* série I, vol. 27, 1927, p. 16. Romier (L.), *Idées simples..., op. cit.,* p. 126.
78. Kuisel, (R.F.), *Ernest Mercier..., op. cit.,* pp. 50-51.
79. Sur la tendance politique du mouvement, les interrogations furent nombreuses, comme l'indique cette note du 7 novembre 1927 de la série F7 13240 : « Depuis que le RF s'est constitué, il n'a cessé d'intriguer les milieux politiques. Que veut-il? Où va-t-il? se demandait-on à gauche et à droite. On l'attendait à l'œuvre car on pensait bien qu'il allait entreprendre quelque chose. Or, à la surprise générale, sa seule manifestation a été un congrès en avril dernier, avec un Comité de patronage si singulièrement panaché et bariolé que l'on n'y pouvait trouver aucune indication de véritable tendance. » Sur les polémiques entre le comte de Fels et Mercier, François Coty et Mercier à propos de la couleur politique du mouvement, voir le résumé des controverses fait par Kuisel (R.F.), *Ernest Mercier..., op. cit.,* pp. 74-77.
80. Mercier (E.), réponse à la conférence de H. Berthélemy, *op. cit.,* p. 25.
81. AN F7 13240, Plan d'organisation du RF, février 1927.
82. Tardieu (A.), *Paroles réalistes, op. cit.,* p. 214.
83. Suarez (G.), « André Tardieu », *Revue de Paris,* 1er juin 1927, p. 698.
84. Discours d'André Tardieu prononcé à Saint-Dié, le 17 août 1919, au transfert des cendres d'Abel Ferry, AN 324AP 54.
85. *Bulletin du RF,* 1er mai 1927, p. 6.
86. *Bulletin du RF,* 15 novembre 1929, p. 6. Plus tard, Mercier admit qu'il fut tenté de confier la présidence du RF à André Tardieu mais n'alla pas jusque-là afin de préserver l'indépendance du mouvement; voir *ibid.,* 1er février 1931, p. 10.
87. Pour le détail de cette fusion, voir Rials (S.), *op. cit.,* p. 145.
88. « Revue de presse », dans *Le Républicain de Belfort,* 8 décembre 1928.
89. Blum (L.), dans *Le Populaire,* 6 mai 1930; Moch (J.), *Une si longue vie,* Paris, Robert Laffont, 1976, pp. 66-67.
90. Romier (L.), *Idées simples..., op. cit.,* p. 109.
91. François-poncet (A.), *Réflexions d'un républicain moderne,* Paris, Grasset, 1925, pp. 16-17.
92. *Ibid.,* pp. 33-34.
93. *Notre Temps,* 20 juin 1927, article de G. Potut; *L'Année politique française et étrangère,* n° 1, 1925, *Notre Programme,* p. 5.
94. *Notre Temps,* 20 décembre 1927, Jean Luchaire.
95. Montagny (J.), *La République réaliste,* Paris, Éd. Renaissance, 1927; Roux (G.), *Essai de politique réaliste,* Paris, éd. Kra, 1928; Felice (P. de), *Réalisme,* Paris, Grasset, 1928; Luchaire (J.), *La Génération réaliste,* Paris, Librairie Valois, 1929; Archambault (P.), *Réalisme démocratique,* Paris, Spes, 1930.
96. Luchaire (J.), *op. cit.,* p. 116; Montagny (J.), *op. cit.,* p. 33.
97. *Ibid.,* p. 80.
98. Sur les jeunes radicaux, voir Luchaire (J.), *op. cit.,* pp. 110-131; Berstein (S.), *Histoire du parti radical,* vol. 2, *op. cit.,* pp. 94-125.
99. *Notre Temps,* 20 juin 1927, p. 4.
100. Sur ces organes de presse, Luchaire (J.), *op. cit.,* pp. 105-109; Berstein (S.), *op. cit.,* vol. 2, pp. 101-102.
101. Pour le détail du programme « jeune radical », voir *La Volonté,* 9 mars 1929, « Programme d'action républicaine ».
102. Selon le titre d'un ouvrage de Bertrand de Jouvenel publié d'abord dans *Notre Temps* de octobre 1927 à juin 1928 avant d'appartenir à la collection des douze volumes que la Librairie Valois consacra aux écrivains « nouvelles équipes ».

103. « La Volonté », cité dans la « Revue de presse » du *Républicain de Belfort*, 8 décembre 1928; les *Cahiers bleus*, 1ᵉʳ mars 1930, p. 28; *L'État moderne*, juin 1930, p. 489.
104. TARDIEU (A.), *Paroles réalistes, op. cit.*, pp. 18-19. Cette première citation sert d'exergue à tout l'ouvrage.
105. Préface d'André Tardieu à PETSCHE (M.), DONGE (J.), *op. cit.*, p. VI.
106. *Ibid.*, p. VI.
107. ROMIER (L.), *Idées très simples..., op. cit.*, p. 108.
108. LUCHAIRE (J.), *op. cit.*, p. 130.
109. Discours du 3 juillet 1927 à Belfort, dans *Le Républicain de Belfort*, 6 juillet 1927.
110. *La Volonté*, 21 octobre 1927, Albert Dubarry. Voir aussi 8 juillet 1927 sur le « parti central » proposé par Tardieu.
111. Cité par BERSTEIN (S.), *op. cit.*, vol. II, p. 100.
112. FRANÇOIS-PONCET (A.), *op. cit.*, p. 91.
113. THIBAUDET (A.), *La République des professeurs, op. cit.*, p. 171.
114. JOHANNET (R.), *op. cit.*, p. 263.
115. ROMIER (L.), *Idées très simples..., op. cit.*, p. 8.
116. PETSCHE (M.), DONGE (J.), *op. cit.*, p. 56.

CHAPITRE IV : *L'épreuve du pouvoir*

1. *Le Soir*, 6 novembre 1929.
2. *J. O.*, Chambre des députés, Débats, 8 novembre 1929, pp. 2999-3001. Les citations sans référence ci-dessous sont extraites de ces mêmes pages.
3. Cité dans GUITARD (L.), *op. cit.*, p. 136.
4. Le détail de cette majorité est le suivant : tous les membres de l'URD et de l'Alliance démocratique, et tous les démocrates populaires; puis 13 sur 17 membres de la gauche sociale et radicale, 44 sur 52 membres de la gauche radicale, 10 sur 20 membres des républicains socialistes, enfin 38 sur 45 indépendants.
5. Cette expression recouvre en fait les questions de santé publique et d'éducation.
6. *J. O., ibid.*, p. 3001.
7. RÉMOND (R.), *Les Droites en France, op. cit.*, p. 192; BINION (R.), *op. cit.*, chapitre XXII; NÉRÉ (J.), *La Troisième République, 1914-1940*, Paris, Armand Colin, 1967, p. 78.
8. PRIVAT (M.), *op. cit.*, pp. 244-245.
9. TARDIEU (A.), *Notes sur les États-Unis, op. cit.*, pp. 95 et 206-207.
10. TARDIEU (A.), *Avec Foch, op. cit.*, p. 18.
11. HERVÉ (G.), article de *L'Avenir*, cité dans *Le Républicain de Belfort*, 12 mai 1926 et 23 juin 1926.
12. *L'Écho national*, 8 mars 1924.
13. TARDIEU, discours du 27 avril 1926, dans *Le Républicain de Belfort*, 9 juin 1926.
14. Voir *J. O.*, Chambre des députés, Débats, séance du 16 décembre 1922, p. 4222; *L'Écho national*, 8, 12, 20 octobre 1923 et les articles d'avril et de mai 1924.
15. *Ibid.*, p. 73.
16. *Ibid.*, p. 233.
17. *Ibid.*, pp. 66 et 140.
18. *L'Écho national*, 24 octobre 1922.
19. TARDIEU (A.), *L'Épreuve du pouvoir, op. cit.*, pp. 79 et 94.
20. *Ibid.*, p. XIV.
21. ROMIER (L.), *Idées très simples..., op. cit.*, pp. 114-115.
22. Sur la Chambre de 1928, voir MORINI-COMBY (J.), « La France de 1928 et 1929 : étude de sa politique intérieure », dans *L'Année politique française et étrangère*, décembre 1929, pp. 410-452; SEIGNOBOS (C.), « La signification histo-

rique des élections françaises de 1928 », *ibid.*, décembre 1928, pp. 257-282; Prelot (M.), « La France en 1930 et 1931 : sa politique intérieure », *ibid.*, décembre 1931, pp. 68-123.
  23. Voir Morini-Comby (J.), article cité, p. 419.
  24. Siegfried (A.), *Tableaux des partis en France, op. cit.*, p. 128.
  25. Luchaire, *Notre Temps*, 4 janvier 1931.
  26. *J. O.*, Chambre des députés, Débats, séance du 16 décembre 1929, p. 4385.
  27. *J. O.*, Chambre des députés, Débats, séance du 8 novembre 1929, p. 3067.
  28. *Ibid.*, p. 3067.
  29. Cet article de Blum, intitulé « La dislocation des partis », dénonçait la manœuvre de Tardieu engagée sous l'enseigne du « réalisme » : « Le " réalisme " dont M. Tardieu est le héros, tend-il à autre chose qu'à l'élimination des formations politiques traditionnelles? Quand on invite les partis à oublier leurs principes pour s'unir dans l'action " réelle ", leur propose-t-on autre chose que l'émiettement et l'abdication? », dans *Le Populaire*, 19 novembre 1929.
  30. Tardieu (A.), *Devant le pays, op. cit.*, p. 192.
  31. L'expression est de Odile Rudelle.
  32. Rémond (R.), *Les Catholiques dans la France des années 30*, Paris, Cana, 1979, p. 14; Siegfried (A.), *Tableau des partis en France, op. cit.*, p. 181.
  33. *L'Écho de Paris*, 17 août 1925. Sur l'activité du Centre, AN, ministère de l'Intérieur, Police générale, F7 13237, notes des 18 janvier et 26 février 1927.
  34. Philippet (J.), *Les Jeunesses Patriotes et Pierre Taittinger*, 1924-1940, Paris, IEP, mémoire inédit, 1967, chapitre II. Sur cette évolution des JP voir aussi l'article de Irwine (W.D.), « French Conservatrices and the " New Right " during the 1930s », in *French Historical Studies*, 1974, pp. 537-538.
  35. *Action française*, 11 mars 1929.
  36. Suite aux refus plusieurs fois réitérés de Taittinger d'accepter le portefeuille des Colonies, celui-ci se croyant plus utile à la tête de son mouvement, Tardieu aurait confié ses regrets à François Hulot en 1937 : « Peut-être Taittinger a-t-il eu raison, mais quel dommage pour la photographie de famille sur le perron de l'Élysée », cité par Philippet (J.), *op. cit.*, p. 98.
  37. Tardieu (A.), *L'Heure de la décision, op. cit.*, p. 252.
  38. Tardieu (A.), *L'épreuve du pouvoir, op. cit.*, p. xv.
  39. Tardieu (A.), *Devant le pays, op. cit.*, p. 191.
  40. Cité dans Bonnefous (E.), *op. cit.*, t. IV, p. 116.
  41. Tardieu (A.), *La Profession parlementaire*, Paris, Flammarion, 1937, p. 81.
  42. Voir *L'Écho national*, 25 mai 1922, 3 juin 1922, 11 mai 1924.
  43. Bonnet (G.), *Vingt Ans de vie politique, 1918-1938*, Paris, Fayard, 1969, p. 129.
  44. Sur Tardieu et ses relations avec le Parti radical, voir Fraisse (M.), *André Tardieu et le Parti radical, 1929-1932. L'échec d'une expérience*, Paris, mémoire IEP, 1971; ainsi que l'ouvrage classique de Berstein (S.), *Histoire du Parti radical, op. cit.*, t. II, chapitre III; voir aussi, *Les Radicaux-socialistes et l'Union nationale*, note de dix-sept pages, portant sur les années 1928-1932, conservée aux AN 324AP 65.
  45. L'expression est de Daniel Halévy.
  46. Parti radical-socialiste, 26ᵉ Congrès, Reims, 24-27 octobre 1929, Paris, au siège du Comité exécutif, déclaration du Parti, p. 386.
  47. Ordre du jour d'Yvon Delbos, dans *Le Républicain de Belfort*, 6 novembre 1929.
  48. *L'Homme libre*, 8 novembre 1929.
  49. Daladier, *La République*, 11 octobre 1929; Berstein (S.), *Histoire du Parti radical, op. cit.*, pp. 138-142.
  50. 20 octobre 1929.
  51. Lautier, *L'Homme libre*, 8 et 12 novembre 1929; Dubarry, cité dans *Le Bulletin quotidien*, 13 novembre 1929; Luchaire, *Notre Temps*, 1ᵉʳ et 15 décembre 1929.

52. Discours de Herriot, dans *La Dépêche de Toulouse*, 28 novembre 1929.
53. *La Voix*, 3, 10 et 17 novembre 1929.
54. Communiqué remis à la presse le 1er mars 1930 par Tardieu suite à l'entretien avec Herriot, dans *ibid.*, pp. 17-18; voir également, BERSTEIN (S.), *Histoire du Parti radical, op. cit.*, pp. 160-161.
55. Jammy-Schmidt cité par BERSTEIN (S.), *Histoire du Parti radical, op. cit.*, pp. 160-161.
56. Procès-verbal du Comité Cadillac, dans BONNEFOUS (E.), *op. cit.*, p. 18.
57. AN 324AP 133, lettre du 1er mars 1930; en mai-juin, des rumeurs persistantes laissaient croire à un rapprochement des deux adversaires, Tardieu et Daladier, en vue de former un gouvernement de concentration, voir AN, ministère de l'Intérieur, Police générale, F7 129957, notes des 15, 24, 26 mai 1930 et note du 18 juin 1930 et BERSTEIN (S.), *op. cit.*, t. II, p. 162.
58. TARDIEU (A.), *L'Épreuve du pouvoir, op. cit.*, pp. 36, 40, 41.
59. BLUM (L.), *Le Populaire*, 2 et 5 juin 1930.
60. *L'Ère nouvelle*, 5 juin 1930; voir aussi *La Dépêche de Toulouse* et *Le Quotidien* du 2 juin 1930. Sur l'union retrouvée, voir APP BA, note 221, 2 juin 1930 et BERSTEIN (S.), *op. cit.*, t. II, pp. 163-164.
61. HERRIOT (E.), *L'Ère nouvelle, op. cit.*
62. HERRIOT (E.), *Jadis*, t. II, Paris, Flammarion, 1952, p. 285; BLUM (L.), *Le Populaire*, 5 mars 1930.
63. TARDIEU (A.), *La Révolution à refaire, op. cit.*, t. I, p. 51. Tardieu recevait la vice-présidence du Conseil et les trois ministères de la Défense nationale.
64. HUC (A.), *La Dépêche de Toulouse*, 9 novembre 1930, cité par FRAISSE (M.), *op. cit.*, p. 96.
65. BLUM (L.), *Le Populaire*, 10 mai 1930; pour les radicaux, voir BERSTEIN (S.), t. II, *op. cit.*, pp. 163-164.
66. HERRIOT (E.), discours de Bourg-en-Bresse, 28 avril 1932, *Le Temps*, 30 avril 1932.
67. Cité dans BONNEFOUS (E.), *op. cit.*, t. V, p. 17.
68. *L'Écho national*, 30 juin 1922; voir aussi *ibid.*, 16 janvier, 25 mai, 3 juin 1922.
69. *Ibid.*, 20 octobre 1923.
70. *J. O.*, Chambre des députés, Débats, séance du 5 mars 1930, p. 856.
71. C'est ainsi qu'il définissait son ancienne majorité devenue minorité après les élections de 1932, dans *Sur la pente, op. cit.*, p. XXXVIII.
72. PAUL-BONCOUR (J.), *Entre-deux-guerres, op. cit.*, p. 214.
73. Discours de Soulier rapporté par Tardieu dans une chronologie personnelle, AN 324AP 82.
74. BLUM (L.), *Le Populaire*, 13 et 21 décembre 1930.
75. Sur la campagne de 1932, voir BRESLE (A.), « Les élections législatives de 1932 et le problème de la majorité, deux attitudes politiques : André Tardieu et Édouard Herriot », dans *Bulletin de la société d'histoire moderne*, 9 novembre 1975, pp. 2-15; SEIGNOBOS (C.), « Le sens des élections françaises de 1932 », dans *L'Année politique française et étrangère*, 1932, pp. 273-290.
76. Lettre de Morinaud à Tardieu, 21 février 1932, AN 324AP 61.
77. Discours de Belfort, 28 avril 1932, dans *Devant le pays, op. cit.*, p. 197; voir aussi le discours de la salle Bullier qui ouvrait la campagne, le 6 avril, *ibid.*, p. 130.
78. Respectivement, les 6, 17, 28 avril et 4 mai; le texte de ces discours se trouve publié dans *Devant le pays*.
79. Les discours du 6 avril et du 4 mai furent radiodiffusés, ainsi que le discours de Reynaud à Rouen, le 14 avril.
80. Discours de Blum à Pertuis et de Herriot à La Tour-du-Pin, prononcés le 17 avril.
81. Lettre du 30 avril 1932, AN 324AP 7.
82. TARDIEU (A.), *L'Heure de la décision, op. cit.*, p. 121.
83. MIRKINE-GUETZÉVITCH (B.), « Chronique constitutionnelle », dans *Revue politique et parlementaire*, 10 juillet 1931, p. 163; voir du même auteur, sa série

d'articles sur « Les nouvelles tendances du droit constitutionnel », dans *Revue de droit public et de la science politique,* janvier 1928-août 1930 ; André Tardieu apparaît très proche de ces conceptions.
 84. TARDIEU, discours à la salle Bullier, 6 avril 1932.
 85. TARDIEU (A.), *Devant le pays, op. cit.,* pp. XIX-XX.
 86. Tardieu, discours de Giromagny, 17 avril 1932.
 87. Tardieu, discours radiodiffusé du 4 mai 1932 ; voir aussi, *Devant le pays, op. cit.,* p. XX.
 88. *Ibid.,* pp. XIX-XX.
 89. Voir la fin du discours de la salle Bullier, 6 avril 1932.
 90. Herriot, discours de Lyon, 29 avril 1932.
 91. Tardieu, discours du 17 avril et du 4 mai 1932, dans *Devant le pays,* pp. 172, 218 et *sq.*
 92. Interview de Herriot au *Lyon républicain*, dans *Le Temps,* 18 avril 1932 ; Herriot réaffirma sa position dans un discours prononcé à La Tour-du-Pin, le 17 avril : « Je n'ai pas à m'expliquer sur les formations gouvernementales ou parlementaires de l'avenir », *ibid.,* 19 avril 1932 ; Tardieu, discours du 4 mai 1932.
 93. BLUM (L.), *Le Populaire,* 13 novembre 1929.
 94. Communiqué du 31 octobre 1929, dans *Le Républicain de Belfort,* 6 novembre 1929.
 95. En janvier 1922, Tardieu écrivait déjà : « La vieille routine des groupes a fait son temps. Elle n'est plus qu'instrument d'équivoque et de confusion. (...) Que le gouvernement ait une politique et une majorité : voilà le nécessaire. On gouverne pour tous. Mais on doit, sous peine de stérilité, s'appuyer sur quelques-uns », dans *L'Écho national,* 14 janvier 1922.
 96. L'expression est de Blum.
 97. C'est sous ce titre que Tardieu rassembla ses discours hors Parlement de 1930, dans *L'Épreuve du pouvoir.*
 98. Discours de Lyon (18 mai 1930), d'Alençon (28 septembre 1930), de Nancy (27 juillet 1930), Saint-Germain (25 octobre 1930).
 99. Les discours de cette tournée sont conservés principalement aux AN 324AP 54.
 100. Discours à Vichy, 9 mai 1931, p. 34, AN 324AP 54.
 101. TARDIEU (A.), *Devant l'obstacle, op. cit.,* p. 265.
 102. *Ibid.,* p. 266.
 103. *Ibid.,* p. 266.
 104. Voir lettre de Citroën à Tardieu, 14 avril 1932. AN 324AP 6.
 105. BLUM (L.), *Le Populaire,* 10 novembre 1929 ; à ce propos, une des plus belles réussites publicitaires de Tardieu fut d'accréditer, à la fin des années vingt, l'image de « l'homme nouveau ».
 106. Ce monopole ne fut pas total. Herriot et Caillaux eurent chacun droit à la retransmission d'un de leurs discours, respectivement le 14 avril et le 26 avril 1932. De plus, Herriot renonça à une deuxième retransmission, suite au deuil national consécutif à l'assassinat du président Doumer. D'autre part, l'influence de la radio avait pour limite le nombre relativement réduit de « sans-filistes », estimés à environ 1 500 000 en 1932.
 107. Détail rapporté par M. Suratteau, dans BRESLE (A.), article cité, p. 12.
 108. TARDIEU (A.), *Notes sur les États-Unis, op. cit.,* p. 205.
 109. KAYSER (J.), dans *La Voix,* 20 avril 1930.
 110. Lettre de Tardieu à *l'Écho de Paris,* 27 octobre 1921, AN 324AP 45.
 111. Herriot, discours de Lyon, 6 mai 1932.
 112. Cité dans DEBÛ-BRIDEL (J.), *L'Agonie de la Troisième République, op. cit.,* p. 49.
 113. *J. O.,* Chambre des députés, Débats, séance du 5 mars 1932, p. 854.
 114. *J. O.,* Sénat, Débats, séance du 4 décembre 1930, p. 1756.
 115. BLUM (L.), *Le Populaire,* 13 décembre 1930.
 116. Pierre et Paul, 2 mars 1930.
 117. Reynaud, discours de Rouen, 14 avril 1932, dans *Le Temps,* 15 avril 1932.

118. Capitant (R.), article cité, p. 8.
119. Herriot, interview au *Lyon républicain* et discours à La Tour-du-Pin, dans *Le Temps*, 18 et 19 avril 1932.
120. Lainé (P.), dans *Le Populaire*, 28 février 1930.
121. *Le Populaire*, 12 juillet 1930; *J. O.*, Chambre des députés, Débats, séance du 11 juillet 1930.
122. *J. O.*, Sénat, Débats, séance du 4 décembre 1930, p. 1741.
123. AN, ministère de l'Intérieur, Police générale, F7 12957, note A7 664, 16 juillet 1930.
124. Respectivement, Blum dans *Le Populaire*, 20 novembre 1929; Herriot dans *La Dépêche de Toulouse*, 24 avril 1932 et dans *L'Ère nouvelle*, 5 juin 1930; François-Albert, dans *La Dépêche de Toulouse*, 18 octobre 1930.
125. Challaye (F.), *Un aspirant dictateur : André Tardieu*, Paris, 1930.

Chapitre v : *La politique de la prospérité*

1. Romier (L.), *Idées très simples...*, op. cit., pp. 8-9.
2. Discours à Belfort, 4 juin 1928, AN 324AP 55.
3. Sur ces questions, voir Caron (F.), *Histoire économique de la France*, op. cit., pp. 196-199; Fohlen (C.), *La France de l'entre-deux-guerres*, op. cit., pp. 67 et sq.
4. *J. O.*, Chambre des députés, Déclaration ministérielle, 7 novembre 1929, p. 3001.
5. Discours de Nancy, 27 juillet 1930, dans *L'Épreuve du pouvoir*, op. cit., pp. 106-107.
6. Discours de Dijon, 1er juin 1930, *ibid.*, pp. 59-60.
7. L'expression est du comte de Fels, dans *La Revue de Paris*, 15 janvier 1927, p. 901.
8. Tardieu (A.), préface à Donge (J.), Petsche (M.), *Signe positif*, op. cit., p. vii.
9. Discours à Paris, 29 octobre 1930, dans *L'Épreuve du pouvoir*, op. cit., p. 121.
10. L'expression est d'André Lichtenberger, dans *Revue des Deux Mondes*, 15 novembre 1921, p. 339.
11. Discours à Belfort, 4 juin 1928, AN 324AP 55.
12. Interview de Tardieu, dans *La Revue hebdomadaire*, 20, 1927, p. 233.
13. Tardieu (A.), *L'Épreuve du pouvoir*, op. cit., p. xvii.
14. Voir *J. O.*, Doc. Parl., Chambre des députés, Annexe 3658, Rapport de De Chappedelaine, 3 juillet 1930, 713 p.
15. « Remettre l'outillage national en l'état où il serait si l'entretien en avait été régulièrement assuré, lui apporter les perfectionnements que commandent les nécessités de l'économie moderne, tel est le double effort qui s'impose à nous aujourd'hui », dans *J. O.*, Doc. Parl., Annexe 3658, Rapport de De Chappedelaine sur l'outillage national, séance du 3 juillet 1930, p. 1053.
16. Discours de Saint-Dié, 17 août 1919, AN 324AP 54.
17. Sur les prestations en nature et les grands travaux, voir Saly (P.), *La Politique des grands travaux en France, 1929-1939*, New York, Arno Presss, 1977, tout le chapitre v.
18. *J. O.*, Doc. Parl., Chambre des députés, Annexe 2479, Projet de loi relatif au perfectionnement de l'outillage national, séance du 25 novembre 1929, p. 2.
19. Article 6 du projet de loi du 25 novembre 1929, Annexe 2479, p. 6.
20. Pour le détail des dotations, voir *ibid.*, pp. 1-6.
21. Respectivement, *J. O.*, Débats, Chambre des députés, séance du 7 novembre 1929, p. 3000; *ibid.*, p. 3009; *ibid.*, séance du 8 novembre 1929, p. 3049; *Mantes républicain*, 20 novembre 1929.
22. *Ibid.*, séance du 7 novembre 1929, p. 3009.
23. Pour le détail de ces contre-projets, voir *J. O.*, Doc. Parl., Annexe 2677, 27 décembre 1929, pp. 428-431; Annexe 2811, 29 janvier 1930, pp. 51-57; Annexe 2995, 12 mars 1930, pp. 257-263.

24. Pour le détail de ce nouveau projet, voir *J. O.*, Doc. Parl., Annexe 3388, séance du 3 juin 1930, pp. 844-846.
25. Sur cette obstruction, voir l'article très gouvernemental de SUAREZ (G.), « L'outillage national et les partis », dans *Revue de Paris*, 1ᵉʳ février 1932, pp. 602-631 ; voir également « Résumé chronologique des faits qui ont retardé pendant deux années la discussion du projet de loi sur l'outillage national », novembre 1929-novembre 1931, 30 p., AN 324AP 48 ; voir enfin BONNEFOUS (E.), *op. cit.*, t. V, pp. 39-42.
26. Pour un état de la situation fin 1931, voir *Bulletin quotidien*, 24 novembre 1931.
27. DEBU-BRIDEL (J.), *op. cit.*, p. 30 et, du même auteur, « La vraie figure d'André Tardieu », dans *Bulletin de la Société d'histoire de la IIIᵉ République*, 17 novembre 1954, pp. 252-253.
28. Discours à la salle Bullier, 6 avril 1932, dans *Devant le pays, op. cit.*, pp. 104-105.
29. Voir la biographie de Tardieu réalisée par BINION (R.), *op. cit.*, p. 308 ; SAUVY (A.) admet, « à la rigueur », de qualifier la conception de Tardieu de « keynésienne », *op. cit.*, t. I, p. 109 ; dans le même sens, voir les allusions de Jacques CHASTENET, *op. cit.*, t. V, p. 198.
30. Discours à Delle, 19 octobre 1930, dans *L'Épreuve du pouvoir, op. cit.*, p. 66.
31. Discours au congrès de l'UIE à Paris, 19 novembre 1930, pp. 123-124.
32. Pour le détail de cet argument, voir SAUVY (A.), *op. cit.*, t. I, pp. 110-113 ; SALY (P.), *op. cit.*, pp. 186-191.
33. Voir à ce sujet, SALY (P.), *op. cit.*, pp. 89-105.
34. Rejetant l'emprunt pour financer son programme, Tardieu déclarait qu' « il était dans sa politique d'amortir la dette et non de l'alourdir », cité par SUAREZ (G.), article cité, p. 615. Tardieu regardait l'emprunt comme « une inflation nouvelle, avec toutes ses conséquences », AN 324AP 48 dossier « Plan d'outillage national », conclusion.
35. Brouillon d'un article sur le livre de Keynes, AN 324AP 106.
36. Voir la « Chronique budget, trésorerie et dette publique », dans *Revue d'économie politique*, mai 1930, pp. 495-500 ; SALY (P.), *op. cit.*, p. 150.
37. *J. O.*, Débats, Sénat, 7 avril 1930, p. 868.
38. *La Volonté*, 14 octobre 1929.
39. Sur la campagne en faveur des dégrèvements, voir le substantiel dossier conservé aux AN 324AP 48 ; les chroniques de la *Revue politique et parlementaire*, 10 janvier et 10 mai 1930 ; le numéro spécial de la revue *L'État moderne*, novembre 1930 ; voir également BILLIARD (Y.), *La Politique économique d'André Tardieu*, 1929-1930, mémoire, Paris I, 1981, première partie.
40. Les principales lois portant dégrèvements d'impôts furent les lois du 31 juillet 1929, du 29 décembre 1929, du 31 mars 1930, du 16 et du 26 avril 1930. Pour le détail, voir les deux chroniques de TROTABAS (L.), « La législation fiscale », dans *Revue d'économie politique*, 1930 et 1931, pp. 501-511 et pp. 549-561 ; voir également, Rapport de De Chappedelaine, *J. O.*, Annexe 3658, *op. cit.*, p. 1061.
41. *J. O.*, Débats, Chambre des députés, séance du 7 novembre 1929, p. 3000.
42. Discours à la Chambre, 14 février 1930, cité par BONNEFOUS (E.), *op. cit.*, t. V, p. 12.
43. Paul Reynaud appartient à la minorité de Français qui montrèrent quelque clairvoyance à propos de la crise économique. Cette clairvoyance, plus tardive cependant que les dires de l'intéressé ne le laissent croire, ne l'a pourtant pas empêché d'accélérer la politique de dégrèvements au printemps 1930. Ses mémoires restent bien silencieuses sur cet optimisme déplacé.
44. *J. O.*, Débats, Chambre des députés, séance du 25 avril 1930, p. 2230.
45. De Chappedelaine cité par BILLARD (Y.), *op. cit.*, p. 140.
46. *Revue d'économie politique*, mai 1931, pp. 560-561 ; JÈZE (G.) porta le même jugement, dans *Revue politique et parlementaire*, 4 janvier 1930.
47. Devant la commission des Finances, 4 février 1930, cité par BILLARD (Y.),

op. cit., p. 148. Sur le plan strictement financier, l'on ne peut s'empêcher de penser que le total des 5,6 milliards de francs dégrevés eût permis le financement du plan d'outillage dès son élaboration.

48. L'exercice 1930-1931 accusa 4,9 milliards de francs de déficit, SAUVY (A.), *op. cit.*, t. I, p. 513.

49. « La Vraie Figure d'André Tardieu », article cité, p. 264.

50. *J. O.*, Chambre des députés, séance du 7 novembre 1929, p. 3000; voir également à ce propos, *La Dépêche de Toulouse*, Spectator, 8 novembre 1929; pour le programme radical, voir XXVIe Congrès, Reims, 24-27 octobre 1929, Paris, au siège du Comité exécutif, déclaration du Parti, pp. 386-391.

51. Voir notamment, *J. O.*, Chambre des députés, séance du 7 novembre 1929, p. 3000; discours à Alençon, 28 septembre 1930, *L'Épreuve du pouvoir, op. cit.*, pp. 84-85; *Le Républicain de Belfort*, 29 mars 1930.

52. *L'Épreuve du pouvoir*, p. 92.

53. Sur ces points, *ibid.*, pp. 85-88; BARRAL (P.), *Les Agrariens français de Méline à Pisani*, Paris, Armand Colin, 1968, pp. 222-230.

54. AUGÉ-LARIBÉ (M.), *La Politique agricole de la France, op. cit.*, p. 387.

55. Pour le détail de cette politique, voir la trentaine de discours conservés aux AN 324AP 54; voir aussi le dossier « Politique agricole de la majorité Poincaré, Tardieu, Laval », aux AN 324AP 56.

56. Discours à Vichy, 9 mai 1931, AN 324AP 54, p. 35; et *L'Épreuve du pouvoir, op. cit.*, p. 91.

57. Discours aux comices agricoles de Seine-et-Oise, 5 juillet 1931, *ibid.*, p. 17.

58. Discours au banquet des Chambres d'agriculture, 18 mars 1930, AN 324AP 54, p. 19.

59. AUGÉ-LARIBÉ (M.), *La Politique agricole de la France, op. cit.*, p. 389.

60. TARDIEU (A.), *Devant le pays, op. cit.*, p. 100.

61. Sur la question, GALANT (H.), *Histoire politique de la sécurité sociale*, Paris, Armand Colin, 1955.

62. PROST (A.), *Les Anciens Combattants..., op. cit.*, t. I, p. 130; pour le détail sur cette question, voir *ibid.*, pp. 125-130; lettre de Maginot à Tardieu, 11 février 1930, AN 324AP 132.

63. Tardieu, cependant, travestit la vérité en écrivant plus tard : « L'allocation du combattant a été votée en 1930 sur ma proposition », dans *Devant le pays, op. cit.*, p. 101.

64. *L'Épreuve du pouvoir, op. cit.*, p. 81.

65. Discours chez « les mutilés de la Seine », Paris, 9 novembre 1930, AN 324 AP 56.

66. Discours au congrès de l'UNC, Lyon, 18 mai 1930, *L'Épreuve du pouvoir, op. cit.*, p. 82.

67. *Ibid.*, pp. 74 et 82.

68. Sur cette question, voir LEGENDRE (P.), *Histoire de l'administration, 1750-1950*, Paris, PUF, 1968, pp. 35 et 48; KUISEL (R.), *Le Capitalisme et l'État en France, op. cit.*, p. 37.

69. Le concept est de Pierre Legendre, *op. cit.*, pp. 202-205.

70. L'expression est de Georges Mer, directeur de la revue *L'État moderne*.

71. TARDIEU (A.), *L'Épreuve du pouvoir, op. cit.*, p. 52, discours du 1er juin 1930.

72. Toutes les citations sont extraites de TARDIEU (A.), *op. cit.*, pp. 52-58.

73. *Ibid.*, pp. 56-57.

74. *Ibid.*, p. 105, discours du 27 juillet 1930 prononcé à la Société des industriels de l'Est, Nancy.

75. *Ibid.*, p. 52.

76. Voir le discours du Conseil national économique, 5 novembre 1930, AN 324AP 48; également, JOSEPH-BARTHÉLEMY, *La Crise de la démocratie contemporaine*, Paris, Sirey, 1931, p. 203.

77. Discours de Caillaux aux anciens combattants de l'Yonne, dans *La Volonté*, 17 octobre 1927.

78. JOUVENEL (B. de), *L'Économie dirigée*, Paris, Valois, 1928, pp. 102-109.
79. TARDIEU (A.), *L'Épreuve du pouvoir, op. cit.*, p. 54.
80. *Ibid.*; ceci nous ramène au chapitre précédent.
81. Sur la vétusté et le retard des services statistiques de l'État, voir les articles de Paul ALLARD, dans *L'État moderne*, mars et décembre 1928.
82. Le premier gouvernement Tardieu recruta treize « nouveaux » ministres et sous-secrétaires d'État.
83. Dans *Politique*, éditorial, 15 janvier 1932, pp. 6-7.
84. Discours du 19 novembre 1930, à Paris, dans *ibid.*, pp. 125-127.
85. *Ibid.*, p. 60.
86. Sur Charles Benoist, voir *infra*, deuxième partie, chapitre VI.
87. Voir notamment LYSIS, *Pour renaître, op. cit.*, pp. 27 et *sq.* et 238-239; GRUET (P.), *Vers la Constituante, op. cit.*, pp. 69 et *sq.*; CHARDON (H.), *L'Organisation de la République pour la paix, op. cit.*, pp. 20-22; LEROY (M.), *Pour gouverner, op. cit.*, pp. 51, 63, 175.
88. Au programme de *L'État moderne* figurait cette préoccupation centrale : « ... étudier les divers aspects des problèmes que soulève la réorganisation de l'État, des administrations et des institutions publiques, en vue de leur adaptation rapide aux besoins de la vie moderne », dans *L'État moderne*, premier numéro, février 1928, p. 3.
89. PEYERIMHOF (H. de), *Revue des Deux Mondes*, 15 mars 1929, pp. 439-459.
90. Pour la « phalange des hommes qui pensent le nouvel État », voir l'article de Paul GRUET, dans *L'État moderne*, juillet 1930, p. 7.
91. Sur ces questions, voir LEGENDRE (P.), *op. cit.*, pp. 338-339, 365, 378, 384-385.
92. TARDIEU (A.), *L'Épreuve du pouvoir, op. cit.*, p. 52.
93. Article des *Cahiers Bleus* du 21 juin 1930, cité dans *L'État moderne*, juillet 1930, p. 57.
94. Discours du 27 juillet 1930, à Nancy, dans *L'Épreuve du pouvoir, op. cit.*, p. 109.
95. SIEGFRIED (A.), et *al.*, *L'Économie dirigiée, conférences*, Paris, Alcan, 1934, p. 296.
96. *J. O.*, Débats, Chambre des députés, séance du 8 juillet 1930, p. 2989.
97. Voir à ce sujet, GIDE (C.), OUALID (W.), *Le Bilan de la guerre pour la France, op. cit.*, pp. 348-353; Tardieu pense de même : « ... notre magnifique nature nationale présente un équilibre satisfaisant entre la production, la distribution et la consommation », dans *L'Épreuve du pouvoir, op. cit.*, p. 235.
98. LEROY-BEAULIEU (P.), *L'État moderne et ses fonctions*, Paris, Alcan, 1911, p. 58.
99. *J. O.*, Débats, Chambre des députés, séance du 8 juillet 1930, p. 2993.
100. *L'Épreuve du pouvoir, op. cit.*, p. 84.
101. TARDIEU (A.), *Devant le pays, op. cit.*, p. 140.
102. Article du *Cri du jour*, 7 juin 1930, dans *L'État moderne*, revue de presse, juillet 1930, p. 53.
103. *L'État moderne*, éditorial, juin 1930; Valois, article cité dans *L'État moderne*, juillet 1930, p. 57.
104. *Ibid.*, pour Mer et Valois; BLUM (L.), *Le Populaire*, 4 juin 1930. Les citations qui suivent sont extraites de ces mêmes articles.
105. *L'Épreuve du pouvoir, op. cit.*, p. 56.
106. *Ibid.*, p. XIX.
107. *Ibid.*, p. 60.
108. BLUM (L.), *Le Populaire*, 4 juin 1930.
109. Discours au Comité exécutif du Parti radical, 27 novembre 1929, dans *La Dépêche de Toulouse*, 28 novembre 1929. Albert Bayet à *L'Ère nouvelle* ne disait pas autre chose : « Fidèle à la politique de tous les gouvernements réactionnaires, le nouveau ministère essaie, pour faire passer sa folle attaque contre la France républicaine, de faire miroiter aux yeux du pays une ère de prospérité matérielle », cité dans *Le Bulletin quotidien*, 8 novembre 1929.
110. Gabriel Cudenet à *L'Ère nouvelle*, cité dans *Le Bulletin quotidien*, 8 novembre 1929.

111. Pierre et Paul, 2 mars 1930.
112. JEANNENEY (J.-N.), *François de Wendel en République*, op. cit., p. 427.
113. *Hommes et Documents*, 4 mars 1930, sans signature, p. 6.
114. *La Dépêche de Toulouse*, 6 novembre 1929, revue de presse.
115. *Mantes républicain*, 20 novembre 1929.
116. *Le Populaire*, 20 novembre 1929.
117. Cité par BONNEFOUS (G.), op. cit., t. III, p. 53.
118. TARDIEU (A.), *L'Épreuve du pouvoir*, op. cit., p. XVIII. Dans sa déclaration ministérielle de novembre 1929, Tardieu avait réservé 3,6 milliards de francs à l'investissement colonial. Sa politique d'équipement de l'Empire fut d'ailleurs un succès. Pour le détail, voir BILLARD (Y.), *La Politique économique d'André Tardieu*, op. cit., pp. 237-261.
119. *L'Épreuve du pouvoir*, p. XIX.
120. TARDIEU (A.), *Notes sur les États-Unis*, p. 207.
121. TARDIEU (A.), *L'Épreuve du pouvoir*, op. cit., p. XVI.
122. L'expression est de Michel Crozier. Nous nous inspirons du modèle de « société bloquée » développé par Crozier et Hoffmann, voir notamment CROZIER (M.), *La Société bloquée*, Paris, Le Seuil, 1970; HOFFMANN (S.), *Sur la France*, Paris, Le Seuil, 1976; et du même auteur, « Heroic Leadership: The Case of moderne France », in EDINGER (L.), *Political leadership in industrialized societies*, New York, John Wiley, 1967, pp. 108-154.
123. TARDIEU (A.), *Notes sur les États-Unis*, op. cit., p. 194.
124. TARDIEU (A.), *Devant le pays*, op. cit., p. 166.
125. TARDIEU (A.), *L'Épreuve du pouvoir*, op. cit., p. 62.
126. *Ibid.*, p. XII.
127. *Ibid.*, p. XVII, 58, 227.
128. *Ibid.*, p. 62.
129. TARDIEU, dans PETSCHE (M.), DONGE (J.), *Signe positif*, op. cit., préface, p. VII.
130. *Ibid.*, p. IX.
131. Discours au Sénat, 4 décembre 1930, dans *L'Épreuve du pouvoir*, op. cit., p. 227.
132. *Ibid.*, p. 36.
133. *Le Populaire*, 3 novembre 1930.
134. *Les Heures d'André Tardieu*, op. cit., p. 106.
135. Texte dactylographié, 18 février 1930, AN 324AP 61.
136. Cité par JEANNENEY (J.-N.), *François de Wendel en République*, op. cit., p. 481.
137. *Notre Temps*, janvier 1931.
138. TARDIEU (A.), *L'Épreuve du pouvoir*, op. cit., p. 106.
139. Cité dans ERHMANN, *La Politique du patronat français*, op. cit., p. 278.
140. L'expression est de Henri Dubief.
141. *Devant le pays*, op. cit., p. 207.
142. Poincaré s'inquiéta de cette « coupure » entre républicains : « Ce qui ajoute au danger de cette situation, c'est qu'ainsi la coupure a été faite entre les républicains qui, séparés sans doute par des nuances, n'en ont pas moins collaboré avant, pendant et depuis la guerre, en pleine confiance et intimité. [...] Pourquoi un abîme s'est-il creusé entre les Français qui ont le même amour de leur pays et le même sentiment de leurs devoirs civiques? », article de *L'Excelsior*, dans *Le Républicain de Belfort*, 5 mai 1930.
143. *L'État moderne*, décembre 1930, pp. 424-425.
144. Voir notamment, TOUCHARD (J.), « L'Esprit des années trente », dans *Tendances politiques dans la vie française*, Paris, Hachette, 1960; LOUBET DEL BAYLE, *Les Non-conformistes des années trente*, Le Seuil, 1969.
145. *L'Épreuve du pouvoir*, op. cit., p. XII.
146. « A considérer mes deux Cabinets, qui, ensemble, ont duré treize mois (dont huit mois de session), j'ai dû, pendant ces huit mois, subir, en 329 séances, le dépôt de 327 interpellations et de 62 questions; discuter la fixation de 101 d'entre elles; en discuter, au fond, 93, plus 62 questions. [...] Mon taux personnel

était de plus de 100 % supérieur à celui des plus combattus de mes prédécesseurs », dans *La Révolution à refaire*, t. I, p. 49. Voir également le résumé statistique des interpellations, 37 p., AN 324AP 55; la note manuscrite sur « Les rapports des deux ministères Tardieu avec le Parlement », 22 p., AN 324AP 66.

147. AN 324AP 67, plan du brouillon de la déclaration ministérielle de mars 1930; voir aussi, *L'Épreuve du pouvoir, op. cit.*, p. 219.

148. Discours de Delle, 15 septembre 1929, dans *Le Républicain de Belfort*, 18 septembre 1929.

149. *Devant le pays, op. cit.*, p. XXIV.

150. *Ibid.*, p. XXVI.

DEUXIÈME PARTIE : RÉFORMER

CHAPITRE VI : *La crise de la démocratie*

1. Voir *J. O.*, Barodet 1932, pp. 2145 et *sq.*
2. *J. O.*, Débats, Chambre des députés, séance du 10 janvier 1933, pp.1-2.
3. *L'Écho de Paris*, 28 janvier 1933. Herriot avait déclaré à la Chambre : « Le pays comprend que l'heure du chirurgien est arrivée », cité dans *Le National*, 29 janvier 1933.
4. On se rappelle que la campagne boulangiste de la fin des années 1880 eut pour drapeau la formule « Dissolution, Révision, Constituante ».
5. *La Démocratie et l'après-guerre, op. cit.*, p. 234.
6. *Union interparlementaire*, « L'évolution actuelle du régime représentatif », *op. cit.*, p. 78. Pour une confirmation de cette chronologie, voir LAVELEYE (E. de), *Le Gouvernement dans la démocratie*, t. II, Paris, Alcan, 1892, livre III, chapitre premier.
7. SCHERER (E.), *La Démocratie et la France*, Paris, Librairie Nouvelle, 1883. Voir pour le révisionnisme boulangiste, NAQUET (A.), *Questions constitutionnelles*, Paris, Dentre, 1883; et du même auteur, ses articles dans *La Revue bleue*, 18 et 25 décembre 1886, 22 et 29 janvier 1887 ainsi que son discours au Cercle révisionniste de Marseille, 28 septembre 1888, Avignon, Imprimerie Gros, 1888. Voir également LAISANT (A.), *L'Anarchie bourgeoise*, Paris, Flammarion, 1887. Ces textes décrivent avec précision la logique stérile de la « machine parlementaire ».
8. *Revue de Paris*, 1ᵉʳ avril 1898, p. 644.
9. VACHEROT (E.), *La Démocratie libérale*, Paris, Calmann-Lévy, 1892, pp. I-II.
10. PIOU (J.), dans *La Revue des Deux Mondes*, 15 juin 1897, 804.
11. DESCHANEL (P.), *La République nouvelle*, Paris, Calmann-Lévy, 1898, discours prononcé le 26 octobre 1896, p. 173. Voir aussi du même auteur, *La Question sociale*, Paris, Calmann-Lévy, 1898.
12. Charles Benoist cité par RECLUS (M.), *Notice sur la vie et les travaux de Charles Benoist (1861-1936)*, Paris, Imprimerie de l'Institut de France, 1939, n° 6, p. 12; LE BEGUEC (G.), « Charles Benoist ou les métamorphoses de l'esprit modéré », *Contrepoint*, décembre 1976, pp. 75-95.
13. RECLUS (M.), *op. cit.*, p. 4.
14. Voir BENOIST (Ch.), *Souvenirs*, t. II, Paris, Plon, 1932-1934, p. 435.
15. BENOIST (Ch.), *La Crise de l'État moderne. De l'organisation du suffrage universel*, Paris, Firmin-Didot (1895), 2ᵉ éd. 1899, p. 4. Pour la vision d'ensemble de la pensée de Benoist à cette époque, voir les ouvrages suivants : *Sophismes politiques de ce temps. Étude critique sur les formes, les principes et les procédés de gouvernement*, Paris, 1893; *La Politique*, Paris, 1894; *L'Organisation de la démocratie*, Paris, Perrin, 1900; *La Réforme parlementaire*, Paris, 1902.
16. BENOIST (Ch.), *Souvenirs, op. cit.*, t. II, p. 436.
17. BENOIST (Ch.), *L'Organisation de la démocratie, op. cit.*, pp. 8-9 et 62-63.

18. *Ibid.*, p. 38.
19. BENOIST (Ch.), *L'Organisation de la démocratie, op. cit.*, p. 15.
20. Benoist disait du suffrage universel qu'il « sophistiquait la nation » en surreprésentant « trois ou quatre catégories et professions politiquantes » (avocats, journalistes, médecins, professeurs). Cette classe de « politiciens » non seulement accaparait la politique, mais la transformait en « une carrière pour les ratés de trois ou quatre carrières, qui ratent celle-là comme ils avaient raté les autres ». Voir *De l'Organisation du suffrage universel, op. cit.*, pp. 23 et 27; *L'Organisation de la démocratie, op. cit.*, p. 18 et sq.
21. Benoist établit sept groupes de professions, agriculteurs, industriels, professions libérales, commerce, transport, administration, rentiers, chacun représenté proportionnellement à son importance numérique nationale. La Chambre serait élue au suffrage universel direct par tous les citoyens répartis suivant leur profession; les trois sénateurs par département seraient élus par trois collèges différents, les conseils généraux, les conseils municipaux, et des unions sociales ou professionnelles; pour le détail, voir *L'Organisation de la démocratie, op. cit.*, p. 27 et sq.
22. BENOIST (Ch.), *Revue des Deux Mondes, op. cit.*, 1er août 1900, p. 577.
23. Pour le détail de ce plan, voir BENOIST (Ch.), *L'Organisation de la démocratie, op. cit.*, chapitre « Les réformes nécessaires », notamment pp. 54-55; *La Réforme parlementaire, op. cit.*, l'introduction; avoir aussi l'article de LE BEGUEC (G.), « Charles Benoist ou les métamorphoses de l'esprit modéré », article cité, pp. 77 78.
24. BENOIST (Ch.), *L'Organisation de la démocratie, op. cit.*, pp. 55.
25. L'expression est de Maurice Reclus.
26. Charles Benoist, cité par LE BEGUEC, article cité, p. 78.
27. *Revue du droit public...*, janvier-février 1894, p. 18.
28. 15 février 1897, p. 790.
29. *Revue de droit public...*, janvier-février 1900, pp. 48-49.
30. *Ibid.*, pp. 18-19.
31. POINCARÉ (R.), *Questions et figures politiques, op. cit.*, p. 78.
32. POINCARÉ (R.), *Revue de Paris*, 1er avril 1898, p. 644.
33. DESCHANEL (P.), *L'Organisation de la démocratie*, Paris, Calmann-Lévy, 1910, p. 253.
34. Il s'agissait de substituer le scrutin de liste avec représentation proportionnelle au vieux scrutin d'arrondissement ou scrutin uninominal à deux tours. Sur l'histoire du mouvement proportionnaliste en France, voir les deux ouvrages de LACHAPELLE (G.), *La Représentation proportionnelle en France et en Belgique*, Paris, Alcan, 1911, et *Les Régimes électoraux*, Paris, 1934. DUGUIT (L.), *Traité de droit constitutionnel*, vol. II, Paris, Fontemoing, 2e éd., 1923, pp. 571-598, notamment la bibliographie, p. 595. Voir également l'article de LE BEGUEC (G.), « La représentation proportionnelle, cent ans de controverses », dans *Vingtième Siècle*, janvier-mars 1986, pp. 67-80.
35. L'expression est de Maurice Reclus.
36. Cette réunion de mars 1907 fut suivie de quatre-vingts autres conférences du même genre dans toute la France, voir RECLUS (M.), *op. cit.*, p. 34.
37. LACHAPELLE (G.), *La RP, op. cit.*, p. I. Parmi ces membres, Ernest Lavisse, Henri Poincaré, Émile Picard, Émile Borel, Paul Leroy-Beaulieu, Georges Renard, Maurice Vernes ainsi que nombre d'avocats illustres et de professeurs de droit. Citons encore parmi les « erpéistes », Vidal de La Blache, Henri Bergson, Charles Gide, Yves Guyot, Francis de Pressensé, Joseph Reinach...
38. LE BEGUEC (G.), article cité, p. 77.
39. Depuis les législatives de 1881, en effet, le nombre des voix non représentées dépassait sensiblement le nombre des voix représentées; pour le détail, voir DUGUIT (L.), *op. cit.*, p. 575.
40. Sur les avantages de la RP, voir LACHAPELLE (G.), *La RP, op. cit.*, pp. 240-241; et BENOIST (Ch.), *Le Petit Temps*, 27 décembre 1909. Pour une critique de la RP, voir les arguments du député J.-L. Breton reproduit par SCELLE (G.), *Revue du droit public...*, juillet-septembre 1911, pp. 525-530.

41. Le concept est de Georges Burdeau, par opposition à « démocratie gouvernée ».
42. BENOIST (Ch.), *Le Petit Temps*, 27 décembre 1909.
43. Pour le détail des discussions sur la RP à la Chambre puis au Sénat, voir BONNEFOUS (G.), *Histoire politique de la Troisième République*, t. I, *op. cit.*, pp. 145-155, 195-198, 233-239, 286-303 et 325-335.
44. GUY-GRAND (G.), *Le Procès de la démocratie, op. cit.* p. 4.
45. *Revue des Deux Mondes*, 15 février 1897, p. 800.
46. Voir *Revue du droit public...*, janvier 1894, « Notre programme », *ibid.*, janvier 1900, p. 42.
47. LANESSAN (J.-L.), *La Crise de la République*, Paris, Alcan, 1914, p. 7.
48. Sur ce point, GUY-GRAND (G.), *Le Procès de la démocratie, op. cit.*, première partie.
49. L'expression est de Clemenceau.
50. JOSEPH-BARTHÉLEMY, « La crise de la démocratie représentative », dans *Revue du droit public et de la science politique*, octobre 1928, p. 585. Sur les progrès de la démocratie et leur perception, voir GUY-GRAND (G.), *La Démocratie et l'après-guerre*, Paris, Rivière, 1922.
51. LEROY (M.), *Pour gouverner*, 1918, *op. cit.*, p. 330; LYSIS, *Demain*, 1918, *op. cit.*, p. 81.
52. LDH, Congrès national de 1921, compte rendu, 15-17 mai 1921, Paris, 1921, voir notamment la « Résolution sur la crise de la démocratie », pp. 234-235; *ibid.*, 15-17 juillet 1927, « Les principes et l'organisation de la démocratie », pp. 176-476.
53. *Revue du droit public et des sciences politiques*, janvier 1928, p. 15.
54. WELLES (H. G.), *La Conspiration au grand jour*, Paris, Aubier, 1929, p. 197.
55. L'expression est de MONZIE (A. de), *L'Entrée au forum*, 1920, *op. cit.*, p. 252.
56. Sur ces espoirs, voir GUY-GRAND (G.), *Le Conflit des idées dans la France d'aujourd'hui*, Rivière, 1921, p. 236; DELAISI (F.), *Les Contradictions du monde moderne*, Paris, Payot, 1925, pp. 7-8.
57. DELAISI (F.), *ibid.*, p. 555.
58. ROMIER (L.), *Explication de notre temps, op. cit.*, p. 17.
59. Rapport fait au nom de la commission du suffrage universel, Chambre des députés, 7 juillet 1922, N. 4738, dans *Revue du droit public et de la science politique*, janvier 1923, p. 111.
60. GUY-GRAND (G.), *La Démocratie et l'après-guerre, op. cit.*, p. 136.
61. DELAISI (F.), *op. cit.*, p. 13.
62. RIOU (G.), *L'Après-guerre*, Paris, Baudinière, 1926, p. 294; Riou ajoutait cependant : « jusqu'à nouvel ordre ».
63. GUY-GRAND (G.), *L'Avenir de la démocratie*, Paris, Rivière, 1928, p. 19.
64. BOURGIN (H.), *Cinquante ans d'expérience démocratique (1874-1924)*, *op. cit.*, p. 319.
65. « L'âge critique de la République », dans *La Grande Revue*, mars 1925, pp. 150-159.
66. BAINVILLE (J.), *Les Conséquences politiques de la Paix*, Paris, Librairie Nationale, 1920, p. 195.
67. TARDIEU (A.), *L'Écho national*, « Le sens du succès fasciste : la volonté de vivre », 31 octobre 1922. Bien sûr, la lutte antisocialiste engagée par le fascisme italien servait la droite. Sur l'accueil du fascisme en France, MILZA (P.), *L'Italie fasciste devant l'opinion publique française, 1920-1940*, Paris, Armand Colin, 1967, chapitre I.
68. Titre d'un article de GUY-GRAND, dans *La Grande Revue*, août 1925, pp. 177-202.
69. L'expression est de JOUVENEL (H. de), dans *Les Réformes politiques de la France, op. cit.*, p. 150. Dans le même sens, « Plus je fais la guerre, plus je deviens aristocratique », Charles BOUGLÉ citant un jeune littérateur, dans *Les Démocraties modernes*, Paris, Flammarion, 1921, p. 35.

70. Voir notamment les articles de Guy-Grand dans *La Grande Revue*, 1925 et 1926, ainsi que ses trois ouvrages de défense et d'illustration de la démocratie, *Le Procès de la démocratie* (1911), *La Démocratie et l'après-guerre* (1922), *L'Avenir de la démocratie* (1928); voir aussi Giraud (E.), *La Crise de la démocratie. Les Réformes nécessaires du pouvoir législatif*, Paris, Giard, 1925; Hubert (R.), *Le Principe d'autorité dans l'organisation démocratique*, Paris, Gamber, 1926.

71. Le professeur René Hubert, tout en dénonçant la « fausse autorité » d'un dictateur, présentait « la restauration de l'autorité politique [comme] une question de vie ou de mort » pour la France contemporaine, dans *Le Principe d'autorité dans l'organisation démocratique, op. cit.* pp. 218-219. Lors d'une semaine sociale tenue à Lyon fin juillet 1925, l'ancien doyen de la faculté de droit de Paris, Maurice Larnaude, personnalité marquante du catholicisme social, plaça lui aussi au centre de ses préoccupations réformistes « la crise de l'autorité dans l'État », voir le compte rendu dans *La Croix*, 1er août 1925.

72. Le 15 avril 1925, le 1er juin 1925, 15 décembre 1925, 1er février 1927.

73. Guy-Grand (G.), *La Grande Revue*, décembre 1925; p. 204; Giraud (E.), *op. cit.*, pp. 8 et 14; voir aussi Joseph-Barthélemy, *Revue du droit public...*, article cité, p. 633.

74. *L'État moderne et ses fonctions*, Paris, Alcan, 1re éd. 1889, 4e éd. 1911, p. 69.

75. Laski (H. J.), *L'Évolution actuelle du régime représentatif, réponse à l'enquête de L'Union interparlementaire*, Paris, Payot, 1928, p. 15.

76. *Décadence de la liberté*, Paris, Grasset, 1931, p. 205.

77. Voir Rolland (L.), *Revue du droit public...*, janvier-mars 1924, p. 55; Duguit (L.), *ibid.*, p. 313.

78. *J. O.*, Débats, Chambre des députés, séances des 4 et 8 février 1924, cités dans *ibid*, pp. 66-67.

79. *J. O., ibid*, séances du 6 février 1924, p. 545. Voir les débats de la première semaine de février.

80. Conférence printemps 1924, dans *Les Réformes politiques de la France, op. cit.*, p. 90.

81. *Ibid.*, p. 151; pour les solutions constitutionnelles, voir p. 155 et *sq*.

82. *Explication de notre temps, op. cit.*, p. 213.

83. *L'Année politique française et étrangère*, mars 1926, p. 386; voir aussi Berstein (S.), « L'affrontement simulé des années 30 », *Vingtième Siècle*, janvier 1985, p. 42.

84. *La République des professeurs, op. cit.*, p. 194.

85. Kerillis (H. de), *L'Écho de Paris*, 17 mai 1925. Voir aussi, les articles de De Fels, *Revue de Paris*, 15 mars 1921, 1er mars 1925.

86. *Explication de notre temps, op. cit.*, p. 210.

87. L'expression est de Berl (E.), *La Politique et les partis, op. cit.*, p. 130.

88. Bryce (J.), *Les Démocraties modernes*, t. I et II, Paris, Payot, 1924, t. II, p. 668.

89. *Ibid.*, t. II, p. 659.

90. Wells (H. G), *La Conspiration au grand jour, op. cit.*, pp. 197-199.

91. *Les Réformes politiques de la France, op. cit.*, p. 92.

92. *L'Action française*, 27 novembre 1928; Union interparlementaire, *L'Évolution actuelle du régime représentatif, op. cit.*, introduction.

93. Voir Berstein (S.), *Édouard Herriot ou la République en personne, op. cit.*, p. 142.

94. Hubert (R.), *Le Principe d'autorité..., op. cit.*, p. 3.

95. Sur les associations et ligues plus ou moins adhérentes aux mouvements de Castelnau et de Millerand, voir la longue liste établie par les Renseignements généraux, AN F7 13231. Sur les ligues, voir notamment Bourgin (G.), Carrière (J.), Guérin (A.), *Manuel des partis politiques en France, op. cit.*, pp. 35-67, 104-121; Machefer (Ph.), *Ligues et Fascisme en France, 1919-1939*, Paris, PUF, 1974, pp. 7-14; Rémond (R.), *Les Droites en France, op. cit.*, pp. 192-194.

96. Voir supra, partie première, chapitre III.

97. *L'Europe nouvelle*, 17 décembre 1927, p. 1673 ; ce numéro contient le détail des propositions de réformes, pp. 1673-1682. Voir aussi, *L'État moderne*, 10 avril 1929, p. 21.
98. *L'Année politique française et étrangère*, n° 1, 1925, « Notre Programme », p. 1.
99. *Ibid.*, pp. 7-8.
100. LUCHAIRE (J.), *Une Génération réaliste, op. cit.*, pp. 97-99.
101. *Ibid.*, p. 101.
102. *Ibid.*, p. 101 ; voir le rapport Luchaire sur « L'organisation de la démocratie » et le texte adopté au congrès de Metz, dans *ibid.*, pp. 182-193.
103. *La Grande Revue*, mars 1926, p. 496.
104. Sur la Jeune République, voir BOURGIN (G.), CARRIÈRE (J.), GUÉRIN (A.), *op. cit.*, pp. 160-165 ; sur les Jeunes Radicaux, voir BERSTEIN (S.), *Histoire du parti radical, op. cit.*, t. II, chapitre II ; sur la Jeune Droite, Drieu La Rochelle, W. d'Ormesson, A. Fabre-Luce, voir le manifeste dans *Revue hebdomadaire*, 16 janvier 1926, p. 193 et *Le Figaro*, 12 mai 1926.
105. Voir *supra*, chapitre III.
106. *Notre Temps*, 20 juin 1927, présentation, p. 3. Une année plus tard, dans la présentation de leur revue, G. Mer, R. Corbin, J. Patouillet affirmaient : « L'opportunité d'une organisation nouvelle de l'État et de l'adaptation de ses institutions comme de ses méthodes aux besoins *économiques* de notre époque et au tempérament positif de *la génération née de la guerre* figure à l'heure présente au programme de tous les partis sans distinction », dans *L'État moderne*, février 1928, « Notre programme », p. 7.
107. Pierre Lyautey nota cette même chronologie : « Prise au dépourvu par la révolution monétaire, il a fallu à la France sept ans pour mesurer les changements produits dans le monde. Ce que la prudence suggérait depuis longtemps, sa fierté le lui interdisait. Elle avait pensé pouvoir endiguer habilement le courant désordonné qui entraînait l'Europe et comptait sur ses chances et ses " miracles " », *La Bataille économique, op. cit.*, p. 35.

CHAPITRE VII : *Les réformes de l'État*

1. Paris, Recueil Sirey, 1931, p. 181.
2. *Ibid.*, p. 182.
3. Voir *supra*, chapitre III, « André Tardieu et le réalisme politique ».
4. Paris, Librairie Valois, 1927. Parmi les auteurs citons : Charles Albert, Pierre Dominique, José Germain, Georges Hoog, Georges Valois, Albert Dubarry, Georges Bonnet, Robert Cornilleau, Ernest Mercier ainsi que les hommes politiques confirmés Paul-Boncour, Tardieu, Franklin-Bouillon, Maurice Sarraut.
5. *Ibid*, pp. 210-211. Voir également, LUCHAIRE (J.), *Une génération réaliste, op. cit.*, p. 106.
6. Initialement composé, entre autres, de Bertrand de Jouvenel, Jacques Kayser, Georges Potut, André Sauger, Jean Luchaire, Robert Lange, Jean Montagny, Pierre Mendès France.
7. Voir le rapport Pierre Cot au congrès d'Angers du Parti républicain radical et radical-socialiste, d'après *L'Ère nouvelle*, 29 octobre 1928.
8. JOUVENEL (H. de), *L'État moderne*, février 1928 : « L'État n'est plus à l'image de la nation. Il ne reproduit plus ses traits principaux. Quand la nation se cherche en lui, elle ne se reconnaît pas. »
9. ALBERT (Ch.), *La Volonté*, 30 juin 1927.
10. Sur ce point, les idées des « jeunes équipes » rejoignaient les préoccupations de la CGT sur la redéfinition du rôle du Conseil national économique créé en 1925.
11. Ce manifeste non signé fut publié dans *Paris-Phare*, pp. 16-18, 1er avril 1928. À côté du chapitre sur la réforme de l'État, il y avait deux autres parties consacrées, l'une aux réformes sociales, l'autre à la collaboration internationale par la fédération européenne.

12. Selon la présentation de cette collection par la Librairie Valois.
13. *L'État moderne*, « Vers une constituante et un État démocratique », juillet 1930, pp. 7-24.
14. Même si certains membres des « jeunes équipes », tels Charles Albert et surtout Pierre Dominique, montraient une réelle fascination pour l'activisme fasciste; et sans parler de Georges Valois à peine revenu de son entreprise de faisceau mussolinien; sur ces aspects, voir *L'Avenir de la République, op. cit.*, et DOMINIQUE (P.), *La Révolution créatrice*, Paris, Librairie Valois, 1928.
15. Sur la place faite aux groupements professionnels dans l'État, voir l'imposante collection de textes rassemblés par Louis Sellier au nom de la IVe sous-commission de la réforme de l'État, dans « La Situation et le rôle des grandes forces morales, intellectuelles, sociales et économiques de la nation, dans l'État réorganisé », *J. O.*, Annexe aux procès verbaux de la Chambre des députés, séance du 7 juin 1934, 132 p., notamment le chapitre sur les « nouvelles équipes » et *L'État moderne*.
16. Pour le détail des aménagements institutionnels, voir parmi les très nombreux plans de réformes ceux, représentatifs à la fois de la diversité et de la communauté d'idées des « jeunes équipes », de Bertrand de Jouvenel, *L'Économie dirigée, op. cit.,* pp. 186-190, de Charles ALBERT, dans *L'État moderne*, Paris, Librairie Valois, 1929, pp. 166-170, de Jean LUCHAIRE, dans *Notre Temps*, 15 avril 1930, pp. 381-384, et de Georges VALOIS, dans *Le Nouveau Siècle*, 18 mars 1928.
17. Sur ce point, voir DUBARRY (A.), *La Volonté*, 6 mai 1927.
18. GRUET (P.), article cité, p. 10.
19. Discours du 1er juin 1930, voir *supra* première partie, chapitre v.
20. Pour le discours de Mer au Musée social, 11 avril 1929, voir Papiers Paul-Boncour, AN 424AP 24, dossier « La Réforme de l'État »; dans ces mêmes papiers, voir le discours par lequel Bloch-Lainé apporta l'adhésion à la future ligne du Groupement d'études pour l'organisation de l'État.
21. Ces deux tactiques sont décrites par LUCHAIRE (J.), dans *Notre Temps*, mai 1929. Du côté de l' « Union des gauches », nous trouvons les jeunes socialistes, les syndicalistes et les jeunes radicaux de *La Voix*, du côté de la « concentration » se rangent les jeunes de l'Alliance démocratique, tel Pierre Auscher, du parti démocrate-populaire, tel Marcel Prélot, et les radicalisants de *Notre Temps* et de *La Volonté*.
22. LUCHAIRE (J.), *Notre Temps*, 1er mai 1930, l'éditorial.
23. BERSTEIN (S.), *Histoire du parti radical, op. cit.,* vol. II, pp. 124-125.
24. Parti républicain radical et radical-socialiste, Congrès du 3-5 novembre 1928, Angers, pp. 66-75.
25. Ordre du jour de Vierzon, 5 décembre 1930. Chabrun, qui appartenait au Comité de patronage de *L'État moderne*, présenta au congrès un rapport sur la réforme de l'État.
26. La définition est de Marcel Prélot, dans *Notre Temps*, juin 1929, p. 77. Au Parlement, le PDP se situait au centre-droit, à côté des républicains de gauche; ses positions en matières internationales et sociales relevaient toutefois du centre-gauche.
27. Voir notamment les articles de PRÉLOT à la revue *Politique*, 15 janvier et 15 décembre 1929, 15 février 1930, 15 janvier 1932, septembre 1933; ainsi que son article *La Revue des vivants*, 1932, vol. I, p. 616 sq.
28. PRÉLOT, dans *La Revue des vivants, op. cit.*; voir aussi *Notre Temps*, juin 1929, p. 80.
29. Motion du Congrès de Nancy, 8 novembre 1931, citée par Prélot dans *Les Documents de la vie intellectuelle, op. cit.,* pp. 104-106; pour le détail et l'explication de ce plan de réformes, voir PRÉLOT (M.), *La Revue des vivants, op. cit.*; et l'éditorial de *Politique*, « Pour la réforme de l'État, Éléments d'un programme de politique intérieure », 15 janvier 1932, pp. 1-17.
30. BERSTEIN (S.), *Histoire du parti radical, op. cit.* vol. II, p. 174.
31. *La Voix*, 3 novembre 1929.
32. Voir par exemple, JOUVENEL (B. de), *L'Économie dirigée, op. cit.,* pp. 187-188.

33. Selon PRÉLOT (M.) dans *Politique*, 15 février 1930, p. 105.
34. « Tout ordre social est toujours en conflit avec une nouvelle dose de justice qui n'est pas encore incorporée », Hauriou cité dans BRIMO (A.), *Les Grands Courants de la philosophie du droit et de l'État*, Pedone, 1968, pp. 338 et 345; pour plus de détails sur les philosophies du droit de Duguit et Hauriou, *ibid.*, pp. 246-260 et 335-353.
35. « La démocratie est-elle dépassée? », dans *Archives de philosophie du droit*, 1933, n° 1-2, p. 44.
36. *Le Droit social*, 1911, p. 156, cité par PRÉLOT (M.), *Les Documents de la vie intellectuelle*, article cité, p. 64.
37. *L'État moderne*, avril 1931, pp. 302-305; voir notamment, FORGEAUX (A.), *Du code individualiste au droit syndical*, Paris, Librairie Valois, 1929; DUBOIS-RICHARD (P.), *L'Organisation technique de l'État*, Paris, Sirey, 1930; BRETHE DE LA GRESSAYE (J.) *Le Syndicalisme, l'organisation professionnelle de l'État*, Paris, Sirey, 1931; GÉNY (B.), *La Collaboration des particuliers avec l'administration*, Paris, Sirey, 1930.
38. L'Union interparlementaire, *L'Évolution actuelle du régime représentatif, op. cit.*, p. 40.
39. *Ibid.*, pp. 39-68; parmi les réformes proposées, notons la forte limitation des droits du Parlement : suppression du droit d'initiative parlementaire, du droit d'amendement, du droit d'interpellation, établissement de la responsabilité individuelle des ministres et durée fixée à l'avance des pouvoirs du chef du gouvernement, réhabilitation du droit de dissolution, proposition d'établir pour le président de la République le caractère viager de ses fonctions.
40. *Annuaire de l'Institut international de droit public*, 1930, pp. 143-166. Ce rapport fut d'abord publié dans la *Revue du droit public et des sciences politiques*, octobre-décembre 1928. Les professeurs Vauthier et Lawrence-Lowell présentèrent également un rapport sur le même thème.
41. *Revue du droit public...*, octobre-décembre 1928, p. 633.
42. *Ibid.*, p. 629.
43. *Annuaire de l'Institut international de droit public*, 1930, p. 323.
44. Pour plus de détails, voir les articles de MIRKINE-GUETZÉVITCH (B.), *Revue du droit public...*, janvier-mars 1928, pp. 5-53 et octobre-décembre 1929, pp. 504-598.
45. Pour le détail, « Documents sur la réforme de l'État », dans *Politique*, 15 août 1945, pp. 332-336.
46. *La réforme administrative, Cahiers du Redressement français*, série I, n° 27, 1927, p. 10.
47. La commission « Organisation politique et administrative » comprenait notamment le professeur E. Bourgeois, le professeur A. Mestre, le conseiller d'État Lallemand, et Émile Mireaux.
48. *Ibid.*, p. 35; *Cahiers du Redressement français*, série I, n° 35, « Vœux et solutions », 1927, p. 170.
49. Pour les arguments contre l'intégration, voir *La Réforme administrative, op. cit.*, pp. 26-27.
50. Pour le détail, voir les *Cahiers*, n° 25 et 27, ainsi que le programme du RF, *Organisation et réformes*, janvier 1927, pp. 7-8, brochure conservée aux AN, F7 13240.
51. Ligue des droits de l'homme, Congrès national de 1927, compte rendu, 15-17 juillet 1927, pp. 176-436, ou « Résolution sur les principes et l'organisation de la démocratie », pp. 414-418.
52. Sur le détail des vœux émis, voir *Politique*, 15 août 1945, pp. 350-351.
53. *Ibid.*, pp. 347-349.
54. Notamment Paul Couzinet, Paul de La Pradelle, Robert Redslob.
55. Sur les anciens combattants, l'ouvrage fondamental est celui de PROST (A.), *Les Anciens Combattants et la société française 1914-1939*, 3 vol., Paris, Presses FNSP, 1977; sur la réforme de l'État et les anciens combattants, voir vol. III, chapitre VI.
56. Le premier numéro date de février 1927. *La Revue* a pour directeurs

Henry de Jouvenel et Henry Malherbe et pour secrétaire général Jean Thébaud, président de l'Association générale des mutilés de guerre.
57. *La Semaine du combattant*, septembre 1928, dans *Le Cran*, août 1928, p. 4.
58. *Journal des mutilés*, 18 février 1928, vœux des États généraux de Versailles (11-13 novembre 1927).
59. Cité par Prost (A.) *op. cit.*, vol. 3, p. 146.
60. Henri Pichot, *La Revue des vivants*, février 1927, p. 111.
61. Decousus, *idem*.
62. *La Revue des vivants*, juillet 1927, p. 1004.
63. *Ibid.*, février 1927, p. 1.
64. Rapport Monnier, dans *Le Cran*, août 1928.
65. Discours de Bloch à une réunion de l'Association générale des mutilés de guerre, 15 février 1928, dans *Journal des mutilés*, 18 février 1928. Bloch concluait ainsi : « Il faut que nous soyons au service de cette réorganisation de l'État qui doit servir tous les partis, à la suite de n'importe quelle opinion et élection. »
66. Compte rendu du rapport et débats, dans *Le Cran*, septembre 1931.
67. Discours, débats et motion du congrès inter-associations, dans *Le Cran*, mars 1932.
68. *Le Cran*, mars 1932. Sont membres de cette commission, notamment Maurice de Barral, Henry Chatenet, Georges Mer, Robert Monnier, Jean Sennac, André-Jacques Fonteny.
69. Prost (A.), *op. cit.*, vol. I, p. 155.
70. Sur ces différentes périodes, voir *Questions et figures politiques*, 1907, *op. cit.*; la *Revue de Paris*, 15 avril 1910; *L'Illustration*, 29 avril 1933.
71. Discours à Commercy, 23 août 1896, dans *Questions et figures politiques*, *op. cit.*, p. 90.
72. Discours de Ba-Ta-Clan, 7 novembre 1919.
73. Discours de Ba-Ta-Clan, 7 novembre 1919.
74. Pisani-Ferry (F.), *Le Coup d'État manqué du 16 mai 1877*, Paris, Laffont, 1965.
75. Cité par Jèze (G.), *Revue du droit public...*, octobre-décembre 1920, pp. 575-576.
76. Pour ces textes des 23 et 25 septembre 1920, *ibid.*
77. Lettres au *Temps* du 9 et 23 août 1920, in *Revue du droit public...*, juillet-août 1920, pp. 486 et *sq.*; lettre du 27 septembre 1920, *ibid.*, octobre-décembre 1920, pp. 581-585.
78. Pour le détail de cet épisode, voir Barty (J.), *L'Affaire Millerand, op. cit.*; *Revue du droit public...*, juillet-septembre 1924, pp. 462-474. On peut noter que trente ans plus tôt Millerand appliqua à l'endroit du président Casimir-Périer la même logique politique qu'il eut à subir en 1924, voir son article à *La Petite République* du 5 juillet 1894, dans *ibid.*, octobre-décembre 1920, pp. 577-578.
79. *Revue du droit public...*, *op. cit.*, pp. 470-471.
80. Étaient membres du Comité directeur, Millerand, Antony Ratier, Émile Bourgeois, Pierre-Étienne Flandin, François-Marsal, André François-Poncet, Auguste Isaac, Yves Le Trocquer, Maginot, Louis Marin, Pascalis, Charles Reibel, Jean Terral, Emmanuel Brousse.
81. Pour le programme de la Ligue, voir son « Appel à la Nation », dans *L'Avenir*, 7 novembre 1924.
82. Cité dans Bourgin (G.), Carerre (J.), Guérin (A.), *Manuel des partis politiques, op. cit.*, p. 120.
83. Discours du 18 mars 1927 à Bordeaux, compte rendu aux AN, ministère de l'Intérieur, Police générale, série F7 13237.
84. Voir AN, série F7 13237, notes des 15 janvier, 29 janvier et 2 février 1927.
85. Lettre de Burgard à Flandin, 19 janvier 1927, BN, Papiers Flandin, carton 89.
86. *Ibid.*, note du 29 janvier 1927.
87. *Revue de Paris*, octobre 1930, pp. 721-739.

88. Discours du 6 mars 1931, compte rendu dans Papiers Millerand, AN 470AP 95, p. 9.
89. Celles du républicain de gauche Péchin et de Lasteyrie, membre de l'URD.
90. *Le Quotidien*, 14 mai 1924.
91. AN, ministère de l'Intérieur, Police générale, série F7 13237, note du 15 janvier 1927.
92. Papiers Millerand, AN 470AP 95, discours accueillant Tardieu à Alençon, 28 septembre 1930.
93. *Politique*, 15 janvier 1929, p. 3.
94. *Ibid.*, p. 4. Défini ainsi par Prélot, le débat concernait pourtant moins la droite que le centre et la gauche modérée.
95. *La Crise de la démocratie contemporaine, op. cit.*, pp. 183 et *sq.*
96. LUCHAIRE (J.), *Une génération réaliste, op. cit.*, pp. 99 et *sq.*
97. Février 1928, sous la signature de G. Mer, J. Patouillet, R. Corbin, p. 11.
98. Discours au congrès du RF, 27 avril 1927, dans *Cahiers du RF*, n° 35, *op. cit.*, p. 167.
99. *Les Anciens Combattants et le redressement de l'esprit public*, Rapport Monnier présenté au Conseil national des 11 et 12 mars 1933, pp. 26 et 30. Voir également, MONNIER (R.), « Pour la réforme de la Constitution », 1932, pp. 14-17, dans *Les Anciens Combattants et la réforme de la Constitution*, édité par la Semaine du combattant, Paris, juillet 1958.
100. *Les Anciens Combattants et le redressement de l'esprit public, ibid.*, p. 16.
101. Sur Taittinger et la refonte des institutions dans le sens bonapartiste, voir BOURGIN (G.), CARRERE (J.), GUÉRIN (A.), *Manuel des partis politiques en France, op. cit.*, pp. 60-61 ; sur le présidentialisme autoritaire, voir HERVÉ (G.), *La République autoritaire*, Paris, Librairie de la Victoire, 1926.
102. Chez Flammarion. D'autres ouvrages, témoignaient de la radicalisation idéologique, NITTI (F.), *Bolchevisme, fascisme et démocratie*, 1926 ; LETTERLE (H.), *Fascisme, communisme ou démocratie*, 1929.
103. Voir à ce propos, VALOIS (G.), *L'Homme contre l'argent, op. cit.*, pp. 132-145.
104. Voir PROST (A.), *Les Anciens Combattants et la société française, op. cit.*, vol. I, pp. 100-101.
105. *La Crise de la démocratie, op. cit.*, pp. 235-236.

CHAPITRE VIII : *Une croisade révisionniste*

1. TARDIEU (A.), *Devant le pays, op. cit.*, introduction écrite le 10 juin 1932, pp. XVI-XVII.
2. *Ibid.*, pp. XVI-XIX.
3. *Ibid.*, pp. XXIII-XIV ; discours du 4 mai 1932, p. 221.
4. TARDIEU (A.), *Sur la pente, op. cit.*, p. XXXVIII.
5. Discours à la Chambre, 7 juin 1932, dans *ibid.*, p. 5.
6. *L'Écho de Paris*, 12 juin 1932.
7. HERRIOT (Ed.), *Jadis*, t. II, *D'une guerre à l'autre, 1914-1936*, Paris, Flammarion, 1952, p. 312.
8. Lettre du 8 juin 1932, aux AN 324AP 112.
9. *L'Écho de Paris*, 9 juin 1932.
10. Du centre à la droite, retenons les groupes suivants : la Gauche radicale (44), les Indépendants de gauche (20), les Républicains de gauche (30), le Centre républicain (33), les Républicains du centre (7), les Démocrates populaires (16), le Groupe républicain et social (18), la Fédération républicaine (43), et les Indépendants (63 dont 18 seulement votent la confiance au gouvernement Herriot) ; pour le détail, voir *Le Temps*, 16 juin 1932.
11. Selon le premier communiqué officiel, dans *L'Ami du Peuple*, 10 juin 1932.

12. Parmi les membres les plus connus, citons Reynaud, Rollin, Dignac, Héraud, Ferry, Petsche, Jean Fabry, Achille Fould, de Tastes, Patenôtre-Desnoyers; pour la liste complète, voir *Le Temps*, 11 et 16 juin 1932.
13. Communiqué officiel, dans *Le Républicain de Belfort*, 15 juin 1932.
14. *Revue hebdomadaire*, 21 janvier 1933, p. 333.
15. Germain-Martin, le propre ministre du Budget de Tardieu, recevait les Finances; le radical très modéré Maurice Palmade était au Budget; Georges Leygues (Marine), Paul Painlevé (Air) et Paul-Boncour (Guerre) se partageaient la Défense nationale.
16. *L'Agonie de la Troisième République, op. cit.*, p. 183.
17. Lettre de Durand à Flandin, 18 octobre 1932, à la BN, Papiers Flandin, carton 131.
18. Selon le but énoncé lors de la fondation de l'Alliance démocratique en 1901 par Waldeck-Rousseau et Adolphe Carnot, voir BN, Papiers Flandin, carton 89, court historique, 1940, p. 1.
19. Lettre de Durand à Flandin, 18 octobre 1932, déjà citée.
20. *L'Alliance démocratique*, 17 juin 1933.
21. Lettre de Mathiot à Tardieu, 20 mai 1932, aux AN 324AP 11.
22. Lettre de Mathiot à Flandin, 21 novembre 1932, à la BN, Papiers Flandin, carton 91. Dans sa réponse, Flandin se disait « désolé » par ce refus de Tardieu et jugeait sa propre candidature « évidemment prématurée », lettre du 2 décembre 1932, *ibid.*
23. Discours à l'Union du commerce et de l'industrie, dans *Le Républicain de Belfort*, 9 juin 1926.
24. TARDIEU (A.), *Sur la pente, op. cit.*, p. XXXVIII.
25. APP BA 1586, dossier Tardieu, note 413 du 21 octobre 1932.
26. *La Frontière*, 15 juin 1932.
27. *Le Populaire*, 20 avril 1932.
28. Lettre de Mathiot à Tardieu, 20 mai 1932, aux AN 324AP 11.
29. Lettre de Tardieu à Mathiot, 7 mars 1933, dans *ibid.*
30. Dans une lettre à Paul Roquère, ancien chef de cabinet de Tardieu, Flandin écrivait : « Je n'ai accepté la présidence qu'après le refus de Tardieu et j'estime qu'il eût été plus qualifié que moi pour mener le parti à la bataille qui va devenir nécessaire ! Mais, puisqu'il a préféré garder son indépendance, j'ai pensé qu'il valait mieux prendre la direction de cette vieille organisation qui peut encore jouer un rôle dans la vie publique », 23 janvier 1933, à la BN, Papiers Flandin, Alliance démocratique, carton 1.
31. DEBÛ-BRIDEL (J.), *L'Agonie de la Troisième République, op. cit.*, p. 163.
32. Interview de Tardieu par Georges Suarez, in *Le Républicain de Belfort*, 19 novembre 1932.
33. Lettre de Ferry à Tardieu, 28 décembre 1932, aux AN 324AP 7.
34. *Ibid.*, note 417, 7 décembre 1932.
35. TARDIEU (A.), *Devant le pays, op. cit.*, p. XXVI.
36. Lettre de Tardieu à Flandin, sans date précise, à la BN, Papiers Flandin, carton 131.
37. Sur la croisade révisionniste de Tardieu, voir un article récent qui rejoint notre analyse, ROUSSELLIER (N.), « André Tardieu et la crise du constitutionnalisme libéral, 1933-1934 », dans *XXe Siècle*, janvier 1989, pp. 57-70.
38. Le texte de cette conférence est reproduit dans *La Revue hebdomadaire*, 4 février 1933, pp. 15-40.
39. Tardieu, dans *L'Écho national*, 19 février 1924.
40. *Le Républicain de Belfort*, revue de presse, 2 juin 1926.
41. Clemenceau, discours de Strasbourg, 4 novembre 1919, brochure citée, p. 19.
42. TARDIEU (A.), *L'Épreuve du pouvoir, op. cit.*, p. XII.
43. L'expression est de Henri de Kérillis, dans *L'Écho de Paris*, 28 janvier 1933.
44. *J.O.*, Chambre des députés, débats, séance du 10 janvier 1933, pp. 1-2; discours de Jeanneney, 16 janvier 1933, dans *L'Illustration*, 28 janvier 1933.

45. Pour le détail de la motion, voir AN 324AP 3, correspondance Bardoux.
46. Dès 1929, Maurice Ordinaire proposa les « Éléments d'une réforme parlementaire », dans *Revue politique et parlementaire*, 10 mai 1929, pp. 176-184; il publia d'autre part en 1932 une brochure préfacée par Doumergue, *Le Vice constitutionnel et la révision*, Paris, Nouvelle Librairie française, 1932, 61 p., brochure dont il tira un ouvrage en 1934, *La Révision de la Constitution*, Paris, Payot, 1934.
47. *L'Écho de Paris*, 28 janvier 1933.
48. Voir AUBERT (O.), *Le Moulin parlementaire*, Paris, Librairie A. Quillet, 1933, pp. 45-46. Voir aussi le discours du doyen Grousseau, dans *J. O.*, Chambre des députés, débats, séance du 10 janvier 1933, p. 2.
49. Officiellement constitué le 23 janvier 1933 au meeting de Wagram, le « front national » ne s'étoffa véritablement qu'au lendemain du 6 février 1934.
50. Pour le détail des propositions révisionnistes, voir *Le National*, 20 mai 1933.
51. PAUL-BONCOUR (J.), *Entre-deux-guerres, op. cit.*, t. II, p. 283.
52. TARDIEU (A.), dans *La Revue hebdomadaire*, 4 février 1933, p. 14.
53. *La Revue hebdomadaire*, 4 mars 1933, p. 85; voir aussi, KÉRILLIS, *L'Écho de Paris*, 2 février 1934.
54. Expression d'un proche de Tardieu citée par François LE GRIX, *ibid.*, 11 février 1933, p. 224.
55. TARDIEU (A.), *L'Heure de la décision, op. cit.*, p. 117.
56. *Le Populaire*, 28 janvier 1933; voir l'atricle de BLUM (L.), « La néo-Boulange », *ibid.*, 7 février 1933; celui de LAUTIER, « Tous les 25 ans, l'heure de la Boulange », cité dans *La Frontière*, 6 décembre 1933.
57. Lettre de Lautier à Tardieu, 10 février 1933, aux AN 324AP 10.
58. Pour plus de détails, RÉMOND (R.), *Les Droites en France, op. cit.*, chapitre X; MACHEFER (Ph.), *Ligues et Fascisme en France, op. cit.*, pp. 10-16.
59. Chez le même éditeur et la même année, Paul de Cassagnac publiait; *Napoléon pacifiste*, Paris, Éditions de France, 1933.
60. *La Revue hebdomadaire*, 5 août 1933, p. 119.
61. Lettre de Lautier à Tardieu, 10 février 1933, aux AN 324AP 11.
62. Lettre de Tardieu à Mathiot, 7 mars 1933, aux AN 324AP 10.
63. *La Revue hebdomadaire*, 4 février 1933, p. 15.
64. BURÉ, *L'Ordre*, « La croisade de M. Tardieu », dans *Le Républicain de Belfort*, 15 février 1933.
65. *Ibid.*, p. 40.
66. TARDIEU (A.), *Devant le pays, op. cit.*, pp. XXIV-XXV.
67. *L'Illustration*, 18 février 1933.
68. Tardieu cité par GOEDORP (V.), *Figures du Temps, op. cit.*, p. 310.
69. Dates des articles, 18 février, 4 et 8 mars, 1er, 15 et 19 avril, 13 mai, 3 et 24 juin, 8 et 22 juillet, 12 et 26 août, 9 et 23 septembre, 14 octobre, 4 et 25 novembre 1933.
70. Brochure, *Le président André Tardieu à Ambert. Un discours-programme*, Clermont-Ferrand, Impr. Moderne, 1933, p. 3.
71. Tardieu participa de très près au rachat de *La Liberté* et à la préparation de sa sortie, voir lettre à Georges Ponsot, 19 avril 1933, AN 324AP 14.
72. LAUTIER. « L'heure de la Boulange », revue de presse, dans *La Frontière*, 6 décembre 1933.
73. *J. O.*, Chambre des députés, débats, séance du 7 mars 1933, p. 1153.
74. *La Frontière*, 18 février 1933.
75. Préface écrite le 10 juin 1932, *Devant le pays, op. cit.*, p. XXVI.
76. TARDIEU (A.), *Sur la pente, op. cit.*, p. 96.
77. TARDIEU (A.), *Devant le pays, op. cit.*, p. XXIV.
78. Lettre de Lautier à Tardieu, 10 février 1933, aux AN 324AP 10.
79. *La Revue hebdomadaire*, 11 février 1933, p. 224.
80. TARDIEU (A.), *Devant le pays, op. cit.*, p. XXVI.
81. KÉRILLIS, *L'Écho de Paris*, 2 février 1933.
82. *Ibid.*

83. Pour plus de détails, CHIROUX (R.), « Jacques Bardoux : un libéral sous la République parlementaire », dans *Revue politique et parlementaire*, janvier 1976, pp. 9-28.
84. Ordre du jour reproduit dans *Le Républicain de Belfort*, 19 août 1933.
85. *La Nation*, « Centrite », 2 septembre 1933, pp. 545-546.
86. *Ibid.*, 16 septembre 1933, pp. 557-578.
87. Papiers Marin, AN 317AP 88, lettre de Guiter à Marin, 8 septembre 1933.
88. *La Nation*, 16 septembre 1933, pp. 578-580.
89. APP, dossier Tardieu, BA 1586, note 439 du 21 septembre 1933.
90. *Ibid.*, notes 439 et 435 des 20 et 21 septembre 1933.
91. TAITTINGER, *Le National*, 16 septembre 1933.
92. TAITTINGER, *Le National*, 5 août 1933.
93. Papiers Marin, AN 317AP 88, lettre de Guiter à Marin, 23 septembre 1933.
94. *L'Alliance démocratique*, 17 juin 1933.
95. Compte rendu du congrès national extraordinaire de l'Alliance démocratique, 29-30 mars 1933, pp. 14-15, dans Papiers de l'Alliance démocratique, BN, carton 3.
96. Papiers Marin, AN 317AP 88, lettre de Guiter à Marin, 14 décembre 1933.
97. Papiers Marin, AN 317AP 88, lettre de Guiter à Marin, 27 novembre 1933.
98. *L'Écho de Paris*, 12 septembre 1933.
99. Discours à Chambéry, 26 novembre 1933, dans *Sur la pente, op. cit.*, p. 95.
100. *La Revue hebdomadaire*, 15 juillet 1933, p. 367.
101. Papiers Flandin, BN, carton 131, lettre de Flandin à François-Poncet, 2 décembre 1932.
102. Pour le détail de cette situation, voir les analyses de SAUVY (A.), *Histoire économique de la France entre les deux guerres*, t. II, chapitre. III et IV; et le témoignage du ministre des Finances de l'année 1933, BONNET (G.), *Vingt Ans de vie politique, op. cit.*, pp. 156 et *sq.*
103. Lettre de Reynaud à Tardieu, 13 juillet 1932, aux AN 324AP 133.
104. Papier Flandin, BN, carton 131, lettre de Flandin à Beaumont, 2 décembre 1932.
105. Papiers de l'Alliance démocratique, BN, carton 3, discours de Flandin au congrès de Saint-Étienne, 26-28 octobre 1933.
106. Papiers Flandin, BN, carton 131, lettre de Durand à Flandin, 18 octobre 1932.
107. Voir ses articles à *La Nation*, notamment 28 janvier, 4, 11 et 18 février 1933.
108. Voir à ce sujet une lettre de Guiter à Marin, 18 mars 1933, dans Papiers Marin, AN 317AP 88.
109. MARIN, *La Nation*, 7 octobre 1933.
110. MARIN, *La Nation*, 23 septembre 1933.
111. *J. O.*, Chambre des députés, débats, séance du 9 décembre 1933, p. 4546.
112. Voir REYNAUD (P.), *Entre-deux-guerres, op. cit.*, t. I, p. 347; Papiers Flandin, BN, carton 131, lettre de Tardieu à Flandin, sans date; BONNET (G.), *Vingt Ans de vie politique, op. cit.*, p. 189.
113. TARDIEU, *La Liberté*, 12 septembre 1933.
114. Voir notamment, le discours de Tardieu à Bourg-en-Bresse, 26 novembre 1933, AN 324AP 46.
115. *Le National*, 16 septembre 1933.
116. Lettre de Bardoux à Tardieu, 20 novembre 1933, aux AN 324AP 3.
117. Réponse de Tardieu à Bardoux, 28 novembre 1933, *ibid.*
118. Lettre de Bardoux à Tardieu du 5 février 1934, aux AN 324AP 3.
119. TARDIEU, *La Liberté*, 25 novembre 1933.
120. *Ibid.*, 30 novembre 1933.

121. *Ibid.*, 29 janvier 1934.
122. *Ibid.*, 21 janvier 1934.
123. Sur ces événements, voir notamment le « Rapport fait au nom de la commission d'enquête chargée de rechercher les causes et les origines des événements du 6 février 1934 et jours suivants, ainsi que toutes les responsabilités encourues », dans *Annales de la Chambre des députés*, 15ᵉ législature, documents parlementaires, 1934, Annexes 3384 à 3393; « Le 6 février », dans *Cahiers des droits de l'homme*, 10-20 octobre 1934, pp. 622-663; BERSTEIN (S.), *Le Six Février*, Paris, Gallimard-Julliard, 1975; WINOCK (M.), *La Fièvre hexagonale*, Paris, Calmann-Lévy, 1986, pp. 182-226.
124. Cité dans BONNEFOUS (Ed.), *Histoire politique de la Troisième République*, t. V, p. 210, n. 1.
125. Le texte de cette déposition du 18 juillet 1934, dans *Sur la pente, op. cit.*, pp. 115-244.
126. *L'Écho de Paris*, 28 janvier 1934.
127. TARDIEU, *La Liberté*, 5 février 1934.
128. Chiappe appelait Tardieu « bien cher patron » dans sa correspondance, AN 324AP 134.
129. La déclaration de Tardieu, dans *Annales de la Chambre des députés*, 15ᵉ législature, documents parlementaires, 1934, Annexes 3385, p. 605; voir aussi *La Liberté*, 4-5 février 1934.
130. TARDIEU, *La Liberté*, 5 février 1934.
131. Texte publié dans *Les Cahiers des droits de l'homme*, 10-20 octobre 1934, p. 630.
132. *Ibid.*, p. 639. Sur le rôle des conseillers municipaux, voir aussi *ibid.*, p. 650-651; Annales de la Chambre des députés, 15ᵉ législature, Documents parlementaires, 1934, Annexes 3388, rapport de Perrin et Tinguy du Pouet, pp. 672-689. Pour une analyse allant dans le même sens, BERSTEIN (S.), *Le Six Février, op. cit.*, pp. 179 et sq.
133. Selon le témoignage d'un ancien chef de cabinet de Chéron et Reynaud, Henri du Moulin de Labarthète, cité dans Annexe 3388, *ibid.*, p. 683.
134. Paul Chopine, bras droit du colonel de La Rocque, fit allusion à l'immaturité politique du mécontentement des troupes Croix-de-Feu : « J'ai toujours eu l'impression que si nous avions réussi à entrer à la Chambre, nous aurions ensuite été bien embêtés », dans *Six Ans chez les Croix-de-Feu*, Paris, Gallimard, 1935, p. 117.
135. *J. O.*, Débats, Chambre des députés, séance du 6 février 1934, p. 411.
136. *Ibid.*, p. 414.
137. *Ibid.*, p. 410.
138. *Ibid.*, p. 413.
139. Sur l'abandon de Daladier, voir BERSTEIN (S.), *Histoire du parti radical*, t. II, pp. 286-288; sur la démarche de Laval et d'une cinquantaine de députés, sénateurs et conseillers municipaux auprès de Lebrun, voir leur déclaration commune, dans *Annales de la Chambre des députés*, 15ᵉ législature, Documents parlementaires, 1934, Annexes 3388, p. 688; voir aussi le témoignage de PAUL-BONCOUR (J.), *Entre-deux-guerres, op. cit.*, p. 309.
140. TARDIEU, *La Liberté*, 14 janvier 1934.
141. KÉRILLIS, *L'Écho de Paris*, 2 février 1934.

CHAPITRE IX : *La République en quenouille*

1. TARDIEU (A.), *La Paix, op. cit.*, pp. 423-424.
2. TARDIEU (A.), *Sur la pente, op. cit.*, p. xv.
3. TARDIEU (A.), *L'Heure de la décision, op. cit.*, pp. 116, 262 et 280.
4. *Ibid.*, p. vii.
5. Discours de Laon, 26 mars 1933, dans *Sur la pente, op. cit.*, p. 42.
6. TARDIEU (A.), *L'Heure de la décision, op. cit.*, p. 37.
7. *Ibid.*, p. v.

8. *Ibid.*, p. 111.
9. *Ibid.*, pp. 124-125.
10. *Ibid.*, p. 119.
11. *Ibid.*, p. 131.
12. Sur tous ces points, voir *ibid.*, pp. 131-133.
13. Discours à Laon, 26 mars 1933, *Sur la pente, op. cit.*, p. 40; sur le même thème, *L'Heure de la décision, op. cit.*, pp. 127-129.
14. *L'Heure de la décision, op. cit.*, p. 239.
15. TARDIEU (A.), *L'Épreuve du pouvoir, op. cit.*, p. XVIII.
16. Sur ce thème, TARDIEU (A.), *L'Heure de la décision, op. cit.*, pp. 136-138.
17. *Ibid.*, pp. 159-164.
18. Sur ce thème, *ibid.*, chapitre VI, pp. 141-167, en particulier, pp. 159-165.
19. *Ibid.*, p. 96.
20. *Ibid.*, p. 17.
21. Sur ce thème, *ibid.*, pp. 20-23 et 247-248.
22. *Ibid.*, pp. VI et 21.
23. *Ibid.*, pp. 32-33.
24. *Ibid.*, pp. 133-134 et 278-279.
25. *Ibid.*, pp. 32-33.
26. *Ibid.*, pp. 277-278.
27. *Ibid.*, p. 247.
28. *Ibid.*, p. 278.
29. *Ibid.*, p. 255.
30. TARDIEU (A.), *La Réforme de l'État*, Paris, Flammarion, 1934, p. 18.
31. TARDIEU (A.), *Devant le pays, op. cit.*, p. XXIV.
32. Pour l'apparition de ces mots, voir notamment *L'Heure de la décision, op. cit.*, pp. VI, 33, 178, 217, 218, 280, 281.
33. TARDIEU (A.), *Devant le pays, op. cit.*, pp. 184 et 203.
34. TARDIEU (A.), *L'Heure de la décision, op. cit.*, pp. 35 et 100-101.
35. *J. O.*, Chambre des députés, séance du 9 décembre 1933, p. 4546. Sur la « faillite » de la gestion radicale-socialiste en 1933, voir *L'Heure de la décision, op. cit.*, pp. 102-105.
36. *L'Heure de la décision, op. cit.*, p. 262.
37. Tardieu, discours à Chambéry, 26 novembre 1933, dans *Sur la pente, op. cit.*, p. 88; voir aussi, *L'Heure de la décision, op. cit.*, p. 254.
38. *Ibid.*, p. 277.
39. *Ibid.*, pp. 132, 134, 240, 276.
40. TARDIEU (A.), *Sur la pente, op. cit.*, p. XLVI.
41. Sur ce point, *L'Heure de la décision, op. cit.*, pp. 34, 137.
42. Sur ce point, *ibid.*, p. 275 et *Sur la Pente, op. cit.*, p. 92.
43. *L'Heure de la décision, op. cit.*, pp. 165 et 35, 99, 159-164.
44. Sur ces points, *L'Heure de la décision, op. cit.*, pp. 156-157, 165, 248-250.
45. *Ibid.*, p. 275.
46. *Ibid.*, p. 35.
47. Sur ces points, *ibid.*, pp. 264-269.
48. *Ibid.*, p. 269.
49. *Ibid.*, p. 280.
50. *Ibid.*, p. 116.
51. *Ibid.*, p. VI et 114-115; voir aussi, *Devant le pays, op. cit.*, p. XXV.
52. L'expression se trouve dans *ibid.*, p. 177.
53. Sur ces points, *ibid.*, pp. 170-176.
54. Discours à Laon, 26 mars 1933, dans *Sur la pente*, p. 41.
55. *L'Heure de la décision, op. cit.*, p. 177.
56. *Ibid.*, p. 178.
57. Sur ce point, *ibid.*, pp. 178-190.
58. Sur ce point, voir *ibid.*, pp. 190-204.
59. Sur ce point, voir *ibid.*, pp. 205-218.
60. *Ibid.*, pp. 219, 227. Sur l'ensemble de la question, voir *ibid*, pp. 219-232.
61. Sur ce point, voir *ibid.*, pp. 236-239.

62. Parmi les réformes nécessaires mais pouvant résulter du mécanisme législatif normal, Tardieu retenait ces quelques vagues têtes de chapitre : « organisation militaire, lois électorales, durée du mandat, système fiscal, suppression des commissions permanentes des assemblées, etc. », dans *ibid.*, p. 234.
63. *Notes sur les États-Unis, op. cit.*, p. 207 ; et *L'Épreuve du pouvoir, op. cit.*, p. XVIII.
64. Dans *L'Heure de la décision, op. cit.*, pp. 121, 234, 281.
65. CAPITANT (R.), *La Réforme du parlementarisme*, Paris, Sirey, 1934, p. 8.
66. NAQUET (A.), *Questions constitutionnelles*, Paris, E. Dentu, 1883, pp. 86-87 et 31.
67. SHERER (Ed.), *La Démocratie et la France*, Paris, Librairie Nouvelle, 1883, p. 27.
68. BENOIST (Ch.), *La Crise de l'État moderne*, 1899, *op. cit.*, p. 34.
69. POINCARÉ (R.), Discours du 23 août 1896, dans *Questions et figures politiques, op. cit.*, p. 99.
70. TARDIEU (A.), *L'Heure de la décision, op. cit.*, pp. 246-247.
71. BOURGIN (H.), *Cinquante Ans d'expérience démocratique, op. cit.*, p. 316.
72. BENOIST (Ch.), *Les Maladies de la démocratie*, Paris, éd. Prométhée, 1929, p. 5.
73. Voir ses chroniques de juillet-septembre 1907, pp. 481 et *sq.* ; d'avril-juin 1909, pp. 319 et *sq.* Voir également dans la même revue, deux articles de DEMARTIAL (G.), janvier-mars 1907, pp. 5-23 et avril-juin 1907, pp. 228-235.
74. Voir notamment COUZINET (P.), « La dissolution des assemblées politiques et la démocratie parlementaire », dans *Revue du droit public...*, octobre-décembre 1933, pp. 495-564 ; et LA PRADELLE (P. de), « La réforme de l'État français », dans *Annales du droit et des sciences sociales*, n° 2-3, 1934, pp. 423-427.
75. « Le référendum et le régime parlementaire », dans *Revue politique et parlementaire*, 10 février 1931, p. 313.
76. « Considérations théoriques sur la question du référendum avec le parlementarisme », dans *Revue du droit public...*, avril-juin 1931, pp. 232 et 240 ; voir aussi, LA PRADELLE (P. de), *Annales du droit et des sciences sociales*, article cité, pp. 429-431.
77. *L'Heure de la décision, op. cit.*, p. 224.
78. PRÉLOT (M.), cité dans « Documents sur la réforme de l'État », *Politique*, août-septembre 1945, p. 344.
79. *L'Heure de la décision, op. cit.*, p. 229.
80. *Ibid.*, p. 231.
81. GICQUEL (J.), SFEZ (L.), *Problèmes de la réforme de l'État en France depuis 1934*, Paris, PUF, 1965, pp. 36-37.
82. NAQUET (A.), *La République radicale*, Paris, 1873, p. 101.
83. TARDIEU (A.), *L'Épreuve du pouvoir, op. cit.*, p. 68.
84. *L'Heure de la décision, op. cit.*, p. 231.
85. *Ibid.*, p. 231.
86. BENOIST (Ch.), *L'Organisation de la démocratie, op. cit.*, p. 55.
87. TARDIEU (A.), *L'Heure de la décision, op. cit.*, p. 177.
88. *Ibid.*, p. 131.
89. Voir ci-dessus, deuxième partie, chapitres VI et VII.
90. ORDINAIRE (M.), *Revue politique et parlementaire*, 10 mai 1929, p. 182.
91. PAUL-BONCOUR (J.), *Entre-deux-guerres, op. cit.*, pp. 279-283.
92. TARDIEU (A.), *L'Heure de la décision, op. cit.*, p. 160.
93. *Ibid.*, p. 161.
94. *Ibid.*, p. 115.
95. *Ibid.*, p. 18.
96. TARDIEU (A.), *Sur la pente, op. cit.*, p. XXIII.
97. MER (G.), *L'État moderne*, éditorial, mars 1934, p. 153.
98. TARDIEU (A.), *L'Heure de la décision, op. cit.*, p. 116.
99. *Ibid.*, pp. 162 et 164.
100. *Ibid.*, p. 228.

101. *Ibid.*, pp. 211 et 215.
102. *Ibid.*, p. 222.
103. *Ibid.*, pp. 231-232.
104. *Ibid.*, p. 112.
105. *Ibid.*, p. 186.
106. *Ibid.*, p. 216.
107. Respectivement, *ibid.*, pp. 129; Discours de Laon, 26 mars 1933, dans *Sur la pente, op. cit.*, pp. 32-33; *L'Heure de la décision, op. cit.*, p. 106; Discours à Ambert, 4 juin 1933, dans *Le président André Tardieu à Ambert*, brochure citée, p. 30.
108. Sur la vision des radicaux par Tardieu, voir *L'Heure de la décision, op. cit.*, pp. 276, 100-108 et le discours de Laon, 26 mars 1933, dans *Sur la pente, op. cit.*, pp. 30 et *sq.*
109. TARDIEU (A.), *L'Heure de la décision, op. cit.* p. 279.
110. *Ibid.*, p. 278.
111. ALAIN, *Éléments d'une doctrine radicale*, NRF, Paris, p. 179.
112. TARDIEU (A.), *L'Heure de la décision, op. cit.*, p. 250.
113. *Ibid.*, p. 277 et *Sur la pente, op. cit.*, p. XXIII.
114. REYNAUD (P.), *La Liberté*, 25 juillet 1933; KÉRILLIS (H. de), *L'Écho de Paris*, 6 décembre 1933; TARDIEU (A.), *La Liberté*, 1er août 1933.
115. KÉRILLIS (H. de), *L'Écho de Paris*, 29 mai 1930 et 3 décembre 1930.
116. TARDIEU (A.), *L'Heure de la décision, op. cit.*, pp. 240-242.
117. *Ibid.*, pp. 242-243.
118. *Ibid.*, pp. 243-245.
119. *Ibid.*, p. 245.
120. *Ibid.*, pp. 94, 113, 115, et discours à Chambéry, 26 novembre 1933, *Sur la pente, op. cit.*, p. 83.
121. TARDIEU (A.), Conférence du 19 janvier 1934, dans *Revue hebdomadaire*, 17 février 1934, p. 305.
122. *Ibid.*, p. 302.
123. TARDIEU (A.), Discours à Chambéry, 26 novembre 1933, *Sur la pente, op. cit.*, p. 97.

CHAPITRE X : *L'expérience Doumergue*

1. Lettre de Lachapelle à Tardieu, 5 février 1934, aux AN 324AP 10.
2. TARDIEU (A.), *Sur la pente, op. cit.*, p. XLIX.
3. *1934*, 7 février 1934.
4. Chez Grasset, p. 207.
5. Selon le texte de la résolution adoptée, au *J. O.*, Chambre des députés, débats, séance du 15 mars 1934, p. 967.
6. *L'État moderne*, avril 1934, « Déclaration de l'État moderne » et article de Mer, pp. 222-238; et MER (G.), *La Réforme de l'État en action*, Paris, Sirey, 1934.
7. MER (G.), *ibid.* pp. 140-144.
8. Pour le détail sur l'opposition « jeune radicale » à l'intérieur du parti radical-socialiste dès 1933, voir BERSTEIN (S.), *Histoire du Parti radical, op. cit.*, t. II, pp. 298 et *sq.*
9. LUCHAIRE (J.), *Notre Temps*, 26 juin 1934; *ibid.*, texte de la déclaration finale.
10. Signèrent à titre individuel : Gérard Bardet, Raoul Bertrand, Aymery Blacque-Belaire, Philippe Boegner, Jacques Branger, Jean Coutrot, Alfred Fabre-Luce, R. Fouque, Pierre Frederix, Pierre Grimon, Armand Hoog, Pierre-Olivier Lapie, Bertrand de Maud'huy, Paul Marion, Georges Roditi, Jules Romains, Roger de Saivre, Jean Thomas, Louis Vallon; s'ajoutèrent quelques fonctionnaires de l'inspection des Finances, de la Cour des comptes et du Conseil d'État, qui participèrent aux débats mais ne signèrent pas le « Plan » par discipline administrative; voir *Plan du 9 juillet*, avant-propos de J. Romains, Paris, Gallimard, 1934, p. 13.

11. Discours du 29 octobre 1934, à la première réunion du « Groupe du 9 Juillet », compte rendu dans AN 324AP, Paul-Boncour, carton 24.
12. Plan du 9 juillet, op. cit., p. 18.
13. L'intérêt porté par l'opinion au Plan du 9 juillet, éphémère certes, fut néanmoins vif, comme le montra l'enquête réalisée pour le quotidien L'Ordre pendant tout le mois de septembre 1934 par Silbert et Debû-Bridel. À la première réunion du « Groupe du 9 Juillet », le 29 octobre, Jean Thomas, secrétaire général, parla d'une vingtaine d'adhésions par jour, voir AN 424AP, Paul-Boncour, carton 24. Sur ce « plan », voir aussi les articles de Jean Thomas, André de Fels et Albert Thibaudet, respectivement dans Revue de Paris, 15 août 1934, pp. 941-952, ibid., 1er octobre, pp. 521-544; NRF, septembre 1934, pp. 425-430.
14. Respectivement, Annales..., 2e année, 1934, n° 2-3 et Archives..., 1934, n° 3-4.
15. BARDOUX (J.), Revue des Deux Mondes, mars 1935, p. 273. Et AN 424AP, Papiers Paul-Boncour, carton 24, dossier la réforme de l'État.
16. BARDOUX (J.), Le Drame français. Refaire l'État ou subir la force, Paris Éd. des Portiques, 1934, pp. 27-30.
17. BARDOUX (J.), La France de demain. Son gouvernement, ses assemblées, sa justice, Paris, 1936.
18. Revue de Paris, 1er février 1934, p. 520.
19. L'expression est de BARDOUX (J.), Revue des Deux Mondes, mars 1935, p. 286.
20. L'UNC de Paris, 22 février 1934, cité par PROST (A.), op. cit., t. I, p. 162; voir aussi Revue des vivants éditorial, avril 1934, p. 485; MERCIER (E.), Le Redressement français, « L'heure du combattant », février 1934.
21. Article anonyme, « La situation politique », Revue de Paris, 1er juillet 1934, p. 8.
22. Pour le détail de cette motion, voir Le Temps, 27 mars 1934; voir aussi les larges extraits du rapport Monnier présenté au Conseil national (23-25 mars), dans Rapport Louis Sellier, op. cit., pp. 7-9; enfin PROST (A.), op. cit., t. I, pp. 167-168.
23. Pour le détail des motions votées, respectivement, Le Temps, 13-14 mai et 23 mai 1934.
24. Si en date du 1er juillet 1934 des « résultats positifs » n'étaient pas obtenus en ce qui concerne la répression des prévaricateurs et des fraudeurs, la réorganisation économique et la réforme de l'État, la Confédération nationale refuserait alors le prélèvement de 3 % sur les pensions et rappellerait son président Rivollet, provoquant du coup une crise ministérielle; sur le contexte, voir Le Temps, 14 mars, 14 avril, 6, 7, 9 juillet 1934; PROST (A.), op. cit., t. I, pp. 168-169.
25. Texte de la motion et commentaire, dans Le Temps, 14 avril 1934.
26. Pichot cité dans Revue des vivants, éditorial, avril 1934, p. 485; Congrès national de l'UF à Vichy, 19-23 mai 1934, compte rendu et motion dans Le Temps, 23 mai 1934.
27. Voir ci-dessus, chapitre VII.
28. La Liberté, 3 mars 1934; voir aussi ibid., 19 mars, 16 avril, 7 mai 1934 et Revue de Paris, 1er et 15 mai 1934; et sa conférence de 1924 dans Les Réformes politiques de la France, op. cit.
29. Voir le rapport sur la question rédigé par le sénateur Alexandre ISRAËL, membre de la Commission de la réforme de l'État et publié sous le titre, La Réforme de l'État devant les partis, Paris, Ferenczi et fils, 1934.
30. BOURGIN (G.), CARRÈRE (J.), GUÉRIN (A.), Manuel des partis politiques en France, op. cit., pp. 69 et sq.
31. Pour le détail, voir Le Temps, 10 mai 1934; ISRAËL (A.), op. cit., « L'Alliance républicaine démocratique. »
32. Voir L'Écho de Paris, 10 mai 1934; Le Temps, 19 mai 1934.
33. PATOUILLET (J.), « À l'ombre de la Constituante », L'État moderne, août 1934, pp. 473-482.
34. MER (G.), La Réforme de l'État en action, op. cit., pp. 36-37, 62.
35. Article anonyme, Revue de Paris, 1er juillet 1934, p. 8.
36. TARDIEU (A.), L'Heure de la décision, op. cit., pp. 239-240.

37. POMARET (Ch.), dans *L'État moderne*, avril 1935, pp. 304-307.
38. *Revue des vivants*, avril 1934, Reynaud, p. 499 et de Jouvenel, p. 487.
39. L'expression est de G. MER, dans *La Réforme de l'État en action, op. cit.*, p. 20.
40. LA PRADELLE (P. de), dans *Annales du droit et des sciences sociales*, 1934, t. II-III, p. 395.
41. GUY-GRAND (G.), « La démocratie est-elle dépassée? », dans *Archives de philosophie du droit*, n° 1-2, 1933, pp. 37-59.
42. Exposé fait au nom de la Commission sénatoriale de la réforme de l'État sur les travaux de la Commission de la réforme de l'État de la Chambre des députés, 1934, 67 p., aux AN 424AP, Paul-Boncour, carton 24.
43. Revue de presse dans *La Liberté*, 18 octobre 1934.
44. *L'Écho de Paris*, 9 février 1934.
45. Cité dans *La Lumière*, 6 janvier 1934.
46. Interview de Doumergue par M. Icart, *Paris-Soir*, 29 janvier 1934.
47. Souvenirs recueillis par A. Foucault, dans *Candide*, 13 décembre 1934.
48. Le texte entier, dans *Le Temps*, 11 février 1934.
49. *L'Écho de Paris*, 9 février 1934.
50. *Berliner Tageblatt*, cité dans GICQUEL (J.), SFEZ (L.), *Problèmes de la réforme de l'État en France depuis 1934, op. cit.*, p. 82.
51. *Le Temps*, 11 février 1934.
52. Discours radiodiffusé du 24 mars 1934, dans DOUMERGUE (G.), *Mes causeries avec le peuple de France*, Paris, Reboul, 1934.
53. Interview de Pierre Lafue, dans *1934*, 21 novembre 1934.
54. *Ibid.*, et DOUMERGUE (G.), *Mes causeries..., op. cit.*, discours du 17 juillet 1934, p. 52.
55. Cité dans LUCAIN (M.) *Revue de Paris*, 1er mars 1934, p. 199.
56. Dans *1934*, 7 février 1934.
57. DOUMERGUE (G.), *Mes causeries..., op. cit.*, p. 84, voir aussi pp. 16 et 52.
58. *Ibid.*, p. 100.
59. *Ibid.*, pp. 16 et 91, voir aussi pp. 28-29.
60. *Ibid.*, p. 85.
61. Interview dans *1934*, 7 février 1934. Il est vrai que Germain-Martin, son ministre des Finances, ne lui avait pas encore annoncé, à cette date, qu'il ne restait que 4 millions de francs dans les caisses de l'État. Sur ce point voir le témoignage de Mme Doumergue, dans BONNEFOUS (Ed.), *Histoire politique de la IIIe République, op. cit.*, t. V, pp. 215-216.
62. *Le Temps*, 10 février 1934.
63. DOUMERGUE (G.), *Mes causeries..., op. cit.*, p. 16.
64. Texte de la déclaration ministérielle, dans *Le Temps*, 17 février 1934.
65. Interview de Doumergue, *1934*, 21 novembre 1934.
66. *La Réforme du parlementarisme, op. cit.*, p. 9.
67. Interview à *Candide*, 13 décembre 1934.
68. Interview à *Paris-Soir*, 9 février 1934.
69. La procédure, valable jusqu'au 31 octobre 1934, est autorisée par 368 voix contre 185.
70. Pour le détail de la situation économique et financière, voir les différents rapports statistiques, exposés généraux et plans d'économies réalisables conservés aux AN 324AP 46; voir aussi SAUVY (A.), *Histoire économique de la France entre les deux guerres, op. cit.*, t. II, chapitres III à VI.
71. Discours au Sénat reproduit dans *Le Temps*, 28 février 1934.
72. *Revue des vivants*, avril 1934, p. 489.
73. Pour le détail chiffré, consulter SAUVY (A.), *Histoire économique de la France..., op. cit.*, t. II; et CARON (F.), *Histoire économique de la France, op. cit.*; BERSTEIN (S.), « Les classes moyennes », dans *L'Histoire*, octobre 1984, pp. 8-17.
74. Dans *Le Temps*, 28 février 1934. Pour la bataille de Reynaud en faveur de la dévaluation, voir REYNAUD (P.), *Mémoires, op. cit.*, vol. I, pp. 361 et sq.
75. *L'Ère nouvelle*, 2 octobre 1934, cité dans REYNAUD (P.), *ibid.*, p. 377.

76. « Parlez de tout ce que vous voudrez, déclara Tardieu à Reynaud, mais, pour l'amour du Ciel, ne parlez plus du problème monétaire », dans *ibid.*, p. 363.
77. Lettre de Tardieu à Reynaud, 4 septembre 1934, dans *ibid.*, p. 378; voir aussi AN 324AP 14, lettre du 4 janvier 1935.
78. Discours du 21 avril 1934, dans DOUMERGUE (G.), *Mes causeries..., op. cit.*, p. 25.
79. 24 mars 1934, dans *ibid.*, p. 17.
80. Interview, dans *1934*, 7 février 1934.
81. Ces textes sont conservés aux AN 324AP 46.
82. L'expression est de WINOCK (M.), *La Fièvre hexagonale, op. cit.*, p. 191.
83. REYNAUD (P.), *Mémoires, op. cit.*, p. 370.
84. Discours du 24 mars 1934, dans DOUMERGUE (G.), *Mes causeries..., op. cit.*, p. 16.
85. Voir l'interview du 7 février accordée à Pierre Lafue, dans *1934*.
86. *Le Petit Journal*, 9 février 1934.
87. *Candide*, 13 décembre 1934.
88. DOUMERGUE (G.), *Mes causeries..., op. cit.*, pp. 26 et 23, 29, 34.
89. Cité dans BONNEFOUS (Ed.), *Histoire politique de la IIIe République, op. cit.*, t. V, p. 242.
90. HERRIOT (Ed.), *Jadis, op. cit.*, vol. II, p. 470.
91. Voir le texte du projet, dans *ibid.*, pp. 470-471; ou AN 324AP 46.
92. Voir son article dans *Revue politique et parlementaire*, 10 novembre 1934, pp. 225-248; sur l'accueil de la droite, voir la revue de presse dans *La Liberté*, 25-26 septembre 1934, ainsi que GICQUEL (J.), SFEZ (L.), *Problèmes de la réforme de l'État..., op. cit.*, pp. 98-100.
93. *L'Écho de Paris*, 23-24-25 octobre 1934.
94. HERRIOT (Ed.), *Jadis, op. cit.*, t. II, pp. 455 et *sq.*
95. Voir le communiqué des sénateurs du parti radical, dans *L'Écho de Paris*, 25 octobre 1934.
96. Discours cité dans *L'Aube*, 4 novembre 1934.
97. *L'Écho de Paris*, 7 novembre 1934; TARDIEU (A.), *Sur la pente, op. cit.*, p. LIV.
98. Discours du 3 novembre 1934, dans DOUMERGUE (G.), *Mes causeries..., op. cit.*, p. 92.
99. Sur les détails de cette chute ministérielle, voir la chronologie des événements dans HERRIOT (Ed.), *Jadis, op. cit.*, t. II, pp. 469-480; BONNEFOUS (Ed.), *Histoire politique de la IIIe République, op. cit.*, t. V, pp. 298-301.
100. *La Liberté*, 8 novembre 1934.

CHAPITRE XI : *L'occasion manquée*

1. REYNAUD (P.) dans *La Revue des vivants*, avril 1934, p. 500.
2. Institut de France, « Notice sur la vie et les travaux de Gaston Doumergue », lue en séance le 29 avril 1939, 1939, n° 12. « Lorsque je suis venu pour constituer le gouvernement du 6 février, je ne me rendais pas compte de la gravité de la situation, je ne l'ai constaté que plus tard », propos de Doumergue dans *La Liberté*, revue de presse, 13 novembre 1934.
3. Souvenirs recueillis par A. Foucault, dans *Candide*, 13 décembre 1934.
4. *Ibid.*
5. *Le Temps*, 18 juillet 1934.
6. *Le Petit Journal*, revue de presse dans *L'Aube*, 3 novembre 1934.
7. KÉRILLIS (H. de), *L'Écho de Paris*, 24 avril 1934.
8. *L'Écho de Paris*, 30 avril et 5 juin 1934.
9. Souvenirs recueillis par A. Foucault, dans *Candide*, 13 décembre 1934.
10. *J. O.*, Chambre des députés, Débats, séance du 31 mai 1934, pp. 1306 et *sq.*
11. *Le Temps*, 2 juin 1934; *L'Écho de Paris*, 1er juin 1934.
12. Discours du 3 novembre 1934, dans DOUMERGUE (G.), *Mes causeries..., op. cit.*, p. 100.

13. *La Liberté*, 17 février 1934, revue de presse, *L'Ère nouvelle*.
14. Éditorial, *Vigilance*, 5 novembre 1934.
15. DOUMERGUE (G.), *Mes causeries..., op. cit.*, pp. 79-81, voir aussi pp. 60-61.
16. MAUROIS (A.), *Mémoires*, t. II, New York, éd. de la Maison Française, 1942, p. 143.
17. *L'Écho de Paris*, 10 juillet 1934.
18. *Revue de Paris*, 1er avril 1898, p. 644.
19. *L'Illustration*, 29 avril 1933.
20. Comte de Fels, *Revue de Paris*, 15 août 1930, p. 926.
21. Sur les antirévisionnistes et leurs solutions, voir LAPRADELLE (P. de), *Annales du droit et des sciences sociales*, article cité, pp. 431-439; MILHAU (A.), *Revue politique et parlementaire*, 10 mai 1934, pp. 207-215; Joseph BARTHÉLEMY, « Le procès de la Commission des Finances », dans *Mélanges Carré de Malberg*, Paris, Sirey, 1933, pp. 243-274.
22. *Revue de Paris*, 1er décembre 1934, p. 490.
23. *Revue des vivants*, avril 1934, p. 490.
24. HERRIOT (Ed.), *Jadis, op. cit.*, t. II, p. 382.
25. KÉRILLIS (H. de), *L'Écho de Paris*, 3 novembre 1934; HERRIOT (Ed.), *Jadis, op. cit.*, t. II, pp. 463-464, 472, 474-475, 481. Sur la résolution de Herriot, voir le témoignage de Lucien Lamoureux, dans BONNEFOUS (Ed.), *Histoire politique de la IIIe République, op. cit.*, t. V, pp. 299-301, note.
26. DOUMERGUE (G.), *Mes causeries..., op. cit.*, préface, p. 7.
27. BLUM (L.), *Le Populaire*, 1er novembre 1934.
28. Voir le programme adopté par le congrès SFIO de Toulouse, dans *Le Temps*, 23 mai 1934.
29. Voir le discours de Blum à la Chambre, dans *Le Temps*, 17 février 1934.
30. *Le Populaire*, 19 octobre 1934; voir aussi l'article du 22 octobre 1934.
31. Voir correspondance avec Max Fischer (Flammarion), aux AN 324AP 67.
32. L'expression est de François LE GRIX, dans *La Revue hebdomadaire*, 17 février 1934, p. 374.
33. *Le Temps*, 30 avril 1934; *La Liberté*, 6 mai 1934.
34. Voir le texte de l'affiche de Laon contre la venue de Tardieu, aux AN 324AP 60; et BLUM, « *Le Populaire* », dans *L'Aube*, revue de presse, 29 mars 1933.
35. BLUM (L.), *Le Populaire*, 25 septembre 1934.
36. *Ibid.*, 19 octobre 1934.
37. *Ibid.*, 24 octobre 1934.
38. Sur ces points, voir *ibid.*, respectivement, 20 octobre, 24 octobre, 2 novembre 1934.
39. *Ibid.*, 23 et 24 octobre 1934.
40. *Ibid.*, 19 octobre 1934.
41. *Ibid.*, 25 octobre 1934.
42. *Ibid.*, 5 novembre 1934.
43. Cité dans *L'Écho de Paris*, 25 octobre 1934.
44. *L'Œuvre*, revue de presse dans *Journal des Débats*, 24 octobre 1934.
45. *Le Figaro*, 23 novembre 1934.
46. *La Lumière*, 17 février 1934.
47. Pour le détail, voir *La Lumière*, 10 mars 1934.
48. Texte de la déposition dans TARDIEU (A.), *Sur la pente, op. cit.*, pp. 115-243.
49. Voir *Le Républicain de Belfort*, revue de presse des 25 juillet et 1er août 1934.
50. *L'Œuvre*, 19-25 juillet 1934; *La République*, 19-22 juillet 1934, *L'Ère nouvelle*, 20 juillet 1934.
51. Résumé des déclarations faites par Tardieu au Conseil de Cabinet du 20 janvier 1934, aux AN 324AP 46. Dans le même carton, voir la lettre de démission rédigée par Tardieu et les communiqués officiels suite à l'arbitrage de Doumergue.
52. Voir la déclaration de Doumergue, dans *L'Aube*, 25 juillet 1934. Tardieu laissa entendre qu'en cas de limogeage il prendrait la tête d'une offensive.

53. Du côté radical, voir BERSTEIN (S.), *Histoire du parti radical, op. cit.,* t. II, pp. 327-330. Pour Tardieu, voir Archives de la Préfecture de police, APP BA 1586, note 473, 23 juillet 1934.
54. Lettres de LE GRIX (F.), 21 juillet 1934 et de TAITTINGER (P.), 21 juillet 1934, aux AN 324AP 133.
55. SAUGER, *La République,* 22 juillet 1934; LUCHAIRE, *Notre Temps,* 20 juillet 1934; *Le Populaire,* 19 juillet 1934.
56. *Le Temps,* 9 février 1934.
57. *L'Écho de Paris,* 6 mai 1934.
58. *Le Figaro,* 23 novembre 1934.
59. *Nouvelle Revue française,* mars 1934, p. 543.
60. *La Revue hebdomadaire,* 17 février 1934, pp. 369, 372 et *ibid.,* 10 mars 1934, p. 236.
61. Sur le mythe du sauveur, voir GIRARDET (R.), *Mythes et mythologies politiques,* Paris, Le Seuil, 1987, pp. 63-95.
62. Dans *1934,* 7 février 1934.
63. L'expression est de GIRARDET (R.), dans *Mythes et mythologies politiques, op. cit.,* p. 70.
64. Dans *1934,* 7 février 1934.
65. *Le Populaire,* 9 novembre 1934.
66. Institut de France, « Notice sur la vie et les travaux de Gaston Doumergue », *op. cit.,* p. 12.
67. *Le Populaire,* 22 octobre 1934.
68. POINCARÉ (R.), *L'Illustration,* 29 avril 1933; Discours de Millerand, 6 mars 1931, aux AN 470AP 95; TARDIEU, *L'Heure de la décision, op. cit.,* p. 112.
69. *La Crise de la démocratie contemporaine, op. cit.,* pp. 218 et 220.
70. TARDIEU (A.), *L'Heure de la décision, op. cit.,* p. 115.
71. *Le Temps,* cité dans *La Liberté,* 31 août 1934; *La Revue de Paris,* 1er juillet 1934, p. 12.
72. Discours du 3 novembre 1934, dans DOUMERGUE (G.), *Mes causeries..., op. cit.,* p. 89.
73. MER (G.), *La Réforme de l'État en France, op. cit.,* p. 64.
74. BLUM (L.), *La Réforme gouvernementale,* Paris, Grasset, 1936, p. 218.
75. *Notre Temps,* 29 septembre 1934.
76. *Les Cahiers des droits de l'homme,* 10-20 octobre 1934, p. 620.
77. *Ibid.,* p. 555.
78. MAUROIS (A.), *Mémoires, op. cit.,* t. II, p. 142.
79. *L'Aube,* 20 octobre 1934.
80. *La République,* dans *L'Aube,* revue de presse, 29 mars 1933.
81. *Le Figaro,* 23 novembre 1934.
82. *Vigilance,* 16 septembre 1934.
83. *L'Aube,* 20 octobre 1934.
84. BLUM (L.), *Le Populaire,* 9 novembre 1934.
85. ALAIN, *Éléments d'une doctrine radicale, op. cit.,* p. 123.
86. Interview de Tardieu, dans *L'Écho de Paris,* 22 novembre 1934.
87. TARDIEU (A.), *Sur la pente, op. cit.,* p. LI.
88. *La Liberté,* 14 novembre 1934; KÉRILLIS (H. de), *L'Écho de Paris,* 9 novembre 1934.
89. TARDIEU (A.), *Sur la pente, op. cit.,* pp. LVI-LVII.
90. *L'Ère nouvelle,* 10 novembre 1934.
91. *La Lumière,* 11 avril 1936.
92. *J. O.,* Chambre des députés, Débats, séance du 7 décembre 1933, p. 4438.
93. TARDIEU (A.), « Réformer ou casser », dans *Revue des Deux Mondes,* 1er mars 1934, p. 143.
94. *L'Écho de Paris,* 10 juillet 1934; voir aussi, *ibid.,* 6-10 octobre 1933.
95. DEBÛ-BRIDEL (J.), *L'Agonie de la Troisième République, op. cit.,* p. 204.
96. TARDIEU, *La Liberté,* 1er août 1933.
97. TARDIEU (A.), *L'Heure de la décision, op. cit.,* p. 33.

98. *Ibid.*, pp. 113 et 94.
99. *Ibid.*, p. 246.

TROISIÈME PARTIE : DÉNONCER

Chapitre xii : *Sur son rocher*

1. Tardieu (A.), *Sur la pente*, avant-propos, *op. cit.*, pp. vii-viii.
2. L'expression est de Abel Bonnard; Tardieu parla de « lueur tragique », *ibid.*, p. xlix.
3. Lettre de Doumergue à Tardieu, 9 novembre 1934, aux AN 324AP 131.
4. Kérillis (H. de), *L'Écho de Paris*, dans *La Liberté*, revue de presse, 9 novembre 1934.
5. *L'Écho de Paris*, 17 février 1935. Ce chiffre de 4 millions paraît farfelu puisqu'il représente, à deux cent mille voix près, l'ensemble des voix obtenues par la droite au premier tour des législatives de 1936.
6. Interview à *1934*, 21 novembre 1934.
7. *La Liberté*, 27 novembre 1934.
8. Flandin, *Journal du commerce*, 8 novembre, 1934; et *J. O.*, Chambre des députés, débats, séance du 14 novembre 1934, pp. 2291-2292.
9. *Le Populaire*, 10 novembre 1934.
10. Lettre de Tardieu à Bardoux, 9 mars 1935, aux AN 324AP 3.
11. Lettre de Tardieu à Lachal, février 1935, aux AN 324AP 58.
12. Voir *ibid.*, et Tardieu (A.), *Sur la pente, op. cit.*, pp. vii, xxvi-xxviii.
13. Tardieu (A.), *Sur la pente, op. cit.*, p. lxi.
14. Lettre de Tardieu à Cognacq, 12 décembre 1934, aux AN 324AP 56.
15. Tardieu (A.), *Sur la pente, op. cit.*, p. xxv.
16. *Ibid.*, p. xxviii.
17. Voir Tardieu (A.), *Le Souverain captif, op. cit.*, pp. 21-22; *Sur la pente, op. cit.*, p. lx; Lettre de Tardieu à Horace de Carbuccia, 2 avril 1935, aux AN 324AP 6. Pour un échantillon d'attaques *ad hominem*, voir le brouillon d'un article correctif rédigé par Tardieu et paru dans *Gringoire*, sans date, aux AN 324AP 56.
18. *Le Figaro*, 23 novembre 1934. Remerciements de Tardieu à Romier, aux AN 324AP 133.
19. Tardieu (A.), *L'Heure de la décision*, avant-propos, *op. cit.*, p. viii.
20. Interview donnée au *Jour*, citée dans *La Liberté*, 19 avril 1935.
21. Lettre de Tardieu à Laval, 15 janvier 1936, aux AN 324AP 112. Sur l'amitié avec Bouisson, voir la correspondance entretenue jusqu'en 1939, aux AN 324AP 131.
22. Lettre de Tardieu à Cognacq, 12 décembre 1934, aux AN 324AP 56.
23. Voir *Le Temps*, 31 décembre 1935 et 1er janvier 1936, lettre de démission de Tardieu et communiqué du groupe; correspondance Tardieu-Achille Fould, aux 324AP 8, lettre du 31 décembre 1935; archives de la préfecture de police, dossier BA 1586, note 503, janvier 1936.
24. Lettre de Reynaud à Tardieu, 13 juillet 1932, aux AN 324AP 133.
25. Lettre de Tardieu, dans *Le Temps*, 31 décembre 1935; réponse de Reynaud à Tardieu, 31 décembre 1935, aux AN 324AP 133 ou *L'Ère Nouvelle*, 2 janvier 1936.
26. Lettre citée dans Reynaud (P.), *Mémoires*, vol. II, *op. cit.*, p. 31; lettre de Kérillis à Tardieu, 15 avril 1936 et de Tardieu à Kérillis, 20 avril 1936, aux AN 324AP 79.
27. Lettre de Tardieu à Reynaud, 20 mai 1936, aux AN 324AP 133; article de Tardieu dans *Gringoire*, 15 mai 1936, dans *Note de semaine, 1936*, Paris, Flammarion, 1937, pp. 14-19. Reynaud avait dit : « L'opposition dans laquelle je vais entrer, est un service public », dans *Mémoires*, vol. II, *op. cit.*, p. 50.

28. Lettre de Reynaud à Tardieu, 16 mai 1936, aux AN 324AP 133.
29. Lettre de Tardieu à Kérillis, 9 mars 1935, aux AN 324AP 56.
30. L'expression est de Tardieu, *Gringoire*, 15 mai 1936, *Note de semaine, 1936, op. cit.*, p. 19.
31. Lettre de Tardieu à Viellard, 14 avril 1936, aux AN 324AP 17. Le 27 janvier 1936, déjà, Tardieu écrivait à de Kérillis, en toute amitié : « Je ne crois pas que nos divergences portent, comme vous le dites, sur des détails. Je crois qu'elles portent sur l'essentiel », aux AN 324AP 67.
32. Lettres de Bardoux à Tardieu, 29 janvier 1935 et 27 avril 1935 aux AN 324AP 3, 27 avril 1935.
33. *Ibid.*, et lettre de Bardoux à Tardieu, 25 février 1935, dans *ibid*.
34. Lettre de Bardoux à Tardieu, 27 avril 1935, dans *ibid*.
35. Lettre de Bardoux à Tardieu, 26 juin 1935, dans *ibid*.
36. Lettre de Tardieu à Bardoux, 1er mai 1935, dans *ibid*.
37. Lettre de Chiappe à Tardieu, 21 février 1935, aux AN 324AP 6.
38. *L'Ami du peuple,* revue de presse, dans *Le Républicain de Belfort,* 1er décembre 1934.
39. Lettre de Le Grix à Tardieu, 23 novembre 1934, aux AN 324AP 133.
40. Les citations et expressions sont prises dans HERVÉ (G.), *C'est Pétain qu'il nous faut,* Paris, éd. de La Victoire, 1935, pp. 41, 46, 47, 66. Hervé écarta Tardieu comme « trop marqué à droite, trop homme de parti », *ibid.*, p. 7.
41. Lettre de Giraud à Tardieu, 2 juin 1935, aux AN 324AP 8.
42. Les expressions sont de Gustave Hervé.
43. Dans *L'Écho de Paris*, 22 novembre 1934.
44. Lettre de Tardieu à Kérillis, 9 mars 1935, aux AN 324AP 56.
45. La correspondance avec Tabart, Viellard et Lardier, respectivement aux AN 324AP 61, 17 et 112.
46. Interview de Tardieu par Lafue, dans *1935*, citée in *La Liberté*, 13 juin 1935.
47. TARDIEU (A.), *Le Souverain captif, op. cit,* p. 13.
48. Lettre de Tardieu à Kérillis, 9 mars 1935, AN 324AP 56.
49. Interview de Tardieu par Lafue, dans *1935*, citée dans *La Liberté*, 13 juin 1935.
50. TARDIEU (A.), *Le Souverain captif,* avant-propos, *op. cit.*, p. 14.
51. *Ibid.*, p. 15.
52. *Ibid.*, p. 15.
53. Interview de Tardieu par Lafue, dans *1935*, citée dans *La Liberté*, 13 juin 1935.
54. Discours de Tardieu à l'Union du commerce et de l'industrie, 27 avril 1926, dans *Le Républicain de Belfort,* 9 juin 1926.
55. TARDIEU, (A.), *L'Heure de la décision,* avant-propos, *op. cit.*, p. v.
56. « Si l'on veut être entendu par le pays, la première condition est de n'être pas parlementaire », lettre de Tardieu aux électeurs de Belfort, 10 mars 1936, dans *Note de semaine, 1936, op. cit.*, p. 12.
57. L'expression est de Tardieu dans *Le Souverain captif,* avant-propos, *1936, op. cit.*, p. 24.
58. Lettre aux électeurs de Belfort, 10 mars 1936, dans *Note de semaine, op. cit.*, p. 12.
59. *Ibid.*, p. 11.
60. TARDIEU (A.), *Sur la pente, op. cit.*, p. XXVIII : *Le Souverain captif, op. cit.*, p. 18.
61. LEMERY (H.), *D'une République à l'autre, op. cit.*
62. TARDIEU (A.), *Le Souverain captif,* avant-propos, *op. cit.*, p. 21.
63. Discours de Millerand à la Société des conférences, dans *La Liberté*, 2 février 1935.
64. Interview dans *L'Écho de Paris,* 22 novembre 1934.
65. Lettre à Bardoux, 1er mai 1935 aux AN 324AP 3 ; lettre à Kérillis, 9 mars 1935, aux AN 324AP 56 ; voir aussi lettre à Lachal, février 1935, aux AN 324AP 58.

66. L'expression est de Tardieu, dans lettre à Kérillis, *ibid.*
67. Lettre du 28 mai 1925, citée dans collectif AUBERT (L.), *André Tardieu*, *op. cit.*, p. XVI.
68. Lettre de Tardieu à Kérillis, 9 mars 1935, aux AN 324AP 56.
69. Nous suivons sur ce point la définition donnée dans ORY (P.), SIRINELLI (J.-F.), *Les Intellectuels en France, de l'Affaire Dreyfus à nos jours*, Paris, Colin, 1986, p. 9.
70. TARDIEU (A.), *Sur la pente*, avant-propos, *op. cit.*, p. LXX.
71. Lettre du 24 mars 1936, dans collectif AUBERT (L.), *André Tardieu*, *op. cit.*, dans XVII.
72. TARDIEU (A.), *Le Souverain captif*, avant-propos, *op. cit.*, p. 62.
73. Lettre à Louis de Blois, 27 février 1939, aux AAE, Papiers d'agent, sous-série 166, André Tardieu, 3ᵉ versement, carton 11; lettre à Bardoux, 26 février 1938, aux AN 324AP 3.
74. TARDIEU (A.), *Sur la pente*, avant-propos, *op. cit.*, p. LXIX.
75. *Ibid.*, pp. LXVIII-LXIX.
76. Extrait de *L'Avenir de l'intelligence*, relevé de notes aux AN 324AP 83.
77. Conférence de Tardieu, 19 janvier 1934, dans *La Revue hebdomadaire*, 17 février 1934, p. 302.
78. Discours de Tardieu, « A la jeunesse française », 22 juin 1919.
79. TARDIEU (A.), *La Profession parlementaire*, Paris, Flammarion, 1937, p. 362.
80. *Note de semaine, 1936, op. cit.*, p. 13.
81. Voir la volumineuse correspondance et le détail des contrats d'édition, aux AN 324AP 67.
82. De Carbuccia proposa 200 000 francs à Tardieu pour cette publication, lettre du 7 janvier 1936, aux AN 324AP 131.
83. Pour le détail, voir la correspondance et le contrat, dans *ibid.*
84. Voir l'article dans AN 324AP 43.
85. Dès le lancement de *Gringoire*, Tardieu manifesta une « affectueuse sympathie » à l'endroit du nouvel hebdomadaire et fut tenu au courant des affaires intérieures du périodique par de Carbuccia, voir correspondance avec de Carbuccia, aux AN 324AP 6.
86. Lettre de Tardieu à Marcel Camoin, 5 novembre 1936, aux AN 324AP 112.
87. Lettre de Tardieu à Bardoux, 9 mai 1936, aux AN 324AP 3.
88. Lettre aux électeurs de Belfort, 10 mars 1936, dans *Note de semaine, 1936, op. cit.*, p. 12.
89. Lettre de Moysset à Tardieu, 24 mars 1935, aux AN 324AP 12.
90. Lettre de Tardieu à Fischer, 26 décembre 1934, aux AN 324AP 6.
91. TARDIEU (A.), *Sur la pente*, avant-propos, pp. XLI-XLII.
92. *Ibid.*, pp. XLVIII et XLIII-XLVII.
93. Conférence à la Société d'économie sociale, 14 juin 1935, p. 7, texte aux AN 324AP 59.
94. *Ibid.*
95. Expression extraite d'une lettre à Kérillis, 9 mars 1935, aux AN 324AP 56.

CHAPITRE XIII : *La Révolution à refaire*

1. Interview du 15 juin 1935.
2. Cité dans TARDIEU (A.), *Le Souverain captif, op. cit.*, p. 62.
3. *Ibid.*, p. 63.
4. Lettre de Tardieu à Fischer, 2 février 1936, aux AN 324AP 67.
5. Sur Taine, voir LEROY (M.), *Taine*, Paris, Rieder, 1933; SCHUIN (A.), *Le Pessimisme historique au XIXᵉ siècle : Hippolyte Taine*, Genève, mémoire IUHEI, 1982; NORA (P.), « L'Ombre de Taine », dans *Contrepoint*, n° 9, 1973, pp. 67-77; DIGEON (C.), *La Crise allemande de la pensée française*, Paris, PUF,

1959, pp. 218 et *sq* : Ozouf (M.), « Taine », dans *Dictionnaire critique de la révolution française*, éd. par Furet (F.), Ozouf (M.), Paris, Flammarion, 1989, pp. 1061-1071.
   6. Taine (H.), *Les Origines de la France contemporaine*, 11 vol., Paris, Hachette, 1909, citation extraite de « L'Ancien Régime », I, préface, p. iv.
   7. *Ibid.*, pp. iv-v.
   8. Cité dans Schuin (A.), *Le Pessimisme historique...*, *op. cit.*, p. 43.
   9. Cité dans Digeon (C.), *La Crise allemande de la pensée française*, *op. cit.*, p. 224.
   10. Taine (H.), *Les Origines...*, *op. cit.*, « L'Ancien Régime », I, p. iv.
   11. Tardieu (A.), *L'Épreuve du pouvoir*, *op. cit.*, préface, p. ix.
   12. Tardieu (A.), *Le Communisme et l'Europe*, Paris, éd. G.D., 1948, p. 28.
   13. Tardieu (A.), *La Profession parlementaire*, *op. cit.*, p. 39.
   14. Tardieu (A.), *Le Souverain captif*, *op. cit.*, p. 68.
   15. Conférence à la salle Pleyel, 28 mai 1936, texte aux AN 324AP 115, p. 5.
   16. *Ibid.*, p. 124.
   17. Lettre de Tardieu à Fischer, 2 février 1936, aux AN 324AP 67.
   18. Taine (H.), *Les Origines...*, préface du t. VII, *La Révolution*, I, *op. cit.*, p. iii-iv.
   19. Les dernières citations sont extraites de Tardieu (A.), *Le Souverain captif*, *op. cit.*, p. 119.
   20. *Ibid.*, p. 120.
   21. Les notes et brouillons d'ouvrages laissés dans ses papiers privés rendent compte du bricolage de citations qui articule chaque page et expliquent l'impression d'érudition laissée au lecteur, voir AN 324AP 81 à 95 et 108 à 110. Taine mis à part, les grandes sources historiques de Tardieu sont : Duvergier de Hauranne (P.), *Histoire du gouvernement parlementaire, 1789-1830*, 10 vol. ; Thureau-Dangin, *La monarchie de Juillet*, 6 vol. ; David (R.), *La Troisième République*, 6 vol. ; Lavisse (E.), *La France contemporaine*, 6 vol.
   22. Digeon (C.), *La Crise allemande de la pensée française*, *op. cit.*, pp. 200, 252 et 537.
   23. Voir *ibid.*, le chapitre « La génération de 1890 » ; Giraud (V.), *Maurice Barrès, Taine et Renan*, Paris, 1922 ; Sternhell (Z.), *Maurice Barrès et le nationalisme français*, Paris, Complexe, 1985.
   24. Boutmy (E.), *Taine, Scherer, Laboulaye*, Paris, Colin, 1900, p. 6.
   25. Tardieu (A.), *La Profession parlementaire*, *op. cit.*, p. 13.
   26. *Ibid.*, pp. 38 et 355-356.
   27. *Ibid.*, p. 17.
   28. *Ibid.*, p. 356.
   29. Lettre de Tardieu à Mevil, 31 décembre 1937, aux AN 324AP 112.
   30. Tardieu (A.), *La Profession parlementaire*, *op. cit.*, p. 22.
   31. Tardieu (A.), *Le Souverain captif*, *op. cit.*, pp. 276-277.
   32. *Ibid.*, p. 90.
   33. Tardieu (A.), *La Profession parlementaire*, *op. cit.*, p. 358.
   34. *Ibid.*, p. 32.
   35. Tardieu (A.), *Le Souverain captif*, *op. cit.*, p. 260.
   36. Tardieu (A.), *La Profession parlementaire*, *op. cit.*, pp. 32-39 et *passim*.
   37. Tardieu (A.), *Le Souverain captif*, *op. cit.*, p. 277.
   38. Tardieu (A.), *La Profession parlementaire*, *op. cit.*, pp. 311, 151-160, et *passim*.
   39. *Ibid.*, pp. 63 et 82.
   40. Tardieu (A.), *L'Heure de la décision*, *op. cit.*, p. 266 ; *Le Souverain captif*, *op. cit.*, p. 249.
   41. Tardieu (A.), *La Profession parlementaire*, *op. cit.*, p. 83.
   42. Tardieu (A.), *Le Souverain captif*, *op. cit.*, pp. 109 et 280.
   43. Ces expressions sont de Bonnard (A.), *Le Drame du présent*, *op. cit.*, p. 30 ; Tardieu et Bonnard conviennent d'ailleurs que leurs livres « vont dans le même sens », Lettre de Bonnard à Tardieu, 15 mai 1936, aux AN 324AP 4.
   44. *Ibid.*, p. 67.

45. *Ibid.*, pp. 77, 164; *Note de semaine, 1936, op. cit.*, pp. 33, 46, 78.
46. TARDIEU (A.), *La Profession parlementaire, op. cit.*, pp. 298-303.
47. *Ibid.*, p. 18.
48. TARDIEU (A.), *Le Règne du matérialisme*, texte dactylographié, aux AN 324AP 104, chap. II et III, « La franc-maçonnerie et sa doctrine » et « L'action politique de la franc-maçonnerie ».
49. TARDIEU (A.), *Note de semaine, 1936, op. cit.*, p. 40.
50. TARDIEU (A.), *Le Souverain captif, op. cit.*, pp. 75-76.
51. *Ibid.*, pp. 81 et 245.
52. *Ibid.*, p. 105.
53. *Ibid.*, pp. 76, 108-109.
54. *Ibid.*, pp. 111-112.
55. *Ibid.*, p. 77.
56. Sur tout cela, voir *ibid.*, pp. 77-90.
57. Les deux dernières citations, dans *ibid.*, pp. 196 et 78.
58. *Ibid.*, pp. 77, 90, 108.
59. SUAREZ (G.), *Pour un parti central*, Paris, Denoël et Steele, 1936, p. 11.
60. TARDIEU (A.), *Le Souverain captif, op. cit.*, pp. 108 et 114.
61. TARDIEU (A.), *La Profession parlementaire, op. cit.*, pp. 152-162.
62. Les notes de lecture, très importantes en volume, se trouvent principalement aux AN 324AP 81 à 86.
63. Sur tout cela, TARDIEU (A.), *Le Souverain captif, op. cit.*, « La liberté en échec » et particulièrement, pp. 126, 130, 145, 162-164. Sur le passif libéral de la IIIe République, voir MACHELON (J.P.), *La République contre les libertés*, Paris PFNSP, 1976.
64. Sur tout cela, *ibid.*, chap. « L'égalité violée » et notamment, pp. 98-99, 170, 172, 201-202.
65. *Ibid.*, pp. 182-183, 198.
66. *Ibid.*, p. 198.
67. *Ibid.*, pp. 100-102.
68. Sur ces points, voir notamment, *ibid.*, pp. 149, 208, 213.
69. Voir RIALS (S.), *Révolution et Contre-Révolution au XIXe siècle, op. cit.*; BOFFA (M.), « Contre-Révolution », dans FURET (F.), OZOUF (M.), *Dictionnaire critique...*, *op. cit.*, pp. 665-673.
70. Lettre de Tardieu à Kérillis, 9 mars 1935, aux AN 324AP 56.
71. NORA (P.), « Les deux apogées de l'Action française », dans *Annales*, janvier-février 1964, p. 137.
72. MAURRAS (Ch.), *Nos raisons contre la République, pour la Monarchie*, Paris, Action Française, 1931, p. 157.
73. NORA (P.), *art. cité*, p. 137.
74. WEBER (E.), *L'Action Française*, Paris, Fayard, 1985, pp. 566 et aussi 107, 398, 579.
75. Sur les nombreux admirateurs de Maurras, voir le numéro spécial de *La Revue universelle* qui fêta en janvier 1937 le cinquantième anniversaire de la carrière littéraire de Maurras.
76. Cité dans GUITARD (L.), *La Petite Histoire de la Troisième République, op. cit.*, p. 161.
77. Voir ci-dessus, partie II, chapitres VI et VII.
78. BENOIST (C.), *Les Lois de la politique française*, Paris, Fayard, 1928, préface, p. II.
79. Voir *ibid.*, p. 307 et WEBER (E.), *L'Action française, op. cit.*, p. 305.
80. Cité dans WEBER (E.), *ibid.*, p. 46.
81. TARDIEU (A.), *Le Souverain captif, op. cit.*, p. 114.
82. Conférence à la salle Pleyel, 28 mai 1936, texte aux AN 324AP 115, pp. 35 et 121.
83. « Les lois fondamentales de l'humanité moderne, notait Tardieu, sont encore des lois monarchiques », dans TARDIEU (A.), *Le Souverain captif, op. cit.*, p. 113.
84. Citation sans référence, aux AN 324AP 93, *Les Issues*.

85. Sur les divergences entre Barrès et Maurras, voir GIRARDET (R.), *Le Nationalisme français*, Paris, Seuil, 1983, pp. 216-222.
86. TARDIEU (A.), *Le Souverain captif, op. cit.*, p. 278.
87. WEBER (E.), *L'Action française, op. cit.*, p. 577.
88. Lettre à Tardieu et réponse de Tardieu, 30 octobre et 5 novembre 1936, aux AN 324AP 112.
89. Lettre de Tardieu à Maurras, 7 juillet 1937, aux AN 324AP 112.
90. TARDIEU (A.), *Le Souverain captif, op. cit.*, p. 71.
91. Barrès, cité dans GIRARDET (R.), *Le Nationalisme français, op. cit.*, p. 189; Tardieu paraphrasant A. Comte, dans Conférence salle Pleyel, 28 mai 1936, texte aux AN 324AP 115, p. 16.
92. Tardieu, Conférence salle Pleyel, *ibid.*, p. 24.
93. L'expression est de Tardieu, dans *Le Souverain captif, op. cit.*, p. 76.
94. Tardieu, deuxième Conférence salle Pleyel, début juin 1936, texte aux AN 324AP 115, pp. 64-65.
95. TARDIEU (A.), *Le Souverain captif, op. cit.*, p. 115.
96. *Ibid.*, p. 107.
97. *Ibid.*, p. 107.
98. *Ibid.*, p. 203.
99. *Ibid.*, p. 201.
100. Aux AN 324AP 93, notes rassemblées sous « Les difficultés du redressement ».
101. Sur les doctrinaires, voir GIRARD (L.), *Les Libéraux français, 1814-1875*, Paris, Aubier, 1985, pp. 69-79; et surtout, ROSANVALLON (P.), *Le Moment Guizot*, Paris, Gallimard, 1985.
102. Sur ces points, voir ROSANVALLON (P.), *ibid.*, notamment pp. 37, 44-46, 76, 92-97.
103. Sur l'orléanisme, voir RÉMOND (R.), *Les Droites en France, op. cit.*, pp. 84-97, 190-192.
104. TARDIEU (A.), *Le Souverain captif, op. cit.*, p. 245; chez Taine, « Pour tout homme impartial, écrit Malouet, la Terreur date du 14 juillet », dans *Les Origines...*, t. III, *op. cit.*, p. 77.
105. Voir FURET (F.), « La Révolution sans la Terreur? », dans *Le Débat*, juin 1981, pp. 40-54.
106. TARDIEU (A.), *Le Souverain captif, op. cit.*, pp. 83, 95 et *Sur la pente, op. cit.*, p. 94.
107. TARDIEU (A.), *Le Souverain captif, op. cit.*, p. 111.
108. Sur Burke, FURET (F.), « Burke ou la fin d'une seule histoire de l'Europe », dans *Le Débat*, n° 39, mars 1986, pp. 56-66; GENGEMBRE (G.), « Burke », dans *Dictionnaire critique de la Révolution, op. cit.*, pp. 943-949.
109. TARDIEU (A.), *La Profession parlementaire, op. cit.*, p. 155.
110. *Ibid.*, p. 84.
111. Note de lecture, Bernanos, *La Grande Peur*, aux AN 324AP 82.
112. TARDIEU (A.), *La Profession parlementaire, op. cit.*, pp. 90-91.
113. Note pour le tome V, sous « Les difficultés du redressement », aux AN 324AP 93.
114. Lettre de Tardieu à Homberg, 30 mars 1937, aux AN 324AP 67.
115. Interview, dans *La Liberté*, 13 juin 1935.
116. TARDIEU (A.) *Le Souverain captif, op. cit.*, pp. 79-80; et *Le Règne du matérialisme*, chap. I, p. 3, manuscrit dactylographié, aux AN 324AP 104.
117. Lettre de Tardieu à Piétri, 19 février 1935, aux AN 324AP 14.
118. TARDIEU (A.), *Le Souverain captif, op. cit.*, p. 92.
119. Dans BARTHÉLÉMY-MADAULE (M.), *Bergson*, Paris, Seuil, 1967, p. 145.
120. Sur Biran, voir GOUHIER (H.), article dans *Encyclopédia Universalis*, et THIBAUD (M.), *L'Effort chez Maine de Biran et Bergson*, Grenoble, Imprimerie Allier, 1939, pp. 170-185.
121. MASSIS (H.), « Bergson et nous », dans *La Revue des Deux Mondes*, 1er juillet 1959, pp. 47-48.
122. BARTHÉLÉMY-MADAULE (M.), article « Bergson » dans *Encyclopedia Uni-*

versalis, et du même auteur, *Bergson, op. cit.*; VERDENAL (R.), « La philosophie de Bergson » dans CHATELET (F.), *Histoire de la philosophie*, t. III, Paris, Hachette, 1973, pp. 260-284 ; RIVAUD, A., « La pensée d'Henri Bergson et sa place dans l'histoire des idées », dans *La Revue des Deux Mondes*, 15 juillet 1941, pp. 158-185.

123. TARDIEU (A.), *Le Règne du matérialisme*, chap. III, p. 2 et chap. IV, p. 16, aux AN 324AP 104.

124. Conférence à la Société d'économie sociale, 14 juin 1935, texte aux AN 324AP 59, p. 6.

125. TARDIEU (A.), *Le Règne du matérialisme*, chap. IV, pp. 26-27, texte aux AN 324AP 104.

126. Lettre du 7 juin 1935, aux AN 324AP 67; voir aussi la correspondance aux AN 324AP 134.

127. TARDIEU (A.), *Le Souverain captif, op. cit.*, p. 84.

128. TARDIEU (A.), *Le Règne du matérialisme*, chap. V, p. 4, texte aux AN 324AP 104.

129. *Ibid.*, p. 11.

130. *Ibid.*, p. 15.

131. Notes conservées aux AAE, papiers d'agents, sous-série 166, Tardieu, 3e versement, carton 7.

132. Article cité dans *La Liberté*, 2 juin 1936.

133. Lettre de Tardieu à Faÿ, sans date, fin 1938 certainement, aux AN 324AP 113.

134. TARDIEU (A.), *Le Souverain captif, op. cit.*, pp. 68-69.

135. Lettre de Tardieu à Kérillis, 9 mars 1935, aux AN 324AP 56.

136. TARDIEU (A.), *Le Règne du matérialisme*, note pour le chap. IV, p. 31 ter, aux AN 324AP 104.

137. Feuille dactylographiée, « Pour le tome V », aux AN 324AP 93.

138. Lettre de Tardieu à Emile Laporte, 14 mars 1938, aux AN 324AP 113. Lettre de Bergson à Tardieu, 6 mars 1938, aux AN 324AP 134.

139. Lettre de Tardieu à Giraud, 31 décembre 1937, aux AN 324AP 112.

CHAPITRE XIV : *Sous le Front populaire : un spectateur engagé*

1. *Ibid.*, p. 51.

2. Sur ce point, TARDIEU (A.), *Note de semaine, 1936, op. cit.*, pp. 53 et 74; *Note de semaine, 1937*, Paris, Flammarion, 1938, pp. 101 et 163.

3. TARDIEU (A.), *Note de semaine, 1936, op. cit.*, p. 32.

4. *Note de semaine, 1937, op. cit.*, « Léon Jouhaux dictateur », 1er janvier 1937, pp. 186-187.

5. *Note de semaine, 1936, op. cit.*, « Les funérailles du régime », 26 juin 1936, p. 42.

6. *Ibid.*, pp. 33-37.

7. Voir l'ensemble des articles dans *Note de semaine, 1936 et 1937, op. cit.*

8. TARDIEU (A.), *Note de semaine, 1936, op. cit.*, pp. 45-46.

9. TARDIEU (A.), *Note de semaine, 1937, op. cit.*, p. 145.

10. *Ibid.*, « La triste histoire des grands travaux », 6 août 1937, p. 124.

11. *Ibid.*, « Regardez vos mains », 26 mai 1937, p. 87.

12. Sur l'exposition, voir *Note de semaine, 1937, op. cit.*, « L'affaire de l'exposition », 21 mai 1937; « La mort d'une liberté » 5 mars 1937; « M. Blum, prêcheur de haine », 19 février 1937.

13. TARDIEU (A.), *Note de semaine, 1937, op. cit.*, p. 100.

14. Cité aux APP BA 1586, note 504 du 16 mars 1936.

15. TARDIEU (A.), *Note de semaine, 1937, op. cit.*, p. 141.

16. TARDIEU (A.), *Note de semaine, 1936, op. cit.*, « Paris vendu à Moscou », 16 octobre 1936, pp. 82-85; BARDOUX (J.), *Les Soviets contre la France*, Paris, Flammarion, 1936.

17. Dans *Politique*, Documents sur la réforme de l'État, 15 août 1945, p. 362.

18. Lettre de Tardieu à Duchemin, 4 juillet 1936, aux AN 324AP 7.
19. *Note de semaine, 1936, op. cit.*, p. 98; *Note de semaine, 1937, op. cit.*, p. 70.
20. BONNARD (A.), *Le Drame du présent, op. cit.*, p. 30; Tardieu citant Bainville, dans *Note de semaine, 1937, op. cit.*, p. 139.
21. TARDIEU (A.), *Le Communisme et l'Europe, op. cit.*, p. 28.
22. MAUROIS (A.), *Mémoires*, t. II, *op. cit.*, pp. 153-154.
23. Sur l'ensemble de l'affaire, voir principalement AN 324AP 78-79-79 bis; MACHEFER (Ph.), « Tardieu et La Rocque » dans *Bulletin de la Société d'histoire moderne*, n° 15, 1972, pp. 11-21; DOMINIQUE (P.), *Vente et achat*, Paris, Denoël, 1937; CREYSSEL (P.), *La Rocque contre Tardieu*, Paris, Sorlot, 1938.
24. Voir *Choc*, 15 et 22 juillet, 26 août; *L'Action française*, 23 juillet 3, 5, 8, 20, 26 août; *Le Jour*, 6 août, *L'Œuvre*, 23 juillet, *Le Populaire*, 11 août, *L'Humanité*, 16 juillet.
25. Déposition de Tardieu à Lyon, 26 octobre 1937, p. 27, texte aux AN 324AP 79.
26. Déposition de Tardieu à Paris, 15 novembre 1937, p. 148, texte aux AN 324AP 78.
27. Voir les lettres de La Rocque et les commentaires de Tardieu, dans *ibid.*.
28. CHOPINE (P.), *Six Ans chez les Croix-de-Feu*, Paris, Gallimard, 1935, pp. 82 et sqq.
29. CREYSSEL (P.), *La Rocque contre Tardieu, op. cit.*, pp. 17-18.
30. Déposition de Tardieu à Paris, 15 novembre 1937, pp. 132-134, texte aux AN 324AP 78.
31. *Ibid.*, p. 60.
32. Sur les déclarations de La Rocque, *ibid.*, pp. 109-123 et *passim*.
33. CREYSSEL (P.), *La Rocque contre Tardieu, op. cit.*, pp. 18 et 20-21.
34. *Ibid.*, p. 65; le texte des trois plaidoiries se trouvent aux AN 324AP 78.
35. Déposition de Tardieu à Paris, 15 novembre 1937, p. 148, texte aux AN 324AP 78.
36. *Ibid.*, p. 142-144.
37. *Ibid.*, pp. 144-145 et brouillon manuscrit de la déposition du 15 novembre 1937, aux AN 324AP 78.
38. *Ibid.*, p. 146.
39. Brouillon manuscrit de la déposition du 15 novembre 1937, pp. 6-7, conservé aux AN 324AP 78.
40. *Ibid.*, p. 9 ou déposition officielle, p. 148.
41. De 35 000 en février 1934 à 600 000 en septembre 1936, chiffres cités dans MACHEFER (Ph.), « Tardieu et La Rocque », *art. cit.*, pp. 12-13.
42. Sur cette question voir IRVINE (W.), « French Conservatives and the " New Right " during the 1930s », in *French Historical Studies*, VIII, Fall 1974, pp. 548-562; MACHEFER (Ph.) « L'union des droites. Le PSF et le Front de la liberté, 1936-1937 », dans *Revue d'histoire moderne et contemporaine*, janvier-mars 1970, pp. 112-126. JEANNENEY (J.-N.), *François de Wendel en République, op. cit.*, pp. 567-568.
43. Sur ces points, VALLAT (X.), *Le Nez de Cléopâtre, souvenir d'un homme de droite, 1918-1945*, Paris, Fils Aymon, 1957, pp. 132-137; DOMINIQUE (P.), *Vente et achat, op. cit.*, p. 124.
44. Sur ces points, voir MACHEFER (Ph.), « L'union des droites. Le PSF et le Front de la liberté, *art. cit.* : BURRIN (Ph.), *La Dérive fasciste*, Paris, Seuil, 1986, pp. 284-285; RÉMOND (R.), *Les Droites en France, op. cit.*, pp. 211-217.
45. CREYSSEL (P.), *La Rocque contre Tardieu, op. cit.*, pp. 73-74.
46. Lettre de Pozzo di Borgo à Tardieu, 25 juillet 1937; et celle du 13 juillet 1937, aux AN 324AP 79.
47. Lettre de Tardieu à de Carbuccia, 17 juillet 1937, aux AN 324AP 131.
48. Carte de visite de Pozzo di Borgo, sans date, aux AN 324AP 79.
49. Lettre d'Adam, 16 janvier 1937, aux AN 324AP 3; lettre de Vallat, 23 septembre 1937, aux AN 324AP 79.
50. Lettre de Vallat, 23 septembre 1937, de Pozzo di Borgo, sans date, de Bailby, 28 octobre 1937, aux AP 79.

51. Lettre de Vallat à Tardieu, 6 novembre 1937, aux AN 324AP 79 bis.
52. PUYSEGUR (A. de), *La Trahison des chefs nationaux*, Paris, Technique du Livre, 1938, p. 76.
53. CREYSSEL (P.), *La Rocque contre Tardieu, op. cit.*, p. 60.
54. Déposition de Robbe, 15 novembre 1937, pp. 7-8, texte aux AN 324AP 78.
55. Voir LA ROCQUE (col. de), *Service public*, Paris, 1934; résumé de son programme dans *L'Espoir français*, 1er mars 1934, pp. 6-7 et dans MACHEFER (Ph.), *Ligues et Fascismes en France, op. cit.*, pp. 53-57.
56. CREYSSEL (P.), *La Rocque contre Tardieu, op. cit.*, p. 108.
57. Carte de visite de Pozzo di Borgo, sans date, avant le 23 juin 1937, aux AN 324AP 79.
58. Ce carnet est conservé aux AN 324AP 1.
59. Déposition de Henri de Kérillis, p. 110, texte dans AN 324AP 78.
60. Lettre de Tardieu à Thiébault-Sisson, 22 octobre 1938, aux AN 324AP 113.
61. Lettre de Tardieu à Madelin, 16 avril 1937, aux AN 324AP 112.
62. Lettre de Tardieu à Thiébault-Sisson, 12 janvier 1938, aux AN 324AP 113.
63. Sur ces points, TARDIEU (A.), *La Profession parlementaire, op. cit.*, pp. 88-89; et *Note de semaine, 1936, op. cit.*, pp. 52-53, 76, 127.
64. Lettres de Parigot et à Parigot, fin octobre 1936, aux AN 324AP 112; lettre à Poncet, 28 juillet 1936, aux AN 324AP 67.
65. Dans « Tardieu et La Rocque », *art. cit.*, pp. 14-15.
66. Déposition de Kérillis à Paris, novembre 1937, pp. 118 et 120, texte dans AN 324AP 78.
67. A Horace de Carbuccia Tardieu dit avoir reçu 67 lettres d'injures et 522 lettres de compliments, lettre du 22 janvier 1938, aux AN 324AP 131. La correspondance conservée donne plutôt le rapport un tiers/deux tiers, voir AN 324AP 78, surtout 79 et *passim*.
68. Lettre de Binet-Valmer à Tardieu, 6 mai 1937, aux AN 324AP 33.
69. Sur ce point, voir lettres de Carbuccia à Tardieu, 1er et 28 janvier 1938, aux AN 324AP 131; Archives de la préfecture de police, BA 1586, note 634, 6 novembre 1937.
70. Lettre de Tardieu à de Carbuccia, 22 janvier 1938, aux AN 324AP 131.
71. Déposition de Kérillis à Paris, novembre 1937, p. 147, aux AN 324AP 78. Le choix de Kérillis fut douloureux : « Pour la première fois, j'ai éprouvé un accablement, un déchirement intérieur que j'ai eu bien de la peine à réprimer », cité in GAUDRY (O.), *Henri de Kérillis*, Paris, mémoire IEP, 1966, p. 124.
72. Lettre de Sayet à Tardieu, 30 avril 1936, aux AN 324AP 15.
73. Conférence salle Pleyel, 28 mai 1936, p. 127 texte aux AN 324AP 115.
74. *Ibid.*, p. 128.
75. LAVERGNE (B.), *Les Idées politiques en France, de 1900 à nos jours*, Paris, Fischbacher, 1965, p. 181; voir aussi correspondance avec Moysset, aux AN 324AP 12.
76. Lettre de Tardieu à Laval, 15 janvier 1936, aux AN 324AP 112.
77. Sur les tirages, voir correspondance avec Max Fischer, aux AN 324AP 67.
78. Voir lettres de Carbuccia à Tardieu, 19 et 30 avril 1937, aux AN 324AP 130.
79. Voir lettres de Lemaigre-Dubreuil, 9 mai et 14 juin 1939, aux AN 324AP 2.
80. Voir les lettres à Desaigne, 26 février 1937, et à Mevil, 26 avril 1939, aux AN 324AP 67 et 114.
81. TARDIEU (A.), *Note de semaine, 1936* et *1937, op. cit.*, respectivement, p. 54 et p. 243.
82. Lettre aux électeurs de Belfort, dans TARDIEU (A.), *Note de semaine, 1936, op. cit.*, p. 12.
83. *Ibid.*, p. 66; ou encore, TARDIEU (A.), *Note de semaine, 1937, op. cit.*, pp. 170, 196.

84. Lettre de Tardieu à Duvernois, 7 décembre 1937, aux AN 324AP 112.
85. Conférence salle Pleyel, 28 mai 1936, p. 4, texte aux AN 324AP 115.
86. *Ibid.*, pp. 12-13.
87. *Gringoire*, 8 mai 1936, texte aux AN 324AP 43.
88. TARDIEU (A.), *Note de semaine, 1937, op. cit.*, p. 101.
89. TARDIEU (A.), *Note de semaine, 1936, op. cit.*, p. 127.

CHAPITRE XV : *La faillite de la paix*

1. TARDIEU (A.), *La Paix, op. cit.*, p. 2.
2. TARDIEU (A.), *L'Heure de la décision, op. cit.*, p. 95.
3. *Ibid.*, p. 281.
4. TARDIEU (A.), *L'Année de Munich*, Paris, Flammarion, 1939, p. 223.
5. Discours du 25 septembre 1919, texte dans BEAU DE LOMÉNIE (E.), *Le Débat de ratification du traité de Versailles*, Paris, Denoël, 1945, pp. 184 et *sq.*
6. Clemenceau cité dans TARDIEU (A.), *La Paix, op. cit.*, p. XIX.
7. Clemenceau cité dans *ibid.*, p. 462.
8. *Ibid.*, p. 21 ; voir aussi TARDIEU (A.), *L'Amérique en armes, op. cit.*, pp. 165-166.
9. TARDIEU (A.), *La France et les alliances*, Paris, Alcan, 1910, p. 414.
10. TARDIEU (A.), *La Conférence d'Algésiras*, Paris, Alcan, 1917, p. 472.
11. *J. O.*, Chambre des députés, débats, séance du 23 mai 1922, p. 1542.
12. *Ibid.*, p. 1541.
13. TARDIEU (A.), *La Paix, op. cit.*, pp. 511-512.
14. Tardieu, *L'Écho national*, 29 avril 1922.
15. Sur les intentions de Poincaré, voir ARTAUD (D.), « À propos de l'occupation de la Ruhr », *Revue d'histoire moderne et contemporaine*, janvier-mars 1970, pp. 14-15.
16. Sur Tardieu et la Ruhr, voir *J. O.*, Chambre des députés, débats, séance du 30 mai, pp. 2185-2195 ; *L'Écho national*, 17 mars et 26 avril 1923 ; interview donné à Lang, art. cit., p. 143.
17. *J. O.*, Chambre des députés, débats, séance du 30 mai, p. 2185. Pour le développement de cette thèse clairement pressentie par Tardieu voir SCHUKER (S.), *The end of French predominance in Europe*, Chapel Hill, University of North Carolina Press, 1976.
18. TARDIEU (A.), *La Paix, op. cit.*, p. 422.
19. Tardieu cité dans TARDE (A. de), JOUVENEL (R. de), *La Politique d'aujourd'hui, op. cit.*, p. 86.
20. TARDIEU (A.), *La France et les alliances, op. cit.*, p. 2.
21. Sur cette politique, voire DUROSELLE (J.-B.), *Clemenceau*, Paris, Fayard, 1988, pp. 800-809.
22. Tardieu, *L'Écho national*, 21 avril 1922.
23. Tardieu, *ibid.*, 8 mars 1922.
24. Voir partie I, chap. II.
25. CLEMENCEAU (G.), *Lettres à une amie, op. cit.*, lettre du 27 septembre 1929, p. 644.
26. TARDIEU (A.), *L'Épreuve du pouvoir, op. cit.*, discours au Sénat, 4 décembre 1930, p. 269.
27. *Ibid.*, discours à la Chambre, 8 novembre 1929, pp. 141-142 ; discours au Sénat, 5 avril 1930, p. 176.
28. TARDIEU (A.), *Devant le pays, op. cit.*, pp. 76-77.
29. TARDIEU (A.), *L'Épreuve du pouvoir, op. cit.*, discours au Sénat, 5 avril 1930, p. 182.
30. TARDIEU (A.), *Devant le pays, op. cit.*, pp. 90-92.
31. TARDIEU (A.), *L'Épreuve du pouvoir, op. cit.*, p. 271.
32. *Ibid.*, p. 204.
33. *Ibid.*, p. 271.
34. TARDIEU (A.), *L'Heure de la décision, op. cit.*, pp. 69-85.

35. TARDIEU (A.), *Devant le pays, op. cit.*, discours à Genève du 8 février 1932, p. 58.
36. TARDIEU (A.), *L'Épreuve du pouvoir, op. cit.*, discours à la Chambre du 8 novembre 1930, pp. 192-195.
37. Voir son discours du 7 juin 1932, dans TARDIEU (A.), *Sur la pente, op. cit.*, pp. 16-28.
38. TARDIEU (A.), *L'Heure de la décision, op. cit.*, p. 69.
39. TARDIEU (A.), *La Paix*, préface, *op. cit.*, p. XXXI.
40. TARDIEU (A.), *L'Heure de la décision, op. cit.*, p. 39.
41. *Ibid.*, pp. 9-10.
42. Dans *La Liberté*, 5 juillet 1933 ; voir aussi *L'Heure de la décision, op. cit.*, pp. 21-24.
43. *Ibid.*, p. 13.
44. *Ibid.*, pp. 14 et 18 ; et *L'Épreuve du pouvoir, op. cit.*, p. 202.
45. TARDIEU (A.), *L'Heure de la décision, op. cit.*, p. 44.
46. Sur cette victoire allemande, voir TARDIEU (A.), *ibid.*, pp. 72-85.
47. TARDIEU (A.), *ibid.*, pp. 55-68. Sur le réarmement, Tardieu a notamment consulté le livre de Leland Stowe, *Nazi Germany means war*, 1933.
48. Tardieu, lisant l'allemand, a certes pu lire *Mein Kampf* avant même sa première édition française de 1934. Ce qui est certain, toutefois, c'est qu'il conseille trois lectures : « O. Scheid, *Les Mémoires de Hitler et le programme national socialiste*, Ch. Appuhn, *Hitler par lui-même*, Wladimir d'Ormesson, *La révolution allemande* », dans *ibid.*, p. 272.
49. *Ibid.*, p. 271.
50. *Ibid.*, pp. 273-274.
51. Tardieu, *La liberté*, 30 novembre 1933.
52. *Ibid.*, 12 novembre 1933.
53. Discours du 28 mai à Belfort, dans TARDIEU (A.), *Sur la pente, op. cit.*, p. 81.
54. *Ibid.*, préface, p. x.
55. *Ibid.*, discours du 28 mai à Belfort, p. 82 ; et préface, pp. XVI-XVII.
56. *Ibid.*, discours du 26 novembre et du 19 décembre 1933, pp. 92 et 101-102.
57. TARDIEU (A.), *Note de semaine, 1937, op. cit.*, pp. 40-42 ; *L'Année de Munich, op. cit.*, p. 110.
58. Tardieu, *La Liberté*, 30 août 1933.
59. Sur le « Pacte à quatre », TARDIEU (A.), *L'Heure de la décision, op. cit.*, pp. 89-92.
60. TARDIEU (A.), *Sur la pente, op. cit.*, pp. XI-XII.
61. TARDIEU (A.), *Le Communisme et l'Europe, op. cit.*, pp. 29-30.
62. *Ibid.*, pp. 22 et 29.
63. *Ibid.*, p. 29.
64. *Ibid.*, p. 24.
65. *Ibid.*, p. 29.
66. TARDIEU (A.), *Note de semaine, 1937*, article du 11 juin 1937, *op. cit.*, pp. 50-56.
67. *Ibid.*, p. 55.
68. TARDIEU (A.), *Sur la pente, op. cit.*, préface, p. XIV.
69. Voir DUROSELLE (J.-B.), *La Décadence, op. cit.*, pp. 145-152.
70. Voir son discours du 27 décembre 1935, dans REYNAUD (P.), t. I, *op. cit.*, pp. 462-466.
71. Lettre à Reynaud, 29 décembre 1935, dans TARDIEU (A.), *Note de semaine, 1936, op. cit.*, p. 132 et lettre de Tardieu à Laval, 11 cotobre 1935, dans AN 324AP 52.
72. *Ibid.*, article du 17 décembre 1937, p. 42.
73. TARDIEU (A.), *Sur la pente*, préface, *op. cit.*, p. XIV.
74. TARDIEU (A.), *Note de semaine, 1937*, article du 8 janvier 1937, *op. cit.*, p. 15.
75. Sur l'ensemble de la question, voir DUROSELLE (J.-B.), *La Décadence, op. cit.*, pp. 157-179.

76. TARDIEU (A.), *Note de semaine, 1936*, article du 17 mars 1936, *op. cit.*, pp. 154-158.
77. *Ibid.*, p. 158; voir aussi article du 27 novembre 1936, pp. 199-201.
78. *Ibid.*, p. 201.
79. Cité dans TARDIEU (A.), *Note de semaine, 1937*, article du 30 avril 1937, *op. cit.*, p. 26-27.
80. *Ibid.*, p. 25; et *Note de semaine, 1936*, article du 23 octobre 1936, *op. cit.*, pp. 172-185.
81. *Ibid.*, p. 173.
82. Tardieu, dans *La Liberté*, 12 septembre 1933.
83. TARDIEU (A.), *Sur la pente*, préface, *op. cit.*, p. IX.
84. TARDIEU (A.), *Le Sabotage des intérêts généraux*, 3ᵉ partie, chap. VIII, p. 6, texte dactylographié dans AN 324AP 110.
85. TARDIEU (A.), *L'Année de Munich*, article du 25 février 1938, p. 169.
86. Cité dans WEBER (E.), *L'Action Française*, *op. cit.*, p. 467.
87. Cité dans *L'Europe nouvelle*, article de Jacques Russin, 7 mai 1938.
88. CARBUCCIA (H. de), *Les Racines de l'enfer*, 1934-1939, Paris, Plon, 1978, p. 197.
89. Voir « Note sur le numéro de *Gringoire* du 22 avril 1938 », sans date, dans AN 324AP 131.
90. TARDIEU (A.), *L'année de Munich*, article du 23 septembre 1938, *op. cit.*, p. 215.
91. *Ibid.*, article du 6 mai 1938, p. 177; « Note sur le numéro de *Gringoire* du 22 avril », *op. cit.*, p. 4.
92. *Ibid.*, article du 16 septembre 1938, p. 192.
93. « Note sur le numéro de *Gringoire* du 22 avril », *op. cit.*, p. 5.
94. TARDIEU (A.), *L'Année de Munich*, article du 16 septembre 1938, *op. cit.*, p. 193.
95. *Ibid.*, pp. 188, 193, 197.
96. Pour les citations ci-dessus, voir *ibid.*, article du 7 octobre 1938, pp. 219-223.
97. Lettres de De Carbuccia à Tardieu, 13 et 14 septembre 1938, aux AN 324AP 131.
98. Lettres de De Carbuccia à Tardieu, 1ᵉʳ et 6 octobre 1938, dans *ibid.*
99. Lettre de Tardieu à de Carbuccia, 8 octobre 1938, dans *ibid.*
100. Lettre de Tardieu à de Carbuccia, 19 octobre 1938, dans *ibid.*
101. TARDIEU (A.), *L'Année de Munich*, *op. cit.*, p. 219.
102. *Ibid.*, article du 15 juillet 1938, p. 137.
103. *Ibid.*, article du 30 juillet 1938, pp. 161-162.
104. *Ibid.*, article du 14 octobre 1938, pp. 119-120.
105. *Ibid.*, article du 15 juillet 1938, p. 136.
106. *Ibid.*, article du 1ᵉʳ décembre 1938, pp. 229-230.
107. Tardieu, *Gringoire*, 23 mars 1939, texte aux AN 324AP 33 et 43.
108. Tardieu, *Gringoire*, 6 avril 1939, texte aux AN 324AP 34.
109. Tardieu, *Gringoire*, 25 mai 1939, texte aux AN 324AP 33.
110. Tardieu, *Gringoire*, 26 janvier et 25 mai 1939, textes aux AN 324AP 33 et 35.
111. Tardieu, *Gringoire*, 13 juillet 1939 et *Le Journal*, 5 juin 1939, textes aux AN 324AP 33 et 40.
112. Tardieu, *Gringoire*, 25 mai 1939, texte aux AN 324AP 33.
113. Tardieu, *Le Journal*, 11 juillet 1939, texte aux AN 324AP 40.
114. Tardieu, *Le Journal*, 20 avril 1939, texte aux AN 324AP 136.
115. Tardieu, *Le Journal*, 20 juin 1939, texte aux AN 324AP 40.

Chapitre XVI : *Un homme irréconciliable*

1. Sur ces points, notamment REMOND (R.), *Les Droites en France*, op. cit., pp. 225-227; HOFFMANN (S.), *Sur la France*, op. cit., pp. 182-185; AZEMA (J.-P.), *De Munich à la Libération*, Paris, Seuil, 1979, pp. 9-22; WINOCK (M.), « L'esprit de Munich », dans *L'Histoire*, juillet 1983, pp. 68-77.
2. Lettre de De Carbuccia à Tardieu, 1er octobre 1938, aux An 324AP 131.
3. Lettre de Reynaud à Tardieu, 16 mai 1936, aux AN 324AP 133.
4. REYNAUD (P.), *Mémoires*, tome I, op. cit., p. 472.
5. Lettre de Mantoux à Tardieu, 10 mai 1939, aux AN 324AP 11.
6. *J. O.*, Barodet, Chambre des députés, 28 juillet 1920, Annexe 1431.
7. Lettres de Tardieu à Henri Leyret et à Binet-Valmer, 21 et 23 septembre 1938, aux AN 324AP 113.
8. BOURGIN (H.), *Cinquante Ans d'expérience démocratique*, op. cit., p. 178.
9. TARDIEU (A.), *Les Souvenirs*, texte non publié écrit en 1939, p. 29, aux AN 324AP 67.
10. *Ibid.*, p. 18.
11. TARDIEU (A.), *Devant le pays*, op. cit., p. 163.
12. TARDIEU (A.), *L'Année de Munich*, op. cit., article du 7 octobre 1938, p. 223.
13. TARDIEU (A.), *L'Année de Munich*, op. cit., article du 1er avril 1938, pp. 173-174.
14. *Ibid.*, article du 7 octobre 1938, p. 224.
15. Lettre de De Carbuccia à Tardieu, 13 septembre 1938, aux AN 324AP 131.
16. Lettre à Mirauchaux, 1er octobre 1938, et à Orestano, 27 septembre 1938, aux AN 324AP 113 et 33.
17. Tardieu, *Le Journal*, 21 mai 1939, texte aux AN 324AP 40.
18. TARDIEU (A.), *L'Année de Munich*, article du 1er avril 1938, p. 172.
19. *Ibid.*, article du 12 août 1938, p. 146.
20. *Ibid.*, article du 29 juillet et du 1er décembre 1938, pp. 139 et 228.
21. Voir notamment, Tardieu, *Le Journal*, 8 mai et 11 juillet 1939.
22. LAVERGNE (B.), *Les Idées politiques en France*, op. cit., p. 181.
23. Tardieu, *Le Journal*, 20 avril 1939.
24. TARDIEU (A.), *Le Sabotage des intérêts généraux*, manuscrit, 1938-1939, partie III, chap. VI, p. 1, aux AN 324AP 110; pour les premiers brouillons du texte, voir AP 94, 95, 108.
25. *Ibid.*, partie III, chap. IX, pp. 9-10, texte aux AN 324AP 67 et 110.
26. *Ibid.*, partie III, chap. II, p. 1, texte aux AN 324AP 110.
27. *Ibid.*, partie III, chap. II, pp. 1-13 et chap. VI, p. 1-5, texte aux AN 324AP 110.
28. *Ibid.*, partie III, chap. III, pp. 1 et 26, et chap. VI, pp. 6-10, texte aux AN 324AP 110.
29. *Ibid.*, partie III, chap. IV, p. 1, texte aux AN 324AP 110.
30. *Ibid.*, partie III, chap. VI, p. 11, texte aux AN 324AP 110.
31. *Ibid.*, partie III, chap. V, p. 14, texte aux AN 324AP 110.
32. Respectivement, MAURRAS (Ch.), *Nos raisons contre la République, pour la Monarchie*, op. cit., pp. 5 et 9; MAURRAS (Ch.), *Les Idées royalistes sur les partis, l'État, la nation*, Paris, Action Française, 1919, p. 7; TARDIEU (A.), op. cit., partie III, chap. IV, pp. 20 et 11, texte aux AN 324AP 108 et 110.
33. TARDIEU (A.), op. cit., partie III, chap. V, p. 1, texte aux AN 324AP 108.
34. *Ibid.*, partie III, chap. V, p. 9, texte aux AN 324AP 108.
35. *Ibid.*, partie III, chap. III, p. 25, texte aux AN 324AP 110.
36. *Ibid.*, partie III, chap. V, p. 11, texte aux AN 324AP 110.
37. *Ibid.*, partie III, chap. VIII, p. 8, texte aux AN 324AP 110.
38. *Ibid.*, partie III, chap. VII, p. 6, texte aux AN 324AP 110.
39. Sur ces questions, voir l'article substantiel de LE BEGUEC (G.), *Édouard*

Daladier, Chef de gouvernement, 1938-1939, sous la dir. de RÉMOND (R.), BOURDIN (J.), Paris, FNSP, 1977-1978, pp. 55-74.
40. Voir BERSTEIN (S.), *Histoire du parti radical*, t. II, *op. cit.*, p. 588.
41. TARDIEU (A.), *L'Année de Munich*, article du 15 avril 1938, *op. cit.*, p. 30.
42. *Ibid.*, article du 3 novembre 1938, p. 58; article du 18 mai 1939, texte AN 324AP 33.
43. *Ibid.*, articles des 3 juin et 5 août 1938, pp. 60-67 et 68-71.
44. TARDIEU (A.), *L'Année de Munich*, *op. cit.*, article du 17 novembre 1938, pp. 71-75.
45. TARDIEU (A.), *L'Année de Munich*, article du 24 juin 1938, *op. cit.*, p. 41.
46. *Ibid.*, article du 8 décembre 1938, p. 80.
47. Voir, lettre de Moysset, 30 décembre 1938 et de Debû-Bridel, 15 janvier 1939 aux AN 324AP 12 et 7; ainsi que l'importante correspondance sur cette période conservée aux AN 324AP 113.
48. Lettre de Aubert à Tardieu, 15 octobre 1938, citée dans *L'Année de Munich*, *op. cit.*, p. 245.
49. Lettre de Tardieu à Aubert, 19 octobre 1938, dans *ibid.*, p. 246.
50. Lettre de Tardieu à Millet, 19 octobre 1938, aux AN 324AP 113.
51. Sur Jeanneney, Sarraut et Blum, voir lettre de Tardieu à Aubert, 19 octobre 1938, dans *L'Année de Munich*, *op. cit.*, p. 246; articles des 18 mars et 25 mars 1938, dans *ibid.*, pp. 21-25 et 29.
52. TARDIEU (A.), *Sur la pente*, préface, *op. cit.*, p. LXVII.
53. TARDIEU (A.), *L'Année de Munich*, article du 25 mars 1938, *op. cit.*, p. 29.
54. *Ibid.*, article du 18 mars 1938, p. 24.
55. *L'Écho de Paris*, 8 avril 1935.
56. TARDIEU (A.), *op. cit.*, partie III, Souvenirs, 3e brouillon, p. 1, texte aux AN 324AP 67.
57. Lettre de Tardieu à d'Ydewalle, 9 mai 1939, aux AN 324AP 44.
58. Lettre de Tardieu du 17 décembre 1938, publiée dans *L'Année de Munich*, *op. cit.*, p. 251.
59. Lettre de Tardieu à Aubert, 19 octobre 1938, publiée dans *ibid.*, p. 247.
60. Lettre de Bardoux à Tardieu, 20 février 1939, aux AN 324AP 3.
61. Lettre de Tardieu à Aubert, 19 octobre 1938, publiée dans *ibid.*, p. 246.
62. Lettre de Faÿ à Tardieu, 3 janvier 1939, aux AN 324AP 114.
63. Nous nous inspirons ici du modèle du « heroic leadership » présenté par Stanley HOFFMANN in EDINGER (J.L.), *Political leadership in industrialized societies*, New York, J. Wiley, 1967, pp. 108-154.
64. Lettre d'Antoine Mesclon, sans date, aux AN 324AP 114.
65. Lettre à Émile Lardier, 11 novembre 1936, aux AN 324AP 112; *L'Année de Munich*, *op. cit.*, p. 32.
66. Lettre à Charles d'Ydewalle, 9 mai 1939, aux AN 324AP 44.
67. Lettre à Louis de Blois, 27 février 1939, aux AAE, papiers d'agents, sous-série 166, André Tardieu, carton 11.
68. TARDIEU (A.), *Le Souverain captif*, *op. cit.*, p. 22.
69. TARDIEU (A.), *L'Année de Munich*, *op. cit.*, pp. 25 et 43.
70. Lettre de Tardieu à Pierre de Monicault, 12 juin 1939, aux AN 324AP 12.
71. Nous suivons ici les quatre modèles de sauveur définis dans GIRARDET (R.), *Mythes et mythologies politiques*, *op. cit.*, pp. 70-80.
72. Lettre de Piétri à de Carbuccia transmise à Tardieu, 18 mars 1937, aux AN 324AP 131.
73. Propos rapportés dans lettre à Tardieu, mi-décembre 1938, citée dans *L'Année de Munich*, *op. cit.*, p. 250; lettre de Paul Ulrich, 30 décembre 1938, aux AN 324AP 114.
74. TARDIEU (A.), *L'Année de Munich*, *op. cit.*, article du 10 juin 1938, pp. 38-39.
75. Voir le projet intitulé « Pour le tome V », aux AN 324AP 93.
76. Voir BERSTEIN (S.), « L'affrontement simulé des années trente », dans XXe *siècle*, article cité.
77. TARDIEU (A.), *L'Année de Munich*, article du 11 mars, *op. cit.*, p. 86.

78. Lettre à Bardoux, 26 février 1938, aux AN 324AP 113.
79. Voir Rousso (H.), « Qu'est-ce que la "Révolution nationale"? » dans *L'Histoire*, janvier, 1990, pp. 96-102; Paxton (R.), *La France de Vichy*, 1940-1944, Paris, Seuil, 1973, pp. 137-220.
80. Guitard (L.), « Tardieu et la Révolution nationale », dans *Écrits de Paris*, juin 1953, pp. 39-40.
81. Lettre de Weygand à Tardieu, 14 juin 1939, aux AN 324AP 133.
82. *Le Souvenir d'André Tardieu*, discours de Reynaud, 6 juillet 1953, brochure aux AN 324AP 128.
83. Voir sur ce point, Paxton (R.), *op. cit.*

CONCLUSION

1. Tardieu (A.), *Notes sur les États-Unis*, *op. cit.*, p. 207.
2. Cité dans Suarez (G.), *Peu d'hommes, trop d'idées*, *op. cit.*, p. 152.
3. Tardieu (A.), *Le Souverain captif*, *op. cit.*, p. 10.
4. Nous suivons ici la classification de Rémond (R.), *Les Droites en France*, *op. cit.*
5. Lettre de Tardieu à Lautier, 12 juin 1933, aux AN 324AP 10.
6. Sur ces points, voir Tardieu (A.), *L'Heure de la décision*, *op. cit.*, pp. 259-269 et 281.
7. *Le Populaire*, 27 octobre 1934.
8. Berl (E.), *La Politique et les Partis*, *op. cit.*, pp. 45-47.
9. Lettre anonyme, août 1938, aux AN 324AP 113.
10. Reynaud (P.), *Mémoires*, t. I, *op. cit.*, pp. 291-292.
11. Rémond (R.), *Les Droites en France*, *op. cit.*, p. 192.
12. Sur le général de Gaulle, Touchard (J.), *Le Gaullisme 1940-1969*, Paris, Seuil, 1978; Lacouture (J.), *De Gaulle*, 3 volumes, Paris, Seuil, 1983-1986; Rémond (R.), *Les Droites en France*, *op. cit.*, pp. 313-349.
13. Tardieu (A.), *L'Heure de la décision*, *op. cit.*, p. 116.
14. Touchard (J.), *Le Gaullisme*, *op. cit.*, pp. 296-308.
15. Guitard (L.), « André Tardieu et la Révolution nationale », article cité, p. 41.
16. Tardieu (A.), *L'Épreuve du pouvoir*, préface, *op. cit.*, p. XVIII.
17. Texte dans *Revue française de sciences politiques*, vol. IX, mars 1959, P. 7.
18. Dans Jacquier-Bruère, *Refaire la France. L'Effort d'une génération*, Paris, Plon, 1945, p. 114.
19. Tardieu (A.), *L'Heure de la décision*, *op. cit.*, p. 33; Debré (M.), *Ces princes qui nous gouvernent, Lettre aux dirigeants de la nation*, Paris, Plon, 1957, p. 161.
20. Jacquier-Bruère, *Refaire la France*, *op. cit.*, p. 109.
21. *Ibid.*, p. 111; et Debré (M.), *La République et son pouvoir*, Paris, Nagel, 1950, p. 187.
22. Debré (M.), *La République et ses problèmes*, Paris, Nagel, 1952, p. 214.
23. Debré (M.), *Ces princes qui nous gouvernent*, Paris, Plon, 1957, p. 51.
24. *Ibid.*, p. 69.
25. Cité dans Rudelle (O.), *Le Sénateur M. Michel Debré*, Mémoire non publié, FNSP, 1967, p. 308.
26. Debré (M.), *Ces princes qui nous gouvernent*, *op. cit.*, p. 79.
27. Debré (M.), *La République et son pouvoir*, *op. cit.*, pp. 203-204.
28. Rudelle (O.), *Mai 58, De gaulle et la République*, Paris, Plon, 1988, p. 124.
29. Debré (M.), *Ces princes qui nous gouvernent*, *op. cit.*, pp. 198-199.
30. Debré (M.), *La République et son pouvoir*, *op. cit.*, p. 13.
31. Debré (M.), *La République et ses problèmes*, *op. cit.*, p. 44.
32. Voir *Refaire la France*, *op. cit.*, pp. 125 et *sqq*; *La République et son pouvoir*, *op. cit.*, pp. 190-198; *La République et ses problèmes*, *op. cit.*, pp. 44-51.

33. DEBRÉ (M.), *Ces princes qui nous gouvernent*, *op. cit.*, pp. 183-184.
34. Voir sur ce point WAHL, (N.), « Aux origines de la Nouvelle Constitution », dans *Revue française de sciences politiques*, vol. IX, mars 1959, pp. 30-66.
35. DEBRÉ (M.), *Ces princes qui nous gouvernent*, *op. cit.*, p. 163.
36. Lettre de Tardieu à Capitant, 29 janvier 1938, aux AN 324AP 113. L'article de Capitant était intitulé « La crise et la réforme du parlementarisme en France », 1936, dans *Jahrbuch des Öffentlichen Rechts*, 1936, article cité.
37. BLUM (L.), *Le Populaire*, 23 octobre 1934.
38. DEBRÉ (M.), *La République et son pouvoir*, *op. cit.*, p. 178.
39. L'expression est de Debré (Jacquier), dans *Refaire la France*, *op. cit.*, p. 111.
40. Dans *Revue française de science politique*, vol. VII, avril-juin 1957, pp. 253-270.
41. Dans « Documents sur la réforme de l'État », *Politique*, 15 août 1945, p. 361.
42. Voir DEBÛ-BRIDEL (J.), « La vraie figure d'André Tardieu », article cité, p. 247.
43. *Ibid.*, pp. 247-248.
44. TARDIEU (A.), *À la jeunesse française*, 22 juin 1919, discours cité.
45. Romier, *Le Figaro*, 23 novembre 1934.
46. Lettre de Binet-Valmer à Tardieu, 22 septembre 1936, aux AN 324AP 4.

Sources et bibliographie

I. SOURCES NON PUBLIÉES

A. Archives publiques

Archives nationales, ministère de l'Intérieur, police générale, série F7 :
  Cartons 12951-12961, notes confidentielles concernant l'activité des partis et des hommes politiques, la situation financière et la politique extérieure, 1918-1936.
  Cartons 12967-12969, synthèses mensuelles sur la situation politique, 1920-1934.
  Action française (13194-13196,13207); mouvements fascistes (13208, 13211); Ligue de la patrie française, Ligue des patriotes, Jeunesses patriotes (13229-13232), Ligue républicaine nationale (13237); Le Redressement français (13240); Journées du 6 février (13308-13309); Réforme de l'État (13957).

B. Sources privées

1. André Tardieu

Archives nationales, papiers Tardieu, série AP 324.
  Cartons 1-18, papiers personnels et correspondance.
  Cartons 19-80, vie parlementaire et politique.
  Cartons 81-111, manuscrits, préparation d'ouvrages.
  Cartons 112-136, correspondance et divers.
Archives des Affaires étrangères, papiers d'agents, sous-série 166, André Tardieu, 1er, 2e et 3e versement.
Service historique de l'armée de terre, Vincennes, série 13 N 1 à 130, couvrant les années 1916-1921.
Archives de la préfecture de police, série B/A 1586, dossier André Tardieu.

2. Autres

Bibliothèque nationale, papiers Pierre-Étienne Flandin.
Archives nationales, papiers Louis Marin, série AP 317.
Archives nationales, papiers Alexandre Millerand, série AP 470.
Archives nationales, papiers Joseph Paul-Boncour, série AP 424.
Archives nationales, papiers Paul Reynaud, série AP 74.

3. *Entretiens*

A. Lorion, 12 septembre 1985.

II. SOURCES PUBLIÉES

A. Publications de Tardieu

1. *Livres*

Questions diplomatiques de l'année 1904, Paris, 1905.
Notes sur les États-Unis, Paris, Calmann-Lévy, 1908.
La Conférence d'Algésiras, Paris, Alcan, 1907.
Le Prince de Bülow, Paris, Calmann-Lévy, 1909.
La France et les alliances : la lutte pour l'équilibre, Paris, Alcan, 1910.
Le Prince de Bülow, Paris, Calmann-Lévy, 1910.
Le Mystère d'Agadir, Paris, Calmann-Lévy, 1912.
L'Amérique en armes, Paris, Fasquelle, 1919.
La Paix, Paris, Payot, 1921.
Devant l'obstacle, L'Amérique et nous, Paris, Émile-Paul Frères, 1927.
Paroles réalistes, Paris, Figuière, 1928.
L'Épreuve du pouvoir, Paris, Flammarion, 1931.
Devant le pays, Paris, Flammarion, 1932.
L'Heure de la décision, Paris, Flammarion, 1934.
La Réforme de l'État, Paris, Flammarion, 1934.
Sur la pente, Paris, Flammarion, 1935.
La Note de semaine, 1936, Paris, Flammarion, 1937.
La Note de semaine, 1937, Paris, Flammarion, 1938.
L'Année de munich, 1938, Paris, Flammarion, 1939.
La Révolution à refaire, tome I, *Le Souverain captif*, Paris, Flammarion, 1936.
  Tome II, *La Profession parlementaire*, Paris, Flammarion, 1937.
  Tome III, *Le Sabotage des intérêts généraux* (manuscrits aux AN 324AP).
  Tome IV, *Le Règne du matérialisme* (quelques chapitres manuscrits aux idem).
  Tome V, *Les Issues* (esquisse de plan aux *idem*).
Avec Foch, août-novembre 1914, Paris, Flammarion, 1939.
Le Communisme et l'Europe, Paris, G.D., 1948 (ouvrage posthume).

2. *Articles et autres*

« La campagne contre la Patrie », *Revue des Deux Mondes*, 1er juillet 1913.
Les conséquences de la guerre, Allocution à la Société des anciens élèves de l'École libre des sciences politiques, 3 juillet 1919, Paris, Alcan, 1921.
« À la jeunesse française », discours sur les traités de paix, à la fête des Éclaireurs unionistes, 22 juin 1919.
Pour mieux connaître la France, discours janvier 1928, publications du Comité d'action économique et douanière, 1928.
Le Président André Tardieu à Ambert, Un discours-programme, Clermont-Ferrand, Imprimerie moderne, 1933.
« Où en sommes-nous ? », dans *Revue hebdomadaire*, 4 février 1933, pp. 13-40.
« L'heure où nous sommes », dans *Revue hebdomadaire*, 10 février 1934, pp. 139-154, 17 février 1934, pp. 284-305.
« Réformer ou casser », dans *Revue des Deux Mondes*, 1er mars 1934, pp. 135-161.
Conférence à la Société d'économie sociale, 14 juin 1935, texte aux AN 324AP 59.

Conférence à la salle Pleyel, 28 mai 1936, texte aux AN 324 AP115.
Conférence à la salle Pleyel, 3 juin 1936, texte aux AN 324 AP115.

À ces quelques références, il faudrait ajouter une bonne vingtaine de préfaces, de très nombreux articles publiés dans diverses revues et surtout plusieurs milliers d'articles écrits comme journaliste, principalement au *Figaro*, au *Temps*, au *Petit Parisien*, à *L'Illustration*, au *Journal*, à *La Liberté* et à *Gringoire*.

B. COMPTES RENDUS OFFICIELS

Journal officiel de la République française, Débats parlementaires, Chambre des députés, Paris, 1919-1934.
Journal officiel de la République française, Débats parlementaires, Sénat, Paris, 1929-1934.
Programmes, professions de foi et engagements électoraux des députés proclamés élus (Barodet), 1914, 1919, 1924, 1928, 1932.
Chambre des députés, *Rapport fait au nom de la commission d'enquête chargée de rechercher les causes et les origines des événements du 6 février 1934 et jours suivants, ainsi que toutes les responsabilités encourues*, Annales, 15ᵉ législature, Documents parlementaires, 1934, **Annexes 3384 à 3393**.
Chambre des députés, *Rapport Soulier fait au nom de la commission de la Réforme de l'État sur la situation et le rôle des grandes forces morales, intellectuelles, sociales et économiques de la Nation, dans l'État réorganisé*, Annexe aux procès verbaux de la Chambre des députés, séance du 7 juin 1934, 132 p.
Ligue française pour la défense des droits de l'homme et du citoyen, *Congrès national de 1921*, Compte rendu, 15-17 mai 1921, Paris, LDH, 1921. – *Congrès national de 1927*, Compte rendu, 15-17 juillet 1927, Paris, LDH, 1927.
Parti républicain radical-socialiste, *25ᵉ Congrès*, Angers, 3-5 novembre 1928, Paris, au siège du CE ; – *26ᵉ Congrès*, Reims, 24-27 octobre 1929, Paris, au siège du CE. – *27ᵉ Congrès*, Grenoble, 9-12 octobre 1930, Paris, au siège du CE. – *31ᵉ Congrès*, Nantes, 25 octobre-27 octobre 1934, Paris, au siège du CE.
Les Anciens combattants et la crise, rapport présenté par Robert Monnier, au nom de la Commission d'étude et d'action économique au Conseil national des 26-27 novembre 1932 (BDIC).

C. PÉRIODIQUES

1. *Périodiques dépouillés*

a) Hebdomadaires et mensuels
Archives de philosophie du droit, 1933-1934.
Annales du droit et des sciences sociales, 1933-1934.
L'Année politique française et étrangère, 1926-1936.
Annuaire de l'Institut international de droit public, 1929-1930.
L'État moderne, 1928-1935.
La Lumière, 1934.
Politique, 1927-1930, 1933-1934.
Le Producteur, 1920.
La Nation, 1933-1934.
Le National, 1933-1934.
Notre Temps, 1927-1934.
Le Redressement Français, bulletin mensuel, 1926-1934.
Le Républicain de Belfort, 1926-1935.
La Revue des Deux-Mondes, 1921-1936.
La Revue du droit public et de la science politique en France et à l'étranger, 1894-1936.

La Revue hebdomadaire, 1933-1034.
La Revue de Paris, 1919-1935.
La Revue politique et parlementaire, 1918-1936.
La Voix, octobre 1929-mars 1930.
Vigilance, 1934.

b) Quotidiens

L'Aube, 1932-1934.
Le Bulletin quotidien de la Société d'études et d'information, octobre 1929-mars 1930.
La Dépêche de Toulouse, 1929-1930.
L'Écho national, 1922-1924.
L'Écho de Paris, 1929-1930, 1933-1935.
L'Ère nouvelle, 1934.
Le Figaro, 1934.
La Liberté, 1933-1935.
Le Populaire, 1929-1930, 1934.
Le Temps, 1929-1930, 1934.

2. *Périodiques consultés*

a) Hebdomadaires et mensuels

Le Cri du Jour.
Le Cran.
Les Cahiers bleus.
Les Cahiers des droits de l'homme.
Les Cahiers de Probus.
Les Documents de la vie intellectuelle.
La Frontière (Territoire de Belfort).
La Grande Revue.
Gringoire.
L'Illustration.
1934, 1935.
La Nouvelle Revue Française.
La IVe République, Courrier hebdomadaire du Parti républicain de réorganisation nationale.
La Revue bleue.
La Revue économique internationale.
La Revue de France.
La Revue des vivants.
Paris-Phare.
La Revue d'économie politique.
La Revue mondiale.

b) Quotidiens

L'Action française.
L'Homme libre.
L'Humanité.
Le Journal.
L'Œuvre.
L'Ordre.
Paris-Soir.
Le Petit Journal.
La République.
La Volonté.
Le Temps.

C. Textes contemporains

AGATHON [pseud : Massis (H.), Tarde (A. de)], *Les Jeunes Gens d'aujourd'hui*, Paris, Plon, 1913.
ALAIN [CHARTIER (E.)], *Éléments d'une doctrine radicale*, Paris, NRF, 1925.
ALBERT (Charles), *Des réformes nouvelles? Oui, mais d'abord une Constitution. L'Ordre nouveau*, brochure, ca 1920. *L'État moderne. Ses principes et ses institutions*, Paris, Librairie Valois, 1929.
ARCHAMBAULT (Paul), *Réalisme démocratique*, Paris, Spes, 1930.
L'Avenir de la république, collectif, Paris, Librairie Valois, 1927.
ARON (R.), DANDIEU (A.), *Décadence de la nation française*, Paris, Reider, 1931.
AUBERT, Octave, *Le Moulin parlementaire. Plus de son que de farine*, Paris, Librairie A. Quillet, 1933.
BAINVILLE (J.), *Les Conséquences politiques de la paix*, Paris, Nouvelle Librairie nationale, 1920. *La Troisième République, 1870-1935*, Paris, Fayard, 1935.
BARDOUX (Jacques), *Hors du marais : la route de France*, Paris, Plon, 1925. *Le Drame français, Refaire l'État ou subir la force*, Paris, Portiques, 1934. *La France de demain, Son gouvernement, ses assemblées, sa justice*, Paris, 1936. *Les Soviets contre la France*, Paris, Flammarion, 1936.
BARTY (Jacques), *L'Affaire Millerand*, Paris, Longin, 1924.
BENDA (J.), *La Trahison des clercs*, Paris, Grasset, 1927.
BENOIST, *La Crise de l'État moderne, De l'organisation du suffrage universel*, Paris, Firmin-Didot, (1895), 2ᵉ éd., 1899. *Sophismes politiques de ce temps, Étude critique sur les formes, les principes et les procédés de gouvernement*, Paris, 1893. *La Politique*, Paris, 1894. *L'Organisation de la démocratie*, Paris, Perrin, 1900. *La Réforme parlementaire*, Paris, 1902. *Les Lois de la politique française*, Paris, Fayard, 1928. *Les Maladies de la démocratie*, Paris, Prométhée, 1929.
BERL (Emmanuel), *La Politique et les Partis*, Paris, Rieder, 1932.
BLUM (Léon) [xxx], *Lettres sur la réforme gouvernementale*, Paris, Grasset, 1918. *La Réforme gouvernementale*, Paris, Grasset, 1936.
BONNARD (Abel), *Le Drame du présent. Les Modérés*, Paris, Grasset, 1936.
BOUGLÉ (Charles et alii), *Les Démocraties modernes*, Paris, Flammarion, 1921.
BOURDONNAIS (M.), *Le Néo-Saint-Simonisme et la vie sociale d'aujourd'hui*, Paris, PUF, 1923.
BOURGIN (G.), CARRÈRE (J.), GUÉRIN (A.), *Manuel des partis politiques en France*, Paris, Rieder, 1928.
BOURGIN (Hubert), *Cinquante Ans d'expérience démocratique, 1874-1924*, Paris, Nouvelle Librairie nationale, 1925.
BOUTMY (Émile), *Taine, Scherer, Laboulaye*, Paris, A. Colin, 1900. *Études de droit constitutionnel, France, Grande-Bretagne, États-Unis*, Paris, A. Colin, 1909.
BRETHE DE LA GRESSAYE (Jean), *Le Syndicalisme, l'organisation professionnelle de l'État*, Paris, Sirey, 1931.
BRYCE (James), *Les Démocraties modernes*, t. I et II, Paris, Payot, 1924.
Les Cahiers du redressement français, Iʳᵉ série, n° 1 à 36, Paris, SAPE, 1927.
Les Cahiers du redressement français, IIᵉ série, n° 1 à 19, Paris, SAPE, 1932-1935.
CAMBON (Victor), *Notre avenir*, Paris, Payot, 1916.
CAPITANT (René), *La Réforme du parlementarisme*, Paris, Sirey, 1934.
CARNOT (R.), *L'Étatisme industriel*, Paris, 1920.
CASSAGNAC (Paul de), *Napoléon pacifiste*, Paris, Éditions de France, 1933.
CAVALLIER (Camille), *L'Avenir de la France, réformes nécessaires*, Félix Alcan, 1918.
CHALLAYE (Félicien), *Un aspirant dictateur : André Tardieu*, Paris, 1930.
CHARDON (Henry), *Le Pouvoir administratif*, Paris, Perrin, 1911. *La République victorieuse*, Paris, Plon, 1916. *L'Organisation d'une démocratie, Les deux forces : le nombre, l'élite*, Paris, Perrin, 1921. *L'Organisation de la République pour la paix*, Paris, PUF, 1926.

CHOPINE (Paul), *Six Ans chez les Croix-de-Feu*, Paris, Gallimard, 1935.
CREYSSEL (Paul), *La Rocque contre Tardieu*, Paris, Sorlot, 1938.
DARNAR (P.-L.), *Tardieu, une des tristesses de l'histoire*, Paris, Publ. révolutionnaires, 3ᵉ éd., 1936.
DAUTHUILE (P.), *La IVᵉ République*, Niort, Impr. Th. Martin, 1918.
DELAISI (Francis), *Les Contradictions du monde moderne*, Paris, Payot, 1925.
DELEMER (Adolphe), *Le Bilan de l'étatisme*, Paris, Payot, 1922.
DESCHANEL (Paul), *La République nouvelle*, Paris, Calmann-Lévy, 1898. *La Question sociale*, Paris, Calmann-Lévy, 1898. *L'Organisation de la démocratie*, Paris, Calmann-Lévy, 1910.
DOMINIQUE (Pierre), *Monsieur le Parlement*, Paris, Éd. Baudinière, 1928. *La Révolution créatrice*, Paris, Librairie Valois, 1928. *Vente et achat*, Paris, Denoël, 1937.
DOUMERGUE (Gaston), *Mes causeries avec le peuple de France*, Paris, Reboul, 1934.
DUBOIS-RICHARD (P.), *L'Organisation technique de l'État*, Paris, Sirey, 1930.
DUBREUIL (Henri), *Standards. Le travail américain vu par un ouvrier français*, Paris, 1929.
DUGUIT (Léon), *Traité de droit constitutionnel*, vol. II, Paris, Fontemoing, 2ᵉ éd., 1923.
Encyclopédie Française, t. X, *L'État moderne*, dir. par A. de Monzie, Paris, Larousse, 1935.
FAVAREILLE (René), *La Réforme administrative, par l'autonomie et la responsabilité des fonctions, (self-administration)*, Paris, Albin Michel, 1921.
FAYOL (Henri), *L'Éveil de l'esprit public*, Paris, Dunod et Pinat, 1918.
FÉLICE (Pierre de), *Réalisme*, Paris, Grasset, 1928.
FOURNOL (Étienne), *Le Moderne Plutarque ou les hommes illustres de la IIIᵉ République*, Paris, Éd. du Monde nouveau, 1923.
FORGEAUX (André), *Du code individualiste au droit syndical*, Paris, Librairie Valois, 1929.
FRANÇOIS-PONCET (André), *Réflexions d'un républicain moderne*, Paris, Grasset, 1925.
FRANCO (Robert), *Le Travail au pouvoir*, Paris, La Sirène, 1920.
GAUTIER (Georges), *L'Expérience du Front populaire, Politique intérieure, 1ᵉʳ juin 1936-30 mars 1937*, Paris, Centre de propagande des républicains nationaux, 1937.
GÉNY (Bernard), *La Collaboration des particuliers avec l'Administration*, Paris, Sirey, 1930.
GEODORP (Victor), *Figures du temps*, Paris, Albin Michel, 1943.
GIDE (Ch.), OUALID (W.), *Le Bilan de la guerre pour la France*, Paris, PUF, 1931.
GIRAUD (Émile), *La Crise de la démocratie, les réformes nécessaires du pouvoir législatif*, Paris, Giard, 1925.
GIRAUD (Victor), *Maurice Barrès, Taine et Renan*, Paris, 1922.
GISCARD D'ESTAING (Edmond), *Capitalisme*, Paris, Éd. des Portiques, 1931.
GRUET (Paul), *Vers la constituante*, Paris, Plon-Nourrit, 1919.
GUY-GRAND (Georges), *Le Procès de la démocratie*, Paris, A. Colin, 1911. *Le Conflit des idées dans la France d'aujourd'hui*, Rivière, 1921. *La Démocratie et l'après-guerre*, Paris, M. Rivière, 1922. *L'Avenir de la démocratie*, Paris, Rivière, 1928.
HALÉVY (Daniel), *Décadence de la liberté*, Paris, Grasset, 1931. *La République des comités*, Paris, Grasset, 1934.
HERBETTE (Maurice), prés. par, *L'Avenir de la France, Réformes nécessaires*, Paris, Alcan, 1918.
HERRIOT, (Édouard), *Agir*, Paris, Payot, 1917. *Créer*, 2 vol., Payot, 1919.
HERVÉ (Gustave), *La République autoritaire*, Paris, Librairie de la Victoire, 1926. *C'est Pétain qu'il nous faut*, Paris, 1935.
HUBERT (René), *Le Principe d'autorité dans l'organisation démocratique*, Paris, Gamber, 1926.

HURET (Léo), *Le Rôle de M. Tardieu dans les scandales de la N'Goko Sangha et du Homs-Bagdad*, Paris, Impr. de la Seine, 1929.
ISRAËL (Alexandre), *La Réforme de l'État devant les partis*, Paris, Ferenczi et fils, 1934.
JOHANNET (René), *Éloge du bourgeois français*, Paris, Grasset, 1924.
JOSEPH-BARTHÉLEMY, *La Crise de la démocratie contemporaine*, Paris, Sirey, 1931.
JOUVENEL (Bertrand de), *L'Économie dirigée. Le programme de la nouvelle génération*, Paris, Librairie Valois, 1928.
JOUVENEL (Henry de), *Pourquoi je suis syndicaliste*, Paris, Éd. de France, 1928. Et TARDE (A.), *La Politique d'aujourd'hui*, Paris, Renaissance du livre, 1923.
JOUVENEL (Robert de), *La République des camarades*, Genève, Slatkine, 1979, (1re éd. 1914). *Feu l'État*, Paris, Ferenczi et fils, 1923.
KESSEL (Joseph), SUAREZ (Georges), *Le Onze Mai*, Paris, NRF, 1924.
LABADIE (Jean), *L'Allemagne a-t-elle le secret de l'organisation?*, enquête, Paris, Bibliothèque de l'Opinion, 1916.
LACHAPELLE (Georges), *La Représentation proportionnelle en France et en Belgique*, Paris, Alcan, 1911. *L'Œuvre de demain*, Paris, A. Colin, 1917. *Les Finances publiques après guerre*, Paris, Roustan, 1924.
LAISANT (Alfred), *L'Anarchie bourgeoise*, Paris, Flammarion, 1887.
LANESSAN (J.-L. de), *La Crise de la République*, Paris, Alcan, 1914.
LAVELEYE (E. de), *Le Gouvernement dans la démocratie*, t. II, Paris, Alcan, 1892.
L'Avenir de la République (collectif), Paris, Librairie Valois, 1927.
LEBON (André), *Problèmes économiques nés de la guerre*, Paris, Payot, 1918.
LEGENDRE (Jean), *Pour lutter contre le Front populaire*, Paris, Centre de Propagande des républicains nationaux, 1936.
LEROY (Maxime), *Pour gouverner*, Paris, Grasset, 1918. *Taine*, Paris, Rieder, 1933.
LEROY-BEAULIEU (Paul), *L'État moderne et ses fonctions*, Paris, Alcan, 1911 (1re éd. 1889). *Les Anciens combattants et la réforme de la constitution*, édité par la Semaine du Combattant, Paris, juillet 1958.
LETTERLE (H.), *Fascisme, communisme ou démocratie*, Paris, Flammarion, 1929.
LEYRET (Henri), *La République et les politiciens*, Paris, Fasquelle, 1909. *La Tyrannie des politiciens*, Paris, Cornély et Cie, 1910. *Les Tyrans ridicules*, Paris, Fayard, 1911. *Le Président de la République, son rôle, ses droits, ses devoirs*, Paris, A. Colin, 1913.
LUCHAIRE (Jean), *La Génération réaliste*, Paris, Librairie Valois, 1929.
LYSIS (E. LETAILLEUR), *Ce que veut la « Démocratie nouvelle »*, Paris, Éd. démocratiques, ca 1918. *Vers la démocratie nouvelle*, Paris, Payot, 1917. *Pour renaître*, Paris, Payot, 1917. *Demain, Profession de foi de la « Démocratie nouvelle »*, Paris, Éd. démocratiques, ca 1918. *Mélanges Paul Negulesco*, Bucarest, Impr. nationale, 1935. *Mélanges Carré de Malberg*, Paris, Sirey, 1933.
MAURRAS (Charles), *Les Idées royalistes sur les partis, l'État, la nation*, Paris, Action française, 1919. *Nos raisons contre la République, pour la Monarchie*, Paris, Action française, 1931.
MER (Georges), *La Réforme de l'État en action*, Paris, Sirey, 1934.
MICHEL (Henri), *La Doctrine démocratique*, Paris, A. Colin, 1901. *Organisation et rénovation nationale*, Paris, A. Colin, 1922.
MISSOFFE (Michel), *La Vie volontaire d'André Tardieu*, essai de chronologie animée 1876-1929, Paris, Flammarion, 1930.
MOCH (Jules), *Socialisme et rationalisation*, Bruxelles, l'Églantine, 1927.
MONTAGNY (Jean), *La République réaliste*, Paris, Éd. Renaissance, 1927.
MONNIER (Robert), *Les Anciens Combattants face à la réforme de la Constitution*, 1932, Paris, Éd. par la Semaine du combattant, juillet 1958.
MONZIE (Anatole de), *L'Entrée au forum*, Paris, Albin Michel, 1920.
NAQUET (Alfred), *Questions constitutionnelles*, Paris, Dentre, 1883. *La République radicale*, Paris, 1873. *Discours prononcé au cercle révisionniste de Marseille*, 28 septembre 1888, Avignon, Impr. Gros, 1888.

NITTI (F.), *Bolchevisme, fascisme et démocratie*, Paris, Flammarion, 1926.
NOBLEMAIRE (Georges), *Carnet de route au pays des parlementaires*, Paris, Hachette, 1923.
ORDINAIRE (Maurice), *Le Vice constitutionnel et la révision*, Paris, Nouvelle Librairie française, 1932. *La Révision de la Constitution*, Paris, Payot, 1934.
PAUL-BONCOUR (Joseph), *Le Fédéralisme économique*, Paris, 1902.
PETSCHE (Maurice), DONGE (J.), *Signe positif, À la recherche des Temps nouveaux*, Paris, Hachette, 1928.
PIERREFEU (Jean de), *G.Q.G., secteur 1, Trois ans au grand quartier général par le rédacteur du communiqué*, Paris, Éd. Crès et Cie, 1920. *Plan du 9 juillet. Réforme de la France proposée par le groupe du 9 juillet*, Paris, Gallimard, 1934, (préface de Jules Romains).
POINCARÉ (Raymond), *Questions et figures politiques*, Paris, Fasquelle, 1907.
PRIVAT (Maurice), *Les Heures d'André Tardieu et la crise des partis*, Paris, Portiques, 1930.
PROBUS [CORRÉARD, J.], *La Plus Grande France*, Paris, A. Colin, 1916. *L'Organisation de la démocratie*, Paris, Éd. Bossard, 1918. *Rénovation. Le plan du syndicat des Français*, Paris, Grasset, 1919. *Nos petits hommes d'État*, Paris, Éd. Baudinière, 1925.
PUYSÉGUR (A. de), *La Trahison des chefs nationaux*, Paris, Technique du Livre, 1938. *Le Rajeunissement de la politique*, préface H. de Jouvenel, Paris, Éd. R. A. Correa, 1932.
RECLUS (Maurice), *Notice sur la vie et les travaux de Charles Benoist (1861-1936)*, Paris, Impr. de l'Institut de France, 1939.
RECOULY (Raymond), *Le Mémorial de Foch*, Paris, Éd. de France, 1929.
Les réformes politiques de la France, Conférences à l'École des hautes études sociales (H. de Jouvenel, L. Loucheur, G. Leygues, A. de Monzie, H. Lemery, P. Reynaud), Paris, Alcan, 1924.
RENOUVIN (Pierre), *Les Formes du gouvernement de guerre*, Paris, PUF, 1925.
RIBOT (Alexandre), *Lettres à un ami*, Paris, Brossard, 1924.
RIOU (Gaston), *L'Après-guerre*, Paris, Éd. Baudinière, 1926.
ROMIER (Lucien), *Explication de notre temps*, Paris, Grasset, 1925. *Qui sera le maître, Europe ou Amérique?*, Paris, Hachette, 1927. *Idées très simples pour les Français*, Paris, S. Kra, 1928.
ROUX (Georges), *Essai de politique réaliste*, Paris, Éd. Kra, 1928.
SCHATZ (A.), *L'Entreprise gouvernementale et son administration*, Paris, 1922.
SCHERER (Edmond), *La Démocratie et la France*, Paris, Libr. Nouvelle, 1883.
SEMBAT (Marcel), *Faites un roi sinon faites la paix*, Paris, 1913.
SIEGFRIED (André), *Tableau des partis en France*, Paris, Grasset, 1930. *L'Économie dirigée*, conférences, Paris, Alcan, 1934.
SOULIER (Auguste), *L'Instabilité ministérielle sous la IIIe République*, Paris, Recueil Sirey, 1939.
SUAREZ (Georges), *Peu d'hommes, trop d'idées*, Paris, Éd. de France, 1928. *Les Heures héroïques du Cartel*, Paris, Grasset, 1934. *Pour un parti central*, Paris, Denoël et Steele, 1936.
TARDE (Alfred de), JOUVENEL (Robert de), *La Politique d'aujourd'hui, Enquête parmi les groupes et les partis*, Paris, Renaissance du Livre, 1923.
TAINE (Hippolyte), *Les Origines de la France contemporaine*, 11 vol., Paris, Hachette, 1909.
THIBAUD (M.), *L'Effort chez Maine de Biran et Bergson*, Grenoble, Impr. Allier, 1939.
THIBAUDET (Albert), *Les Princes lorrains*, Paris, Grasset, 1924. *La République des professeurs*, Genève, Slatkine, 1979, (rééd. 1927). *Les Idées politiques de la France*, Paris, Stock, 1932.
THIERS (André), *En présence de problèmes nouveaux*, Paris, Hachette, 1928.
TRUSTEE [Kellersohn, Maurice], *Le Bilan de la guerre*, Paris, Plon, 1921.
Union fédérale des Associations françaises d'anciens combattants, *La République des Combattants*, Paris, Éd. de l'UF, 11 nov. 1934.
Union interparlementaire, *L'Évolution actuelle du régime représentatif*, Payot, 1928.

VACHEROT (E.), *La Démocratie libérale*, Paris, Calmann-Lévy, 1892.
VALOIS (Georges), *L'Homme contre l'argent. Souvenirs de dix ans (1918-1928)*, Paris, Librairie Valois, 1928.
WALDECK-ROUSSEAU (René), *Pour la République*, Paris, Fasquelle, 1904.
WELLS (H. G.), *La Conspiration au grand jour*, Paris, Aubier, 1929.

D. MÉMOIRES ET AUTOBIOGRAPHIES

BENOIST (Charles), *Souvenirs*, 3 vol., Paris, Plon, 1932-1934.
BONNET (Georges), *Vingt Ans de vie politique, 1918-1938*, Paris, Fayard, 1969.
CARBUCCIA (Horace de), *Les Racines de l'enfer, 1934-1939*, Paris, Plon, 1978.
CLEMENCEAU (Georges), *Grandeurs et misères d'une victoire*, Paris, 1930. *Lettres à une amie, 1923-1929*, Paris, Gallimard, 1970.
DAUDET (Léon), *Souvenirs politiques*, Paris, Albatros, 1974.
FLANDIN (Pierre-Étienne), *Politique française, 1919-1940*, Paris, Éd. Nouvelles, 1947.
GALLIENI (Joseph), *Les Carnets de Galliéni*, Paris, Albin Michel, 1932.
GAMELIN (Maurice), *Servir*, t. II, *Le Prologue du drame*, 1930-août 1939, Paris, Plon, 1946.
HERRIOT (Édouard), *Jadis, D'une guerre à l'autre, 1914-1936*, t. II, Paris, Flammarion, 1952.
LEMÉRY (Henri), *D'une République à l'autre, Souvenirs de la mêlée politique, 1894-1944*, Paris, La Table ronde, 1964.
LOUCHEUR (Louis), *Carnets secrets, 1908-1932*, Bruxelles, Brépols, 1962.
MAUROIS (André), *Mémoires*, t. II, New York, Éd. de la Maison française, 1942.
MOCH (Jules), *Une si longue vie*, Paris, Robert Laffont, 1976.
NAEGELEN (René), *Cette ironie que j'aime*, t. II, Paris, Hachette, 1965.
PALÉOLOGUE (Maurice), *Journal*, Paris, Plon, 1947.
PAUL-BONCOUR (Joseph), *Entre-deux-guerres. Souvenirs sur la IIIe République*, 2 vol., Paris, Plon, 1945.
POINCARÉ (Raymond), *Au service de la France*, t. VIII à XI, Paris, Plon, 1930-1933.
REYNAUD (Paul), *Mémoires*, 2 vol., Paris, Flammarion, 1960.
VALLAT (Xavier), *Le Nez de Cléopâtre. Souvenirs d'un homme de droite, 1918-1945*, Paris, Les Quatre Fils Aymon, 1957.
WEYGAND (général), *Mémoires*, t. II, Paris, 1957.
WORMSER (Georges), *la République de Clemenceau*, Paris, PUF, 1961.

III. TRAVAUX

A. OUVRAGES

ALLAIN (Jean-Claude), *Joseph Caillaux : l'oracle, 1914-1944*, Paris, Impr. nationale, 1981.
AMBRON (André), *Le Mouvement pour la réforme de l'État en France, 1933-1934, Son origine, sa tendance politique*, thèse, Sorbonne, 1954.
ANDERSON (Malcolm), *Conservative politics in France*, London, Allen and Unwin, 1974.
AUBERT (L.), MARTIN (I.), MISSOFFE (M.), PIÉTRI (F.), POSE (A.), *André Tardieu*, Paris, Plon, 1957.
AUGÉ-LARIBE (Michel), *La Politique agricole de la France de 1880 à 1890*, Paris, PUF, 1950.
AZÉMA (Jean-Pierre) et WINOCK (Michel), *La Troisième République*, Paris, coll. « Points », 1976. *De Munich à la Libération, 1938-1944*, Paris, Le Seuil, 1979.
BADIE (Bertrand), BIRNBAUM (Pierre), *Sociologie de l'État*, Paris, Pluriel, 1982.

BARRAL (Pierre), *Les Fondateurs de la Troisième République*, Paris, A. Colin, 1968. *Les Agrariens français, de Méline à Pisani*, Paris, A. Colin, 1968.
BARTHÉLEMY-MADAULE (Madeleine), *Bergson*, Paris, Le Seuil, 1967.
BEAU DE LOMÉNIE (E.), *Le Débat de ratification du traité de Versailles*, Paris, Denoël, 1945.
BERSTEIN (Serge), *Le Six février*, Paris, Gallimard-Julliard, 1975. *Histoire du parti radical*, t. I, *La Recherche de l'âge d'or, 1919-1926*, et t. II, *Crise du radicalisme, 1926-1939*, Paris, Presses de la FNSP, 1980-1982. *Édouard Herriot, ou la République en personne*, Paris, Presses FNSP, 1985. BERSTEIN (S.) et BECKER (Jean-Jacques), *Histoire de l'anticommunisme en France*, t. I : 1917-1940, Paris, Orban, 1987.
BILLARD (Yves), *La Politique économique d'André Tardieu, 1929-1930*, Paris-I, mémoire, 1981.
BINION (Rudolph), *Three defeated leaders. The polical fate of Caillaux, Jouvenel and Tardieu*, New York, Columbia University Press, 1960.
BIRNBAUM (Pierre), *La Logique de l'État*, Paris, Fayard, 1982.
BONNEFOUS (Édouard), *Histoire politique de la Troisième République*, t. III à VI, Paris, PUF, 1960-1964.
BOURRICAUD (François), *Esquisse d'une théorie de l'autorité*, Paris, Plon, 1961. *Le Bricolage idéologique. Essai sur les intellectuels et les passions démocratiques*, Paris, PUF, 1980.
BRIMO (Albert), *Les grands courants de la philosophie du droit et de l'État*, Paris, Pédone, 1968.
BRUN (Gérard), *Technocrates et technocratie en France, (1914-1945)*, Paris, Albatros, 1985.
BURDEAU (Georges), *L'État*, Paris, Le Seuil, 1970.
BURRIN (Philippe), *La Dérive fasciste*, Paris, Le Seuil, 1986.
CARON (François), *Histoire économique de la France*, Paris, Colin, 1981.
CHASTENET (Jacques), *Histoire de la Troisième République*, t. V-VI, Paris, Hachette, 1960-1962.
CHATELET (François), *Histoire de la philosophie*, t. III. *De Kant à Husserl*, Paris, Hachette, 1973.
CHEVALLIER (Jean-Jacques), *Histoire des institutions et des régimes politiques de la France de 1789 à nos jours*, Droz, 6ᵉ éd., 1981.
CROZIER (Michel), *La Société bloquée*, Paris, Seuil, 1970, p. 23. CROZIER (M.) et FRIEDBERG (E.), *L'Acteur et le Système*, Paris, Le Seuil,1977.
DAUMARD (Adeline), *Les Bourgeois et la bourgeoisie en France*, Paris, Aubier, 1987.
DEBRÉ (Michel), [JACQUIER-BRUÈRE], *Refaire la France, L'effort d'une génération*, Paris, Plon, 1945. *La République et son pouvoir*, Paris, Nagel, 1950. *La République et ses problèmes*, Paris, Nagel, 1952. *Ces princes qui nous gouvernent*, Paris, Plon, 1957.
DEBÛ-BRIDEL (Jacques), *L'Agonie de la Troisième République, 1929-1939*, Paris, Éd. Bateau Ivre, 1948.
Dictionnaire critique de la révolution française, éd. par FURET (F.), OZOUF (M.), Paris, Flammarion, 1989.
DIGEON (Claude), *La Crise allemande de la pensée française*, Paris, PUF, 1959.
DIOUDONNAT (Pierre-Marie), *« Je suis partout. » Les maurrassiens devant la tentation fasciste*, Paris, Table Ronde, 1973.
DUBIEF (Henri), *Le Déclin de la IIIᵉ République, 1929-1938*, Paris, Le Seuil, 1976.
DUROSELLE (Jean-Baptiste), *La Décadence, 1932-1939, Politique étrangère de la France*, Paris, Le Seuil, 1979. *Clemenceau*, Paris, Fayard, 1988.
DUPEUX (Georges), *Le Front populaire et les élections de 1936*, Paris, A. Colin, 1959.
EDINGER (L.), *Political leadership in industrialized societies*, New York, John Wiley, 1967.
Édouard Daladier, Chef du gouvernement, avril 1938-sept. 1939, sous la dir. de Rémond (R.), Bourdin (J.), Paris, Presses FNSP, 1977-1978.

ERHMANN, *La Politique du patronnat français, 1936-1955*, Paris, Colin, 1959.
FOHLEN (Claude), *La France de l'entre-deux-guerres*, Paris, Casterman, 1966.
FRAISSE (Michel), *André Tardieu et le parti radical, 1929-1932*, Paris, X-Nanterre, 1971.
La France et les Français en 1938-1939, sous la dir. de Rémond (R.), Bourdin (J.), Paris, Presses FNSP, 1977-1978.
FRIEDLANDER (Saül), *L'Antisémitisme nazi, Histoire d'une psychose collective*, Paris, Le Seuil, 1971.
FURET (François), *Penser la Révolution française*, Paris, Gallimard, 1978. *La gauche et la révolution au milieu du XIXe siècle*, Paris, Hachette, 1986.
GALANT (H.), *Histoire politique de la sécurité sociale*, Paris, A. Colin, 1955.
GAUDRY (Olivier), *Henri de Kérillis*, Paris, mémoire IEP, 1966.
GICQUEL (J.), SFEZ (L.), *Problèmes de la réforme de l'État en France depuis 1934*, Paris, PUF, 1965.
GIRARD (Louis), *Les Libéraux français, 1814-1875*, Paris, Aubier, 1985.
GIRARDET (Raoul), *Le Nationalisme français*, Paris, Le Seuil, 1983. *Mythes et mythologies politiques*, Paris, Le Seuil, 1986.
GOGUEL (François), *La Politique des partis sous la Troisième République*, Paris, Le Seuil, 1946.
GUITTARD (Louis), *La Petite Histoire de la IIIe République, Souvenirs de Maurice Colrat*, Paris, Les Sept Couleurs, 1959.
HOFFMANN (Stanley), *Sur la France*, Paris, Le Seuil, 1976.
IRVINE (William D.), *French conservatism in crisis, The Republican Federation of France in the 1930s*, Baton Rouge, Louisiana State University Press, 1970.
JANSON (Brigitte), *La Mission de Tardieu aux États-Unis (1917-1918)*, Paris-I, mémoire, 1966.
JEANNENEY (Jean-Noël), *François de Wendel en République. L'argent et le pouvoir, 1914-1940*, Paris, Le Seuil, 1976. *La Faillite du Cartel, (1924-1926), Leçon pour une gauche au pouvoir*, Paris, Le Seuil, 1981.
KASPI (André), *La France et le concours américain, fév. 1917-nov. 1918*, 3 vol., Lille, Atelier de reproduction de thèses, 1974.
KUPFERMAN (Fred), *Laval, 1883-1945*, Paris, Balland, 1987.
KUISEL (Richard, F.), *Le Capitalisme et l'État en France, Modernisation et dirigisme au XXe siècle*, Paris, Gallimard, 1981. *Ernest Mercier, French technocrat*, University of California Press, 1967.
LACOUTURE (Jean), *De Gaulle*, 3 vol. Paris, Le Seuil, 1983-1986. *Léon Blum*, Paris, Le Seuil, 1977.
LAVERGNE (Bernard), *Les Idées politiques en France, de 1900 à nos jours*, Paris, Fischbacher, 1965.
LEFRANC (Georges), *Histoire du Front populaire, 1934-1938*, Paris, Payot, 1974.
LEGENDRE (Pierre), *Histoire de l'administration, 1750-1950*, Paris, PUF, 1968.
Léon Blum, chef de gouvernement, sous la dir. de Rémond (R.), Bourdin (J.), Paris, A. Colin, 1967.
LIVET (Pierre), *Les Dix Années de la Troisième république vues à travers les éditoriaux d'un journal radical*, Dijon, DES, fac. de droit et de sc. éco., 1965.
LOUBET DEL BAYLE (Jean-Louis), *Les Non-Conformistes des années trente*, Paris, Le Seuil, 1969.
MACHEFER (Philippe), *Ligues et Fascisme en France, 1919-1939*, Paris, PUF, 1974.
MACHELON (Jean-Pierre), *La République contre les libertés. Restrictions aux libertés publiques de 1879 à 1914*, Paris, FNSP, 1976.
MAIER (Charles S.), *Recasting Bourgeois Europe. Stabilization in France, Germany and Italy in the decade after Worled War I*, Princeton University Press, 1975.
MEYNAUD (Jean), *Nouvelles études sur les groupes de pression en France*, Paris, A. Colin, 1962.
MILZA (Pierre), *L'Italie fasciste devant l'opinion publique française, 1920-1940*, Paris, A. Colin, 1967.
MIQUEL (Pierre), *La Paix de Versailles et l'opinion publique française*, Paris, Flammarion, 1972.

Mysyrowicz (Ladislas), *Autopsie d'une défaite. Origines de l'effondremnt militaire français de 1940*, Lausanne, L'Âge d'homme, 1973.
Nicolet (Claude), *L'Idée républicaine en France*, Paris, Gallimard, 1982.
Nère (Jacques), *La Troisième République*, 1914-1940, Paris, A. Colin, 1967.
Ory (Pascal) et Sirinelli (Jean-François), *Les Intellectuels en France, de l'affaire Dreyfus à nos jours*, Paris, A. Colin, 1986.
Paxton (Robert O.), *La France de Vichy, 1940-1944*, Paris, Le Seuil, 1973.
Petot (Jean), *Les Grandes Étapes du régime républicain français*, 1792-1969, Paris, Cujas, 1970.
Philippet (Jean), *Les Jeunesses patriotes et Pierre Taittinger, 1924-1940*, Paris, IEP, mémoire inédit, 1967.
Pisani-Ferry (F.), *Le Coup d'État manqué du 16 mai 1877*, Paris, Laffont, 1965.
Prost (Antoine), *Les Anciens Combattants et la société française*, t. I et III, Paris, Presses FNSP, 1977.
Rémond (René), *Les Droites en France*, Paris, Aubier, 1982. *Les Catholiques dans la France des années 30*, Paris, Cana, 1979. *Notre siècle, 1918-1988*, Paris, Fayard, 1988.
Rials (Stéphane), *Administration et organisation, 1910-1930*, Paris, Beauchesne, 1977. *Révolution et Contre-Révolution au XIXe siècle*, Paris, Albatros, 1987.
Rosanvallon (Pierre), *Le Moment Guizot*, Paris, Gallimard, 1985.
Rossi-Landi (Guy), *Les Hommes qui ont fait la République*, Paris, Nathan, 1984.
Roussellier (Nicolas), *André Tardieu, 1933-1939. Un itinéraire politique et intellectuel dans les années trente*, Paris, X-Nanterre, 1985.
Rudelle (Odile), *Le Sénateur Michel Debré*, Mémoire non publié, Presses FNSP, 1967. *Aux origines de l'instabilité constitutionnelle de la France républicaine : la République absolue, 1870-1889*, Paris, Presses de la Sorbonne, 1982. *Mai 58, De Gaulle et la République*, Paris, Plon, 1988.
Saly (Pierre), *La Politique des grands travaux en France*, 1929-1939, New York, Arno Press, 1977.
Sartori (Giovani), *Théorie de la démocratie*, Paris, A. Colin, 1973.
Sauvy (Alfred), *Histoire économique de la France entre les deux guerres*, t. I et II, 1918-1939, Paris, Fayard, 1965-1967.
Schuin (Anik), *Le Pessimisme historique au XIXe siècle : Hippolyte Taine*, Genève, mémoire IUHEI, 1982.
Schuker (Stephen), *The end of French predominance in Europe, The financial crisis of 1924 and the adoption of the Dawes Plan*, Chapel Hill, the University of North Carolina Press, 1976.
Sorlin (Pierre), *Waldeck-Rousseau*, Paris, A. Colin, 1966.
Sternhell (Zeev), *Maurice Barrès et le nationalisme français*, Bruxelles, Complexe, 1985. *Ni droite, ni gauche. L'idéologie fasciste en France*, Paris, Le Seuil, 1987.
Tay (Hugues), *Le Régime présidentiel et la France*, Paris, Pichon, 1967.
Touchard (Jean), « L'esprit des années trente », in *Tendances politiques dans la vie française*, Paris, Hachette, 1960. *Le Gaullisme 1940-1969*, Paris, Le Seuil, 1978.
Veyne (Paul), *Comment on écrit l'histoire*, Paris, Le Seuil, 1971.
Weber (Eugen), *L'Action française*, Paris, Fayard, 1985.
Weber (Yves), *Les Idées politiques d'André Tardieu (1876-1945)*, Nancy, Cahiers de la faculté de droit, 1967.
Winock (Michel), *La Fièvre hexagonale*, Paris, Calmann-Lévy, 1986. et Azéma (J.-P.), *La Troisième République*, Paris, Le Seuil, 1976. *Histoire politique de la revue « Esprit », 1930-1950*, Paris, Le Seuil, 1975.
Wohl (Robert), *The generation of 1914*, Cambridge, Harvard University Press, 1979.
Wormser (Georges), *La République de Clemenceau*, Paris, PUF, 1961.

B. Articles

BARIÉTY (Jacques), « Die Tardieu Plan zur Sanierung des Donauraums », février-mai 1932, in *Internationale Beziehungen in der Weltwirtschaftskrise, 1929-1933*, Munchen, E. Vogel, 1980, pp. 361-387.
BECKER (Jean-Jacques), « L'Union sacrée. L'exception qui confirme la règle », in *xx*^e *siècle*, janvier-mars 1985, pp. 111-122.
BERSTEIN (Serge), « L'affrontement simulé des années 30 », in *xx*^e *siècle*, janvier 1985, pp. 39-53. « Les classes moyennes », in *L'Histoire*, octobre 1984, pp. 8-17. « La France des années 30 allergique au fascisme. À propos de Zeev Sternhell », in *xx*^e *siècle*, n° 2, avril 1984, pp. 83-94.
BRESLE (Albert), « Les élections législatives de 1932 et le problème de la majorité. Deux attitudes politiques : André Tardieu et Édouard Herriot », in *Bulletin de la société d'histoire moderne*, 9 nov. 1975, pp. 2-16.
BURRIN (Philippe), « La France dans le champ magnétique des fascismes », in *Le Débat*, n° 32, novembre 1984, pp. 52-72.
CHIROUX (René), « Jacques Bardoux : un libéral sous la République parlementaire, in *Revue politique et parlementaire*, janvier 1976, pp. 9-28.
CLAGUE (Monique), « Vision and Myopia in the new politics of André Tardieu », in *French historical studies*, vol. 8, n° 1, janvier 1973, pp. 105-129.
DEBÛ-BRIDEL « (Jacques), « La vraie figure d'André Tardieu », in *Bulletin de la Société d'histoire de la Troisième République*, 17 novembre 1954, pp. 247-267.
« Documents sur la réforme de l'État », in *Politique*, 15 août-15 septembre 1945, pp. 322-367.
FURET (François), « La Révolution sans la Terreur? », in *Le Débat*, juin 1981, pp. 40-54. « La Révolution dans l'imaginaire politique français », in *Le Débat*, n° 26, septembre 1983, pp. 173-181. « Burke ou la fin d'une seule histoire de l'Europe », in *Le Débat*, n° 39, mars 1986, pp. 56-66.
GUITARD (Louis), « Tardieu et la Révolution nationale », in *Écrits de Paris*, juin 1953, pp. 35-42.
IRWINE (William D.), « French conservatrices and the " New Right " during the 1930s », in *French historical studies*, 1974, pp. 548-562.
LE BEGUEC (Gilles), « Charles Benoist ou les métamorphoses de l'esprit modéré », *Contrepoint*, décembre 1976, pp. 71-95. La représentation proportionnelle, cent ans de controverses, in *xx*^e *siècle*, janvier-mars 1986, pp. 67-80.
MACHEFER (Philippe), « Tardieu et La Rocque » in *Bulletin de la Société d'histoire moderne*, n° 15, 1972, pp. 11-21. « L'union des droites. Le PSF et le Front de la Liberté, 1936-1937 », in *Revue d'histoire moderne et contemporaine*, janvier-mars 1970, pp. 112-126.
MAIER (Charles S.), « Between taylorism and technocracy : European idéologies and the vision of industrial productivity in the 1920s », in *Journal of contemporary history*, 5, 2, 1970, pp. 27-61.
MASSIS (Henri), « Bergson et nous », in *La Revue des Deux-Mondes*, 1er juillet 1959.
NORA (Pierre), « Ernest Lavisse : son rôle dans la formation du sentiment national », in *Revue historique*, juillet-septembre 1962, pp. 127-141. « Les deux apogées de l'Action française », in *Annales*, janvier-février 1964, pp. 127-141. « L'ombre de Taine », in *Contrepoint*, n° 9, 1973, pp. 67-77.
NORDMANN (Jean-Thomas), « Taine et la décadence », in *Romantisme*, 1983, n° 42, pp. 35-46.
OZOUF (Mona), « Fortune et infortune d'un mot », in *Le Débat*, n° 13, juin 1981, pp. 28-39.
RIALS (Stéphane), « La droite ou l'horreur de la volonté », in *Le Débat*, n° 33, janvier 1985, pp. 34-48.
RIVAUD (A.), « La pensée d'Henri Bergson et sa place dans l'histoire des idées », in *Revue des Deux-Mondes*, 15 juillet 1941, pp. 158-185.
ROUSSELIER (Nicolas), « André Tardieu et la crise du constitutionnalisme libéral, 1933-1934 », in *xx*^e *siècle*, janvier 1989, pp. 57-70.

Rousso (Henri), « Qu'est-ce que la " révolution nationale " ? » in *L'Histoire,* janvier 1990, pp. 96-102.
Sternehll (Zeev), « Sur le fascisme et sa variante française », in *Le débat,* n° 32, novembre 1984, pp. 28-51.
Wahl (Nicholas), « Aux origines de la nouvelle Constitution », in *Revue française de sciences politiques,* vol. IX, mars 1959, pp. 30-66.
Winock (Michel), « L'esprit de Munich », in *L'Histoire,* juillet 1983, pp. 68-77.
« Les Affaires Dreyfus », in *xxe siècle,* janvier-mars, 1985, pp. 19-37.

Index

ACCAMBRAY (Léon) : 26.
ACHILLE-FOULD (Armand) : 373.
ADAM (Jean-Maurice) : 457.
ALAIN (Émile Chartier) : 62, 303, 358.
ALBERT (Charles) : 26-27, 36, 207, 208, 233.
ALBERTIN (Fabien) : 358.
ALIBERT (Raphaël) : 217, 218, 312.
ALLIER (Raoul) : 25.
ANDIGNÉ (d') : 268.
ANDRIOT (M^e) : 452.
ARCHAMBAULT (Paul) : 97.
AUBERT (Louis) : 522.
AUGÉ-LARIBÉ (Michel) : 20, 150.
AULARD (Alphonse) : 26, 413.
AURIOL (Vincent) : 148.
AYMARD (Camille) : 235, 250, 253.

BACON (Francis) : 279, 283.
BAILBY (Léon) : 463.
BAINVILLE (Jacques) : 31, 193, 400, 413, 448.
BALLANCHE (Pierre-Simon) : 434.
BALZAC (Honoré de) : 416.
BARDOUX (Agénor) : 181, 256-260, 264, 313, 315, 317.
BARDOUX (Jacques) : 25, 88, 218, 231, 247, 253, 260, 262, 370, 375-376, 383, 385, 388, 447, 465, 525, 531, 541.
BARÉTY (Léon) : 240, 259, 318, 369.
BARRAL (Maurice de) : 223.
BARRÈRE (Camille) : 499.
BARRÈS (Maurice) : 60, 80, 116, 279, 282, 283, 315, 399-400, 416, 420, 421, 423, 461.
BARRÈS (Philippe) : 239.
BARRUEL (abbé) : 413.
BARTHÉLEMY (Joseph) : 38, 73, 191, 192, 205, 206, 216, 219, 220, 232, 312, 333, 342, 354, 413, 418, 494, 495.
BARTHOU (Louis) : 52, 73, 100, 151, 185, 187, 323, 350-351, 485.
BARUCH (Bernard) : 53.
BASCHET (René) : 252.
BASCH (Victor) : 356.
BAYLET (Léon) : 26.
BEAUMONT (sénateur) : 263.
BEDOUCE (Jacques) : 142.
BENDA (Julien) : 389, 399.
BENÈS (Édouard) : 494, 497.
BENOIST (Charles) : 12, 54, 157, 181-186, 188, 189, 195, 230, 255, 290-292, 296-297, 313, 320, 419, 422, 540.
BÉRARD (Léon) : 74, 76, 417.
BÉRAUD (Henri) : 447, 495, 497, 498.
BERGERY (Gaston) : 110, 142, 165, 211, 339.
BERGSON (Henri) : 49, 385, 393, 430-432, 437.
BERL (Emmanuel) : 539.
BERNANOS (Georges) : 429.
BERNARD (Claude) : 398.
BERTHELOT (Philippe) : 30, 494.
BERTH (Édouard) : 189.
BESNARD (René) : 118.
BETHMANN-HOLLWEG (Theobald von) : 516.
BIDAULT (Georges) : 357, 359.
BIENVENU (Martin) : 334.
BILLIET (Joseph) : 260.
BINET (Alfred) : 81.
BINET-VALMER (Jean) : 463, 465, 550.
BLANC (Louis) : 60, 416.
BLANCHARD (Mme) : 379.
BLOCH (Edmond) : 223, 224.
BLOCH-LAINÉ (François) : 209.
BLOIS (Louis de) : 385.

INDEX

BLUM (Léon) : 13, 21, 26, 27, 28, 33, 36, 56, 64, 94, 98, 107, 113, 116, 119, 122, 124-125, 127-128, 130, 133, 135, 145, 162, 163, 165, 170, 239, 244, 250, 262, 269, 292, 305, 344-348, 351-353, 356-357, 359, 361, 369-370, 374, 397, 406, 407, 422, 442-443, 445-446, 454, 456, 490, 510, 517, 519, 521-522, 525, 528-529, 538, 548.
BOISSARD (Henri) : 97.
BONALD (Louis de) : 400, 413, 417, 428, 434, 532.
BONNARD (Abel) : 216, 448.
BONNEFOUS (Max) : 465.
BONNET (Georges) : 96, 103, 117, 119, 370.
BONNEVAY (Laurent) : 81, 240, 453.
BONNY (inspecteur) : 349.
BOUFFANDEAU (Félix) : 56.
BOUGLÉ (Célestin) : 218.
BOUISSON (Fernand) : 269, 322, 372.
BOULANGER (général) : 120, 135, 232, 249, 254, 536.
BOURGEOIS (Léon) : 433, 479.
BOURGET (Paul) : 400.
BOURGIN (Hubert) : 24-25, 35, 37, 193, 291, 509.
BOUTMY (Émile) : 395, 399, 539.
BOUYSSOU (Léo) : 118.
BRACKE (Alexandre Desrousseaux) : 358.
BRETHE DE LA GRESSAYE : 215.
BRIAND (Aristide) : 45, 52, 55, 57, 73, 104, 111-112, 114-115, 152, 187, 204, 282, 477, 478.
BROGLIE (duc de) : 390, 428.
BROUSSE (Emmanuel) : 229.
BRUNET (Frédéric) : 212.
BRUNETIÈRE (Ferdinand) : 400.
BRYCE (James) : 199-200, 413.
BUCARD (Marcel) : 223, 250.
BUISSON (Ferdinand) : 81, 186, 465.
BÜLOW (prince von) : 468.
BURÉ (Émile) : 250, 251, 261-262.
BURGARD (Raymond) : 229.
BURKE (Edmund) : 400, 408, 409, 413, 416, 422, 427, 428, 540.

CABET (Étienne) : 60.
CACHIN (Marcel) : 69.
CAILLAUX (Joseph) : 7, 38, 69, 75, 82, 99, 116, 118, 146, 156, 158, 267, 309, 338, 509.
CALMETTE (Gaston) : 51.
CAMBON (Paul) : 24.
CAMBON (Jules) : 54.
CAMBON (Victor) : 22, 24.
CAPITANT (René) : 290, 292, 326, 547.

CARBUCCIA (Horace de) : 388, 449, 450, 456, 463, 464, 466, 495, 497, 498, 507, 511, 528.
CARLYLE (Thomas) : 416.
CARNOT (Adolphe) : 52, 121.
CARRÉ DE MALBERG (Raymond) : 293, 296, 547.
CASSAGNAC (Paul de) : 250.
CASSIN (René) : 210.
CASTELNAU (général de) : 114, 322.
CHABRUN (César) : 143, 158, 210, 212.
CHALLAYE (Félicien) : 345.
CHAMBERLAIN (Neville) : 497.
CHAMPETIER DE RIBES (Auguste) : 97, 260.
CHARDON (Henri) : 21, 37, 158, 313.
CHAUTEMPS (Camille) : 81, 119-120, 122, 265, 266, 267, 322, 349, 407, 519.
CHÉRON (Henri) : 120, 145, 146, 147, 152.
CHIAPPE (Jean) : 264, 268, 377, 388.
CHOPINE (Paul) : 451.
CITROËN (André) : 88, 130.
CLAIN (Pierre du) : 348.
CLAUSEWITZ (Carl von) : 473.
CLEMENCEAU (Georges) : 10, 20, 23, 36, 53, 58, 64, 68, 69, 71, 79, 105, 131, 167, 170, 173, 246, 250, 253, 263, 267, 270, 284, 292, 324, 352, 361, 380, 408, 472, 473, 477, 478, 481, 484, 498, 509, 513, 516, 523, 533, 540, 544.
CLÉMENTEL (Étienne) : 28, 42, 88, 103, 117.
CLERC (Henri) : 319.
COCHIN (Augustin) : 413.
COCHIN (Denys) : 186.
COGNACQ (Gabriel) : 370.
COLBERT (Jean-Baptiste) : 27, 158.
COLOMB (Pierre) : 149.
COLRAT (Maurice) : 50, 56, 74, 76, 77, 186, 419.
COLSON (Clément) : 153.
COMBES (Émile) : 45, 63, 323.
COMTE (Auguste) : 27, 30, 202, 413, 414, 416, 417, 425, 426.
CONDORCET (Marie Nicolas de) : 407, 409.
CONSTANS (Jean) : 121.
CONSTANT (Benjamin) : 25, 414, 425.
CONVART DE PROSLE : 259.
CORBIN (René) : 97, 201.
CORNU (André) : 123, 266, 319, 348.
CORRÉARD (Jules) : 24, 313.
COT (Pierre) : 96, 98, 119, 158, 207, 211, 310.
COTY (François) : 250.
COTY (René) : 240.

INDEX

COURNOT (Augustin) : 413.
COURTEHOUX (Jules) : 118.
CRÉMIEUX (Benjamin) : 351.
CREYSSEL (Paul) : 451, 453, 456, 458.
CROZIER (Michel) : 41.
CUMINAL (Paul) : 334.
CUDENET (Gabriel) : 165.

DALADIER (Édouard) : 81, 97, 99, 103, 110, 118-121, 163, 211, 213, 262, 263, 265-270, 407, 485, 497, 498, 505, 518-521.
DALIMIER (Albert) : 110.
DANTON (Georges Jacques) : 61, 407.
DAUDET (Léon) : 7, 56, 70, 148, 198, 455, 460, 494.
DAVID (Fernand) : 121.
DAWES (plan) : 57, 141, 445, 476, 478.
DÉAT (Marcel) : 213, 304, 490.
DEBRÉ (Michel) : 543-549.
DEBÛ-BRIDEL (Jacques) : 143, 149, 240-241, 362, 521, 549.
DECOUSUS (Jean) : 221.
DE GAULLE (Charles) : 7, 374, 543-546.
DELAISI (Francis) : 25, 96, 192.
DELBOS (Yvon) : 119, 521-523, 525.
DELCASSÉ (Théophile) : 50, 499.
DEMANGE (Charles) : 431.
DENAIS (Joseph) :
DENIS (Ernest) : 25.
DEROULÈDE (Paul) : 50, 67, 75, 461.
DESCARTES (René) : 279, 283, 391, 430.
DESCHANEL (Paul) : 151, 180, 185, 186, 226.
DESLANDRES (Maurice) : 184, 185, 188, 217.
DESMOULINS (Camille) : 424.
DES ISNARDS (Charles) : 268.
DETŒUF (Auguste) : 88.
DIGNAC (Pierre) : 240.
DISRAELI (Benjamin) : 7, 112.
DOLFUSS (Engelbert) : 489.
DOMINIQUE (Alfred) : 319.
DOMINIQUE (Pierre) : 55, 207, 208, 358.
DONGE (Jacques) : 101.
DORIOT (Jacques) : 455, 456, 460, 462, 550.
DORMOY (Marx) : 445.
DOUMERGUE (Gaston) : 58, 81, 128, 177, 178, 247, 270, 292, 308, 315, 316, 322, 335, 337, 338, 340-352, 355, 356, 359, 360, 367-369, 371, 372, 377, 378, 380, 382, 453, 458, 493, 528, 531, 533, 537, 548.
DOUMERGUE (Mme Gaston) : 72.
DOUMER (Paul) : 13, 117, 186.

DOUMIC (René) : 245.
DREYFUS (Alfred) : 50, 67, 74, 186, 199, 386, 433.
DUBARRY (André) : 98, 119.
DUBOIS-RICHARD (Paul) : 215.
DUBREUIL (Hyacinthe) : 88.
DUCHEMIN (René) : 88, 448.
DUEZ (Paul) : 216.
DUGUIT (Léon) : 214-216, 286, 292, 414.
DUMESNIL (Jacques-Louis) : 121.
DUPUY (Charles) : 112.
DURAND (Julien) : 241, 242, 262.
DURKHEIM (Émile) : 214, 431, 433, 434.

EBLÉ (Maurice) : 97.
ÉLBEL (Paul) : 319.
ESMEIN (Adhémar) : 286, 292, 414.
ÉVRARD (Louis) : 142.

FABRY (Jean) : 268.
FAGUET (Émile) : 535.
FALCOZ (Henri) : 121.
FAYOL (Henri) : 27, 33, 37, 42, 94.
FAŸ (Bernard) : 435, 525.
FELS (André de) : 88, 259, 318, 342, 343.
FERRY (Abel) : 93, 141.
FERRY (Désiré) : 125, 240, 244, 253, 267, 335, 360.
FERRY (Jules) : 58, 66-67, 76-77, 95, 112, 114, 121, 234, 362, 465, 535, 540.
FICHTE (Johann) : 283.
FINALY (Horace) : 88.
FISCHER (Max) : 387, 389, 394, 449.
FLAMMARION (éditeur) : 369, 387-388.
FLANDIN (Pierre-Étienne) : 40, 73, 90, 91, 101, 125, 186, 229, 239-242, 244-245, 248, 257, 258-263, 318, 323, 333, 335, 342, 343, 350, 360, 369, 371, 373, 375, 377, 382, 390, 443, 449, 453, 464, 466, 488, 490, 498, 540.
FLAUBERT (Gustave) : 416.
FLOQUET (Charles) : 234.
FOCH (Ferdinand) : 41, 52, 79, 105, 498, 513.
FONTAINE (Arthur) : 210.
FORD (Henri) : 90, 94, 277.
FORGEAUX (André) : 215.
FOURGEAUD (André) : 208.
FRACHON (Benoît) : 443.
FRANCK (Henri) : 431.
FRANCK (Paul) : 202.
FRANCE (Anatole) : 416.
FRANÇOIS-ALBERT : 119.
FRANÇOIS-MARSAL (Frédéric) : 228.

FRANÇOIS-PONCET (André) : 25, 88, 95, 100, 122, 156, 160-161, 171, 261.
FRANCQ (Roger) : 25.
FRANKLIN-BOUILLON (Henri) : 124, 171, 262, 269.
FRANKLIN (Benjamin) : 409.
FREYCINET (Charles de) : 31.
FROLLO (Jean) : 57.
FROSSARD (Ludovic-Oscar) : 56, 142, 358.
FUGGER : 281.
FUSTEL DE COULANGES (Numa Denis) : 417.

GALLET (Charles) : 118, 207.
GAMBETTA (Léon) : 58, 64, 76, 121, 180, 234, 540.
GARNIER (Clément Joseph) : 258.
GÉNY (Bernard) : 215.
GERMAIN (José) : 207.
GERMAIN (Martin) : 327, 329.
GICQUEL (Jean) : 294.
GIDEL (Gilbert) : 220, 312.
GIGNOUX (Claude-J.) : 258, 322.
GILLOUIN (René) : 25.
GIOLITTI (Giovanni) : 194, 351.
GIRAUD (Émile) : 191, 196, 236.
GIRAUD (Victor) : 378, 435.
GISCARD D'ESTAING (Edmond) : 541.
GISCARD D'ESTAING (Valéry) : 541, 542.
GOY (Jean) : 235, 341.
GOYAU (Georges) : 413.
GROUSSEAU : 177, 178, 246.
GROUSSIER (Arthur) : 186.
GRUET (Paul) : 26, 31, 35, 158, 209, 319.
GUÉRIN (Jules) : 50, 67, 75.
GUERNIER (Charles) : 125.
GUESDE (Jules) : 199.
GUILLAUME (colonel) : 449.
GUILLAUME II : 483, 501.
GUIMIER (Paul) : 467.
GUITARD (Louis) : 74, 76, 532-543.
GUITER (Jean) : 257, 259-260.
GUIZOT (François) : 7, 32, 139, 172, 424-426, 428, 438.
GUY-GRAND (Georges) : 26, 179, 191, 193, 196, 203, 215, 413.

HALÉVY (Daniel) : 197, 291, 308, 314, 394, 431.
HANOTAUX (Gabriel) : 60, 499.
HAURIOU (Maurice) : 214, 215, 292.
HÉBRARD (Adrien) : 71, 181.
HEGEL (Friedrich) : 283, 431.
HELVÉTIUS (Claude Adrien) : 409.
HENNESSY (Jean) : 247.
HENRIOT (Philippe) : 258, 267, 455, 456, 457.

HENRI IV : 155, 284.
HÉRAUD (Marcel) : 116, 240.
HERBETTE (Maurice) : 26.
HERRIOT (Édouard) : 27, 28, 29, 30, 31-34, 36, 45, 55, 64, 69, 87, 88, 94, 100, 118-120, 122, 123, 125, 127, 132, 134, 135, 170, 198, 219, 231, 238, 239, 241-243, 248, 250, 254, 260, 262, 263, 305, 322, 323, 332, 334, 335, 343-345, 370, 407, 424, 453, 483, 487, 490.
HERVÉ (Gustave) : 106, 234, 246, 250, 377.
HÉRY (René) : 135.
HITLER (Adolf) : 15, 135, 248, 283, 382, 393, 445, 467, 471-472, 478, 481, 482-484, 486-487, 489, 493, 494, 497-498, 501-502, 505-507, 510, 512, 515, 521, 523, 550.
HOLBACH (Hans d') : 409.
HOMBERT (Octave) : 429.
HOOG (Georges) : 207.
HOOVER (Herbert) : 53, 138, 481.
HOUSE (colonel) : 53.
HUBERT (Lucien) : 118, 201.
HUBERT (René) : 191, 201-202.
HUC (Arthur) : 119, 122.
HUGO (Victor) : 426.
HULL (Cordell) : 501.
HUTIN (Marcel) : 383.

JAURÈS (Jean) : 70, 186, 199, 235, 255.
JEANNENEY (Jules) : 246, 322, 522.
JEANNE D'ARC : 70, 502.
JÈZE (Gaston) : 216, 218, 292.
JOFFRE (Joseph) : 51, 71.
JOFFRIN (Jules) : 250.
JOHANNET (René) : 58, 195.
JOUHAUX (Léon) : 33, 34, 407, 443, 444, 446, 447.
JOUVENEL (Bertrand de) : 44, 96, 98, 119, 156, 202, 208, 211, 213.
JOUVENEL (Henri de) : 25, 46, 70, 74-77, 97, 99, 133, 158, 198, 309, 310, 321, 328, 343, 419, 535, 536.
JOUVENEL (Robert de) : 44, 158, 196, 363.
JUDET (Ernest) : 509.

KANT (Immanuel) : 431.
KAYSER (Jacques) : 96, 98, 119, 131, 202, 211, 310.
KELLOGG (Frank Billings) : 109.
KELSEN (Hans) : 216.
KÉMAL (Mustapha) : 283.
KÉRILLIS (Henri de) : 85, 115, 178, 229, 238-239, 247, 249-250, 255, 256, 258, 260, 264, 267, 271, 305, 317-318, 322-323, 334-335, 339,

INDEX

341, 344, 350, 361-362, 368, 374-376, 378, 380, 383, 384, 419, 460, 462, 464, 498, 505-506, 511, 523.
KEUFER (Auguste) : 38.
KEYNES (John Maynard) : 144, 328, 474.
KLOTZ (Louis) : 54.

LABADIÉ (Jean) : 28.
LA BOÉTIE (Étienne de) : 296.
LACHAL (Raymond) : 370.
LACHELIER (Jules) : 430, 431.
LACHAPELLE (Georges) : 26, 307, 465.
LAFERRIÈRE (Édouard-Julien) : 220, 312.
LAFONT (Ernest) : 198.
LAFÜE (Pierre) : 308, 325, 352, 381, 430.
LAGARDELLE (Hubert) : 189.
LALANDE (André) : 409.
LAMARTINE (Alphonse de) : 518.
LAMBERT-RIBOT (Alfred) : 312.
LAMENNAIS (Félicité de) : 415.
LAMOUREUX (Lucien) : 81, 118.
LAMY (Étienne) : 182.
LANESSAN (Jean-Marie de) : 188.
LANGEVIN (Paul) : 358.
LANGE (Robert) : 202, 310.
LANSON (Gustave) : 25, 38.
LA PORTE (René de) : 208.
LA PRADELLE (Paul de) : 321.
LARDIER (Émile) : 379.
LARNAUDE (Ferdinand) : 184, 215.
LA ROCQUE (colonel de) : 15, 341, 359, 361, 376, 441, 445, 449-464, 508, 550.
LASKI (Harold) : 197, 215.
LAURENT (Émile) : 52.
LAUZANNE (Stéphane) : 258.
LAUTIER (Eugène) : 51, 56, 64, 118, 119, 121, 249, 250, 253, 254, 262, 537.
LAVAL (Pierre) : 57, 70, 73, 111, 129, 152, 242, 270, 322, 323, 360, 361, 373-375, 443, 466, 486, 488, 490, 512, 518-519, 533, 548-549.
LAVERGNE (Bernard) : 198, 202, 218, 312, 413, 465.
LAVISSE (Ernest) : 61.
LANIEL (Joseph) : 373.
LAWRENCE-LOWELL : 216.
LAZARD (Max) : 38.
LEBECQ (Georges) : 250, 341, 450.
LEBRUN (Albert) : 238, 270, 322.
LEFÈVRE (André) : 198.
LEMAIGRE-DUBREUIL (Jacques) : 375, 466.
LEMAITRE (Jules) : 461.
LÉMERY (Henry) : 362.

LÉMERY (Maurice) : 74-76, 186.
LÉPINE (Louis) : 259.
LEROUX (Pierre) : 60.
LEROY (Maxime) : 25, 28, 31, 33, 158, 190.
LEROY-BEAULIEU (Paul) : 153, 196.
LETAILLEUR (Eugène) : 25, 27, 31, 33, 35-37, 87, 158, 190.
LE CHÂTELIER (Henry) : 27.
LE GRIX (François) : 248, 250, 255, 260, 350, 351, 377.
LE PLAY (Frédéric) : 390, 417, 532.
LÉVY (Paul) : 450.
LEYGUES (Georges) : 151.
LEYRET (Henri) : 26.
LLOYD GEORGE (David) : 26, 491.
LOTTE (Joseph) : 431.
LOUCHEUR (Louis) : 55, 99, 152.
LOUIS-PHILIPPE : 139, 275.
LOUIS (baron) : 146.
LOUIS XI : 155, 284.
LOUIS XIV : 155, 284.
LOUIS XVI : 421.
LOUSTAU (Robert) : 456.
LUCAIN (Marcel) : 173.
LUCHAIRE (Jean) : 95, 96, 111, 119, 158, 171, 202, 203, 207, 211, 232, 311, 350, 356.
LYAUTEY (Louis) : 453.
LYROT : 373.
LYSIS (voir Letailleur).

MABLY (Gabriel BONNOT de) : 409.
MACDONALD (Ramsay) : 483, 485.
MACHEFER (Philippe) : 462.
MAC MAHON (Patrice de) : 120, 226, 347.
MADELIN (Louis) : 461.
MAGINOT (André) : 111-112, 122, 229, 374.
MAIRE DE BIRAN (François Pierre GORTIES, dit) : 430, 431.
MAIRE (Gilbert) : 431.
MAISTRE (Joseph de) : 400, 413, 416, 417, 424, 433, 434, 438, 532.
MALOUET (Pierre Victor) : 427.
MALVY (Louis) : 38, 69, 82, 116, 267, 509.
MANDEL (Georges) : 55, 56, 123, 124, 490, 506.
MANTOUX (Paul) : 508.
MARAT (Jean-Paul) : 407.
MARCÈRE (Émile-Louis de) : 182.
MARCHANDEAU (Paul) : 117, 118, 319, 339, 346, 348.
MARGUERITTE (Victor) : 26.
MARIN (Louis) : 37-38, 98, 112-114, 117, 119, 124, 171, 257-260, 262, 263, 270, 318, 323, 333, 357, 360, 372, 456.

MARITAIN (Jacques) : 431.
MARQUET (Adrien) : 257, 304, 323, 332.
MARRAUD (Pierre) : 118, 120.
MARTINAUD-DEPLAT : 310.
MARTIN (Ivan) : 373.
MARX (Karl) : 90, 283, 431.
MASSIS (Henri) : 431.
MATHÉ (Pierre) : 456.
MATHIEU (Albert) : 413.
MATHIOT (Charles) : 242, 244, 251.
MAUD'HUY (Bertrand de) : 455-456.
MAULION : 322.
MAUROIS (André) : 195, 341, 357, 449.
MAURRAS (Charles) : 115, 116, 189, 200, 266, 278, 386, 399, 417, 418, 419, 424, 428, 438, 517, 532, 540.
MCADOO (William G.) : 53.
MÉLINE (Jules) : 103, 114, 151, 173.
MENDÈS FRANCE (Pierre) : 7, 202, 310, 319, 348.
MERCIER (Ernest) : 88, 89, 92, 93, 94, 158, 201, 247, 256, 312, 313, 541.
MER (Georges) : 97-98, 162, 201, 215, 300, 309, 319, 355-356, 371.
MESSIMY (Adolphe) : 186.
MEUNIER (Paul) : 509.
MICHEL (Henri) : 28.
MICHELET (Jules) : 66, 273, 304, 398, 518.
MICHELS (Roberto) : 413.
MIGNET (Auguste) : 398.
MILHAUD (Albert) : 360.
MILLERAND (Alexandre) : 12, 27, 28, 32, 38, 46, 52, 55, 75, 186, 195, 205, 225-231, 234, 235, 238, 239, 246, 292, 297, 317, 353, 383.
MILLET (Raymond) : 522.
MILL (Stuart) : 412, 416.
MIREAUX (Émile) : 88.
MIRKINE-GUETZÉVITCH (Boris) : 126, 191, 216, 218, 293, 312.
MISSOFFE (Michel) : 369.
MITTERRAND (François) : 548.
MOCH (Jules) : 88, 94.
MONICAULT (Pierre de) : 450, 465, 528.
MONNERVILLE (Gaston) : 310.
MONNIER (Robert) : 221, 224, 234, 247, 316.
MONOD (Gabriel) : 395.
MONTAIGNE (Michel de) : 430.
MONTAGNON (Barthélemy) : 304.
MONTAGNY (Jean) : 96, 99, 202.
MONTALEMBERT (Charles Forbes de) : 416.
MONTESQUIEU (Charles de) : 25, 278, 279, 409, 416.
MONTHERLANT (Henri de) : 222.
MONTOUSSEL : 224.

MONZIE (Anatole de) : 57, 74, 75, 78, 99, 104, 419, 536.
MORELLY : 409.
MORIZET (André) : 72.
MORO-GIAFFIERI (Vincent de) : 56.
MOSCA (Gaetano) : 215.
MOYSSET (Henry) : 389, 465, 521.
MURAT (Joachim) : 198.
MUSSOLINI (Benito) : 81, 135, 165, 194, 230, 249-250, 257, 283, 362, 461, 489, 499, 501, 508, 511, 550.

NALÈCHE (Étienne de) : 338, 353.
NAPOLÉON Ier : 135, 155, 197, 207, 283.
NAPOLÉON III : 120, 197.
NAQUET (Alfred) : 290, 294, 540.
NEGULESCO : 216.
NICOLLE (Charles) : 258.
NOAILLES (marquis de) : 50.
NOBLEMAIRE (Georges) : 34, 43.
NOGARO (Bertrand) : 118, 329.

OBERKIRSCH : 116.
OLIVIER (Maître) : 452.
O'HARE (Samuel) : 490.
ORDINAIRE (Maurice) : 247, 292, 297, 308, 317.
OSTROGORSKI (Moisei) : 413.
OUSTRIC : 143, 174, 453.

PALMADE : 142.
PARINGAUX (Yves) : 455, 456.
PASCAL (Blaise) : 410, 430, 431.
PATENÔTRE (Raymond) : 519.
PATOUILLET (Joseph) : 97, 201, 215.
PAUL-BONCOUR (Joseph) : 50, 74-78, 99, 124, 158, 189, 198, 210, 248, 263, 298, 299, 309, 316, 419, 536.
PECQUEUR (Constantin) : 30.
PÉGUY (Charles) : 303, 414, 424, 431.
PELLETAN (Camille) : 45.
PÉRI (Gabriel) : 490.
PERNOT (Georges) : 111, 114, 116.
PÉTAIN (Philippe) : 37, 40, 334, 377, 378, 532, 533, 548.
PETSCHE (Maurice) : 101, 121, 240.
PEYERIMHOF (Henri de) : 88, 158.
PEZET (Ernest) : 221.
PHILIPPE-AUGUSTE : 427.
PHILIPPE LE BEL : 427.
PHILLIPPOTEAUX : 118.
PICHON (Stephen) : 54, 312.
PICHOT (Henri) : 221, 317.
PIE XI : 114.
PIÉTRI (François) : 125, 171, 239, 258, 342, 350, 430, 528.
PILSUDSKI (Josef) : 283.
PIOU (Jacques) : 180, 305.
POINCARÉ (Raymond) : 10, 30, 49, 54,

INDEX

55, 57, 58, 65, 69, 72, 73, 94, 100, 101, 106, 109, 110, 113, 115, 123-125, 137, 138, 145, 151, 157, 163, 167, 169, 170, 185, 187, 189, 197, 198, 204, 223, 225, 227, 229, 234, 240, 249, 253, 261, 263, 265, 270, 290, 323, 324, 328, 341, 352, 353, 362, 380, 475, 476, 478, 486, 519, 548.
POITOU-DUPLESSY : 318.
POLIGNAC (Charles-Marie de) : 120.
POMARET (Charles) : 321.
PONCET (Léon) : 461.
POPELIN (Claude) : 456.
POTUT (Georges) : 36, 202, 211, 319, 348.
POZZO DI BORGO (duc) : 449, 450, 454-457.
PRÉLOT (Marcel) : 157, 207, 212, 231, 293-294, 448, 549.
PRESSENSÉ (Francis de) : 51, 184, 189.
PREVOST-PARADOL (Lucien Anatole) : 426.
PRIMO DE RIVERA (Miguel) : 283.
PRIVAT (Maurice) : 64, 78, 105, 170.
PROBUS (voir Corréard) : 23, 35, 37, 38, 39, 44, 46.
PROUDHON (Pierre Joseph) : 60, 138, 172, 412, 413, 416.
PSICHARI (Ernest) : 431.
PUAUX (Gabriel) : 384-385.
PUCHEU (Pierre) : 455, 456.
PUFENDORF (Samuel von) : 416.
PUJO (Maurice) : 455.
PUYSÉGUR (François de) : 457.
PY (Émile) : 56.

QUEUILLE (Henri) : 133, 323.
QUINET (Edgar) : 518.

RABIER (Fernand) : 118.
RACAMOND (Julien) : 443.
RANC (Arthur) : 250.
RATHENAU (Walther) : 27.
RATIER (Antony) : 242.
RAVAISSON (Felix) :
RECOULY (Raymond) : 65, 495, 497.
REDSLOB (Robert) : 292.
REIBEL (Charles) : 56, 186.
RÉMOND (René) : 87, 541, 548.
RENAN (Ernest) : 30, 67, 399, 416, 417.
RENARD (Jules) : 264.
RENAUD (Jean) : 250, 341.
RENOUVIN (Pierre) : 41, 42.
REYNAUD (Paul) : 73, 85, 86, 101, 122, 124, 125, 134, 146, 147, 160, 198, 200, 240, 244, 248, 258, 262, 304, 317, 318, 321, 328-330, 337-339, 346, 369, 372, 374, 375, 488, 490, 506-508, 518, 519, 520, 524, 533, 540.
RIBOT (Alexandre) : 53, 121.
RICHELIEU (Armand du Plessis cardinal de) : 284.
RIO (Alphonse) :
RIOU (Gaston) : 207, 208.
RIST (Charles) : 154.
RIVIÈRE (Albert) : 142.
RIVOLLET (Georges) : 316, 323, 332.
ROBBE (Paul) : 450, 458.
ROBESPIERRE (Maximilien de) : 406, 407.
ROCHE (Émile) : 97, 119, 203, 211, 319.
ROLLIN (Louis) : 125, 240, 318, 346.
ROMAINS (Jules) : 311.
ROMIER (Lucien) : 90, 94, 98, 100, 101, 108, 137, 192, 198, 199, 258, 291, 348, 351, 358, 371, 413, 418, 550.
ROOSEVELT (Franklin Delano) : 7, 143-144, 283.
ROOSEVELT (Theodore) : 34, 83, 85, 105, 226, 481.
ROSENTHAL (Léon) : 38.
ROSSI-LANDI (Guy) : 7.
ROSSIGNOL (Henri) : 224, 247, 250.
ROUSSEAU (Jean-Jacques) : 397, 409, 425, 426.
ROUVIER (Maurice) : 112, 121.
ROYER-COLLARD (Pierre-Paul) : 416, 424-426.
RUEFF (Jacques) : 154.

SAINT-JUST (Louis Antoine) : 428.
SAINT-SIMON (duc de) : 27, 33, 44, 138, 172, 202.
SAIVRE (Roger de) : 247.
SALEILLES (René) : 215.
SALENGRO (Robert) : 388, 454, 464.
SANGNIER (Marc) : 27.
SARRAUT (Albert) : 100, 118, 265, 323, 522.
SAUGER (André) : 96, 202, 211, 310, 350.
SAUVY (Alfred) : 20.
SAYET (commandant) : 464.
SAY (Léon) : 153, 181.
SCAPINI (Georges) : 269.
SCHERER (Edmond) : 179, 290, 540.
SCHNEIDER (Eugène) : 172.
SCHNEIDER (famille) : 28.
SEROT (Robert) : 116.
SÉCHÉ (Alphonse) : 195.
SEILLIÈRE (Ernest) : 409.
SEMBAT (Marcel) : 21, 40, 69, 194.
SIBILLE (Paul) : 124.

SIEGFRIED (André) : 86, 110, 291.
SIEYÈS (abbé) : 292.
SIMON (Henry) : 256.
SIMON (Jules) : 181.
SOLON : 15, 524, 528.
SOREL (Georges) : 189, 413, 415, 416.
SOULIER (Édouard) : 124, 231, 258, 262, 268.
SPENCER (Herbert) : 30, 296, 416.
SPINASSE (Charles) : 88.
STAËL (Mme de) : 414.
STALINE (Joseph) : 283.
STAVISKY : 261, 265-267, 270, 348, 349, 350, 407, 453, 519.
STEEG (Théodore) : 122.
STOURM (René) : 153.
STRESEMANN (Gustav) : 51.
SUAREZ (Georges) : 93, 411.

TABART (Robert) : 379.
TAINE (Hippolyte) : 394-400, 402, 408, 417, 424, 425, 438, 540.
TAITTINGER (Pierre) : 115, 116, 205, 234, 258, 263, 268, 350, 362, 377, 436, 456, 465.
TARDE (Alfred de) : 44.
TAYLOR (Frédérick Winslow) : 37.
TESSIER (Gaston) :
THIBAUDET (Albert) : 32, 60, 100, 199, 291.
THIÉBAULT-SISSON : 461.
THIERS (Adolphe) : 324, 398, 416.
THIERS (André) : 94, 121.
THOREZ (Maurice) : 269, 454, 456, 543.
TISSIER (Pierre) : 265.
TOCQUEVILLE (Charles-Alexis de) : 82, 109, 415, 416, 424.
TOLSTOÏ (Léon) : 274.
TOUCHARD (Jean) : 543.

TOUKHATCHEVSKI (maréchal) : 489.
TRIEPEL (Hans) : 216.
TROTABAS (Louis) : 148.

VACHEROT (Étienne) : 180.
VALENSI : 312.
VALLAT (Xavier) : 450, 455-457, 460.
VALLERY-RADOT (Robert) : 413.
VALOIS (Georges) : 115, 157, 158, 159, 162, 195, 206-208, 210, 298.
VEILLARD (Louis) : 375, 379.
VENIZELOS (Eleuthérios) : 283.
VERMEIL (Edmond) : 202.
VILLIERS (Georges) : 51.
VINCENT (Daniel) : 151.
VIVIANI (René) : 131, 432.
VOLDEMARAS (Augustinas) : 283.
VOLNEY (comte de) : 409.
VOLTAIRE (François Marie Arouet) : 409, 518.

WALDECK-ROUSSEAU (Pierre) : 50, 60, 67, 74, 75, 78, 114, 121, 131, 151, 362, 540.
WARREN (Édouard de) : 110.
WEYGAND (général) : 390, 533.
WELLS (Herbert Georges) : 21, 191, 200.
WENDEL (François de) : 110, 164, 171.
WENDEL (Pierre de) : 361.
WILSON (Woodrow) : 35, 44, 129, 190, 193, 226.

YBARNÉGARAY (Jean) : 267, 388, 454, 463.
YOUNG (plan) : 104, 109, 141, 142, 145, 171, 478.

ZAY (Jean) : 310, 454.

TABLE DES MATIÈRES

Introduction 7

PREMIÈRE PARTIE : AMÉNAGER

Chapitre premier. Guerre et rénovation. 19
Chapitre II. Une carrière, un homme. 49
Chapitre III. L'homme de demain. 73
Chapitre IV. L'épreuve du pouvoir. 103
Chapitre V. La politique de la prospérité. 137

DEUXIÈME PARTIE : RÉFORMER

Chapitre VI. La crise de la démocratie. 177
Chapitre VII. Les réformes de l'État. 205
Chapitre VIII. Une croisade révisionniste. 237
Chapitre IX. La République en quenouille. 273
Chapitre X. L'expérience Doumergue. 307
Chapitre XI. L'occasion manquée. 337

TROISIÈME PARTIE : DÉNONCER

Chapitre XII. Sur son rocher. 367
Chapitre XIII. La Révolution à refaire. 393
Chapitre XIV. Sous le Front populaire : un spectateur engagé. 441
Chapitre XV. La faillite de la paix. 471
Chapitre XVI. Un homme irréconciliable. 505

Conclusion.. 535

Notes.. 553
Sources et bibliographie............................. 615
Index.. 629

« POUR UNE HISTOIRE DU XXᵉ SIÈCLE »

Ouvrages parus

Jean-Pierre AZÉMA et François BÉDARIDA (dir.), *Le Régime de Vichy et les Français.*
Philippe BOEGNER (présentation et annotation par), *Carnets du pasteur Boegner (1940-1945).*
Bernard COMTE, *Une utopie combattante. L'École des cadres d'Uriage (1940-1942).*
Tony JUDT, *Un passé imparfait. Les Intellectuels en France (1944-1956).*
Victor NGUYEN, *Aux origines de l'Action française. Intelligence et politique à l'aube du XXᵉ siècle.*
René RÉMOND (dir.), *Paul Touvier et l'Église.*
Sylvie SCHWEITZER, *André Citroën (1878-1935). Le Défi et le risque.*
Rita THALMANN, *La Mise au pas. Stratégie sécuritaire et idéologie dans la France occupée.*

Cet ouvrage a été réalisé par la
SOCIÉTÉ NOUVELLE FIRMIN-DIDOT
*Mesnil-sur-l'Estrée
pour le compte des Éditions Fayard
en janvier 1993*

Imprimé en France
Dépôt légal: janvier 1993
N° d'édition : 2575 – N° d'impression : 22333
35-36-8994-01/2
ISBN 2-213-03050-2